TEXTUS ET STUDIA HISTORICA CARMELITANA

VOLUMEN XVI

MEDIEVAL CARMELITE HERITAGE

Early Reflections on the Nature of the Order

Critical Edition with Introduction and Notes

by

ADRIANUS STARING, O.CARM.

ROMA
INSTITUTUM CARMELITANUM
Via Sforza Pallavicini, 10

1989

© Institutum Carmelitanum, 1989

ISBN: 88-7288-009-2
IT ISSN: 0394-7793

Institutum Carmelitanum
Via Sforza Pallavicini, 10
00193 Roma, Italia

CONTENTS

PREFACE

From the beginning of the 13th century, when Albert, patriarch of Jerusalem united them by his rule into a religious Order, the hermits of Mount Carmel were inspired for their vision of their origin, purpose, and spirituality by two biblical figures: the prophet Elijah and the Blessed Virgin Mary.

The Background of the Texts

Since the 4th century the prophet Elijah was regarded by hermits, monks, and Fathers of the Church as the forerunner and model of the eremitical life. Mount Carmel was held to be the principal abode of Elijah and Elisha, even though they are found there only once in Holy Writ.

Besides the following of Elijah, devotion to Mary was to characterize the spirituality of the Order. In his rule the patriarch Albert prescribed an oratory to be built in the midst of the cells. To be recognized as a religious body, the Carmelites were required to have a chapel, to the patron saint of which they were dedicated. From a pilgrim account of around the year 1225 we know that in their hermitage on Mount Carmel there was *"une petite église de Notre-Dame."* [1] Mary thereby became the patroness "to whose praise and glory the Order itself was founded in parts beyond the sea." [2]

---

[1] MICHELANT, H. and RAYNAUD, G., eds., *Itinéraires à Jérusalem et descriptions de la Terre Sainte aux XIᵉ, XIIᵉ, et XIIIᵉ siècles*, Genève, 1882, 89-90.

[2] See below, the letter of Pierre de Millau, p. 48; also LUDOVICO SAGGI, O.CARM., « Santa Maria del Monte Carmelo », in *Santi del Carmelo*, Roma, 1972, 110-22.

The future in the Holy Land was very uncertain. It is not known whether there were already other hermitages in the East, but around 1238 [3] the exodus to the West began: to Cyprus, Sicily, England, France. At first the hermits settled in remote places, but it must have been difficult to find founders and benefactors and to provide for their support. In his bull *Paganorum incursus* of July 27, 1246, Innocent IV wrote, "Their desire is to arrive through apostolic favor at a state in which with the help of God they may have the joy of contributing to their own and their neighbor's salvation." [4]

The revision of the rule was entrusted to Cardinal Hugh de Saint-Cher and William of Reading, bishop of Tortoûs, both Dominicans, and was completed by them on September 1, 1247. Pope Innocent IV promulgated and imposed the corrected rule with the bull *Quae honorem*, October 1, 1247. [5] The principal changes stipulated that the Carmelites might have "places in deserts or where they have been given to you." Moreover the common refectory and choral office were prescribed, so that the Carmelites from that time onward became cenobites.

In England foundations in the suburbs of London and Cambridge were already made in the same year of 1247; subsequently many hermitages already in existence were moved into the cities.

The entry of the Carmelites into the ranks of the Mendicant Orders by no means signalled the end of their troubles in adjusting to life in the West. Unknown in Europe, they had difficulty in proving their legitimacy to bishops in whose dioceses they wished to settle. Repeatedly the Carmelites appealed to the Holy See to confirm their status. They obtained only the conditional approval of the Second Council of Lyons of 1274, which sought to control the proliferation of Mendicant Orders. Only at the end of the century, in 1298, did Boniface VIII place the Carmelites on a firm footing among the approved Orders of the Church.

During the first troubled century of their existence in the West, the Carmelites wrote very little. Even then, we are not attempting here to collect it all into one volume. Our purpose is to present a reliable text of those writings which grew out of the Order's early struggle for existence and which reflect the primitive notion of its origin and nature. They form a continuous and mutually dependent

---

[3] VINCENT DE BEAUVAIS, O.P., *Speculum historiale*, Duaci, 1624, 1275.
[4] "... ipsorum ad hoc aspiret affectio ut per apostolicae pietatis auxilium statum consequi valeant in quo sibi et proximis Deo propitio ad salutem proficere hilarescant"; ADRIANUS STARING, O.Carm., "Four bulls of Innocent IV, a critical edition", *Carmelus*, 27 (1980), 281-2.
[5] CARLO CICCONETTI, *La regola del Carmelo*, 201-5.

literary tradition. Nicholas the Frenchman's philippic, *Sagitta ignea*, stands apart from this group and for that matter already enjoys a critical edition.[6]

The Collection of Felipe Ribot

The idea of primitive writings of the Carmelites immediately suggests the *De institutione et peculiaribus gestis religiosorum carmelitarum decem libri* by Felipe Ribot, provincial of Catalonia († 1391). From the 15th century onward this work, printed in 1507 and 1680, increasingly dominated the Carmelites' historical thinking and vision of the Order.

The bulk of the work is taken up by the *Liber de institutione primorum monachorum*, ascribed to John, 44th bishop of Jerusalem, who is supposed to have composed it in Greek in 412. There follows *Cyrillus eremita montis Carmeli in epistola ad Eusebium eremitam montis Neroi*, which tells of the change of the white to the striped mantle at the command of Caliph Omar, the translation of the *Liber de institutione* from Greek to Latin by Aiméric, patriarch of Antioch, and the granting of the rule by Albert, patriarch of Jerusalem, the text of which is given in full. Next comes Sibertus de Beka's *In tractatu de consideratis super Carmelitarum regula*, which deals with the mitigation of the rule in 1247. Book IX comprises *Guillelmus de Sanvico, eremita montis Carmeli in chronica de multiplicatione religiosorum carmelitarum per provincias Syriae et Europae et de perditione monasteriorum Terrae Sanctae*. Book X, by Ribot himself, contains his *De protectione, exemptione et multiplici approbatione religionis huius*.

The date 1370, which appears in the edition of 1680 and some manuscripts, cannot apply to the whole collection, for in all manuscripts and editions Ribot is characterized as the provincial of Catalonia, an office he assumed only in 1379. It is possible that the date 1370 belongs to the last work in the collection, *De protectione*, which Ribot wrote earlier. It is not the only juridical treatise from his pen.[7] The occasion for writing the *De institutione* was no doubt the debate which took place in 1374 at Cambridge University between the Carmelite John Hornby and the Dominican John Stokes (see below).

---

[6] NICHOLAS, OF FRANCE, O.CARM., *"Sagitta ignea"*; ed. ADRIANUS STARING, O.CARM., *Carmelus*, 9 (1962), 237-307.

[7] *Cf.* JAUME DE PUIG I OLIVER, ed., "El *Tractatus de haeresi et de infidelium incredulitate et de horum criminum iudice* de Felip Ribot, O.Carm." *Arxiu de Textos Catalans Antics*, 1 (1982), 127-90.

We are of the opinion that Ribot completed his work only toward the end of his life; Jean Grossi (see below) did not use it in the first draft of his *Viridarium* (*ca.* 1395), but he did in the second (after 1413).

Worthy of particular note are chapters II to VIII of the *Liber de institutione*, a sort of meditation on the purpose of Carmelite life, which is considered of great spiritual importance and has been often edited and translated. In the following books Ribot himself provides a commentary and cites Fathers of the Church and others to "corroborate" John 44th and the rest of the authors in the collection.

In the beginning of this century Gabriel Wessels, O.Carm., ascribed the *Liber de institutione* to Aiméric, patriarch of Antioch,[8] on the grounds of a work by Etienne de Salagnac which we will consider later.

In 1929 Clemens Kopp published *Elias und Christentum auf dem Karmel*, a critical work important not only for the topography of Mount Carmel but also for the cult of Elijah and early Carmelite history. He challenged the authenticity of Ribot's collection, specifically the chronicle of William de Sanvico. In his criticism of Kopp, Fr. Xiberta noted that he had not consulted the manuscripts of these Carmelite sources.[9] Kopp replied correctly that a critical edition of the sources was a *"nobile officium"* of the Order itself.[10]

It is the purpose of this edition to perform this noble office.

The Texts Published in This Edition

Obviously an edition of Ribot's *De institutione* would become a volume in itself.[11] Moreover, it is not the beginning but the end of an evolution of 13th and 14th century texts which it enlarges upon and upon which it depends. These texts we propose to edit in the following pages.

1. The *Rubrica prima* of the Constitutions which have come down to us take for granted the following of Elijah by his fountain in the Old as well as in the New Testament. We are of the opinion that the first draft of this rubric, as it occurs in the Constitutions of 1281, was

---

[8] GABRIEL WESSELS, O.Carm., "Epilogus de Aymerico patriarcha et S. Elia", AOC, 3 (1914-1916), 368-80.

[9] BARTOLOMÉ XIBERTA, O.Carm., "Elias et religio carmelitana in Monte Carmelo", AOC, 7 (1930-1931), 180-211; 185-6.

[10] C. KOPP, "Zur Geschichte des Karmeliterordens", *Das heilige Land*, 76 (1932), 1-13; 12.

[11] A critical edition of Ribot's work is being prepared by Paul Chandler, O.Carm., at the Centre for Mediaeval Studies, Toronto.

written even before 1247. Only in the version of 1324—which could also be older—does the Marian title of the Order appear.

2-3. The letter of Pierre de Millau and the chapter of 1287 develop the idea that the Order was especially founded for the honor and glory of the Virgin Mary.

4. The first attempt to write a "history" of the Order is the treatise, *Universis Christifidelibus*. The author knew and used the *Rubrica prima* of 1281, though not that of 1294, but unlike the rubric, which dates the Order as Order (*collegium*) only from the rule of St. Albert, he already in the year 30 speaks of "*fratres eiusdem ordinis*" who settle in Jerusalem and in the vicinity of Antioch in order to defend the "Catholic faith." A certain patriarch John of Jerusalem is supposed to have imposed on them the rule of "Paulinus and Basil." The original eremitical character of the Order causes the author no problem. Contrary to previous editors we are of the opinion that the list of papal approbations and privileges also belong to this little work; although all four manuscripts vary in their readings, they agree in mistakes in the chronology of the popes. The shortest version ends with a bull of Nicholas IV of 1289.

5. The anonymous chronicle, *De inceptione Ordinis* knows the *Rubrica prima* as it occurs in the Constitutions of 1324. Its shortest redaction mentions a bull of John XXII of 1317, but it also knows other privileges granted by this pope. The author used the Dominicans, Vincent de Beauvais and Bernard de Guy, the best chronicler of his time. The latter also edited a work of Etienne de Salagnac from which Aiméric, patriarch of Antioch, enters into the history of the Carmelites.

6. The *Speculum* of Jean de Cheminot (1337) combines the data from the foregoing two works about the rules the Carmelites are supposed to have followed. Cheminot seems to be the first expressly to call Elijah and Elisha "the founders of this Order" and illustrates his claim with passages from the Fathers of the Church and ecclesiastical writers (ch. 1). He finds a relation between Elijah and Mary in virginity. Mary often sojourned on Mount Carmel; hence the Marian title of the Order. King Louis IX made the first Carmelite foundation in Europe at Paris.

7. The chronicle of Jean de Venette (1352?) repeats in shorter form the data provided by Cheminot. He has a different explanation for the origin of the striped mantle of the Order. Further, he provides information about papal privileges of the 14th century, especially with regard to the *studium* in Paris.

8. We treated the tractates of Jean de Cheminot and Jean de Venette immediately after the *Universis Christifidelibus* and *De inceptione Ordinis,* because they carry forward the ideas of the latter two works. These are not found in John Baconthorpe († 1348?); he knows no rule of Paulinus and Basil imposed by the patriarch John nor a rule of Aiméric—only that of Albert. The last papal bull he cites in his Carmelite works is one of John XXII in 1317. At the time Baconthorpe was studying in Paris; in 1324 he was regent there. He knows the *Rubrica prima* of the Constitutions of 1324 *"edita ab antiquo,"* but the addition about the Lady chapel could date from 1297. In his first three tracts Baconthorpe avoids calling Elijah and Elisha founders of the Order, but he does so in his last and more comprehensive *Laus religionis carmelitanae* (lib. II, c. 4 and 5). His reasoning is juridical and allegorical rather than historical.

In his *Laus religionis* occurs for the first time in the literature of the Order the allegorical exegesis of Mary prefigured in the little cloud seen by Elijah on Carmel: "Elijah showed forth her coming, when after the time of drought he saw rising from the sea the little cloud which changed into copious rain for the revival of the fruits of the earth" (lib. I, c. 9). This explanation is already to be found in Cardinal Hugh de Saint-Cher who revised the rule in 1247: *"Ecce nubecula parva.* In the little cloud is signified the Blessed Virgin or the humanity of Christ. *Parva:* through humility; *levis:* that is, without the weight of sin." [12]

Baconthorpe's *Speculum* and *Compendium* are predominantly juridical and written for outsiders; his *Tractatus super regulam* and *Laus religionis* are intended for the edification of his fellow religious and follow an allegorical exegesis.

9-11. To continue the canvass of our edition, the *Chronologia summorum pontificum* presents a list of popes and the privileges they granted the Order. The last bull is dated 1326. Jean Trisse composed his brief *Chronologia* in 1362. The first draft of the list, *Domus in Terra Sancta,* seemingly antedates the year 1360.

12. The three works of William of Coventry (*ca.* 1360), *Chronica brevis, De duplici fuga,* and *De adventu Carmelitarum ad Angliam,* form a triptych. Unlike Jean de Cheminot he does not trace the spread of the Order in the West from King Louis IX and his foundation in Paris, but from England. Cyprus and Sicily he includes in the

---

[12] "Ecce nubecula parva. In nubecula beata virgo significatur vel humanitas Christi. Parva: per humilitatem; levis: id est sine pondere peccati". *Postilla seu divina expositio* (6 v., Parisius, 1531-1539), I, 270v.

Orient. He places the rule of Albert in the year 1099, and exchanges
Albert with the patriarch Daimbertus of Pisa.

13. Of three lists of general chapters, the *Annotatio* of Sibertus
de Beka († 1332), later continued by others, also names the priors
general elected at each chapter. The list by Jean Trisse is an independent work, based on a collection of constitutions. Similarly, at
Toulouse in 1527 John Bale made two excerpts from collections of
constitutions.

14. Lists of priors general were made by Jean Trisse in 1361 and
by Jean Grossi in 1389. We have also added the priors general listed
in the *Necrologium* of Florence; they occur there according to the
date of their death, but we have followed the order of Jean Grossi.
    Two other lists by these authors—of Carmelite doctors at the
university of Paris by Trisse and of Carmelite writers by Grossi—are
omitted, since they fall outside the scope of this edition and moreover
have already been edited by Bartolomé Xiberta, O.Carm.[13] For the
same reasons the two redactions of Grossi's *Viridarium* have not been
included.[14]
    Up to this point, as far as we know, the claims of the Carmelites
that Elijah was their founder and that the Blessed Virgin Mary
was their patroness remained undisputed. A hint of polemics we find
in Baconthorpe's *Compendium*, part. 9, where he defends the canonical approval of the Order "against malevolent detractors."
    The last three texts in this edition concern the defense of the
Order against critics of its claims.

15. In 1374 Ioannes de Hildesheim wrote his *Dialogus* and poem
against a "detractor," probably a Dominican. It is similar in content
and may have been known to John Hornby in his debate with another
Dominican, John Stokes.

16. In the same year Stokes engaged Hornby in a debate at the
University of Cambridge about the traditions of the Carmelites. The
Dominican not only denied that the Carmelite Order was approved by
the general and particular law and that it bore the title of Mary,
Mother of God (he claimed it was named after the ex-prostitute Mary

---

[13] *De scriptoribus scholasticis saeculi XIV ex Ordine Carmelitarum*, Louvain,
1931, 23-39, 42-53.
[14] Graziano di S. Teresa, O.C.D., *ed.*, "Ramenta carmelitana 12: Viridarii
auctore Joanne Grossi, Ordinis Carmelitarum priore generale, recensio vaticana",
Ephemerides carmeliticae, 7 (1956), 240-84. More manuscripts of the second redaction exist than Graziano used.

of Egypt), but also its descent from the prophets Elijah and Elisha, or that it was older than the Franciscans or Dominicans. These and other matters, such as the change of the striped to a white cloak, were laid down in the debate.

The verdict on the University was pronounced on February 23, 1375. Hornby was acknowledged to have shown that the Carmelite Order was approved in general and particular law, that it bore the title of Mary, Mother of God, and that the brothers of the Order were "imitators and followers of the prophets Elijah and Elisha."

The following year, 1376, the newly elected prior general, Bernardo Oller, arrived in England on visitation. That was probably the occasion on which he requested Pope Gregory XI to confirm the three points of the decree of Cambridge University and composed his *Informatio* for the enlightenment of Cardinal Pietro Corsini.

17. We have not included Hornby's defense of the Order against Stokes. The only existing manuscript is late, 1439. The text is very long, but incomplete, its material seems to be jumbled.[15] On the other hand the excerpt which John Bale made in 1527 from Robert Ormeskirk's *Tractatus de confirmatione Ordinis secundum libros et iura* (1376) contains Stokes's *conclusiones*, or theses, alluded to only indirectly by Hornby.

The Present Edition

It was the historian, Victor Roefs, O.Carm., (1904-1949), who first undertook a critical edition of these texts. He collected and collated photostats of manuscripts from various libraries. At his early death Rudolf Hendriks, O.Carm., carried the work forward. Most of the texts and their critical apparatus are his work. When his position as principal of a *lyceum* allowed him no leisure for further research and the completion of the edition, the present writer was appointed, though he too was named to other tasks. Meanwhile many other manuscripts came to light which necessitated a new comparison of them. The same writer is responsible for the introductions to the individual texts.

Of no work in this edition has the autograph been preserved. Medieval and later amanuenses were often very careless with spelling.

---

[15] An excellent summary and description was made by J. P. H. Clark, "A Defense of the Carmelite Order by John Hornby, O.Carm., A. D. 1374", *Carmelus*, 32 (1985), 73-106.

Some of them were quite free with the text: they made additions or omissions, they updated lists.

In case of a difference of reading the text was chosen which was most likely that of the author himself. In a few instances doubtful or indecipherable readings were supplied by conjecture. All variants and conjectures are accounted for in the critical apparatus. The footnotes refer to sources or parallel passages in the other texts of the edition.

Special thanks are due to Fr. Joachim Smet for translating this preface and the introductions to the texts from Dutch into English and for preparing the book for the printer. We wish also to acknowledge the help given by Fr. Leo van Wijmen, who prepared the indices and proofread the text, and by Fr. Paul Robinson, who prepared the canonical index and typed the footnotes.

MANUSCRIPTS AND PRINTED EDITIONS OF THE TEXTS

cjv — The Chronicle of Jean de Venette
cp — The Chronology of the Popes
dts — *Domus Terrae Sanctae*
gcm — The General Chapter of Montpellier, 1287
ibo — The *Informatio* of Bernardo Oller
ih — Ioannes de Hildesheim
io — *De Inceptione Ordinis*
jb — John Baconthorpe
lgc — The Lists of General Chapters
lpg — The Lists of Priors General
lpm — The Letter of Pierre de Millau
rp — The *Rubrica Prima* of the Constitutions
sjc — The *Speculum* of Jean de Cheminot
tro — The Treatise of Robert Ormeskirk
uc — *Universis Christifidelibus*
wcjt — The World Chronicle of Jean Trisse
woc — William of Coventry

A — Augsburg, Staats- und Stadtbibliothek, Hs. 4°, Cod. 13. Second half of the 15th century.
  sjc
a — Nürnberg, Stadtbibliothek, Ms. Cent. V 79. 125 f. 1349 (first half of the ms.).
  jb cp
B — Avignon, Archives départementales de la Vaucluse, série H, Grands Carmes, art. 3. 5 f. 17th century.
  gcm
b — Oxford, Bodleian Library, Ms. Bodley 73, John Bale, Miscellany. 230 f. 1525-1527.
  woc ih
C — Bamberg, Staatsbibliothek, Ms. Theol. 225 (Q.VI.25). 209 f. 1503-1509.
  jb cp
c — Oxford, Bodleian Library, Ms. Laud. Misc. 722. 207 f. Copied by Richard Paston, O.Carm., 1426-1428.
  uc sjc jb woc

D — Besançon, Bibliothèque municipal, Ms. 789. Louis Gallien, O.Carm., Miscellanea, cod. 6, Provinciae et conventus. 539 p. 17th century.
   rp gcm
d — J. P. H. Clark, "A Defense of the Carmelite Order by John Hornby, O.Carm., A.D. 1374," *Carmelus*, 32 (1985), 73-106; Appendix I: Sermo Magistri Iohannis Hornby, 98-105.
   jb
E — Bologna, Biblioteca universitaria, Ms. 1863. Constitutiones a. 1462. 102 f. 15th century.
   rp cjv
e — Oxford, Bodleian Library, Ms. Selden supra 41, John Bale, Varia. 402 f. *ca.* 1527.
   ih
F — Brugge, Archief der Ongeschoeide Karmelieten, Liber copiarum seu instrumenta ab a. 1266, promiscue Liber Oblongus vocatus. 195 f. + indices. 15th and 16th century.
   gcm
f — Paris, Bibliothèque Nationale, Ms. Lat. 10586. Mid-14th century.
   uc
G — Brussel, Koninklijke Bibliotheek, Ms. 2223. 161 f. Copied by Joannes Buchs, O.Carm., 1470-1471.
   sjc cp ih
g — Paris, Bibliothèque Nationale, Ms. Nouv. Acq. lat. 360, Constitutiones 1357. 154 p. 14th century.
   rp cjv
H — Oxford, Bodleian Library, Ms. Selden supra 72, John Bale, Collectanea. 47 f. *ca.* 1520.
   jb woc
h — Paris, Bibliothèque de l'Université, Ms. 791. 82 f. 14th century.
   sjc wcjt lgc lpg
I — Gdańsk, Municipal Library, Ms. Mar. F. 283, 255 f. 15th century.
   jb cp ibo
i — Roma, General Archive of the Carmelite Order, Ms. II C.O.II.9, Luis Pérez, O.Carm., *Annales Carmelitarum*, t. 4. 17th century.
   gcm
K — Firenze, Biblioteca Nazionale Centrale, Ms. Conventi Soppressi F.4.785, Necrologium. 60 f. 14th century.
   lpg
k — Roma, General Archive of the Carmelite Order, Ms. II C.O.II.30, Miscellanea historica. 17th century.
   lgc
L — Firenze, Archivio di Stato, Ms. Conventi Soppressi, Conv. 113, v. 19, "Ricordanze." Second half of the 15th century.
   lpg
l — Roma, General Archive of the Carmelite Order, Ms. II C.O.III.1, Liber Ordinis, v. 1. Pagination varies. 14th-17th century.
   gcm
M — Bamberg, Staatsbibliothek, Ms. lit. 153. 165 f. 1516-1518.
   dts
m — Roma, General Archive of the Carmelite Order, Ms. II C.O.IV.3. Constitutiones a. 1327. 76 f. 17th century.
   rp

N — Klosterneuburg, Stiftsbibliothek, Ms. CCI. 941, Miscellanea. 370 f. 15th century.
uc

n — Roma, General Archive of the Carmelite Order, Ms. II C.O.II.35 (the "Codex Abulensis"). 276 f. Around 1450.
rp io jb

O — Leipzig, Universitätsbibliothek, Ms. 645. 440 f. End of the 14th century.
sjc jb cp

o — Roma, General Archive of the Carmelite Order, Ms. III Extra 3. Miscellanea. 4f. formerly of a *rotulus*. About 1350.
io sjc

P — London, British Museum, Ms. Add. 16372. 60 f. After 1351.
rp

p — Roma, Archive of the Postulator General, Ms. Post. IV 44, Vitae Servorum Dei Carmelitarum, t. 7.
gcm

Q — London, British Museum, Ms. Harley 1819. John Bale, Collectanea. 202 f. 1527.
lgc lpg

q — Siena, Biblioteca comunale "degli Intronati," Ms. G.XI.45., Constitutiones 1369. 81 f. End of the 14th century.
rp dts lgc

R — Lunel, Bibliothèque municipale, Ms. 15, Constitutiones 1369. 162 f. 15th century.
rp lgc

r — Siena, Biblioteca comunale "degli Intronati," Ms. G.XI.46., Constitutiones 1294. 104 f. Around 1300.
rp

S — Mantova, Biblioteca comunale, Ms. E.II.20. Miscellanea. Not paginated. 1500.
rp dts

s — Biblioteca Vaticana, Ms. Vat. lat. 3991, Constitutiones 1369. 92 f. 14th century.
rp sjc jb dts lgc

T — Mantova, Biblioteca comunale, Ms. G.II.12. 1466.
sjc

t — Biblioteca Vaticana, Ms. Ottob. lat. 407. Second half of the 15th century.
uc io sjc

U — Modena, Biblioteca Estense, Racc. Campori, Ms. *gamma*.V.5.25. Constitutiones 1462. Not paginated. 15th century.
rp cjv

u — Wien, Staatsbibliothek, Ms. 4030. 15th century.
ih

V — Moulins, Bibliothèque municipale, Ms. 45, Constitutiones 1357. 72 f. 14th century.
rp cjv

v — Wiesbaden, Landesbibliothek, Ms. 84. *ca.* 1500.
sjc

W — München, Staatsbibliothek, Ms. Clm 423. 308 f. 15th century.
cjv

w — Eliseo Monsignano, O.Carm. and José Alberto Ximénez, O.Carm., eds., *Bullarium carmelitanum*, Roma, 1715-1768. 4 v.
gcm

X — München, Staatsbibliothek, Ms. Clm 3554. 256 f. 1428?
ih

x — Baptista de Cathaneis, O.Carm., ed., *Speculum Ordinis Fratrum Carmelitarum noviter impressum*, Venetiis, 1507.
rp sjc jb woc ibo

Y — München, Staatsbibliothek, Ms. Clm 19114. 12th-14th century.
rp

y — Daniel a Virgine Maria, O.Carm., ed., *Speculum carmelitanum*, Antverpiae, 1680. 2 v. in 4 pts.
gcm jb ih ibo

Z — Nantes, Bibliothèque municipale, Ms. 89 (Latin 73), Constitutiones 1357. 90 f. 14th century (first part of ms.) and 15th century (second part).
rp cjv

z — Daniel a Virgine Maria, O.Carm., *Vinea Carmeli*, Antverpiae, 1662.
jb

ABBREVIATIONS

For complete references see the Bibliography

ACG	*Acta capitulorum generalium Ordinis.*
AOC	*Analecta Ordinis Carmelitarum*, Roma, v. 1- , 1909- .
AOCD	*Analecta Ordinis Carmelitarum Discalceatorum*, Roma, 1926-1953. 25 v.
Bibl. carm.	Villiers, Cosmas de, *Bibliotheca carmelitana.*
Bull. carm.	*Bullarium carmelitanum.*
CC	Corpus Christianorum.
DS	*Dictionnaire de spiritualité.*
Ducange	Du Cange, C., *Glossarium mediae et infimae latinitatis.*
Friedberg	Friedberg, E., ed., *Corpus iuris canonici.*
Mansi	Mansi, G. D., *Sacrorum conciliorum nova et amplissima collectio.*
MHC	*Monumenta historica carmelitana.*
Muratori	Muratori, L. A., *Rerum italicarum scriptores.*
PG	Migne, J. P., *Patrologia greca.*
PL	Migne, J. P., *Patrologia latina.*
SC	Sources chrétiennes.
Speculum 1507	Cathaneis, I. B., O.Carm., *Speculum.*
Speculum 1680	Daniel a Virgine Maria, O.Carm., *Speculum.*

MANUSCRIPT AND PRINTED TRADITION OF THE TEXTS

BIBLIOGRAPHY

Acta capitulorum generalium Ordinis Fratrum B. V. M. de Monte Carmelo, ed. Gabriel Wessels, O.Carm., Roma, 1912-1934, 2 v.

Ambrosius a S. Teresia, O.C.D., "Untersuchungen über Verfasser, Abfassungszeit, Quellen und Bestätigung der Karmeliter-Regel," *Ephemerides carmeliticae*, 2 (1948), 17-49.

Bale, John, *Illustrium Maioris Britanniae scriptorum... summarium*, Vvesaliae, 1549.

——, *Scriptorum illustrium Maioris Brytanniae... catalogus*, Basileae, 1557-1559, 2 v.

Berger, Elie, *ed.*, *Layettes du Trésor des Chartes*, Paris, 1863-1909, 5 v.

——, *Régistres d'Innocent IV*, Paris, 1884-1920, 4 v.

Bernardus Guidonis, O.P., *Catalogus pontificum romanorum, seu Flores chronicorum*; in Muratori, *Rerum italicarum scriptores*, III.

Biblia sacra cum glossis, interlineari et ordinaria, Nicolai Lyrani postilla, Lugduni, 1545, 6 v.

Bongars, J., *ed.*, *Gesta Dei per Francos*, Hannover, 1611, 2 v.

Breviarium Carmelitarum, Venetiis, 1543.

Bullarium carmelitanum, ed. Eliseo Monsignani and José Alberto Ximénez, O.Carm., Roma, 1715-1768, 4 v.

Burdach, K., *Briefwechsel des Cola di Rienzo*, Berlin, 1913-1929, 5 parts.

Caioli, Paolo, O.Carm., *Sant'Andrea Corsini, carmelitano, vescovo di Fiesole, 1301-1374*, Firenze, 1929.

Cathaneis, Ioannes Baptista de, O.Carm., *Speculum Ordinis fratrum Carmelitarum noviter impressum*, Venetiis, 1507.

"Chronicon Ordinis B. V. Mariae de Monte Carmelo, authore Joanne de Veneto, theologiae magistro, quondam provinciale Franciae," AOC, 8 (1932-1936), 169-78.

Cicconetti, Carlo, O.Carm., *La regola del Carmelo, origine, natura, significato*, Roma, 1973.

Clark, J. P. H., "A Defense of the Carmelite Order by John Hornby, O.Carm., A. D. 1374," *Carmelus*, 32 (1985), 73-106.

Constitutions.
　1281: Saggi, Ludovico, O.Carm., *ed.*, "Constitutiones capituli Londinensis anni 1281," AOC, 15 (1950), 203-45.
　1294: ——, "Constitutiones capituli Burdigalensis anni 1294," AOC, 18 (1953) 123-85.
　1357: Antoine de la Présentation, O.C.D., *ed.*, *Constitutiones fratrum Ordinis B. V. M. de Monte Carmelo a. 1357*, Marche, 1915.
　1369: Patrick of St. Joseph, O.C.D., Marie Joseph du Sacré Coeur, O.C.D., *eds.*, *Constitutions [1369] des Grands Carmes*, in *Etudes carmélitaines*, 6 (1921), special pagination.
　1462: *Constitutiones fratrum Ordinis Beatissime Dei Genitricis Marie de Monte Carmelo*, Venetiis, per Lucantonium de Giunta, 1499.

Daniel a Virgine Maria, O.Carm., *Speculum carmelitanum*, Antverpiae, 1680. 4 pts in 2 v.

Denifle, Heinrich, O.P., and Chatelain, Emile, *eds.*, *Chartularium Universitatis Parisiensis*, Paris, 1889-1897, 4 v.

——, "Quellen zur Gelehrtengeschichte des Carmelitenordens im 13. und 14. Jahrhundert," *Archiv für Literatur- und Kirchengeschichte*, 5 (1899), 365-84.

Dictionnaire de spiritualité ascétique et mystique, doctrine et histoire, ed. Marcel Viller, S.J., *et al.*, Paris, 1932-　　In progress.

Driscoll, Michael T., O.Carm., *ed.*, *L'Histoire des Trois Maries; an edition with introduction*, Washington, D.C., 1973. An unpublished Master's dissertation.

Du Cange, C., *Glossarium mediae et infimae latinitatis*, ed. L. Favre, Niort, 1883-1887. 10 v.

Egan, Keith J., "An Essay Toward a Historiography of the Origin of the Carmelite Province in England," *Carmelus*, 19 (1972), 67-100.

——, "Medieval Carmelite Houses, England and Wales," *Carmelus*, 16 (1969), 142-226.

Emden, A. B., *A Biographical Register of the University of Oxford to A. D. 1500*, Oxford, 1957-1959, 3 v.

Emery, Richard W., "The Friars of the Blessed Mary and the Pied Friars," *Speculum*, 24 (1949), 228-38.

——, *The Friars in Medieval France; a Catalogue of French Mendicant Convents, 1200-1550*, New York, 1962.

Empoli, L., *Bullarium Ordinis Eremitarum S. Augustini*, Romae, 1628.

Eubel, Conrad, O.F.M., *et al.*, *Hierarchia catholica*, 2nd ed., Münster-Padova, v. 1, 1913- In progress.

Friedberg, E., *ed.*, *Corpus iuris canonici*, Leipzig, 1881. 2 v.

Graziano di S. Teresa, O.C.D., "Fontes carmelitici," *Archivum bibliographicum carmelitanum*, 6 (1961), 188-213.

——, "Ramenta carmelitana 12: Viridarii auctore Joanne Grossi, Ordinis Carmelitarum priore generale, recensio vaticana," *Ephemerides carmelitici*," 7 (1956), 240-84.

——, "Ramenta carmelitana 14," *Ephemerides carmeliticae*, 9 (1958), 442-52.

——, "Vita Fratrum del Sancto Monte Carmelo del P. Nicola Calciuri, O.C. († 1466)," *Ephemerides carmeliticae*, 6 (1955), 241-531.

Grossi, Jean, O.Carm., "Catalogus priorum generalium," MHC, 234-7.

Hendriks, Rudolph, O.Carm., "A Register of the Letters and Papers of John of Hildesheim, O.Carm. († 1375)," *Carmelus*, 4 (1957), 116-235.

——, "La succession héréditaire (1280-1451)," *Etudes carmélitaines*, 35 (1956), II, 34-81.

Iacobus a Voragine, *Legenda aurea*, ed. Th. Graesse, Lipsiae, 1850.

Ioannes de Alta Villa, *Architrenius;* in Th. Wright, *ed.*, *The Anglo-Latin Satirical Poets*, London, 1872, I, 240-396.

Ioannes Nepomucenus a Sancta Familia, O.C.D., *Histoire de l'Ordre de Notre Dame du Mont Carmel dans la Terre Sainte sous ses neufs premiers prieurs généraux*, Maestricht, 1798. Published anonymously.

Jacques de Vitry, *Historia Hierosolymitana;* in Bongars, *Gesta Dei*, I, 1047-1124.

James, M. R., *Latin Infancy Gospels*, Cambridge, 1927.

Jean de Venette, O.Carm., *The Chronicle of Jean de Venette;* ed. Richard A. Newhall, tr. Jean Birdsall, New York, 1953.

Kedar, Benjamin Z., "Gerard of Nazareth, a Neglected Twelfth-Century Writer of the Latin East," *Dumbarton Oak Papers*, 37 (1983), 55-77.

Kopp, Clemens, *Elias und Christentum auf dem Karmel*, Paderborn, 1929.

——, "Zur Geschichte des Karmeliterordens," *Das heilige Land*, 76 (1932), 1-13; 12.

Labbé, Philippe, *Nova bibliotheca manuscriptorum librorum*, Paris, 1657, 2 v.

Lezana, Juan Bautista, O.Carm., *Annales sacri et Eliani Ordinis B.mae V. M. de Monte Carmeli*, Roma, 1645-1656, 4 v.

Lusignano, Stefano, O.P., *Chorograffia et breve historia universale dell'Isola di Cipro*, Bologna, 1573.

Mansi, Giovanni Domenico, *Sacrorum conciliorum nova et amplissima collectio*, Florentiae/Venetiis, 1759-1798, 31 v.

Marianus Scotus, *Chronicon*, ed. G. Waitz; Migne, PL 147, 623-802.

Martène, E., and Durand, U., *Veterum scriptorum et documentorum collectio*, VI, Parisiis, 1729.

Michelant, H. and Raynaud, G., eds., *Itinéraires à Jérusalem et descriptions de la Terre Sainte aux XIᵉ, XIIᵉ, et XIIIᵉ siècles*, Genève, 1882, 89-90.

Migne, J. P., ed., *Patrologia graeca*, Paris, 1857-1866. 166 v.

Migne, J. P., ed., *Patrologia latina*, Paris, 1844-1855. 217 v.

Molinier, A., *Correspondance administrative d'Alphonse de Poitiers*, Paris, 1894-1900, 2 v.

Monumenta historica carmelitana, ed. Benedict Zimmerman, O.C.D., Lérins, 1905-1907. Only one volume appeared.

Muratori, L. A., *Rerum italicarum scriptores*, Mediolani, 1723-1751, 25 t. in 28 v.

Nicholas, of France, O.Carm., "*Sagitta ignea*"; ed. Adrianus Staring, O.Carm., *Carmelus*, 9 (1962), 237-307.

Nicolaus de Lyra, *Postilla in Biblia sacra cum glossis, interlineari et ordinaria*, Lugduni, 1545, 6 v.

Petrus Comestor, *Historia scholastica*; PL 198, 1053-1644.

Puig i Oliver, Jaume de, ed., "El *Tractatus de haeresi et de infidelium incredulitate, et de horum criminum iudice* de Felip Ribot, O.Carm.," *Arxiu de Textos Catalans Antics*, 1 (1982), 127-90.

Piur, Paul, *Oraculum angelicum Cyrilli*; in K. Burdach, *Briefwechsel des Cola di Rienzo*, 221-343.

Robert, W., "Les signes d'infamie au Moyen Age," *Mémoires de la Société nationale des antiquaires de France*, série V, 9 (1888).

Roefs, Victor, O.Carm., "Chronicon 'Qualiter et quomodo' de origine Ordinis Carmelitarum," AOC, 13 (1946), 70-74.

——, "De celebri codice Mechliniensi quo usus est Daniel a Virgine Maria in edendis *Vinea Carmeli* et *Speculo carmelitano*," AOC, 13 (1946-1948), 299-301.

——, "De organizatie der Carmelietenorde door Patriarch Albertus van Jerusalem," *Carmel*, 1 (1948-1949), 197-213.

Runciman, Stephen, *A History of the Crusades*, Cambridge, 1955-1957, 3 v.

Rymer, Thomas, *Foedera, conventiones, literae et cuiuscumque generis acta publica inter reges Angliae et alios quovis imperatores, reges, pontifices, principes vel communitates*, 2nd ed. London, 1704-1835, 20 v.

Saggi, Ludovico, O.Carm., "La mitigazione del 1432 della regola carmelitana, tempo e persone," *Carmelus*, 5 (1958), 3-59.

——, *Sant'Angelo di Sicilia; studio sulla vita, devozione, folklore*, Roma, 1962.

Santi del Carmelo, biografie da vari dizionari; ed. Ludovico Saggi, O.Carm., Roma, 1972.

Santos Otero, A. de, *Los evangelios apócrifos*, Madrid, 1956.

Sermoni volgari del divoto dottore santo Bernardo sopra le solennitade di tutto lanno, Venetia, 1529.

Smet, Joachim, O.Carm., ed., *The Life of Saint Peter Thomas by Philippe de Mézières*, Rome, 1954.

Solignac, A., "Paulin d'Aquilée," DS, XII, 584-8.

Staring, Adrianus, O.Carm., "Four bulls of Innocent IV, a Critical Edition," *Carmelus*, 27 (1980), 273-85.

——, *Der Karmelitengeneral Nikolaus Audet und die Katholische Reform des XVI. Jahrhunderts*, Rom, 1959.

Stephanus de Salaniaco et Bernardus Guidonis, O.P., *De quatuor in quibus Deus Praedicatorum Ordinem insignivit;* ed. Thomas Kaeppeli, O.P., Roma, 1949.

Stobbs, W., ed., *Chronica Rogeri de Hoveden*, London, 1868-1871, 4 v. (Rerum Britannicarum Medii Aevi Scriptores.)

Thomas de Eccleston, O.F.M., *Tractatus de adventu Fratrum Minorum in Anglia;* ed. A. G. Little, Manchester, 1951.

Villiers, Cosmas de, O.Carm., *Bibliotheca Carmelitana*, Orléans, 1752; ed. Gabriel Wessels, O.Carm., Roma, 1927, 2 v.

Vincent de Beauvais, O.P., *Speculum historiale*, Duaci, 1624.

Wasteels, Petrus, O.Carm., ed., *Ioannis Nepotis Sylvani, Hierosolym. episcopi XLIV, SS. Hieronymi, Chrysostomi, & Augustini coetanei, opera omnia*, Bruxellae, 1643, 2 v.

Wessels, Gabriel, O.Carm., "Anonymi opusculum 'De inceptione Ordinis beate Marie Virginis de Monte Carmelo'," AOC, 8 (1936-1938), 178-82.

——, "Epilogus de Aymerico patriarcha et S. Elia," AOC, 3 (1914-1916), 369-80.

Wright, Th., ed., *The Anglo-Latin Satirical Poets*, London, 1872.

Wrobel, I., ed., *Platonis Timaeus, interprete Chalcidio, cum eiusdem commentario*, Lipsiae, 1876.

Xiberta, Bartolomé, O.Carm., *De scriptoribus scholasticis saeculi XIV ex ordine Carmelitarum*, Louvain, 1931.

——, *De visione S. Simonis Stock*, Romae, 1950.

——, "Elias et religio Christiana in Monte Carmelo; animadversiones in librum nuper editum," AOC, 7 (1930-1932), 180-211.

——, "Magister Iohannis Golein; annotationes de historia Ordinis," AOC, 7 (1930-1931), 69-79.

Zedler, Gottfried, *Die Handschriften der nassauischen Landesbibliothek zu Wiesbaden*, Leipzig, 1931.

Zimmerman, Benedict, O.C.D., "Adnotationes de S. Brocardo," *MHC*, 276-9.

——, "Catalogus priorum generalium Johannis Grossi," *MHC*, 236-7.

——, "Catalogus priorum generalium Johannis Trisse," *MHC*, 231-4.

——, "Ricardi archiepiscopi Armacani bini sermones de Immaculata Conceptione B. V. Mariae, habiti in ecclesiis Carmelitarum annis 1342 et 1349," AOCD, 6 (1931-1932), 159-89.

——, ed., *Ordinaire de l'Ordre de Notre-Dame du Mont-Carmel par Sibert de Beka (vers 1312)*, Paris, 1910.

I. THE *RUBRICA PRIMA* OF THE CONSTITUTIONS

In all the old constitutions that have come down to us the first rubric is entitled *Qualiter respondendum sit,* with the *incipit, Cum quidam fratres in ordine [nostro] iuniores.* The rubric is designed to give an official answer to the question, how the Order originated; the constitutions of 1281 add "and by whom." This question was no doubt not asked by outsiders alone; even the older brethren probably had no satisfactory answer.

The rubric posits an uninterrupted succession from the time of Elijah and Elisha of "holy fathers" who lived on Mount Carmel in the Old as well as in the New Testament. They were not yet an Order, or religious persons, in the strict sense: they had no rule and did not yet constitute a *collegium.* This was first brought about by the rule of the patriarch Albert of Jerusalem. They were "penitents" who lived *"laudabiliter"* by the fountain of Elijah.[1] (The first rubric of the constitutions of 1462 adds the word *"religiose."*)

This first rubric has been preserved for us, with slight variations, in the constitutions of 1281, 1294, 1324, 1327, 1357, and 1369. The constitutions of Bl. John Soreth of 1462 expand the text further, but they fall outside the period with which this edition is concerned.

When was the *Rubrica prima* composed? Benedict Zimmerman, who knew no constitutions earlier than 1324, opines that the rubric was written after 1247 and before 1274. He dates it after 1247, because that was when the title, *Fratres beatae Mariae de monte Carmeli,* was first used in papal bulls. Actually this title occurs in a bull of 1252, but that does not mean that the Carmelites themselves did not know the title. Moreover the explanation of the title is lacking in the *Rubrica prima* of

---

[1] CARLO CICCONETTI, O.CARM., *La regola del Carmelo, origine, natura, significato,* Roma, 1973, 90-92.

1281 and 1294.[2] Zimmerman dates the first rubric before 1274 because at that date the Order was approved by the council of Lyons. But the council only allowed the Order to continue to exist until the pope decided otherwise.[3]

Carlo Cicconetti is of the opinion that the *Rubrica prima* dates from the time of the passage of the Carmelites to Europe, between 1238 and 1247. Since the Order was completely unknown in the West, the Carmelites, on presenting themselves to the authorities and the faithful, were required to state to what Order they belonged. For that matter, the same question was posed to the first followers of St. Francis.[4]

There is no reason to doubt this opinion. The exclusively eremitical character of the *Rubrica prima* points to a time before the change of the rule of 1247. However, it is strange that Nicholas the Frenchman in his *Sagitta ignea* of 1270 does not avail himself of the *Rubrica prima*, or even quote it. But he also does not mention the prophet Elijah, or even hint at him. "No doubt the author was afraid that the activity of the prophet would damage his argumentation."[5]

But did the Order already have constitutions before 1247? With the spread of the Order in the East and West these were no doubt necessary, if only to regulate the mutual relations between local, provincial, and general government. After the Carmelites had become Mendicants in 1247 through the adaptation of the rule by two Dominicans, they also adopted their constitutions in part.[6] The second rubric of the constitutions of 1281 corresponds to the prologue of the earliest Dominican constitutions.[7] This rubric disappears in the Carmelite constitutions of 1294, 1324, and 1327, but returns in a revised form in those of 1357 and 1369.[8]

This first rubric of 1281 and that of 1294 are approximately alike, except that the former places the rule of the patriarch Albert "*tempore Innocentii III*," while the latter states, "*ante concilium Lateranense*." The Fourth Lateran council in the time of Innocent III, 1215, had forbidden the founding of new Orders, but Albert had died in 1214.[9] Nevertheless, many Orders had arisen after 1215 and had also received papal approval and

---

[2] BENEDICT ZIMMERMAN, O.C.D., "Adnotationes de S. Brocardo," *Monumenta historica carmelitana*, Lérins, 1907, 277.

[3] CICCONETTI, *La regola*, 331-53.

[4] *Ibid.*, 89-90.

[5] RUDOLPH HENDRIKS, O.CARM., "La succession héréditaire (1280-1451)," *Etudes carmélitaines*, 35 (1956), II, 34-81; cf. p. 35.

[6] LUDOVICO SAGGI, O.CARM., *ed.*, "Constitutiones capituli Burdigalensis anni 1294," AOC, 18 (1953), 126-7.

[7] *Idem*, "Constitutiones capituli Londinensis anni 1281," AOC, 15 (1950), 205.

[8] *Constitutiones fratrum Ordinis B. V. M. de Monte Carmelo a. 1357*; ed. Antoine de la Présentation, O.C.D., Marche, 1915, 20. *Constitutions des Grands Carmes*; ed. Patrick of St. Joseph, O.C.D., and Marie Joseph du Sacré Coeur, O.C.D., in *Etudes carmélitaines*, 6 (1921), 20.

[9] CICCONETTI, *La regola*, 127-39.

confirmation, among others, the Franciscans, Dominicans, and other Mendicant Orders.

The council of Lyons of 1274 renewed the prescription of 1215 and banned the Orders which had been founded after the Lateran council and lacked papal confirmation. The Mendicants who had originated after the Lateran council and had received papal approval were condemned to extinction and were no longer to minister to the faithful. Members of such Orders were permitted to transfer to other approved Orders. The council made an exception in the case of the Dominicans and Franciscans, *"quos evidens ex eis utilitas Ecclesiae universali proveniens perhibet approbatos."* The Carmelites and Augustinians, who had been founded before the Lateran council, *"in suo statu manere concedimus, donec de ipsis aliter fuerit ordinatum. Intendimus siquidem de illis quam de reliquis, etiam non Mendicantibus Ordinibus, prout animarum saluti et eorum statui expedire viderimus, providere."* [10] Gregory X had in mind a drastic reduction, not only of the Mendicants, but also of the old religious and military Orders, but he died not long after, and his successors also enjoyed only brief pontificates. Finally Boniface VIII, on May 5, 1298, changed the phrase of the council of Lyons into *"in solido statu volumus permanere"* and omitted the rest.[11] In this form the prescription found its way into the *Decretales*. The Dominicans played a large role in the evolution of the decree of the council.[12]

That no mention is made in 1281 that Albert wrote the rule before the Lateran council is a sign that the formula already existed before 1274. The change, of course, could already have taken place in the chapter of 1285 or one of the following ones.

The constitutions of 1324 make an important addition. The title adds the query, *"et quare dicamur fratres ordinis beatae Mariae de monte Carmeli"* and further on states, *"quorum successores post incarnationem Christi ibidem ecclesiam in honore beatae Mariae Virginis construxerunt et ipsius titulum elegerunt et ob hoc deinceps fratres beatae Mariae per apostolica privilegia sunt vocati."*

To be recognized as a religious community in feudal times it was necessary to have a "title," a church or chapel, to the patron of which one placed oneself in service through profession. The rule of St. Albert had prescribed an *"oratorium."* Accounts by pilgrims, 1220-1229, show that the Carmelites had built *"une petite eglise de Notre Dame."* Thus Our Lady was the patroness of the mother house and hence of the whole Order.[13]

---

[10] *Ibid.,* 336.
[11] *Ibid.,* 355; *Bull. carm.,* I, 48.
[12] CICCONETTI, *La regola,* 334-5.
[13] *Santi del Carmelo; biografie da vari dizionari;* ed. Ludovico Saggi, O.Carm., Roma, 1972, 110-8.

In papal bulls this title seems to have been used for the first time by Innocent IV in a bull dated January 13, 1252.[14] In other documents the Marian title is found in 1247 and 1248 in Aylesford and in 1249 and 1250 in Pisa and Trapani.[15]

In popular usage the Carmelites, as well as other Orders, were designated by the color or form of their mantle.

After the general chapter of 1287 on July 23 had changed the striped mantle for one of white, Sifridus, archbishop of Cologne, at the request of the chapter, on September 14 granted an indulgence of ten days, applicable also in his suffragan dioceses, to all the faithful who called the Carmelites "Brothers of Saint Mary" or "Brothers of Our Lady."[16] In the Low Countries they were also usually called *"Lievevrouwenbroeders,"* Our Lady's Brothers.

It is rather surprising that the *Rubrica prima* of the constitutions of 1294 does not speak of the Marian title of the Order, although rubric 52 prescribes: *"Item statuimus quod quotiescumque de nostro Ordine vel eius titulo quis interrogaverit, semper nomen beate virginis Marie premittatur et procurationes et questus fiant sub nomine prelibato."*[17] The earliest subsequent constitutions to come down to us, those of 1324, do indeed contain an addition about the Marian title and the "church" of Our Lady on Carmel. It seems to us that this expansion of the *Rubrica prima* took place in one of the earliest chapters after 1294. John Baconthorpe, who entered the Order around the beginning of the 14th century, writes as follows in his *Compendium historiarum et iurium*, composed before 1333: *"In prima insuper constitutione dicti Ordinis, edita ab antiquo, invenitur quod a tempore Eliae et Elisei prophetarum, montem Carmeli inhabitantium, quidam viri contemplativi in eodem monte successerunt, et fratres de Carmelo erant nominati; ac post Christi incarnationem capellam in honorem beatae Mariae erexerunt et eius titulum elegerunt."*[18]

But there is something particular to be noted about the addition concerning the chapel of Our Lady and the title of the Order. These are attributed to the successors of Elijah, previous to the activity of the patriarch Albert and his rule: *"Quorum successores post incarnationem Christi ibidem ecclesiam in honore beatae Mariae virginis construxerunt et ipsius titulum elegerunt."* In the 14th century historiography of the Order this was the occasion for placing the construction of the chapel and the Order's title as early as the first century of the Christian era.

---

[14] Edited by ELIE BERGER, *Registres d'Innocent IV*, Paris, 1897, III, 24, no. 5563. Reprinted in AOC, 2 (1911-1913), 128.
[15] *Santi del Carmelo*, 112, note 7.
[16] *Speculum 1680*, I, 118, no. 510; Frankfurt, Staatsarchiv, Urkunden, Rep. 78a, nos. 96 and 438 (notary copies).
[17] "Constitutiones capituli Burdigalensis anni 1294", 184.
[18] See the text of the *Compendium* below, *particula 2*.

The *Rubrica prima* of 1357 and 1369 contains only a few small changes and additions. To *"montem Carmeli"* is added the phrase, *"qui ab Accon non longe distat."* This is taken from the *Speculum* of Jean de Cheminot, who in turn cites Jacques de Vitry.[19] In place of an *"ecclesia"* the Carmelites build an *"oratorium."* This too is found in Cheminot.[20] For that matter, the term *"oratorium"* is used in the rule of St. Albert.

The final paragraph is also further expanded and made to sound more solemn. The word *"incessanter"* is omitted from the succession of the ancient fathers. Albert is given the added title *"sedis apostolicae legatus."* This too is taken from Cheminot. Albert composed for the Carmelites a *"certam regulam,"* again from Cheminot.[21] The same author's mention of the papal approval of the title of the Order is echoed in the phrase, *"Et tam ipsam quam dictum ordinem et titulum sub bullarum suarum testimonio approbantes, devotissime confirmaverunt."* [22]

Manuscripts and Editions

Constitutions of 1281
Y — München, Staatsbibliothek, Ms. Clm 19114, f. 199r.
Edition: Ludovico Saggi, O.Carm., *ed.,* "Constitutiones capituli Londinensis anni 1281," AOC, 15 (1950), 203-45.

Constitutions of 1294
r — Siena, Biblioteca comunale "degli Intronati," Ms. G.XI.46, f. 19r-19v.
Edition: Ludovico Saggi, O.Carm., *ed.,* "Constitutiones capituli Burdigalensis anni 1294," AOC, 18 (1953), 123-85.

Constitutions of 1324
P — London, British Museum, Ms. Add. 16372, f. 6r.
The manuscript derives from the archive of the Carmelite province of Lower Germany and also contains the decrees of the general chapters from 1327 to 1362.
Edition: Benedict Zimmerman, O.C.D., *ed.,* MHC, 5-189.

Constitutions of 1327.
m — Roma, General Archive of the Carmelite Order, Ms. II C.O.IV. 3, f. 1r-1v.

---

[19] See the text of the *Speculum* below, ch. 2.
[20] *Ibid.,* ch. 4.
[21] *Ibid.,* ch. 5.
[22] *Ibid.,* end of ch. 4.

A copy by Louis Gallien, O.Carm., in 1688 of a manuscript, presumably now lost, provenant from the archive of the Mantuan Congregation situated in the convent of San Crisogono, Roma.

D — Besançon, Bibliothèque municipale, Ms. 789, p. 349.

Another copy by Gallien of the same manuscript.

S — Mantova, Biblioteca comunale, Ms. E.II.20. Not paginated. The first rubric, which is expanded with other "historical" details after the account of the giving of the rule by St. Albert, occurs on f. [2r].

A miscellany written by Geremia da Mantova, O.Carm., in the Carmelite convent of Verona. Besides papal bulls, prayers, and a *confessionale*, the manuscript contains an excerpt from the constitutions which corresponds to the constitutions of 1324 and 1327 but not to those of 1357 and later ones.

Constitutions of 1357.

g — Paris, Bibliothèque Nationale, Ms. Nouv. Acq. lat. 360, p. 6-7.

Z — Nantes, Bibliothèque municipale, Ms. 89 (Latin 73), f. 4r.

V — Moulins, Bibliothèque municipale, Ms. 45, f. 1r.

Edition: Antoine Marie de la Présentation, O.C.D., *ed.*, *Constitutions des Pères de Notre Dame du Mont-Carmel faites l'année 1357*, Marche, 1915.

Unskilled transcription, full of errors.

Constitutions of 1369

q — Siena, Biblioteca comunale "degli Intronati," Ms. G.XI.45, f. 1r.

s — Biblioteca Vaticana, Ms. Vat. lat. 3991, f. 1r.

R — Lunel, Bibliothèque municipale, Ms. 15, f. 4v-5v. The *tabula* was written by Nicholas Coc in 1412, but there are later additions.

Coc was *socius* to the prior general, Jean Grossi, in the general chapters of 1411 and 1416; from 1420 to 1447 he was provincial of Narbonne.[23]

We were unable to consult this manuscript.

Edition: *Constitutions des Grands Carmes; manuscript du XVe siècle*. Transcription faite par les PP. Patrick de St. Joseph et Marie-Joseph du Sacré Coeur, avec la collaboration de M. Ferdinand Courtoy, archiviste de l'Etat, Namur. Published in *Etudes carmélitaines*, 5 (1920), 3-176 (special pagination).

Constitutions of 1462.

E — Bologna, Biblioteca universitaria, Ms. 1863, f. 94r-4v.

U — Modena, Biblioteca Estense, Racc. Campori, Ms. γ V.5.25. Not paginated.

---

[23] See *ACG*, I, for the chapters of these years.

The rubric at the head of these constitutions is in the new form given it by Bl. John Soreth, but the first rubric constitutes the introduction to the treatise of Jean de Venette preceding the constitutions and corresponds to the text in the constitutions of 1357 and 1369.

Other Manuscripts and Editions

n — Roma, General Archive of the Carmelite Order, Ms. II C.O.II.35 (the "Codex Abulensis").

The beginning of the constitutions is wanting in this manuscript, but the title of the first rubric occurs in the *tabula*, f. 275r.

x — *Speculum 1507*, f. 57r. The first rubric forms an introduction to an anonymous treatise of the 15th century, attributed by some to Jean de Venette, and which is also a commentary on the first rubric.

Texts

1.

1281

1 Qualiter respondendum sit
quaerentibus a quo et quomodo ordo noster sumpsit
exordium.
5   Cum quidam fratres in
ordine iuniores, quaerentibus
a quo et quomodo ordo noster habuerit exordium, iuxta
veritatem nesciant satisface-
10 re, pro eis in scripto formulam talibus relinquentes volumus respondere.
    Dicimus enim veritati tes-
timonium perhibentes, quod
15 a tempore Eliae et Elisei prophetarum, montem Carmeli
devote inhabitantium, sancti
patres tam veteris quam novi testamenti, eiusdem mon-
20 tis solitudinem pro contemplatione caelestium tamquam
veri amatores, ibidem iuxta
fontem Eliae in sancta poenitentia, sanctis successibus

1294

1 Qualiter respondendum sit
quaerentibus de ordine nos-
stro et qualiter sumpsit exordium.
5   Cum quidam fratres in
ordine nostro iuniores, quaerentibus quando vel quomodo ordo noster habuerit exordium, iuxta rei veritatem
10 non sciant satisfacere, pro
eis in scriptis formam talibus relinquentes volumus
respondere.
    Dicimus enim veritati tes-
15 timonium perhibentes, quod
a tempore Eliae et Elisei
prophetarum, montem Car-
meli devote inhabitantium,
sancti patres tam veteris
20 quam novi testamenti, eiusdem montis solitudinis pro
contemplatione caelestium
veri amatores, ibidem iuxta
fontem Eliae in sancta poe-

---

5 fratres *supra scriptum* Y.
21 tamquam *in margine eadem manu* Y.

25 incessanter continuata, sunt proculdubio laudabiliter conversati.

Quorum successores, tempore Innocentii III, Albertus
30 Ierosolymitanae ecclesiae patriarcha in unum congregavit collegium, scribens eis regulam, quam Honorius papa, successor ipsius Innocentii,
35 et multi successorum suorum, ordinem istum approbantes, sub bullarum suarum testimonio devotissime confirmarunt.
40   In cuius professione nos eorum sequaces usque in hodiernum diem in diversis mundi partibus Domino famulamur.

25 nitentia, sanctis successibus in cessanter continuata, sunt proculdubio laudabiliter conversati.

Quorum successores Al-
30 bertus Ierosolymitanae ecclesiae patriarcha in unum congregavit collegium, scribens eis regulam ante concilium Lateranense, a pluri-
35 bus summis pontificibus postea approbatam, quam sub bullarum suarum testimonio devotissime confirmaverunt.

In cuius professione nos
40 eorum sequaces usque in hodiernum diem in diversis mundi partibus Domino famulamur.

2.

1324 - 1327

1 Qualiter respondendum sit quaerentibus qualiter ordo noster sumpserit exordium et quare dicamur fratres ordinis beatae Mariae de monte Carmeli.

Cum quidam fratres in ordine nostro iuniores quaerentibus
5 a quo, quando vel quomodo ordo noster sumpsit exordium, vel quare dicimur fratres ordinis beatae Mariae de monte Carmeli, iuxta rei veritatem nesciant satisfacere, pro eis in scriptis formam talibus relinquentes volumus respondere.

Dicimus autem veritati testimonium perhibentes, quod a tem-

---

39 confirmarunt *corr. in* confirmaverunt (*alia manu?*) *Y.*
1-3 *Titulus ex P, om S,* Quomodo ordo noster sumpsit exordium et quare dicimur fratres beatae Mariae de monte Carmeli *mD.*
3 Carmeli + Rubrica prima *PS,* Capitulum I *mD.*
5 quando] vel quando *S, om mD.*   vel quomodo *om S.*   sumpsit] sumpserit *P*   vel] et *S.*
6 dicimur] dicamur (?) *P.*
7 nesciant] vestras *S.*
8 talibus] talem *S.*
9 autem] enim *S.*

10 pore Eliae et Elisei prophetarum montem Carmeli devote inhabitantium, sancti patres, tam novi quam veteris testamenti, eiusdem
montis solitudinis pro contemplatione caelestium veri amatores,
ibidem iuxta fontem Eliae in sancta poenitentia, sanctis successibus
incessanter continuata, sunt proculdubio laudabiliter conversati.
15   Quorum successores post incarnationem Christi ibidem ecclesiam in honore beatae Mariae virginis construxerunt et ipsius
titulum elegerunt, et ob hoc deinceps fratres beatae Mariae de
monte Carmeli per apostolica privilegia sunt vocati.
        Quos Albertus Ierosolymitanae ecclesiae patriarcha in unum
20 collegium congregavit, scribens eis regulam ante concilium Lateranense, postea a pluribus summis pontificibus approbatam; quam
regulam sub bullarum suarum testimonio devotissime confirmarunt.
        In cuius professione nos, eorum sequaces, usque in hodiernum
25 diem in diversis mundi partibus Domino famulamur.

3.

1357 - 1369

1 Qualiter respondendum sit quaerentibus quomodo et quando ordo
noster sumpsit exordium et quare dicimur fratres ordinis beatae
Mariae de monte Carmeli.
        Cum quidam fratres nostri ordinis iuniores quaerentibus a
5 quo vel quomodo ordo noster sumpsit exordium, vel quare dicimur
fratres ordinis beatae Mariae de monte Carmeli, nesciant satisfacere competenter:

---

10 montem] in monte *S.*
14 continuata] continuatis *mD.*
15 incarnationem + Iesu *S.*
16 Mariae *post* virginis *mD.*
17 fratres + ordinis *S.*
19 patriarcha *ante* Ierosolymitanae *S.*
        20 regulam + sub brevitate antequam Hierusalem a Saracenis esset capta,
et prosequitur alio textu S.
        1-3 *om UE;   V in tabula:* Qualiter respondendum est de exordio nostri
ordinis.
        1 Qualiter] quomodo *Rqs; in tabula autem:* qualiter *Rqs.*   quomodo et]
om qs, sed adest in tabula.
        2 dicimur] dicuntur *gqs, sed* dicimur *in tabula qs.*
        3 de monte Carmeli] etc. *R, sed adest in tabula.*   Carmeli + Rubrica
prima *gVRqs,* n *in tabula,* + cum multis aliis *x.*
        4 nostri] vestri *x.*
        5 vel quomodo *om x.*   dicimur] dicuntur *qs.*
        6 fratres *om UE.*

Hinc est quod in scriptis pro eis formam talibus relinquentes volumus respondere.

10 Dicimus autem veritati testimonium perhibentes, quod a tempore Eliae prophetae et Elisei eius discipuli, montem Carmeli qui ab Accon non longe distat, devote inhabitantium, multi sancti patres tam veteris quam novi testamenti, solitudinis eiusdem montis pro contemplatione caelestium veri amatores, ibidem iuxta fontem

15 Eliae in sancta poenitentia, sanctis successibus continuata, sunt proculdubio laudabiliter conversati.

Quorum successores post incarnationem Domini nostri Iesu Christi ibidem oratorium in honore beatissimae Mariae virginis construxerunt et ipsius titulum elegerunt, et ob hoc fratres ordinis

20 beatae Mariae virginis de monte Carmeli deinceps per apostolica privilegia sunt vocati.

Quos Albertus, Hierosolymitanae ecclesiae patriarcha et sedis apostolicae legatus, in unum collegium congregavit, scribens eis certam regulam ante concilium Lateranense, postea a pluribus

25 summis pontificibus approbatam. Et tam ipsam quam dictum ordinem et titulum sub bullarum suarum testimonio approbantes, devotissime confirmarunt.

In cuius regulae et ordinis professione nos, eorum sequaces, usque in hodiernum diem, auxiliante Virgine benedicta, in diversis

30 mundi partibus Domino famulamur, cui est honor et gloria in saecula saeculorum. Amen.

---

8 in scriptis *post* pro eis *qsxUE*.

10 Dicimus autem veritati] De huius autem veritate *qsxUE*.   autem] enim *V*.   perhibentes + dicimus *qsxUE*.

12 ab ... distat] non multum (longe *UE*) distat ab Achon *qsxUE*.   Accon] Achon *in omnibus codd.*

13 veteris ... testamenti] novi quam veteris testi *UE*.   solitudinis] solitudinem *qsx*.   montis + inhabitantes *x*.

14 pro contemplatione] per contemplationem *xUE*.

15 Eliae + in monte Carmeli *x*.   continuata] continuatis *qsxUE*. sunt] secum *UE*.

16 conversati + sunt *UE*.

18 honore] honorem *UE*.   Mariae *om g*, *post* virginis *qsx*, + matris Dei *x*.

19 construxerunt] construentes *UE*.

19-20 construxerunt ... virginis *om V*.

19 et ob hoc *om UE*.

22 Hierosolymitanae] Hierosolimitanus *UE*.   et] ac *qsxUE*.

23 legatus + tempore Innocentii III *Z*.   congregavit] aggregavit *ZUE*.

25 approbatam] approbatum est *UE*.   ipsam + regulam *x*.

27 confirmarunt *gVR*, confirmaverunt *ZqsxUE*.

30 et gloria *om UE*.

31 Amen *om UE*.

II. THE LETTER OF PIERRE DE MILLAU
TO KING EDWARD I OF ENGLAND, 1282

As already mentioned, the Second Council of Lyons of 1274 allowed the Carmelite Order to exist "until decided otherwise." The very survival of the Order was uncertain, and this condition diminished vocations as well as the founding of new convents.

Under the pontificate of Martin IV (1281-1285) the prior general, Pierre de Millau (1277-1294), undertook to have the clause of the council of Lyons withdrawn. Petitions to the pope on the part of a few bishops of the Holy Land and of the grand master of the Hospitalers of St. John and of the Templars were probably written at Pierre's behest. The Carmelite Order, founded in the Holy Land, destined most of the alms it received to succor the Holy Land. Because of the decision of the council of Lyons they now find themselves in the direst need, and therefore the bishops request that the clause of the council of Lyons be cancelled. This letter was written at Acre, September 23, 1282.[1] The letter of both grand masters, dated from Acre, July 12, 1283, uses the same argument.[2]

The letter of the prior general to King Edward I of England in the royal registers is not dated, but the king's answer bears the date, October 16, 1282. In it he charges his secretaries to write Cardinal E., bishop of Tusculum (actually Ordonio Aluez, 1278-1285); Hugh Atratus of Evesham, cardinal-priest of San Lorenzo in Lucina (also mentioned in the prior general's letter); Giacomo Savelli, cardinal deacon of Santa Maria in Cosmedin; and Matteo Rossi Orsini, cardinal deacon of Santa Maria in Portici, to intervene with the pope to restore the Carmelite Order to its pristine vigor.

The king thanks the prior general for the Order's prayers for himself, his children, and the kingdom, and asks that the prayers be continued. He

---

[1] *Speculum 1680*, I, 115-6, nos. 500-1.
[2] *Ibid.*, I, pars 2, 116, nos. 502-3.

communicates to the general that he has ordered letters written to the cardinals, but for the moment has postponed writing to the pope himself.

The letter of Pierre de Millau is important for the development of the identity of the Carmelite Order, because it is the first, as far as we know, to express the idea, later enlarged upon, that the Order was especially founded in honor of Mary: "...*apud Deum et Virginem gloriosam praedictam, ad cuius laudem et gloriam ordo ipse transmarinis partibus extitit specialiter institutus.*" The same idea also occurs in the acts of the general chapter of 1287.[3]

Edition: THOMAS RYMER, *Foedera, conventiones, litterae et cuiuscumque generis acta publica inter reges Angliae et alios quovis imperatores, reges, pontifices, principes vel communitates,* 2nd ed. (20 v., London, 1704-1735), II, 221-2.

---

[3] ACG, I, 7.

Texts

1.

Illustrissime domine, rex pietatis et misericordiae, solus in universo climate oppressorum refugium et pauperum, regnans autonomatice et imperans in quiete, cuius thronum formidat universa natio, colla sibi subdens humiliter vel desiderans complacere, audire dignemini et exaudire pariter preces humillimas fratris Petri, fratrum ordinis beatae Mariae de monte Carmeli prioris generalis, devoti servi vestri, licet immeriti et indigni, quas pro se et toto ordine vestrae illustri regiae Maiestati offert flexis genibus in hunc modum:

Significat illustri vestrae regiae Maiestati frater Petrus prior generalis praedictus, quod cum dominus Gregorius papa X in concilio Lugdunensi de ordine ipso duxerit ordinandum, quod ipsum in statu suo manere concedebat, donec de ipso aliter ordinaret, intendens tam de ipso ordine, quam de aliis ordinibus, etiam non mendicantibus, ordinare prout saluti animarum ipsorum et statui expedire videret,

Nihilominus tamen nonnulli constitutionem praedictam interpretari satagunt graviter et extorte, sensum ipsius debitum et intentum, Dei timore postposito, pervertentes in praedictorum prioris ac totius ordinis laesionem, gravamen et praeiudicium ac etiam maximum nocumentum, corda fidelium per hoc a devotione fratrum et ordinis retrahentes.

Verum cum in terris nullus sit princeps vel dominus, ad cuius refugium et auxilium audeant vel valeant recurrere confidenter, nisi ad vestram illustrissimam et piissimam regiam Maiestatem, supplicat quatenus obtentu Dei et gloriosae Virginis, Sacrosanctae Romanae Ecclesiae domino patri nostro Summo Pontifici preces vestras dirigere dignemini cum effectu, quod constitutionem praedictam sic declarare et interpretari dignetur, quod nota vacillationis quae adversus ordinem consurgit, ex ipso omnino sublata, ordo ipse robur obtineat pristinae firmitatis; ita quod omnes fratres ipsius ordinis, de captivatione sua per vos redemptionem habentes — ut Iudaei per Moysen, et per Christum populus christianus longe meliorem et etiam pleniorem — pro vestra ac liberorum vestrorum et totius regni vestri optata prosperitate habenda perpetuo, necnon pro animarum praedecessorum vestrorum propitiatione culparum, vel conregnantium praemiis cumulandis, apud Deum et Virginem gloriosam praedictam — ad cuius laudem et gloriam ordo ipse transmarinis partibus exstitit specialiter institutus — diebus ac noctibus habeatis sedulos et supplices oratores.

Deferentes nihilominus illustri vestrae regiae Maiestati gratiarum devotas, quas possumus, actiones de praedicto domino sancto Summo Pontifice, qui preces vestras regias pro nobis et ordine sibi factas benigne recepit et favorabiliter acceptavit, iuxta vestrarum continentiam litterarum.

Et eodem modo et amplius de venerabili patre nostro domino Ugone, Dei gratia presbytero cardinali, cuius laus et gloria suam decorat et nobilitat nationem, qui non solum preces vestras pro nobis et aliis sibi factas devote respicit, sed nutus exsequitur sedulo et intente; quo referente didicimus quod obtinuissemus, quod intendebamus specialiter atque principaliter, si de praedicto et pro praedicto negotio preces direxissetis domino sancto Summo Pontifici speciales.

Quare et hac vice, domine rex piisime, praedicto domino Summo Pontifici sic efficaciter pro praedicto ordinis negotio specialiter placeat scribere, quod relevatio nostra vobis apud Deum et homines adscribatur, et animae vestrae nihilominus pro tam pio opere corona, iam in caelestibus sedibus fabricata, pretiosissimarum gemmarum suscipiat incrementa: cui Sancta et gloriosa Trinitas successus tribuat prosperos et optatos, cum felici dierum longitudine, inimicorum reconciliatione gratissima, atque pacifica et inenarrabili laetitia amicorum.

2.

THE REPLY OF KING EDWARD I OF ENGLAND

De litteris, pluribus Cardinalibus scribendis, pro statu fratrum Carmelitarum sublevando.

Suis W. de Odiham, et A. de Berton, salutem.

Scribatis amicabiliter, per litteras Regis, Domino E. episcopo Tusculano, sacrosanctae Romanae Ecclesiae Cardinali; Domino H. titulo S. Laurentii in Lucina Presbytero Cardinali; Domino J. Sanctae Mariae in Cosmydin Diacono Cardinali; Domino M. Sanctae Mariae in Porticu Diacono Cardinali; quod cum Dominus Papa, post Concilium Lugdunense, statum fratrum de Monte Carmeli, quem Dominus Papa tunc in pendenti reliquit, hactenus non firmaverit, placeat dictis Cardinalibus erga Dominum Papam efficaciter interponere partes suas, quo magis status dictorum fratrum pristinus confirmetur.

Scribatis etiam Priori Generali fratrum Ordinis praedicti, qui Domino Regi per litteras praesentibus interclusas super hoc supplicavit, quod Dominus noster Rex praedictus multum regratiatur ei de precibus suis, quas continuo fratres praedicti pro ipso, liberis et Regno suo ad Deum faciunt; et rogat, quod iugiter in intercessionibus suis de ipso memoriam habeant specialem.

Et mandetis eidem, quod Rex ita scripsit Cardinalibus, sed Domino Summo Pontifici super hoc scribere, ob aliquas causas, distulit ista vice.

Datum apud Rothelan. decimo sexto die Octobris.

III. THE GENERAL CHAPTER OF MONTPELLIER, 1287

An important event for the consolidation of the Order after the council of Lyons of 1274 was the change of the striped mantle for a white one at the general chapter of Montpellier of 1287.

In considering this matter we will be concerned with two notarial acts, to which we will refer by their *incipits, Notum sit* and *Invocantes.*

In the Middle Ages in fact persons of all ranks and stations, and often also artisans, were distinguished by their clothing. The nobility had not only their own colors on weapons and banners, but also on the livery of their servants.

The Carmelites had a tunic and scapular, with capuce attached, of gray (*griseus*), a color common also to the Franciscans and Augustinians of the time, but they wore a mantle (*carpita*) with seven vertical stripes. "*Frater professus,*" writes John Bale, quoting lost constitutions, "*habeat unam carpetam, quae est nostrae religionis signum, non de peciis consutam, sed contextam, et habeat septem radios tantum, ut simus uniformes. Quod moraliter significet circumamictos virtutum varietate, per septiformam gratiam debere decorari. Quod valeamus impetrare.*" [1] The stripes were alternately white and dark. A picture of the habit predating 1287 can be found in a miniature on f. 1r of Ms. Royal I.D. in the British Museum in London.

As until recently, religious Orders at the time were designated by their clothing: "Black Friars," "Grey Friars," "White Friars." Among the alms bestowed by Count Alphonse of Poitiers are found some granted to the "fratres de Carpitis Parisienses." [2] The name even occurs in a corrupt form, "fratribus de scarpistris Tholosanis." [3] In Paris the Carmelites were

---

[1] Miscellany, Oxford, Bodleian Library, Ms. Selden supra 41, f. 159r.

[2] E. BERGER, *Layettes du Trésor des Chartes* (5 v., Paris, 1863-1909), IV, 119b, no. 4993; 210b, no. 5267.

[3] A. MOLINIER, *Correspondance administrative d'Alphonse de Poitiers* (2 v., Paris, 1894-1900), I, 534, no. 832; II, 73, no. 1324.

popularly known as "les Barrés," and in other countries also they were called "Striped Brothers." The change of the Carmelites' characteristic *carpita* to a white mantle was at the time a radical undertaking which might raise considerable dust and was therefore carefully prepared and laid down in two notary acts.

Pope Honorius IV (1285-1287), contrary to his predecessors, favored the smaller Mendicant Orders, but already previously, under his predecessor Martin IV, at the general chapter of Pavia, 1284, "*fuerunt ordinati certi procuratores qui adirent Romam ad sedem apostolicam pro privilegiis impetrandis et pro mantellis barratis mutandis.*" [4]. Through the cardinal protector, Gervasio Giancoleto, the request was made to the pope, who granted permission "*viva vocis oraculo*" to adopt "*chlamydes seu cappas*" of one color, as the cardinal wrote on February 11, 1286. Since the pope died on April 3, 1287, Cardinal Gervasio the following May 3 wrote a new letter to the general chapter, asserting that the permission granted by the pope "*firmum et irrevocabile perseverat.*"

The general chapter convened on the feast of St. Mary Magdalen, July 22, 1287. First, the bull *Qui ex apostolici* of Pope Alexander IV, of February 24, 1256, was read, according to which the prior general and definitors of the chapter, following the rule and constitutions, were able to make decisions immediately following upon their election. Next the two letters of Cardinal Gervasio were read. The documents were approved and copied by notaries, and a public act was drawn up, *Notum sit cunctis.*

The following day, July 23, the chapter, after mature deliberation, unanimously decided to do away with the striped mantle and to replace it with a white *cappa*. Concerning all this a long document, *Invocantes*, was composed, in which the disadvantages of the striped mantle were first summed up, after which it was made clear that the religious habit was not being changed, but only the mantle. The latter was precisely described, because it was not to be a closed garment. The color white had been chosen, and not grey or another color, in order not to cause detriment to another approved Order. On July 26 the document was publicly read, publicized, signed by various witnesses and notaries, and sealed.

As a matter of curiosity, in 1287 another Mendicant Order existed, which not only wore a white mantle but also bore a Marian title, *Fratres Ordinis Beatae Mariae Matris Christi*. It was a small Order, begun in Marseilles and approved by Alexander IV in 1257. In 1274 it had at least 14 houses: 7 in France, 3 in England, and 4 in other countries. Because they wore a black capuce they were popularly known as *Fratres de pica*, Pied Friars. But since this Order was doomed to extinction by the council of 1274, the Carmelites could without scruple take over the white mantle.[5] However, opposition came from another quarter, namely, the Pre-

---

    [4] JEAN TRISSE, O.CARM., "Fragmenta capitulorum," MHC, 204.
    [5] RICHARD W. EMERY, "The Friars of the Blessed Mary and the Pied Friars," *Speculum*, 24 (1949), 228-38.

monstratensians, also called White Canons. Nevertheless, Pope Boniface, on November 25, 1295, confirmed the adoption of a white mantle by the Carmelites.[6]

The two documents of the chapter make no mention of the Elijan origin and succession, but *Invocantes* commemorates Mary: *"Suffragium imploramus gloriosae virginis Mariae, matris Iesu, in cuius obsequio et honore fundata est nostra religio de monte Carmeli, in monte utinam coagulato et pingui, monte in quo beneplaceat Domino habitare."* As mentioned above, the same idea already occurs in Pierre de Millau's letter of 1282 to the English King.

Manuscripts and Printed Editions

Original notarial acts of both documents, *Notum sit* and *Invocantes*, still existed in the 17th century. The former was in the archive of the convent of Mende, as André de St.-Nicolas wrote to Daniel a Virgine Maria on March 14, 1666: *"Habeo et acta authentica capituli generalis Monspelii celebrati anno 1287, descripta in veteri membrana, pendentibus episcopi magalonensis, generalis, et ordinis sigillis, in cera affictis, super mutatione capparum."*[7] He sent a copy of it to Fr. Daniel, who edited it in his *Speculum* of 1680: *"Autographum integrum... asservatur in Carmelitarum conventu Mimatensi provinciae Narbonae, ut attestatur R. P. Andreas a S. Nicolao, prior Cabilonensis... qui inde extractum in Belgium misit."*[8]

The original of *Invocantes* existed in the archive of the convent of Bagnols; of this too André de St.-Nicolas made a copy, but only, it would seem, after 1680, the date of Daniel's *Speculum.*

Notum Sit

    y — *Speculum 1680*, I, pars 2, pp. 764-5, nos. 2885-8.

Daniel a Virgine Maria used the copy, no longer extant, André de St.-Nicolas had made of the original in Mende, as well as another text: *"Extat etiam copia integra in vetusto codice Carmeli Brugensis in Flandria."*[9]

    F — Brugge, Archief der Ongeschoeide Karmelieten, *Liber copiarum seu instrumenta ab a. 1266, promiscue* Liber Oblongus *vocatus*, f. 23r-25v.

This volume is a cartulary of the second half of the 15th century, but with later additions. *Notum sit* is contained in the older part. This cartulary is the *"vetustum codex"* mentioned by Daniel above.

    w — *Bull. carm.*, I, 35-38.

---

[6] *Bull. carm.*, I, 45-46.
[7] General Archive of the Order, Ms. II C.O. II 22, f. 228r.
[8] *Speculum 1680*, I, pars 2, p. 765, no. 2888.
[9] *Ibid.*

Edition of an official copy made on October 22, 1685, by Silvestre Chevalier, official and vicar general of the bishop of Mende, and by Montet, clerk or secretary of Chevalier, of the original in the Carmel of Mende. This copy apparently was intended for the general archive of the Order in Rome, but it no longer seems to be there.

D — Besançon, Bibliothèque municipale, Ms. 789, pp. 495-500.

Mss. 784-790 comprise seven 17th century volumes with historical information and documents collected by Louis Gallien, O.Carm., who also worked in the archive of the Order in Rome.

With regard to our text he writes, *"Cecy est tiré du grossoye original en parchemin escrit et signé de la propre main de Maitre Jean de Malobuxo, notaire et tabellion apostolic, et signé des autres notaires, scelé de deux sceaux pendans... lequel original est dans les archives de notre couvent de Mande, duquel je lay fidelement escrit et bien collationé."*

It is not certain whether the notary was called Joannes de Malobuxo or Mal*a*buxo; Gallien spells the name both ways.

Invocantes

p — Roma, Archive of the Postulator General, Ms. Post. IV, 44, t. VII, ff. 77r-82v.

At the end of the text is the note, *"Concordat cum exemplari authentico quod penes me est atque ex tabulario conventus nostri Balneonensis desumptum fuit. Ita testor ego infrascriptus prior provincialis provinciae Narbonae Ordinis Carmelitarum, Vesontiae, die 10a januarii, anno Domini 1687. Fr. Andreas a Sto. Nicolao, provincialis."* However the manuscript does not appear to have been written by André, but is rather a later copy.

Edition: ACG, I, 7-15.

Gabriel Wessels, O.Carm., the editor, adds the note (p. 7, note 3), *"Textum damus, prout invenimus, negligenter exaratum, quem tamen non omittendum putavimus. Alium vidimus adhuc peiorem."*

D — Besançon, Bibliothèque municipale, Ms. 789, pp. 501-5.

Gallien adds the note (p. 505), *"Le P. André de S. Nicolas a fourni divers copies de ces actes qu'il dit avoir tiré des archifs de Baignols, le 10 janvier 1687."*

B — Avignon, Archives départementales de la Vaucluse, série H, Grands Carmes, art. 3, ff. 1r-5v.

The copyist does not identify himself; he is not André de St.-Nicolas.

Edition: Antoine-Marie de la Présentation, O.C.D., *Constitutions des Frères de Notre Dame du Mont Carmel, faites l'année 1357*, Marche, 1917, 149-58.

Like the text of the constitutions, that of *Invocantes* is full of misreadings—sometimes four to a line.

i — Roma, General Archive of the Carmelite Order, Ms. II C.O.II.9, t. 1, p. 775-88.

The copy is in the hand of Luis Pérez de Castro, O.Carm. (d. 1689), who states, *"Verumque integram istius mutationis historiam cum actis ejusdem capituli unice continentibus ex archivio nostri coenobii Avenio-*

nensis non ita pridem accepimus, eam hic literaliter exscribimus, atque subinde palam fiet minime fuisse mutatum sacrae nostrae familiae habitum." Hence the text Pérez copied came from Avignon and in fact often shows the same variants as *B*.

l — Roma, General Archive of the Order, Ms. II C.O.III.1, *Liber Ordinis,* v. 1. Loose leaves at the front of the volume.

The copy was not made from *i* and has the most errors, but the variants tend to correspond to those in *B* and *i*.

Two families of manuscripts may be distinguished: *p* and *D* revert to the copy made by André de St.-Nicolas in 1687; *B, i,* and *l* are related; *i* and *l* may depend on *B*.

Another feature should be noted: the notaries not only affix their names and seals to the acts but also add their monograms, or *signa*. In Ms. *D* of *Notum sit,* Louis Gallien, who copied the original in Mende, illustrated the *signa* of three notaries.

In the copies of *Invocantes,* five *signa* are found; that of Joannes de Malobuxo occurs twice and is reproduced by Wessels in his edition of *p* (p. 15). Gallien does not reproduce the notarial *signa* in *D*. In *i* Pérez draws only the *signum* of the first notary and adds, *"Prostant similiter duorum notariorum attestationes et signa, atque immediate subiungitur: In quorum... apponendum"* (last paragraph). Mss. *B* and *l* contain all five *signa*.

Since we have not seen the originals, we omit the notarial *signa* from this edition.

Invocantes contains many references to Sacred Scripture, and perhaps even more, to Canon Law.

Texts

1.

INSTRUMENTUM CAPITULI GENERALIS ORDINIS BEATAE VIRGINIS MARIAE
DE MONTE CARMELO PRO MUTATIONE CAPPARUM VARIEGATARUM

NOTUM SIT cunctis praesentibus atque futuris, quod anno dominicae incarnationis 1287, et 11 kalendas augusti, domino Philippo
5 rege Francorum regnante, et domino Berengario, Dei gratia Magalonensi episcopo praesulante, viris religiosis fratre Petro de Amiliano, priore generali fratrum ordinis beatae Mariae de monte
Carmeli, et fratre Guillelmo de Sanvico, definitore provinciae
Terrae Sanctae, et fratre Guillelmo Messanae, priore provinciali et
10 definitore provinciae Siciliae, fratre Henrico de Anna, priore provinciali et definitore provinciae Angliae, fratre Bernardo Catalani,
definitore provinciae Provinciae, fratre Gratia de Senis, definitore
Romanae provinciae, fratre Roberto Fortini, definitore provinciae
Franciae, fratre Benigno Mediolanensi, priore provinciali et defi-
15 nitore provinciae Lombardiae, fratre Henrico Iuvenis, priore
provinciali et definitore provinciae Alemanniae, et fratre Arnaldo
Caillau, priore provinciali et definitore provinciae Aquitaniae, et
multis aliis fratribus praesentibus, congregatis apud Montem Pessulanum, in domo fratrum Carmelitarum, pro generali capitulo

---

1-2 Titulus *solum in* D; Bulla quomodo cappae nostrae sunt mutatae *F*.
3 cunctis] omnibus *Fy*.
4 augusti *om F*.
6-7 Amiliano] Miliano *F*.
9 provinciali] provinciae *F*.
12 Gratia] Garcia *w*, Gacia *y*.
13 Roberto] Rotberto *DF*.
17 Caillau] Cailla *F*.

20 celebrando, tractare inter cetera intendentibus et volentibus super
suis chlamydibus seu mantellis amovendis, seu ordinare aliter de
eisdem, ut liberius et securius tractanda, ordinanda et disponenda
tractare, ordinare et disponere possint quae ordinanda et disponenda suae religioni viderentur secundum Deum et ordinis
25 disciplinam, ut hoc iidem dicti fratres asserebant, legi fecerunt
ibidem in publico quoddam privilegium a sede apostolica "priori
generali et fratribus heremitis ordinis beatae Mariae de monte
Carmeli" concessum per dominum Alexandrum bonae memoriae
papam IV, non vitiatum, non cancellatum, nec abolitum aut sus-
30 pectum in aliqua sui parte, cum bulla plumbea pendenti dicti
domini papae, pendenti in filis rubeis et croceis de serico, cuius
tenor talis est:

    Alexander episcopus, servus servorum Dei, dilectis filiis priori
generali et fratribus heremitis ordinis beatae Mariae de monte
35 *Carmeli, salutem et apostolicam benedictionem.*

    Qui ex apostolici cura tenemur officii circa religionis augmen-
tum prompti et vigiles inveniri, super hiis vestris votis libenter
annuimus, in quibus honorem vestri ordinis et animarum profectum
contineri sentimus.

40   Lecta siquidem coram nobis vestra petitio continebat, quod
in regula vestri ordinis, per sedem apostolicam confirmata, dinoscitur esse statutum, ut fratres ipsius ordinis "unum ex eis priorem
habeant, qui ex unanimi omnium assensu, vel eorum maioris et
sanioris partis, ad prioratus officium eligatur; cui obedientiam
45 promittat quilibet aliorum, et promissam studeat operis veritate
servare, cum castitate et abdicatione proprietatis"; ac etiam secundum constitutiones eiusdem ordinis prior ipsius, qui pro tempore
fuerit, a prioratus officio absolvi et amoveri potest a definitoribus
capituli generalis.

50   Et licet tu, fili prior, et praedecessores tui, iuxta eiusdem
ordinis consuetudinem observatam hactenus, et a sede toleratam
eadem, statim postquam electi secundum statutum huiusmodi
extitistis, curam gesseritis fratrum ordinis memorati, officium

---

23 possint] possent *Fy.*
24 suae religioni] religioni suae *w.*   viderentur] videntur *F,* viderent *D.*
25 iidem] idem *w.*
30 pendenti *om Fy.*
31 rubeis et croceis] croceis et rubeis *Fy.*
33-88 *Bullam Alexandri referimus ex originali in Archivo gen. ordinis, II*
Extra 1256, 1.
40 vestra *om D.*
51 observatam hactenus] hactenus observatam *D.*
52 huiusmodi] eiusmodi *D.*

prioratus plene ac libere in omnibus exercentes, iidemque fratres
55 vobis devote ac humiliter obedierint et intenderint reverenter,
quia tamen de praemissis nuper dubitationis scrupulus in vestris
et plurium dictorum fratrum conscientiis est exortus, humiliter
petiistis vobis super hoc de providentia sedis apostolicae sub-
veniri.
60   Nos itaque volentes omnem ambiguitatis scrupulum in hac
parte de vestris cordibus amputare, et ordinem ipsum, a sede
approbatum eadem, honestate floridum et virtute fecundum, privilegio apostolicae gratiae attollere speciali, ac vestris supplica-
tionibus inclinati, quicquid super praemissis per te, prior, dictosque
65 praedecessores fratres et definitores factum et observatum est
hactenus, ratum habentes et firmum, vobis auctoritate praesentium
indulgemus, ut successores tui, prior, qui erunt pro tempore,
statim postquam electi fuerint secundum regulam et constitutiones ordinis vestri, eo ipso veri eiusdem ordinis effecti priores,
70 curam animarum fratrum ipsius ordinis plene habeant et libere
gerant, ipsosque fratres auctoritate propria ligare ac solvere valeant,
necnon in eodem ordine agere, quae ipsi et praefati definitores
iuxta memoratas regulam et constitutiones secundum Deum eisdem
ordini et fratribus viderint expedire, aliasque prioratus officium
75 licite in omnibus exercere, iidemque fratres tibi, prior, et successoribus ipsis devote ac humiliter obediant et intendant; et praefati
successores et tu, prior, a definitoribus capituli generalis ipsius
ordinis secundum constitutiones iam dicti ordinis absolvi et amoveri possitis, concessa tibi, prior, tuisque successoribus ante abso-
80 lutionem et amotionem huiusmodi, exequendi prioratus officium
quoad praemissa omnia et alia nihilominus libera facultate.
Nulli ergo omnino hominum liceat hanc paginam nostrae
concessionis infringere vel ei ausu temerario contraire. Si quis
autem hoc attemptare praesumpserit, indignationem omnipotentis
85 Dei et beatorum Petri et Pauli apostolorum eius se noverit in-
cursurum.
Datum Laterani, 6 kalendas martii, pontificatus nostri anno
secundo.
Specialiter lectio et exhibitio facta fuit pro clausula quadam
90 in eodem privilegio contenta, quae est talis: "necnon in eodem

---

54 ac] et *F.*
64 dictosque + successores *F.*
70 ipsius] eiusdem *D.*
75 iidemque] eidemque *w.*
82 hominum] homini *F.*
89 lectio et *om F.*   pro] super *D.*   clausula quadam] quadam clausula *F.*

ordine agere quae ipsi et praefati definitores iuxta memoratas
regulam et constitutiones secundum Deum eisdem ordini et fratribus viderint expedire".

Ceterum pro declaratione dictae clausulae, in dicto privilegio
95 contentae, quantum tangit praesentem articulum seu negotium
mantellorum, fuit incontinenti et eodem instanti ibidem in eodem
capitulo producta, exhibita atque lecta quaedam littera reverendi
patris domini Gervasii, Dei gratia tituli Sancti Martini presbyteri
cardinalis, directa priori generali ac ceteris prioribus et fratribus
100 ordinis beatae Mariae de monte Carmeli, cum sigillo integro de
cera rubra dicti domini eidem litterae impressa, ut prima facie
apparebat; cuius sigilli circumscriptio continet: "S. Gervasii tituli
Sancti Martini presbyteri cardinalis"; cuius sculptura infra cir-
cumscriptionem continet praedictam duas imagines, unam formam
105 papae continentem, cuius descriptio describitur: "S. Martinus";
alia vero imago continet formam episcopi cum mitra in capite
et in manu baculo pastorali, cuius descriptio continet: "S. Julia-
nus"; ad quarum imaginum pedes est alia imago, formam episcopi
continens, cum mitra in capite, flexis genibus, manibus iunctis
110 stando, cuius litterae tenor talis est:

Gervasius, miseratione divina tituli Sancti Martini presbyter
cardinalis, religiosis viris priori generali et ceteris prioribus et
fratribus ordinis beatae Mariae de monte Carmeli, salutem in
Domino.
115 Exposita per nos coram sanctissimo patre domino nostro
Honorio papa IV, summo pontifice, ex parte vestra petitio continebat, quod ex varietate coloris quam gestatis in vestris chlamydibus seu mantellis, non modicum vobis et ordini vestro detrimentum et scandalum generatur, ex eo quod panni sic varii sine
120 difficultate a vobis inveniri non possunt, ipsaque varietas in
religioso habitu plurimorum, qui eam minus pie considerant,
animos scandalizat.

Cumque vos varietatem huiusmodi ob causas praedictas cupia-
tis ab eisdem chlamydibus amovere, licet vobis et ordini vestro
125 a sede apostolica sit indultum, quod vos, prior generalis, et
definitores vestri capituli generalis in eodem capitulo statuere
valeatis quae secundum Deum eidem videritis expedire, nec regula
seu constitutiones ordinis vestri ad deferendam varietatem in habitu

---

94 dictae] praedictae *D.*
95 quantum] quatenus *D.*
96 et + in *w.*
101 rubra] rubea *Fy.*   impressa] impresso *y.*
119 generatur] generetur *y.*
128 deferendam] differendam *F.*

vos astringant, vos tamen ad ipsius amotionem procedere absque
130 licentia dictae sedis hactenus noluistis.

Unde pro parte vestra per nos fuit praefato domino humiliter
supplicatum, ut amovendi varietatem praedictam a vestris chlamydibus et deferendi chlamydes seu cappas coloris unius vobis
licentia largiretur.

135   Nos itaque, qui praesentes et procurantes praedicta fuimus,
quando praedicto domino ex parte vestra huiusmodi supplicatio
facta fuit, tenore praesentium vobis notescere volumus, quod
sicut ab eiusdem domini ore in praesentia fratrum habuimus,
placet ei ac congruum videbatur ut vos circa praedictam mu-
140 tationem, si vobis in hoc, ut supra dictum est, regula seu constitutiones non obvient, in vestro generali capitulo ordinetis, quod
secundum Deum honestati vestri ordinis videritis expedire.

Datum Romae, apud basilicam Sanctorum duodecim Aposto-
lorum, 5 idus februarii, pontificatus domini Honorii papae IV anno
145 *primo.*

Ad corroborationem autem dicti negotii fuit alia littera, tamen
clausa, praefati domini Gervasii cardinalis cum sigillo simili
producta ibidem et eodem instanti, et aperta, lecta et publicata,
cuius tenor talis est:

150   *Gervasius, miseratione divina tituli Sancti Martini in Montibus*
presbyter cardinalis, religiosis viris in Christo sibi dilectis priori
generali ac ceteris fratribus ordinis beatae Mariae de monte Car-
meli, in hoc instanti generali capitulo congregandis, salutem et
sinceram in Domino caritatem.

155   De statu ordinis vestri prospero cogitantes, illa vobis suademus libenter, per quae ordinem ipsum optatum speramus suscipere incrementum, confidentes, nec immerito, propter hoc gratum
Altissimo impendere famulatum.

Recolimus siquidem, quomodo felicis recordationis dominus
160 Honorius papa IV de consilio fratrum vobis pia ac provida deliberatione concessit, ut habitum vestrum sive varietatem eius minus
decentem et displicentem quam pluribus, in decentem alium muta-
retis. Quare cum vos, ut in negotio huiusmodi procederetis maturius, mandaveritis generale capitulum congregari, ne ut, quod
165 absit, occasione obitus pontificis eiusdem ad hoc procedere dubi-

---

148 et publicata] et etiam publicata *F.*
151 sibi] filiis *D.*
152 ac] et *DF.*
153 generali capitulo] capitulo generali *w.*
162 decentem alium] alium decentem *y.*
163 ut *om y.*   negotio] negotiis *y.*   procederetis] procedentes *y.*
163-4 maturius *om w.*
165 pontificis eiusdem] eiusdem pontificis *D.*

tetis, tenore praesentium vobis suademus, quatenus ad mutationem ipsam sine dubitatione aliqua procedatis, detrahentium, immo
potius de tanto bono invidentium, ora claudentes, qui dicunt, quod
licet id fuerit ex parte vestra petitum, non tamen, obsistente
170 praeventione mortis dicti domini papae, videtur plene concessum
fuisse. Ad id mentes vestrae minime dirigantur. Nam quod sic
per dominum papam et fratres conceditur, firmum et irrevocabile
perseverat. Et si, quod Deus avertat, per aliquem vestrum id
contingeret impediri, praeter hoc quod essetis exinde aliis in
175 fabulum et derisum, hii qui hucusque intercesserunt pro vobis
super hoc et pro aliis negotiis vestris, prae pudore partes suas
alias interponere non curarent.

Ceterum vos confidenter requirimus et attente rogamus, ut
devotas vestras preces pro nobis apud Dominum effundatis, ut
180 sic actus nostros in sua voluntate disponat, quod ea semper
meditemur interius, et exterius operemur, quae nobis in praesenti
veniant ad quietem, et tandem ad vitam proficiant sempiternam.
Valete.

Datum Romae, apud Sanctam Sabinam, 5 nonas maii.

185 Quod quidem privilegium et litterae supradictae fuerunt ad
requisitionem praedictorum dominorum prioris generalis et defi-
nitorum, et de mandato venerabilis viri domini Bertrandi Mathaei,
canonici Vivariensis, officialis Magalonensis, ibidem existentis et
sedentis, facto mihi notario infrascripto, de suis originalibus abstrac-
190 tae seu transcriptae et in formam publicam redactae manu mei
dicti notarii, ut superius plene patet, nihil addendo, mutando vel
minuendo de eisdem, sed sequendo in omnibus formam et tenorem
eorundem, perscrutantibus et mecum videntibus et legentibus Henrico Pozatoris et Iohanne Bari, publicis notariis dicti domini
195 episcopi Magalonensis, volens et decernens idem dominus officialis,
quod plena fides transumptis seu transcriptis suprascriptis sicut
originalibus habeatur.

Et nos, Bertrandus Mathaei, canonicus Vivariensis, officialis
Magalonensis, scientes nos vidisse, legisse et diligenter inspexisse
200 privilegium et litteras supradictas in prima figura, absque vitio

---

166 praesentium vobis] vobis praesentium *D.*
169 id] illud *y.*
170 dicti] praedicti *y.*
170-1 concessum fuisse] fuisse concessum *Dy.*
173 Deus] Dominus *w.*
175 intercesserunt] intercesserint *y.*
176 pro aliis] aliis *F.*
181-2 in praesenti veniant] conferant *D.*
189-90 abstractae seu *om F.*
195 dominus *om F.*

seu deletu, praedictae transumptioni et publicationi auctoritatem
nostram iudiciariam interponimus et decretum.

Acta sunt haec in loco praedicto sollemniter et celebrata praesentibus praedictis priore generali et definitoribus et pluribus
205 aliis fratribus, et sub testimonio dictorum Henrici Pozatoris et
Iohannis Bari notariorum ad subscribendum etiam vocatorum, et
Stephani Berengarii, notarii Montis Pessulani, et mei, Iohannis
de Malobuxo, publici auctoritate sacrosanctae Romanae ac universalis Ecclesiae tabellionis, qui ultro citroque rogatus et mandatus
210 haec scripsi et signo meo subsequenti signavi.

Et feci quandam interlineaturam quae dicit "sedis", et aliam
quae dicit "ordinis", et aliam quae dicit "ordini", et aliam quae
dicit "circa".

Praesentium transcriptorum perscrutinio caute ac provide facto
215 ego supradictus Henricus Pozatoris, notarius dicti domini Magalonensis episcopi, una cum praedictis tabellionibus testis vocatus et
rogatus interfui, et subscripsi, et signo meo signavi.

Praesentium transcriptorum perscrutinio caute ac provide facto
ego supradictus Iohannes Bari, notarius dicti domini Magalonensis
220 episcopi, una cum praedictis tabellionibus testis vocatus et rogatus
interfui, et subscripsi, et signo meo signavi.

In quorum testimonium, et quod dictus magister Iohannes
de Malobuxo sit publicus domini papae tabellio, et quod dicti
Henricus Pozatoris et Iohannes Bari sint publici domini Magalo-
225 nensis episcopi notarii, nos Bertrandus Mathaei, canonicus Vivariensis, officialis Magalonensis, sigillum nostrae curiae hic duximus
apponendum.

Et nos, Berengarius, miseratione divina Magalonensis episcopus, vidimus, legi fecimus et diligenter inspeximus originale privi-
230 legium sanctissimi patris domini Alexandri papae IV, bulla plumbea sigillatum, necnon litteras venerabilis et reverendi patris
domini Gervasii, Dei gratia tituli Sancti Martini presbyteri cardi-

---

208 Malobuxo] Malabuxo *D.*
211-3 *om DF.*
214 transcriptorum perscrutinio] transumptorum pro scrutinio *w.*
215 notarius *ante* Henricus *F.*
218 perscrutinio] pro scrutinio *w.*
222 quorum + omnium *F.*   testimonium + praedictum *F.*
223 Malobuxo] Malabuxo *D.*   publicus *post* papae F.   dicti *om F.*
224 publici + reverendi patris et *F.*
225 notarii *ante* publici *F.*   nos *om F.*   Mathaei *om F.*
226 sigillum + pendentem *F.*
227 apponendum + curiae officialatus domini episcopi supradicti *F.*
229 vidimus] videri et *D.*
230-1 bulla ... sigillatum *om F.*

nalis, suo sigillo proprio sigillatas, sicut in hoc praesenti et publico transcripto manu Iohannis de Malobuxo, tabellionis domini
235 papae, confecto, plenius continetur.

In cuius rei testimonium et ad maiorem firmitatem habendam omnium praedictorum, sigillum nostrum huic publico transcripto duximus apponendum.

2.

ACTA CAPITULI GENERALIS APUD MONTEM PESSULANAM CELEBRATI ANNO 1287,
10 KALENDAS AUGUSTI

In nomine sanctissimae et individuae Trinitatis, Patris et Filii et Spiritus Sancti. Amen.
5 INVOCANTES eius auxilium qui dat affluenter et non improperat, fundamentum fundamus solidum super petram firmissimam, quod aliud nemo potest ponere praeter id quod positum est, Iesus Christus, sine quo boni hospitii aedificium numquam poterit solidari.
10 Et ut super fundamentum aedificati parietes pondus lignorum suscipiant, ne ante soliditatem novitatis suae humore siccato cunctam suam fabricam ad terram deponant, suffragium imploramus gloriosae virginis Mariae, matris Iesu, in cuius obsequio et honore fundata est nostra religio de monte Carmeli, in monte

---

233 sicut *om D.*
235 papae + scripto et *Fy.*
237 omnium] omniumque *F.*   huic + praefato *Fy.*
1-2 *om i.*
1 Montem Pessulanum] Monspelium *Bl.*
2 10] 11 *p.*
12 deponant] deponat *il.*
13 gloriosae] genitricis *p.*

---

5 qui ... improperat: Iac. 1,5.
6 fundamentum ... petram: cf Lc. 6, 48.
7-8 aliud ... Christus: 1 Cor. 3, 11.
8 boni hospitii: Sap. 18, 3.
10-12 aedificati ... deponant: *cf* c. 2, D. XLVIII: "Scimus autem, quod aedificati parietes non prius tignorum pondus accipiant, nisi a novitatis suae humore siccentur, ne si ante pondera quam solidentur accipiant, cunctam simul fabricam ad terram deponant"; Friedberg I, 174.
13-14 gloriosae ... Carmeli: *cf. supra*, p. 47, the letter of Pierre de Millau to King Edward I: "virginem gloriosam ... ad cuius laudem et gloriam ordo ipse transmarinis partibus exstitit specialiter institutus".

15 utinam coagulato et pingui, monte in quo beneplaceat Domino habitare.

Recolentes qualiter haec sancta plantatio a prima sui origine, tamquam novella plantura plantata, radices radicatas emittens, ramos propagando virtutum, in amplam segetem pullulavit, solli-
20 citis excitati vigiliis summopere nos decet intendere, jugo excusso negligentiae, sedula vigilantia vigilando, ut qui, cuius partem sollicitudinis gerimus, genimina propagare virtutum, statuenda statuere, evellenda evellere, de bono in melius prospicere nitamur, ex quibus animarum salutis augmentum, et decor religioni
25 proveniat honestatis.

Sane facti evidentia, et a multis retro temporibus diuturna continuatione notum redditur, quod fratres praefati ordinis chlamydes seu mantellos catebriatos, seu varias continentes varietates, et connectentes varietates colorum, portare soliti sint usquequaque.
30 Et ne lingua aemula objurgantium, ficto conquisito colore, quasi relictis originalibus ordinis institutis, obloqui valeat ex adverso, causam mutationis varietatis praedictarum chlamydum in unius

---

15 beneplaceat] bene complaceat *Bil*   Domino] Deo *D.*
16 habitare] inhabitare *D.*
17 sui] sua *D.*
18 novella] nova *D.*
19 amplam] amplissimam *i.*   pullulavit] pullularat *p.*
19-20 sollicitis] solliciti *D.*
20 excitati] excitari *p*, excitatis *B.*
21 vigilantia] diligentia *Bil.*   cuius] huius *i.*
26 diuturna] diurna *Bil.*
27 continuatione] continuatio *Bl.*   redditur] redetur *l.*
28 catebriatos] catebrialos *Bl.*
29 et *om Bil.*   connectentes varietates *cancellatum B.*
30 conquisito] quaesito *l.*

14-16 in monte utinam ... habitare: *cf* Ps. 67,16-17.
17-19 Recolentes ... pullulavit: *cf* c. 3, X, III, 35: "Recolentes qualiter haec sancta plantatio, haec vitis fructifera, haec denique vinea Domini Sabaoth sub primis ordinis patribus pullulavit"; Friedberg II, 597.
19-21 sollicitis ... vigilando: *cf* c. 1, V, 4, in VI°: "... sollicitis excitati vigiliis et animarum saluti iugis attentione cogitationes intendere, submovendo noxia et agendo profutura debemus, ut excusso a nobis negligentiae somno nostrique cordis oculis diligentia sedula vigilantibus, animas Deo lucrifacere sua nobis cooperante gratia valeamus ..."; Friedberg II, 1080.
24-25 ex quibus ... honestatis: *cf* c. 4, X, III, 2: "ex quibus Dei fidelibus salutis augmentum, et sacris ecclesiis decor proveniat honestatis"; Friedberg II, 455.
28 catebriatos: catabriatus: "ex albo, et nigro vel etiam aliis coloribus alternatim distinctus", Du Cange.

redigendae unitatem coloris breviter referamus.

Multa siquidem scandala ex hac varietate ordini proveniunt.
35 Ex ea etenim fratres eiusdem ordinis facti sunt velut abiectio
plebis, et quasi in derisum venerunt sicut saeculares homines
ludibria exercentes. A viris insuper magnificis, dignitatibus sae-
cularibus et ecclesiasticis praeditis, et gradibus excelsis pollen-
tibus, habiti sunt tamquam laici, utpote vestes listatas gerentes,
40 et frequenter nota pudoris notabili sunt notati.

Et quod dolentes referimus, multi qui alias vellent sub nostri
ordinis regula Domino Deo perpendere famulatum, propter varietatem praedictam, tamquam vilem vestem et despectam asper-
nantes, a bono concepto proposito deviant ac recusant ingredi
45 et stant retro. Propter quod subsequitur incommodum afficiens
viscerosius intestina, quoniam ad culmen divinum pro viribus
ampliandum multos, quos non habemus, iuvenes perspicacis
ingenii haberemus, qui in theologiae studio opportunis temporibus
proficerent, et dilatato sui tentorii loco, suos funiculos facerent
50 ampliores; plures etiam, quos habemus, capaces magnae scientiae,
in locis insignibus, ubi magisteria conceduntur, patiuntur con-

---

33 redigendae] redigendas *il.*   referamus] reseramus *Bil.*
35 abiectio] abiectis *p.*
38 praeditis] praedictis *p.*
40 notabili] notabilis *i.*
41 alias *om pD.*
42 propter] praeter *l.*
43-44 aspernantes] aspernentes *l.*
44 deviant] deveniant *p.*   ac] et *D.*
46 viscerosius] vicerosius *Bl.*   culmen] cultum *i.*
47 ampliandum] amplificandum *il.*

35-36 velut abiectio plebis: *cf* Ps. 21, 7.

37 ludibria exercentes: *cf* W. Robert, *Les signes d'infamie au Moyen-âge*, in: *Mémoires de la Société nationale des Antiquaires de France*, série V, 9 (1888), 165: "Statuta Massiliensia, 1265. De meretricibus. Presenti statuto ordinamus ut nulla meretrix publica audeat vel possit portare vestes aliquas de grana vel pelles varias seu grizas sive herminas, nec mantellum aliquem nisi de panno virgato, sine stactiis".

39 laici: *cf* c. 16, C. XX, q. 1: "Tunc accepta a sacerdote vel ministro apta religionis professioni veste, suo lectulo quiescens sive in quocumque loco consistens, constanter utatur, nec diversi coloris aut diversae partis eadem sit notabilis vestis, sed religiosa et non suspecta"; Friedberg I, 847.

39 listatas: "limbo ornatas", Du Cange.

49-50 dilatato ... ampliores: Is. 54, 2: *cf* c. 10, X, III, 50: "quia vero theologiae studium cupimus ampliari, ut dilatato sui tentorii loco et funiculos suos faciat ampliores"; Friedberg II, 660.

vicia, qui tamquam laici excluderentur a culmine, quantamcumque
acquirerent scientiae margaritam.

Et panni tales etiam cum difficultate, cum sit eorum raritas
55 et ordientium seu texentium paucitas, reperiuntur; quare tam
in quantitate pretii quam in aliis plura dispendia patiuntur.

Multae sunt etiam causae aliae, quas non expedit propter
prolixae narrationis fastidium singulari commemoratione singulariter recensere; sed causas motivas iudicio recti animi discutiat
60 quilibet compos mentis, et ponderet etiam unusquisque statera
rectitudinis, cuius lances appendant aequo libramine, quia iuxta
sacrorum canonum statuta non debet reprehensibile iudicari, si
secundum varietatem temporum statuta quandoque varientur humana, in his potissimum, quae non sunt contra substantiam nec
65 ordinis disciplinam. Res enim quae per statutum nascitur, per
statutum aliud tolli potest, cum nihil sit plus naturale quam
quod eo genere quodque dissolvitur quo extitit colligatum; quod
etiam iussit vetuitve superior, contraria voluntate potest tollere
vel remittere sicut placet. Etenim si pro varietate temporum vel
70 locorum vel animorum variae consuetudines introducantur, inventa
opportunitate resecandae sunt potius quam servandae.

Quapropter profusis fere per orbem terrarum excitationibus
excitati, et hortati per viros magnificos ecclesiasticos et etiam
saeculares, et per episcopos, archiepiscopos et primates, et insuper

---

52 excluderentur] excluduntur *D.*   quantamcumque] quantacumque *Bl.*
55 seu] et *Bl.*
56 plura] quamplura *Bil.*   dispendia] stipendia *i.*
57 sunt etiam] etiam sint *Bil.*   sunt] sint *D.*
61 appendant] appendat *p.*   quia] qui *pDBl.*
62 debet] debent *pDl*   reprehensibile] reprehensibiles *p.*
64 his] iis *pD.*   nec] et *pD.*
66 aliud *om pD.*   plus] magis *i.*
67 quodque] quidquam *i.*
68 vetuitve] vetuitque *p.*
69 sicut] ut *il.*
70 introducantur] introducuntur *p.*
74 episcopos, archiepiscopos] archiepiscopos, episcopos *pD*, episcopos + et *il.*

62-64 non debet ... humana: *cf* c. 8, X, IV, 14: "Non debet reprehensibile
iudicari si secundum varietatem temporum statuta quandoque varientur humana,
praesertim cum urgens necessitas vel evidens utilitas id exposcit"; Friedberg
II, 703.

65-66 Res enim ... tolli potest: *cf* c. 4, C. XXVII, q. 2: "Omnis res per
quascumque causas nascitur, per easdem dissolvitur"; Friedberg I, 1064.

69-71 si pro ... servandae: *cf* c. 11, D. XII: "Ceterum, si pro varietate temporum vel animorum variae consuetudines introducantur, inventa opportunitate,
resecandae sunt potius quam observandae"; Friedberg I, 30.

75 a multis reverendissimis patribus et dominis Ecclesiae Romanae
    cardinalibus, qui de conscientia et voluntate certiorati fuerunt
    summi pontificis felicis recordationis domini Honorii papae IV,
    piissimis specialiter hortationibus et inductionibus frequentatis
    reverendi patris domini Gervasii, summa providentia tituli Sancti
80 Martini presbyteri cardinalis, qui sua solita clementia ordinem
    praelibatum indefesse favore semper prosecutus est speciali et
    ut patronus sub umbra alarum suarum protexit et adamavit more
    paternae potestatis,

        a t t e n d e n t e s , quod cum saeculum reliquerimus, ut Crea-
85 tori nostro possimus in arce contemplationis efficaciter famulari,
    propulsemus scandala, et quae honestatem religionis deformant,
    suffulti Dei auxilio, falce moderationis quadam manu sollicitudinis
    resecemus, quod nobis etiam per privilegium est concessum, ut
    sicut intrinsecus mentaliter deserviendi Domino subiacet unitas,
90 quae licet plura membra in pluralitate personarum constituat,
    unum tamen corpus uni capiti coniunguntur, sic forinsecus unius
    vestis varietas excludatur, ut interius et exterius unio et non sectio
    in uno eodemque subiecto valeat denotari;

        c o n s i d e r a n t e s insuper, quod ait magnus Basilius: "sed
95 neque ex sericis texturis vestem quis variatam induebat, neque
    apponebat variorum colorum ornamenta in summitate vestimen-
    torum";

        a n i m a d v e r t e n t e s   nihilominus, quod non curamus si

---

75 et dominis *om pD*.
79 reverendi patris *om pD*.
81 indefesse] indefesso *D*.
85 arce] arte *l*.
86 honestatem religionis] religionis honestatem *Bill*.
87 suffulti] suffulto *p*.   falce moderationis *om i*.
92 ut] et *D*   sectio] scetio *p*, sexio *DB*, lexio *i*.
95 texturis vestem] vestem texturis *pD*.
96 apponebat] opponebat *l*.

---

82 sub umbra alarum suarum: *cf* Ps. 16,8.
94-97 considerantes ... vestimentorum: *cf* c. 1, C. XXI, q. 4: "Priscis enim
temporibus omnis sacratus vir cum mediocri aut vili veste conversabatur. 'Omne
quippe quod non propter necessitatem suam, sed propter venustatem accipitur,
elationis habet calumniam', quemadmodum magnus ait Basilius. Sed neque ex
sericis texturis vestem quis variatam induebat, neque apponebant variorum colorum ornamenta in summitate vestimentorum. Audierant enim quia 'qui mollibus
vestiuntur, in domibus regum sunt'"; Friedberg I, 858. As can be seen, Basil's
words precede the passage quoted.
98-102 animadvertentes ... vestiamur: *cf* the preceding note and *ibid*.: "Abo-
minatio est peccatoris Dei cultus, igitur qui inventi fuerint deridentes eos, qui
vilibus et religiosis vestimentis amicti sunt, per epithimium corrigantur".

vilibus etiam religiosis vestimentis, religioni decentibus, simus
100 amicti, cum non ad iactantiam vel corporalem ornatum, quae
elationis habent calumniam, sed propter necessitatem vestibus
vestiamur;
     n o s   i g i t u r ,
     fr. Petrus de Amiliano, totius prior indignus ordinis generalis,
105   fr. Guillelmus de Sanvico, definitor provinciae Terrae Sanctae,
     fr. Guillelmus Messanae, prior provincialis et definitor pro-
vinciae Siciliae,
     fr. Henricus de Anna, prior provincialis et definitor provinciae
Angliae,
110   fr. Bernardus Catalani, definitor provinciae Provinciae,
     fr. Gratia de Senis, definitor Romanae provinciae,
     fr. Robertus Fortini, definitor provinciae Franciae,
     fr. Benignus Mediolanensis, prior provincialis et definitor pro-
vinciae Lombardiae,
115   fr. Henricus Iuvenis, prior provincialis et definitor provinciae
Alemanniae, et
     fr. Arnaldus Caillau, prior provincialis et definitor provinciae
Aquitaniae,
     in generali nostro capitulo apud Montem Pessulanum, ut moris
120 est secundum consuetudinem nostri ordinis, congregati, consideratis et pensatis rationibus supradictis et pluribus aliis, habita
plena deliberatione et etiam praesentatis omnium et singulorum
fratrum in capitulo existentium, quorum interest et interesse
potest, votis et consensibus habitis eorum, de simili et unanimiter,
125 pari consensu et voluntate, mutua ordinatione et praescientia
     o r d i n a m u s   e t   d e f i n i m u s
per nos et successores nostros nunc et in perpetuum observandum
ea sollemnitate qua convenit, nihil omittere de contingentibus
intendentes, protestantes et praemissa etiam subsequenti protes-
130 tatione, quod mutare non intendimus habitum regularem, cum
vestis superior, qui mantellus communiter dicitur, non sit de
substantia ordinis nec habitus regularis,

---

99 religiosis vestimentis] vestimentis religiosis *il.*   religioni decentibus]
decentibus religioni *il.*
    105 Sanvico] Sanvicco *B,* Sanvive *il.*
    108 Anna] Hanna *p.*
    111 Gratia] Garcia *p,* Garsia *D.*
    113 Benignus] Remigius *Bil.*
    117 Arnaldus] Arnaudus *pBil.*   Caillau] Caillan *Bi,* Callian *l.*
    120 consuetudinem] consuetudines *Bil.*
    124 votis] *om pD.*
    128 convenit + et *p.*
    130 mutare non intendimus] non intendimus mutare *D.*

quod deinceps chlamydes seu mantelli varii, quos usque nunc
portare consuevimus, a nobis et ordine nostro penitus sint exclusi,
135 et eos abiicimus de praesenti, ipsosque non ut habitum, sed ut
signum exterius, in cappas albas, quae chlamydum loco succedant,
nihil ex hoc religioni nostrae seu religioso statui detrahendo, di-
minuendo vel augendo, ut sit dexterae Excelsi haec mutatio, com-
mutamus,
140   prohibentes et praecipientes sub virtute obedientiae et sub
poenarum indictionibus, quas secundum Deum et instituta regula-
ria infligere possumus et debemus, omnibus et singulis nostri
ordinis fratribus, clericis et laicis seu conversis, sub dicti ordinis
habitu regulariter viventibus, et qui in posterum sub ferula et
145 regula nostra deservient Domino Iesu Christo, ne deinceps dictis
chlamydibus variis, sed cappis albis utantur, et eas gestent sicut
portare soliti sunt chlamydes seu mantellos.

Et ne sit diversitas in modo portandi dictas cappas, dictum
modum expressius designamus: erunt siquidem cum caputio, et
150 a coniunctione caputii clausae desuper circa pectus, et ab illa
parte in longitudine usque in infimum erunt apertae, ut per eam
partem scapulare quod est interius et habitus dilucide discernan-
tur. Et sint habitus et cappa diversi coloris, ut unum ab alio
distinguatur. Cappae autem longitudine seu brevitate nimia non
155 notentur, sed medium sit spectandum, ut vestis interior in inferiori
parte per unum palmum vel circiter appareat extra cappam.

Mantellos autem seu chlamydes etiam coloris grisei aut alterius cuiuscumque gestare non elegimus, sed potius definimus non
portare, quia nusquam vidisse meminimus nec videmus, quod chla-
160 mydes portent qui sunt de approbatis ordinibus paupertatis. Cumque nostra religio sit in paupertate fundata et approbata, sicut
paupertatis ceterae approbatae, dignum est ut qui similem vitam

---

133 quos] qui *Bil.*   usque *om pB.*
141 quas] quae *D.*
144 habitu] habitum *in omnibus codd.*   et] ac *B,* hac *il.*
151 longitudine] longitudinem *il.*
152-3 discernantur] decernatur *Bi,* discernati *l.*
154 cappae] cappas *D,* cappa *i.*
155 sit] scilicet *i*   ut] et *p.*   interior] inferior *i.*
157 autem *om l.*
160 de] ex *i, om l.*
162 ceterae] cetera *l.*   qui + ad hoc *Bil.*

---

138 dexterae ... mutatio: *cf* Ps. 76,11.
144 ferula: "baculus pastoralis", Du Cange.

cum aliis suscepimus, similem sentiamus in moribus disciplinam, detestantes eos et potissimum ratione, quod nonnulli, immo fere
165 innumeri, quod minime est ferendum, sub specie boni fingentes religionis habitum, quorum approbata conversatio non est nota, sicut angeli satanae se in lucis angelos transformant, et mali, peiores, pessimi homines profugi et abiecti, mantellos plus quam alium habitum portare soliti sunt, et sub simplicitate illarum chlamydum
170 se involvunt, exterminantes facies suas extrinsecus, intrinsecus autem lupi rapaces existunt. Pestis autem haec mortifera in diversis mundi partibus irrepsit, et sicut cancer serpat potius in occulto, quam in aperto vim suae iniquitatis extendat, sed palliata religionis specie multos decipit simplices et quosdam seducit astutos.
175 Quare cum propter notam pudoris vitandam tale signum seu indumentum a nostro ordine duximus repellendum, congruit, decet et expedit, ut non solum ipsum, sed eius speciem, nihil retinendo de suis reliquiis, fugiamus, ne etiam malignorum praedictorum consortium imitari cum infamia videamur.
180   Per haec autem quae praemissa sunt, sicut bonis et bene conversantibus non intendimus detrahere, sic malorum versutias non intendimus palliare.

    Cappas vero albas praeelegimus, ne in assumptione coloris grisei seu alterius cuiuscumque, illum impedimentum seu praeiudicium
185 aliis approbatis religionibus videatur afferri, seu eis molestia aut turbatio aliqua ingeratur; et in signum humilitatis, honestatis et paupertatis, ut amicti vestimentis albis, sancta conscientia et puro corde possimus sequi Agnum immaculatum, Dominum Iesum Chris-

---

163 cum aliis *om il.*   suscepimus] suscipimus *pD.*
165 quod] quam *il.*   minime *coniectura, lacuna post* est *pD, ante* est *Bil.*
166 nota + et *pBil.*
167 satanae *om i.*   transformant et] transformantes *Bil.*
170 intrinsecus *om p.*
171 haec] hac *p.*
172 potius] amplius *Bil.*
173 extendat] extendit *i.*
175 propter] per *il.*
176 a nostro ordine duximus] duximus a nostro ordine *B,* ducimus *il.*
179 videamur] videamus *Bil.*
180 et] ac *D.*
183 ne] ut *il.*
186 et] haec *il.*
188 Dominum] tum *l.*

---

167 se ... transformant: *cf* 2 Cor. 11,14.
170-1 exterminantes ... existunt: *cf* Mt. 6,16.
187 amicti ... albis: *cf* Apoc. 7,9.
187-8 sancta ... corde: *cf* 1 Tim. 1,5.

tum. Quod nobis concedat qui cum Patre et Spiritu Sancto vivit et
190 regnat per omnia saecula saeculorum. Amen.

Acta sunt haec apud Montem Pessulanum, in domo dictorum
fratrum de monte Carmeli, anno dominicae incarnationis 1287, et
10 Kalendas augusti, domino Philippo, rege Francorum regnante,
et domino Berengario, Dei gratia Magalonensi episcopo praesulan-
195 te, in praesentia et testimonio domini Bertrandi Mathaei, canonici
Vivariensis et officialis Magalonensis, Henrici Pozatoris, Iohannis
Bari et Iohannis Grimandi, dicti domini Magalonensis episcopi notariorum, et mei, Iohannis de Malobuxo, publici auctoritate Sacrosanctae Romanae ac universalis Ecclesiae tabellionis, qui man-
200 datus et rogatus a dictis priore generali et definitoribus hoc scripsi
et signo meo subsequenti signavi.

Post hoc, anno quo supra et 7 Kalendas augusti praedicta
definitio et ordinatio, et omnia et singula contenta in ea, fuerunt
publice recitata et divulgata et lecta in capitulo praedicto dictorum
205 fratrum, praesentibus dicto priore generali et definitoribus, et aliis
prioribus provincialibus et prioribus conventualibus atque lectori-
bus, et quam plurimis aliis fratribus dicti ordinis in magna multitudine, qui congregati fuerant pro praedicto capitulo generali, et
in praesentia et sub testimonio domini Bertrandi Mathaei, canonici
210 Vivariensis, Magalonensis officialis, Henrici Pozatoris et Iohannis
Bari, supradicti domini Magalonensis episcopi notariorum, et magistri Iohannis de Malobuxo, publici auctoritate Sacrosanctae Romanae ac Universalis Ecclesiae tabellionis, qui mandatus et rogatus a dicto domino priore generali hoc scripsi et signo meo subse-
215 quenti signavi.

---

192 et *om l.*
194 Dei gratia *om pD.*
196 Vivariensis] Vivariensi *l.*   officialis] officiarii *i,* officiariis *l,*   Poza-
toris] Posatoris *pD,* + et *Bil.*
197 Bari] Barii *Bil.*   Grimandi] Quimandi *Bil.*   Magalonensis *om pD.*
198 Malobuxo] Malabuxo *Bil.*
199 ac universalis *om pD.*
201 subsequenti] sequenti *pD.*
202 hoc] haec *Bil.*   et *om l.*
204 recitata] veritata *l.*   lecta] certa *l.*   capitulo] capitulorum *i.*
praedicto dictorum] praedictorum *il.*
205 dicto] dictis *Bil.*   et definitoribus *cancellatum B.*
206 et prioribus] et aliis prioribus *il.*
207 plurimis] plurimum *pD.*
208 pro *om Bil.*
209 et sub] sub *il.*
210 Pozatoris] Posatoris *pD,* Iohannis + Pozatoris *Bl.*
211 Bari] Barii *Bil.*   supradicti domini *om i.*   domini] ordinis *l.*
212 Malobuxo] Malabuxo *Bil.*

Et feci quamdam cancellariam subtus punctando, quae dicitur Pozatoris.

Ego vero supradictus Iohannes de Malobuxo feci superius quamdam interlineaturam quae dicitur "variae", et aliam quae dicitur 220 "insuper"; quare iterum hic signum meum appono.

Ego Henricus Pozatoris, publicus reverendi patris et domini Magalonensis episcopi notarius, asserens me praedictis omnibus interfuisse, ut superius dictum est, iisdem omnibus subscribo et signo.

225 Ego Iohannes Bari, publicus reverendi praedicti domini Magalonensis episcopi notarius, asserens me praedictis omnibus interfuisse, ut superius dictum est, iisdem omnibus subscribo et signo.

Ego Iohannes Grimandi, publicus domini Magalonensis episcopi notarius, asserens me interfuisse omnibus et singulis contentis 230 a principio huius paginae usque ad paragraphum "Post hoc, anno quo supra et 7 Kalendas augusti", iisdem omnibus subscribo et signum meum appono.

In quorum testimonium, et quod Iohannes de Malobuxo sit domini papae publicus notarius, et Iohannes Bari et Henricus Poza- 235 toris et Iohannes Grimandi sint publici domini Magalonensis episcopi notarii, nos Bertrandus Mathaei, canonicus Vivariensis, officialis Magalonensis, sigillum nostrae curiae hic duximus apponendum.

---

216 punctando] ponctando *DB.*
217 Pozatoris] Posatoris *pD.*
218 Malobuxo] Malabuxo *Bil.*
219 varie] vario *p.*
221 Pozatoris] Posatoris *pD.*
222 asserens] assistens *Bl.*
223 iisdem] eisdem *BlD.*
225 Bari] Barij *l.*
226 asserens] assistens.
227 iisdem] eisdem *BlD.*
227-32 et signo ... appono *om i.*
228 Grimandi] Grimaudi (?) *Dl.*
229 notarius asserens] et publicus assistens notarius *Bl.*
231 iisdem] eisdem *DBl.*
233 Malobuxo] Malabuxo *DBl.*
234 Bari] Barii *l.*
234-5 Pozatoris] Posatoris *pD.*
235 Grimandi] Grimaudi *l.*   domini *om l.*
237 Magalonensis] magnum *Bil.*   duximus] ducimus *l.*

IV. THE CHRONICLE, *UNIVERSIS CHRISTIFIDELIBUS*

We designate this little treatise by its opening words. The title which has been given it, *Qualiter et quomodo,* is lacking from two of its four known manuscripts. In one of the two manuscripts having a title, the latter is much shorter, so that the title itself seems not to be original. Moreover, the title resembles that of the *Rubrica prima* of the old constitutions, of which for that matter our treatise to a large extent repeats the text.

This short chronicle presents several problems. Where does it end: with the words, *"tempore sempiterno,"* or does the rest of it, concerning the various approvals of the rule, belong to it? Is this latter part by the same author? Who is the author? When did he write this chronicle? What were his sources? All these questions are not independent of each other; on the answer to one question, or the theory regarding it, depends the answer to another.

Manuscripts and Printed Editions

c — Oxford, Bodleian Library, Ms. Laud. Misc. 722, f. 117r-7v.

Ff. 113r-25r contain several Carmelite tracts, copied by Richard Paston, O.Carm., beginning in 1426. Paston not only copies but adds information of his own. One treatise he even copies twice, but not in the same form.

f — Paris, Bibliothèque nationale, Ms. lat. 10586, f. 19v.

This manuscript also contains a *Praeparatio ad missam* and *Ordo paradysi quem composuit frater Johannes Ul'heti, ordinis B. M. de Carmelo, an. 1343.* In 1357 Ul'heti was provincial of Aquitaine.[1] He also makes additions to our text.

---

[1] ACG, I, 47.

t — Biblioteca Vaticana, Ms. Ottob. lat. 407, f. 3r-4v.

This manuscript contains several Carmelite writings and seems to be provenant from Austria, for it contains a catalog of "beati," among whom occurs "*B. Henricus, dux Austriae.*"

N — Klosterneuburg, Stiftsbibliothek, Ms. CCI, 941, f. 242r-5r.

The text ends, "*Scriptum et cum labore collectum per venerabilem in Christo patrem dominum Conradum Frank, Ordinis fratrum beatae Mariae virginis Dei genitricis de monte Carmeli, Dei et apostolicae sedis gratia episcopum Lidensem, suffraganeum Quinqueecclesiarum, in die sanctorum patriarcharum Abraham, Isaac, et Jacob, in domo habitationis suae, anno Domini 1423, indictione prima. O patientia.*"

The first part of the chronicle more or less corresponds to the other manuscripts, but the rest is an entirely new version "*cum labore collectum.*" As sources Bishop Frank used the *Speculum* of Jean de Cheminot and a list of popes, probably that by Bernardus Guidonis. He seems also to have copied the *Viridarium* of Jean Grossi, which follows our chronicle on ff. 253r-60r.

The basis of *N* seems to be a manuscript like *t*.

In 1411 Conrad Frank became bishop of Lydda and auxiliary bishop of Fünfkirchen (*Quinque Ecclesiarum*, Pecs, in Hungary). He died before 1430, when his successor was appointed.[2] The manuscript itself belonged to a later Carmelite, who in 1447 became bishop of "*Bodoniensis*" and auxiliary of Fünfkirchen. It contains several documents about his appointment and episcopate, beginning 1447: "*Liber fratris Viti Huendler, ordinis fratrum beatae Mariae Dei genitricis de monte Carmeli, Dei et apostolicae sedis gratia episcopus Bodoniensis, anno Domini 1461*" (f. 260r). Huendler died some time before 1465, for he had as successor a certain Paul, followed in 1465 by Andreas.[3]

Editions: Victor Roefs, O.Carm., "Chronicon 'Qualiter et quodmodo' de origine Ordinis Carmelitarum," AOC, 13 (1946), 70-74.

The editor uses Mss. *f* and *t*. He notes: "*Prima pars huius chronici certo certius continet narrationem omnium antiquissimam originis nostri Ordinis. Primo intuito patet, ipsam praecedere introductionem constitutionum anni 1324.*" (He did not yet know the *Rubrica prima* of 1281 and 1294.) "*Traditiones Ordinis exhibet in forma elementari et primitiva. Secunda pars textus, continens confirmationes regulae Albertinae per summos pontifices, in duobus exemplaribus manuscriptis toto coelo differt ac procul dubio postea primae parti addita est.*"

Rudolf Hendriks, O.Carm., "La succession héréditaire (1280-1451)," *Etudes carmélitaines*, 35 (1956), II, 34-35.

---

[2] CONRAD EUBEL, O.F.M., *et al.*, *Hierarchia catholica*, 2d ed., Münster-Padua, 1913- , I, 305.

[3] *Ibid.*, II, 108.

The editor presents (pp. 37-40) the first part of the chronicle, using besides Mss. *f* and *t* the Ms. *c*. He omits the second part, containing the papal confirmations of the rule.

Fr. Hendriks agrees with Fr. Roefs in dating our chronicle in the beginning of the 14th century. The later chronicle, *De inceptione Ordinis* (see below) he places around 1320 (p. 40). He also considers the second part of the chronicle a later addition to the original, alleging as his reason that it differs in all the manuscripts (p. 37). He disagrees with Fr. Roefs that our chronicle represents the traditions of the Order in their most primitive form. To him it seems based rather on non-Carmelite sources, which in fact it cites: *Historia Hierosolymitana*, *Chronica romana*, and *Speculum*. The *Speculum* he identifies with that of Vincent of Beauvais; the *Historia Hierosolymitana* is "very probably" Jacques de Vitry's work of that name. The *Chronica romana* suggests Martinus Polonus, but the passages our chronicle quotes do not occur in that work (p. 38).

Fr. Hendriks also discusses the purpose of the chronicle and the question of its author, matters we will treat later on.

The Sources

The first source of our chronicle is the first rubric of the constitutions, *Cum quidam fratres*, specifically in the version of 1281 and 1294, but not yet that of 1324, which treats the Marian title of the Order and the chapel of Our Lady on Mount Carmel. As we mentioned in the introduction to the first rubric, this addition will have been made soon after 1294.

The first rubric purposes to provide the young brethren with a formula for answering the question of outsiders, "*a quo et quomodo*" (1281), or "*quando et quomodo*" (1294), "*ordo noster habuerit exordium.*" But whether the answer provided by the rubric will have satisfied questioners is another matter. They will no doubt have wanted to know more about the two thousand years between the prophet Elijah and the patriarch Albert. This need the author of *Universis Christifidelibus* seeks to satisfy. As Fr. Hendriks stated, the author consulted the world chronicles of his time for dates and facts, but we cannot agree with Fr. Hendriks when he states that the chronicle proceeds from a non-Carmelite source. The details, even those which the chronicle explicitly ascribes to the *Historia Hierosolymitana*, are not found there, and even the dates it gives to Titus and Vespasian are wrongly cited.

While the *Rubrica prima* makes the "*sancti patres tam veteris quam novi testamenti*" live on Mount Carmel in one continual tract until the time of Innocent III and the rule of St. Albert, our chronicle distinguishes two periods, "*patres veteris testamenti ... usque ad incarnationem Domini*" and those of the New Testament who in the year 30 settled near the

Porta S. Anna in Jerusalem and remained there until the destruction of that city. Thereafter they wandered about, according to Heb. 11, 38, "over deserts and mountains, and in dens and caves of the earth," until the year 1200!

Moreover, there is a difference in the point of view. While in the *Rubrica prima*, including the later versions, the Carmelites remain entirely eremitical — the transition to the active life with the rule of 1247 is not even mentioned — *Universis christifidelibus* states: "*Unde tempore beati Petri Antiochiae ecclesiae cathedrati, ipsi in circumquaque regione adiacenti locis diversis pro fide catholica insistebant.*" Ms. *t* adds, "*anno 38, ubi sedit annis 7.*"

A question which at that time will have been put to the Carmelites more than once is: what rule did the Order follow during the time between the prophet Elijah and the patriarch Albert? The *Rubrica prima* was indeed conscious of this problem: the forefathers on Mount Carmel were not a religious Order, but "*poenitentes,*" "*laudabiliter conversati.*" They became a religious Order only because Albert gathered them together into a community, "*in unum congregavit collegium,*" through the rule.

The question caused the writer of *Universis Christifidelibus* no problems. Already concerning the year 30 he speaks of "*multi fratres eiusdem Ordinis*" and applies to them Acts 2, 5: "*Erant in Ierusalem habitantes viri religiosi.*" Even a rule is provided for: "*Nec multum post quidam Ioannes, patriarcha Ierosolymitanus, frater de religione praedicta, statuit illis regulam, olim a beatis Paulino successive et Basilio viris religiosis editam in posterum observandam.*" The chronology is very vague: "*nec multum post*" follows immediately on St. Peter's occupancy of the see of Antioch, but the rule of Paulinus and Basil was "*olim edita*", when John prescribed it. Or does this mean, from the time of the writer of *Universis Christifidelibus?*

Who was this patriarch John, what rule of Basil is intended, who was this Paulinus?

There have been many patriarchs of Jerusalem with the name John, but the one referred to here is probably John, *bishop* of Jerusalem from 387 to 417. Jerusalem became a patriarchate only in 451. Like so many bishops of the time, John had been a monk. Felipe Ribot later (after 1381) ascribed to him the *Institutio primorum monachorum*.

Basil the Great had also been a monk before he became bishop of Caesarea in Cappadocia, 370-379. He composed several monastic rules. The *Asceticon minor* seems to have been preserved only in a Latin translation.[4] The *Asceticon maior* comprises the *Regulae fusius tractatae*[5] and the *Regulae brevius tractatae.*[6]

---

4 Migne, PL 103, 483-554.
5 Migne, PG 31, 889-1052.
6 *Ibid.*, 1079-1302.

Beginning in 395, Paulinus of Nola lived as an ascetic in Nola, where he was bishop from 409-431. He is not known to have written a rule. However, in the *Codex regularum* of St. Benedict of Aniane (750-821) there is a Latin rule of the 7th or 8th century, ascribed to Basil, *Admonitio ad filium spiritualem*.[7] Basil certainly was not its author, but by a striking coincidence the St. Paulinus who was patriarch of Aquileia, 787-802, wrote a *Liber exhortationis ad Henricum comitem,* of which many portions are identical with the above-mentioned Latin rule of pseudo-Basil.[8] A working hypothesis might be that the author of *Universis Christifidelibus* was familiar with a source which mentioned together the rule of Basil and Paulinus, *patriarch* of Aquileia.

Jean de Cheminot, who cites our chronicle several times, including the passage about the rule of Paulinus, goes on to say, *"Processu vero temporis, praecipue circa annos ab incarnatione Domini 800, secundum regulam et observationes ab Ecclesia et patriarchis illius temporis eis impositas, uniformiter magis solito convivere ceperunt."*

The *Rubrica prima* of 1281 and 1294 ends with the rule of St. Albert: *"Quorum successores* (1281: *tempore Innocentii III)* Albertus, Ierosolymitanae ecclesiae patriarcha, in unum congregavit collegium, scribens eis regulam (1294: *ante concilium Lateranense)."* In feudal times, just as no corporate body could be formed without a privilege from the proper authority, so no religious Order or house (*unum collegium*) could exist without a rule, approved by the proper ecclesiastical superior (until 1215, the local bishop).

According to *Universis Christifidelibus* the Carmelites were already religious and had a rule, imposed by John, patriarch of Jerusalem. The author gives the phrase, *"in unum congregavit collegium"* a spacial meaning: *"Processu vero temporis Albertus, Ierosolymitanus patriarcha,* **dispersos** *fratres in unum collegium congregavit atque sub obedientia unius eorum omnibus vivere constituit tempore sempiterno."* (But also according to the rules of St. Basil one lived in obedience to a superior!)

The author was as unfamiliar with canon law as he was with history.

The Date of Composition

As mentioned above, Fr. Roefs placed the chronicle in the beginning of the 14th century, and Fr. Hendriks left it an open question whether it was written in 1300 or 1320. His reason is that the author of the chronicle still does not know the *Rubrica prima* of 1324, which mentions the church of Our Lady on Mount Carmel as the titular church of the Order. The same author does refer indirectly to the Order's Marian devotion,

----

[7] Migne, PL, 683-700.
[8] "Paulin d'Aquilée," DS, XII, 584-8; col. 586 (A. Solignac).

when he mentions the foundation in Jerusalem near the Golden Gate, or the Gate of St. Anne. But we do not have the constitutions between 1297 and 1321. The passage about the church of Our Lady could already then have been included in the constitutions. From the text of *Universis Christifidelibus* it is not evident whether the author already knew the *Rubrica prima* of 1294, the form of which in turn could antecede that date.

All four manuscripts continue with a list of papal approbations of the rule: the first, up to and including 1285; the second, 1289; the third and fourth, 1326. The question is do these four manuscripts depend on one and the same original text? Where did the latter end? Who was its author?

The Four Continuations of the Chronicle

The most important source for our chronicle is the *Rubrica prima* of the constitutions. Those of 1281 end: *"Quorum successores, tempore Innocentii III, Albertus Ierosolymitanae ecclesiae patriarcha in unum congregavit collegium, scribens eis regulam, quam Honorius papa, successor ipsius Innocentii, et multi successorum suorum, ordinem istum approbantes, sub bullarum suarum testimonio devotissime confirmarunt."*

The constitutions of 1294 omit Innocent III and Honorius and read: *"... scribens eis regulam ante concilium Lateranense, a pluribus summis pontificibus postea approbatam, quam sub bullarum suarum testimonio devotissime confirmarunt."*

Our chronicle states: *"Processu vero temporis Albertus, Ierosolymitanus patriarcha, dispersos fratres in unum collegium collegavit atque sub obedientia unius eorum omnibus vivere constituit tempore sempiterno."*

It is rather strange that our chronicle does not mention the rule of St. Albert. The author seems to conceive the words, *"in unum collegium congregavit"* in a spacial sense: *"dispersos fratres."* He has already previously dispensed with a rule, that namely of Paulinus and Basil, imposed by the patriarch John. But all four continuations are concerned precisely with the rule of St. Albert and its papal approbations! At first sight one would agree with Roefs and Hendriks that these continuations differ completely from one another; hence they also do not form part of the original text, which ends, *"tempore sempiterno."* But medieval copyists sometimes have a way of being slipshod, omitting some passages, adding others, continuing lists to a later date, and also incorporating other sources to "improve" the text. This last Conradus Frank did *"cum labore"* to Ms. *N* in 1423. He already alludes to a *"certa regula"* of Albert in the first part of the chronicle.

We are convinced that all four continuations go back to the same original. Proof of this are the same errors in the chronology of the popes and frequently also the same turns of phrase that occur in no other Carmelite writings and hence cannot be accidental.

Both Mss. *c* and *f* assign the approval of the rule to Innocent III in the 17th year of his pontificate. This pope did not confirm the rule. Perhaps the writer was thinking of the Lateran Council of 1215, which disallowed new Orders, but because the rule of St. Albert had been given before the council, this canon did not apply. Ms. *N* also records the approval of the rule by Innocent but has its own chronology taken from later Carmelite sources.

All four continuations omit the approval by Gregory IX, of April 5, 1229.[9] This is rather strange, because Vincent of Beauvais refers to it in his *Speculum*. They also fail to record the approval by Innocent IV, of June 8, 1245.[10]

Both Ms. *f* and Ms. *t*, as well as *N* place the confirmation of the rule by Alexander IV (1254-1261), of the second year of his pontificate, February 3, 1256, in *"anno septimo."*

All four continuations ascribe the approval of Nicholas IV (1288-1292), of the second year of his pontificate, July 1, 1289, to *"anno primo."*

Both Ms. *c* and Ms. *f* mention an approval of the rule by Pope Urban in 1241, but the approval of Urban IV was given on May 22, 1262. Ms. *t* begins with the year 1241, but starts listing popes with Clement IV. However the text has a couple of omitted passages in this paragraph, as we shall see.

Mss. *c* and *f* refer to an approval by Clement IV (*f*: *"anno secundo"*) in 1244. Ms *t* also names Clement IV, but under the year 1241: *"anno secundo"*; *N* corrects the year. Clement IV reigned from 1264 to 1268; no approval of the rule by him is known, but this is not certain proof that it never existed. The chronicle we will treat next, *De inceptione Ordinis*, ca. 1320, which did not know *Universis Christifidelibus*, also credits Clement with approving the rule.

The author of the original continuation probably saw a series of papal bulls. In those days papal documents bore no dates, but ended with a phrase like, *"Datum Laterani sexto kalendas martii, pontificatus nostri anno secundo."* The problem of dating became even more difficult if one did not have the original bull in hand. In this case the document began, *"Urbanus episcopus, servus servorum Dei."* Only from the lead seal could one tell which Urban was intended.

Furthermore, certain turns of phrase argue in a striking way for including the approbations in the original text. Ms. *c*, for instance, which presents a short text and never specifies the year of a pontificate, reads, *"Anno Domini 1244 confirmataque privilegiabatur idem ordo multis privilegiis a Clemente papa IV."* Ms. *f* has: *"Anno Domini 1244 privilegiabatur idem ordo multis privilegiis et eadem regula confirmabatur a Clemente papa IV pontificatus sui anno secundo."* Ms. t: *"Anno igitur Domini 1241*

9 *Bull. Carm.*, I, 4.
10 *Ibid.*, I, 5.

confirmata fuit a domino Clemente IV eadem regula et ordo, et multis privilegiis decorata, pontificatus sui anno secundo." Ms. N: "*Eadem regula et idem ordo multis privilegiis decorabatur a Domino Clemente papa IV (natione Provinciali, de villa Sancti Aegidii, qui coepit anno Domini 1264), pontificatus anno secundo.*"

In another case the similarity of Mss. *f* and *t* is evident only if we realize that the latter contains certain lacunae. It omits in its beginning the passage over the rule of St. Albert and even appears not to mention the mitigation of the rule by Innocent IV in 1247:

f	*t*
Anno Domini 1241 innovabatur et confirmabatur eadem regula ab Urbano papa III pontificatus sui anno secundo.	*Anno igitur 1241*
Anno Domini 1244 privilegiebatur idem ordo multis privilegiis et eadem regula confirmabatur a Clemente papa IV pontificatus sui anno secundo.	*confirmata fuit a Domino Clemente IV eadem regula et ordo et multis privilegiis decorata, pontificatus sui anno secundo*
Anno Domini 1248 confirmabatur idem ordo ab Innocentio papa IV, pontificatus sui anno quinto; et haec confirmatio continet correctionem, declarationem et mitigationem regulae praedictae.	*ubi confirmatio continet correctionem et declarationem et mitigationem regulae supradictae.*

Obviously here a line of text has twice been dropped.

Ms. *N* must have had in hand the same sort of defective text as Ms. *t*. It also omits the approbation by Urban (actually, IV of 1264); in connection with Clement IV it states, "*Ubi et confirmatio continet correctionem et declarationem et mitigationem regulae supradictae, anno Domini 1266.*" This really belongs to the mitigation of Innocent IV, but for that *N* follows another source.

Which of the four continuations corresponds most closely to the original text? *A priori* one may say the one that has the shortest list of approvals of the rule, namely, Ms. *f*. In the Middle Ages a scribe who copied a chronicle was inclined to continue it down to his own time or to insert other particulars with which he was familiar.

Ms. *f* ends with Nicholas IV in 1289. Also, it mentions that the Order was placed on probation by the council of Lyons in 1274, but not that this conditional clause "*donec*" was removed by Boniface VIII in 1298.

Ms. *c* is shorter and does not include the year of the pontificate of the popes who confirmed the rule of the Order. Yet such dates must have been present in the original, because the three other manuscripts cite them.

Another indication that the original ended with Nicholas IV is the fact that up to and including that pope Mss. *c, f,* and *t,* always begin the approvals of the rule with the words, *"Anno Domini";* thereafter Ms. *c* uses *"Idem ordo,"* Ms. *t, "Item."* In Ms. *N,* up to and including Nicholas IV the beginnings of the approvals show every sort of variant, but after him they begin with *"Idem etiam ordo,"* a variant *N* had not used before.

Ms. *f,* however, seems to have an addition of its own. After the giving of the rule by Albert the chronicler writes about his death before the Lateran Council and about the rules of the Dominicans and Franciscans and their approval. This latter information he takes from Bernardus Guidonis, O.P. (*d.* 1331).

The same unskillfulness and superficiality in the use of historical sources characterizes the continuation of the chronicle as its first part.

Who is the Author?

The chronicle with its continuations is anonymous. Naturally it was written by a Carmelite, and this at the end of the 13th century. John Bale attributes to Sibertus de Beka *Epistolae ad diversos, lib. 1, Universis Christifidelibus.*[11] In the same place he also attributes to him *"Synodorum registrum, lib. 1, Anno Domini MCC.* This *incipit* corresponds to that of the continuation of *Universis Christifidelibus,* but the title of the work does not.

In his defense of the Order in 1374 John Hornby twice cites the *Speculum* of Jean de Cheminot, but ascribes the quotations to Sibertus de Beka: *"Item pro verificacione primae conclusionis mee adduci potest dicta Syberti, doctoris sacre theologie, in sua Cronica de Carmelitis, sic scribentis ... In Cronicis Romanis legitur et recitat reverendus magister Sibertus, doctor Parisiensis, in Cronica sua de Terra Sancta quod..."*[12] For his part, Cheminot had taken the quotations, with a few changes, from *Universis Christifidelibus,* on which he bestows the title *Chronica romana.*

In his *Dialogus* (before 1374) Joannes de Hildesheim writes: *"Idipsum ponit Sigebertus in suis Chronicis, dicens, 'Cum Carmelitae in sancta poenitentia perseverassent a tempore Eliae et Elisaei, sanctorum prophetarum, tandem Christum praedicantem audierunt et processu temporis per apostolos baptizati sunt'."* (ch. 9) Likewise Bernardo Oller writes in his *Informatio* (1376): *"Item Sigebertus historiographus, quem frequenter allegat Vincentius in Speculo historiale, dicit sic: 'Cum Carmelitae...'."* The quotation is again from Cheminot. The historian Sigebertus of Gembloux

---

[11] London, British Museum, Ms. Harley 3838, f. 168r.
[12] *Conclusiones et determinationes,* Oxford, Bodleian Library, Ms. e Musaeo 86, f. 210r, 211r; see also J. P. H. CLARK, "A Defense of the Carmelite Order by John Hornby, O.Carm., A. D. 1374," *Carmelus,* 32 (1985), 73-106; esp. p. 85, note 28.

in fact wrote a chronicle, but not about the period mentioned in the quotations. Is Sigebertus perhaps a corruption of Sibertus?

A reason for ascribing the chronicle to Sibertus de Beka can be that in two of the four manuscripts his name occurs at the end of the continuation. Mss. *t* and *N* end their continuations thus: *"Item (idem) etiam (dictus) ordo habuit privilegium de confessionibus et praedicationibus ac liberis sepulturis, ut habent ordines Praedicatorum et Minorum, a saepedicto domino Ioanne papa XXII, 11 kalendas decembris (pontificatus sui anno undecimo). Quod privilegium impetravit reverendus magister Sibertus de Gelre, prior provincialis (provinciae) Alamanie Superioris ordinis supradicti."*

Sibertus de Beka became provincial of all Germany in 1317. The following year this province was divided into Lower and Upper Germany. In 1327, due to the schism of Louis of Bavaria, it was again united into one province, of which Sibertus remained provincial to his death.[13] But if Sibertus had himself written *Universis Christifidelibus* with its continuation, he would not have designated himself as *"provincialis provinciae Alemaniae Superioris."*

But was he perhaps the author of the chronicle with the shorter continuation to and including 1289? All his life Sibertus showed great interest in the history of his Order and in papal bulls and the privileges of the Carmelites. He wrote an *Annotatio capitulorum generalium* and a *Bullarium* or *Privilegia* of the Order.[14] The treatise, *De consideratis super Carmelitarum regulam*, attributed to him in the collection of Felipe Ribot, is not his, but Ribot's himself, written after 1381. If Sibertus is the author of our chronicle, he would have been at least twenty-five years old at the time he wrote it. As a matter of fact, it seems to be the work of a youthful Carmelite, quite inexperienced in history and the handling of documents.

Universis Christifidelibus had a great influence on the historiography of the Carmelites. Jean de Cheminot and the other chronicles published here cite it as the *Chronica romana*, and at the end of the period with which we are concerned here Felipe Ribot assigns the authorship of the first part of his *Liber de institutione primorum monachorum* to John, the 44th bishop of Jerusalem.

---

[13] Bartolomé Xiberta, O.Carm., *De scriptoribus scholasticis saeculi XIV ex ordine Carmelitarum*, Louvain, 1931, 142-6.

[14] Adrianus Staring, O.Carm., "Four bulls of Innocent IV, a Critical Edition," *Carmelus*, 27 (1980), 273-85; pp. 275-6.

Text

QUALITER ET QUOMODO ET QUO TEMPORE ORDO BEATAE MARIAE
DE MONTE CARMELI SUMPSIT EXORDIUM, SECUNDUM QUOD APERTISSIME
DECLARATUR IN HISTORIA IEROSOLYMITANA ET IN SPECULO INVENITUR
ET IN CHRONICA ROMANA

5   Universis christifidelibus, exordium fratrum ordinis beatae Mariae de monte Carmeli scire volentibus, innotescat per praesentes,
quod a tempore Eliae et Elisei prophetarum, montem Carmeli devote
inhabitantium, sancti patres Veteris Testamenti, eiusdem montis
solitudinis pro contemplatione caelestium veri amatores, iuxta fon-

---

1-4 *om* fc.
1 Mariae + virginis *N.*
2 Carmeli] Carmelo *t.*
2-4 secundum ... Romana *om N.*
5 exordium] ex- *supra lineam* c.   fratrum *post* ordinis c, *om Nf.*
Mariae + virginis *N.*
6 innotescat per praesentes] notum sit *f.*
7 montem] in monte *t.*
8 inhabitantium] habitantium *t.*
8-9 Veteris ... solitudinis] tam veteris quam novi legis in eiusdem montis
(*spatium 9 litterarum*) solitudine *f.*
8 montis *om Nt.*
9 veri] viri *N.*   amatores + ibidem *t.*
9-10 fontem] formam *N.*

---

3 *Historia Ierosolymitana* of Jacques de Vitry.
3 *Speculo* of Vincent of Beauvais. — *Chronica Romana* the *Chronicon* of
Martinus Polonus.
6-12 quod ... conversati: *cf Rubrica prima.*
7-12 quod ... conversati: *cf Rubrica prima.*

10 tem Eliae in sancta poenitentia, sanctis successibus incessanter
continuata, ut veri prophetarum filii expectantes redemptionem
Israel, usque ad incarnationem Domini sunt laudabiliter conversati.
      Et anno ab incarnatione Domini 30, baptizato Domino Iesu
Christo a Ioanne et docente, multi fratres eiusdem ordinis ascen-
15 derunt Ierusalem et habitaverunt iuxta portam, quae postea secundum quosdam dicebatur beatae Annae, ut eum, quem de libris
patrum suorum in carnem venturum didicerant, audirent docen-
tem et viderent miracula facientem. De quibus legitur in *Actibus
apostolorum*: "Erant in Ierusalem habitantes viri religiosi", etc.
20   Et quidem anno a passione Domini 45, regnante Romano imperio, tempore Titi et Vespasiani imperatorum, apud Ierusalem in
Porta Aurea religiose consederunt, anno imperii Vespasiani septimo.

---

10 successibus] successoribus *tN*.
11 veri] viri *t*, in *N*.
12 Domini *om N*.   laudabiliter *om c*.
13 Domini *om N*.
13-14 Iesu Christo *om cN*.
14 docente] dicenti *N*.
15 Ierusalem] Ierosolymam *N*, in Ierusalem *c*.   portam + auream *c*.
postea *om cN*, *post* quosdam *f*.
15-16 secundum quosdam *om c*.
16 Annae + eo quod obviavit Ioachim angelo mandato *c*.   eum *om tN*.
17 carnem] carne *N*.   didicerant] didiscerant *f*, didisserant *c*, dixerant
ante venturum *N*.
17-18 audirent ... facientem *om c*.   audirent] audierunt *tN*   docentem]
dicentem *N*.
18 viderent] viderunt *tN*, *om f*.
19 habitantes] Iudaei *f*, *om cN*.
20 Et quidem *om N*.   anno *om c*.   a passione] ab apparitione *t*.
45 + vel secundum cronicum sancti Martini anno Domini 78 *f*.
20-21 regnante ... imperatorum *om t*.
20 Romano *post* imperio *N*.
21-22 imperatorum ... Vespasiani *om c*.
22 religiose] religiosi *N*.   imperii + Titi et *N*.

---

19 Erant ... religiosi: Act. 2, 5: "erant autem in Ierusalem habitantes Iudaei
viri religiosi ...". Religious are taken here in the strict sense.
      20 and 24 anno ... 45: in many chronicles, also in that of Jacques de Vitry,
Historia Hierosolymitana, I, cap. 1, p. 1052, the destruction of Jerusalem is
placed in the year 42 after the passion of Our Lord. Perhaps this date is influ-
enced by the "year 30 of the Incarnation of the Lord" (line 13).
      22 Porta Aurea: the gate of St. Anne, as in line 16.
      22-23 and 26 septimo: Marianus Scotus, *Chronicon* III, PL 147, 656, places
the destruction of Jerusalem in the year 76, Vespasianus 4 et Titus 3. Here also
there is a difference of three years.

Anno etiam post passionem Domini 45 Titus et Vespasianus,
25 imperatores Romanorum, cum ingenti exercitu, ut mortem Christi
vindicarent, anno sui imperii septimo, Ierosolymam et populum
Iudaicum captivantes, praedictos filios prophetarum honoratos mu-
neribus propter reverentiam Christi illaesos dimiserunt, sicut in
Historia Ierosolymitana apertissime declaratur.
30   Quorum successores, exemplum sanctae conversationis posteris
relinquentes, *circuierunt in melotis, in pellibus caprinis, egentes,
angustiati, afflicti, quibus dignus non erat mundus; in solitudinibus
errantes, in montibus et speluncis et in cavernis terrae* usque ad
annum Domini 1200 Deo devotissime famularunt.
35   Unde tempore beati Petri Antiochiae ecclesiae cathedrati ipsi in
circumquaque regione adiacenti locis diversis pro fide catholica
insistebant.
        Nec multum post quidam Ioannes, patriarcha Ierosolymitanus,

---

24 etiam] et *N*.   passionem *post* Domini *t*.   45 + vel anno Domini 78 *f*.
25 Romanorum *om tN*.
26 vindicarent] vendicarent *t*.   sui imperii] imperii sui *c*, imperii eorum
tN.   Ierosolymam] Ierosolimitanos *N*.
27-28 honoratos muneribus] honorantes mulieres *N*.
28 propter] ob *c*.   Christi *om t*.   illaesos + abire *c*.
30 posteris] postremo *t*.
31 melotis] verbera + et *N*.   in pellibus] et pellibus *t*.
31-33 egentes ... terrae] etcetera usque ad cavernos terrae *c*.
32 afflicti *om fN*.   dignus *om f*.   mundus] mondus et *f*.
33 speluncis] in speluncis *fN*.
34 1200] 1100 *N*.   Deo] Domino *tN*.   famularunt] famulabantur *c*, fa-
mulaverunt *N*.
35 Unde + etiam illo *f*.   tempore *om c*.   Petri + apostoli *cN*.
cathedrati] cathedratus *cN*, cathedralis *t*, + anno Domini 38, ubi sedit annis 7 *f*.
36 circumquaque regione] circumquamque regionem *N*.   adiacenti] adia-
cente *t*, adiacentis *N*.   diversis] dominicis (?) *c*.   pro fide catholica] catholice pro fide *f*.
38 Nec] Necnon *f*.   quidam] quidem *tc*.   Ioannes *post* patriarcha *f*.

25-26 ut ... vindicarent: *cf* Vincent of Beauvais, *Speculum historiale*, Index:
"Liber X continet historiam 93 annorum, per tempora decem Imperatorum, scilicet
ab imperio Vespasiani, sub quo Iudaei cum Hierusalem in ultionem mortis
Domini subversi sunt".
29 *Historia Ierosolymitana:* of Jacques de Vitry, but the quotation is not
found there.
31-33 circuierunt ... terrae: Hebr. 11,37-38.
33-34 usque ... 1200: namely up to the patriarch Albert, under Innocent III,
as mentioned in mss *c* and *f*.
38 Ioannes: it is not clear if this refers to John, bishop of Jerusalem
(386-417).

frater de religione praedicta, statuit illis regulam, olim a beatis
40 patribus Paulino successive et Basilio viris religiosis editam in
posterum observandam.

Processu vero temporis Albertus, Ierosolymitanus patriarcha,
dispersos fratres in unum collegium congregavit atque sub obedientia unius eorum omnibus vivere constituit tempore sempi-
45 terno.

The Continuation of Ms. c

Anno igitur Domini 1200 Albertus praedictus congregatis fratribus in unum collegium regulam scripsit, quam idem regulam
papa Innocentius III anno pontificatus sui decimo septimo confirmavit.
5   Anno Domini 1226 ab Honorio confirmata est.
Anno Domini 1241 ab Urbano confirmata.
Anno Domini 1244 confirmataque privilegiabatur idem ordo
multis privilegiis a Clemente papa IV.

---

39 religione] regione *c.*   statuit] in posterum *c.*
40 patribus] prioribus *t,* + scilicet *f.*   Paulino ... Basilio] Basilio eximio
doctore et Paulino successive *t,* Basilio eximio et Paulino doctore <de trore>
successive et *N.*
40-41 in posterum] statuit *c.*
42 Ierosolimitanus] Ierosolimitanae ecclesiae *fc, post* patriarcha *N,* patriarcha + apostolicae sedis legatus *c,* + apostolicae sedis legatus ante concilium
Latrianense de regula beati Basilii et Paulini praedicta quaedam salubria et
specialiter illa quae erant de substantia voti accipiensque et alias quasdam observationes quae pro statu praedictorum fratrum videbantur expedire praedictis
interserens, certam regulam scripsit eisdem. Et *N.*
44 omnibus *om f.*   constituit] instituit *fc, post* sempiterno *f,* + iniunxit
eamdem regulam observandam *N.*
44-45 sempiterno] perpetuo *c,* + anno Domini 1127 *N,* + Haec in Chronicis
Romanis *c.*
1 1200] 1241 (!) (M°CC°xl°p°).

---

40 Paulino: no rule of Paulinus is known to have existed, and Paul the
Hermit wrote no rule.
42-43 Albertus ... congregavit: *cf Rubrica prima.*
1 1200: between the years 1206-1214.
3 Innocentius III: this pope did not confirm the Carmelite rule.
5 Honorio: namely Honorius III, 30 Jan. 1226, *Ut vivendi normam; Bull.
Carm.* I, 1.
6 1241 ab Urbano: Urban IV (1261-1264), *Cum a nobis,* 22 May 1262; *Bull.
Carm.* I, 27.
7-8 1244 ... Clemente papa IV: no confirmation of the rule by Clement IV
(1265-1269) is known.

Anno Domini 1248 confirmatur ab Innocentio papa IV; et haec
10 confirmatio continet correctionem, declarationem et mitigationem
regulae.

Anno Domini 1267 confirmatur ab Alexandro papa IV.

Anno Domini 1274 reservatus est ordo praedictus a Gregorio
papa X in concilio Lugdunensi.

15 Anno Domini 1287 facta fuit mutatio mantelli varii coloris in
cappam albam, in festo sanctae Mariae Magdalenae. Et haec mutatio facta est per Honorium papam IV. Et eodem anno fuit capitulum provinciale Angliae Lincolniae, ubi fratres nostri mutaverunt
cappas.

20 Anno Domini 1289 confirmatur a Nicolao papa IV.

Idem ordo etiam a Bonifatio papa VIII in *Sexto Decretalium*
remoto omni ambiguo, in statu non *solito*, sed *solido* stabiliter
est confirmatus. Et mutatio mantelli ab eodem per bullam apostolicam fratribus inde confectam gratiose confirmatur.

The Continuation of Ms. f

Anno Domini 1200 Albertus patriarcha Ierosolymitanae ecclesiae,
Innocentii papae III legatus, saepedictos filios prophetarum, per
totam terram promissionis dispersos, in unum congregavit, scribens eis regulam, quam idem Innocentius III anno sui pontificatus
5 decimo septimo confirmavit.

Iste Albertus mortuus fuit ante concilium Lateranense per
unum annum, et sepultus Accon vel Ierosolymis.

Et hiis patet quod Carmelitae habuerunt regulam ante Praedi-

---

15 1287 *primo scriptum erat* 1289 (MCClxxxix), *deinde adiunctum* vij *sine
cancellatione praecedentis.* facta *in margine* varii] varie.
21 VIII] IV.
24 confirmatur + Anno Domini 12... 23° regni et secundum cronicam Henrici
Huntyngtoniensis fuit anno Henrici regis III, anno Domini 1239 (*etc.*). *Est pars
libelli* Guillelmi Coventriensis *De adventu Carmelitarum ad Angliam.*
1 1200] *ultimum C in MCC postea deletum est.*

---

9 1248: 1 Oct. 1247, *Quae honorem; Bull. Carm.* I, 8-11.
12 1267: 3 Feb. 1256, *Cum a nobis; Bull. Carm.* I, 15.
20 1289: *Cum a nobis,* 1 July 1289; *Bull. Carm.* I, 40.
21 *Sexto Decretalium:* c. 1, III, 17, in VI°; Friedberg II, 1055.
23 bullam: *Iustis petentium,* 25 Nov. 1295; *Bull. Carm.* I, 52-53.
1 1200: between 1206 and 1214.
4 Innocentius III: this pope did not confirm the Carmelite rule.

catores per 16 annos, et ante Minores per 23 annos. Nam anno
10 Domini 1203, pontificatus Innocentii III anno sexto, incepit ordo
Praedicatorum, et anno Domini 1223 incepit ordo Minorum; et
confirmabatur ordo et regula Praedicatorum ab Honorio III anno
Domini 1216, ordo Minorum anno Domini 1223.

Praedictum vero concilium Lateranense celebravit Innocentius
15 III pontificatus sui anno decimo octavo, mense novembri.

Anno Domini 1226 confirmatus est idem ordo Carmelitarum
et regula renovata ab Honorio papa III, antedicti Innocentii III
successore immediato, pontificatus sui anno decimo.

Anno Domini 1241 innovabatur et confirmabatur eadem regula
20 ab Urbano papa III, pontificatus sui anno secundo.

Anno Domini 1244 privilegiabatur idem ordo multis privilegiis et eadem regula confirmabatur a Clemente papa IV pontificatus sui anno secundo.

Anno Domini 1248 confirmabatur idem ordo ab Innocentio papa
25 IV, pontificatus sui anno quinto; et haec confirmatio continet
correctionem, declarationem et mitigationem regulae praedictae.

Anno Domini 1257 confirmabatur idem ordo et privilegiis munie-
batur ab Alexandro papa IV, pontificatus sui anno septimo.

Anno Domini 1274 reservatus est ordo praedictus a Gregorio X
30 in concilio Lugdunensi, pontificatus sui anno quarto, 10 kalendas
aprilis.

Anno Domini 1289 innovabatur regula et privilegia dicti ordinis
a Nicolao papa IV confirmabantur, pontificatus sui anno primo.

---

10 1203] *Mccxviij vel Mccxcviij. Cf. De inceptione ordinis.*
20 secundo] *adiungitur in margine, abscissis ultimis verborum litteris* Anno
Domini MCC<xliv> et <?> privile<giabatur i->dem ordo multis <privi-
leg->iis et eadem regula <confirma->batur a Clemente <papa IV> pontificatus <anno ii°>. *Cf* Clemens IV *in codd. c, t, N.*
33 confirmabantur] confirmabatur.

---

16 1226: 30 Jan., *Ut vivendi normam; Bull. Carm.* I, 1.
19-20 1241 ... Urbano papa III: Urban IV (1261-1264), *Cum a nobis*, 22 May
1262, confirmed the rule; *Bull. Carm.* I, 27.
24 1248: 1 Oct. 1247, *Quae honorem; Bull. Carm.* I, 8.
27 1257: 3 Feb. 1256, *Cum a nobis; Bull. Carm.* I, 15.
30 10 kalendas: the date of promulgation was pridie kal. aprilis (1275); *Unam
ex constitutionibus; Bull. Carm.* I, 34-35.
32-33 1289 ... primo: 1 July 1289, anno secundo, *Cum a nobis; Bull. Carm.*
I, 40.

The Continuation of Ms. t

Anno igitur Domini 1226 confirmatus est praedictus ordo et regula renotata et confirmata ab Honorio papa III, successore Innocentii papae III, sui pontificatus anno octavo.

Anno igitur Domini 1241 confirmata fuit a domino Clemente
5   IV eadem regula et ordo, et multis privilegiis decorata, pontificatus sui anno secundo; ubi confirmatio continet correctionem et declarationem et mitigationem regulae supradictae.

Anno Domini 1257 confirmatus est et munitus idem ordo ab Alexandro papa IV, pontificatus sui anno septimo.
10   Anno Domini 1290 confirmatur regula et privilegia conceduntur a Nicolao papa IV, pontificatus sui anno primo.

Item idem ordo a Bonifatio papa VIII in *Sexto Decretalium* remoto omni ambiguo in statu non "solito" sed "solido" et stabili est confirmatus. Et mutatio mantelli varii coloris in cappas albas,
15   per praedecessorem suum Honorium papam IV factam, ab eodem auctoritate apostolica per bullam per confirmationem perpetuis temporibus duraturam confirmatur anno Domini 1287; quas quidem cappas albas fratres ordinis praedicti primo receperunt in capitulo generali in Monte Pessulano celebrato in festo beatae Mariae Mag-
20   dalenae, anno Domini praenotato.

Item idem ordo exemptus fuit et confirmatus a Iohanne XXII, 3 idus martii, pontificatus sui anno primo, anno vero Domini 1316. Privilegium dictae exemptionis impetravit et habuit reverendus magister Gerardus de Bononia, prior generalis dicti ordinis; et
25   fuit primus magister Parisiensis.

Item etiam ordo habuit privilegium conservatorum a supra-

---

6   correctionem] correptionem.
22   1316] 1306 (MCCCvi).

---

1   1226: 30 Jan., *Ut vivendi normam; Bull. Carm.* I, 1.
4-5   1241 ... Clemente IV: no confirmation by Clement IV (1265-1269) is known, but see ms *c* for the years 1241 and 1244.
6-7   ubi confirmatio ... supradictae: this applies to the confirmation of Innocent IV, *Quae honorem*, 1 Oct. 1247: see above, mss *c* and *f* for the year 1248.
8   1257: 3 Feb. 1256, *Cum a nobis; Bull. Carm.* I, 15.
9   septimo: secundo.
10-11   1290 ... primo: 1 July 1289, anno secundo, bulla *Cum a nobis; Bull. Carm.* I, 40.
12   Sexto Decretalium: c. 1, III, 17, in VI°; Friedberg II, 1054-5.
17   1287: the chapter this year took place in Montpellier; the bull of Boniface VIII, *Iustis petentium*, is dated 25 Nov. 1295; *Bull. Carm.* I, 52-53.
22   1316: 13 Mar. 1317, *Sacer ordo; Bull. Carm.* I, 56-57.

dicto Iohanne papa XXII, kalendis mai, pontificatus sui anno tertio, anno vero Domini 1318. Impetravit privilegium reverendus
magister Guido de Perpiniano, praedicti ordinis prior generalis,
30 qui postea assumptus fuit per supradictum dominum Iohannem
papam in Maioricarum episcopum.

Item etiam dictus ordo habuit privilegium de confessionibus
et praedicationibus ac liberis sepulturis, ut habent ordines Praedicatorum et Minorum, a saepedicto domino Iohanne papa XXII,
35 11 kalendas decembrias. Quod privilegium impetravit reverendus
magister Sibertus de Gelre, prior provincialis provinciae Alamaniae
Superioris ordinis supradicti.

The Continuation of Ms. N

Quam regulam Alexander papa III natione Senensis qui coepit
anno Domini 1160 confirmavit post solemne concilium per ipsum
Turonis in regno Franciae celebratum anno Domini 1180.

Innocentius III natione Campanus qui coepit anno Domini
5 1197, qui sextus successit Alexandro papae praedicto, eandem
regulam confirmavit anno Domini 1198. Tempore vero huius Innocentii sanctus Dominicus in civitate Tolosana ordinem Praedicatorum primus incoepit anno Domini 1207. Similiter et beatus Franciscus qui ante conversionem vocabatur Ioannes tempore eiusdem
10 Innocentii papae III apud Assisium ordinem fratrum Minorum
incoepit anno Domini 1210.

Deinde Honorius papa III natione Romanus qui coepit anno
Domini 1216 dictam regulam beatae Mariae virginis de monte
Carmeli innovavit et confirmavit pontificatus sui anno decimo, vi-

---

28 1318] *ad* 1318 (MCCCxviij) *adiunctum est aliud* i.
36 Sibertus] Ubertus.   Gelre] Belre *Vide ms N*: Gelre.
10 Assisium] Assium.

---

28 1318: 26 Apr. 1319, *Dilectos filios; Bull. Carm.* I, 58-59.
32-35 Item ... decembrias: *Inter caeteros*, 21 Nov. 1326; *Bull. Carm.* I, 66-67.
36-37 Alamaniae Superioris: Sibert was provincial of Lower Germany, but
from 1318 also of Upper Germany.
1-16 *cf Speculum* of Jean de Cheminot, *infra*, 11. 228-238.
2 1160: Alexander III was pope between 1159 and 1181.
3 Turonis: the synod of Tours took place in 1163.
5 1197: Innocent III ruled from 1198 to 1216.
6 confirmavit: Innocent III did not confirm the rule.

15 delicet anno Domini 1226, et confirmavit ordines Praedicatorum et Minorum primus.

Verum quia praedicta regula ordinis beatae Mariae virginis erat nimis gravis eis, nec in villis nec in civitatibus habitare licebat, idcirco Innocentius papa IV natione Ianuensis de comitibus

20 Lavaniae qui coepit anno Domini 1243, in concilio Lugdunensi per venerabiles patres dominum Hugonem de sancto Theodoro presbyterum cardinalem et dominum Wilhelmum Anteradensem episcopum praedictam regulam mitigare fecit ac corrigi, ac et ipsam mitigatam sub bulla sua confirmavit anno Domini 1247.

25 Eadem regula et idem ordo multis privilegiis decorabatur a domino Clemente papa IV natione Provinciali de Villa sancti Aegidii, qui coepit anno Domini 1264, pontificatus anno secundo, ubi et confirmatio continet correctionem et declarationem et mitigationem regulae supradictae, anno Domini 1266.

30 Confirmatus est etiam idem ordo ab Honorio papa IV natione Romano de Sabellensibus, qui coepit anno Domini 1285, qui dedit nobis cappas albas; quas quidem cappas albas fratres ordinis praedicti primo receperunt in capitulo generali in Monte Pessulano celebrato in festo beatae Mariae Magdalenae anno Domini 1287.

35 Confirmatus et munitus idem ordo est ab Alexandro papa IV pontificatus sui anno septimo.

Anno Domini 1289 novabatur, et privilegia ordinis innovabantur a Nicolao papa IV, pontificatus sui anno primo.

Idem etiam ordo a Bonifatio papa VIII natione Campano de

40 Anagnia civitate, qui coepit anno Domini 1294, inde *Sexto Decretalium* remoto, sine omni ambiguo in statu non solito sed solido stabiliter est confirmatus. Mutatio mantelli varii coloris in cappas albas per praedecessorem suum Honorium papam IV facta, ab

---

20 Lavaniae] Lavanniae (Lananniae?).
26 Provinciali] Provincialis.
31 Romano] Romanus.
39 Campano] Campanus.
42 varii] variis.

---

15 1226: 30 Jan., *Ut vivendi normam; Bull. Carm.* I, 1.
24 1247: 1 Oct., *Quae honorem: Bull. Carm.* I, 8-11.
27 1264: Clement IV was elected on 5 Feb. 1265. He is not known to have confirmed the rule.
30 Honorio papa IV: no confirmation of the order by this pope is known.
36 septimo: Alexander IV issued the bull *Cum a nobis*, 3 Feb. 1256, in the second year of his reign; *Bull. Carm.* I, 15.
37-38: 1289 ... primo: 1 July 1289, anno secundo, *Cum a nobis; Bull. Carm.* I, 40.

eodem auctoritate apostolica per bullam inde confectam perpetuis
45 temporibus duraturam secundo confirmavit anno Domini 1297. Qui
nobis etiam in urbe Romana ecclesiam sancti Martini papae in
Montibus tradidit; qui captus est ante mortem suam Ananiae,
tamen Romae <mortuus> ac ibidem sepultus.

Idem etiam ordo exemptus fuit et confirmatus a Ioanne papa
50 XXII natione Franciensi de Caturco civitate, qui coepit 7 idus
augusti in Sabbato anno Domini 1316, 3 idus martii pontificatus
sui anno primo, videlicet anno Domini 1316; quod privilegium
dictae exemptionis impetravit et habuit reverendus magister Gerardus de Bononia prior generalis dicti ordinis, et fuit primus
55 magister Parisius.

Idem etiam ordo habuit privilegium conservatorum a supradicto Ioanne papa XXII, 6 kalendas maii pontificatus sui anno
tertio, videlicet anno Domini 1319, quod privilegium impetravit
reverendus magister Guido de Perpiniano, praedicti ordinis prior
60 generalis, qui postea assumptus fuit per supradictum Ioannem
papam XXII in Maioricarum episcopum.

Idem etiam ordo habuit privilegium de confessionibus et praedicationibus ac liberis sepulturis ut habent ordines Praedicatorum
et Minorum, a saepedicto domino Ioanne papa XXII, 11 kalendas
65 decembris, pontificatus sui anno undecimo. Quod privilegium impetravit reverendus magister Sibertus de Gelre, prior provincialis
Alamaniae Superioris ordinis nostri supradicti.

---

44 inde confectam] inconfectam.
48 mortuus *om.*
50 Franciensi] Franurensi (Framirensi?).
59 Guido] Groido.
67 supradicti + Scriptum et cum labore collectum per venerabilem in
Christo patrem dominum Conradum Frank, ordinis fratrum beatae Mariae virginis Dei genitricis de monte Carmelo, Dei et apostolicae sedis gratia episcopum
Lidensem, suffraganeum Quinqueecclesiarum, in die sanctorum patriarcharum
Abraham, Isaac et Iacob, in domo habitationis suae anno Domini 1423, indictione
prima. O patientia.

---

49 exemptus: *Sacer ordo*, 13 Mar. 1317; *Bull. Carm.* I, 56-57.
56 privilegium conservatorum: *Dilectos filios*, 26 Apr. 1319; *Bull. Carm.* I, 58.
62 privilegium: *Inter caeteros*, 21 Nov. 1326; *Bull. Carm.* I, 66-67.
66 Sibertus de Gelre: Sibert de Beka was born in the county or city of
Guelders.
67 Alamaniae Superioris: Sibert was provincial of lower Germany, but from
1318 also of Upper Germany.

V. THE CHRONICLE, *DE INCEPTIONE ORDINIS*

A new attempt to bolster up the *Rubrica prima* of the constitutions of the Order with historical facts is the anonymous treatise, *De inceptione Ordinis*. It is anonymous, but in contrast to *Universis Christifidelibus*, of which it is independent, it uses and cites its sources with care. It is through one of these non-Carmelite sources that Aiméric Malafayde, patriarch of Antioch, enters the history of the Order and will continue to influence its literature up to the 20th century.

Manuscripts and Printed Editions

o — Roma, General Archive of the Carmelite Order, Ms. III Extra 3.

This manuscript consists of four pieces of parchment, once sewn together to form a *rotulus*. The folios have writing on both sides. The parchment has holes at the sides, so that the text shows several lacunae.

Contents: a collection of papal bulls, our treatise, the *Speculum* of Jean de Cheminot, and *Casus necessarii in novo iure.*

This text of our treatise is the shortest; the other two copies contain not only additions at the end, but also explanatory glosses in the text itself. Since both additions and glosses differ considerably in the two manuscripts, it is certain that Ms. *o* has the most original reading.

n — Roma, General Archive of the Carmelite Order, Ms. II C.O.II.35 (the "Codex Abulensis"), f. 102r-10r.[1]

Contents: the constitutions of Juan Ballester of 1369, our treatise, John Baconthorpe's *Compendium historiarum et iurium,* Jean Grossi's *Viri-*

---

[1] The "Codex Abulensis" is minutely described by Graziano di Santa Teresa, O.C.D., "Ramenta carmelitana 14," *Ephemerides carmeliticae,* 9 (1958), 442-52.

darium, privilegia of the Order, *Casus reservati in novissimo iure,* and Felipe Ribot's *De institutione primorum monachorum.*

Our treatise and Baconthorpe's *Compendium* were copied on February 1, 1333 by Pedro Riera, O.Carm., of the Aragon province. In the forward he writes: *"Quia hunc tractatum subscriptum, abstractum de Speculo historiali fratris Vincentii qui incipit, 'Fuerunt ab initio nascentis ecclesiae, etc.,' et rubricas capitulorum de minio regulae nostrae multi diversimode variant, addentes et abstrahentes, idcirco ego, frater Petrus Riera, minimus inter minores lectores ordinis fratrum beatissimae Dei genitricis et virginis Mariae de monte Carmeli, diversitatem et varietatem huiusmodi indebito attendens, ipsum ut sequitur sub certis capitulis cum suis de minio rubricellis in hac forma tradidi scribendum, quatinus uniformiter ab omnibus deinceps habeatur, interserens regulam loco congruenti, ut praedicta eadem capitula cum suis rubricis stillo annotetur invario."*

Thus, Riera divided the treatise into chapters and rubrics and also added the rule of 1247. He did the same with the following tractate of Baconthorpe and the rule of 1247.

t — Biblioteca Vaticana, Ms. Ottob. lat. 407, f. 1r-3r.

Our treatise ends with the addition of a bull of Clement VI, July 19, 1347. It is followed by the *Speculum* of Jean de Cheminot.

Edition: Gabriel Wessels, O.Carm., "Anonymi opusculum 'De inceptione Ordinis beate Marie Virginis de Monte Carmelo'," AOC, 8 (1932-1936), 178-82.

The Sources

The *Rubrica prima* of the constitutions which our text uses is that of 1324, but as already mentioned, this latter could have existed in that form since 1297. From this source our treatise takes, among other things, the passages about the church of Our Lady on Mount Carmel and about the title of the Order.

Another source is the *Speculum historiale* of Vincent de Beauvais, O.P. The passage about the Carmelite Order was written between 1238 and 1247, for Vincent still cites the rule of St. Albert in its primitive form. The text is important enough to be reproduced here in its entirety, as one of the oldest witnesses to the Order:

"Idem quoque Honorius Papa regulam eremitarum fratrum habitantium in monte Carmeli, quem Helias frequentasse legitur, approbavit et eis in remissionem peccatorum observandam tradidit, a venerabili Alberto Patriarcha Hierosolymitano editam, scilicet ut singuli singulas habeant cellulas separatas, in quibus vel iuxta quas die ac nocte in lege Domini meditentur et in orationibus vigilent, nisi aliis iustis occasionibus occupentur; praeter nimis debiles et infirmos carnibus non vescantur, et caetera quae idem pater tradidit eis observanda.

"Post haec successor Honorii Gregorius eandem regulam confirmavit et ne possessiones vel redditus reciperent districte eis prohibuit.

"Post haec anno Domini 1238 propter paganorum insultus compulsi sunt ab illo loco per varias regiones dispergi."[2]

However, the most important source is Bernardus Guidonis, O.P. (*ca.* 1260-1331). In 1303 he was prior of Limoges. Among other works he wrote *Flores chronicorum* (after 1314) and *Catalogus brevis pontificum romanorum* (1314-1316, and later editions). Both are cited in *De inceptione Ordinis.* Since they have not been printed, we cite the excerpts in Muratori.[3]

Bernardus Guidonis also edited a little work of a confrere, Etienne de Salagnac, who also had been prior of the Dominicans of Limoges. He wrote *De quatuor in quibus Deus Praedicatorum Ordinem insignivit.* He lived until 1291, but finished his book in 1277 or 1278. In his edition Bernardus leaves the work intact but sometimes adds his own marginal notes, or if he does make an addition to the texts, notes this fact. Bernard's first edition is of 1304, when he was prior of Limoges; later editions are of 1307, 1309, and 1311. In this case, too, the passage about the Carmelites deserves to be reproduced in its entirety:

"Fuerunt ab initio nascentis Ecclesiae in Terra Sancta et maxime in Carmelo eremitae multi, sicut patet ex chronicis et multis sanctorum vitis. Horum conversationem videns felicis recordationis Aymericus Malafayda, patriarcha Antiochenus, multum ipsos spiritualiter in Domino nutriebat et in scriptis modum vitae ipsorum redigens, ipsos separatim in cellulis per totum montem Carmeli antea habitantes sub cura unius ipsos adunavit et per professionis vinculum colligavit et per sedem apostolicam confirmari curavit.

"Post multos vero annos ad Innocentium papam IV venientes Lugdunum, pro eo quod regula gravis erat nec eis in civitatibus vel villis habitare licebat, obtinuerunt quod negotium totum committeretur venerabilibus patribus domino fratri Hugoni de sancto Caro, presbytero cardinali, et fratri Guillelmo, episcopo Antacanensi, qui ambo erant de ordine Praedicatorum. Qui eis specialem regulam scripserunt, quam ex tunc profitentur et tenent, prima per tantos viros sepulta et secunda per Innocentium papam IV bullata et confirmata circa annum Domini 1247.

"Praedictus patriarcha Antiochenus fuit de Salaniaco, Lemovicensis diocesis, et habuit in dicto ordine Carmelitarum nepotem suum, sanctum virum et famosum."[4]

Through this text Aiméric, patriarch of Antioch, turns up in *De inceptione Ordinis* and subsequent Carmelite literature. Felipe Ribot has him

---

[2] VINCENT DE BEAUVAIS, O.P., *Speculum historiale*, Duaci, 1624, 1274-5: lib. 30, cap. 123, De confirmatione trium ordinum per papam Gregorium.

[3] L. A. MURATORI, *Rerum italicarum scriptores* (25 t. in 28 v., Mediolani, 1723-1751), III.

[4] STEPHANUS DE SALANIACO ET BERNARDUS GUIDONIS, O.P., *De quatuor in quibus Deus Praedicatorum Ordinem insignivit*; ed. Thomas Kaeppeli, O.P., Roma, 1949, 179-81.

found the convent of St. Margaret on Mount Carmel (actually, it was a foundation of Greek monks), translate the "rule of John 44th" from Greek into Latin, and appoint his brother (no longer a nephew) Berthold first Latin prior general.

Aiméric, still a young man, became Latin patriarch of Antioch in 1142, and remained such until his death in 1196. Etienne de Salagnac was the first to hand down Aiméric's family name, Malafayde, as well as his birthplace, Salagnac, which was also his own. Etienne lived in Limoges, not far from Salagnac; the Carmelites settled in the former town in 1264.[5] He must have gotten his information about Aiméric in Salagnac, probably from the family Malafayde. It is possible that a nephew of Aiméric was a hermit on Mount Carmel, or that a grandnephew was a member of the Carmelite Order in the beginning of the 13th century, when it became such.

The passage of Etienne de Salagnac about the Carmelites, as well as the whole work, is an encomium of the Dominican Order. Hence the revision of the rule of 1247 by Dominicans is given greater importance, as though they had composed a special new rule. But what rule did they revise? Not a rule written by Aiméric, patriarch of Antioch, but by Albert, patriarch of Jerusalem. The entire first paragraph of Etienne's text actually deals with the activity and the rule of the patriarch Albert. Thus, Etienne simply substituted the name Aiméric for that of Albert. Etienne himself, like Aiméric, was a native of Salagnac, and the motive for the change is found in the last paragraph of his text: "*Praedictus patriarcha Antiochenus fuit de Salaniaco, Lemovicensis diocesis, et habuit in dicto ordine Carmelitarum nepotem suum, sanctum virum et famosum.*" This note can be true; it is only unfortunate that Etienne did not add the nephew's name.

Is Etienne the author of the first part of the text up to the last paragraph, or did he have before him a text, also by a Dominican, but with the name, Albert, patriarch of Jerusalem?

In this respect the late Father Victor Roefs, O.Carm., made an interesting discovery. A text identical with Salagnac's, but with some unimportant typographical errors and without the date of the mitigation of the rule and the last paragraph about Aiméric's nephew, occurs in a history of the Dominican masters general, *Brevis et compendiosa cronica de magistris generalibus et viris illustribus Ordinis Praedicatorum ex diversis cronicis maximeque magistri Jacobi de Susato, sacrae theologiae professoris excerpta* (Venetiis, Lazarus de Soardis, 1504). The passage about the Carmelites is found in the life of Ioannes Theutonicus, master general from 1241 to 1254. Two years later, a revised edition was produced by Alberto de Castello, or Castellano, O.P. (Venetiis, Lazarus de Soardis, 1506) with the

---

[5] RICHARD W. EMERY, *The Friars in Medieval France; a Catalogue of French Mendicant Convents, 1200-1550*, New York, 1962, 70.

significant difference that the name of Albert replaces that of Aiméric (fol. 103, second pagination).

In this form Fr. Roefs found the text in the *Compendiosa chronica reverendissimorum magistrorum generalium Ordinis Praedicatorum*, by Felice de Castelfranco, O.P., which is appended to the edition of the Dominican constitutions of 1566 and following; also in a *Brevissima chronica RR. Magistrorum generalium Ordinis Praedicatorum*, edited from a manuscript of the Dominican convent of Santa Sabina in Rome.[6]

The text in these editions, beginning with that of 1506, reads: *"Fuerunt ab initio nascentis Ecclesiae in Terra Sancta et maxime in Carmelo heremite multi, sicut patet ex cronicis et ex multis sanctorum vitis. Horum conversationem videns felicis recordationis D. Albertus patriarcha Hierosolymitanus, multum eos spiritualiter in Domino nutriebat. Et in scriptis modum vitae eorum redigens, separatim in cellulis per totum montem Carmeli antea habitantes, sub cura unius ipsorum ipsos adunavit et per professionis vinculum pariter colligavit et per sedem apostolicam confirmari curavit. Qui post multos annos ad papam Innocentium quartum venientes Lugdunum, pro eo quod regula gravis erat nec eis in civitatibus et villis habitare licebat, obtinuerunt quod negotium totum committeretur venerabilibus patribus, videlicet prefato domino Ugoni de sancto Theodorico presbytero cardinali, et fratri Gullielmo episcopo Antatanensi, qui ambo erant de ordine Praedicatorum. Qui eis specialem regulam scripserunt, quam ex tunc profitentur et tenent, primo per tantos viros scriptam et secundo per Innocentium papam IV bullatam et confirmatam."*[7]

It is not the change of the name Aiméric to Albert that betrays a text with the name Albert preceding Etienne's. Any Dominican who had seen the rule of 1247 or read the *Speculum historiale* of Vincent de Beauvais would know that Albert had given the rule. But there is another improvement of the text. Etienne writes, *"Qui eis specialem regulam scripserunt, quam ex tunc profitentur et tenent, prima per tantos viros sepulta et secunda per Innocentium papam IV bullata et confirmata circa annum Domini 1247."* The new text reads, *"primo per tantos viros scriptam et secundo per Innocentium papam IV bullatam et confirmatam."* Obviously, this is the original reading; Etienne's text is corrupt. Who in heaven's name would speak of the burial of a *rule* "by such great men"?

Bernardus Guidonis himself was aware of the change of the name in his later works: *"Anno Domini 1247 in kalendas Octobris, Innocentius papa, pontificatus sui anno V, confirmavit regulam fratrum Ordinis de Carmelo modificatam ex commissione ejusdem per Dominum Hugonem, presbyterum cardinalem Sanctae Sabinae titulo, et per fratrum Guillelmum*

---

6 E. Martène and U. Durand, *Veterum scriptorum et documentorum ... collectio*, VI (Parisiis, 1729), 344-96.

7 Victor Roefs, O.Carm., "De organizatie der Carmelietenorde door Patriarch Albertus van Jerusalem", *Carmel*, 1 (1948-1949), 197-213; esp. 2 (1949-1950) 317-9.

episcopum Anradensem, ex prima altera regula ipsorum, quem dederat eis Albericus, patriarcha Ierosolymitanus." [8]   But with regard to the name he settles for a compromise between Aymericus (Aiméric) and Albertus: Albericus!

The author of *De inceptione Ordinis* tries to combine the legislation of Aiméric and Albert by calling the former a *"modus vitae"* and the latter a *"certa regula,"* but he forgets that in the *"regula bullata"* of 1247 Albert speaks of a *"vitae formula"* and a *"conversationis vestrae formula,"* although in their forward Innocent IV and the two Dominicans call the original rule of Albert a *"regula."*

Another new feature is that our author places the legislation of Albert before 1180, when Alexander III is supposed to have approved it. Previously he placed the *"modus vitae"* of Aiméric before the earthquake which took place in the time of Alexander, who reigned from 1159-1181. Perhaps he thought that Aiméric perished in that earthquake which struck Antioch (*"ac in mente sua disposuit praedicta omnia per sedem apostolicam facere confirmari"*).   Actually Etienne says of Aiméric that *"per sedem apostolicam confirmari curavit,"* but he does not mention the rule of Albert.

In passing we might note that an Albert, *"eremita,"* a grand-nephew of Peter the Hermit (*d.* 1115), famous preacher of crusades, was bishop of Bethlehem from 1175 to 1191 and thereafter patriarch of Jerusalem until his death in 1194.[9]   But no author has placed the rule of Albert in the years 1191-1194, although we find alleged any number of years of the 12th century.

The discussion over Aiméric and the Carmelite Order was revived in this century, when Fr. Gabriel Wessels, O.Carm., discovered a manuscript of Etienne and published the passage about the rule.[10]

In 1929, Clemens Kopp in his book about the prophet Elijah and Mount Carmel rightly criticized the legends which passed for "tradition" in the literature of the Order.   Among these he ranks Etienne's account, which renders Albert's intervention nugatory.   He suspects a substitution for the name Albert, inspired by local patriotism.[11]

---

[8] MURATORI, *Rerum italicarum scriptores*, III, pars 1, p. 590.
[9] AMBROSIUS A S. TERESIA, O.C.D., "Untersuchungen über Verfasser, Abfassungszeit, Quellen und Bestätigung der Karmeliter-Regel," *Ephemerides carmeliticae*, 2 (1948), 17-49; esp. p. 18.
[10] GABRIEL WESSELS, O.Carm., "Epilogus de Aymerico patriarcha et S. Elia," AOC, 3 (1914-1916), 369-80.
[11] *"Sicher dürfen wir behaupten, dass auch Stephan schon Legende vorträgt. Denn eine so tief einschneidende Tätigkeit, wie sie dem Aimerich zugeschrieben wird, macht die Organisation unter Albert überflüssig.   Es scheint mir eine Verwechslung mit Albert vorzuliegen.   Localpatriotismus mag den Irrtum begünstigt haben."* — CLEMENS KOPP, *Elias und Christentum auf dem Karmel.* Paderborn, 1929, 131.

In 1930 Fr. Bartolomé Xiberta, O.Carm., published a lengthy criticism
of Kopp's book. He republishes Etienne's text about the Carmelites and
refers to *De inceptione Ordinis*, which is almost identical, but concludes
that both depend on a work by an anonymous Carmelite composed around
1250.[12]

The Date of Composition

The shortest text ends with the bull of the first year of the pontificate
of John XXII, March 13, 1317, but adds *"et ipsum quam plurimis aliis privilegiis et gratiis communivit."* A few very important privileges for the whole
Order were granted in 1322, 1324, and 1326. The author of our tract uses
the *Rubrica prima* of the constitutions of 1324, but the rubric may have
already existed earlier in that form. The text may be dated around 1324.
Pedro Riera made his copy on February 1, 1333 — that is, 1334 by modern
reckoning. According to Peter's foreward at the head of the work, there
were already several versions in circulation, *"addentes et abstrahentes,"*
but he himself also adds his own glosses to the text.

The author of *De inceptione Ordinis* probably lived in France, whence
almost all the old manuscripts of Etienne de Salagnac originate.

---

[12] BARTOLOMÉ XIBERTA, O.Carm., "Elias et religio Christiana in Monte Carmelo;
animadversiones in librum nuper editum," AOC, 7 (1930-1932), 180-211.

Text

DE INCEPTIONE ORDINIS BEATAE MARIAE VIRGINIS
DE MONTE CARMELI

Fuerunt ab initio nascentis Ecclesiae in Terra Sancta, et maxime in monte Carmeli, quem Elias et Eliseus ac alii multi prophetae
5 in libris Regum frequentasse et habitasse leguntur, multi eremitae, eiusdem montis et solitudinis pro contemplatione caelestium veri amatores in sancta poenitentia sanctis patribus Veteris Testamenti sanctis successibus incessanter continue inhaerendo sunt proculdubio laudabiliter conversati, sicut patet ex multis chronicis et
10 multis sanctorum vitis.

1-2 *Titulum ex t, om o.* In nomine Domini et beatae virginis Mariae. Incipit tractatus de origine et fundamento atque approbatione et confirmatione ordinis regulae fratrum beatae Mariae de monte Carmeli (*in textu hispanico*: Enpieça el tratado del principio de la orden) *praemittit n.*
2 Carmeli] Carmelo *t.*
3 ecclesiae + ut narrat frater Vincentius ordinis fratrum Praedicatorum in Speculo historiali, libro 31, capitulo 124 *n.*   et *om n.*
4 ac] et *t.*
5 habitasse] inhabitasse *o.* leguntur + ut patet in tertio libro Regum, ca° 18 et in quarto libro, ca° 2 et ca° 4 *n.*
6 et *om* (y *hispanice) n.*
7 amatores + Qui in eadem montis solitudine *n.*
8 successibus] successionibus *t.*   incessanter] incessantes *n.*
9 sicut] sunt *n.*
9-10 et multis] et multorum *t.*
10 vitis + et epistolis *n.*

3-5 Fuerunt ... Carmeli, and multi eremitae: see the text of Étienne de Salagnac, *supra* p. 93.
4-5 quem ... leguntur: cf Vincent of Beauvais *Speculum historiale*: "quem Helias frequentasse legitur"; *supra* p. 92.
6-9 eiusdem ... conversati: *cf Rubrica prima 1324, supra* p. 42.
9-11 sicut ... vitis: see the text of Étienne de Salagnac, *supra* p. 93.

Quorum successores post incarnationem Christi ibidem iuxta fontem Eliae ecclesiam in honore beatae Mariae virginis construxerunt.

Quos felicis recordationis Aymericus Malafayda, patriarcha An-
15 tiochenus, natione Lemovicensis, de villa de Salaniaco, ipsorum laudabilem conversationem attendens, ante subversionem civitatum Antiochiae, Tripolis et Damasci, quae per terrae motum asseritur contigisse tempore Alexandri papae III, multum spiritualiter in Domino nutriebat.
20   Et in scriptis modum vitae ipsorum redigens, ipsos separatim in cellulis per totum montem Carmeli habitantes, sub cura unius adunavit, et per professionis vinculum colligavit, et ut fratres eremitae beatae Mariae de monte Carmeli ex tunc vocarentur ordinavit, ac in mente sua disposuit praedicta omnia per sedem
25 apostolicam facere confirmari.

Inter quos praedictus venerabilis pater, Antiochenus patriarcha, habuit nepotem suum, virum religiosum, sanctum et famosum.

---

12 beatae] gloriosissimae *n.*   Mariae *post* virginis *o.*
14 Aymericus] Aymelicus *n.*
15 Lemovicensis] Lemonicensis *tn.*   de Salaniaco] de Salannaco *o*, de Soleniaco *n*, Salamiaco *t.*
16 laudabilem ... ante] -lem ... ante *deest in o.*   conversationem] vitam *n.*
attendens] accedens *t.*
18-19 tempore ... Domino] -pore ... Domino *deest in o*
18 III + qui cepit anno ab incarnatione Domini 1160, et fundavit Alexandriam civitatem; seditque annis 22, mensibus 11, novemque diebus *n,* + anno Domini 1160, anno autem sui pontificatus 20 *t, haec additio certe non inveniebatur in o.*
21 cellulis ... cura] -lis ... cura *deest in o.*   totum + dictum *n.*   habitantes *om n.*
22 per professionis] perfectionis *tn.*
23 eremitae ... tunc voc- *deest in o.*   ex tunc *post* vocarentur *n.*
25-26 apostolicam ... venerabilis] -cam ... venerab- *deest in o.*
26 praedictus *post* pater, + Aymericus *n.*   patriarcha *ante* Antiochenus *n.*
27 nepotem suum] unum nepotem sive (un nieto y) *n.*   suum] *fratrem o.*
27-28 et famosum ... Albertus pat- *deest in o.*
27 famosum + quem in primum priorem instituit *t, haec additio certe non inveniebatur in o.*

11-13 Quorum ... construxerunt: *cf Rubrica prima 1324, supra* p. 42.
14-16 Quos ... attendens: see the text of Étienne de Salagnac, *supra* p. 93.
16-18 ante ... Alexandri papae III: Bernardus Guidonis, *Flores chronicorum,* and the *Catalogus Pontificum Romanorum,* in: L.A. Muratori, *Rerum Italicarum Scriptores,* III, Mediolani 1733, p. 446: (Alexander III) "Sub eius temporibus per quindecim annos terraemotus magni fuerunt per loca, ita quod civitas Antiochena cum Tripoli cecidit, atque Damascus cum multis civitatibus subversa est".
18-22 multum ... colligavit: see the text of Étienne de Salagnac, *supra* p. 93.
24-25 ac ... confirmari: see the text of Étienne de Salagnac, "et per sedem apostolicam confirmari curavit"; *supra* p. 93.
26-27 Inter ... famosum: see the text of Étienne de Salagnac, *supra* p. 93.

Quibus postmodum fratribus Albertus patriarcha Ierosolymitanus, apostolicae sedis legatus, antea certam regulam non haben-
30 tibus, sed solum, ut praemittitur, modum vivendi, certam regulam
tradidit observandam, scilicet ut unum ex se per electionem habeant priorem, cui obedientiam promittat quilibet aliorum, et
promissam studeat operis veritate servare, cum castitate et abdicatione proprietatis; et ut singuli singulas habeant cellulas separa-
35 tas, in quibus vel iuxta quas die ac nocte in lege Domini meditentur et in orationibus vigilent, nisi aliis iustis occasionibus occupentur; praeter nimis debiles et infirmos carnibus non vescantur;
et cetera quae idem pater eis tradidit observanda. Et ipsos in
unum collegium congregavit, volens cellam prioris iuxta introitum
40 loci esse, ut venientibus ad locum primus occurrat, et de eius
arbitrio quae agenda fuerint cuncta procedant.

----

28 Quomo<do> Albertus patriarcha tradidit certam regulam non habentibus. ca°. I°. *praemittit n.*   fratribus + supradictis *n*, + anno Domini 1160 *t*,
haec additio probabiliter non inveniebatur in o.
    29 antea] ante ea *n.*
    29-30 non habentibus sed *deest in o.*
    30 praemittitur *t*, praemissum est *n.*   praemittitur modum] -titur modum
deest in o   certam regulam *om t.*
    31 scilicet] ipsosque in unum collegium congregavit.   Quae quidem re-
gula talis est videlicet *n.*   ex se] ex eis *n.*   per *om t.*   per electionem
post priorem *n.*
    32 priorem] priori *o.*
    34 proprietatis + Cuius prioris cella sit iuxta introitum loci ut venientibus
ad locum primus occurrat et de eius arbitrio et dispositione postmodum quae
agenda sunt cuncta procedant *n.*   ut singuli] quod singuli etiam alii eorum *n.*
    36 in orationibus *post* vigilent *n.*
    37-41 praeter ... procedant] Item ut praeter infirmos vel nimis debiles car-
nibus non vescantur et ut ieiunent singulis diebus exceptis dominicis a festo
Exaltationis Sanctae Crucis usque ad diem Paschae. Et quod in comuni refectorio ea quae eis erogata fuerint sumant lectionem aliquam scripturae sacrae
semper audiendo. Et iterum quod dicto completorio omnes silentium teneant
usque ad Primam dictam sequentis diei et cetera alia multa quae eis eidem pater
Albertus patriarcha Ierosolimitanus et sedis apostolicae legatus tradidit observanda, ut patebit magis infra, rubrica eadem *n.*
    37 carnibus] carnes *t.*

    31-34 ut unum ... proprietatis: "Illud in primis statuimus, ut unum ex
vobis habeatis priorem, qui ex unanimi omnium assensu, vel maioris et sanioris
partis ad hoc officium eligatur, cui obedientiam promittat quilibet aliorum, et
promissam studeat operis veritate servare cum castitate et abdicatione proprietatis"; the Carmelite rule. The last words, "cum castitate et abdicatione proprietatis" were added in the mitigation of the rule of 1247.
    34-38 et ut ... observanda: see the text of Vincent of Beauvais, *supra* p. 92.
    38-39 in unum collegium congregavit: *Rubrica prima 1324*, *supra* p. 42.
    39-41 volens ... procedant: "Cellula prioris sit iuxta introitum loci, ut venien-
tibus ad eundem locum primus occurrat, et de arbitrio et de dispositione ipsius
postmodum quae agenda sunt cuncta procedant"; the Carmelite rule.

Quam regulam praedictus Alexander papa III, pontificatus sui anno 21, approbavit, post sollemne concilium per ipsum Turonis in regno Franciae celebratum, anno Domini 1180.

45   Innocentius vero papa III, natione Campanus, qui sextus successit Alexandro papae praedicto, pontificatus sui anno primo praedictam regulam confirmavit, anno Domini 1198.

Cuius Innocentii papae III sui pontificatus anno sexto Didacus Oxomensis, episcopus Hispaniae, ad partes Tolosanas et Albigesii, 50 habens secum in comitatu suo fratrem Dominicum, ad convertendum haereticos descendit. Ad quas partes praedictus papa Innocentius duodecim abbates Cisterciensis ordinis illo tempore ad

---

42 De approbatione eiusdem regulae, ca°. II° *praemittit n.*   Quam + quidem *n.*   regulam *om o.*   III + natione Tuscus *n.*
    44 anno + ab incarnatione *n.*   1180] 1170 *t, post* 1180 *duarum litterarum spatium in o.*
    45 vero] etiam *n.*
    46 praedicto + qui quidem Innocentius cepit ab incarnatione Domini 1198 et sedit annis 19 *n.*
    46-47 praedictam + iterum *n.*
    47 anno + scilicet ut dictum est ab incarnatione *n.*   1198] 1176 *o.*
    48 De institutione seu inventione ordinum fratrum Praedicatorum et Minorum disgresio, ca°. III° *praemittit n.*   Cuius ... sexto] Anno autem <sexto> pontificatus eiusdem Innocentii papae III *n.*   Didacus] Didatus *t.*
    49 Oxomensis] Oxonenis *ot,* Exomensis *n, post* Hispaniae *n.*
    50 Dominicum + natione Yspanum de villa quae dicitur Calaroga praedictae diocesis Oxomensis *n.*
    51-52 Innocentius + III *n.*
    52 Cisterciensis] Cysstrensis *o.*

---

42 Alexander III: this pope ruled from 1159 to 1181. Albert however wrote the rule between 1206 and 1214.
    43-44 concilium ... celebratum: the council of Tours took place in 1163.
    45 Innocentius III: he was pope from 1198-1216, but he did not confirm the rule.
    48-59 Cuius ... 1211: Bernardus Guidonis, in Muratori, III, 481: "Anno Domini 1206 ab Innocentio Papa cum Legato duodecim abbates Cisterciensis ordinis in terram Albigensium, et in Tholosanum et in Carcassesium ad praedicandam fidem contra haereticos transmittuntur. Quibus de Hyspania Dydacus Oxoniensis rediens tunc de curia inveniens eos in Montepesulano pariter congregatos, habens secum in comitatu suo fratrem Dominicum sanctitatis et itineris comitem pro haereticis convertendis adiungitur. — Ordinem siquidem Praedicatorum incoepit Sanctus Dominicus in partibus Tholosanis, ubi contra haereticos verbo, exemplo exorsus est quasi biennio antea praedicare sub anno Domini 1203, Pontificatus Domni Innocentii Papae anno VI a primo exordio computando quo sanctus Dominicus Tholosam pervenit cum Domino Dydaco episcopo Oxoniensi ... Ordinem vero Fratrum Minorum incoepit Sanctus Franciscus, qui ante suam conversionem vocabatur Iohannes prope civitatem Assisii apud Sanctam Mariam de Portiuncula anno Domini 1207, Pontificatus Domni Innocentii Papae anno X, a primo suae conversionis exordio computando".

praedicandum haereticis cum legato destinavit. Et praedictus frater Dominicus, nunc sanctus, ipso anno ordinem fratrum Praedi-
55 catorum in civitate Tolosana primus incepit, anno Domini 1203.

Anno vero decimo quarto pontificatus praedicti Innocentii
papae III sanctus Franciscus, qui ante conversionem vocabatur
Iohannes, apud Assisium ordinem fratrum Minorum incepit, anno
Domini 1211.

60   Decimo octavo autem anno pontificatus praedicti Innocentii
papae III, in mense novembris, in basilica Lateranensi, quae tunc
Constantina vocabatur, celebratum est concilium generale per ipsum
et per 1225 praelatos, scilicet patriarchas, archiepiscopos, episcopos et abbates, pro subsidio Terrae Sanctae et pro statu universalis
65 Ecclesiae; in quo statuta multa Ecclesiae utilia et necessaria fuerunt promulgata.

De quo generali concilio Bonifatius papa VIII, in *Sexto Decre-*

---

53 haereticis] haereticos *on.*
54 nunc sanctus *om n.*
55 Tolosana] Tholosiae *n.*   anno + ab incarnatione *n.*   1203] 1202 *t,*
1190 *o.*
56 decimo quarto] xiiii *o,* quatuordecimo *n,* xiii *t.*
57 conversionem + suam *n.*   vocabatur *post* Ioannes *t.*
58 Assisium] Assisivum *n.*   anno + ab incarnatione *n.*
59 1211] 1190 *o,* 1207 *t.*
60 Approbatio et confirmatio Bonifatii octavi, ca°. IIII° *praemittit n.*
octavo] septimo *o, om t.*   praedicti] eiusdem *n,* + domini *t.*
61 III + supradictus *n,* + anno Domini MCCXV° et secundum quosdam
VI° *t.*   in mense] mense *o.*
61-62 in mense ... vocabatur] Romae in basilica Lateranensis seu ecclesia
sancti Salvatoris quae tunc Constantina vocabatur in mense novembris, anno
<ab> incarnatione Domini 1218 *n.*
63 1225] MCCXV^cim *t.*
64 abbates + et alios quamplurimos videlicet priores, rectores et capella-
nos, reges et principes et eorum procuratores, quorum non fuit numerus certus *n.*
et] ac *n.*
65 multa + et *n.*
66 promulgata] provulgata *ot.*
67 VIII] unius huiusmodi (de uno de aqueste modo) *n.*   Sexto + libro *n.*
67-68 *Decretalium* + Rubrica "De religiosis domibus", Religionum diversitatem nimiam, etc. *n.*

60-66 Decimo ... promulgata: Bernardus Guidonis, in Muratori, III, 485:
"Anno Domini 1215 in Kalendis Novembris Innocentius Papa III Pontificatus sui
anno 18 convocatis Patriarchis, Archiepiscopis, Episcopis, Abbatibus et aliis
Ecclesiarum Praelatis Romae in Ecclesia Lateranense celebravit Concilium generale, in quo fuerunt Episcopi 412 ... Unde cum Patriarchis, Archiepiscopis, Episcopis et aliis Ecclesiarum Praelatis fuit numerus praelatorum 1215... — In praefato
Concilio multa fuerunt pro recuperatione Terrae Sanctae ac pro reformatione
status Ecclesiae salubriter instituta".
67-72 Bonifatius VIII, c. 1, III, 17, in VI°: "Ceterum Eremitarum S. Augustini et Carmelitarum ordines, quorum institutio dictum concilium generale praecessit, in solido statu volumus permanere"; Friedberg II, 1054-5.

talium approbando statum et confirmationem dicti ordinis fratrum
beatae Mariae de monte Carmeli, certam et expressam voluit facere
70 mentionem, dicens quod eius institutio, sicut verum est, concilium
generale praecessit, et ideo praedictum ordinem in statu solido ac
perpetuo voluit permanere.

Honorius vero papa III, natione Romanus, successor praedicti
Innocentii papae III, regulam praedictorum fratrum eremitarum
75 ordinis beatae Mariae habitantium in monte Carmeli, a venerabili
Alberto patriarcha Ierosolymitano editam et per praedecessores
suos approbatam, confirmavit et eis in remissionem peccatorum
observandam iniunxit pontificatus sui anno primo, anno Domini
1217.
80 Hic Honorius papa III eodem primo anno pontificatus sui
ordinem fratrum Praedicatorum primus confirmavit beato Dominico Hispano, eiusdem ordinis inventore procurante. Nam Inno-

---

68 statum et] statutum est *t.*   fratrum + videlicet *n.*
70 est + dictum *n.*   concilium] consilium *n.*
71 solido] solito *t*, + scilicet firmo *n.*
71-72 ac perpetuo] et stabili *n.*
73 Approbatio et confirmatio Honorii tertii, ca°. V° *praemittit n.*   vero]
etiam *n.*
73-74 natione ... papae III *om t.*
74 papae *om n.*   praedictorum *om t, post* fratrum *o (corr. ex* Praedicatorum *o.*
74-75 eremitarum ordinis *om n.*
76 Ierosolymitano + et sedis apostolicae legato praedicto *n.*
78 observandam *om n.*   Domini] ab incarnatione Domini *n.*
79 1217] 1195 *o.*
80 De confirmatione ordinis fratrum Praedicatorum et regulae fratrum
Minorum et disgresio, ca°. VI°. *praemittit n.*   eodem] et eodem *o.*   pontificatus *post* sui *t.*
81 fratrum *om t.*
81-82 Dominico *lacuna in o.*
82 Hispano *om n.*   ordinis ... procurante] inventori *t.*   inventore +
ut dictum est *n.*

73-78 Honorius ... iniunxit: see the text of Vincent of Beauvais, *supra* p. 92.
76-77 et per praedecessores suos approbatam: words added by the author.
78-79 pontificatus ... 1217: Bernardus Guidonis, in Muratori, III, 568: "Item
confirmavit Ordinem Carmelitarum anno Domini 1217". Honorius III, however,
approved the Carmelite rule with the bull *Ut vivendi normam*, 30 Jan. 1226, anno
decimo; *Bull. Carm.*, I, 1.
80-89 Bernardus Guidonis, in Muratori, III, 570: "Honorius primo anno
Pontificatus sui Ordinem Praedicatorum confirmavit, beato Dominico, natione
Hispano, inventore procurante. Nam Innocentius Papa, qui durus sibi in hoc
fuerat, visione habita, quomodo Beatus Dominicus Lateranensem Ecclesiam cadentem propriis humeris suis sustentasset, confirmare deliberaverat, sed morte
praeventus non potuit".

centius papa III, qui durus sibi fuerat in concilio generali praedicto, dum ipsam confirmationem cum magna instantia postulabat,
85 ipsum vacuum et frustratum intentione pro qua ad dictum concilium accesserat, ad propria remittendo, habita visione quomodo
beatus Dominicus Lateranensem ecclesiam cadentem propriis humeris sustentaret, confirmare voluit, sed morte praeventus non potuit.
90   Hic etiam Honorius regulam fratrum Minorum confirmavit
anno quo supra.
    Post haec successor Honorii, Gregorius papa IX, eandem regu-
lam fratrum beatae Mariae de monte Carmeli confirmavit, et ne
possessiones vel reditus acciperent districte eis prohibuit pontifi-
95 catus sui anno primo.
    Post haec autem anno Domini 1238 propter paganorum insul-
tus praedicti fratres beatae Mariae de monte Carmeli compulsi

---

83 papa III *iterat n,* + supradictus n.   III *om t.*   qui *om o.*   sibi]
ei *n.*
83-84 generali ... cum] -li ... cum *deest in o.*
83 generali + Lateranensi *n.*
85 frustratum *post* accesserat n.
85-86 ad dictum ... remittendo *deest in o.*
87-88 humeris ... morte] -ris ... morte *deest in o.*
88 sustentaret *t,* sustentabat *n.*
90 Hic] Iste *n.*   confirmavit *ante* regulam *n.*
91 anno] primo *o.*   anno quo supra] quod ipsi memorant cum faciunt
professionem dicentes, "Ego frater N. voveo etc. servare regulam fratrum Minorum per dominum Honorium confirmatam" etc. *n.*
91-92 quo ... eandem] quo ... -em *deest in o.*
92 Approbatio et confirmatio Gregorii noni, ca°. VII°. *praemittit n.*
Honorii] huius Honorii papae III *n.*   IX *om relicto spatio t,* + pontificatus
sui anno primo *t,* + natione Campanus de civitate Anania qui compilavit decretales in hiis quinque libris primus *n.*
93 Carmeli + iterum *n.*   confirmavit + anno Domini 1228 *t.*
93-95 et ne ... primo *om t.*
94 possessiones ... eis] -nes ... eis *deest in o.*
95 primo + anno ab incarnatione Domini 1218 *n.*
96 De gresione fratrum a monte Carmeli disgresio, ca°. VIII° (de la salida
de los frayles del monte Carmelo y apartamiento) *praemittit n.*   Post haec]
postea vero *n.*   anno + ab incarnatione *n.*   paganorum *deest in o.*

90-91 Hic ... supra: Bernardus Guidonis, in Muratori, III, 568: (Honorius
III): "Item confirmavit Ordinem Fratrum Minorum Beato Francisco Pontificatus sui anno 8".
92-94 Post ... prohibuit: see the text of Vincent of Beauvais, *supra* p. 92.
94-95 pontificatus ... primo: anno tertio, *Ex officii nostri,* 6 aprilis 1229;
Bull. Carm. I, 4.
96-99 See the text of Vincent of Beauvais, *supra* p. 92.

sunt ab illo loco per varias mundi regiones dispergi. Haec Vincentius in *Speculo Historiali*, l. 31, c. 123.

100   Anno vero Domini 1248 duo de praedictis fratribus, Raynaldus
et Petrus, venientes Lugdunum ad dominum papam Innocentium
IV, tempore concilii generalis quod tunc celebrabatur ibidem, pontificatus sui anno quinto, pro eo quod regula saepe dicta gravis erat
nec eis in civitatibus sive villis habitare licebat, obtinuerunt quod
105   totum eorum negotium committeretur venerabilibus patribus domino Hugoni de Sancto Theodoro, tituli Sanctae Sabinae presbytero cardinali, et fratri Guillelmo, Anteradensi episcopo. Qui eis
praedictam regulam auctoritate summi pontificis correxerunt et
mitigaverunt, et ipsam correctam et mitigatam per dictum sum-
110   mum pontificem Innocentium IV sub bulla ibidem approbare et
confirmare fecerunt kalendis octobris, anno quo supra; quam ex
tunc profitentur et tenent.

---

98 loco + exire et *n*, monasterio quod situm fuerat in sancto monte illo
Carmeli egredi et de aliis multis Terrae Sanctae locis *t*.   dispergi] dispersi *n*.
Haec] Hoc *o*.
98-99 Haec ... c. 123 *om n*.
99 Historiali] pastorali *t*   123] 133 *t*.
100 De declaratione, correctione, mitigatione praedictae regulae fratrum beatae Mariae de monte Carmeli, ca°. IX° *praemittit n*.   vero + ab incarnatione *n*.   Raynaldus] Reynaldus *o*, Raymundus *t*.
101 papam *post* Innocentium *n*.
102 tunc *om o*.   celebrabatur *post* ibidem *t*.
103 saepe dicta] supradicta *t*.
104 sive villis] sine bullis *t*.   villis + tunc *n*.
105-6 domino + fratri *t*.
106 tituli Sanctae Sabinae *post* cardinali *ot*.
107 Guillelmo] Guillermo *n*, Antonio *t*.   Anteradensi] Antedarensi *t*.
108 summi] dicti summi *n*.   pontificis] pontificii *n*, + declaraverunt *n*.
108-9 et mitigaverunt *om et o*.
109 ipsam + declaratam *n*.   correctam et mitigatam] mitigatam et correctam *o*.   correctam] correptam *t*.   dictum] praedictum *n*.
110 bulla + sua *n*.
111 kalendis] prima die *n*.   quo] Domini et pontificatus sui quibus *n*.
112 tenent + cuius tenor talis est *n* (*sequitur bulla regulae n*).

---

99 l. 31: 30.
100 1248: 1247.
100-1 Raynaldus et Petrus: these names are found in the papal bull.
102 tempore ... ibidem: the council was already over.
103-7 pro eo ... Qui eis: see the text of Étienne de Salagnac, *supra* p. 93.
110 bulla: *Quae honorem*, 1 oct. 1247; *Bull. Carm.* I, 8-11.
111-2 quam ... tenent: see the text of Étienne de Salagnac, *supra* p. 93.

Quam etiam Alexander, Urbanus, Clemens, Gregorius X et Bonifatius VIII confirmaverunt.

115   Et Iohannes papa XXII eidem ordini speciali privilegio titulo ordinis beatae Mariae de monte Carmeli insignito exemptionem gratiosissimam concessit et ipsum quam plurimis aliis privilegiis et gratiis communivit.

113-4   Quam ... confirmaverunt] Hanc etiam regulam deinde confirmarunt Alexander papa IV, Urbanus IV, Nicholaus IV, kalendis Iulii pontificatus sui anno secundo. Et quamplures alii *n*.

113   Alexander ... Clemens] Alexander IV, Urbanus IV, Clemens IV *t*

113-4   et Bonifatius VIII confirmaverunt] Nicolaus IV cuius tempore pallium deposuimus et cappam albam sumpsimus, et quamplures alii summi pontifices *t*.

115   Et Ioannes papa] Et dominus papa Ioannes *n*, Item dominus Ioannes papa *t*.   eidem] qui per privilegium suum exemit dictum ordinem et fratres a quocumque diocesi anno Domini 1315 anno primo sui pontificatus et eidem *t*.

116   ordinis *om n*.   exemptionem] exceptionem *n*.

117   concessit + tertio idus martii pontificatus sui anno primo, anno Domini 1316 *n*.

118   communivit + Et ex ipsis fratribus in praelatos ecclesiae, scilicet episcopos quamplurimos, magistros in sacra theologia et alios constituit et assumpsit usque in hanc diem quo hoc opus clauditur, qui est vigilia Purificationis beatissimae Mariae semperque virginis et matris Domini nostri Iesu Christi et Salvatoris nostri, anno ab eius incarnatione 1333 pontificatus praedicti papae Ioannis XXII anno 19 *n*, communivit + Item exemit dictum ordinem et fratres dominus papa Clemens VI etiam cum ista clausula, quod coram quibuscumque diocesanis et locorum ordinariis ratione delicti contractus, seu rei de qua agitur, nullatenus possent conveniri, Innocentii papae IV et aliis constitutionibus apostolicis contrariis non obstantibus quibuscumque.   Explicit inceptio ordinis beatae Mariae de monte Carmelo *t*.

113-4   Alexander: IV: *Cum a nobis*, 3 Feb. 1256; *Bull. Carm.* I, 15. Urbanus: IV: *Cum a nobis*, 22 May 1262; *Bull. Carm.* I, 27. Clemens: IV: he is not known to have confirmed the rule. Gregorius X: he did not confirm the rule. Bonifatius VIII: he likewise did not confirm the rule.

115-7   Et ... concessit: John XXII, *Sacer ordo vester*, 13 martii 1317; *Bull. Carm.* I, 56-7.

118   The bull of Clement VI, cited at the end of ms *t*, is the *Sacer ordo vester*, 19 July 1347; *Bull. Carm.* I, 78-9. See the critical apparatus above.

VI. THE *SPECULUM* OF JEAN DE CHEMINOT

This treatise, in its fifth chapter, attempts to combine the data on the rule of the two previous works, *Universis Christifidelibus* and *De inceptione Ordinis*, so that the rule of Paulinus and Basil imposed by John, patriarch of Jerusalem, the *modus vitae* written by Aiméric, patriarch of Antioch, the *certa regula* of Albert, patriarch of Jerusalem (taken from the rule of St. Basil), and the mitigation of the rule by Innocent IV in 1247 all end up together.

In contrast to *Universis Christifidelibus*, directed to all Christians, and *De inceptione Ordinis*, which is a dry chronicle, Jean de Cheminot addresses himself directly to his confreres and writes with warmth. He illustrates his work with quotations from the Fathers — Jerome, Cassian, Isidore — and later ecclesiastical writers like Pierre le Mangeur, Vincent de Beauvais, Jacques de Vitry. He goes into detail concerning the Marian title of the Order and sees in virginity the common bond between the prophet Elijah and Mary.

Manuscripts and Printed Editions

h — Paris, Bibliothèque de l'Université, Ms. 791, f. 4r-7v.

Contents: the rule of the Order, f. 1r-3r; a chronology, f. 3v; the *Speculum* of Cheminot, f. 4r-7v; a martyrology, begun in 1370 and completed in 1371, f. 8r-70r; Carmelite masters of Paris, f. 70r-74v; priors general of the Order, f. 75r-77r; general chapters of the Order, f. 77v-80r. Trisse ends with the chapter of 1362, but provides no particulars concerning place, prior general, or decrees; hence this chapter had not yet taken place.

The text of the rule is followed, on f. 3r, by the note, "*quam fecit scribi frater Johannes Trisse per Bernardum Dabelon, clericum.*" The works that follow are also in Dabelon's hand.

o — Roma, General Archive of the Order, Ms. III Extra 3. *ca.* 1350.

We have already considered this manuscript in connection with the treatise, *De inceptione Ordinis*. In this case too the margins are worn through in places. This manuscript almost always concurs with Ms. *h*, even when all the other manuscripts have a different reading.

O — Leipzig, Universitätsbibliothek, Ms. 645, f. 125r-8v. Contents: John Baconthorpe, *Compendium historiarum et iurium*, f. 122v-4v; *Chronologia summorum pontificum*, f. 124v; bull of Innocent IV with the rule of 1247, f. 128v-30v; admonitions to religious, *inc. Primo considerare debes*, f. 130v-6r; an anonymous treatise, *inc. Sacer ordo fratrum beate Marie Dei genitricis de monte Carmeli*, f. 136v-45r.

This last treatise is compiled of various sources and written in 1381. It does not show signs of familiarity with the collection of Felipe Ribot, but he seems to be referred to twice. The first mention occurs among the doctors of theology: *"beatus Cirillus, Johannes Baco, Philippus Rynbotin, Johannes de Vienta, Richardus dira[...]us (Armacanus)"*; the second mention: *"Idem approbavit magister Johannes Bacho et Phylippus Rimari in suis compendiis pro statu ordinis ab ipsis confectum [sic]."*

The spelling in this manuscript, including Cheminot's treatise, is very slipshod.

s — Biblioteca Vaticana, Ms. Vat. lat. 3991, f. 8r-11v (only chapters 1-5).

This manuscript which contains the constitutions of the prior general, Juan Ballester, of 1369, and various historical tractates, was written after 1387 but before 1393, the date of an addition in a later hand. The *Viridarium* of Jean Grossi, f. 17r-18v, was added later, only in the 15th century, after 1450.[1]

c — Oxford, Bodleian Library, Ms. Laud. misc. 722, f. 118r-20r. Written by Richard Paston, O.Carm., 1426-1428.[2]

Contents: *De origine et vita sanctorum ordinis fratrum gloriosae virginis de Carmelo* (Grossi's *Catalogus sanctorum*), f. 113r-5v; *Quia rebus grandibus* (Grossi's *Viridarium*), f. 115v-6v; *Universis Christifidelibus* (published above), f. 117r-7v; *Anno Domini MCC* (a fragment of *De adventu Carmelitarum in Angliam*), f. 117v; *Cap VII De dilatatione eorundem fratrum in partibus diversis ultra mare* (William of Coventry's *De duplici fuga*), f. 120r-20v; *Cap. VIII De adventu Carmelitarum in Angliam* (by the same author), f. 120v-1v; three tractates by John Baconthorpe: *Tractatus de regula ordinis beate Marie de Monte Carmeli*, f. 121v-2r; *Speculum de institutione*, f. 122r-3r; *Compendium historiarum et iurium*, f. 123r-4r; finally, *Anno XVIII regni*

---

[1] For an edition of Grossi see GRAZIANO DI S. TERESA, O.C.D., "Ramenta carmelitana 12, Viridarii auctore Joanne Grossi, Ordinis Carmelitarum priore generale, recensio vaticana," *Ephemerides carmeliticae*, 7 (1956), 240-84.

Ms. Vat. lat. 3991 is examined for its Carmelite content by the same author, "Fontes carmelitici," *Archivum bibliographicum carmelitanum*, 6 (1961), 188-213; esp. no. 147, pp. 198-202.

[2] Ms. *c* is described by BARTOLOMÉ XIBERTA, O.Carm., *De visione S. Simonis Stock*, Romae, 1950, 84-85.

Josaphat (called *Chronica brevis* in other manuscripts, also by William of Coventry), f. 124v-5r.

Richard Paston, not otherwise known, was not only interested in the history of the Order, but particularly in the English Carmelites. In his additions it would appear that he used English chronicles. The additions he made to the text of Cheminot are published in the Appendices below.

T — Mantua, Biblioteca comunale, Ms. G.II.12, f. 123-5r.

A complete listing of the contents was unavailable. A *Vita Sancti Angeli martiris Carmelitani* of 1464 occupies f. 95v-100v. Cheminot's *Speculum* is incomplete, beginning in ch. 2 with the words, *"Locum autem sanctum montis."* At the end the work is attributed to John Baconthorpe. The manuscript has remarkably few variants of its own; occasionally it corrects dates.

A — Augsburg, Staats- und Stadtbibliothek, Hs. 4, Cod. 13, f. 61v-8r.

Contents: *Speculum hystoriale declarativum status fratrum ordinis beate Marie de Monte Carmeli*, consisting of ten chapters preceded by an introduction, f. 37r-61v; the introduction begins, *"Quoniam affatibus,"* f. 37r-7v; ch. 1 begins, *"Diebus Achab regis Israel;"* the *Viridarium* of Jean Grossi, f. 68v-75r; *"Sequitur secunda pars Viridarii, scilicet de sanctis,"* f. 75r-82v; *"Incipit tractatus de doctoribus,"* also of Grossi, f. 82v-87r; *Tractatus de profectu vitae religiosae*, f. 87r to the end—not Carmelite.

The *Speculum hystoriale*, minus the first part of the introduction, also occurs with the same title and anonymously in the *Speculum 1507*, f. 42r-49v. In a letter of 1495 to Rumoldus Laupach printed in his *Fasciculus tripartitus*, Ioannes Palaeonydorus states about one of his last sources, *"Ioannes de Malinis scripsit Speculum historiale ordinis, distinctum in decem libros. Incipit "In diebus Achab regis."*[3] The identity of this Ioannes de Malinis, or de Molinis, as he is sometimes called, is unknown.[4] The possibility is not to be excluded that he is Palaeonydorus himself.

In this *Speculum hystoriale* occur passages of Ribot, of authors quoted by Ribot, and of Cheminot, cited as John Baconthorpe. Ms. *A* is its only known manuscript copy.

G — Brussel, Koninklijke Bibliotheek, Ms. 2223, f. 150r-7r. Copied at Köln in 1470 by Christianus Buchs of Ravensburg.

Buchs also copied in this manuscript *Dialogus*, f. 131r-43r, *Opus metricum*, f. 143v-144v, *Acrostica*, f. 144v, all by Joannes de Hildesheim; *"Honorius IV..."* or *Chronologia summorum pontificum*, f. 157v-8r.

The special feature of this copy of Cheminot's *Speculum* is that Christianus Buchs in several places inserts or adds a text of his own and even adds a whole new chapter (IX) at the end. All these additions are reproduced in the appendices to Ms. *G* below.

---

[3] *Speculum 1680*, I, p. 221, n. 936.
[4] *Bibl. carm.*, I, 625; II, 10-11, 45-46, 59-60.

What sources Buchs used for these additions is difficult to determine. That in ch. 4 suggests Joannes de Hildesheim and John Hornby in his controversy at Cambridge over the patroness of the Order. Ch. 5, *De pluralitate*, shows that he knew Ribot. The addition to ch. 5 (ch. 6 in *G*) probably depends on John Baconthorpe; that in ch. 7 (ch. 8 in *G*) on the original ending of Grossi's *Viridarium*, "*quem caelestis agricola per intercessionem suae gloriosissimae genitricis Mariae, cuius speciali titulo idem ordo specialiter insignitur, taliter in viridario mundiali faciat pullulare, ut in aeterno Viridario, cuius muri sunt, ut praefertur, inexpugnabiles, possit flores immarcessibiles finaliter congregare. Amen.*"[5] Ch. 9 is a list of indulgences antecedent to the *Mare magnum* of Sixtus IV, 1476.

t — Biblioteca Vaticana, Ms. Ottob. lat. 407, f. 4v-11r.

We have already considered this document in connection with the tractates, *Universis Christifidelibus* and *De inceptione Ordinis*. The catalogue of saints on f. 11v includes Bl. Jeanne of Toulouse, who probably died in the first half of the 15th century and became known in the Order in the second half.[6]

v — Wiesbaden, Landesbibliothek, Ms. 84, f. 130r-4v.

On f. 134v is the note "*Iste liber est fratrum Carthusiensium prope Magunciam*» by the person who wrote the whole manuscript. According to a note at the end of the *Speculum* this work would have been written in 1337. The amanuensis probably found this date in the manuscript he was copying.[7]

As to variants, *v* often agrees with *h* and *o*, but also often with *O* and *G*. At the end of ch. 5 there is an addition about a bull of John XXII, March 13, 1317.

x — *Speculum 1507*, f. 49v-51v.

This printed work contains a great number of treatises about the Order. After f. 104r there is a *tabula* without pagination. The *explicit* reads: "*Explicit speculum ordinis fratrum gloriosissimae virginis mariae de monte carmelo per Reverendum Sacrae Theologiae Magistrum Baptistam Venetum de Cathaneis eiusdem sacri ordinis magna cum diligentia emendatum, anno domini m.cccccvii, xx. chal. aprilis.*"

Most or all of the treatises in this volume seem to be taken from an English manuscript. The text is full of typographical errors and mistaken readings. Evidently the typesetter was not familiar with English script, but deliberate changes or omissions, as in the *Speculum* of 1680 of Daniel a Virgine Maria, do not occur.

The *Speculum 1507* agrees most frequently with Ms. *s* and often also with *t* and c.

---

5 GRAZIANO, "Viridarii... recensio," 282 (in the critical apparatus).
6 "Catalogus sanctorum Carmelitarum," AOC, 8 (1932-1936), 182-3; esp. p. 83.
7 See the text at the end of the critical apparatus below. GOTTFRIED ZEDLER, *Die Handschriften der nassauischen Landesbibliothek zu Wiesbaden*, Leipzig, 1931, 88: "*Die obige Berechnung stimmt nicht.*"

Lost Manuscripts

We will have occasion to mention below the *Codex Mechliniensis* of 1484 and the manuscript of Clermont-Ferrand.

There was yet another manuscript, which in 1691 was preserved in the archive of the Carmelite province of Lower Germany. Philippus a S. Joanne, O.Carm., describes it in his *Archivilogium Rheno-Carmelitanum.*[8] It comprised 21 folios, but the last leaves were lacking. The manuscript contained the bull of Innocent IV with the rule of 1247, as well as the mitigation of the rule by Eugene IV, dated February 15, 1432, the date of the petition, but actually issued in 1435.[9] Thus the manuscript was written some time after this date

Ff. 9-21 contained the *Speculum Ordinis* without the author's name, but the forward began, "*Filii sanctorum estis.*" Philippus provides a short summary of each chapter, of which there are eight, the last entitled, "*Cap. 8. De ordinis institutione, titulo Carmeli, et titulo Stae. Mariae.*" From the summary it appears that this was Baconthorpe's *Tractatus super regulam.* It broke off toward the end.

The Relationship of the Manuscripts

A family tree of the manuscripts of the *Speculum* is difficult to construct. Each manuscript has its variants, sometimes merely due to carelessness. Often Mss. *h, o, O, v,* and *A* agree; on the other hand, Mss. *t, s,* and *x* are similar.

From the very beginning a mistake must have crept into Cheminot's quotation of Jacques de Vitry's *Historia hierosolymitana,* cited in ch. 2: "*et maxime in parte illa quae supereminet civitati Porphiriane, quae hodie Caiphas appellatur [iuxta fontem] quae fons Eliae dicitur.*" Ms *G* changes "*quae fons Eliae dicitur*" into "*iuxta fontem Eliae,*" which still makes sense. Ms. *c* changes the same words to "*iuxta quam fons Eliae dicitur.*" In his chronicle Jean de Venette changes it to "*quae pars fons Eliae dicitur.*" Ioannes de Hildesheim has the same as Ms. *c.* John Hornby (1374) has the correct reading.

Another error occurs in the prologue: "*Septimo, qualiter novissime in partibus orientalibus et citra mare sunt tam salubriter dilatati.*" Only the *Speculum 1507* (text *x*) has the correct "*occidentalibus*"; all the manuscripts have "*orientalibus.*" Ms. *s* has "*orientalibus et occidentalibus*".

---

[8] Tome 1, anno 1691; Frankfurt, Stadtarchiv, Carmeliterbucher 41, D4 p. 192-201.

[9] LUDOVICO SAGGI, O.CARM., "La mitigazione del 1432 della regola carmelitana; tempo e persone," *Carmelus,* 5 (1958), 3-59.

Also in the title of ch. 7 Mss. *h, o, t, v* have *"orientalibus"*; the other manuscripts have another title. But even later in the text all read, *"citra mare partes istas, scilicet Franciae, Italiae, et alias partes orientalibus habitare ceperunt."* Only Ms. *h* later corrected this mistake. Further again in ch. 7 the account about St. Louis reads, *"Et cum... regnumque suum ac partem orientalem conspiceret viris tantae perfectionis carere, disposuit ad regnum suum aliquos ducere, ut de regno suo ad regna alia derivaret perfectos."*

This error can hardly be ascribed to the author himself, but must already have been present in a manuscript from which all the others depend. The probability is that the copyist of this passage regarded the phrase, *"in partibus occidentalibus et citra mare,"* not as tautology but as antithesis. But ch. 7 concerns the spread of the Order in the West, not in the East, and its destruction in the Holy Land.

Contents

In the first chapter Cheminot treats the "first founders of this holy Order (*religio*), Elijah, Elisha, and other prophets; in the second, how *"huius religionis professores"* (those who made profession in this Order) chose especially the places frequented by Elijah and Elisha, specifically Mount Carmel. The third chapter treats the time of John the Baptist and Jesus Christ, when the Carmelites were converted to "the Catholic faith." The fourth chapter concerns the Marian title of the Order: the first *"oratorium"* in honor of Mary was built *"post ascensionem Domini"*.

As already mentioned, the fifth chapter combines the various rules of the Order. Since the sources contradict one another, we find that the Carmelites, before they had a definite rule, were given that of St. Basil; later Aiméric committed their way of life to writing (*"in scriptis modum vitae ipsorum redigens"*), gathered them beneath the care of one, and joined them with the bond of profession (*"sub cura unius adunavit et per professionis vinculum colligavit"*). Finally St. Albert composed a *"certa regula"* for them from the rule of St. Basil and prescriptions of his own.

The sixth chapter deals with clothing. The Carmelites had been wearing the striped mantle since the time of Elijah's ascent into heaven. The stripes were vertical; three black, which signified the theological virtues, and four white, signifying the cardinal virtues. The chapter of Montpellier which introduced the white mantle is here given the date 1282.

The seventh and last chapter treats the migration from East to West. The point of view is typically French: France is the center of Europe, and Paris the center of France. In 1254 St. Louis IX brought the Carmelites to Paris, whence they spread throughout France, Italy, and other countries of the West. Yet on other occasions Cheminot cites Vincent de Beauvais, who dates the migration in 1238. Moreover Beauvais is quoted by *De inceptione Ordinis*, which is also one of Cheminot's sources. In any case, long before

1254 the Carmelites had arrived in Sicily, England, Italy, and also France, but not Paris.

The Englishman, Richard Paston, who copied Cheminot's *Speculum* in 1426, simply replaced this last chapter with William of Coventry's *De duplici fuga fratrum de Carmelo* and *De adventu Carmelitarum ad Angliam.*

The Identity of the Author

Nine of the ten manuscript copies of the *Speculum* known to us indicate no author of it. Ms. *T*, written in 1466, assigns it to John Baconthorpe, but even a cursory examination of the four treatises he wrote about the Order shows that this *Speculum* is not his. The ascription to Baconthorpe is probably due to the fact that one of his treatises is entitled, *Speculum de institutione ordinis pro veneratione beatae Mariae.* John Bale, who collected a variety of information about the Carmelites and their literary activity, writes, "*Speculum de statu Carmelitarum scripsisse fertur frater Joannes de Chimineto, quem quidam dicunt doctorem fuisse Metensem; et Speculum ordinis, quod incipit Filii sanctorum estis, dicunt magistrum Joannem Bachonis composuisse.*"[10] On the other hand, in an earlier miscellany he notes, "*Frater Joannes de Cimineto speculum ordinis scripsit; incipit: Filii sanctorum estis fratres huius sanctae religionis.*"[11]

The *Speculum 1507* (text *x*) has: "*Actor huius opusculi erat frater Joannes de Chimeto, lector sacrae theologiae.*"

Cheminot is also credited with this work in the two lost manuscripts mentioned above. The *Codex Mechliniensis* has: "*Speculum parvum... per Ioannem Thimeto, seu de Cimineto, fol. XVII.*"[12] Likewise a manuscript which in the 17th century was still preserved in the library of the Discalced Carmelites in Clermont mentions a "*Speculum ordinis fratrum Btae. Mariae de Monte Carmelit., compositum a fratre Joanne de Clyneto contra (!) Metensem universit., continens 7 capitula.*"[13]

But as early as 1374 John Hornby in his dispute at Cambridge refers several times to the work of Joannes de Chimeneto or Chimineto, "*lector quondam metensis,*" with the *incipit*, "*Filii prophetarum (!) estis vos.*"[14] Twice he also cites at greater length from chapters 1 and 5.[15]

---

[10] Collectanea, London, British Museum, Ms. Harl. 1819, f. 3v.

[11] Miscellany, Oxford, Bodleian Library, Bodl. 73, f. 4r and 25v.

[12] VICTOR ROEFS, O.CARM., "De celebri codice Mechliniensi quo usus est Daniel a Virgine Maria in edendis *Vinea Carmeli* et *Speculo Carmelitano,*" AOC, 13 (1946-1948), 299-301; esp. p. 300.

[13] Roma, General Archive of the Order, Ms. II C.O.II.2, toward the end. The list was made by the prior of Clermont in 1674.

[14] *Conclusiones ac determinationes,* Oxford, Bodleian Library, Ms. e Museo 86, f. 176v, 177r, 185v, 192v, 200r, 201v.

[15] *Ibid.,* f. 185v and 201v.

In the general chapter of 1336 Jean de Cheminot is designated lector for the fourth year at the University of Paris.[16] This means that in 1339 it would be his turn to begin classes at the university in the *Sentences* of Peter Lombard. Thus he was already a *baccalaureus biblicus*. The course at Paris lasted a long time, with periods of teaching and periods of following lessons. In between, if he had a degree, the student also taught in the *studia* of his province. Cheminot is called *"lector Metensis,"* hence he never completed his studies for the licentiate and doctorate at Paris, but in those days, of the Carmelites only one every so many years was entitled to receive the doctorate. Cheminot no doubt lectured in his native convent of Metz. How long he lived afterwards is not known. John Bale provides several dates: *"1342. Circa hec tempora floruit Johannes de Chimineto"; "Benedicti xij tempore [1334-1342] floruit";* [17] *"Claruit 1350."* [18]

The Latin name Chemineto indicates Jean's birthplace: Cheminot, Lotharingia, in the diocese of Metz, on the river Seille. The town was totally destroyed in World War II. In the 14th century Lotharingia, and also the diocese of Metz, did not belong to the kingdom of France, but to the German Empire. Nevertheless, the French language convents as well as those in Belgium formed part of the province of Francia, at least since the end of the 13th century. Even then, the French patriotism of Cheminot is striking.

According to a note at the end of the *Speculum* in Ms. *v*, the treatise was written in 1337. The reckoning from the time of the prophet Elijah is not quite exact, but the date 1337 may be confidently accepted. It is also very likely that Cheminot wrote his chronicle during his years of study at Paris, where he had his sources at hand.

On December 8, 1342, Richard Fitzralph, later archbishop of Armagh and hence called *Armacanus*, preached a sermon on the Immaculate Conception in the Carmelite church in Avignon. In his discourse he speaks of the antiquity of the Order and its Marian title in terms that are clearly owed to the *Speculum* of Cheminot.[19]

---

[16] ACG, I, 34.

[17] Miscellany, Oxford, Bodleian Library, Ms. 73, ff. 108r, 112r, 185r.

[18] *Anglorum Heliades*, London, British Museum, Ms. Harl. 3838, f. 179r.

[19] BENEDICT ZIMMERMAN, O.C.D., "Ricardi archiepiscopi Armacani bini sermones de Immaculata Conceptione B. V. Mariae, habiti in ecclesiis Carmelitarum annis 1342 et 1349," AOCD, 6 (1931-1932), 158-89; esp. p. 166.

Text

Filii sanctorum estis, huius sanctae religionis professores, cuius fundamentum in montibus sanctis, cuius initium omnis religionis praecessit exordium, signo castitatis insigniti, ac titulo virginis
5 Mariae decorati, quae est fons misericordiarum, mater nostra.
Excitetur nunc devotio vestra, fratres beatae Mariae virginis de Carmelo, diligenter ad praesens opusculum mentis intuitum tamquam ad speculum dirigentes, in quo potestis statum vestrum

---

1 *om O.*   Incipit Speculum ... Carmeli *hotGva.*   Hic incipit Speculum ... Carmeli *csx.*   speculum + de origine *G.*   fratrum *om tsx.*   fratrum ordinis] ordinis fratrum *GcA.*   beatae] beatissimae Dei genitricis virginis *G.* Mariae + genitricis Dei *s.*   Carmeli + capitulum primum *s.*

2 estis + fratres *csx.*

3 cuius + etiam *c.*   omnis] cuiuslibet *sx,* cuiuscumque *c.*   religionis + modernis *c.*

4 signo ... insigniti] si ergo castitatis insignia *O.*   castitatis + salubriter *c.* ac] et *G.*   titulo *post* virginis *c.*

4-5 virginis Mariae] virginitatis *hotv.*   Mariae] gloriosae dulciter *c, om OG, ante* virginis *s.*

5 nostra + virgo benedicta *ho.*

6 vestra] nostra *hoO, ante* devotio *sx.*   fratres + ordinis *t.*   beatae] beatissimae Dei genitricis *G.*   virginis] Genitricis Dei *s, om tcGAx.*

7 Carmelo] monte Carmeli *tcAsx.*   diligenter + et *h.*   opusculum *post* mentis *t.*

8 potestis] potest *O,* poteritis *c post* statum.   statum *post* vestrum *tc.*

---

2 Filii sanctorum: Tob. 8,5.
3 fundamentum ... sanctis: Ps. 86,1.

aliqualiter contemplari.

10   Primo enim ostenditur, qui fuerunt huius religionis primi fundatores. Secundo de loco ubi dicitur incepisse. Tertio de tempore
quo fidem catholicam susceperunt. Quarto quare ordo beatae Mariae virginis nuncupatur. Quinto de regula et confirmatione eiusdem. Sexto de habitu. Septimo qualiter novissime in partibus
15 occidentalibus et citra mare sunt tam salubriter dilatati.

Capitulum I

Qui fuerunt huius religionis primi fundatores

Primos huius sanctae religionis fundatores ostendit beatus
Hieronymus, in *epistola ad Paulinum* dicens: "Noster princeps
20 est Elias, noster dux est Eliseus, nostri duces filii prophetarum,

---

9 aliqualiter *bis o.*
10 enim *om Ot.*   ostenditur] ostendetur *otc,* ordinetur *O.*   fuerunt *om c.*
huius *post* religionis *c,* + sanctae *s.*   primi] prius *O, om c.*
11 dicitur incepisse] incepit *sx.*
12 ordo *om c.*
13 virginis] specialiter *c,* genitricis Dei *s,* Dei genitricis *A.*
13-14 Quinto ... habitu] Quinto quot titulis exsistant decorati.   Sexto de
regula et confirmatione eiusdem ordinis.   Septimo de habitu fratrum eiusdem
religionis *G.*
13 confirmatione] confirmationibus *hotvA.*
13-14 eiusdem *ante* confirmatione *c,* + ordinis *G.*
14 Septimo] Octavo *G.*   qualiter] aliqualiter *O.*   novissime] in diversis locis *c, post* partibus *s.*
15 occidentalibus] orientalibus *ohtvcOGs,* orientalibus + et occidentalibus *s.*
et *om G.*   citra] circa *O.*   sunt tam] sumpta *O.*   sunt *post* salubriter *G.*
tam *om c.*   dilatati + Octavo de adventu eorundem fratrum in Angliam ut
sic sibulo detractionis deposito destruatur os loquentium iniqua cum ordinis
praedicti dignitas robore fulcita multiplici pateat universis *c,* + Nono quantis
indulgentiis a sancta Dei ecclesia et summis pontificibus sunt dotati *G.*
16 Capitulum I] Primum capitulum *A, om O,* De primo *s, post titulum
in linea 17 t.*
17 Qui ... fundatores *om Os,* de primis fundatoribus *cx,* + huius religionis
x, de primo fundatore huius religionis *s,* in quo tractatur de fundatione illorum
A.   primi *post* fundatores + etc. *G.*   huius religionis *post* fundatores *ot.*
18 primos] primus *O, post* religionis *c.*   sanctae *post* religionis *G.*   bea-
tus] sanctus *O, om s.*
19 noster] vester *A, in margine:* 353 epistola 3 ad Paul. *s.*
20 noster] vester *A.*   nostri] vestri *A.*

19-22 Hieronymus, *Epistola 58 ad Paulinum:* "Et ut ad Scripturarum auctoritatem redeam, noster princeps Elias, noster Eliseus, nostri duces filii prophetarum, qui habitabant in agris et solitudinibus, et faciebant sibi tabernacula
prope fluenta Iordanis"; PL 22, 583.

qui habitabant in agro et solitudine, et faciebant sibi tabernacula prope fluenta Iordanis".

Similiter et Ioannes Cassianus "Sic decet", inquit, "religiosum incedere, sicut constat illos ambulasse, qui in Veteri Testa-
25 mento professionis huius fundavere primordia, Eliam et Eliseum;
quod scripturarum auctoritate monstratur".

Elias Tesbites fuit filius Sabbacha, ex tribu Aaron. Qui montem Carmeli legitur inhabitasse, et in eodem monte ad preces
eius igne de caelo descendente idolatrias et errores legis exstir-
30 pavit. Hic assumptus in curru igneo una cum Enoch in paradiso
terrestri usque ad adventum Antichristi reservatur; ipsi ambo
tempore Antichristi sunt fidem catholicam defensuri; ab Anti-

---

21 habitabant] habitant *c*.   sibi] filii *O*.
23 et *om O*.   Cassianus + ait *x*.   sic] sicud *v*, + ait *c*.   decet]
docet *o*.   inquit *om c*.
23-24 religiosum] religiose *c*.
24 incedere *om A*.   sicut *om O*.   illos] eos *c, om A*.   qui] quod *O*.
25 fundavere] fundaverunt *Ovs*, fundaturae *t*, fundatione *A*.   Eliam +
scilicet *gv*.   et] sed *O*.
26 auctoritate] auctoritatibus *OGv*.   monstratur] monstrat *t*.
27 Elias + enim *G*.   Sabbacha] Sabbata *htAs*, Sabata *G*, Sabatha *O*,
Sabbaca *c*.
28 inhabitasse] habitasse *hots*.
29 igne] ignem *O*.   de caelo *post* descendente *G*.   descendente] descendentem *O*.   idolatrias] idolatras *tA*, idolatros *c*.   legis *post* errores
Gc, om A.
29-30 exstirpavit] extirpasse *c*.
30 Hic] Hinc *A*.   assumptus + est *v*, + est a suo discipulo *G (vide G
in appendice)*.   igneo + vivit *vA*, + et venit *O*.   una cum Enoch *post*
terrestri *hoOv*.   una] ipse *Ov*.
31 reservatur] reservantur *A*.
32 sunt *post* catholicam *cG*.
32-33 Antichristo + sunt *OA*.

23-26 Ioannes Cassianus: *De coenobiorum institutis* I c. 1: "Itaque monachum ut militem Christi in procinctu semper belli positum, accinctis lumbis
iugiter oportet incedere. Hoc enim habitu etiam illos ambulasse, qui in Veteri
Testamento professionis huius fundavere primordia, Heliam scilicet et Helisaeum;
divinarum Scripturarum auctoritate monstratur"; SC 109, 36; PL 49, 60-61.
27 filius Sabbacha: Petrus Comestor, *Historia scholastica*, IV Regum 2:
"Legitur quod Sabacha pater eius..."; PL 198, 1387. — ex tribu Aaron: *cf* Isidore:
De ortu et obitu patrum, c. 35: "Elias Thesbites de terra Arabum, de tribu
Aaron..."; PL 83, 141.
30-35 Hic ... beatorum: *cf* Vincent de Beauvais, *Speculum historiale*, 1, 31,
c. 110: "Tunc emittet Dominus Heliam et Enoch, famulos suos, ad hoc ipsum
in paradiso terrestri reservatos... Ipsum quidem Antichristum coram omni populo
arguent, et mendacem et fallacem ostendent... Tunc Antichristus furore repletus,
iubebit Sanctos Dei testes, Enoch scilicet et Heliam occidi; et iacebunt in plateis
Hierusalem, per triduum insepulti"; ed. Duaci 1624, p. 1325.

christo in Ierusalem occidentur et glorioso coronabuntur martyrio;
deinde post tres dies et dimidium resurgentes, assumentur ad
35 gloriam beatorum.

De ipso sancto Elia legitur in *Historiis Scholasticis*, quod ante
nativitatem suam pater suus in somnis vidit viros candidatos
se salutantes, praesagium futurorum, designans quales imitatores
habere deberet in posterum.
40   Hic discipulos habuit; primo Eliseum, filium Saphat. Quem
cum Elias in ministrum et discipulum nutu Dei vellet assumere,
misit Elias pallium suum super eum. Qui statim relictis bobus
et agrorum cultura cucurrit post Eliam dicens: "Osculer, oro te,
patrem et matrem meam, et sic sequar te". Inde secutus est
45 Eliam et ministrabat ei.

Huius societatis fuit sanctus Ionas propheta, secundum Hieronymum in prologo eiusdem filius mulieris Sareptanae quem

---

33 in *om ho.*   occidentur] occidendi *A,* sunt occidendi *x.*   coronabuntur *post* martyrio *s.*
34-35 deinde ... beatorum *om csx.*
34 assumentur] assumuntur *A, post* beatorum *t.*
36 quod] super IV Regum, cap. 2 quod *o.*
37 suus] suis *O.*   in somnis *post* vidit *Os.*   somnis] somno *A.*
candidatos *ante* viros *G,* + seu albis vestibus desuper indutos *ho.*
38 se + invicem *Gc.*   futurorum *post* designans *c.*   designans] prae-
signans *O.*   imitatores] mitatores *ho.*
39 habere ... posterum] in posterum haberet imitatores *c.*   habere *post*
deberet *sx.*   deberet] debent *h.*
40 Hic] Hinc *A.*   discipulos + hos *O.*   primo ... filium *om O.*
41-43 et discipulum ... cultura *om O.*
41 assumere] accipere *A.*
42 Elias *om t.*   eum] illum *tcsx.*
42-43 bobus et agrorum cultura] libris *A.*
43 et *om csx.*   agrorum *om c.*   cultura *om csx.*   cucurrit] currit *h.*
osculer] osculor *A,* osculetur *O.*   oro te] te oro prius *G.*
44 patrem + meum *cx*   et sic] sic *s,* et *h.*   sic sequar te] qualiter
te *O.*   Inde] Et inde *s,* qui inde *t.*
46 societatis] sanctitatis *s.*   sanctus *om s.*
46-47 secundum ... eiusdem *om sx.*
47 Sareptanae] Reptanae *c.*

36-39 De ipso ... posterum: Petrus Comestor, *Historia scholastica,* IV Regum
2: "Legitur quod Sabacha pater Eliae nondum nati, vidit in somnis viros candidatos se salutantes. Quod cum nuntiasset in Ierusalem, responsum est ei: 'Puer
hic iudicabit Israel in gladio et igne'"; PL 198, 1387-8.
40-45 Hic ... ei: *cf* 3 Reg. 19,19-21.
46 Ionas propheta: Jerome, *Commentaria in Ionam prophetam,* Prologus:
"Tradent autem Hebraei hunc esse filium viduae Sareptanae quem Elias mortuum suscitavit"; PL 25, 1118.

suscitavit Elias. Hunc puerum dimisit Elias in Bersabee Iuda,
cum fugeret per desertum a facie Iezabel quae ipsum nitebatur
50 occidere: 3 Regum, 19.

Abdias vero propheta primo fuit de familia regis Achab et
impiissimae Iezabel. Quae cum omnes prophetas Dei occidi iussis-
set, Abdias pavit centum prophetas in speluncis et specubus.

Hic sanctus Abdias fuit dux ille qui tertius scribitur acces-
55 sisse ad Eliam in monte Carmeli, cui pepercit Elias et quinquaginta
suis. Tandem, secundum Hieronymum in prologo eius, relicto
regis obsequio factus est Eliae discipulus.

Similiter et beatus Ioannes Baptista ad imitationem istorum

---

48 puerum] primum *O*.   dimisit] misit *t*.   in Bersabee *om O*.   Iuda]
inde *G*.

49 fugeret] fulgeret *A*.   quae] qui *tAs*.   ipsum *post* nitebatur *G*.   nitebatur *post* occidere *t*.

50 3 Regum 19] 2 Reg. 3 *s*, Reg. 3 c. 18 *O*.   19] 18 *GOv*, + *cap. hoA*.

51 propheta + qui *t*.   Achab] Achaz *t*, Achabeth *O*.   et *om O*.

52 impiissimae] impiissimi *ts*, + regis *s*.   Quae] Qui *tOs*.   Dei *om OAs*,
ante prophetas *c*.   occidi iussisset] occidisset *s*.

52-53 iussisset] praecipisset *o*.

53 centum *post* pavit *c*.   prophetas *om c*.   specubus] pecubus *ot*,
antris *OGv*.

54 tertius] tertio *o*.   scribitur] legitur *c*.

54-55 accessisse] accepisse *O*.

55 ad + sanctum *hoAx*.   Eliam + et *x*, + et Eliseum *s*.   monte]
montem *otvx*.   pepercit] peperit *O*, praecepit *A*.

56 Hieronymum] propositum *c*.   eius] eiusdem *OG*, *om tcsx*, + super *c*.

58 et *om O*.   beatus *om Ocs*.

48-50 Hunc ... occidere: *cf* 3 Reg. 19, 1-3; Petrus Comestor, *Historia scholastica*,
3 Regum, c. 36: "Et tamen Elias fugit in Bersabee, et dimisit ibi puerum suum,
Ionam ut tradunt"; PL 198, 1380.

51-53 Abdias ... specubus: *cf* 3 Reg. 18,3-4.

54-57. Hic ... discipulus: Isidore, *De ortu et obitu patrum*, c. 44: "Iste est
ille, qui sub Ochozia rege Samariae, centum pavit prophetas. Iste est tertius ille
dux cui pepercit Elias, qui postmodum, relicto Ochoziae regis ministerio, Eliae
factus discipulus prophetavit"; PL 83, 144. Jerome, *Commentaria in Abdiam
prophetam:* "... accepit gratiam prophetalem, et de duce excercitus, fit dux Ecclesiae"; PL 25, 1099.

58-62 Similiter ... *Tripartita*: Jacques de Vitry, *Historia Hierosolymitana*, 1
c. 53, p. 1075: "Quam plures vero in solitudinibus Iordanis, ubi beatus Ioannes
Baptista fugiens hominum turbas, ut liberius Deo vacaret, ab annis puerilibus
delituit, mortui mundo ut viverent Deo, quietis sibi sepulchrum elegerunt". —
p. 1076: "Helias autem et Helisaeus, aquis Iordanicis pallio percussis et in duas
partes divisis, per siccum transierunt. Multi igitur ex viris religiosis propter
fluminis sanctitatem et aquarum opportunitatem vicinas fluvio construxerunt
habitationes".

cum aliquibus filiis prophetarum elegit habitare super fluvium
60 Iordanis propter <loci> sanctitatem, quia Elias et Eliseus transierunt eum sicco pede, et divisus fuit fluvius ad imperium eorum
et ad tactum palii sui. Hoc dicit Magister in *Historia Tripartita*.
Nam et corpus beati Ioannis Baptistae fuit sepultum inter corpora
sanctorum Elisei et Abdiae per manus discipulorum suorum, tam-
65 quam eiusdem devotionis frater et professor. Unde Isidorus, 7
Etymologiarum, 13 c., dicit quod "religiosi coenobitae imitantur
apostolos, eremitae vero Eliam et Iohannem Baptistam".

Vitam autem ipsorum et aliorum sanctorum tam Veteris
quam Novae Legis, qui hanc religionem professi sunt, ne nimia
70 prolixitate legentibus fastidium generetur, ad praesens omitto.

Capitulum II

De loco ubi dicitur incepisse

---

59 aliquibus] quibusdam *c.*   super] circa *A*, supra *hotv.*   fluvium]
flumen *cA*, flumine *s.*
60 loci *solum in c.*
61 eum] cum *O.*   divisus ... eorum] ad eorum imperium dividebatur
fluvius *c.*   fuit *om O.*   imperium eorum] imperiorum *A.*
62 ad *om OG.*   Hoc] haec *hoOGvA.*
62-63 Hoc ... Nam et *om c.*
63 et *om s.*   corpus + etiam *o.*   beati *om s.*   fuit *post* sepultum *tc.*
65 eiusdem] eius *G.*   frater et professor] fratris et professoris *c.*
Isidorus] Cassiodorus *O.*
66 13 c.] cap. 13 *tc*, 14 *O.*   dicit] dixit *ts.*   quod] horum *O, om s.*
religiosi] gloriosi *ho.*
68 ipsorum *om c.*
69 sunt + ad praesens omitto recitare *c.*   ne + prae *hovA*, vere prae *O.*
70 prolixitate] prolixitas *s, post* legentibus *c.*   generetur] generaret *s.*
ad ... omitto *om s.*
71-72 *om O.*
71 *post titulum in linea 72 tA.*
71 capitulum *post* II *hoAsx.*
72 *in margine v, om s.*   loco] loca *o.*   ubi + ista religio *cx.*
incepisse] haec religio incepisse etc. *G,* + hic ordo *t.*

63-65 Nam ... professor: *cf ibidem*, c. 56: "Sebasta alio nomine olim dicebatur
Samaria, in qua sepulti fuerunt viri sancti Ioannes Baptista, Helisaeus et Abdias
Propheta", p. 1076; Petrus Comestor, *Historia scholastica*, In Evangelia c. 73:
"Corpus vero in Sebaste urbe Palestinae inter Elisaeum et Abdiam sepultum...";
PL 198, 1574.
65-67 Unde ... Baptistam: Isidore, *Etymologiae* VII, c. 13: "... anachoritae
Eliam et Ioannem, coenobitae apostolos imitantur. Eremitae ii sunt qui et
anachoritae ..."; PL 82, 293.

Quoniam locorum sanctitas frequenter devotionem trahit animorum, huius religionis professores loca, quae Elias et Eliseus
75 frequentabant, in sancta poenitentia vestigiis ipsorum inhaerendo
pro contemplatione caelestium specialiter elegerunt: alii super
fluvium Iordanis, alii in Samaria, alii in Sarepta.

Unde legitur in chronicis, quod post ascensionem Domini in
eodem loco ubi Elias invenit Nicheam mulierem viduam colligen-
80 tem ligna, propter devotionem loci et sancti prophetae fuit aedificata una ecclesia in honore Dei et beatae Mariae virginis.

Alii vero habitabant in monte Carmeli et in aliis locis deser-
tis. De quibus Vincentius, 20 libro, 98 c., "Secessores", inquit,

---

73 frequenter *post* devotionem *c.*
73-74 animorum] animarum *t.*
74 religionis professores loca] professionis lucra *O.*
75 ipsorum] eorum *t.*
76 pro contemplatione] per contemplationem *O.*   specialiter] spiritualitei
v.   elegerunt] elegimus *O.*
77 fluvium] flumen *G.*   alii in Samaria ... Sarepta *om O.*
79 Nicheam *hoOx,* Nichiam *t, om A,* Micheam *Gcvs.*
79-80 colligentem *post* ligna *t.*
80 devotionem *post* loci *c.*   loci et *om O.*   fuit *post* aedificata *tc,*
fuerit *A.*
81 una *om tGc.*   honore] honorem *tGA.*   Dei et *om O.*   Mariae *post*
virginis *O.*   virginis + matris eius *G.*
83 De] In *O.*   Vincentius] Innocentius *o.*   Vincentius ... 98 c.] legitur
in cronicis *c.*   20 libro] libro 20 *t.*   98] 8 *O,* 88 *A, post* c. *t.*   secessores]
successores *cGs,* secessoribus secessores *h,* se successores *t.*   inquit] in *c,* +
heremi renuntiantes *G.*

73-74 Quoniam ... animorum: *cf* Jacques de Vitry, *Historia Hierosolymitana,*
I, 51, p. 1074: "... odore sanctorum et venerabilium locorum tracti devoti Deo
peregrini et homines religiosi, ad Terram Sanctam confluebant".
75-76 in sancta poenitentia; pro contemplatione caelestium: *cf Rubrica prima,*
supra p. 40-43.
76-77 super fluvium Iordanis; in Samaria; in Sarepta: *cf* 4 Regum 6,2; 5,3;
3 Regum 17,9.
78-81 in eodem loco ... virginis: *cf* Jacques de Vitry, *Historia Hierosoly-*
mitana, I c. 44: "Post hunc autem est civitas Sarepta prope mare, in cuius introitu
loquutus est Helias propheta ad viduam mulierem ligna colligentem ... In
eodem loco iuxta portam civitatis, modicam capellam fecerunt Christiani. Deinde
autem prosequitur de civitate *Tortosa,* in qua beatus Petrus Phoenicem circuens,
cum a partibus Hierosolymitanis transiret in Antiochiam, in honore beatae
virginis Mariae modicam fundavit ecclesiam... Dicitur autem a multis, quod inter
omnes beatae Mariae ecclesias ista fuerit prima"; p. 1072.
79 Nicheam: This name does not occur elsewhere.
83-87 De quibus ... aliorum: The text is found in Vincent de Beauvais,
Speculum historiale, 1, 19, c. 98, but it actually is Cassian's, *Collatio* 18, c. 6: "Ita
ergo processit ex illa, quam diximus, disciplina aliud perfectionis genus, cuius
sectatores anachoretae, id est secessores, merito nuncupantur, eo quod nequaquam

"mundo insidias occultas diaboli calcaverunt, aperto conflictu
85 daemonibus aggredi cupientes vastos eremi secessus penetrare
non timuerunt, ad imitationem beati Ioannis Baptistae, Eliae
quoque et Elisei atque aliorum".

Locum autem sanctum montis Carmeli Elias et Eliseus specialiter inhabitasse leguntur, et successores eorundem et sancti
90 patres tam tempore legis moysaicae quam novae legis ibidem
Deo devote servierunt. Unde vitam ipsorum et locum praedictum
describit Magister in *Historia Tripartita*, libro 1, c. 52, dicens:
"Viri sancti saeculo renuntiantes, variis desideriis et affectionibus
tracti ac fervore religionis accensi, eligebant sibi loca, proposito
95 suo et devotioni magis convenientia. Aliqui ad exemplum et imitationem sancti viri et solitarii Eliae prophetae in monte Carmeli,
et maxime in parte illa quae supereminet civitati Porphirianae,

---

84 insidias + multas et *A.*   occultas] occultans *O*, + malum *O*, + multum *A.*   calcaverunt] conculcaverunt *Ot*, cultaverunt (?) *A.*   aperto] apto
hov, aspera *c*, a principio *x*, aliis autem pro *s.*   conflictu] conflicta *c.*
85 daemonibus] daemonis *s.*   cupientes + ut *c.*   eremi] heremum *s*,
deserti *O.*   secessus] successos *cv.*
86 timuerunt] timeant *hotcA.*   imitationem] dimicationem *ho*   beati *om*
Os.
87 atque] ac *O.*
88 *Hic incipit codex T.*   sanctum] rectum *O.*
89 eorundem] eorum *cs.*   et sancti] sancti *O.*
90 tempore legis] tempore *O.*   moysaicae] Moysi *s.*
91 devote *post* servierunt *G.*   vitam + sanctorum *csx.*   praedictum
om csx, + ipsorum *A.*
92 describit] describitur *As.*   Magister *om ts, in margine* Jac. de Metrice
c.   in *om t.*   Historia + sua *c.*   Tripartita] Ierosolimitana *s.*   c. 52]
c. 51 et 52 *Tx, om hoOvA,* c. 3 *G,* 5 et 52 *c.*
93 affectionibus] perfectionibus *A.*
94 tracti + sunt *h.*   fervore] favore *t.*   loca *ante* eligebant *c.*   pro-
posito] proposita *O.*
95 suo] sibi *hOT,* + vel sibi *A, om v.*   et *om O.*   devotioni + suae *OG.*
96 Carmeli] Carmelo *hoOGT.*
97 et *om s.*   illa] ista *A.*   supereminet] supervenit *t.*

---

contenti hac victoria qua inter homines occultas insidias diaboli calcaverunt, aperto
certamine et manifesto conflictu daemonibus congredi cupientes, vastos eremi
recessus penetrare non timeant, ad imitationem scilicet Ioannis Baptistae qui
in eremo tota permansit aetate: Eliae quoque et Elisaei, atque aliorum de quibus
Apostolus memorat: 'Circuierunt in melotis'"; SC 64, 17; PL 49, 1101.
88-89 Locum ... leguntur: *cf De Inceptione ordinis,* 11. 4-5.
89-91 sancti patres ... servierunt: *cf Rubrica prima:* "Sancti patres, tam
veteris quam novi testamenti ... ibidem ... sunt proculdubio laudabiliter conversati"; *supra* p. 40-43.
91-105 Unde ... miliaribus: Jacques de Vitry, *Historia Hierosolymitana,* I
c. 51-52, p. 1075.

quae hodie Caiphas appellatur, <iuxta fontem>, quae fons Eliae
dicitur, non longe a monasterio beatae virginis Margaretae, vitam
100 solitariam ducebant, in alvearibus modicarum cellularum tamquam
apes Domini dulcedinem spiritualem mellificantes". "Est autem",
inquit, "alius Carmelus trans Iordanem iuxta desertum solitudinis,
in quo latuit David fugiens a facie Saul, ubi est habitatio Nabal
viri stulti. Hic autem in quo habitavit Elias, situs est in maritimis,
105 distans ab Accon quattuor miliaribus".

In hoc sancto monte prohibuit Elias prophetas Baal interfici, ne pollueretur sanguine eorum. "Mons enim", inquit, "sanctus est". Errores legis ibidem exstirpavit, et populum Israel
divino suffragante praesidio in fide reformavit.

110 Et quia haec religio in hoc sancto monte tamquam vitis
firmiter radicata a mari usque ad mare palmites suos extendens
per universos christianorum fines suaviter redolere ac fructum
copiosum facere dinoscitur ad fidei catholicae nutrimentum,
idcirco "de monte Carmeli" ab omnibus usque in hodiernum diem
115 consuevit appellari.

---

98 hodie] hodierne *A.*   appellatur] nominatur *G.*   iuxta fontem *deest
in omnibus codd.*   fontem quae] fontem iuxta quam *c,* + dicitur *O.*
98-99 quae ... dicitur] iuxta fontem Eliae *G.*
99 beatae *om A.*   virginis *om t.*   Margaretae] Mariae *t,* Mariae et
reginae *A.*
100 alvearibus] alvaribus *O.*
100-1 tamquam apes] et apud (?) *c.*
101 spiritualem *om OA.*   autem *om O.*
103 in quo] in hoc *O.*   facie] fratre *A.*   est] fuerat *c.*   Nabal] Na-
beris *A.*
104 Hic ... quo] Hanc *O.*   in quo] ubi *t.*   habitavit] inhabitavit *O.*
Elias + propheta *T.*   in *om v.*   maritimis] maritima *O,* monte modicum *s.*
105 Accon] Accaron *OGv,* Aron *A.*   miliaribus + usque hiis magister *O.*
106 hoc] quo *O.*   prohibuit + sanctus *c.*   prophetas] prophetam *tO,
om T.*
107 pollueretur] polluentur *A,* pulveretur *O.*   sanguine eorum] eius sanguine *t.*   eorum *ante* sanguine *O.*
108 est *om ho.*   errores] propter quod errores *t.*   exstirpavit] conspi-
ravit *O.*   populum] populo *h.*   Israel + etiam *A.*
109 fide] fidem *c.*   reformavit] roboravit *O.*
110 Et quia] quia ergo *t.*   haec *om s.*   sancto] sacro *tAsx.*
111 extendens *om O.*
112 suaviter *om c.*
112-3 redolere ... dinoscitur *om O.*
113 facere] ferre *s.*   nutrimentum] enutrimentum *O.*
114 idcirco + religio praedicta *OGv,* + religio vel ordo *c.*   de monte] est
de monte *O.*   ab omnibus *post* diem *c.*   in] ad *Ox.*
115 consuevit] consuetum est *T.*   appellari + a tempore quo fidem catho
licam susceperunt *c.*

106-7 In ... eorum: *cf* 3 Reg. 18,40.
107-8 Mons enim, inquit, sanctus est: These words are not found in Scripture.

Capitulum III

De tempore quo fidem catholicam susceperunt

Cum igitur in sancta poenitentia perseverassent a tempore sanctorum Eliae et Elisei prophetarum tempore regis Achab, cuius
120 regnum praecessit incarnationem Domini nostri Jesu Christi per annos 933, tunc abscesserunt tenebrae, lux venit in mundum, quae est promissio Dei Patris, quam praedicari per os prophetarum audierant, arbitrati sunt quia miserat Deus Filium suum, natum ex muliere. Et testimonium veritatis, scilicet beatum
125 Ioannem Baptistam, deinde Christum praedicantem audierunt. Qui religiose fidem catholicam confitentes, in Christo baptizati sunt. Deinde perseverantes in doctrina apostolorum, habentes gratiam

---

116-7 *om O.*
116 *post titulum in linea 117 GA.*   capitulum *post* III *TAvxho.*
117 *om s.*   De ... quo] quo tempore *t.*   susceperunt + isti eremitae *t.*
118 igitur *om c.*   poenitentia + habitatores Carmeli *c.*   perseverassent *om T.*
119 sanctorum *om c.*   prophetarum *om G.*   tempore] et *TAx,* et tempore *GOv.*
119-20 tempore ... praecessit] ante *cs.*
119 Achab] Achaz *t.*
119-20 cuius ... praecessit] ante *t,* qui regnavit secundum Eusebium Caesariensem ante *TAx,* et Iosaphat regis (+ Iudae *G*) *GOv.*
120-1 per annos] annis *GOv.*
121 933] circiter *c,* 2137 *TtAsx.*   tunc *om c.*   abscesserunt] accesserunt *A.*   tenebrae + et *sx.*
122 est] dicitur *T.*   quam] quem *c.*   praedicari per os] praedixit per hos *s.*
123 audierant] audierunt *A,* + unde *c.*   arbitrati sunt] arbitrari sic *O.* quia] quod *Oc.*   miserat] misit *GO, post* Deus *O.*
124 natum *om G.*   Et *om c.*   beatum *om Oc.*
125 audierunt] audierant *c, ante* praedicantem *O.*   Qui] et *c.*
126 religiose] religiosi *tv.*
127 Deinde *om ho.*   perseverantes *post* apostolorum *t,* + scilicet *A.*

120-1 annos 933: According to Jerome, *Eusebii Chronicon,* PL 27, 338, the first year of Achab's reign was 1083 after Abraham, and Christ was born in the year 2015 after Abraham. 2015-1083 = 932. The year 2137 according to various readings would be A.D. 1337, the year in which, according to ms *v,* Cheminot wrote his *Speculum.* In this case, Elijah's date would be 800 B.C. See the note at the end of the *Speculum.*
121 lux venit in mundum: Io. 3,19.
122-3 per os prophetarum: *cf* Act. 3,18.
123-4 miserat ... mulierem: *cf* Gal. 4,4.
124 testimonium veritatis: *cf* Io. 5,33.
127-8 perseverantes ... plebem: *cf* Act. 2,42 et 2,47.

ad omnem plebem, veritatis evangelicae nuntii fideles ac sanctae fidei christianae legitimi defensores effecti sunt.

130   Unde in *Chronicis Romanis* legitur sic: "Fuit tempore praedicationis Iesu Christi quod fratres de monte Carmeli accesserunt. Et <quidam> illorum anno 7 a passione Domini, regnante Romano Imperio, et tempore Titi et Vespasiani imperatorum, apud Ierusalem in Porta Aurea religiose consederunt. Ubi tempore
135 beati Petri apostoli Antiochiae cathedrati ipsi in circumquaque regione adiacenti diversis locis catholice pro fide insistebant".

Processu vero temporis, praecipue circa annos ab incarnatione Domini 800, secundum regulam et observationes ab Ecclesia et patriarchis illius temporis eis impositas, uniformiter magis
140 solito convivere coeperunt.

---

128 veritatis ... fideles] veritatem evangelicam nuntiaverunt *t*   evangelicae] evangelici *s*.

128-9 ac ... legitimi] proprie legitime *s*.

128 sanctae *om tcx*, + et Dei *O*.

129 christianae] christiani *O*.

130 Romanis] Romanorum *sx*.   legitur *post* sic *t*.   legitur sic] quod *O*.

130-4 Fuit ... Ierusalem] quod anno a passione Domini 7 sub imperatoribus Tito et Vespasiano fratres de monte Carmeli Ierusalem accedentes *G*.

130-1 praedicationis + domini nostri *Tt*.

131 Christi + Domini nostri *sx*.

131 accesserunt *om c*.

132 quidam *om in omnibus codd.*, multi *s*.   illorum *om tc*.   a passione *repetit t*.   Domini + abierunt *A*.

133 Imperio et *om c*.   et tempore] tempore *t*.   et tempore ... imperatorum *om c*.

134 consederunt] convenerunt *t*.   Ubi] unde *h*, et postmodum *G*.

135 beati *om hs*.   Petri apostoli *om s*.   apostoli *om tc*.   cathedrati] cathedram *O*.   ipsi in *om O*.   in *om A*.   circumquaque] nutumque *O*.

136 regione] regionem *O*, religione *A*.   catholice pro fide] pro fidei confirmatione *T*, + amplianda fideliter *G*.   catholice] catholicae *x*.   pro fide *om s*.

137-8 annos ... 800] annum a passione Domini 8 *G*.

138 Domini + nostri Iesu Christi *x*.   800 *om s*, 8 *GOA*, 400 *c*, + uniformiter *tcsx*.   regulam] regulas *c*.   ab] et ab *O*.

138-9 ecclesia et] ecclesia scilicet et a *t*.

139 illius] illis *O*.   illius temporis *post* impositas *s*.   eis] eius *O*, *om A*.   impositas] impositis *T*.   uniformiter *om tcsx*.   magis *om O*.

140 solito] solido *O*, sublito (?) *ho*.   convivere] vivere *sx*, commune *O*, communione *A*.   coeperunt] receperunt *ho*.

130-6 Unde ... insistebant: *cf Universis christifidelibus*, 11. 14-23; 35-37. — in *Chronicis Romanis*: Perhaps *Universis christifidelibus* is intended by this title.

137-40 Processu ... coeperunt: *cf Universis christifidelibus*, 11. 40-43.

Capitulum IV

Quare ordo beatae Mariae virginis nuncupatur

Professores huius religionis titulo beatae Mariae virginis decorari decuit, qui primi in sancta virginitate ac paupertate volun-
145 taria se ipsos Deo dedicasse leguntur. Unde beatus Hieronymus
in epistola ad Eustochium *De virginitate servanda*, dicit: "In antiqua lege sola erat benedictio liberorum", et subdit: "Paulatim
vero increscente segete messor inmissus est virgo Elias, virgo
Eliseus, virgines multi filii prophetarum".
150   Nam et Elias fuit de stirpe Aaron, de qua et beata Virgo
sumpsit originem. Virga igitur Aaron floruisse ac amygdala protu-

---

141-2 *om O.*
141 *post titulum in linea 142 At.*
141 capitulum *post* IV *hoTx.*
142 *om s.*   Quare] Item quare *A.*   virginis *om hoc.*   nuncupatur
ante ordo *t,* vocatur *cx.*
143 huius *post* religionis *O.*   beatae Mariae] sanctae *c.*   Mariae *post*
virginis *O.*   virginis] genitricis Dei *s.*
143-4 decorari] decora *O, post* decuit *G.*
144 decuit] docuit *Tv.*   qui] quia *T.*   primi *om c.*
144-5 voluntaria] voluntarie *O,* voluntarias *h.*
145 se *post* ipsos *h.*   Deo *om csx, post* dedicasse *Tv.*
146 Eustochium] Eucherium *A.*   servanda + sicut *A.*   dicit *om c.*
147 erat] erit *A, post* benedictio *O.*
148 increscente] increscentem *A,* crescente *s.*   messor] messorum *tGcAsx.*
est *om O.*
149 multi *post* filii *sx.*   filii *om A.*
150 fuit] erat *s, om O.*   de qua *om O.*   et beata] etiam beata *s.*
virgo + Maria Dei genitrix *G.*
151 Virga] virgo *c.*   igitur] ergo *c,* autem *A.*   ac] et *G, om O.*
amygdala] amigdolo *A,* + procurasse vel *A.*

145-9 Unde ... prophetarum: Jerome, Epistola 22 ad Eustochium, *De custodia
virginitatis:* "Alia fuit in veteri Lege felicitas ... sola erat benedictio liberorum
... Paulatim vero increscente segete, messor immissus est. Virgo Elias, Elisaeus
virgo, virgines multi filii prophetarum"; PL 22, 407-8.
150 de stirpe Aaron: Isidore, *De ortu et obitu patrum,* c. 35: "... de terra
Arabum, de tribu Aaron ortus fuit"; PL 83, 141.
150-1 et beata ... originem: generally Mary is considered to be of the line
of David, even by the apocrypha: Ps-Matthaeus, *De ortu beatae Mariae et de
infantia Salvatoris,* c. I: "Ioachim ex tribu Iuda ... accepit Annam filiam Ysachar
uxorem ex tribu sua, id est: ex genere David"; A. de Santos Otero, *Los evangelios
apócrifos,* Madrid, 1956, 196-7. St. Augustine refutes the contrary opinion: "Ac per
hoc illud quod de generatione Mariae Faustus ponit, quod patrem habuerit ex
tribu Levi sacerdotem quemdam nomine Ioachim ..."; *Contra Faustum Manichaeum,*
XXIII, c. 9; PL 42, 471.

lisse dicitur, quia virginitas sterilis in sanctis patribus, in virgine
Maria rore gratiae fecunda floruit ac dilatantibus foliis ad augmentationem divini cultus regina virginum in professoribus suis
155 fructum gratissimum dinoscitur protulisse.

Eia ergo devoti, in Domino gaudete, qui florem pulchritudinis ac virginitatis titulum obtinere meruistis, secundum quod
Isaias de ipsa prophetavit dicens: "Data est ei gloria Libani,
decor Carmeli et Saron". Unde et sponsus Ecclesiae, praeeminen-
160 tiam eius considerans, sibi magisterium huius sanctae professionis
attribuendo dicebat: "Caput tuum ut Carmelus", Canticorum 7.

Ipsa etiam personaliter in illo sancto monte Carmeli cum
ceteris virginibus et religiosis eiusdem loci frequenter dicitur
habitasse, tum propter sanctitatem loci et devotionem ibidem
165 habitantium, tum propter vicinitatem locorum. Distat enim civitas

---

152 quia] quod *O.*   sterilis *om O.*   in sanctis] iustis *O.*   virgine
+ autem *t.*
153 rore] ratione *O.*   rore gratiae *om csx.*   dilatantibus] dilantibus *O.*
foliis] filiis *OA.*
154 cultus] cultis *O.*
154-5 regina ... dinoscitur *om A.*
154 virginum] virtutum *csx.*
155 gratissimum] dignum *O.*
156 Eia] ea *x.*   ergo] igitur *s.*   devoti + fratres *h suprascriptum.*
qui] quia *s,* quae *A.*
157 ac] et *h.*   obtinere *post* meruistis *c,* obtinendi *s.*
159 et Saron] ex Aaron *s.*   Ecclesiae] ecclesiasticus *s.*
159-60 praeeminentiam] praecinens *O.*
160 considerans] desiderans *A.*   sanctae + religionis ac *G,* + et *v.*
161 7] 8 *A.*
162 etiam] enim *O.*   illo] ipso *csx,* isto *OA, post* sancto *c.*   Carmeli
om c.
163 ceteris] sanctis *tcsx.*   religiosis eiusdem loci] loci eiusdem religionis *c.*
eiusdem] eius *s.*   dicitur *om c.*
163-4 frequenter ... sanctitatem *om O.*
164 habitasse] inhabitasse *s.*   tum ... habitantium *om A.*   sanctitatem
post loci *c.*   loci *om G.*   tum] tunc *O,* tamen *A.*
165 habitantium] inhabitantium *T.*   vicinitatem] divinitatem *O, post* locorum *c.*   locorum + sanctorum *t.*   civitas *om s.*

---

156 in Domino gaudete: *cf* Phil. 4,4.
158-9 Data ... Saron: *cf* Is. 35,2.
161 Caput ... Carmelus: Cant. 7,5.
162-4 Ipsa ... habitasse: *cf* John Bale, Ms Oxford, Bodl. 73, 37r: "Mater Dei,
ut in antiquis cronicis Hospitaliorum et in Legenda Sanctorum de eius assumptione reperitur, propter amenitatem loci et contemplationis oportunitatem in
Carmelo iuxta fontem Heliae, ubi locus est fratrum, per aliquod tempus cum
aliquibus discipulis morabatur. Ideo locus ille in eius honorem dedicatur".
165-6 Distat ... miliaria: The distance is much greater.

Nazareth a monte praedicto solum per tria miliaria. Decebat igitur
ut mater virtutum locum tantae sanctitatis et devotionis filios
per suam personalem praesentiam decoraret.

    Fratres vero tempore quo Ecclesia per totam Iudeam et
170 Samariam aedificabatur, post ascensionem Domini, in eodem monte
iuxta quendam fontem, ubi habitavit Elias, oratorium in honore
beatae Mariae virginis primi construxerunt.

    Deinde processu temporis, cum ordo beati Benedicti multipli-
cari cepisset, quidam monachi ordinis praedicti in monte Carmeli
175 volentes habitare, capellam in honore beatae virginis Margaretae
construxerunt. Idcirco, ut isti monachi a fratribus praedictis
discernerentur, tam ipse locus, qui fons Eliae dicitur, quam
ipsi fratres "ordinis beatae Mariae virginis" ab omnibus consuevit
appellari.
180   Unde et sancta sedes apostolica praemissis rationibus diligenter inspectis huic religioni titulum beatae Mariae virginis per
litteras suas sollemniter appropriari decrevit.

---

    166 solum *om* *tGcvsx.*   per] quasi per *O, om A.*   igitur] enim *Gs,*
ergo *cA.*
    167 locum *om o.*   tantae] suae *s,* sanctae *Ax, om c.*
    167-8 filios per] per filios suos inhabitatum *c.*
    168 suam personalem praesentiam] sua personali praesentia *c.*
    169 Ecclesia] ecclesiae *s.*
    170 aedificabatur] aedificabantur *As,* + scilicet *A.*
    171 quendam *om tG, post* fontem *c.*   ubi *om o.*
    172 beatae *om G.*   Mariae *post* virginis *c, om t.*   primi] primo *GAs.*
    173 Deinde + in *A.*
    173-4 multiplicari] multiplicare *c.*   multiplicari ... praedicti *om s.*
    175 volentes] volens *s.*   capellam] cappam capellam *O.*   beatae *om c.*
virginis *post* Margaretae *tv, om OGs.*   Margaretae] Mariae *A.*
    176 isti] ipsi *t,* sancti *csx.*   fratribus *post* praedictis *G.*
    177 qui + et *G,* + etiam *s.*
    178 fratres + locus fratrum et fratres *t.*   ordinis] ordo *G.*   virginis
om s.   omnibus] hominibus hic *O.*   consuevit] consueverunt *O.*
    180 et *om Ot.*   sancta *om G.*   sancta sedes apostolica] apostolus sede
sancta *O.*
    181 huic religioni] hunc religionem *O.*   titulum *om T.*
    182 suas] apostolicas *t.*   sollemniter *om O.*   appropriari decrevit] decre-
vit approbari *O.*   decrevit + in modum qui sequitur in privilegiis exemptionis
Sacer ordo vester etc. Ista littera in corpore iuris continetur *s. Vide appendices
G et c.*

    169-70 Ecclesia ... aedificabatur: *cf* Act. 9,31.
    170-2 post ... construxerunt: *cf De inceptione ordinis,* ll. 11-13.
    173-6 Deinde ... construxerunt: According to contemporary pilgrims to the
Holy Land, these monks were Greeks or *Griffones.*
    175 virginis Margaretae: *cf* Jacques de Vitry, *Historia Hierosolymitana,* I,
51; p. 1075: "non longe a monasterio beatae virginis Margaretae ...".

Capitulum V

De regula et confirmatione eiusdem

185   Regula et modus illorum vivendi qui a principio nascentis
Ecclesiae poenitentiam ac religiosam vitam professi sunt, modernis religiosis stuporem inducit, nec solum est eis difficile, immo
impossibile vitam illorum imitari; de quibus Ioannes Cassianus,
libro 2 *De institutis monachorum*, dicit: "Cum in primordiis
190 fidei pauci quidem sed probatissimi censerentur a beatae memoriae evangelista Marco normam suscipere non solum secundum
communem vitam ab apostolis in Actibus apostolorum datam, ut
scilicet haberent omnia communia et dividerentur prout unicuique

---

183-4 *om O.*
183 *post titulum in linea 184 tcA.*
183 capitulum *post* V *hoAx.*   V] VI *G.*
184 *om* s.   confirmatione] confirmationibus *oTA*, eius multiplici confirmatione *G.*   eiusdem *om G, ante* confirmatione *c.*
185 regula et modus] regulam et modum *in omnibus codd. praeter c.*
illorum] eorum *tcsx*, istorum *A.*   modus] modum *post* eorum *s.*
186 professi] processi *c.*
187 nec ... eis *om O.*   est *post* eis *G, om vA.*   difficile *ante* est *x, ante*
eis *s.*   immo] ergo *A*, + quasi *t.*
188 impossibile] difficile aut impossibile est eius *O.*   illorum] eorum *s*,
om O.   quibus] quo *t.*   Ioannes *om O.*   Cassianus] Cassius *O.*
189 institutis] institutione *TAs* (?).   dicit] dixit *t.*
190 quidem] quidam *OA.*   a beatae] almae (?) *O*, habere *s.*   beatae]
bonae *v.*
191 evangelista] evangelium *s, om t, post* Marco *c.*   Marco] Marci *s.*
normam *om s.*   suscipere] suscepere *hoT.*   non + autem *A.*
193 haberent] haberentur *O.*   unicuique *ante* prout *T*, + eorum *A.*

---

185 a principio nascentis Ecclesiae: *cf De inceptione ordinis*, l. 3.
188-97 Ioannes Cassianus ... professio: "Nam cum in primordiis fidei pauci
quidem sed probatissimi monachorum nomine censerentur, qui sicut a beatae
memoriae evangelista Marco, qui primus Alexandrinae urbi pontifex praefuit,
normam suscipere vivendi, non solum illa magnifica retinebant, quae primitus
ecclesiam vel credentium turbas in Actibus Apostolorum legimus celebrasse...
Multitudinis scilicet credentium erat cor et anima una, nec quisquam eorum
quae possidebat aliquid suum esse dicebat, sed erant illis omnia communia.
Quotquot enim possessores agrorum aut domorum erant, vendentes adferebant
pretia eorum quae vendebant et ponebant ante pedes apostolorum: dividebatur
autem singulis prout cuique opus erat ... Verum etiam his multo sublimiora
cumulaverant. Etenim secedentes in secretiora suburbiorum loca agebant vitam
tanto abstinentiae rigore districtam, ut etiam his, qui erant religionis externi,
stupori esset tam ardua conversationis eorum professio"; SC 109, 64, 66; PL
49, 84-85.

opus erat, verum etiam his multo sublimiora cumulaverant.
195 Etenim secedentes in secreta suburbiorum loca, agebant vitam
tantae abstinentiae rigore districtam, ut etiam stupori esset tam
ardua conversationis eorum professio".
    Verum de religione praedicta quidam frater, Ioannes nomine,
Ierosolymitanus patriarcha, sicut scribitur in *Chronicis Romanis*,
200 praedictis fratribus suis, certam regulam non habentibus, regulam
a beatis patribus Paulino successive et Basilio viris religiosis editam ac in sacro canone, videlicet 18, q. 2, c. 'Perniciosam', antiquitus sollemniter approbatam, dedit in posterum observandam.
    Processu vero temporis fuit in Antiochia quidam patriarcha,
205 Aymericus nomine, natione Lemovicensis, de villa de **Salaniaco**;
qui tempore suo delevit errorem Maronitarum, qui a Merone hae-

---

194 etiam *om O.*   his *om cvsx.*   multo] multa *tv*, multum *Osx.*
cumulaverant] cumularent *s*, cumulaverunt *O.*
    195 secedentes] sedentes *tcvsx.*   secreta] secretis *c.*   loca] locis *c.*
vitam *om A.*
    196 tantae] tandem *h*, caute *x.*   abstinentiae *om c.*   rigore] rigorem *A.*
districtam] discretam *s*, districta *T.*   ut] nec *A.*   etiam *om G.*   stupori]
stupor *Ocv*, stupore *A.*
    198 frater *om c.*   Ioannes *post* nomine *O.*
    199 patriarcha *om A.*   sicut] ut *A.*   Romanis] Ierosolimitanis *c.*
    200 suis *om A.*   regulam] regula *O, om G.*
    201 beatis *post* patribus *c.*   patribus] fratribus *O*, + scilicet *s.*   suc-
cessive *om t, post* Basilio *O.*   et + a *x*, + a beato *s.*   viris] veris *O.*
    201-2 editam] edita *O*, traditam *s.*
    202 ac] fit *O.*   sacro canone] canonice sacro *c.*   videlicet] scilicet *c.*
q. 2] di *O.*   c. Perniciosam *om OcvTAsx*, annotatam *G.*
    202-3 antiquitus] antiquis *O, om cTsx.*
    203 sollemniter *om hoOvAG.*   approbatam] approbatum *O.*   observan-
dam] observandum *A.*
    205 Aymericus] Amentinus *O.*   natione] et natione *O.*   Salaniaco] Sa-
lamiaco *ho*, Salamiacho *x*, Salamaiaco *s*, Salomiaco *Gv*, Salahiaco *A*, Solomaco *O.*
    206 delevit] deluit *O.*   Maronitarum] Maronicorum *ho*, Maronicarum *vsx*,
Maioritarum (*corr e* Maioricarum) *O*, Meronicorum *t.*   qui a] quia a *A.*   Me-
rone] **Marone** *x.*
    206-7 haeretico] haeretice *O.*

193-4 haberent ... erat: *cf* Act. 4,32, 35.
    198-203 Verum ... observandam: *cf Universis christifidelibus*, 11. 38-41.
    200 certam regulam non habentibus: *cf De inceptione ordinis*, 1. 29.
    202-3 sacro canone ... approbatam: c. 25, C. XVIII, q. 2: "Perniciosam et
detestabilem quarundam mulierum, quae licet neque secundum regulam B. Benedicti, neque Basilii, aut Augustini vivat"; Friedberg I, 836.
    204-19 *cf De inceptione ordinis*, 11. 14-27.
    206-8 qui tempore ... annis: Jacques de Vitry, *Historia Hierosolymitana*,
I, 77, p. 1093-4: "Quidam autem homines circa iuga Libani in Phoenice provincia,
non longe ab urbe Bibliensi inhabitantes, numero non pauci, arcubus et sagittis

retico dicebantur; morabantur autem circa iuga Libani in errore de duplici voluntate in Christo quingentis annis. Hic autem patriarcha venerabilis, praedictorum fratrum beatae Mariae vir-
210 ginis laudabilem conversationem attendens, tempore Alexandri papae III ipsos fratres multum specialiter in Domino nutriebat. Et in scriptis modum vitae ipsorum redigens, ipsos separatim in cellulis per totum montem Carmeli habitantes, sub cura unius adunavit et per professionis vinculum colligavit, et ut fratres
215 eremitae beatae Mariae virginis de monte Carmeli ex tunc vocarentur ordinavit, ac in mente sua disposuit praedicta omnia per sedem apostolicam facere confirmari.

Inter quos venerabilis pater Antiochenus patriarcha habuit nepotem suum, virum religiosum, sanctum et famosum.

---

207 dicebantur] docebantur *h*, ducebantur *o*, dicebatur *O*.   morabantur] morabatur *O*.   autem] ut *O*.   circa] iuxta *A*.   errore] errorem *O*.
208 de *om Gs*.   quingentis] quinque *t*, ducentis *x*.
209 venerabilis *om s*.   fratrum + ordinis *t*.   Mariae *post* virginis *G*.
209-10 virginis *om s*.
210 laudabilem] venerabilem *A*.   attendens] accendens *tA*.
211 multum] multos *O*.   nutriebat] intuebatur *O*, *ante* in Domino *A*.
212 vitae *om T*.   ipsorum] eorum *cA*.   redigens] redegit *A*.
213 Carmeli + ibi *A*.   cura] curam *hoO*, *post* unius *T*.   unius + scilicet fratris Bertholdi, sui nepotis, primi generalis *G*.
214 adunavit + cum ipse erat vir religiosus et famosus *G*.   et per ... colligavit *om c*.   et per] et *tsx*, per *G*.   vinculum] vinculis *x*, vincula *s*, + eos *G*.   et ut] anno Domini 1053, tempore Urbano II, dum capta fuerat civitas Ierusalem a christianis, ex tunc etiam *G*.
215 eremitae] ordinis *t*.   de monte Carmeli ex tunc *om s*.   ex tunc] deinceps *G*, *om O*.
216 ordinavit] approbavit *c*.   ac] hoc *O*.   sua + sic *A*.   disposuit *om s*.
218-9 Inter ... famosum *om G*.
218 quos] Carmelitas *c*, + ipse *T*.   venerabilis *om s*.   patriarcha + quendam *c*.
219 suum *om c*.   sanctum *om O*.   famosum + quem in primum priorem instituit *t*.

---

in praeliis edocti et expediti, *Maronitae* nominantur, a quodam magistro suo Marone haeretico, qui unam voluntatem, et unam tantum operationem in Christo asserebat... Praedictus igitur Maro diabolica illusione imprudenter excaecatus, multos habuit erroris sui sequaces, quos Maronitas appellant, qui per annos fere quingentos ab Ecclesia sancta et consortio fidelium sequestrati, seorsum sacramenta sua conficiebant. Qui tamen postea revertentes ad cor in praesentia venerabilis Patris Aimerici Antiocheni Patriarchae fidem catholicam profitentes, et errorem praedictam abiurantes, sanctae Romanae Ecclesiae sequuti sunt traditiones...".

220   Quibus postmodum fratribus, sic in unum collegium congregatis, Albertus, patriarcha Ierosolymitanus, apostolicae sedis legatus, ante concilium Lateranense anno Domini 1160 de regula beati
Basilii praedicta quaedam salubria, et specialiter illa quae erant
de substantia voti, accipiens, et alias quasdam observationes quae
225 pro statu praedictorum fratrum videbantur expedire, praedictis
interserens, certam regulam scripsit et eisdem iniunxit observandam.
      Hanc regulam Alexander papa III confirmavit post sollemne
concilium per ipsum Turonis in regno Franciae celebratum, anno
230 Domini 1180.
      Innocentius vero III, natione Campanus, qui sextus successit
Alexandro papae praedicto, eandem regulam confirmavit anno
Domini 1197. Tempore vero huius Innocentii sanctus Dominicus

220 Quibus ... fratribus] fratribus autem postmodum c.   Quibus] quilibet
x.   fratribus om x.   collegium om csx.
220-1 congregatis + sociavit priorem et pastorem ordinavit h, + priorem
et pastorem ordinavit o.
221 patriarcha post Ierosolymitanus O, om Gv.
222 ante om O.   concilium post Lateranense G.   anno ... 1160] per
multos annos c.   1160] 1161 T, 1162 OAG, 1190 x, 1159 t (corr. e 1190).   regula
om ho.
223 salubria] scribria O.   illa] ista A.
224 accipiens] accipientes O.   observationes] observantias c.
225 praedictis om t.
226 interserens] intercedens t, inserens sx.   certam om s.   scripsit]
inscripsit t, om x.   eisdem] eis c.   iniunxit] tradidit c.
226-7 observandam] observandum G.
228 Hanc] quem c.   papa om G.   confirmavit ante Alexander tcsx.
229 per ... celebratum om O.
230 1180] 1161 tTsx, 1163 cv.
231 Campanus] Capuanus O.   sextus] sexto s, om G.
232 papae post praedicto T.   eandem om A.   confirmavit + anno sui
pontificatus primo t.   anno + vero t.
232-3 anno ... 1197 om c.
233 1197] 1198 t, 1216 v corr., 1222 A, 1207 O, 1176 sx, 1175 T.   vero om OA.
Innocentii + III tcsx.

220-30 cf De inceptione ordinis, 11. 28-44.
222 ante concilium Lateranense: Rubrica prima 1294.
228 Alexander III: This pope reigned from 1159 to 1181.
229 The Council of Tours took place in 1163.
231-3 Innocentius ... 1197: cf De inceptione ordinis, 11. 45-47. Innocent III
ruled from 1198 to 1216; he also did not confirm the rule.
233-8 Tempore ... 1211: cf De inceptione ordinis, 11. 53-59. It has the date
1203 instead of 1207.

in civitate Tolosana ordinem fratrum Praedicatorum primus in-
235 cepit anno Domini 1207. Similiter et beatus Franciscus, qui ante
conversionem vocabatur Ioannes, tempore eiusdem Innocentii
papae III apud Assisium ordinem fratrum Minorum incepit anno
Domini 1211.

Deinde Honorius papa III praedictam regulam ordinis beatae
240 Mariae virginis de Carmelo confirmavit anno Domini 1216. Qui
eodem anno confirmavit ordinem de Valle Scholarium.

Verum quia praedicta regula ordinis beatae Mariae virginis
gravis erat, nec eis in villis et civitatibus habitare licebat, idcirco
Innocentius papa IV in concilio Lugdunensi per venerabiles patres
245 dominum Hugonem de sancto Theodoro, presbyterum cardinalem,

---

234 Tolosana] Tolosa *O*.   ordinem] ordinis *A*.
234-5 ordinem ... incepit *om T*.   primus *om C*.
235 anno ... 1207 *om ho*.   anno] circa annum *c*.   1207] 1182 *sT*, 1198 *x*
(*v supra lineam*), 1215 *c*, 1202 *t*.   beatus] sanctus *t*.   qui *om A*.
237 apud Assisium *post* Minorum *s*.
237-8 anno ... 1211 *om c*.
238 1211] 1206 *x*, 1190 *hoT*, 1220 *s*, 1210 *t*, + Et tempore huius Innocentii
celebratum est generale concilium Lateranense anno 17 sui pontificatus anno
vero Domini 1215 *t*.
239 III *om G*.   regulam + fratrum *cs*.   beatae] sanctae *c*.
240 virginis *om t*.   de Carmelo] de monte Carmeli *Otcsx*.   confirmavit
+ ut testatur Vincentius in Speculo Historiali libro 27 c. 23 *G*.   Domini *om ho*
anno + sui pontificatus primo, anno *t*.   1216] 1217 *t*, 1225 *csx*, 1195 *T*, (*vG*
1216?).
240-1 Qui ... Scholarium *om t*, et confirmavit ordines Praedicatorum et
Minorum primus *CvO* (ordines = ordinem *O*), et confirmavit ordines Praedicatorum et ordinem de Valle Scholarium et Minorum in eodem anno *A*, qui et primo
confirmavit ordines Praedicatorum et Minorum antea non confirmatos, ut dicit
Vincentius in Speculo Historiali libro 31, c. 23 *c*.
242 Verum] sed *c*, unde *A*   quia] quod *O*.   regula + fratrum *csx*.
virginis] de monte Carmeli *c*, + de monte Carmeli *A*.
244 papa *om c*.
245 dominum *om x*.

239-40 Deinde ... 1216: cf *De inceptione ordinis*, 11. 73-79, which has 1217
instead of 1216. But Honorius III confirmed the rule on 30 Jan. 1226, *Ut vivendi
normam*; *Bull. Carm.* I, 1.
240-1 Qui ... Scholarium: Vincent de Beauvais, *Speculum historiale, supra*
p. 93, n. 2.
241 confirmavit ordinem de Valle Scholarium: "Item confirmavit Ordinem
de Valle Scholarium Parisiis anno Domini 1217"; Bernardus Guidonis, *Flores chronicorum* in Muratori, *Rerum italicarum scriptores*, III, 568. This was an order
of canons regular who followed the rule of St. Augustine. Among other places,
it had houses in Troyes and Paris, in which latter city, in the 13th century, it
also had students and masters at the university; Denifle, *Chartularium Universitatis Parisiensis*, I, 119-20, 123-4, 135-6, 490, 568, 635. Concerning the Order of
Val-des-Ecoliers, see also Philippe Labbé, *Nova bibliotheca manuscriptorum
librorum* (2 v., Paris, 1657), I, 391-4.
242-8 cf *De inceptione ordinis*, 11. 101-12.

et dominum Guillielmum, Anteradensem episcopum, praedictam regulam mitigari fecit et corrigi, ac ipsam mitigatam sub bulla sua confirmavit.

Quam regulam confirmaverunt Alexander papa IV, Urbanus 250 IV, Clemens IV, Gregorius X, Bonifatius VIII.

Et sic regula praedicta fratrum beatae Mariae virginis secundum substantiam sui nullatenus variata remanens, multis confirmationibus exstitit roborata, necnon et totus ordo, quem soli Romano pontifici et soli sedi apostolicae tam in spiritualibus 255 quam in temporalibus absque ullo medio voluit sedes apostolica subiacere, ac ipsum ordinem sic exemptum multis privilegiis et gratiis solidavit.

---

246 Anteradensem] Altisiodocensem *O*.
246-7 praedictam regulam] eam *G*.
247 fecit] praecepit *tc*, coepit *sx*.   et *om hoO*.   et corrigi *om c*.
248 sua *om O*.   confirmavit + anno Domini 1248 *o*, + anno Domini 1247 *x*.
249 Quam + enim *T*.   regulam + postmodum *cstx*.   confirmaverunt] confirmavit *Oc*, + ut ait praedictus Vincentius loco ubi supra, Gregorius papa IX, Innocentius IV in concilio Lugdunensi *G*, + Gregorius papa IX, Innocentius in concilio Lugdunensi *Ov*.   papa *om OvG*.   IV] III *s*, *om T*.
249-50 Urbanus IV] Urbanus V *h*, Urbanus *oTxs*, *om c*, + Item Gregorius IX *ho*, + Gregorius IX, *c*, + et *sx*.
250 Clemens IV] Clemens V *hoA*, Clemens *Tsx*, *om c*.   Gregorius X] Gregorius VIII et *s*, *om Gc*, + Item Nicolaus IV et confirmavit nobis cappam albam. Et *Ov*, + Item Nicolaus papa IV ordinis Minorum pallium quod fratres praedicti gestare consueverant in cappam albam permutavit ac confirmavit perpetuo. Et *G*.   VIII] VII *sx*, + Item Nicolaus IV (qui et *A*) confirmavit nobis cappam albam *hoA*, + et quamplurimi alii summi pontifices *t*.
251 sic *om G*.   regula praedicta] regulam praedicti *A*.   fratrum + ordinis *tcx*.   virginis + de monte Carmeli *c*.
252 variata] variatur *T*.   remanens *om c*.
252-3 confirmationibus + et privilegiis *tcsx*, + et titulis *T*.   exstitit *om T*. et *om T*.
253 ordo + confirmatione robore fulcitus multiplici *c*.   quem soli] quem solo *O*.   et soli ... apostolicae *om c*.
254 tam in] tam *O*.
255 quam + etiam *s*.   quam in] quam *Ac*.   absque ullo medio] nullo modo *s*.   sedes] sede *A*, *om c*.   apostolica *om c*.
256 ac] et *c*.   sic *om t*.   exemptum] exemplum *O*.

249-50 *cf De inceptione ordinis*, 11. 113-4. Gregory X did not confirm the rule.
253-6 necnon ... subiacere: John XXII, *Sacer ordo vester*, 13 Mar. 1317: "Decernentes ex tunc vos et ordinem vestrum ... soli Romano Pontifici ac dictae Sedi, tam in spiritualibus, quam in temporalibus absque ullo medio subiacere"; *Bull. Carm.* I, 57.

Bonifatius vero papa in *Sexto decretalium* approbando statum et confirmationem dicti ordinis fratrum beatae Mariae virginis, 260 certam et expressam de ipsis voluit facere mentionem, dicens quod eius institutio, sicut verum est, concilium generale praecessit; et ideo praedictum ordinem in statu solido ac perpetuo voluit permanere.

Capitulum VI

265   *De habitu*

A tempore quo raptus est Elias in coelum, fratres in signum sanctitatis et devotionis super habitum suae professionis pallium duplicis coloris gestare consueverant. In quo colores, albus sci-

---

258-63 *om c. Vide appendicem c.*
258 Bonifatius vero papa] Ipse enim praedictus Bonifatius VIII *t.*   vero papa] V *s.*   vero] verus *O.*   papa + VIII *tc, h corr. ex* in, III *G,* V *s.* in *om hG.*   approbando] approbavit *A.*
259 fratrum *om tv,* + ordinis *s.*   virginis *om O.*
260 ipsis] eis *s.*   facere *post* mentionem *A.*
261 quod eius] ordo Carmelitarum cuius *s.*   sicut verum est *om Os.* verum est] nostrum *h.*   generale] Lateranense *tcx, ante* concilium *s,* + Lateranense *G.*
262 et ideo ... ordinem *om s.*   ideo *post* ordinem *G.*   in] et *o.*   ac] et *A.*   ac perpetuo *om s.*   voluit] volumus *s.*
263 permanere + Et Ioannes felicis recordationis XXII pontificatus suo anno primo in privilegio exemptionis dictis fratribus ordinis beatae Mariae virginis de monte Carmeli concesso, cappa benedictione praemissa ad huius sanctissimae religionis professores intuitum diligens eorum regulam et sanctam vitam approbans dicit: "Ordo vester in agro dominico divina dispositione plantatus et gloriosae Mariae virginis titulo spiritualiter insignitus apostolicis gratiis digne meretur attolli", ubi paucis interpositis subdit: "Nos autem ad dictum ordinem quem in statu suo solido et stabili decrevimus et volumus permanere" *v. Hic desinit codex s; vide appendicem G.*
264-5 *om O.*
264 *post titulum in linea 265 t.*   capitulum *post* VI *hoAx.*   VI] VII *G.*
265 habitu + huius religionis *x,* + fratrum huius religionis *G,* + fratrum (+ *alia manu*) et mutatione eiusdem *T,* + Eliae etc etc *A.*
266 A] *om OtGcvAx.*
268 duplicis] dupliciter *A,* duplices *o,* duplici *Gv.*   consueverant] consueverunt *A, t corr.,* consueverat *v, ante* gestare *c.*   colores] color *t.*
268-9 scilicet] et secundum *A, om O.*

258-63 *cf De inceptione ordinis,* 11. 67-72. — c. 1, III, 17, in VI°; Friedberg II, 1054-5: "Ceterum Eremitarum S. Augustini et Carmelitarum ordines, quorum institutio dictum concilium generale praecessit, in solido statu volumus permanere".

licet et griseus, statum duplicem, scilicet castitatis et poeni-
270 tentiae, designabant. Item septem partes ab invicem distinctae,
totum pallium integrantes, perpendiculariter descendebant; quarum
tres nigrae tres virtutes theologicas, et quattuor coloris albi
quattuor virtutes cardinales figurabant. Ad tactum huius pallii
aquae Iordanis divisae sunt, sicut scribitur 4 Regum, c. 2.
275   Processu vero temporis, quia signum huiusmodi in partibus
Galliarum et Italiae minus religiosum hominibus videbatur, ipsum
tempore Nicolai papae dimiserunt. Nam sicut dicit Ioannes Cassianus, 1 libro *De institutis monachorum*: "Religiosi debent habere
succinctoria, pallium et cetera quae religiosi quondam in partibus

---

269 scilicet *om c.*
270 designabant] designarunt *c.*   ab] ad *t.*
271 descendebant] descendebat *x*, descendens autem *A.*   quarum] quatenus *t.*
272 tres nigrae] nigrae *O.*   nigrae] griseae *tcTx.*   quattuor *post* coloris *v.*   coloris] colores *vG.*
273 cardinales *post* figurabant *c.*   Ad] Et ad *A.*   tactum *post* huius *c.*
274 sicut scribitur] ut patet *c.*   4] 3 *t.*   c. 2 *om hot.*
275 huiusmodi] huius *ho.*
276 Galliarum] Gallicarum *h.*   Galliarum et Italiae] diversis *c.*   et] ac
G, om A.   minus] minimo *O,* nimis *v.*   religiosum] irreliosum *v,* religiosis *A.*
hominibus *om A.*
277 tempore ... dimiserunt] pallium auctoritate Honorii papae IV commuta-
tum est pro cappa alba *c.*   papae *om O,* + IV *OGvT,* + rationabiliter *T.*
dimiserunt + cappaque alba vestiri a dicto summo pontifice Nicolao obtinuerunt
ut patet supra in praecedenti capitulo *G.*   dicit *post* Cassianus *OGv.*
277-8 Cassianus] Cassimus *A.*
278 1 libro] libro 2 *c.*   institutis] institutione *TtGA.*   habere *om O.*
279 succinctoria] succinctorium *cx,* succincta *A.*   quae] quia *O.*

---

270 septem partes: *cf* L. Saggi, O.Carm., "Constitutiones capituli Londinensis
anni 1281", AOC, 15 (1950), 203: "Frater professus habeat unam carpitam, quod
est nostrae religionis signum, non de petiis consutam, sed contextam, et habeat
septem radios tantum, ut simus uniformes".
273-4 Ad ... 2: *cf* 4 Reg. 2,8.
275-7 Processu ... dimiserunt: see General Chapter of Montpellier, instrument
"Invocantes", *supra* 11. 35-40. — Nicolai papae: the fourth of that name.
277-83 Nam ... comparavit: John Cassian, *De coenobiorum institutis*, I, c. 5,
"succinctoria" (SC 109, 44; PL 49, 68 where it is c. 6); *ibid.*, I, c. 6, "pallium"
(SC 109, 47; PL 49, 72 where it is c. 7); *ibid.*, I, c. 10: "Haec dicta sint, ne quid
praetermisisse de Aegyptiorum habitu videamur. Ceterum a nobis tenenda sunt
illa tantummodo, quae vel locorum situs vel provinciae usus admittit. Nam
neque gallicis nos neque colobiis seu una tunica esse contentes hiemis permittit
asperritas, et parvissimi cuculli velamen vel melotae gestatio dirisum potius
quam aedificationem ullam videntibus comparabit"; SC 109, 50 (lacking in PL).

280 Egypti portare, solebant. "Ceterum a nobis", inquit, "sunt tenenda illa tantummodo quae vel locorum situs, vel provinciae usus admittit. Melotis enim gestatio derisionem potius quam aedificationem ullam videntibus comparavit".

Idcirco fratres in capitulo suo generali in Monte Pessulano
285 anno Domini 1282 celebrato pallium praedictum deponentes, auctoritate praedicti summi pontificis et sedis apostolicae cappam albam in signum suae religionis assumpserunt.

Capitulum VII

Qualiter novissime in partibus occidentalibus
290   *et citra mare sunt tam salubriter dilatati*

---

280 portare solebant] portaverunt *O.*   Ceterum] ceteri *O*, cetera vero *t.* inquit *post* sunt *G, ante* a nobis *O.*
280-1 inquit ... tantummodo] sunt illa, inquit, tantummodo tenenda *c.*   tenenda] retenta *O.*
281 quae] quo + *spatium h.*
282 admittit *om o.*   Melotis ... quam *om O.*   Melotis] melotae *x*, ne locis *h.*   enim] tamen *A.*
282-3 aedificationem] deificationem *O.*
283 ullam] nullam *O*, nulla *A, om c.*   comparavit] comparuit *hocA*, adducit *G.*
284 capitulo *post* suo *c.*   in Monte Pessulano] Montis Pessulani celebrato *tcx.*
285 1282] 1285 *T*, 1287 *cG* (*?*).   celebrato *om tcx*, celebratur *O.*
286 praedicti *om A.*   praedicti ... pontificis] Honorii IV *c.*   sedis *post* apostolicae *tcx*, + in *c.*
287 suae *post* religionis *c.*   assumpserunt] sumpserunt *c*, + etc *A. Vide appendicem c.*
288-90 *om O.*
288 *post titulum in lineis 289-90 tA.*   capitulum *post* VII *oTx.*   VII] quintum *h*, VIII *G.*
289-90 Qualiter ... dilatati] De dilatatione ordinis *x*, De domibus et aedificiis eorum *A*, De dilatatione eorundem fratrum in partibus diversis ultra mare *c*, Qualiter novissime citra mare tam salubriter sunt dilatati *G.*   in ... et *om G.* partibus ... mare] hiis partibus *t.*
289 in *om v.*   occidentalibus] orientalibus *hotv.*
290 et *om v.*   tam *om hov.*   salubriter dilatati] multiplicati *v.*   dilatati *om ho* (*h corr. alia manu* + tam *ante* salubriter).

---

285 anno Domini 1282: 1287.
286 praedicti summi pontificis: under Nicholas IV, but by authority of Honorius IV: Instrument *Notum sit, supra* p. 54-61. Approbation was given by Boniface VIII, *Iustis petentium*, 25 nov. 1295; *Bull. Carm.* I, 45-46.
291-2 Quamvis ... dilatata: *cf* Clement V, *Sacer ordo*, 13 martii 1311: "Cum itaque ex parte vestra fuit propositum coram Nobis, quod ordo praedictus in citramarinis partibus tardius ceteris aliis ordinibus in paupertate fundatis inceperit loca recipere, pro eo quod in Terra Sancta suum recepit exordium ..."; *Bull Carm.* I, 55-56.

Quamvis ceteros ordines haec religio praecesserit, tamen domibus et aedificiis ceteris religionibus minus est dilatata, eo quod
novissime, videlicet tempore beati Ludovici, regis Francorum, citra
mare partes istas, scilicet Franciae, Italiae ac alias partes oc-
295 cidentales habitare ceperunt. Ipsi enim in Terra Sancta, regionibus et insulis circumiacentibus, in sancta poenitentia et servitio
Iesu Christi usque ad totalem amissionem Terrae Sanctae fideliter
perstiterunt. Tandem civitate Accon et aliis civitatibus et castris christianorum per manus paganorum occupatis, infideles loca
300 praedictorum fratrum diruentes, fratres in oratoriis suis, etiam
in altaribus, sacris ornamentis indutos, impie ac miserabiliter
trucidabant. Unde in illa desolatione loca sua relinquere compulsi
sunt, et quamplures eorum glorioso sunt martirio coronati.
Verumtamen divina disponente clementia, quae totaliter sacro-
305 sanctum ordinem deleri noluit, beatus Ludovicus, Francorum rex
illustrissimus, per aliquod tempus ante demolitionem praedictam
patrimonii Domini nostri Iesu Christi, quosdam de praedictis fratribus in regnum Franciae perduxerat; quos Parisius civitate sua
regia collocavit.

291-346 *Pro c vide textum Guillelmi Coventriensis, De duplici fuga.*
291 haec *om A.*   tamen] tandem *O.*
292 et *om O.*   minus] nimis *O.*   est] erat *G, om A.*   dilatata] dilata
v, om A.
293 beati] sancti *post* Ludovici *A.*
294 Franciae + et *T.*   ac] et *G.*   alias *post* partes *x.*
294-5 occidentales] orientales *in omnibus codd., in h autem corr.*
295 habitare] inhabitare *GA.*   in Terra Sancta *om O.*
295-6 regionibus] religionibus *O,* + in civitatibus *O.*
296 insulis] in insulis *O.*   circumiacentibus] circumadiacentibus *T,* cir-
cumsistentibus *h.*   servitio] conservatione *O.*
297 fideliter *om G.*
298 civitate] civitati *O.*   Accon] Acaron *Gv,* Akron *O,* Alron *A.*
299 manus] nisus *O, post* paganorum *A.*   loca] lata *O.*
300 diruentes] et irruentes in *x,* dirutes *O,* + et *tG.*   fratres in] fratres
et *x.*   etiam] et *tx.*
302 illa] ista *A.*   sua *om x.*
303 et *om ho.*   glorioso] gloriose *O.*   sunt *post* martirio *GA.*
304 divina *om Ov.*   clementia + Salvatoris *Ov.*
304-5 sacrosanctum] sacrum *t,* sanctum *x,* + suum *A.*
305 deleri noluit] noluit delere *x.*   deleri] delere *O.*   noluit] non
voluit *Ov,* voluit *A.*   beatus] sanctus *t.*   Francorum *post* rex *hv.*
306 illustrissimus *om hv.*   demolitionem] desolationem *t.*   praedictam]
praedicti *O.*
308 perduxerat] perduxit *OA.*   Parisius + in *A.*
309 regia] regio *A, ante* sua *T.*

---

297 ad totalem amissionem: Acre fell in 1291.

310   Nam secundum illos, qui veraciter, cunctis adulationibus abiectis, vitam suam et felices actus eiusdem regis conscripserunt,
pius rex Ludovicus anno Domini 1250 transfretavit, contra inimicos Crucis pugnaturus. Qui cum exercitu suo derelictus est a Deo,
qui dereliquit Filium suum in manibus Iudeorum propter pec-
315 cata nostra. Sed infra paucos dies soldanus Babyloniae, qui se
christianos vicisse gaudebat, a suis est occisus. Pius autem rex
reddita Damieta, quam prius vi armorum acceperat, cum omnibus suis evasit.
        Remansit autem christianissimus rex in Terra Sancta, Cae-
320 saream, Ioppen et Accon et alia quaedam christianorum loca firmavit. Eodem similiter temporis intervallo saepius adiit loca
sancta, quae Dominus noster sua corporali praesentia consecrarat.
        Et tunc montem sanctum Carmeli ascendit et locum fratrum,
325 successorum prophetarum ibidem habitantium, et fontem Eliae, et
speluncam in qua Elias et alii quamplures sancti patres inhabi-
taverunt, diligenter contemplatus, propter sanctitatem et conversationem eorum laudabilem, quam de eisdem in terra illa fama
communis longe lateque diffuderat, humiliter visitavit.
330   Et cum tantae religiositatis ac poenitentiae viros et titulo

---

        310 illos] istos *A.*
        311 suam *om G.*   eiusdem] cuiusdam *A.*
        312 pius] prius *A.*
        313 Crucis] regis regum *A, om t.*   exercitu suo *om O.*   a] in *A.*
        314 dereliquit] derelinquit *t (h corr.),* reliquit *O.*
        315 soldanus] solidanus *v.*
        316 vicisse] incistere (?) *O.*   a] et a *A.*   est *post* occisus *h.*
        317 reddita] redita *O,* reddidit *A.*   Damieta] Damineta *v,* Daneta *O.*
vi armorum] sex annorum *O, om A.*   acceperat] receperat *O,* ceperat *A.*
        319 christianissimus *post* rex *x.*   Sancta + et *tT.*
        320 Ioppen] Sospen *A.*   Accon] Acaron *Gv,* Akaron *O,* Alron *A.*   alia
post quaedam *T.*
        321 similiter *om A.*   saepius] sefanus *A.*   adiit] adhuc *o.*
        322 quae] quo *G.*   sua] Iesus Christus *x.*
        322-3 consecrarat] consecraverat *TA,* consecravit *x.*
        324 tunc] nunc *O.*   montem *post* sanctum *G.*   locum] loca *O.*   fra-
trum + et *A.*
        325 ibidem *post* habitantium *x.*   et fontem] fontem *hoTA.*
        326-7 inhabitaverunt] habitaverunt *O.*
        327 propter *om h.*
        328 eorum] ipsorum *OvA.*   eisdem] eiusdem *O,* eis *t.*   illa] ista *A.*
        328-9 fama communis] Samariae *O.*
        330 cum] tamen *A.*   ac] et *A, om O.*   et titulo] in titulo *O.*

---

        312 anno Domini 1250: He had already crossed over in 1248 and was in
the Holy Land during 1250-54.

beatae Mariae in toto orbe quoad ordines approbatos singulariter
insignitos, regnumque suum ac partem occidentalem conspiceret
viris tantae perfectionis carere, disposuit ad regnum suum secum
aliquos ducere, ut de regno suo ad regna alia viros derivaret
335 perfectos.

Et tunc a priore dicti loci cum instantia fratres impetravit,
quos tamquam alter Ioseph, fratrum salvator, divina disponente
providentia ante totalem amissionem Terrae Sanctae citra mare
ad partes suas secum adduxit.

340   Et sic novissime, scilicet a diebus sanctissimi regis Ludovici,
multiplicati citra mare in multas provincias, provinciaeque in
domos, domusque in personas multas sufficientes et idoneas, per
orbem virescendo florent, et florendo multum fructum afferunt
ad fidei catholicae fulcimentum, exspectantes beatam spem et
345 vitam aeternam, quam fidelibus suis daturus est Deus, qui est
benedictus in saecula saeculorum. Amen.

---

331 Mariae + virginis *A.*   quoad ordines] adolens *O.*   approbatos] ap-
propriatos *O.*
332 ac] hac *O.*   occidentalem] orientalem *in omnibus codd.*
333 viris] viros *O.*   ad] in *T.*   secum *post* aliquos *O, om v.*
334 suo *om OGv.*   alia *ante* regna *t.*   viros *om t.*   derivaret] desti-
naret *Tt.*
335 perfectos *om t.*
336 tunc] cum (tum?) *O.*   a] et a *A.*   dicti] praedicti *A.*
337 tamquam] tamen *O.*   fratrum] fratrem *O.*
338 providentia] gratia *T.*   citra] circa *O.*
340 novissime] novissimum *A.*   scilicet *post* diebus *O, om A.*
341 citra] circa *O.*   provinciaeque] quasque *O.*
342 domusque] domos *O.*   idoneas] idoneos *O.*
343 virescendo] interserente *O,* vincendo *A.*   florent] florem *A.*
344-346 expectantes ... Amen *om G. Vide appendicem G.*
344 fidei] fidem *A.*   fulcimentum] sustamentum *O.*   spem] meam *O.*
345 Deus *om O.*
346 Amen + Amen *h,* + Explicit speculum ordinis fratrum beatae Mariae
de monte Carmeli *A,* + Explicit speculum fratrum ordinis beatae Mariae virginis
de monte Carmeli, quem ordinem Deus conservet in sempiternum *t,* + Explicit
speculum ordinis beatae Mariae genitricis Dei de monte Carmeli. Actor huius
opusculi erat frater Ioannes de Chimeto lector sacrae theologiae *x,* + 1466 die 18
Iulii scriptum fuit hoc. Explicit speculum ordinis beatae Mariae de monte
Carmeli editum a fratre Ioanne de Bachone, ordinis fratrum supradictorum beatae
Mariae in sacra pagina magistro. (*Alia manu*:) Author huius libelli C *T,* + Nota
quo tempore libellus iste editus sit. Nota quod a tempore Heliae usque ad praesentem annum qui est annus ab incarnatione 1337 sunt anni 2233, quia a tempore
Heliae usque ad finem quartae aetatis sunt 343 anni, quinta aetas usque ad nativitatem Christi continet 590 annos, ab incarnatione vero sunt 1337.   Et sic a
tempore Heliae usque ad praesens fiunt 2233 anni. Explicit speculum ordinis
beatae Mariae virginis de monte Carmeli *v.*

---

332 ac partem occidentalem: Already before this, the Carmelites were in
the West, in Sicily, England, and elsewhere in France (Aygalades near Marseilles), and Italy (Pisa, 1249).
344 exspectantes beatam spem: Tit. 2,13.
345-6 qui ... Amen: *cf* Rom. 1,25.

Appendices in Ms. c

Ad Cap. IV *in fine addit*:

Unde Ioannes papa XXII et Clemens V privilegium exemptionis ordinis Carmelitarum sic scribit: "Ioannes / Clemens episcopus servus servorum Dei, dilectis filiis priori generali et fratribus ordinis beatae Mariae de monte Carmeli, salutem et apostolicam benedictionem. Sacer ordo vester, in agro dominico divina dispositione plantatus et gloriosae virginis Mariae titulo specialiter insignitus, apostolicis gratiis digne meretur attolli".

In fine Cap. V, 258-63 *mutat c*

Bonifatius vero VIII aperte statum et confirmationem approbat dicti ordinis, qui enim ante Lugdunense concilium per multos etiam Romanos pontifices fuerat confirmatus. Sequens tamen concilium Lugdunense Gregorius praefatum ordinem concessit donec Romanus pontifex aliter de eo provideret. Bonifatius vero VIII in *Sexto Decretalium* totam illam clausulam 'donec' resecavit et sic ordinem ad firmum et solidum statum quem prius habuit reduxit, dicens: "Carmelitarum ordinem volumus permanere etc.", sicut patet *Libro Sexto*, rubrica *De religiosis domibus*, c. 'Religionum diversitatem'.

Ad finem Cap. VI *addit*

Et hanc assumptionem sive commutationem cappae albae pro praedicto pallio, licentia et auctoritate Honorii dimisso, confirmavit per suam bullam Bonifatius VIII Romae apud sanctum Petrum, 8 kalendas decembris et pontificatus sui anno primo.

Pro Cap. VII *vide textum* Guillelmi Coventriensis: De duplici fuga fratrum de Carmelo.

Sequitur in c adhuc Capitulum VIII, De adventu Carmelitarum in Angliam.

Appendices in Ms. G

Cap. I, 1. 30 Hic assumptus est in curru igneo ... 33 martirio:

[Hic assumptus] est a suo discipulo in curru igneo et pro eius consolatione suum eidem dimisit pallium: 4 Regum, 2 capitulo, individue exprimens caritatis figuram Salvatoris nobis tamquam suis dilectis exhibitae et inviolabiliter observandae, qui cum ad caelestem iter arriperet paradisum, pallium pretiosissimi sui corporis et sanguinis nobis in signum dimisit inextinguibilis amoris, dicens: "Accipite et comedite; hoc est corpus meum", Mt. 26, quod etiam vobiscum manebit omnibus diebus usque ad consummationem saeculi: Mt. ultimo. Postremum de caelesti paradiso ad destrictum venturus iudicium, vivos iudicando et mortuos, ante cuius adventum Elias qui nunc [una cum Enoch in terrestri reservatur paradiso, ambo tempore Antichristi fidem catholicam sunt defensuri; ab Antichristo in Jerusalem occidentur et glorioso coronabuntur martirio.]

Capitulum IV

In fine adiungit:

Et quia ceteris ordo praedictus digniori titulo est insignitus, propterea nonnulli eum perperam interpretantur; titulum necnon seriem a Maria Aegyptiaca, in eisdem partibus poenitentiis insudante, accepisse arbitrantur. Absit, quia rationibus nequeunt asserere apertis, cum dictus ordo testamenti robore utriusque firmiter sit munitus. Quare in illius invidiosae opinionis exstirpationem sanctissimus pater papa Urbanus VI omnibus Christifidelibus, qui ordinem ipsum et fratres eiusdem ordinis ordinem seu fratres beatissimae Mariae Dei genitricis de monte Carmeli vocaverint, nominaverint seu appellaverint, in gratia exsistentes, indulgentiam quinque annorum et tot quadragenarum concedere dignatus est gratiose, temporibus perpetuis duraturum. Attendens sanctissimus papa praedictus, quod ipsa virgo Maria exsistens omni laude digna, toti mundo obtinet gratiam prece sua, quare non immerito debent esse aliqui insigniti ipsius titulo, vacantes specialiter eius servitio, et ideo singulari sunt dotati privilegio. Unde legitur in historia sancti Simonis de Vasconia, quod ipse Simon praecipue Virginem gloriosam Dei genitricem et ordinis patronam deprecabatur, ut eius titulo insignitos communiret privilegio, dicens quotidie in sua oratione cum devotissima voce: "Flos Carmeli, vitis florigera, splendor caeli, virgo puerpera singulariter. Mater mitis, sed viri nescia, Carmelitis da privilegia, stella maris". Beata autem Virgo cum angelorum multitudine sancto viro apparuit, et scapulare ordinis in manibus suis portavit atque ei dixit: "Hoc erit tibi et cunctis Carmelitis privilegium, quod in hoc moriens salvabitur". Ratione vero huius privilegii magni diversi proceres regni Angliae, utpote beatus Eduardus, rex Angliae secundus, qui fratres praedictos Oxoniis fundavit, dans ipsis proprium palatium pro conventu et eos ibi collocavit, dominus Heinricus primus, dux Lancastriae, qui miraculis dicitur claruisse, et etiam quamplures alii praedicti regni nobiles scapulare ordinis in vita clandestine portaverunt, in quo postea obierunt etc.

Capitulum V

De pluralitate titulorum

Quidam ignorantes pluralitatem titulorum, diversis ac iustis rationibus nostrae religioni attributorum, in hanc erraticam lapsi sunt opinionem, ut illud quod in uno loco de nostra religione sub uno titulo ratificatur, et illud quod alibi de eadem sub alio titulo dicitur, diversis aestimaverunt religionibus exorsum. Ideo ut huic pestifero obvietur errori, sciendum hanc religionem pluribus fuisse praeclaris redimita titulis, plerisque sub lege veteri, necnon sub lege evangelii.

Professores enim nostrae religionis primitus in lege veteri appellati et intitulati fuerunt prophetae, id est, psallentes, quia ipsi per Eliam prophetam fuerunt ad hoc officium instituti, ut prophetarent, id est, Deo psallerent, et ut Ipsum non solum corde et ore, verum etiam musicalibus laetabunde laudarent instrumentis, secundum illud dictum Psalmi: "Laudate eum in tympano et choro, laudate eum" etc.

Secundo filii prophetarum, quia Elias quosdam ex professoribus huius religionis excellentes assumpsit prophetas ad eam secum regendam, et quia ipsi fuerunt dictorum prophetarum discipuli, sub disciplina eorum regiminis constituti.

Tertio Carmelitae, a monte Carmeli, quem Elias prae ceteris creberrime frequentavit ac ingentibus decoravit miraculis, propter quae sui discipuli ad eius imitationem in monte Carmeli praecipue habitare elegerunt. Cum enim Carmelita interpretatur "sciens circumcisionem", quae mystice castitatem mentis et corporis est indicativa, hanc professores huius religionis sciverunt adimplere, qui primitus spontaneam virginitatem custodientes, ab omnibus prorsus voluptatibus suas mentes circumciderunt.

Quarto religiosi, quasi Deo relegati et Eius cultui mancipati, totam enim vitam suam cultui dedicabant divino. Quo titulo memoratur eorum beatus Lucas libro *Actuum Apostolorum*, capitulo 2, inquiens: "Erant viri in Ierusalem religiosi" etc.

Quinto fratres beatissimae Dei genitricis Mariae, quia huius religionis primus fundator, scilicet Elias, assumpsit quosdam in socios, videlicet Eliseum, Ionam et quamplures alios, quos in virginitate docuit vivere ad honorem huius virginis, quae Christum sine corruptione debuit parere. Quare habitum album solebant gerere, et sicuti ipsa virgo Maria fuit prima feminarum, quae Deo perpetuam vovit virginitatem, ita professores huius ordinis primi virorum virginitatem Deo obtulerunt, ut patet supra in quarto capitulo. Propter quam conformitatem non immerito dicebantur eius fratres, etiam in ordinis exordio etc.

Ad Capitulum V (VI *in* G)

In fine adiungit:

Quamquam igitur haec clausula "in solido statu" apertissime in *Sexto Decretalium* a Bonifatio inscripta habeatur, ut patet in rubrica *De religiosis domibus*, capitulo 'Religionum diversitatem'; qui quidem Bonifatius mutavit et correxit verba Lugdunensis concilii quae dice-bant: "praedictum ordinem in statu solito concedimus permanere, donec aliter cum ipso fuerit ordinatum", ponensque: "ipsorum ordinem in statu solido volumus permanere", nihilominus tamen plerique aemuli, orthographiae inscii, praedictam mutationem et variationem non scien-tes, praedictam particulam sinistre interpretantes ac "in solito statu" glossantes, quorum tamen claudicans glossa est a peritis reprobata, videlicet a domino Ioanne Monachi, qui primus expositor exstitit *Sexti Libri*; item a Guidone et Ioanne Andreae, ut unicuique claret intuenti, quia aliter deletio seu correctio Bonifatiana esset superflua et non haberet effectum, quia remanere "in solito statu" erat ipsis concessum per Lugdunense concilium. Ex quibus patet quod textus habet "in solido" id est firmo statu, et non "in solito", id est assueto. Tum enim status eorum longe ante per diversos Romanorum pontifices fuerat solidatus, necnon, ut patet in bullis patentibus Parisius, Coloniae, Lon-doniis et in diversis ordinis conventibus, confirmatus. Et Ioannes feli-cis recordationis XXII, pontificatus anno primo in privilegio exemp-tionis dictis fratribus ordinis beatae Mariae Dei genitricis de monte Carmeli concessae, apostolica benedictione praemissa, ad huius reli-gionis sanctissimae professores intuitum dirigens, ipsos Praedicatori-bus et Minoribus in gratiis parificavit, ac plurima alia privilegia ipsis donavit et eorum regulam ac sanctam vitam approbavit dicens: "Sacer ordo vester in agro dominico divina dispositione plantatus et gloriosae virginis Mariae titulo specialiter insignitus, apostolicis gratiis digne meretur attolli". Unde paucis interpositis subdit: "Nos autem ad dic-tum ordinem, quem in statu firmo, solido et stabili decrevimus et volumus permanere".

Ad Capitulum VII (VIII *in* G)

In fine adiungit pro 344-6: exspectantes ... Amen:

Quare, o vos carissimi mei, sic servite Agricolae caelesti et Suo dulcissimae Matri, cuius titulo specialiter estis insigniti, quod per in-tercessionem Eius gloriosissimae genitricis taliter in viridario mundiali vos faciat pullulare, ut in aeterno viridario cuius muri sunt inexpugna-biles, possitis flores inmarcessibiles finaliter congregare. Amen etc.

In fine Speculi *codex* G *addit*:

Capitulum IX

De indulgentiis a sancta Dei Ecclesia et
Summis Pontificibus concessis

Quia enim, ut ait Apostolus, omnes stabimus ante tribunal iudicis Domini nostri Iesu Christi, recepturi prout in corpore gessimus, sive bonum fuerit sive malum, opportet nos diem messionis extremae misericordiae operibus praevenire ac aeternorum intuitu seminare in terris, quod redeunte Domino cum multiplicato fructu recolligere debeamus in caelis, firmam spem fiduciamque tenentes, quia qui parce seminat, parce et metet, et qui seminat in benedictionibus, de benedictionibus et metet vitam aeternam.

Hinc est quod indulgentias nobis misericorditer a diversis Romanis pontificibus datas, ne fastidio graventur ecclesiam nostram visitare volente, cunctis Christifidelibus decrevimus per praesentes manifestare.

Quapropter noverint universi, quod Innocentius papa III omnibus vere contritis et confessis, qui hanc ecclesiam visitaverint et manus adiutrices porrexerint, de omnipotentis Dei misericordia contulit duos annos indulgentiarum et duas quadragenas.

Item Alexander IV similiter contulit unum annum et unam quadragenam. Item Gregorius papa IX contulit duos annos et duas quadragenas. Item Clemens papa III contulit duos annos et duas quadragenas. Item Nicolaus papa IV contulit unum annum et unam quadragenam. Item Urbanus II contulit duos annos et duas quadragenas. Item Ioannes XX contulit duos annos et duas quadragenas. Item Innocentius IV omnibus qui fratres nostri praedicti ordinis Fratres beatae Dei genitricis Mariae pronuntiaverint seu nominaverint, contulit totiens quotiens decem dies indulgentiarum. Item Clemens IV omnibus ut praemittitur vere contritis et confessis, qui hanc ecclesiam devote visitaverint in festivitatibus infrascriptis, videlicet Resurrectionis, Ascensionis Domini, Pentecostes, Corporis Christi, Circumcisionis, Epiphaniae, Dedicationis ecclesiae seu altarium, et per octavas earundem, in stationibus totius anni et in fratrum generalibus et provincialibus capitulis quamdiu duraverint, et in diebus Sanctorum quorum corpora in ipsorum claustris requiescunt, ac in omnibus diebus quadragesimae, et manus porrexerint adiutrices, centum annos et tot quadragenas de iniunctis eis poenitentiis misericorditer relaxavit.

Item Nicolaus IV omnibus qui ecclesiam in festivitatibus gloriosissimae Dei genitricis virginis Mariae, necnon per octavas earundem devote visitaverint et manus porrexerint adiutrices, relaxavit unum annum et quadraginta dies de iniunctis eis poenitentiis.

Item Urbanus IV anno suo quinto ob honorem Dei eiusque gloriosissimae genitricis ac omnium Sanctorum, et ut devotio Christifidelium erga dictum ordinem suscipiat incrementum, et populus eo liberius ad eundem pro spirituali confluat recreatione, omnibus qui ecclesias praedictorum fratrum ubicumque terrarum devote visitaverint, et manus porrexerint adiutrices, in omnibus festivitatibus beatae Dei genitricis Mariae, omnium sanctorum apostolorum omniumque evangelistarum, quantum ad relaxionem de iniunctis poenitentiis omnes et singulas indulgentias per praedecessores datas et concessas duplicavit, et super hoc unum annum et unam quadragenam de iniunctis eis poenitentiis misericorditer relaxavit.

Item de praescriptis indulgentiis apostolicis, quarum summa omnium est 225 anni et totidem quadragenae, bullae summorum pontificum <habentur> hic et in diversis aliis locis seu conventibus huius sacrae religionis clare habentur.

Item praeter dictas summorum pontificum indulgentias contulerunt diversi archiepiscopi et episcopi singulis Christifidelibus contritis et manus adiutrices ad fratrum sustentationem et conventuum eorundem aedificationem porrigentes, ipsorumque ecclesias devote visitantes, singulis vicibus 3800 dies et 12 annos ac 14 quarenas, super quibus indulgentiis litterae et confirmationes vidimus domini archiepiscopi Coloniensis, in conventu Coloniensi habentur.

Item Petrus, miseratione divina tituli sancti Chrysogoni Sanctae Romanae Ecclesiae presbyter cardinalis, Camaracensis nuncupatus apostolicae sedis legatus, de omnipotentis Dei misericordia et beatorum Petri et Pauli apostolorum, eius ac domini nostri papae auctoritate, omnibus vere poenitentibus et confessis qui in festivitatibus infrascriptis, videlicet Nativitatis, Circumcisionis, Epiphaniae, Resurrectionis, Ascensionis et Corporis Christi ac Pentecostes, necnon Nativitatis, Annuntiationis, Purificationis et Assumptionis beatissimae Mariae virginis, Nativitatis beati Ioannis Baptistae, sanctorum apostolorum Petri et Pauli, et ipsius ecclesiae Dedicationis, ecclesiam istam devote visitaverint et manus porrexerint adiutrices, ac etiam in sabbatinis et dominicis diebus, dum post vesperarum solemnia decantantur alternatis vicibus ad laudem eiusdem beatae Mariae virginis in eccelsia praedicta antiphonae, videlicet *Alma Redemptoris* et *Ave Regina caelorum* praesentes fuerint, 100 dies. Similiter vero singulis diebus octavarum praedictarum festivitatum 40 dies indulgentiarum de iniunctis eis poenitentiis misericorditer in Domino relaxavit etc.

Christianus Buchs haec Coloniae scripsit anno Domini 1470, sexta feria ante divi Aegidii festum etc.

VII. THE CHRONICLE OF JEAN DE VENETTE

In 1956 Rudolf Hendriks wrote that it was about time to stop assigning to Jean de Venette the chronicle found in the *Speculum 1507*, on f. 57r-59v. In that chronicle there are texts from the collection of Ribot — John 44th, Cyril, Sibertus de Beka, William de Sanvico — all found in brotherly association with texts by Ribot himself. Jean de Venette was already dead when Ribot made his compilation.[1]

The first to ascribe the chronicle in the *Speculum 1507* to Jean de Venette was Daniel a Virgine Maria, who also provided a shortened version.[2] This shortened version was in turn reprinted in recent times.[3]

Juan Bautista Lezana lists several authors who wrote about Aiméric, patriarch of Antioch, and continues, "*Horum authorum testimoniis similia scripserunt Ioannes de Cimineto in Speculo Ordinis, cap. 5, Ioannes de Vineta in tractatu, Qualiter respondendum sit quaerentibus quomodo et quando Ordo noster sumpsit exordium, cap. 6.*"[4] Since the chronicle Daniel a Virgine Maria ascribes to Jean de Venette is not divided into chapters, Lezana must have had another in mind.

John Bale has left a description of the work of Jean de Venette: "*Magister frater Iohannes de Vineta floruit ante Iohannem Ballistarium et scripsit opusculum de ordine suo in cuius capitulo 5° mencionem facit de processu quem habuerunt Canonici Praemonstratenses contra fratres nostros in Curia Romana de assumpcione capparum albarum; quibus tandem ea de causa concessit summus pontifex esum carnium in refectorio, quibus antea*

---

[1] RUDOLF HENDRIKS, O.CARM., "La succession héréditaire (1280-1451)," *Etudes carmélitaines*, 35 (1956), II, 34-81; p. 54.

[2] *Speculum 1680*, I, 202-5, nos. 869-84.

[3] "Chronicon Ordinis B. V. Mariae de Monte Carmelo, authore Joanne de Veneto, theologiae magistro, quondam provinciale Franciae," AOC, 8 (1932-1936), 169-78.

[4] *Annales sacri et Eliani Ordinis B.mae V. M. de Monte Carmeli* (4v., Roma, 1645-1656), IV, 5.

non licuit, post graves et labores et expensas. Item in capitulo VI° fit mencio de sancto Iohanne patriarcha, de quo scribitur in Cronicis Romanis, qui regulam a Paulino et Basilio editam fratribus dedit in posterum observandam. Item VIIm capitulum facit mencionem Reginaldi et Petri, accendencium ad Innocentium 4m, Lugduni residentem A. D. 1248. Item VIIIm capitulum mencionem facit quod Philippus Longus, illustris rex Franciae, transtulit fratres nostros ab exitu ville, qui dicitur Ad Barratos, in plateam Malberti, ante crucem Hemonis, Parisius. Item IXm capitulum mencionem facit Petri Raymundi de Insula Narbonensis, procurantis sub Clemente VI° studio parisiensi privilegia pro ordinis sui religiosis. Hic Clemens multos honores ordini fecit et personis. Nam fratrem Petrum de Bereto, nacione Lemovicensem, secum tenuit cum socio pro sua confessione audienda, et eum fecit Vasionensem episcopum. Item ultimum capitulum mencionem facit sancti Ludowici regis, qui Parisius ordinem fundavit." [5]

This description corresponds to the contents of the treatise we are publishing here. The only differences are that the work Bale saw was divided into chapters, ours into paragraphs. Our paragraph 6 becomes 6 and 7 in Bale's manuscript, so that thereafter he is always one chapter ahead.

In paragraph 5 of our tractate we find a new and original explanation of the striped mantle antecedent to 1287. When Elijah was assumed into heaven in a fiery chariot, he dropped his mantle through the flames into the hands of Elisha. Inside the folds the color remained white, but the outside was scorched black or dark. Bernardo Oller in his *Informatio* (*ca.* 1378) expressly ascribes this passage to Jean de Venette. In Ribot's collection, however, the Sultan Omar prescribes the striped mantle.

In the texts which have come down to us Venette's work is a commentary on the first rubric, *"Cum quidam fratres,"* of the constitutions of 1357 and 1369. Palaeonydorus lists among his sources, *"Nonus, magister Joannes de Vineta. Incipit: Cum quidam fratres nostri ordinis iuniores."* [6] In the quotation cited above, Lezana also refers to Venette's chronicle by the title which is also the title of the *Rubrica prima*. But the anonymous chronicle in the *Speculum 1507*, f. 57r-59v, likewise begins with the *Rubrica prima* of 1357-1369 and has the same *incipit*. That is why Daniel a Virgine Maria credited Jean de Venette with the wrong chronicle.

The Author

Jean Fillous, or Fillons, was born in 1307 or 1308 in the town of Venette, not far from Compiègne. He entered the Order in Paris and also studied theology there. In 1339, and perhaps already in 1336, he was prior of Paris. In 1339 he was named to read the *Sentences* in Paris the follow-

---

[5] Oxford, Bodleian Library, Ms. Bodl. 73, f. 185v.
[6] *Speculum 1680*, I, 221, no. 936.

ing year. In 1342 he became, or perhaps already was, provincial of Francia and remained in that office until after 1366. At the general chapter of 1369 Jean de Corbeil appears as provincial of Francia.[7]

On October 12, 1346, Queen Jeanne d'Evreux petitioned Pope Clement VI to charge the chancellor of the University of Paris within a month to grant the licentiate in theology to Jean de Venette, who had long been a *bacca-laureus* and had taught the *Sentences*. The pope complied with the queen's request with the qualification, *"si... sufficiens et idoneus extiterit."*[8] In any case, Venette was later a master of theology.

Jean de Venette wrote a valued chronicle of events in France during the years 1340-1368, published several times since the 18th century.[9] In 1357 he also composed a poem in French of 40,000 lines, *L'Histoire des Trois Maries*, of which at least five manuscripts exist.[10] In this poem he relates that King Philippe "Le Long" moved the "Barrés" to the *"place et maison"* near *"la Croix Hemont."* [11] He recounts the same incident in paragraph 6 of the Carmelite chronicle we edit here.

The chronicle of France of 1340-1368 ends abruptly with events in April, 1368; its author probably did not live long thereafter.

The Chronicle

At the general chapter, convened at Toulouse on Pentecost, 1351, the provincial of Francia, Jean de Venette, received the mandate to give due form to the decrees of the chapter as well as other *extravagantes*, and before the next chapter to insert these into their proper places in the Order's constitutions.[12] No new body of constitutions had appeared since 1324. Venette probably presented the results of his labors at the following general chapter of 1354, but they would still have to be studied; at the general chapter convened at Ferrara on Pentecost, 1357, these constitutions were promulgated.[13]

---

[7] ACG, I, 33 (1336: *"Priorem Paris. fr. Joh.em."*), 35-36, 37, 38, 40, 42, 44, 46, 48, 50, 61.

[8] HEINRICH DENIFLE, O.P., and EMILE CHATELAIN, eds., *Chartularium Universitatis Parisiensis* (4 v., Paris, 1889-1897), II, 598-9, no. 1134.

[9] Richard A. Newhall recently published the translation by Jean Birdsall: *The Chronicle of Jean de Venette*, New York, 1953.

[10] MICHAEL T. DRISCOLL, O.Carm., ed., *L'Histoire des Trois Maries; an edition with introduction*, Washington, D.C., 1973; an unpublished M. A. dissertation at the Catholic University of America, Washington, D. C.

[11] *Ibid.*, 114.

[12] MHC, 170.

[13] *"Incipiunt constitutiones fratrum ordinis beatae Mariae de monte Carmeli correctae per venerabilem patrem magistrum Petrum Raymundum, priorem generalem dicti ordinis, in capitulo generali anno Domini 1357."* — Ms. g, p. 6. *Expliciunt constitutiones fratrum ordinis beatae Mariae de monte Carmeli, ordinatae et correctae per reverendum patrem fratrem Petrum Raymundum de Insula, priorem*

It is possible that Jean de Venette had already written his chronicle and then inserted it in the constitutions with a few changes, as the state-ment of John Bale above seems to indicate. It is also possible that Bale made a mistake in numbering the chapters. In any case the chronicle as we now have it is a commentary on the *Rubrica prima* of the constitutions of 1357 and 1369. This rubric also shows some changes and improvements with respect to that of 1324. The last date to occur in the chronicle is December 6, 1352, the day Pope Clement VI died, but it could have been added when the chronicle was published in the 1357.

At first glance it is immediately evident that Jean de Venette used Cheminot's *Speculum* as the basis of his own. He often shortens the latter's account, but also uses the *De inceptione ordinis* and with it corrects some dates. Furthermore he knew Baconthorpe's *Compendium* and *Universis Christifidelibus*, which he quotes as *"in chronicis romanis."*

A characteristic of Venette is that, in contrast to Cheminot who does not go beyond the 13th century, he is interested above all in his own cen-tury and place, namely Paris. Thus, he sets forth in detail the privileges granted by popes John XXII and Clement VI, especially the latter's in favor of the *studium* of Paris. Like Cheminot, he traces the spread of the Order in the West from King Louis IX and Paris.

Manuscripts and Printed Editions

g — Paris, Bibliothèque Nationale, Ms. Nouv. Acq. Lat. 360, 154 p.
The Carmelite constitutions of 1357.
Venette's chronicle occurs on pp. 7-20.
Z — Nantes, Bibliothèque municipale, Ms. 89, 91 f.
Contents: The Carmelite constitutions of 1357, ff. 1r-87r; the chronicle of Jean de Venette, ff. 1r-8r; *tabulare*, ff. 87r-88r; other decrees in a later hand, ff. 90r-90v; a bull of Eugene IV, ff. 88v-89v.
V — Moulins, Bibliothèque municipale, Ms. 45, 72 f.
The Carmelite constitutions of 1357. Incomplete.
Venette's chronicle occurs on ff. 1r-7r.
Edition: *Constitutions des frères de Notre Dame du Mont Carmel, faites l'année 1357;* ed. Antoine-Marie de la Présentation, Marche, 1915. This edition is so full of misreadings as to render it useless, and we have left it out of consideration.
R — Lunel, Bibliothèque municipale, Ms. 15, 162 f.

---

dicti ordinis... Et hoc ex commissione alias facta per diffinitores capituli generalis ejusdem ordinis, anno Domini 1351 Tholosae in festo Pentecostes celebrati. Deo gratias." — *Ibid.*, p. 153. Mss. *Z* and *V* have the same texts, except that the last part of the *explicit* is lacking in *V*.

The Carmelite constitutions of 1369.

Venette's chronicle occurs on ff. 4v-15r.

This manuscript was not available for consultation. We have used the printed edition, which is certainly accurate. The variants are mostly common to the other manuscripts.

Edition: *Constitutions des Grands Carmes, manuscrit de Lunel du XIVème siècle; transcription faite par les PP. Patrick de St.-Joseph et Marie Joseph du Sacré Coeur avec la collaboration de M. Ferdinand Courtoy, archiviste de l'Etat à Namur.* Published serially in *Etudes carmélitaines,* 1920-1922. The constitutions are of 1369, not 1362.

W — München, Staatsbibliothek, Ms. Clm. 423, ff. 44r-47r. Excerpts from Venette's chronicle, comprising paragraphs 3 and 4, part of paragraph 6 (from the confirmations of the rule of St. Albert to the end of the paragraph), paragraph 9 (the last). The title of the chronicle in the index is: *"De initio, gestis, et privilegiis Carmelitarum."* The transcription is very slipshod.

U — Modena, Biblioteca Estense, Racc. Campori, Ms. γ. V. 5. 25. Not paginated.

The constitutions of Bl. John Soreth, 1462.

At the end is the chronicle of Jean de Venette: *Incipit speculum status ordinis historiale declarationum (!) fratrum sanctae Dei genitricis virginis Mariae de monte Carmeli.*

The anonymous chronicle in 10 chapters published in the *Speculum 1507,* ff. 42r-49v, has almost the same title: *Incipit speculum historiale declarativum status fratrum ordinis beatae Mariae genitricis Dei de Monte Carmeli.* Juan Bautista Lezana and Daniel a Virgine Maria ascribe it to Jan van Mechelen, but it dates from the second half of the 15th century.

Noteworthy is the fact that the *Rubrica prima* in the 1462 constitutions has a new and more comprehensive form, whereas that which precedes Venette's chronicle is still the version of 1357-1369.

E — Bologna, Biblioteca universitaria, Ms. lat. 1863, 102 f.

The constitutions of Bl. John Soreth.

Here too Venette's chronicle occurs at the end with the same title as Ms. *U.*

Mss. *E* and *U* have almost always the same variants, mostly in opposition to all the other manuscripts. Sometimes Ms. *E* agrees with the fragments in Ms. *W,* but such variants are of secondary importance. Ms. *R* sometimes adds references to sources which are lacking in the other manuscripts.

Text

QUALITER RESPONDENDUM SIT QUAERENTIBUS QUOMODO ET QUANDO
ORDO NOSTER SUMPSIT EXORDIUM, ET QUARE DICIMUR FRATRES
ORDINIS BEATAE MARIAE DE MONTE CARMELI

Cum quidam fratres nostri ordinis iuniores quaerentibus a
5 quo vel quomodo ordo noster sumpsit exordium, vel quare dicimur fratres ordinis beatae Mariae de monte Carmeli, nesciant satisfacere competenter, hinc est quod in scriptis pro eis formam talibus relinquentes volumus respondere.

Dicimus autem veritati testimonium perhibentes, quod a tem-
10 pore Eliae prophetae et Elisei, eius discipuli, montem Carmeli,
qui ab Achon non longe distat, devote inhabitantium, multi sancti patres tam veteris quam novi testamenti, solitudinis eiusdem
montis pro contemplatione caelestium veri amatores, ibidem iuxta
fontem Eliae in sancta poenitentia sanctis successibus continuata,
15 sunt proculdubio laudabiliter conversati.

Quorum successores post incarnationem Domini nostri Iesu
Christi ibidem oratorium in honore beatissimae Mariae virginis
construxerunt et ipsius titulum elegerunt, et ob hoc "Fratres ordinis beatae Mariae virginis de monte Carmeli" deinceps per apos-
20 tolica privilegia sunt vocati.

Quos Albertus, Ierosolymitanae ecclesiae patriarcha et sedis
apostolicae legatus, in unum collegium congregavit, scribens eis
certam regulam ante concilium Lateranense, postea a pluribus
summis pontificibus approbatam. Et tam ipsam quam dictum

1-3 Incipit speculum status ordinis historiale declarationum fratrum sanctae
Dei genitricis virginis Mariae de monte Carmeli *UE.*
1-30 *Vide apparatum criticum ad Primam rubricam, 1357-1369, supra,* p. 42-43.

25 ordinem et titulum sub bullarum suarum testimonio approbantes
devotissime confirmarunt.

In cuius regulae et ordinis professione nos eorum sequaces
usque in hodiernum diem, auxiliante Virgine benedicta, in diversis
mundi partibus Domino famulamur, cui est honor et gloria in
30 saecula saeculorum. Amen.

*Sequitur paraphus diffusius tractans dicti ordinis
originem, et primo qui fuerunt eorum primi fundatores*

Paraphus I

Verum si diffusius scire delectet dictorum fratrum et eorum
35 religionis exordium et originem, et qui fuerunt eorum primi fundatores, hic et sequentes paraphi liquidius declarabunt.

Dicimus enim veritatem prosequendo, quod primi fundatores
huius sanctae religionis fuerunt Elias Thesbites propheta et Eliseus,
eius discipulus. Unde beatus Hieronymus in epistula ad Paulinum:
40 "Noster", inquit, "princeps est Elias, noster dux est Eliseus, nostri
duces filii prophetarum, qui habitabant in agro et solitudine, et
faciebant sibi tabernacula prope fluenta Iordanis". Et Ioannes
Cassianus dicit: "Sic decet", inquit, "religiosum incedere, sicut
constat ambulasse eos, qui in veteri testamento professionis huius
45 fundavere primordia, Eliam scilicet et Eliseum; quod etiam scripturarum auctoritate monstratur".

Nam Elias Thesbites fuit, filius Sabacha, ex tribu Aaron. Qui
quidem Elias cum Eliseo montem Carmeli inhabitasse legitur, ut

---

31-33 *om UE.*
32 fuerunt] fuerint *g*, fuerit *R*.   primi fundatores] primus fundator *R*.
33 paraphus] paragraphus *in editione R semper.*
34 fratrum + ordinis *Z*.
35 religionis *om Z*.   eorum primi] primi eorum *UE*.
38 sanctae] sacrae *E*.
39 Paulinum] Paulum *UE*.
41 habitabant] habitabat *V*.
42 prope] propter *g*.   Et *om V*.
43 religiosum] religionem *UE*.
45 primordia] principia *UE*.   Eliam ... Eliseum *om UE*.
47 Sabacha] Sabacca *V*, Sabatha *UE*.
48 quidem] quidam *Z*.   montem] in monte *UE*.

31-80 Par. I: Cheminot, *Speculum*, c. I.
37 Dicimus enim veritatem prosequendo: *cf supra* 1. 9.

patet 3 Regum. De ipso etiam legitur in *Historiis scholasticis*,
50 quod ante eius ortum pater suus vidit in somnis viros candidatos
se salutantes, praesagium futurorum, designans quales imitatores
eius filius habere deberet in posterum.

Hic Elias discipulum habuit, primo videlicet Eliseum, filium
Saphat. Quem cum Elias in ministrum et discipulum nutu Dei
55 vellet recipere, misit Elias pallium suum super eum. Qui statim
relictis bobus suis et agris cucurrit post Eliam, dicens: "Osculer,
oro, patrem meum et matrem meam, et sic sequar te". Quod et
factum est.

Huius etiam societatis fuit sanctus Ionas propheta, ut dicit
60 Hieronymus in prologo eiusdem. Qui fuit filius mulieris Sareptanae quem suscitavit Elias. Hunc puerum dimisit Elias in Bersabee
Iuda, ut fugeret per desertum a facie Iezabel, quae ipsum occidere nitebatur, ut habetur in 3 libro Regum.

Abdias etiam propheta, qui pavit centum prophetas in spelun-
65 cis et specubus, quando impiissima Iezabel iusserat occidi prophetas Domini. Qui etiam fuit dux ille tertius qui scribitur accessisse
ad Eliam in monte Carmeli, cui pepercit Elias cum quinquaginta
servis. Tandem, secundum Hieronymum in prologo eius, relicto
regio obsequio factus est Eliae discipulus et deinde propheta
70 sanctus.

Similiter et beatus Ioannes Baptista ad imitationem eorum
elegit habitare aliquando super flumen Iordanis propter sanctitatem eius quem Elias et Eliseus transierunt sicco pede, et

---

49   3] in tertio et quarto *UE*, IIII *g*, + libro *Z*.   scholasticis + IIII°
libro Regum, cap. II° *R*.
52   eius *om VZUE*.   filius] filios *UE*.   deberet] decebat *U*, debebat *E*.
53   discipulum habuit] habuit discipulum *UE*.
54   Quem cum Elias] Elias quem *UE*.
56-57 osculor, oro] oro osculor *UE*.   oro + te *R*.
58   est + III° Regum cap. XIX° *R*.
59   Huius ... societatis] In huius ... societate *gR*.   ut] et *UE*.   dicit +
sanctus *g*.
60   Qui] quod Ionas *U*, qui Ionas *E*.
61   suscitavit Elias + III° Regum capitulo XVII° *R*.   puerum] filium *V*.
62   ut] cum *Z*.   Iezabel] Achab *UE*.   quae] qui *RUE*.   ipsum] eum *UE*.
63   in *om RUE*.   Regum + capitulo XIX° *R*.
64   etiam] esset *R*.
65   specubus] pecubus *gV*.
66   accessisse] accepisse *Z*.
68   servis] suis *R*.
69   deinde] inde *VZ*, de duce *UE*.
71   et *om UE*.

divisus fuit fluvius ad tactum pallii eorundem. Nam ut dicit Ma-
75 gister in *Historia tripartita*: "Corpus beati Ioannis Baptistae fuit
sepultum inter corpora Elisei et Abdiae per manus discipulorum suorum, tamquam eorundem devotionis et solitudinis frater
et professor". Unde Isidorus 7 *Etymologiarum* dicit: "Religiosi
coenobitae imitantur apostolos, eremitae vero Ioannem Baptistam
80 et Eliam".

Sequitur de loco ubi ordo iste dicitur incepisse

Paraphus II

Huius igitur sanctae religionis professores loca, quae dicti
sancti patres et prophetae Elias et Eliseus frequentarunt, in sancta
85 poenitentia ipsorum vestigiis inhaerendo, pro contemplatione caelestium elegerunt, et specialiter locum illum sanctum qui mons Carmeli dicitur. Non illum Carmelum in quo latuit David cum fugeret
a facie Saul, qui Carmelus situs est trans Iordanem, iuxta desertum solitudinis, ubi fuit habitatio Nabal, viri stulti; sed illum
90 Carmelum ubi habitavit Elias et Eliseus, qui est situs in maritimis,
distans a civitate Achon 4 miliaribus.

In hoc sancto monte Carmeli prohibuit Elias prophetas Baal

---

74 tactum] tantum *g.*
75 beati *om Z*, sancti *UE.*
76 Elisei et Abdiae] Abdia, Helisei et abinde *UE.*
77 suorum *om UE.*   eorundem] eorum *UE.*   devotionis et solitudinis]
consolitudinis et devotionis *UE.*
78 Etymologiarum + capitulo XIII° *R.*
79 apostolos *om UE.*   eremitae] eremitas *R.*   vero *om RV.*
81-82 *om UE.*
83 igitur] ergo *UE.*   professores *om Z.*
84 frequentarunt] frequentaverunt *VUE.*
85 ipsorum] eorum *UE.*
86 locum illum] illum locum *UE.*   sanctum *om UE.*
89 stulti] nequam mariti Abigail *UE.*
90 et Eliseus *om Z.*
91 Achon] Achion *g*, + qui nunc (tunc *U*) dicitur Achri *UE.*
92 hoc] quo *UE.*   prophetas Baal] sacerdotes Bahal trecentos *UE.*

74-78 Nam ... professor: The citation from Jacques de Vitry refers to the
preceding words, as is clear from the *Speculum* of Cheminot, 11. 58-65.
81-110 Par. II: Cheminot, *Speculum*, c. II.
87-97 Non ... Regum: Cheminot, *Speculum*, 11. 102-9.

interfici, ne profanaretur et pollueretur mons et locus sanguine
eorundem. "Mons", inquit, "sanctus est".

95   Errores etiam ibidem contra legem exstirpavit, et populum
Israel divino suffragante praesidio in fide reformavit. Et haec
omnia patent 3 libro Regum.

Locum autem et vitam professorum eius describens Magister
in *Historia tripartita*, 1 libro, dicit sic: "Viri sancti saeculo renun-
100 tiantes, variis desideriis et affectionibus tracti ac fervore religionis
accensi, eligebant sibi loca proposito suo ac devotioni magis convenientia. Aliqui ad exemplum et imitationem sancti viri et solitarii Eliae prophetae in monte Carmeli, et maxime in parte illa
quae supereminet civitati Porphyrianae, quae hodie Cayphas nun-
105 cupatur, quae pars fons Eliae dicitur, non longe a monasterio
beatae virginis Margaretae, vitam solitariam ducebant, in alveolis
modicarum cellularum tamquam apes Domini dulcedinem mellificantes". Haec ille.

Idcirco "de monte Carmeli" haec religio usque in hodiernum
110 diem consuevit ab omnibus appellari.

Sequitur de tempore quo fidem susceperunt catholicam

Paraphus III

Tunc abscesserunt tenebrae, lux venit in mundum. Audierunt
Dominum nostrum Iesum Christum praedicantem. Qui religiose

---

93 profanaretur et pollueretur] macularetur *UE.*
94 eorundem] eorum *R.*
95 etiam] quoque *UE.*
96 praesidio] subsidio *UE.*   in fide *om UE.*
97 Regum + capitulo XVIII° *R.*
98 eius + loci vel montis *UE.*
99 1 libro] libro primo *UE.*   sic *om UE.*   Viri sancti] Sancti viri *UE.*
100 fervore] fervorem *V.*
101-2 magis convenientia] magna cum reverentia *UE.*
103 Carmeli] Carmelo *E.*
104 supereminet] eminet *UE.*   Porphyrianae] Porphyriae *UE.*   Cayphas]
Caffa *UE.*
105 pars fons] per omnes *Z.*
106 beatae *om UE.*
107 dulcedinem + spiritualem *R.*
108 Haec ille] hoc *gR.*
109 in] ad *V.*
111-2 *om UE.*
113 Tunc] nunc *W,* + cum *Z,* + autem *W.*   tenebrae + et *WUE.*
114 nostrum *om E.*

---

105 quae pars: In this way, the lacuna in Cheminot's *Speculum,* 1. 98, is
filled.
111-22 Par. III: Cheminot, *Speculum,* c. III.

115 fidem catholicam suscipientes in Christo baptizati sunt.

Unde in *Chronicis Romanis* legitur sic: "Tempore praedicationis Domini nostri Iesu Christi fratres de monte Carmeli accesserunt. Et quidam illorum anno 7 a passione Domini, regnante Romano imperio, ante tempora Titi et Vespasiani imperatorum, apud
120 Ierusalem in Porta Aurea religiose consederunt. Ubi tempore beati
Petri apostoli Antiochiae ecclesiae cathedrati ipsi in circumquaque
regione adiacenti diversis locis catholice pro fide insistebant".

Sequitur de titulo eorum

Paraphus IV

125   Ipsos autem titulo beatae Mariae virginis decuit appellari, qui
primi in sancta virginitate ac paupertate voluntaria seipsos dedicasse leguntur. Unde beatus Hieronymus in epistula ad Eustochium *De virginitate servanda* dicit sic: "In antiqua lege sola erat
benedictio liberorum". Et subdit: "Paulatim vero increscente se-
130 gete messor immissus est virgo Elias, virgo Eliseus, virgines multi
filii prophetarum".

Nam et Elias fuit de stirpe Aaron, de qua et Virgo gloriosa
sumpsit originem. Virga ergo Aaron floruisse ac amygdala protulisse dicitur, quia virginitas sterilis in sanctis patribus, in vir-

---

116 Romanis + dicitur vel *UE.*   sic] quod *UE*, + quod *W.*
118 illorum] eorum *Z.*   7] 47 *UE.*
119 ante tempora] tempore *ZW, om UE.*   Titi ... imperatorum] Tito et
Vespasiano imperatoribus *UE.*
120 consederunt] conscenderunt *W.*   Ubi + pro *g*, nisi *W.*
121 ecclesiae *om UE.*   cathedrati] cathedrali *g.*   ipsi in] et *UE.*
123-4 *om WUE.*
126 ac] et *WUE.*
127 beatus *om gUE.*
129 liberorum] puerorum *WUE.*
129-30 segete] sanguine *W.*   immissus] immensus *W.*
130-1 multi ... prophetarum] filii ... multi *WUE.*
132 et Elias *om WUE.*
133 Virga] Virgaque *R.*   ergo] igitur *W, om gV.*
133-4 protulisse] tulisse *WUE.*
134 patribus + erat *Z.*

---

119 ante tempora: This corrects the error in chronology of Jean de Cheminot, 1. 133.
123-64 Par. IV: Cheminot, *Speculum,* c. IV.

135 gine Mariae rore gratiae fecunda floruit ac dilatantibus foliis ad
    augmentationem divini cultus regina virginum in professoribus
    suis fructum gratissimum dicitur protulisse, secundum quod Isaias
    de ipsa prophetavit dicens: "Data est ei gloria Libani, decor Car-
    meli et Saron".
140   Unde sponsus ecclesiae dominae praeeminentiam considerans
    sibi magisterium huius sanctae professionis attribuendo dicit:
    "Caput tuum ut Carmelus", Canticorum 8.
        Ipsa etiam virgo Maria gloriosa personaliter in illo sancto
    monte Carmeli cum ceteris virginibus religiosis dicitur frequen-
145 tasse, tam propter ipsius loci sanctitatem, quam aliorum locorum
    sanctorum vicinitatem; distat enim a civitate Nazareth solum per
    tria miliaria. Decebat ergo ut mater virtutum locum tantae sancti-
    tatis et devotionis et filios per suam sanctam praesentiam deco-
    raret. Eapropter fratres ipsi tempore quo Ecclesia per Iudeam et
150 Samariam aedificabatur, post ascensionem Domini non multum
    post in eodem monte Carmeli iuxta fontem ubi habitavit Elias
    oratorium in honore beatae Mariae virginis devotissime construxe-
    runt.
        Deinde processu temporis cum ordo beati Benedicti multipli-
155 cari cepisset, quidam monachi ordinis sancti Benedicti in dicto
    monte Carmeli ex devotione habitare volentes capellam in honore
    beatae Margaretae virginis et martyris construxerunt. Idcirco ut

---

135 gratiae fecunda] fecunda gratiae *VW*, fecundata gratiae *UE*.   dilatantibus + se *UE*.
136 professoribus] professionibus *WUE*.
139 Saron + Isa. 35 *R*.
140 ecclesiae + eius *ZW*, + eiusdem *E*, + eidem *U*.   dominae] dicit *W*,
om UE.
141 huius *om UE*.   sanctae professionis] professionis sanctae *UE*.
142 8] 7 *R*.
143 gloriosa *om UE*.
143-4 illo sancto monte] illum sanctum montem *R*.
143 sancto *om UE*.
144 ceteris] sanctis *UE*.   religiosis] religionis causa *Z*, religiose *WUE*.
145 ipsius loci] loci ipsius *UE*.
146 sanctorum *om gUE*.   vicinitatem] in civitatem *g*.
147 virtutum] Domini Iesu *UE*.   locum tantae] loca ipsa montania *UE*.
tantae + virtutis et *W*.
147-8 sanctitatis et devotionis] devotionis sanctitatisque *WUE*.
148 et *om RUE*.   filios] filiorum plena futura *UE*.   praesentiam] pae-
nitentiam *WUE*.
148-9 decoraret] insigniret *UE*.
149 Eapropter] propterea *E*.   ipsi] ipsius *W*.
150 Domini + nostri Iesu Christi *Z*.
151 post *om UE*.
154 deinde + in *WUE*.   beati *om UE*.
155 monachi + dicti *WUE*.   sancti] beati *WUE*, dicti beati *Z*.
157 beatae *om g*.   Margaretae *post* martiris *g*.   et martyris *om WUE*.

isti monachi ab illis fratribus discernerentur, tam ipse locus eorum,
160 qui fons Eliae dicitur, quam ipsi fratres ab omnibus "Fratres beatae
Mariae virginis" appellantur. Unde et sancta sedes apostolica, praemissis rationibus diligenter inspectis, huic religioni titulum beatae
Mariae virginis de monte Carmeli per suas litteras sollemniter
appropriare decrevit.
165   Eia ergo, devoti in Christo fratres, gaudete in Domino et exul-
tate, qui florem pulchritudinis et virginitatis titulum obtinere prae
aliis meruistis.

Sequitur de habitu eorum

Paraphus V

170   Nunc autem de habitu ipsorum fratrum aliqua prosequamur.
Sciendum quod a tempore quo raptus est Elias, ut habetur 4 libro
Regum, ubi legitur quod assumptus fuit vivus in curru igneo et
raptus in caelum atque, ut creditur, reservatus est una cum Enoch
in paradiso terrestri, ambo ibi viventes usque ad adventum Anti-
175 christi. Et tunc sunt fidem catholicam contra ipsum viriliter defensuri et ab eodem Antichristo sunt in Ierusalem occidendi, et sic
glorioso martyrio coronandi, deinde post tres dies cum dimidio, ut
creditur, resurgentes, assumentur ad gloriam beatorum, — ab

---

159 illis *om WUE.*   locus eorum] eorum locus *UE.*
162 huic] huius *UE.*
163 virginis *om W.*   sollemniter *om V.*
164 appropriare] approbare *W.*
165 ergo] igitur *gR.*
166-7 obtinere prae aliis] prae aliis (+ et *E*) obtinere *WUE.*
168-9 *om UE.*
170 aliqua] aliquid *R.*
171 est] fuit *UE.*   Elias] Eneas *E.*   habetur + in *VZ.*   4] III° *UE.*
172 Regum + capitulo II° *R.*   ubi legitur *om Z.*   et] est *V.*
173 creditur + et in Apocalypsi scribitur *UE.*   reservatus] servatus *UE.*
175 Et *om UE.*   viriliter] fideliter *UE.*
176 occidendi] capiendi *UE.*
177 coronandi + ut testatur Vincentius in Speculo historiali, libro 32°,
capitulo 109 *R.*
177-8 ut creditur *om UE.*
178 resurgentes assumentur] feliciter sunt resurecturi et assummendi *UE.*
beatorum + quae copiosius declarantur loco praedicto *UE.*

165-7 Cheminot *Speculum,* 11. 156-7.
168-244 Par. V: partially Cheminot, *Speculum,* c. VI.
172-8 assumptus ... beatorum: Cheminot *Speculum,* 11. 30-35.

ipso igitur tempore quo raptus est sic Elias per turbinem ignis
180 in caelum, ut dictum est, fratres de monte Carmeli in signum
sanctitatis et devotionis super habitum suae professionis pallium
seu chlamydem duplicis coloris gestare consueverant; et ipsam
chlamydem carpitam antiquitus appellabant.

Modus enim omnium religiosorum, qui ortum ultra mare seu
185 in Terra Sancta assumpserunt, ut in pluribus fuit mantellis seu
chlamydibus uti, prout adhuc patet in fratribus Hospitalis sancti
Ioannis, etiam in Templariis, in fratribus Bethlemitis sancti Lazari
et aliis multis, qui ultra mare et in Terra Sancta suam sumpserunt
originem. Sic etiam et huius religionis de Carmelo professores
190 chlamydem gestabant. In qua erant septem partes ad invicem
distinctae, totum pallium integrantes et perpendiculariter descendentes. Quarum partium erant tres nigrae seu griseae, quae tres
virtutes theologicas designabant, et quattuor aliae partes erant
coloris albi, quae quattuor virtutes cardinales congruentissime figu-
195 rabant. Et sic propter huiusmodi pallium seu mantellum variatum
seu duobus coloribus contextum diversimode et barratum, fratres
ipsi in diversis mundi partibus consueverant "Barrati" a pluribus
antiquitus nominari.

---

179 ipso] illo *ZUE*.   igitur] ergo *UE*.   sic *om UE*.   per ... ignis] in curru igneo *UE*.
180 ut dictum est *om VUE*.   Carmeli + semper *UE*.
180-1 signum ... devotionis] sanctitate et devotione *UE*.
181 super *om E*.   pallium + scilicet *UE*.
182 consueverant] consueverunt *UE*.
183 carpitam] sapitam *Z*, tortitam *U*, torticam *E*.
185-6 mantellis seu chlamydibus] mantellus seu clamis *UE*.
186 uti *om UE*.   adhuc patet] patet adhuc *UE*.
187 Ioannis ... sancti *om UE*.
188 suam] suum *Z*.
189 etiam et] et etiam *UE*.   professores + olim *Z*.
190 gestabant] gestebant *g*.
191 et *om UE*.
192 nigrae seu *om UE*.
193 partes *om V*.
194 coloris albi] albae *UE*.   quae + significabant *UE*.   congruentissime *ante* quattuor *UE*.
194-5 figurabant *om UE*.
196 contextum] textum et *UE*.   et barratum] subarratum *UE*.
196-7 fratres ipsi *post* partibus *UE*.
197 in *om g*.   Barrati] Subarrati *UE*.   a pluribus *om UE*.
198 antiquitus + appellari vel *UE*.

184-9 Modus ... originem: Baconthorpe, *Compendium*, 11. 100-2.
195-229 Et sic ... anno 1285: This passage is peculiar to Venette.

Barras autem illas sive colores varios credimus in huiusmodi
200 pallio propter hoc primitus contigisse. Nam sicut habetur in 4
libro Regum, illa hora qua raptus fuit Elias in curru igneo per
turbinem in caelum, clamante post eum Eliseo et dicente: "Pater
mi, pater mi, currus Israel et auriga ejus", dimisit Elias pallium
suum descendere per turbinem ignis ipsi Eliseo. In quo descensu
205 credimus ipsum pallium per plicas diversas, cum iam ab Eliae
corpore discessisset, cadendo et transeundo per ignis turbinem,
infra plicas et extra propter ignem tunc colores varios forsitan
accepisse, ut sic, ubi ipsum infra plicam non tetigit ignis, in suo
albo colore remanserit, extra plicam vero ad contactum ignis appa-
210 ruerit aliqualiter denigratum sive rufum, et per consequens in
diversis coloribus variatum.

Unde isto eodem pallio usus est postmodum Eliseus. Nam ut
habetur in 4 libro Regum, ad tactum huius pallii statim post eius
descensum de caelo per turbinem ignis, aquae Iordanis sunt divi-
215 sae. Et ob hoc propter pallii dignitatem tam ipse Eliseus quam
multi filii prophetarum et eorum sequaces, tam etiam eremitae
in monte Carmeli quam alibi in locis sanctis habitantes, ad instar
pallii supradicti in signum sanctitatis et devotionis chlamydem
barratam aut sic duobus coloribus variatam gestare desuper decre-
220 verunt, et specialiter fratres beatae Mariae de monte Carmeli usi
sunt talibus variatis chlamydibus per longissima tempora, ut dictum est.

---

199   colores] calores *UE*.
201   Regum + capitulo II° *R*.
204   descendere *om UE*.   per] in *Z*.   ignis + descendentem *UE*.
207   colores varios] colorem adustum seu griseum *UE*.
208   ut ... infra] et sic ipsum quod quidem *UE*.
209   remanserit] remansit *UE*.   contactum] tactum *UE*.
209-10 apparuerit] apparuit *UE*.
210   aliqualiter] aliquantulum *UE*.   in *cancellatum g*.
212   Unde] Undequam et *UE*.   isto + et *UE*.
213   Regum + capitulo II° *R*.   statim *om Z*.
215   Et *om E*.   ob *om g*   propter + dicti *ZUE*.
216   tam] tamen *UE*.
218   supradicti *om UE*.
220   usi] usitati *UE*.
221   longissima] multa *UE*.

202-3 Pater ... eius: 4 Reg. 2,12.
213   in 4 libro Regum: 4 Reg. 2,14.
220   *cf* the letters of Cardinal Gervase, *Notum sit*, capituli generalis
1287, *supra* 11. 150-84.

Nota quod Honorius concessit primo cappas albas, sed praeventus morte bulla non fuit tunc habita, sed tantummodo testi-
225 monium cuiusdam domini cardinalis amici ordinis, dictas cappas
procurantis. Quas post earum assumptionem seu gestationem papa
Nicolaus IV nobis benigniter confirmavit. Et de huiusmodi concessionis testimonio sunt litterae dicti cardinalis in Brugis. Iste
Honorius IV fuit post papam Martinum IV creatus anno 1285.
230   Processu vero temporis quia signum huiusmodi in partibus
citramarinis, videlicet Italiae, Galliae et aliis, minus religiosum
hominibus videbatur, in tantum quod propter eius varios colores
in derisum a pluribus habebatur, idcirco tempore Nicolai papae
IV fratres in capitulo suo generali in Monte Pessulano anno
235 Domini 1287 in festo beatae Mariae Magdalenae celebrato, tempore
fratris Petri de Amiliano tunc prioris generalis, de provincia
Narbonensi, qui hoc procuraverat, pallium praedictum auctoritate
dicti summi pontificis et sedis apostolicae dimittentes, cappam
albam secundum visionem et somnium Sabacha, patris Eliae pro-
240 phetae, de quo somnio habetur in *Historiis scholasticis*, 4 Regum
2, in signum suae religionis et professionis de cetero gestandam
uniformiter et unanimiter assumpserunt, scapulari tamen, quod
olim caputium aliquando vocabant, ut prius reservato pro speciali
habitu sui ordinis et retento.

223-9   *om ZUE.*
223   albas *om V.*
226   Quas] quarum *V.*   post earum] postea *V.*
230   Processu] in processu *UE.*
231   Galliae + et Alamanniae *UE.*
232   hominibus *post* videbatur *UE.*
233   habebatur] habebantur *E.*   Nicolai + Honorii (?) *R.*
235   1287 + domino Philippo rege Francorum regnante *Z.*
236   Petri de] Petri *Z.*
237   Narbonensi] Narbonae *UE.*   praedictum *om UE.*
238   dicti *om R.*
239   somnium Sabacha] somnii habiti *UE.*   Sabacha] sabacca *gVR.*
241   gestandam] gestanda *Z.*
242   assumpserunt + hoc enim antea eis concesserat Honorius papa IV viva
voce pontificatus sui anno primo *Z.*   scapulari] scapulare *UE.*

---

227 Nicolaus IV: Boniface VIII confirmed the change.
230-2 Processu ... videbatur: Cheminot, *Speculum*, ll. 275-6.
232-59 in tantum ... licebat: This passage is peculiar to Venette.
238-42 cappam ... assumpserunt: *cf* Baconthorpe, *Compendium*, ll. 104-8.
242-3 scapulari ... caputium: L. Saggi, O.Carm., "Constitutiones capituli Londinensis anni 1281", AOC, 15 (1950), 203-45; p. 224: "ut habeant ... capucia usque
ad mediam tybiam".

245   Qua de causa religiosi canonici ordinis Praemonstratensis contra fratres praedictos indignationem nimiam habuerunt, dicentes quod fratres habitum ipsorum in eorum detrimentum et vituperium acceperant et gestabant, quoniam et ipsi similiter cappis albis induuntur. Et propter hoc dicti canonici fratres ipsos in
250 Romana curia vocantes, gravibus querelis et litigiis per magna tempora vexaverunt. Tandem fratribus praedictis in dicto placito auxiliante Domino praevalentibus, et dictis canonicis post graves labores eorum et expensas ab intento frustratis similiter et privatis, concessum est eis per curiam seu per sedem apostolicam,
255 ut ipsi canonici per totum ordinem suum in recompensationem tam expensarum quam capparum albarum sic a fratribus de Carmelo noviter assumptarum, in suis refectoriis diebus a iure non prohibitis carnibus vesci liceat; nam antea eos in refectorio, ut dicitur, carnes comedere non licebat.

260   *Sequitur de regula dictorum fratrum, et unde et a quo eam habuerunt, et qualiter est confirmata*

Paraphus VI

    Nunc autem quam regulam dicti fratres de Carmelo tenent et qualiter confirmatam, liquide videamus.
265   Regula enim eorum et modus vivendi qui a principio nascentis Ecclesiae inolevit, necnon poenitentia ac religiosa vita quam

---

245 religiosi *post* canonici *UE.*
248 similiter + illis *UE.*
249 Et propter] Ex *UE.*   canonici + praedictos *UE.*   ipsos *om UE.*
251 fratribus *post* praedictis *UE.*   dicto placito] praedicto pallatio *UE.*
253 eorum *om UE.*   similiter et privatis *om UE.*
254 seu per] seu *UE.*
255 ipsi canonici] ipsis canonicis *UE.*
256 albarum *om UE.*   a] de *g.*
257 diebus] alias *UE.*   non *om UE.*
258 nam] cum *UE.*   antea] ante *V.*   eos] eis *UE.*
259 licebat] liceret *UE.*
260-2 *om UE.*
261 habuerunt] habuerant *V.*
263 autem quam] antequam *V.*   tenent] teneant *R.*
265 Regula] regulam *gRV.*   modus] modum *gRV.*   qui] quem *UE.*
266 inolevit] inceptae *U,* inceperunt *E,* arctam *R, om cum spatio gV.*   necnon *om gRV.*   poenitentia] poenitentiam *gV,* primam *R.*   ac] asperrima redundandi *UE.*   religiosa vita] religiosam vitam *gRV.*

260-386 Par. VI: partially Cheminot, *Speculum*, c. V.

ipsi primitus professi sunt, multis stuporem induxit, ut non solum
difficile, immo etiam quasi impossibile vitam illorum imitari ab
homine videatur. De quibus Ioannes Cassianus, libro 2 *De insti-*
270 *tutis monachorum,* dicit: "Cum in principio et in primordiis
Ecclesiae pauci quidem, sed probatissimi censerentur a beatae
memoriae evangelista Marco normam suscipere, non autem solum
secundum communem vitam ab apostolis in Actibus apostolorum
traditam, ut scilicet haberent omnia communia et dividerentur
275 prout unicuique eorum opus esset, verum etiam his multo sublimiora cumularent. Etenim secedentes in secretiora suburbiorum
loca agebant vitam tantae abstinentiae rigore districtam, ut esset
stuporis tam ardua conversationis eorum professio". Haec ille.
Unde de religione praedicta quidam frater, Ioannes nomine,
280 Ierosolymitanus patriarcha, ut scribitur in *Chronicis Romanis,*
bene supra allegatis, praedictis fratribus suis de Carmelo, regulam
certam non habentibus, eis regulam a beatis patribus Paulino
successive et Basilio viris religiosis editam ac postea in sacro
canone, videlicet 18, q. 2, c. 'Perniciosam' sollemniter approbatam,
285 dedit in posterum observandam.
Processu vero temporis fuit in Antiochia quidam patriarcha,
nomine Aymericus Malafayda, natione Lemovicensis, de villa quae
dicitur Salannacum; qui tempore suo delevit errorem Maronitarum, qui a Marone vel Merone haeretico dicebantur. Illi autem

267 ipsi *om UE.*   multis] multum *UE.*   induxit] induxerit *UE.*
268 immo] primo *V.*   etiam *om UE.*
269 2] III *UE.*
269-70 institutis] statutis *Z.*
270 principio et in *om UE.*   et in] et *Z.*   primordiis + nostrae fidei
et in principio nascentis *UE.*
271 quidem] quidam *g.*   probatissimi + viri *Z.*   censerentur] censen-
tur *UE.*   beatae] bonae *Z.*
274 dividerentur] dividerent *V.*
275 eorum *post* opus *Z.*
275-6 sublimiora *om UE.*
276 cumularent + altiora. Quidam altissima meditantes Deo semetipsos immolabant *UE.*   secedentes] sedentes *gVZ, om UE.*
277 vitam + et *UE.*   tantae] tanto *R.*   abstinentiae + et *gVZ.*
278 stuporis] stupori *R, om cum spatio UE.*   Haec ille *om UE.*
279 frater *om UE.*   Ioannes *post* nomine *UE.*
280 ut] sicut *VZUE.*
281 regulam *post* certam *g.*
282 eis regulam] viam vivendi *UE.*
284 videlicet ... c. *om cum spatio UE.*   18] 19 *gV.*   q. 2 *om g.*
286 Processu] In processu *UE.*   in Antiochia *om UE.*
287 Lemovicensis] Lemovicensi *V.*
288-9 Salannacum ... dicebantur] Nelmerone, haereticorum magnus expugna-
tur *UE.*
288 Salannacum] Salamiacum *R.*   Maronitarum] Maronicarum *V.*
289 Merone *om Z.*

290 haeretici morabantur prius iuxta iugera Libani in errore de duplici
voluntate in Christo quingentis annis. Hic autem venerabilis
patriarcha Antiochenus, praedictorum fratrum de monte Carmeli
laudabilem conversationem attendens, ante subversionem civitatum Antiochiae, Tripolis et Damasci, quae per terrae motum
295 asseritur contigisse tempore Alexandri papae III, fratres ipsos
multum specialiter in Domino nutriebat. Et in scriptis vitam et
modum vivendi eorum redigens, separatim in cellulis per totum
montem Carmeli heremitico modo habitantes, sub cura unius
adunavit et per professionis vinculum colligavit, et ut "Fratres
300 eremitae beatae Mariae virginis de monte Carmeli" ex tunc vocarentur ordinavit, ac in mente sua disposuit praedicta omnia per
sedem apostolicam facere confirmari.

Inter quos praedictus Antiochenus patriarcha habuit nepotem
suum, virum religiosum, sanctum et famosum; quem in primum
305 priorem eis instituit.

Quibus postmodum fratribus, sic sub uno priore ordinatis,
Albertus, Ierosolymitanus patriarcha, apostolicae sedis legatus,
eos dispersos, sicut dicitur in *Chronicis Romanis*, in unum collegium congregavit atque sub obedientia unius ipsos in communi
310 vivere instituit tempore sempiterno.

Necnon ante concilium Lateranense per magna tempora, videlicet anno Domini 1160, praedicta quaedam de regula beati Basilii
salubria, et specialiter illa quae erant de substantia voti accipiens,

---

290 morabantur] morabuntur *g.*   prius *om UE.*   iugera] irrigua *Z,*
iuga *UE.*
292 monte Carmeli] Carmelo *Z.*
294 quae] qui *Z.*
295 asseritur] dicitur *UE.*   papae *om V.*   fratres *post* ipsos *VZ.*
296 specialiter] spiritualiter *UE post* Domino.   Et *om UE.*
297 eorum *om UE.*   redigens + ipsos *R,* + ut *E.*   separatim] sepa-
rati *UE.*
298-301 heremitico ... ordinavit *om UE.*
298 modo] more *Z.*
303 praedictus] ipse idem *UE.*
306 sub *om UE.*   ordinatis] ordinato *E.*
311 Lateranense] Latrianense *V.*   magna] multa *UE.*
312 praedicta quaedam de] ex praedicta *UE.*   quaedam] quidam *Z.*
313 salubria + quaedam *UE.*   substantia] speciali *UE.*

293-5 ante ... papae III: *cf De inceptione ordinis,* ll. 16-18.
298 heremitico modo: added by Venette.
304-5 quem ... instituit: added by Venette.
308-10 dispersos ... sempiterno: *cf Universis Christifidelibus,* ll. 43-45.

et alias quasdam observationes satis graves, quae tamen pro statu
315 praedictorum fratrum videbantur expedire, interserens, certam
regulam, ad instar supradictae magis mitigatam, eis scripsit, et eam
iniunxit eis firmiter observandam. Et hanc regulam sic postremo
ab eodem patriarcha Alberto editam et traditam, quamplurimi
summi pontifices confirmarunt.

320   *Prima regulae confirmatio*

Nam hanc Alberti patriarchae Ierosolymitani regulam Alexander papa III confirmavit post sollemne concilium per ipsum Turonis in regno Franciae anno Domini 1176 celebratum, pontificatus
sui anno 21.

325   *Secunda regulae confirmatio*

Innocentius vero papa III, natione Campanus, qui sextus successit Alexandro papae praedicto, pontificatus sui anno primo
dictam regulam confirmavit, anno Domini 1198.

Hic nota de ortu ordinis fratrum Praedicatorum et Minorum

330   Tempore vero huius Innocentii papae III beatus Dominicus
in civitate Tolosana ordinem fratrum Praedicatorum primus incepit. Similiter et beatus Franciscus, qui antea Ioannes vocabatur,

---

314 satis] specialiter *V*.
315 praedictorum] dictorum *Z*.
316 supradictae] supradicti *UE*.   magis] patriarchae Aymerici *UE*.
319 confirmarunt] confirmaverunt *Z*, + ut sequitur *UE*.
320 *om UE*.   prima] primae *g*.
321 Alberti *om UE*.
323 1176] 1124 *VW*, 1104 *Z*, 1174 *UE*.
325 *om WUE*.   secunda] secundae *g*.   regulae *post* confirmatio *Z*.
327 Alexandro *om V*.   primo *om W*.
328 dictam] praedictam *W*.   1198] 1124 et 28 *Z*, 1199 *UE*.
329 *om WUE*.   Praedicatorum *om V*.
330 vero huius *om UE*.   huius *om W*.
331 primus] primo *UE*.
331-2 incepit + 1207 *W*.

---

323 1176: The Council of Tours took place in 1163. Cheminot and *De inceptione ordinis* place the confirmation in 1180, after the Council of Tours.
328 1198: Cheminot has 1197, but the first year of the reign of Innocent III
was 1198, the date also given by *De inceptione ordinis*, l. 47.

tempore eiusdem papae Innocentii III apud Assisium ordinem fratrum Minorum primitus incohavit.

335   *Tertia regulae fratrum de Carmelo confirmatio*

Deinde Honorius papa III anno pontificatus sui primo praedictam regulam confirmavit, anno Domini 1217. Qui quidem eodem anno confirmavit ordinem fratrum Vallescolarium, et similiter ordines fratrum Praedicatorum et Minorum, qui nondum fuerant
340 confirmati.

Quarta regulae confirmatio

Post hunc successit papa Gregorius IX, qui pontificatus sui anno primo regulam eandem dictorum fratrum beatae Mariae de Carmelo confirmavit. Et hoc idem fecit Innocentius papa IV.

345   *Sequitur dispersio fratrum de loco sancto prima*

Post haec autem anno Domini 1228 propter paganorum insultus praedicti fratres ab illo loco suo de monte Carmeli dispergi per mundi regiones varias sunt compulsi, sicut dicit Vincentius libro 31, c. 22.

---

333 Assisium] Assium *gV.*
334 primitus] primus *WUE.*   incohavit + 1214 *W.*
335 *om WUE.*   fratrum de Carmelo *om R.*   de Carmelo *post* confirmatio *V.*
337 1217] 1218 *Z,* 1227 *W.*
338 fratrum *om V,* + de *ZWUE.*
339 ordines] ordinem *WUE.*   fratrum *om WUE.*
341 *om WUE.*
342 papa *om WUE.*   IX *om UE.*
343 anno *ante* pontificatus *ZW.*
344 Et *om W.*   fecit] factum per *W.*   Innocentius] Innocentium *W.*
papa IV] III *WUE.*
345 *om WUE.*   Sequitur] De *R.*   dispersio] dispersione *R.*   prima
ante fratrum *R, om Z.*
346 haec autem] Hoc *UE.*
347 ab ... suo] beatae Mariae *W, om UE.*   dispergi] dispersi *ZWUE,*
+ sunt *UE.*
348 compulsi] expulsi *UE.*
349 31] 22 *WUE.*   22] 123 *R, om UE.*

---

337 1217: Cheminot has 1216; but *De inceptione ordinis* has 1217, see l. 79.
342-4 In this form, the passage is peculiar to Venette.
343 anno primo: anno tertio, *Ex officii,* 6 Apr. 1229; *Bull. Carm.* I, 4-5.
344 Innocentius IV: *Ex officii,* 8 June 1245; *Bull. Carm.* I, 5-6.
346-9 *cf De inceptione ordinis,* ll. 96-99.
346 1228: 1238.
349 libro 31, c. 22: libro 30, c. 123.

350   *Sequitur mitigatio regulae praedictae per dominum*
                    Innocentium papam IV

Verum quia praedicta regula fratrum ordinis beatae Mariae
de monte Carmeli gravis erat, nec eis in villis et civitatibus habitare licebat, idcirco Innocentius papa IV in concilio Lugdunensi,
355 anno Domini 1248 kalendis octobris celebrato, ad supplicationem
duorum de dictis fratribus, Raymundi videlicet et Petri, prout
apparet in registro sive bulla dicti Innocentii, ad eum de Terra
Sancta venientium, per venerabiles patres, fratrem scilicet Hugonem de sancto Theodoro, tituli sanctae Sabinae presbyterum car-
360 dinalem, qui erat de ordine Praedicatorum, et per dominum Guillelmum, Anteradensem episcopum, praedictam regulam mitigari
fecit et corrigi, ac ipsam mitigatam sub bullae suae testimonio
confirmavit. Quam sic mitigatam, correctam et confirmatam ex
tunc usque in hodiernum diem dicti fratres humiliter profitentur.
365   Quam etiam regulam Alexander papa IV, Urbanus IV, Clemens
IV, Gregorius X similiter confirmarunt.
Nicolaus etiam IV dictam regulam confirmavit et concessit

―――――――

350-1 *om WUE.*
350 Sequitur] De *R.*   mitigatio] mitigatione *R.*   praedictae *om R.*
351 papam *om R, ante* Innocentium *Z.*
353 eis + licebat *UE.*   villis + habitare licebat *W,* + habitare *UE.*   et]
nec *W,* vel *E.*
353-4 habitare licebat *om WUE.*
356 videlicet] scilicet *ZUE.*
358 venientium] viventium *g.*   patres] fratres *WUE.*   fratrem *om UE.*
359 tituli] tunc *Z.*
360 qui ... Praedicatorum *om W.*   ordine + fratrum *Z.*
361 Anteradensem] Antisiodorensem *WUE.*
362 ac] et *WUE.*
365 regulam + similiter confirmaverunt alii praesertim *UE.*   Urbanus IV]
Urbanus tercius *R.*
366 X] IX *R,* IX^mus (?) *W.*   confirmarunt] confirmaverunt *Z,* confirmavit *W.*
367 etiam *om UE.*   IV + ordinis (de ordine *E*) Minorum *UE.*

―――――――

352-64 This passage is a composite made from the *Speculum* of Cheminot,
De inceptione ordinis, and the *narratio* of the bull of Innocent IV, *Quae honorem,* 1 Oct. 1247; *Bull. Carm.* I, 8-11.
355 1248 kalendis octobris: This is the date of the bull (1248 for 1247), not
of the council, which had already closed.
356 Raymundi: *De inceptione ordinis,* l. 100, has Raynaldus; the Vatican
register, Reynaldus, Reg. Vat. 21, f. 465ᵛ.
367-70 This paragraph is Venette's. Nicolaus IV: This pope confirmed the
rule by his bull, *Cum a nobis,* 1 July 1289; *Bull. Carm.* I, 40. The white mantle
was approved by Boniface VIII, *Iustis petentium,* 25 Nov. 1295; *Bull. Carm.* I,
45-6.

et approbavit eis cappas albas iam assumptas et per Honorium
papam ante concessas; de quibus fit mentio supra parapho *De*
370 *habitu eorum.*

Sequitur qualiter disponuntur fratres et ordo in statu
solido permanere

Et quia in dicto concilio Lugdunensi dominus papa dictum
ordinem in suo statu manere concessit, dicens: "Carmelitarum
375 ordinem in suo statu permanere concedimus, donec Romanus
pontifex aliter, Deo providente, ordinaret", idcirco Bonifatius papa
VIII libro *Sexto decretalium*, rubrica *De religiosis domibus*, c.
'Religionum diversitatem', approbando statum et confirmationes
dicti ordinis, certam et expressam de ipsis voluit facere men-
380 tionem, dicens quod eius institutio, sicut verum est, dictum concilium generale praecessit. Et ideo totam illam clausulam illius
concilii Lugdunensis "donec Romanus pontifex" etc. resecavit, et
dictum ordinem ad firmum et solidum statum, quem prius a sede
apostolica habuerat, reposuit et reduxit, dicens: "Carmelitarum
385 ordinem in solido statu volumus permanere", id est firmo et stabili secundum omnes glossas.

Sequitur de exemptione dicti ordinis et aliis
gratiis eis concessis

---

368 et approbavit *om ZWUE*, + concessit *g*.
368-9 iam ... concessas *om ZWUE*.
369 fit] facta est *UE*, sumpsit *W*.　　　supra *om WUE*.
371-2 *om WUE*.
371 disponuntur] disponitur *R*.　　　fratres et ordo] ordo et fratres *R*.
374 statu + solido *WUE*.
375 permanere] manere *WUE*.
377 decretalium] decima *R*.　　　rubrica] extra *UE*.
378 religionum] de religionum *RV*, religiosorum *UE*.　　　diversitatem] diversitate *R*.
380-1 concilium *post* generale *Z*.
381 illius *om WUE*.
383 firmum et + ad *UE*.
385 solido *post* statu *WUE*.　　　id est *om W*.　　　et *om UE*.
387-9 *om UE*.
387 exemptione] exceptione *VZ*.

373-86 *cf* Baconthorpe, *Compendium*, 186-96.
387-426 Par. VII is peculiar to Jean de Venette.

Paraphus VII

390   Ioannes vero papa XXII anno Domini 1316, 3 idus martii, pontificatus sui anno primo, tempore magistri Gerardi de Bononia tunc prioris generalis, qui fuit primus doctor in theologia de fratribus dicti ordinis, praefatum ordinem similiter confirmavit et fratribus ac ordini exemptionem dedit et concessit quampluri-
395 mum gratiosam, volens ut dictus ordo, fratres et loca eorum atque bona si quae essent, soli Romano pontifici subiacerent. Et tangens illud ius sexti decretalis dicit: "Sacer ordo vester, in agro Domini divina dispositione plantatus, et gloriosae virginis Mariae titulo specialiter insignitus, apostolicis gratiis digne mere-
400 tur attolli" etc. Et subdens ad propositum dicit: "Nos autem ad dictum ordinem, quem in statu firmo, solido et stabili decrevimus et volumus permanere, apostolicae considerationis intuitum dirigentes" etc.

    Hic etiam papa Ioannes privilegium conservatorum extra re-
405 gnum Franciae dumtaxat, tempore magistri Guidonis, tunc prioris generalis, dedit fratribus et concessit, anno Domini 1319.

    Et iterum idem papa Ioannes decretalem Bonifatii quae "Super cathedram" etc. incipit, dicto ordini per privilegium ex integro applicavit anno Domini 1326, tempore magistri Ioannis de

---

390 3 *om UE*.
392 tunc + temporis *Z*.   doctor + qui *g*.
393 dicti] praedicti *g*.   ordinis + fratrum Carmelitarum *UE*.
394 ac ordini] ordinis *UE*.
394-5 quamplurimum gratiosam] plurimas gratias *Z*.
395 ordo + et *UE*.
397 decretalis] decretalium *UE*.   dicit] dicens *UE*.   vester] videlicet *UE*.
398 Domini] dominico *Z*.
399 Mariae *om gVUE*.
399-400 meretur] meremur *UE*.
400 dicit] dicens *UE*.
401 solido et stabili] et stabili et solido *g*.   decrevimus] decernimus *R*.
402 considerationis] sedis *UE*.
403 etc.] fratres eius promptis et gratiosis subsidiis Romanae Ecclesiae duximus ex toto corde colendos *UE*.
404 conservatorum] conservator *R*.
405 prioris] prior *UE*.
406 1319] 1329 *UE*.
407 Et *om UE*.   papa *post* Ioannes *Z*.
408 etc. *om U*.   per privilegium *post* integro *UE*.

390-403 John XXII, *Sacer ordo*, 13 Mar. 1317 (for 1316); *Bull. Carm.* I, 57.
404-6 John XXII, *Dilectos filios*, 26 Apr. 1319; *Bull. Carm.* I, 58-59.
407-12 John XXII, *Inter caeteros*, 21 Nov. 1326; *Bull. Carm.* I, 66-67.

410 Alerio, tunc prioris generalis, volens fratres dicti ordinis esse
pares quantum ad hoc fratribus Praedicatoribus et Minoribus quoad
omnia et aequales.

Et etiam privilegium de benedictione coemeteriorum dictorum
fratrum, et aliud de ordinibus suscipiendis a quocumque episcopo
415 catholico, et multa alia privilegia sollemnia concessit dicto ordini
idem dominus Ioannes papa XXII supradictus. Nam licentiam fratribus et ordini dedit Parisius, ut de loco, quem primitus in exitu
villae qui dicitur "Ad Barratos" inhabitaverant, ubi nunc habitant
religiosi qui dicuntur Caelestini, ad locum quem dedit eis domi-
420 nus Philippus Longus, illustris rex Francorum, in platea Malberti
ante crucem Hemonis Parisius se transferrent. Et nihilominus
domum quam eis prius rex dederat et alia loca data et acquisita
amortizari mandavit per abbatem sanctae Genovevae Parisiensis,
in cuius dominio situantur, debitis tamen pecuniis abbati supra-
425 dicto et suo monasterio a fratribus prius exhibitis et solutis,
dicto domino rege ad haec consentiente in omnibus et iuvante.

410 prioris] prior *UE*.
414 ordinibus + suscipienda et *UE*.
415 sollemnia *om Z*.
416 idem] item *UE*.   dominus] dictus *V*. supradictus *om UE*.   Nam]
veram *UE*.
417 ordini + concessit et *UE*.   Parisius] ipsius *UE*.
418 villae *om UE*.   qui] quae *Z*.   Ad Barratos] Ad Bariatos *Z*, Adal-
batas *U*, Ad Ballatos in quo *E*.
419 religiosi] regilioni *Z*.   Caelestini] Caelesti *U*.   dedit eis] eis
dedit *UE*.
420 Longus] Longuus *gV*, Longinus *R*.   illustris *om UE*.   rex *post*
Francorum *UE*.   Malberti] Coerti *UE*.
421 se transferrent] secum ferrent *UE*.   Et + ille *UE*.
422 domum quam] antequam *UE*.   eis prius] rex primo *g*.   prius]
pius *ZUE*.   loca *om UE*.
423 amortizari] admortica *UE*.   Parisiensis] Parisiis *R*.
424 tamen] teneri *UE*.
425 exhibitis] inhibitis *V*.
426 haec] hoc *UE*.   iuvante + anno Domini 1318 *Z*.

413-4 Et ... fratrum: John XXII, *Merita vestrae religionis*, 6 Jan. 1331; *Bull.
Carm.* I, 67-68.
414-5 John XXII, *Religionis tuae*, 28 March 1323; *Bull. Carm.* I, 65.
416-21 John XXII, *Inter caeteros*, 26 April, 1318; *Bull. Carm.* III, 20-21.
Philip V, the Tall, *Notum facimus*, Dec. 1317; *Bull. Carm.* I, 609-10.
421-6 Et nihilominus ... iuvante: *cf* John XXII, *Significarunt Nobis*, 6 June
1321; *Bull. Carm.* I, 548-9.

Sequitur de sublimatione fratrum dicti ordinis et
eorum studentium in studio Parisiensi per dominum
Clementem papam VI

430   Paraphus VIII

Clemens autem papa VI, qui ante Petrus Rogeri vocabatur,
monachus niger, natione Lemovicensis, dictum ordinem quamplurimis privilegiis decoravit. Nam anno Domini 1341, pontificatus sui
anno primo, tempore magistri Petri Raymundi de Insula, prioris
435 tunc generalis, de provincia Narbonensi, procurantis, ordini et
fratribus concessit privilegium, volens ut fratres ad lecturam
Bibliae et Sententiarum in studio Parisiensi per suum dictum
ordinem praesentati, statim sine iuramento de mora temporis in
studio requirenda et sine aliquo cursu ad lecturam per magistros
440 sicut alii mendicantes cum praesentati fuerint, admittantur; quod
tamen antea fieri non licebat.

Et iterum concessit, ut baccalarii dicti ordinis, qui Sententias complete Parisius legerint, secundum praesentationem dicti
ordinis de biennio in biennium ad licentiam in theologica facul-

---

427-30 *om UE.*
429 VI *om Z.*
431 Rogeri] Rogerii *R,* Rogensis *UE.* vocabatur + et *UE.*
432 dictum + ad *g.*
432-3 quamplurimis *om UE.*
434 Petri *om V.*
434-5 prioris tunc] tunc prior *UE.*
435 procurantis *om UE.*
435-6 ordini et fratribus] fratribus et ordini *UE.*
436 lecturam] licentiam *UE.*
439 et *om UE.*
440 cum praesentati *om UE.*
441 antea] ante ea *V.*   non + fratribus *V.*
443 complete *post* Parisius *UE.*   praesentationem] praesentationes *V.*
444 ordinis *om gV.*

427-61 Par. VIII is proper to Jean de Venette.
434 1341 ... primo: the first year of Clement's reign was 1342-1343.
436 The privilege regarding the *lectura sententiarum* is dated 23 Aug. 1342,
Ad ordinem (not in *Bull. Carm.*); H. Denifle-E. Chatelain, *Chartularium Universi-*
tatis Parisiensis (4 v., Paris, 1889-97), II, 529. That regarding the *lectura bibliae*:
ibid. II, 537, supplica, 7 May 1343. Hence the date of the privilege *Meritis vestrae*
religionis, in *Bull. Carm.* I, 575-6, 7 Mar. 1343 (Nonas martii), should be corrected
to 7 May 1343.
442-6 Privilegium de baccalariis: *Chart. Univ. Paris.,* II, 651, supplica, 2 iulii
1349. Clement VI: *Dignum reputamus,* 2 iulii 1349; *Bull. Carm.* III, 65-66. (*Bullarium*
has 6 nonas iunii.)

445 tate, ut alii religiosi mendicantes, de rigore similiter admittantur. Nam si antea fiebat, hoc sibi fratres reputabant gratiosum.

Et iterato dictus Clemens papa exemptionem, quam Ioannes papa XXII fratribus dudum concesserat, quamplurimum amplia-vit. Nam ipse Clemens papa voluit et concessit, ut de tribus 450 punctis quae in dicta exemptione cavebantur, ne exempti essent scilicet ratione delicti seu contractus aut rei de qua agitur, essent fratres absoluti et exempti, et quod pro eis punctis coram quo-cumque iudice fratres ipsi minime trahi possent.

Conservatores etiam infra regnum Franciae et extra, et multa 455 alia privilegia ordini benigniter tribuit idem dominus papa Cle-mens VI supradictus, procurante priore generali memorato, et multos honores ordini fecit et personis. Nam fratrem Petrum de Betio, natione Lemovicensem, secum tenuit cum socio pro sua confessione audienda, et eum fecit Vasionensem episcopum. Sedit 460 autem dictus dominus papa Clemens annis 11 vel circiter, et obiit in Avenione anno Domini 1352, mense decembris, die 6.

Recapitulatio praedictorum de regulae et ordinis confirmatione breviter

Et sic apparet quod praedicta regula fratrum ordinis beatae 465 Mariae de monte Carmeli, secundum suam substantiam nullatenus

---

446 antea] ante ea V.
448-9 ampliavit] applicavit UE.
449-50 tribus punctis] criminibus puniendis UE.
450 Quae] de quibus R.   cavebantur] cavebatur gRVZ.
452-3 absoluti ... fratres om V.
452 quod om UE.   punctis] puniendis UE.
453 trahi post possent UE.
454 etiam] et quocumque iudice fratres UE.   et extra om Z.
458 Betio] Becio gV, Betro Z, Bereto R.   Lemovicensem] Lemovicensis R.
cum] pro UE.
459 Vasionensem] Vasionem g.   Sedit] Obiit UE.
460-1 Clemens ... Domini om UE.
461 1352] 1353 UE.
462-3 om UE.
462 praedictorum + fratrum Z.
463 breviter om Z.
464 regula + dictorum UE.
465 Mariae + virginis UE.

447-53 Clement VI, Sacer ordo, 19 July 1347: Bull. Carm. I, 78-79.
454 Conservatores ... Franciae: Clement VI, Etsi quibuslibet, 25 Jan. 1345; Bull. Carm. III, 43-44.
457-8 Petrus de Betio, or Petrus de Bessio, was an apostolic penitentiary and confessor of the pope. On 10 Dec. 1343 he was named bishop of Grasse, and on 14 Aug. 1348 bishop of Vaison; Bull. Carm. I, 576-7, 587-8.
464-71 cf Cheminot, Speculum, ll. 251-7.

variata, multis confirmationibus et gratiis extitit roborata, et totus
ordo similiter, quem soli Romano pontifici et soli sedi apostolicae
tam in spiritualibus quam in temporalibus absque ullo medio Dei
gratia voluit eadem sedes apostolica, ut dictum est, simpliciter
470 subiacere, ac voluit ipsum ordinem sic exemptum multis privilegiis et gratiis firmiter solidare.

Sequitur de domibus fratrum ipsorum et aedificiis
et de tempore quo ipsi de partibus ultramarinis
se ad partes transmarinas aliquas transtulerunt

475   Paraphus Ultimus

Quamvis ceteros ordines haec religio praecesserit, tamen domibus et aliis aedificiis minus est ceteris dilatata, eo quod novissime, videlicet tempore beati Ludovici, regis Francorum illustrissimi, citra mare ad partes Italiae et Franciae ac alias regiones
480 occidentales inhabitare ceperunt.
Ipsi enim in Terra Sancta, in regionibus et insulis ac civitatibus, in sancta poenitentia et servitio Iesu Christi usque ad
totalem amissionem Terrae Sanctae fideliter perstiterunt. Tandem
civitate Achon et aliis civitatibus et castris christianorum per
485 manus paganorum occupatis, infideles loca praedictorum fratrum
diruentes, fratres ipsos in suis oratoriis et altaribus, etiam sacris
ornamentis indutos, impie ac miserabiliter trucidabant. Unde in
illa desolatione loca sua aliqua relinquere compulsi sunt.

467-513 similiter ... multiplicati *om UE.*
467 quem soli] quem solo *R.*
468 temporalibus] corporalibus *gRV.*
472 fratrum *post* ipsorum *Z.*
474 se ... transmarinis] citramarinis se *Z.*   aliquas *om Z.*
476 ceteros ordines haec religio] omnes religiones hic ordo *W.*
477 dilatata] dilata *g*, dilatatus *W.*   regis *post* Francorum *W.*
478-9 illustrissimi + et devotissimi *ZW.*
479 ac] et *VW.*
481-2 civitatibus] civitatem *g.*
482 et] ac *W.*
483 Tandem + in *Z.*
484 aliis *post* civitatibus *Z.*
486 et altaribus *om W.*   sacris] in suis *W.*
487 in] de *Z.*
488 illa *om W.*   compulsi] repulsi *V.*

472-518 Par. ultimus: Cheminot, *Speculum*, c. VII.

Verumtamen divina disponente clementia, quae totaliter sanc-
490 tum ordinem praedictum delere noluit, beatus Ludovicus, Francorum rex supradictus, anno Domini 1250 prima vice transfretavit
contra inimicos Crucis viriliter pugnaturus. Et tunc occupata per
eum Damieta et aliis quamplurimis locis vi armorum, eodem temporis intervallo praedictus sanctus rex saepius adiit loca sancta,
495 quae Dominus noster Iesus Christus sua corporali praesentia
consecravit. Et tunc montem sanctum Carmeli ascendit ac locum
fratrum, successorum prophetarum, ibidem latenter propter me-
tum paganorum habitantium, fontemque Eliae et speluncam, in
qua ipse Elias et alii plures sancti patres inhabitaverant, diligenter
500 contemplatus, propter sanctitatem et conversationem eorum laudabilem, quam de eis in terra illa fama communis per christianos
et peregrinos longe lateque diffuderat, humiliter visitavit.
Et cum tantae religiositatis et poenitentiae viros, et titulo
beatae Mariae virginis singulariter insignitos regnum suum con-
505 spiceret non habere, disposuit aliquos ad dictum regnum suum
secum deducere, ut sic de regno suo ad alia regna viros perfectos,
ut consueverat, derivaret. Et tunc a priore dicti loci cum instantia
fratres impetravit. Quos tamquam alter Ioseph, divina disponente
providentia, ante totalem amissionem Terrae Sanctae citra mare
510 ad partes suas secum adduxit; quos Parisius civitate sua regia
collocavit.
Et sic novissime, scilicet diebus sanctissimi regis Francorum
Ludovici, multiplicati citra mare in multas provincias, provinciaeque in domos, domus vero in personas multas sufficientes et
515 idoneas, per orbem virescendo florent et florendo multum fructum
afferunt ad fidei catholicae fulcimentum, exspectantes beatam spem
et vitam aeternam, quam fidelibus suis daturus est Deus cui
serviunt, qui est benedictus in saecula saeculorum. Amen.

491 prima vice *post* Crucis W.
496 consecravit] consecrarat Z.
499 plures *post* sancti W.
500-1 laudabilem + vitam Z.
503 Et *om* W.
504-5 conspiceret] inspiceret Z.
506 secum *om* W.
507-8 Et ... impetravit *om* W.
507 a priore] ad priorem Z.
510 regia *om* gV.
512 sic] si V.   novissime] novissimo gRV.   scilicet + a R.
513 multiplicati] plicati U, plicari E.
513-4 provinciaeque] provinciisque UE.
514 multas + et WUE.
515 orbem + et UE.
516 ad] in W, et UE.
517-8 cui serviunt] virginis Mariae de Carmelo Filius W.
518 est benedictus *post* saecula W.   saeculorum *om* W.   Amen +
Laus Deo UE.

VIII. JOHN BACONTHORPE

John Baconthorpe was born in Baconthorpe, Norfolk, in the last de-
cades of the 13th century. That he entered the Order at Snitterley, later
Blakeney, as John Bale claims, does not conform to the facts, because
the Carmelite convent there was not founded until 1304-1316.[1] He studied
at Oxford and Paris, taught the Bible and the *Sentences* before 1318,
was a *baccalaureus* in 1321, and master of theology at Paris before 1324.
He served as provincial of England from 1326 to 1333 and taught at Oxford
and Cambridge, and in 1330 also at Paris. He died between 1345 and 1352,
probably in 1348, at London or Blakeney.

We are concerned with Baconthorpe's four brief treatises about the
Carmelite Order: *Speculum de institutione Ordinis pro veneratione beatae
Mariae, Tractatus super regulam ordinis Carmelitarum, Compendium histo-
riarum et iurium*, and *Laus religionis Carmelitanae*.

Baconthorpe was a theologian with wide interests, also with regard
to the questions of the day, not only philosophical, dogmatic, and moral,
but also canonical, so that Bale even calls him *"doctor utriusque iuris
Parisiensis,"* which he certainly never was. In his little tractates about
the Carmelite Order, too, he often has recourse to canon law. He wrote
many tracts and *postillae* about the Bible. In his Carmelite writings he
also abundantly uses sacred scripture, but his exegesis is rather "spiritual,"
especially in his *Laus religionis Carmelitanae*.

Chronologically Baconthorpe's Carmelite writings antecede those of
Jean de Cheminot and Jean de Venette and are practically contemporary
with the *De inceptione Ordinis*, but all these works develop their themes
historically, whereas Baconthorpe follows another line. Although Venette
knew Baconthorpe's *Compendium historiarum*, he follows the vision of
Cheminot, who in turn depends from *Universis Christifidelibus* and *De*

---

[1] KEITH J. EGAN, "Medieval Carmelite Houses, England and Wales," *Carmelus*,
16 (1969), 142-226; p. 153-5.

inceptione Ordinis. These last two tractates seem to have been unknown to Baconthorpe, or else he did not agree with their presentation.

In any case Baconthorpe knows no other rule than that of Albert: no patriarch John, no rule of Basil and Paulinus, no rule of Aiméric.

Baconthorpe wrote after 1317, that is, after the bull *Sacer ordo* of 1317, cited in all three of his Carmelite works, *Tractatus super regulam*, *Speculum de institutione*, and *Compendium.* This bull is also the last mentioned by the *De inceptione Ordinis*, which however adds "[*Iohannes papa XXII*] *et ipsum quam plurimis aliis privilegiis et gratiis communivit*," and so was written some time after 1317. Both Baconthorpe and *De inceptione Ordinis* knew the *Rubrica prima* in the version of 1324, which however could already have existed in 1297 (the date of the first chapter after that of 1294, of which we have the first rubric). Baconthorpe in his *Compendium* (*particula* 2) says the rubric was *"edita ab antiquo."*

In 1334 Pedro Riera knew the *De inceptione Ordinis* and Baconthorpe's *Compendium*, the former even in various versions,[2] so that they must have been written sometime before that date. But both works are independent of each other.

Baconthorpe no longer mentions the important privilege of John XXII, *Super cathedram*, November 21, 1326. Xiberta states that this bull occurs in some manuscripts,[3] but this mention is found, not in Baconthorpe, but in a *Chronologia summorum pontificum*, which follows immediately on his *Compendium.*

In any event, the *Compendium* was written before 1330, when Baconthorpe uses parts of it (*particulae* 2, 7, 8, and 9) in the *quaestio*, *"Utrum status religiosorum mendicantium sit a iure confirmatus?*[4] Xiberta holds that the *Compendium* is nothing more than an amplification of this *quodlibet*,[5] but this is unlikely, because this second article about the status of the Mendicants is a digression, illustrated from the history of the Carmelites, the oldest Mendicant Order. It treats above all the juridical problem, sometimes more fully than the *Compendium*, which is a *compendium historiarum et iurium.*

Speculum de Institutione Ordinis pro Veneratione Beatae Mariae

The title varies; the two extant manuscripts even have no title. The manuscript that underlies the printed adition, *Speculum 1507*, apparently had none either, because there the treatise is called *Compendium historia-*

---

[2] See the remarks about Ms. *n*, the "Codex Abulensis," in reference to *De inceptione Ordinis* above.
[3] *De scriptoribus*, 191.
[4] *Quodlibeta*; ed. Marcantonio Zimara, Venetiis, 1527, III, qu. 6, f. 52ra-52vb. — *Quaestiones in quatuor libros Sententiarum et quodlibetales*; ed. Chrysostomus Marasca (2 v., Cremona, 1618, II, 743v-6r (*quodlibeta* III, q. 6, art. 2).
[5] *De scriptoribus*, 190.

rum et iurium pro defensione institutionis et confirmationis ordinis beatae Mariae de monte Carmeli, capitulum secundum. Evidently the editor regard-ed Baconthorpe's *Speculum* as a continuation of his *Compendium historia-rum et iurium;* yet in the *tabula* he lists *"Item alius tractatus pro defen-sione institutionis et confirmationis ordinis beatae Marie de monte Car-meli, car. 56."*

This is probably Baconthorpe's first work about the Carmelites. True, in chapter 3 he writes, *"regulam insuper habent imitantem vitam beatae Mariae, ut patere potest intelligenti eius vitam angelicam et regulam bullis sex Romanorum pontificum munitam,* words that correspond to the contents of his *Tractatus super regulam,* but whether he had already written it or merely intended to do so is not clear. In his *Compendium* Baconthorpe expressly refers to the *Tractatus super regulam* as already written.[6]

The *Speculum de institutione* is the first treatise to attempt to unite the Elijan and Marian traditions of the Order. Baconthorpe's reasoning is rather far-fetched: Mary is honored and commended by Carmel, and the Order originated to continue the veneration of Mary on Mount Carmel. Two scriptural texts serve as proof, applied to Mary in a spiritual sense, like the texts about the bride in the Song of Solomon. The sermon *Loquamur,* cited by Baconthorpe, is prescribed as the reading for the commemoration of Our Lady on Saturday by the *Ordinale* of Sibertus de Beka (1312).[7] For that matter, this sermon is not by Bernard of Clairvaux, although it is ascribed to him.[8]

The Carmelites initiated their *"religio"* on Mary's Carmel in the days of Elijah and Elisha, an is recorded in the *"historia de antiquitate Ordinis,"* a broad term for the *Rubrica prima.* After the incarnation of Christ they built an *"oratorium"* on Mount Carmel *"sub titulo beatae Mariae",* wherefore the Order is named after her.

Baconthorpe even draws a parallel between the miracles of Elijah and Elisha and those of Christ, the son of Mary. In this treatise also he adduces canon law as proof.

Baconthorpe knows only the rule of the patriarch of Jerusalem, but he does not call him by the name Albert. The Order received this rule and *"institutio" "ab antiquo,"* before the Lateran council of 1215. It would appear that he also did not know when Albert lived; in the *Compendium* he even states that the Order preceded the council so long that *"de eius antiquitate in iure non invenitur memoria."*

---

[6] HENDRIKS, "La succession," 43, note 13.

[7] BENEDICT ZIMMERMAN, O.C.D., ed., *Ordinaire de l'Ordre de Notre-Dame du Mont-Carmel par Sibert de Beka (vers 1312),* Paris, 1910, 33.

[8] München, Bayerische Staatsbibliothek, Ms. Clm 646, *Diurnale Carmelitanum* f. 19v-24r: *"Sermo Bernhardi, Loquamur aliquid de laude."*

Manuscripts and Printed Editions

s — Biblioteca Vaticana, Ms. Vat. lat. 3991, f. 6r-7v. We have already described this manuscript in connection with the *Speculum* of Cheminot. The text of Baconthorpe has a few additions which are lacking in the other manuscripts or editions.

c — Oxford, Bodleian Library, Ms. Laud. Misc. 722, f. 122r-3r.

This manuscript we also described in regard to Cheminot. It is written in a rather slipshod manner and also omits parts of the text.

x — *Speculum 1507*, f. 56r-57r.

The manuscript on which this edition is based seems to be of English provenance.

z — Daniel a Virgine Maria, O.Carm., *Vinea Carmeli; seu historia Eliani Ordinis B.mae V. Mariae de Monte Carmeli*, Antverpiae, 1662, pp. 42-47.

On p. 34 Daniel says of this treatise and the *Tractatus super regulam*: "*Extracta ex Speculo Ordinis typis edito Venetiis an. MDVII et collata cum vetustis exemplaribus mss. in conventibus Gandavensi et Mechliniensi servatis.*" The manuscript of Mechelen is a compilation of texts collected by Joannes Palaeonydorus of 1484.

y — *Speculum 1680*, I, pars 2, pp. 164-5, nos. 727-35.

In this case Daniel no longer mentions the manuscript of Ghent, saying "*Tres isti tractatus extant in antiquo Speculo Ordinis excuso Venetiis anno 1507 et correctius in vetusto codice Ms. conventus Mechliniensis, exarato per Ioannem Oudewater anno 1484.*" Text *y* practically always agrees with *z*, but also with *x*.

Tractatus Super Regulam Ordinis Carmelitarum

This tractate does not concern itself with Elijah, but compares the Carmelite rule with the life of Mary: the Carmelites are "brothers of the Order of Saint Mary," because they observe a rule which corresponds in many respects to the life of Mary. Scripture has very little to say about the daily life of Mary, but in the Middle Ages this was no problem. Baconthorpe draws deeply on legends about Mary, such as those of Jacobus a Voragine (*d.* 1298).

He concludes then that the Order bears the name of Mary on the basis of the rule. Pope Innocent IV also gave the Order that title not long after the mitigation of the rule in 1247.

Manuscripts and Printed Editions

c — Oxford, Bodleian Library, Ms. Laud. Misc. 722, f. 121v-2r.

We have already described this manuscript in connection with the *Speculum* of Cheminot.

Arnold Bostius copied the *Tractatus* in 1491.[9] He does not indicate its author. He improves the style, sometimes quotes the Bible passages more fully, has occasional omissions, and introduces a numerical division. Hence we do not indicate the variants of this copy in the critical apparatus, because it does not bring us nearer to the original text. Suffice it to say that Bostius also reads *"Historiis"* (line 27) and *"commune refectorium"* (line 39). Likewise the passage *"Denique... moderatrix"* (lines 107-9), which is lacking in *c*, is present in Bostius.

x — *Speculum 1507*, f. 51v-2r.

Other editions, such as Léon de Saint-Jean's of Bl. John Soreth, *Expositio paraenetica in regulam Carmelitarum*, Parisiis, 1625, pp. 219-25, and Michael a S. Augustino's *Introductio in terram Carmeli*, Bruxellis, 1659, pp. 299-303, are taken from this source.

z — Daniel a Virgine Maria, O.Carm., *Vinea Carmeli*, pp. 36-40.

y — *Speculum 1680*, II, pars 3, pp. 687-8, nos. 2605-13. As already mentioned above with regard to Baconthorpe's *Speculum*, Daniel no longer uses the Ghent manuscript. Perhaps it was used by Bostius, who lived in Ghent.

In connection with the lost manuscripts of Cheminot we mentioned the one in the archive of the province of Lower Germany, described by Philippus a S. Joanne, *Archivilogium Rheno-Carmelitanum*, I, 192-201. There it forms the eighth chapter of Cheminot (pp. 199-201) with the title, *"De Ordinis intitulatione, titulo Carmeli et titulo b.tae Mariae"* (p. 192). From the description it appears that our treatise is referred to. A particular feature, as in the case of Bostius, is the fact that the various passages are numbered, breaking off with no. 13, *"Gladius autem spiritus."*

Compendium Historiarum et Iurium

This work is more solid, and its argumentation easier to follow than the *Speculum de institutione*. Baconthorpe makes use of historical as well as juridical arguments to defend the Order.

As already stated in the introduction to the *Rubrica prima*, the council of Lyons had banned the Orders founded after the Lateran council of 1215, if they had not received papal approval, and condemned them to extinction if they had, with the exception of the Dominicans and Franciscans "because of their evident usefulness to the universal Church." The Carmelites and Augustinians, who had been founded before 1215, were suffered to continue to exist until otherwise decided. Pope Gregory X had in mind a drastic reduction of all religious Orders, but he soon died,

---

[9] Milano, Biblioteca Brera, Ms. A.E.XII.22, *Speculum historiale*, lib. 5: Quod vita beatae Mariae virginis concordat cum regula nostri ordinis, cap. 12, f. 270r-1v.

and his successors took no further measures. Honorius IV (1285-1287) permitted the Carmelites to change their striped mantle, and Nicholas IV (1288-1292) not only again approved the rule but also issued other important bulls. On March 3, 1298, Boniface VIII, laconically reversed the decree of the council of Lyons, changing it to read, "*in solido statu volumus permanere.*"

Baconthorpe composed his *Compendium* "*contra dicti ordinis detractores,*" as he states in the introduction, or "*contra malevolos detractores,* as he specifies in *particula* 9. He may have had the Dominicans in mind; as late as 1374, a century after the council of Lyons, the change effected by Pope Boniface had not yet penetrated to the Dominican John Stokes in the controversy at Cambridge.[10] Stokes also attacked the Marian title of the Order and the right to change the mantle.

Baconthorpe's arguments are more often juridical than historical in character, as in *particula* 2.

Noteworthy in *particula* 3 are the statements, "*Ordo Carmelitarum exemplum contemplationis a cuneo prophetarum apparet accepisse, et Eliam prophetam* **tamquam patrem** *cum filiis prophetarum* **elegisse,** *et sic ortum habuisse,*" and "*Hanc igitur contemplationem, quam cuneus et filii prophetarum sic inchoaverant, quidam Carmelitae... in Carmelo, quem Elias propheta inhabitavit, continuare* **curaverunt.** *Et sic ortum haberunt.*" Thus the Carmelites chose Elijah for their father and consciously continued his example of contemplation.

In *particula* 5 Baconthorpe refers to his *Tractatus super Regulam.* In *particula* 6, about clothing, he states that Elijah also wore the striped mantle, but the white mantle had already been indicated before his birth!

Manuscripts and Printed Editions

a — Nürnberg, Stadtbibliothek, Ms. Cent. V, 79, f. 118v-21r.

This seems to be the oldest manuscript. The first half was written by Cunradus de Rynberch in 1349. It is not known whether he also wrote the last part of the manuscript.

O — Leipzig, Universitätsbibliothek, Ms. 645, f. 122v-4v.

I — Gdańsk, Municipal Library, Ms. Mar. F. 283, f. 16r-18r.

C — Bamberg, Staatsbibliothek, Ms. Theol. 225, f. 184r-6r.

These four manuscripts, all emanating from the area of German influence, agree to a large degree in their variants and stem from the same prototype. In all four also there follow immediately, without transition or title, the *Chronologia summorum pontificum.*

c — Oxford, Bodleian Library, Ms. Laud. Misc. 722, f. 123r-4r.

---

[10] On the controversy see J. P. H. CLARK, "A Defense of the Carmelite Order by John Hornby, O.Carm., A.D. 1374," *Carmelus*, 32 (1985), 73-106.

We have already described this manuscript in connection with the *Speculum* of Cheminot. At the end the copyist, Richard Paston, makes an addition taken from Baconthorpe's *Laus religionis carmelitanae, lib. I, cap. 12.*

n — Rome, General Archive of the Carmelite Order, Ms. II C.O.II.35, f. 110v-8r.

We have already mentioned this manuscript in connection with *De inceptione Ordinis.* Pedro Riera copied Baconthorpe's work in 1334, *"glossis appositis"* and *"correctum,"* but this manuscript is of the 15th century, so the copyist is probably responsible for the spelling errors. The additions and changes are very numerous, so that it is impossible to determine which text the manuscript that Riera copied most agreed with.

x — *Speculum 1507*, f. 52r-53v.

y — *Speculum 1680*, I, pars 2, pp. 160-3, nos. 715-26.

Although Daniel a Virgine Maria states that the treatise occurs in the *Speculum* of 1507 and *"correctius"* in the 1484 manuscript of Mechelen, his variants often agree with *x* against the other manuscripts.

Texts *x* and *y* have an addition at the end of *particula* 6 and another toward the end of *particula* 9.

Laus Religionis Carmelitanae

Of this treatise there exists only one manuscript, written by John Bale between 1517 and 1523 (Bernardino da Siena is the last prior general he mentions). In the title he ascribes the treatise to John Baconthorpe, but later he cancelled this and wrote in its place, *"a fratre Claudo Converso, viro doctissimo, qui et alio nomine dictus est Guilhelmus Coventrae."* The reason for this change was likely that Bale had also ascribed to Baconthorpe the treatise that followed, *De duplici fuga*, and when he corrected this and restored it to its true author, Claudus Conversus, he also changed the name of the author of *Laus religionis.* But the language and style of William of Coventry differ entirely from those of *Laus religionis*, as is evident from a comparison of *De duplici fuga* with the other works of Coventry. Likewise, a comparison of the content of *Laus religionis* with the other works of Baconthorpe we have already considered shows that they stem from the same author. Several passages from the *Compendium* occur there; the author even refers to his earlier works (lib. II, c. 3; lib. III, c. 1).

About 1527 Bale wrote, *"Magister frater Johannes Baconis scripsit de laude carmelitarum libros vj, [inc.] Carmelus dicitur a car, quod est sponsa, et melos, quod est laus."* [11] Further on he advises, *"Quaere opus Bachonis de 4ta ethimologia carmeli, et de laude carmelitarum; ibi fit mentio*

---

[11] Collectanea, Oxford, Bodleian Library, Ms. Bodley 73, f. 1.

de grandi miraculo Cestre facto." [12]   Later he crossed out *"Bachonis"* and wrote above *"Claudi Conversi."*

We have taken the title of the treatise from the *explicit.*

The first book discusses four etymologies of the word, Carmel. Baconthorpe's source for these meanings is unknown; they are not found among the etymologies of Jerome or Isidore, which for that matter are themselves sometimes imaginary. Baconthorpe cites Bede as his authority for the last etymology, but it is not to be found in the latter's works. A few words (*melos, karios*) seem to be Greek rather than Hebrew, and *mel* for honey is Latin.

This treatise of Baconthorpe is replete with allegorical or spiritual exegetical explanations. Biblical texts are taken out of their historical context and, because of the agreement of a word or idea, are applied to Mary, Elijah, Carmel, and the Carmelites. For the life of Mary, Baconthorpe makes use of the apocrypha and medieval legends. He also describes the topography of the Holy Land and arrives at some strange conclusions: the mountain which Jesus climbed with his disciples *"iuxta mare Galileae"* was none other than Mount Carmel!

In this work, Baconthorpe is mainly concerned with the relationship of Mary with Carmel; the prophet Elijah seldom makes an appearance. He is mentioned in chapters 6, 9, and 11 of Book I. In chapter 9, for the first time in Carmelite literature, Baconthorpe sees a type for Mary in the little cloud which rose out of the sea after the sacrifice of Elijah.

Book II treats of the antiquity of the Order. In chapter 4, Elijah and Elisha are called the "founders" of the Carmelites. Likewise the habit and the striped mantle are traced to Elijah in Book VI, chapters 1 and 2. In chapter VI, Elijah is called the *"fundator ipsorum et praedecessor,"* who will return at the end of time, according to the prophecy of Malachi. And so the last will be first, and the first last.

Manuscripts and Printed Editions

H — Oxford, Bodleian Library, Ms. Selden supra 72, *Collectanea,* f. 20r-40r.

The entire content of this manuscript treats of the Carmelite Order. One item, a *Brevis catalogus priorum generalium,* was composed by Bale himself; the rest was copied by him. This is the earliest of Bale's extant autographs. We place it around 1520.

The manuscript he copied was either difficult to read or, and this seems more likely, Bale himself was still inexperienced in reading manuscripts. We have corrected the errors in spelling and also compared our text with a sermon of John Hornby, O.Carm., with etymologies evidently taken from Baconthorpe.[13]

---

[12] *Ibid.,* f. 139.
[13] CLARK, "A Defense," 98-105; the etymologies occur on p. 102. In the critical apparatus we designate Fr. Clark's edition with the letter *d.*

Texts

1.

Capitulum I

Quod secundum prophetas fratres Carmeli specialiter
5   *originem habuerunt pro veneratione beatae Mariae.*

In primis attende, quod beata Maria per Carmelum decoratur et commendatur. Cum enim Isaias de Christi incarnatione prophetaret, promisit quod sola virgo ipsum foret paritura, pariterque decorem Carmeli possessura. Unde de Virgine dicitur

---

1-2 *Titulus om sc*, Hic incipit compendium historiarum et iurium pro defensione institutionis et confirmationis ordinis beatae Mariae de monte Carmeli, capitulum secundum *x*, Tractatus de institutione ordinis huius ad venerationem virginis Deiparae, unde insignitur speciali titulo a summis pontificibus confirmato *z*, Tractatus de institutione ordinis Carmelitarum ad venerationem B. virginis Deiparae *y*.
   3 Capitulum I *om scx*.
   4 prophetas] prophecias *c*.   Carmeli] de monte Carmelo *y*.
   5 originem habuerunt *post* Mariae *c*.   habuerunt] habuerint *zy*.   Mariae + patet, Capitulum primum *sx*.   beatae Mariae] virginis Deiparae *z*.
   7 et commendatur *om c*.
   8 promisit] prophetavit *s*, praemisit, *corr. in* permisit *c*.   virgo *om c*.
   8-9 pariterque] et *s*.
   9 dicitur] ait *c*.

7-8 Cum ... paritura: *cf* Is. 7,14.

10 Isaiae 35: "Solitudo florebit sicut lilium", et sequitur: "Datus est ei decor Carmeli". Sic de ea Glossa haec exponit, *Canticorum* 1, et Bernardus in sermone "Loquamur", dicens: "Datus est ei decor Carmeli, dum virtute Altissimi est obumbrata, et sine corruptione fecundata".

15 Per Carmelum commendatur. Salomon enim commendans pulcherrimam mulierem per Carmelum ait: "Quam pulchra es et quam decora, carissima: caput tuum ut Carmelus": *Canticorum* 7. Sed et haec de beata Maria canit Ecclesia.

Et quia per Carmelum honoratur et commendatur, dignum 20 est quod in Carmelo ei dato Carmelitas habeat eam specialiter venerantes. Et sic habuit ab antiquo, nam prophetiae per facta aperiuntur. Sed et Saul in Carmelo, beatae Mariae dato, fornicem suum triumphalem, id est signum victoriae, erexit: 1 Regum 15; Elias ibi sacrificavit: 3 Regum 18, et Achab per hoc experimen- 25 to ibi didicit, quis esset Deus; Eliseus ibi sedem suam collo-

---

10 Isaiae] Isaias *corr. c.*   et *om cx.*   et sequitur *om s.*
11 ei *om c.*   Sic] sicut *s.*
11-13 Sic ... Carmeli *om c.*
12 in *om y.*
13-14 dum ... fecundata *om s.*
13 est *om c.*
16 ait + Cantic. VI *s.*
17 Canticorum 7 *om s.*
18 et *om sc.*
19 Maria] virgine *s.*   honoratur et] honoraturus *c.*
20 habeat] habeant *c.*
21 Et sic] sicut *s.*   Et ... antiquo *om c.*
21-22 prophetiae ... sed et *om s.*
22 fornicem] formicam *x.*
23 id est] in *s.*   15 + capitulo *c.*
24 3 Regum 18 *post* hoc *c.*   per hoc *om s.*
25 esset] esses *x,* + verus *s.*

10-11 Isaiae ... Carmeli: *cf* Is. 35,1-2.
11-12 Glossa ... Canticorum 1: Neither the *glossa interlinearis* nor the *ordinaria,* nor Nicolaus de Lyra have a Marian interpretation.
12 Bernardus ... loquamur: This is not found in the editions of St. Bernard's authentic sermons. In the 15th century manuscript, München, Clm. 4644, f. 274-87, Bernard is credited with a sermon, "Loquamur aliquid de laudibus sacratissimae virginis". An Italian version is found in *Sermoni volgari del divoto Dottore santo Bernardo, sopra le solennitade di tutto Lanno,* Venetia 1529, 140r-1v: "Parliamo alcuna cosa delle laude della sacratissima vergine Maria".
16-17 Quam ... carissima: Cant. 7,6.
23 1 Reg. 15: 1 Reg. 15,12 "... eo quod venisset Saul in Carmelum, et erexisset sibi fornicem triumphalem ...".
24 3 Regum 18: 3 Reg. 18,23 ss.

cavit: 4 Regum 4. Ecce quot prophetas et reges habuit Carmelus, eorum factis dominam loci, beatam Mariam, venerantes.

Pro veneratione quoque beatae Mariae in eius Carmelo conti-
nuanda orta est fratrum de Carmelo religio. Veneratio enim
30 quae fit in locis sanctorum, ipsis sanctis sub Deo attribuitur,
ut de veneratione dedicationis: *De consecratione*, d. 3, c. 'Pronuntiandum'. Sed licet omnes salvandi tempore prophetarum
Filium beatae Mariae venturum venerati sunt, secundum Augusti-
num in epistola 29 ad Deogratias, fratres tamen de Carmelo
35 tempore Eliae et Elisei venturum venerantes, in Carmelo beatae
Mariae religionem suam inceperunt, ut habetur in historia de
antiquitate ordinis. Ad eius igitur venerationem originem habuerunt. Et antiquis patribus ordinis de ortu eiusdem tempore prophetarum credendum est. Nam "in negotiis ecclesiarum illi potis-
40 simum in testes assumendi sunt, qui eadem negotia tractaverunt":

---

26 quot] quod *x, corr. c.*   habuit] habuerunt *sc.*
26-27 Carmelus] Carmelitae *s,* Carmelitas *cx.*
27 eorum] et eorum *x.*
30 in *om s.*   attribuitur] attribuuntur *s.*
31 ut] et *c.*
31-32 Pronuntiandum] Pronunciando *zy.*
32 sed licet] videlicet *c.*
33 sunt] sint *zy.*
34 in *om s.*   Deogratias + 2° *c.*
35 tempore ... Carmelo *om c.*
36 inceperunt + tempore Eliae et Elisei venturum venerantes in Carmelo *c.*
38 eiusdem] eius de *s.*   tempore] et *c.*
39 ecclesiarum] ecclesiasticis *c.*   illi *om c.*
40 sunt + XIV, q. 1 Super prudentiam *s.*   qui eadem] quia ea *c.*   tractaverunt + ita *zy.*

---

26 4 Regum 4: 4 Reg. 4,25 "venit ad virum Dei in montem Carmeli".
31-32 De ... Pronuntiandum: c. 1, D. III, *de cons.;* Friedberg I, 1353. The
text regards only feasts and a few saints.
34 epistola 29: Augustine, *epistola 102,* alias 49: "Itaque ex exordio generis
humani, quicumque in eum (Christum) crediderunt, eumque utcumque intel-
lexerunt, et secundum eius praecepta pie et iuste vixerunt, quandolibet et ubilibet
fuerint, per eum proculdubio salvi facti sunt. ... Et tamen ab initio generis
humani, alias occultius, alias evidentius, sicut congruere temporibus divinitus
visum est, nec prophetari destitit, nec qui in eum crederent defuerunt, ab Adam
usque ad Moysen, et in ipso popolo Israel, quae speciali quodam mysterio gens prophetica fuit, et in aliis gentibus antequam venisset in carne"; PL 33, 374, n. 12;
376, n. 13.
36-37 historia de antiquitate ordinis: *Rubrica prima,* 1324.

XIV, q. 1, 'Super prudentia'.

Et huic antiquae eius venerationi in Carmelo consonant prophetae. Generalis planctus prophetarum est, si Carmelus sit desertus habitatoribus, aut si eius honor ab eo auferatur: Ieremiae 2
45 et 4, Isaiae 16, Amos 1, Micheae 7 et Naum 1. Ergo in Spiritu Dei generaliter optant prophetae, quod post Eliam et Eliseum beata Maria a Carmelitis semper in Carmelo sibi dato honoretur. Quod verum est ratione tituli, licet recedere cogerentur, sicut patriarcha Ierosolymitanus in ecclesia Ierosolymitana semper sedem suam
50 tenere censetur, licet compulsus alibi moram trahat: D. 22, c. 'Renovantes'.

Capitulum II

Quod Elias et Eliseus dici Carmelitae beatae Mariae meruerunt.

55 Nam in Carmelo, beatae Mariae dato, prophetae Elias et Eliseus, patres nostri, inhabitabant: 3 Regum 18, 4 Regum 1 et 4.

---

41 XIV ... prudentia *om s.*
42 antiquae] antiqui *c.*
43 generalis + enim *c.*
44 aut si] et *s.*   si *om c.*   ab eo *om s.*
44-45 Ieremiae ... 16] Isaiae 16, Ieremiae 1ª 4 *c.*
45 Amos] annos *x.*   Micheae 7] Micheae 1 *c.*   et Naum] Naum *sc.*
46-47 beata Maria] beatae Mariae *c.*   beata ... honoretur] honorentur
Carmelitae qui in Carmelo beatae Mariae ipsam semper ibi venerentur *s.*
48 verum ... tituli] ratione tituli Carmeli verum *s.*
50 censetur *in margine s.*   moram + suam *s.*   trahat] trahebat *x.*
50-51 D. ... Renovantes *om xzy.*
55 Nam *om cxzy.*
56 patres nostri ... et 4 *om c.*   inhabitabant] habitabant *s.*

---

41 XIV ... prudentia: c. 1, D. XIV, q. 2: "Diversae sunt namque species causarum, nec in omnibus causis crimina agitantur. In criminibus siquidem accusatorum et testium illa distinctio observanda est, quae in canonibus continetur, ne qui ad probationem domestici assumantur. Ceterum in possessionum vel huiusmodi negotiis, hi potissimum assumendi sunt, qui eadem negotia tractaverunt, de quorum auditu et visu haesitatio esse non debeat"; Friedberg I, 734.
44-45 Ieremiae ... Naum 1: Ier. 2,7 et 4,26; Is. 16,10; Amos 1,2; Mich. 7,14; Nahum 1,4.
51 Renovantes: c. 6, D. XXII; Friedberg I, 76: "Renovantes sancti Constantinopolitani concilii decreta, petimus, ut Constantinopolitana sedes similia privilegia, quae superior Roma habet, accipiat, non tamen ecclesiasticis rebus magnificetur, ut illa; ut haec secunda post illam existens, prius quam Alexandrina sedes numeretur; deinde Antiocena, et post eam Ierosolimitana".
56 3 Regum 18: 3 Reg. 18,19-20.42. 4 Regum 1 et 4: 4 Reg. 1,9; 2,25 et 4,25.

Et bene, nam matri datus, specificando de Filio eius: 3, D. 18,
28, 4. Unde sequitur: "Dominus ipse veniet et salvabit nos": Isaiae
32. Sed isti prophetae Filium beatae Mariae praefigurabant. Quod
60 patet his similitudinibus. Christus Filius Mariae suscitavit filium
viduae: Lucae 7; sic Elias: 3 Regum 17. Christus ieiunavit quadraginta diebus et quadraginta noctibus: Matthaei 4; sic et Elias:
3 Regum 19. Christus vivus ascendit in caelum: Actuum 1; et
Elias raptus est in paradisum: 4 Regum 2. Christus impugnavit
65 diabolum scripturis: Matthaei 4; sic Elias Antichristum: Apocalypsis 11. Christus meruit conversionem omnium ad Deum: Ioannis
29; sic Elias in fine universos convertet ad Christum: Malachiae 4.
Alia eius multa miracula habentur 3 Regum 17, 18 et 21 capitulis.
      Christus baptismo sanctificavit aquas: Matthaei 3; Eliseus
70 sale aquas pessimas et mortiferas sanavit: 4 Regum 2. Christus

---

    56-59 3 Regum ... Isaiae 32 *om s*.
    57 nam ... 4 *om xzy*.
    57-58 3, D. 18 28 4 *non clare*: 3 d. ig. 2 concl. 4 (?).
    59 Sed] et *s*.   Sed isti] isti enim *xzy*.   praefigurabant *ante* Filium *s*.
    60 Christus] Nam Christus *s*.
    61 3 Regum 17] 4 Regum 7 *s*.
    62 et ... noctibus *om s*.   sic et] sic *cxzy*.
    64 Elias + vivus *c*.
    64-75 Christus ... 19] Multa alia miracula eius habentur 3 Regum 17, 18, 19,
et 21; vel 4 Regum 2, 3, 4, 5, 6, 8 et 19. Item baptismo suo sanctificavit aquas,
Math. 3; Eliseus aquas pessimas et mortiferas sanavit, 4 Regum 2. Christus
impugnavit diabolum, Math. 4; sic Elias Antichristum, apoc. 11. Christus fecit
conversionem omnium ad Deum, Io. 29; sic Elias universos convertet ad Christum,
Malachiae 4. Christus panes multiplicavit, Io. 6; Eliseus de modico oleo omnia
vasa usque ad summum implevit, 4 Regum 4. Christus in vita et post mortem
suam mortuos suscitavit, Io. 11 et Math. 26; sic Eliseus, 4 Regum 2, 3, 4, 5, 6,
8, 9 *s*.
    67 convertet] convertit *c*.
    68 multa *post* miracula *c*.   18 + 19 *xzy*.   capitulis] 22 *c*.
    69 Matthaei 3 *om c*.
    70 mortiferas] mortis *c*.

    57-58 3, D. 18, 28, 4: Not legible; perhaps 3, Di q. 2, causa 4 or 3 Dig. 2, 84.
    58-59 Isaiae 32: *cf* Is. 35,4: "Deus ipse veniet et salvabit vos"; 33,22: "Dominus
rex noster, ipse salvabit nos".
    61 Lucae 7: Lc. 7,11-17. 3 Regum 17: 3 Reg. 17,17-24.
    62 Matthaei 4: Mt. 4,2.
    63 3 Regum 19: 3 Reg. 19,8. Actuum 1: Act. 1,9.
    64 4 Regum 2: 4 Reg. 2,11.
    65 Matthaei 4: Mt. 4,3-11.
    65-66 Apocalypsis 11: Apoc. 11,3-7.
    66-67 Ioannis 29: (non extat); *cf* Io. 12,32: "omnia traham ad meipsum".
    67 Malachiae 4: Mal. 4,6.
    69 Matthaei 3: Mt. 3,13-17.
    70 4 Regum 2: 4 Reg. 2,19-22.

panes multiplicavit: Ioannis 7; Eliseus de modico oleo omnia vasa usque dum deficerent implevit: 4 Regum 4. Christus in vita et post mortem mortuos suscitavit: Ioannis 11 et Matthaei 26; sic Eliseus: 4 Regum 4 et 13. Alia eius multa miracula habentur
75 4 Regum 2, 3, 4, 5, 6, 8, 19.

Quia igitur isti prophetae in Carmelo, venerationi beatae Mariae intitulato, habitabant, recte Carmelitae beatae Mariae intitulandi erant. Ex loco enim et sancto, cui locus intitulatus est, religiosi intitulantur, sicut Hospitalarii ab Hospitali sancti Ioannis:
80 *De privilegiis,* c. 'Tuarum'.

Capitulum III

Recte Romani pontifices hunc titulum
"Fratres ordinis beatae Mariae de monte Carmeli"
in suis bullis expresserunt.

85   In hoc Carmelo, ad imitationem Carmelitarum beatae Mariae Eliae et Elisei, successerunt fratres de Carmelo, iuxta fontem Eliae in cellulis parvis contemplationi vacantes, ut patet in *Historia Ierosolymitana,* c. 52, et in *Speculo historiali,* libro 31. Et ex hoc intitulantur "Ordinis beatae Mariae de monte Carmeli".

---

71 Ioannis 7] Io. 6 *c.*
72 dum *om cx.*   deficerent] defecerent *c.*
74 et *om y.*   multa *post* miracula *c.*
77 intitulato] intitulati *s.*
77-78 intitulandi] intitulandum *c.*
79 Ioannis + 9 *s.*
80 De ... Tuarum *om c.*
82 Recte Romani *om c.*   hunc] habent *x.*
84 expresserunt *om c.*
85 hoc + enim *s.*   Carmelitarum] Carmelitae *c.*
86 successerunt] succerunt *s.*
87 parvis] parvulis *c.*   ut patet *om c.*
88 libro *om c.*   31] 13 *s.*

---

71 Ioannis 7: Io. 6,5-15.
72 4 Regum 4: 4 Reg. 4,1-7.
73 Ioannis 11: Io. 11,33-44. Matthaei 26: Mt. 27,52.
74 4 Regum 4 et 13: 4 Reg. 4,34 et 13,21.
79-80 Hospitalarii ... Tuarum: c. 11, X, V, 33; Friedberg II, 852: "Tuarum nos tenor docuit litterarum, quod fratres Hospitalis sancti Ioannis laicos et illitteratos mittunt pro eleemosynis colligendis".
88 *Historia Ierosolymitana*: by Jacques de Vitry: *vide supra* p. 122-3. *Speculo Historiali*: by Vincent de Beauvais, but lib. 30. *Vide supra,* p. 92-3.

90 Ex loco enim et sancto quo praedecessores in religione fuerunt
intitulati, intitulantur successores: *De verborum significationibus*,
'Abbate'.

Post incarnationem quoque oratorium in Carmelo sub titulo
beatae Mariae erexerunt; propter hoc ab ea recte sunt intitu-
95 lati. Ex ecclesia enim cuius sunt ministri, intitulantur religiosi,
ut a Templo Templarii: *De privilegiis*, c. 'Petistis'.

Regulam insuper habent imitantem vitam beatae Mariae, ut
patere potest intelligenti eius vitam angelicam et regulam, bullis
sex Romanorum pontificum munitam. Et a regula a sancto sumpta
100 intitulantur religiosi, sicut monachi sancti Benedicti: 18, q. 2,
c. 'Perniciosam'.

Et dominus papa in privilegio exemptionis ait: "Sacer ordo
vester, gloriosae virginis Mariae titulo specialiter insignitus, apostolicis gratiis digne meretur attolli".

105　　　　　　　　　　　Capitulum IV

Recte Romani pontifices et iura canonica regulam
ordinis et institutionem ab antiquo approbare decreverunt.

---

90 religione] religionem *c.*
91 intitulantur + et *c.*
91-92 De ... Abbate *om c.*
92 Abbate *om s.*
94 sunt *post* intitulati *zy.*
96 De ... petistis *om c.*
97 imitantem] imitantes *sxzy.*
100-1 18 ... Perniciosam *ante* sicut *c.*
102 privilegio] privilegiis *c.*
104 attolli + etc. *s.*
106 Recte] Quod recte *s.*
107 et institutionem] institutione *c.*　　　decreverunt + in Speculo Historiali
libro 31 c. 13 Ordo Carmeli etc. *c.*

90-92 Ex ... Abbate: c. 25, X, V, 40; Friedberg II, 922.
96 Petitis: c. 20, X, V, 33; Friedberg II, 865: "Petiistis per sedem apostolicam
edoceri, utrum, quum propter Hospitalarios vel Templarios civitas vestra generali
supponitur interdictu ...".
97-98 Regulam ... regulam: *cf* Baconthorpe, *Tractatus super regulam.*
99 sex: Honorius III, Gregory IX, Innocent IV, Alexander IV, Urban IV,
Nicholas IV; *Bull. Carm.* I, 1, 4, 5, 8, 15, 27, 40.
101 Perniciosam: c. 25, C. XVIII, q. 2; Friedberg I, 836: "Perniciosam et
detestabilem quarundam consuetudinem mulierum, quae licet neque secundum
regulam B. Benedicti, neque Basilii, aut Augustini vivant...".
102-4 Et ... attolli: John XXII, *Sacer ordo*, 13 Mar. 1317; *Bull. Carm.* I, 57.

Ordo Carmelitarum ab antiquo institutionem et regulam habuit a Ierosolymitano patriarcha: in *Speculo historiali*, libro 31,
110 c. 123. Et hoc valuit a iure, cum non extitit reservatum: *De sententia excommunicationis*, c. 'Nuper'. Et haec institutio praecessit
Lateranense concilium: *Sexto, De religiosis domibus*, c. 1. Et in
eodem concilio haec religio et regula fuerunt approbatae, sicut et
omnes religiones et regulae Lateranense concilium praecedentes:
115 *De constitutionibus*, c. 11 et ultimo; ubi tantum inventio nova-
rum regularum et religionum fuit interdicta: *De religiosis domibus*,
c. ultimo.

Postmodum in concilio Lugdunensi fuit ordo in suo statu
reservatus cum clausula 'donec'. Sed infra breve tempus editus
120 fuit sextus liber decretalium, in quo dominus papa, se referens
ad antiquam eius institutionem, a iure clausulam 'donec' reseca-

---

108 Carmelitarum] Carmeli *c.*   institutionem et *om y.*
109-10 in Speculo ... 123 *om cy.*
109 31] 21 *s.*
110 c. 123] c. 34 *xz,* + et de sententiis excommunicationis, capitulo 'Nuper' *s.*
extitit] extiterit *y.*
110-11 De ... 'Nuper' *om sxzy.*
111 haec *post* institutio *szx.*
112 Lateranense] Latranense *c.*   Sexto ... c. 1] ut habetur Sexto, De
regulis iuris (*corr.* iurium), c. 1 *s.*
114 religiones *om c.*   regulae + De religiosis domibus, c. 1 c.   Latera-
nense] Latranense *c.*
115 ubi] In Latranensi concilio enim *c.*
116 et religionum *om s.*   interdicta] introducta *s.*
117 c. *om c.*
119 tempus *om cx.*
120 liber *om c.*   dominus papa] sedes apostolica *c.*   se referens] se
reserans vel referens vel refirmans *s.*
121 ad *om s.*   institutionem] constitutionem *s.*   a iure *post* donec *s.*
121-2 resecavit] recavit *s.*

---

109 *Speculo historiali:* by Vincent de Beauvais, but Libro 30. *Vide supra,*
p. 92-93.
111 Nuper: c. 29, X, V, 39; Friedberg II, 900. The constitution concerns
absolution from sin not reserved to a superior.
112 Sexto ... 1: c. 1, III, 17, in VI°; Friedberg II, 1054-55: "quorum institutio
dictum concilium generale praecessit ...". Reference is to the decree *Ne nimia
religionum diversitas* of the Fourth Lateran Council, 1215.
115 c. 11 (= 13) et ultimo: c. 13, X, I, 2; Friedberg II, 16: "Declaramus
constitutionem ... non ad praeterita, sed ad futura tantum extendi".
117 ultimo: c. 9, X, III, 36; Friedberg II, 607. It contains the constitution
of the Fourth Lateran Council, 1215.
119 donec: "donec de ipsis aliter fuerit ordinatum", in the Second Council
of Lyons, 1274; Mansi, *Sacrorum conciliorum*, XXIV, 96-97.

vit, et ordinem iterato solidavit, dicens: "Carmelitarum ordinem, cujus institutio Lateranense concilium praecessit, in solido statu volumus permanere": in *Sexto, De religiosis domibus*, c. 'Reli-
125 gionum diversitatem'. Sic ponderant omnes tres glossae. Cardinalis dicit: "Hic papa istum ordinem consolidat"; Guido dicit: "Hic ordo iste est totaliter confirmatus". Ad idem Ioannes Andreae.

  Et in privilegio exemptionis papa dicit: "Ordinem vestrum,
130 titulo beatae Mariae specialiter insignitum, in statu firmo, solido et stabili decrevimus et volumus permanere". Cum dicitur "volumus", perpetuae sententiae habet firmitatem: *De verborum significationibus*, c. 'In his'.

  Et idem papa qui sanctos ordines Praedicatorum et Minorum
135 instituit, regulam Carmelitarum ab antiquo traditam confirmavit, et successor eius, ut habetur in bullis apostolicis et in *Speculo*

---

122 Carmelitarum + autem *s.*
123 Lateranense] Latranense *c.*
124 volumus] voluimus *x.* in *om c.*
124-5 Religionum diversitatem] 1 *c.* sic] sicut *s.* glossae] gloriosae *x.*
126 dicit] dicentis *s.* istum *post* ordinem *s.* Guido] G. *x*, glossa *zy.*
dicit *om c.*
127 Hic] Sic *zy.* iste *om s.* est *om c.*
127-8 Andreae] Andreas *szy, om c.*
129 Et *om c.* privilegio] privilegiis *s.*
130 Mariae *om c.* specialiter] specialis *c, om xzy.* insignitum] ignitum *c.*
131 et volumus] volumus *sxzy.* dicitur] dicit *s.*
132-3 De ... his *om c.* significationibus] significatione *xzy, c* (?).
134 sanctos] sacros *s.*
136 et successor] ut successor *s.* ut habetur *om s.*
136-7 ut ... 123 *om c.*

122-5 Carmelitarum ... diversitatem: c. 1, III, 17, in VI°; Friedberg II, 1054-5: "Ceterum Eremitarum S. Augustini et Carmelitarum ordines, quorum institutio dictum concilium generale praecessit, in solido statu volumus permanere".
125-6 Cardinalis: Ioannes Monachus.
126 Guido: Guido de Baysio.
129-31 Ordinem ... permanere: John XXII, *Sacer ordo*, 13 Mar. 1317: "Sacer ordo vester ... gloriosae virginis Mariae titulo specialiter insignitus ... dictum ordinem, quem in statu firmo, solido et stabili decrevimus et volumus permanere..."; *Bull. Carm.* I, 57.
131-3 Cum ... his: c. 15, X, V, 40 Friedberg II, 915-6: titulus, "Per verbum 'statuo et praecipio' diffinitiva sententia fieri potest".
134 idem papa: Honorius III, *Ut vivendi normam*, 30 Jan. 1226; *Bull. Carm.* I, 1.
136 successor eius: Gregory IX, *Ex officii nostri*, 6 Apr. 1229; *Bull. Carm.* 1, 4-5. *Speculo historiali*: of Vincent de Beauvais, Libro 30. *Vide supra*, p. 92-93.

historiali, libro 31, c. 123. Ordines et regulae approbatae a papa, in iure pro approbatis habentur: *De excessibus praelatorum,* c. 'Nimis' 1 et 2, et *De electionibus,* c. 'Significasti'.

2.

TRACTATUS SUPER REGULAM ORDINIS CARMELITANUM

Cuiuslibet religionis titulus ortum habet a loco vel a sancto. A loco quidem, ut a Cistercio Cistercienses. Quo modo ordo noster a loco Carmeli est intitulatus. A sancto, ut cum successores vitam
5 et regulam sibi eligunt observandam, quam aliquis sanctorum sibi elegit; prout Canonici Nigri dicuntur de ordine sancti Augustini. Et isto modo "Fratres ordinis beatae Mariae" in bullis apostolicis sumus nominati. Elegimus enim regulam cuius multa similia puncta beata virgo Maria in vita sua servare curavit.
10 In primis constat eam perfecte obedientem fuisse. Angelo enim nuntianti respondit: "Ecce ancilla Domini, fiat mihi secundum

---

137 31 c. 123] 33 c. 34 *s,* 30 c. 23 *y.*   approbatae] approbati *s.*
138 in iure] ibi in suis *c.*   pro *om s.*   habentur + in bullis apostolicis et Speculi historiali, 31 c. 13 *c.*
138-9 De ... Significasti *om c.*
139 1 et 2] id est 22 *s.*   Significasti + Explicit quomodo ordo Carmelitarum primo incepit et de titulo et institutione regulae eiusdem ordinis *c.* + Explicit compendium historiarum et iurium pro defensione institutionis et confirmationis ordinis beatae Mariae de monte Carmeli *x, sequitur in s:* Capitulum V, Quantum ad quartam portionem solvendum modus iste servatur *(etc.).*

1 Tractatus de regula ordinis beatae Mariae de monte Carmeli *c,* Hic incipit *ante* Tractatus *x,* Expositio mystica regulae Carmelitarum *y.*
3 ut] sicut *c.*
6 elegit] eligit *c.*
7 Et isto] isto *c.*
8 Elegimus] eligimus *c.*
9 Maria *om c.*   vita *post* sua *c.*

137-9 Ordines ... Nimis 1 et 2: cc. 16 et 17, X, V, 31; Friedberg II, 842-3: "quum quidam viri religiosi, ut puta fratres Praedicatores et Minores, quorum ordinem et regulam sedes apostolica noscitur approbasse ...".
139 Significasti: c. 4, X, I, 6; Friedberg II, 49: "... cum omnia concilia per romanae Ecclesiae auctoritatem et facta sint et robur acceperint".

2 a loco vel a sancto: *cf* Baconthorpe, *Speculum,* ll. 78-80.
11-12 Ecce ... tuum: Luc. 1,38.

verbum tuum". Et de hoc in regula: "Priori obedientiam promittat quilibet aliorum, et promissam studeat operis veritate servare".

Constat etiam eam proprium abdicasse. Absit enim eam a
15 regula apostolica, quae via perfectionis nuncupatur, exclusam fuisse. De qua regula scriptum est Actuum 2: "Omnes qui credebant erant pariter, et habebant omnia communia"; et infra c. 5: "Et nullus suum aliquid esse dicebat". Et de hoc in regula: "Nullus fratrum aliquid sibi esse proprium dicat, sed sint vobis omnia
20 communia", etc.

Constat eam castitatem fideliter servasse, de qua scriptum est: "Ecce virgo concipiet et pariet filium". Et de hoc in regula: "Accingendi sunt lumbi vestri cingulo castitatis".

Secundo idem patet per specialia capitula.
25   Legitur enim de ea quod frequenter visitavit loca baptismi Christi et ubi Christus ieiunavit; quae sunt loca deserta, secundum Magistrum in *Historia*, et sic eremiticae vitae apta. Visitavitque loca inhabitata, Nazareth scilicet et Bethlehem. Et quia loca eremitica et alia erant sibi cara, ideo simile dicitur in regula:
30 "Loca autem habere poteritis in eremis vel ubi vobis donata fuerint", etc.

---

12 Et de] De *c.*
17 et infra c. 5 *om z.*
18 aliquid *om x.*
19 esse *om c.*
22 et pariet filium] etc. *c.*
23 vestri *om x.*
24 idem] etiam deinde *c.*   specialia] spiritualia *c.*
25 ea] illa *c.*
27 Historia] Histor~ *c,* historiis *xzy.*   eremiticae] heremitae *c.*
27-28 Visitavitque] Visitavit quae *c,* Inhabitavitque *zy.*
28 inhabitata] minus habitata *y, om z.*   scilicet *om czy.*
29 erant *post* sibi *c.*
30 autem *om c.*

12-13 Priori ... servare: "ut unum ex vobis habeatis priorem ... cui obedientiam, etc.". *Regula carmelitana.*
16-17 Omnes ... communia: Act. 2,44.
17-18 Et nullus ... dicebat: *cf* Act. 4,32.
22 Ecce ... filium: Is. 7,14.
25-26 Legitur ... ieiunavit: Iacobus a Voragine, *Legenda aurea*, p. 504: "... virgo beata in domo iuxta montem Syon posita remansisse, omniaque loca filii sui, scilicet locum baptismi, ieiunii, orationis, passionis, sepulturae, resurrectionis et adscensionis, quoad vixit, devotione sedula visitavit".
27 Magistrum: Petrus Comestor, *Historia scholastica*, In Evangelia, c. 30 et 35; PL 198, 1552, 1556.

Item concordant sancti quod cum angelus nuntiabat Filii Dei
incarnationem, eam in separata camera contemplantem invenit.
Et de hoc in regula: "Iuxta situm loci quem inhabitare proposue-
35 ritis, singuli vestrum singulas habeant cellulas separatas".

Praeter haec cum edentibus et bibentibus vixit in communi
loco, ut in Nazareth in parentum domo. In quo communem commendavit refectionis locum. Propter quod dicitur in regula: "In
communi refectorio ea quae vobis erogata fuerint sumatis".

40 Legitur quoque de ea in libro *De floribus sanctorum*,
quod cum ad templum a parentibus fuerat ducta, non solitaria,
sed cum aliis virginibus in templo erat dimissa. Unde quoad commune oratorium subditur in regula: "Oratorium construatur in
medio cellularum".

45 Collegium tenuit cum Ioseph, laico, et cum Ioanne Evangelista,
summo clerico, utroque in suo statu viro devoto. Sic ordinem
nostrum in laicis et clericis constitui voluit, et utrisque in regula
horas devotionis distinguit. Unde de clericis dicitur: "Hi qui horas
canonicas cum clericis dicere norunt", etc. De laicis quoque sub-
50 iunctum est: "Qui vero eas non noverunt", etc.

Hieronymus in quadam epistola ad Chromatium et Heliodorum

---

34 Et *om c.*
35 habeant] habebant *c.*
37 ut] et *c.*   quo] qua *c.*
40 in ... sanctorum *om c.*
42 in templo erat] fuerant in templo *c.*
42-43 commune oratorium] communem refectorium *c.*
46 viro *om c.*
47 nostrum] vestrum *c.*
47-48 constitui ... unde de clericis *om c.*
49 etc. *om c.*
49-50 subiunctum] adiunctum *c.*
50 noverunt] norunt *z.*
51 Chromatium] Cremacium *c*, Oramacium *x*, *om y.*   et *om y.*   Helio-
dorum] Eliodorum *cx.*

---

32 sancti: *cf* Ambrosius, *Epistola* 49 (80): "Sola erat Maria, et loquebatur
cum angelo"; PL 16, 1203.
40 *De floribus sanctorum:* Iacobus a Voragine, *Legenda aurea*, c. 51 (50)
De annuntiatione: "Cum ergo virgo beata a tertio anno aetatis suae usque ad
quartum decimum in templo cum aliis virginibus exstitisset et votum de servanda
castitate emisisset ..." p. 217; c. 131 (126) De nativitate beatae Mariae virginis:
"Perfecta igitur oblatione filiam cum aliis virginibus in templo dimittentes ad
propria redierunt", p. 588.
51-55 Hieronymus ... dabat: Iacobus a Voragine, *Legenda aurea*, p. 588: "Ait
Hieronymus in quadam epistola ad Chromatium et Heliodorum, quod beata virgo
hanc regulam sibi statuerat, ut a mane usque ad tertiam orationibus insisteret,
a tertia usque ad nonam textrino operi vacaret, a nona ab orationibus non

dicit, quod beata Virgo hanc regulam sibi statuit, ut a mane usque
ad tertiam orationibus insisteret, a tertia usque ad nonam textrino
operi vacaret, a nona ab oratione non recedebat, quousque angelus
55 apparens escam sibi dabat. Propter assiduitatem orandi quam
exercuit dicitur in regula: "Maneant singuli in cellulis suis vel
iuxta eas, die ac nocte in lege Domini meditantes et in orationibus
vigilantes". Propter continuationem operandi dicitur ibidem: "Fa-
ciendum est vobis aliquid operis, ut semper diabolus vos inveniat
60 occupatos, ne ex otiositate vestra aliquem intrandi aditum ad
animas vestras valeat invenire". Quod usque ad nonam ieiunavit,
de ieiunio nos instruxit. Unde in regula: "Ieiunium singulis diebus
observetis a festo Exaltationis sanctae Crucis", etc. Quod cibum ab
angelo suscepit, nos instruxit cibis tantum sobriis, quae vitae
65 congruunt spirituali, non carneis et lascivis fore vescendum. Unde
ibidem: "Ab esu carnium abstineatis, nisi infirmitas vel debilitas", etc.

Silentium multum servavit. Non enim legitur in Evangelio
locuta fuisse nisi quater, ut dicit Bernardus, scilicet angelo in
70 annuntiatione, Elisabeth in salutatione, in nuptiis in Cana Galileae, et Filio in eius inventione. De hoc in regula, et primo in
generali: "Commendat enim apostolus silentium, cum in eo praeci-

---

54 operi] opere *c*, sedulo operam *y*.   vacaret] daret *y*.
55 sibi] illi *z*.
56 cellulis] cellis *c*.
59 inveniat + vos *c*.
60 otiositate] ocietate *c*.
60-61 aliquem ... invenire] etc. *c*.
62 nos] vos *c*.
63 observetis *om xzy*.   Quod] quae *c*.
64 nos] vos *c*.   instruxit *om c*.   tantum *om c*.
64-65 vitae ... spirituali] spirituali vitae congruunt *c*.
65 lascivis] lasciviis *c*.   vescendum] vescendi *c*.
66 ibidem] ibi *x*.
66-67 infirmitas vel debilitas *om c*.
69 locuta *post* fuisse *c*.   scilicet *om c*.
71 et Filio] folio *c*.   primo + de hoc *c*.
72 enim] autem *z*.

---

recedebat, quoadusque angelus apparens sibi escam daret". The spurious letter
of St. Jerome, ad Chromatium et Heliodorum, forms the prologue to Ps.-Matthew,
Liber de ortu beatae Mariae et infantia Salvatoris, which is also attributed to
James the Less. The text is found in c. VI, n. 2; A. de Santos Otero, *Los Evangelios apócrifos*, Madrid, 1956, p. 206.
68-71 Non ... inventione: Bernard, *In antiphona Salve Regina, sermo IV:*
"Vocem tuam audivimus quater in Evangelio, o Domina rerum. Primo: ad ange-
lum; secundo ad Elisabeth; tertio ad Filium: "Fili, quid fecisti nobis sic"? (Luc.
2,48); quarto item ad Filium: "Vinum non habent"; PL 184, 1073.

pit operandum", etc. Et in speciali cum subditur: "Ideoque statuimus, ut dicto completorio silentium teneatis usque ad primam
75 dictam sequentis diei".

Constat eam simplicitatem dilexisse. Quando enim ivit in
Bethlehem ubi Filium pareret, in adiutorium non equum, sed
asinum secum duxit, ut dicitur in *Historiis*. De hac nostra simplicitate dicitur in regula: "Asinos sive mulos habere poteritis", etc.
80 Constat etiam eam in magna fide, spe et caritate stabilem fuisse,
cum in Filii sui passione permansit, alii vero Eo relicto fugerunt.
De perfectione caritatis dicitur in regula: "Induenda est lorica
iustitiae, ut Dominum Deum vestrum ex toto corde vestro diligatis", etc., "et proximum vestrum", etc. De fide subiunctum est:
85 "In omnibus sumendum est scutum fidei, ut possitis", etc. De
spe sequitur: "De solo Salvatore speretis salutem".

Ad statum praedicatoris pervenit. Postquam enim Dei Filium
conceperat, magnum sermonem fecit, primo Deum laudando et
dicendo: "Magnificat anima mea Dominum", etc.; secundo ad mo-
90 res applicando, ibi: "Et misericordia eius a progenie in progenies", etc.; tertio ad propositum modo sermonis in fine prophetias allegando, dicens: "Sicut locutus est ad patres nostros", etc.
Unde in regula: "Gladius autem Spiritus, quod est verbum Dei,

---

72-73 praecipit] praecepit *c.*
73 operandum] operandi *c.*   Et *om c.*
76 eam] enim *c.*
77 ubi] ut *c.*   Filium + suum *c.*   pareret] peperit *z.*
78 historiis] historia *c.*   nostra] vestra *c.*
79 etc. *om y.*
80 etiam] enim *c.*   in *om y.*   fide + et *z.*   caritate] a charitate *c.*
81 sui *om c.*   alii ... relicto] quando eo relicto omnes *c.*
84 etc.] et ex tota anima vestra *c.*   subiunctum] subiectum *y.*
89 secundo ad] quoad *c.*
90 ibi] secundo *c.*
90-91 a ... etc.] infra *c.*
91 etc.] et infra *xy.*   modo] omnino *c, om zy.*

---

78 Historiis: Petrus Comestor, *Historia scholastica*, In Evangelia, c. 5: "Forte
ibi Ioseph praesepium fecerat bovi et asino, quos secum adduxerat ..."; PL 198,
1540.
82-83 Induenda ... iustitiae: Eph. 6,14.
83-84 Dominum ... diligatis: *cf* Deut. 6,5.
84 et proximum vestrum: Mt. 19,19.
85 In ... possitis: Eph. 6,16.
89 Magnificat ... Dominum: Lc. 1,46.
90-91 Et misericordia ... progenies: Lc. 1,50.
92 Sicut ... nostros: Lc. 1,55.
93-94 Gladius ... vestris: Eph. 6,17; Col. 3,16; Rom. 10,8.

abundanter habitet in ore et in cordibus vestris", etc.

95   Humilitatem servavit ad Deum, dicens: "Quia respexit humilitatem ancillae suae", etc. Sic in regula debent subditi ad praela-
tum; unde ibi: "Vos quoque ceteri fratres, priorem vestrum hono-
rate humiliter". Humilitatem tenuit ad minorem; cum enim esset
mater Dei, tribus mensibus ministravit matri sui praeconis. Unde
100 in regula instruuntur priores de humilitate sic: "Illud semper
habeatis in mente, quod Dominus ait in Evangelio: Quicumque
inter vos voluerit maior esse, erit minister vester".

        Et quia super omnes virtutes praedictas adhuc alias habuit
innumeras, praeter has quae in regula ponuntur, ideo supererero-
105 gatio nobis indulgetur. De hoc in regula: "Si quis autem superero-
gaverit, ipse Dominus cum redierit, reddet ei".

        Denique constat eam fuisse discretam in omnibus virtutibus
operando. Unde de hoc in regula: "Utatur tamen discretione, quae
virtutum est moderatrix".

110   Sic igitur patet quod merito regulae ordo titulum habet beatae Mariae. Unde idem Innocentius IV qui regulam declaravit,
dans licentiam confessandi et praedicandi sic scripsit cito post:
"Dilectis filiis priori generali et provincialibus ordinis beatae Mariae de monte Carmeli salutem et apostolicam benedictionem".
115 Ex tunc Romani pontifices usque in hodiernum diem suis bullis et
litteris in principio praedictum titulum beatae Mariae conscribunt.
Et Ioannes XXII in privilegio exemptionis perhibet testimonium
super istis, dicens: "Sacer ordo vester, in agro Domini plantatus,

---

95 servavit *om c.*
97 ibi] secundo *c,* in regula *z.*
99 mater *om c.*   sui] suae *c.*
100 instruuntur ... sic] de prioribus *c.*
102 minister *post* vester *c.*
107-9 Denique ... moderatrix *om cx.*
113-4 beatae] beatissimae *z.*   Carmeli] Carmelo *z.*   et apostolicam be-
nedictionem] etc. *c.*
115 Ex] Et ex *c,* Et *y.*
117 XXII] XXXII *c.*

95-96 Quia ... suae: Lc. 1,48.
101-2 Quicumque ... vester: *cf* Mt. 20,26.
105-6 Si ... ei: *cf* Lc. 10,35.
111 regulam declaravit: Innocent IV, *Quae honorem,* 1 Oct. 1247; *Bull.
Carm.* I, 8.
113-4 Dilectis ... salutem: *Devotionis augmentum,* 26 Aug. 1253; *Bull. Carm.*
I, 13 (provincialibus: the bull has fratribus eremitis).
118-20 Sacer ... attolli: *Sacer ordo,* 13 martii 1317, *Bull. Carm.* I, 57 (Domini:
the bull has dominico).

et gloriosae virginis Mariae titulo specialiter insignitus, apostolicis
120 gratiis digne meretur attolli".

3.

COMPENDIUM HISTORIARUM ET IURIUM PRO DEFENSIONE
INSTITUTIONIS ET CONFIRMATIONIS ORDINIS BEATAE MARIAE
DE MONTE CARMELI

Beatus Bernardus in quodam sermone, quem fecit de laudibus
5 beatae Mariae, eam specialiter laudat per decorem Carmeli, dicens:
"Gloria Libani data est ei, decor Carmeli et Saron".
    In suis igitur Carmelitis, Deo inspirante et ipsa adiuvante,
contra dicti ordinis detractores non per fabulas, sed per res gestas
ipsam laudare disposui, per novem particulas procedendo.

---

120 attolli + Amen *c*, Explicit tractatus super regulam Carmelitarum *x*.
1-3 *om c*.
    1 Hic incipit *praemittit x*, Incipit *praemittunt nOICa*.   iurium + de
perfectionis atque *n*.   defensione + approbationis *n*.
    2 confirmationis + intitulationis *y*.   ordinis + regulae fratrum *n*.   bea-
tae + virginis *y*.   Mariae + Dei genitricis *I*.
    3 Carmeli + editum a magistro Ioanne Bachone (Bachome *O*) ordinis prae-
dicti *OICa*, + et dictum a venerabili magistro in sacra pagina fratre Ioanne
Bachone cum gloriosis (*pro* glossis) et additionibus fratris Petri Ryera lectoris
in theologia de provincia Aragoniae *n*, + Praefatiuncula authoris *y*.
    4 Beatus *om O*.   quem] quam *OI*.
    5 beatae] gloriosae virginis *n*.   Mariae + unde et sermo eius sic incipit:
Loquamur aliquid de laudibus sacratissimae Mariae virginis etc. *n*.   eam *post*
specialiter *c*.   specialiter + inter alia *n*.
    6 Gloria Libani *om nx*.   ei + iuxta verbum Isaiae: Gloria Libani *n*.
Saron + quod est Isaiae 35° capitulo *n*.
    7 In suis ... adiuvante] iuvante *I*.   In suis] Insuper *C*.   suis] sui *O*.
ipsa + gloriosa virgine *n*.
    8 contra *om O*.   dicti] dicenti *c*.   ordinis + aemulos et *n*.   gestas
+ et scripturas sacras, apostolicas et authenticas *n*.
    9 ipsam] ipsum *I*, tam ipsam beatam virginem quam ipsum suum ordinem
n.   laudare] laudari *O*.   novem + ex titulis distinctas *n*.   procedendo
+ Prima (Quarum prima *n*) particula (*om n*) est de loco ubi incepit ordo (sacer
ordo praedictus fratrum beatae Mariae de monte *n*) Carmeli. Secunda de
antiquitate ordinis Carmelitarum (Carmelitarum *om n*). Tertia de origine ordinis
(eius *n*) Carmeli (*om n*). Quarta de regula. Quinta de intitulatione ordinis nomine
beatae Mariae de monte Carmeli (ordinis ... Carmeli *om n*). Sexta de habitu (+
fratrum eiusdem *n*) ordinis Carmelitarum (Carmelitarum *om n*). Septima de
confirmatione eiusdem ordinis iure divino. Octava de confirmatione eiusdem iure
(*bis n*) canonico communi (communi *om n*). Nona (+ et ultima *n*) de confirmatione
eiusdem (etiam ipsius *n*) iure canonico (canonico *om n*) speciali (+ seu apostolico *n*) *nx*.

---

4 Bernardus: the sermon is not authentic; *vide* Baconthorpe, *Speculum*,
ll. 12-14.
    6 Gloria ... Saron: Is. 35,2.

10   .   Prima Particula

De loco ubi ordo Carmeli incepit

Ordo Carmeli incepit in monte Carmeli, ubi Elias propheta
habitare consuevit, secundum quod dicit Vincentius in *Speculo
historiali*, libro 31, c. 123. Et hoc idem testificatum est a multis
15 Romanis pontificibus, qui in regula bullata sic scribunt: "Priori et
fratribus, qui in monte Carmeli iuxta fontem Eliae morantur,
salutem et apostolicam benedictionem".

Nec credendum est Carmelum Eliae eundem esse qui et Carmelus Nabal, nam secundum Hieronymum super Isaiam, c. 60,

---

10-11 *om c.*
10 prima *post* particula *y, om n, praemittit* Incipit *n.*
11 De] est de *OCay.*   De ... incepit] De origine ordinis etc. *I.*   incepit]
incipit *O, ante* ordo *x.*
12 incepit] incipit *O.*   in monte Carmeli *om x.*   ubi] iuxta quendam
fontem Eliae, sic dictum est qui ibidem emanare perhibetur, ubi ut legitur in
libris Regum *n.*
13 consuevit] assuevit *n, +* ac etiam Eliseus et multi alii prophetae, sicut
patet in tertio libro Regum capitulo 18 et in quarto libro Regum capitulo 2 et
capitulo 4 *n.*   secundum quod] hoc *n.*   dicit + frater *n.*   Vincentius]
Innocentius *OCI, +* ordinis fratrum Praedicatorum *n.*   Speculo] Speculi *I.*
14 libro 31, c. 123] libro 27, cap. 23 *OI, ab alia manu corr.,* libro 22, cap.
4 *C,* libro 30, c. 23 *y,* libro 31 et c. 124 *n.*   hoc *om n.*   testificatum] contesti-
ficatum *y.*
15 in *om I.*   regula + eorum *n.*   bullata] dublata *I, +* cum ea<m>
confirmarunt *n.*
15-16 Priori ... Eliae] Dilectis filiis priori ceterisque fratribus qui sub eius
obedientiam iuxta fontem in monte Carmeli *n.*
16 qui in] de *x.*   in] de *I.*
18 credendum] credandum *I,* creddam *O.*   est *om c.*   Carmelum] dictum montem Carmeli *n.*   eundem esse] est idem *c.*   et *om O.*
18-19 et Carmelus] est *n.*
19 Nabal + de quo dicitur primo Regum c. 25 quod erat eius possessio
in Carmelo *n.*   secundum + beatum *n.*   c. 60] c. 16 *cx, om y.*

---

13 Vincentius: Vincent de Beauvais; *vide supra,* n. 92-93.
14 Libro 31: 30.
15-17 Priori ... benedictionem: This address is a mixture of the usual address
of papal bulls and that of the *Regula carmelitana:* "Albertus, Dei gratia Ierosolimitanae ecclesiae vocatus patriarcha, dilectis in Christo filiis B. et ceteris
heremitis qui sub eius obedientia iuxta Fontem in monte Carmeli morantur, in
Domino salutem et sancti Spiritus benedictionem".
19-20 Hieronymum: *Commentaria in Isaiam prophetam,* lib. IV, c. 10: "Et
quomodo saltus et Carmelus, qui est mons in Galilaea nemoribus consitus";
PL 24, 138. *Ibid.,* V, c. 16: "Idioma scripturarum est, quod semper Carmelum
montem opimum atque nemorosum, qui Ptolemaïdi imminet, et in quo oravit
Elias, fertilitati et abundantiae comparet"; PL 24, 172. *Ibid.,* IX, c. 29: "... in

20 mons Carmeli in quo oravit Elias, est mons inter Phoenicem et Palestinam. Et ut habetur in libro *Catholicon*, non est ille de quo Nabal Carmelus dicitur; ille enim mons est Galileae. Et concordat Magister in *Historiis*, 1 Regum, 25 c.

Secunda Particula

25   *De antiquitate ordinis Carmeli*

Ordo Carmeli tanta fulget antiquitate, quod de hoc in iure non exstat memoria. In decreto enim Lugdunensis concilii quod

---

20 oravit] moratus est seu horavit *n*.   Phoenicem] Fynicem *n*.   et *om O*.
21 Et + iste mons *n*.
21-22 Et ... dicitur *om c*.
21 libro *om ny*.
21-22 de quo ... dicitur] Nabal *n*, Nabal Carmelus *y*.
22 Carmelus] Carmeli *O*.   Galileae + ut dicit etiam Papias ille *n*.   Et] scilicet *n*.
23 Historiis + scolasticis *n*.   1 *om O*.   1 Regum] super primo libro Regum *n*, Regum *O*   25 c.] c. 25 *ny*, + etc. *CI*, + in principio ubi dicit quod mons Carmeli in quo erat possessio Nabal est in sorte Iudae, alter vero, inquit, Carmelus est in confinio Palestinae et Finicis, ubi Elias occidit prophetas Baal; sic habetur tertio Regum, capitulo 18 *n*.
24-25 *om c*.
24 secunda *post* particula *y*.
25 De] Est de *OCa*.   ordinis + beatae Mariae de monte *n*.   Carmeli] Carmelitarum *xy*.
26 Ordo] Sacer hic ordo *n*.   fulget] fulgit *n*.   hoc] illo *c*.   iure] iuribus *n*.
27 exstat] extat *xy*, exit *c*, stat *n*.   memoria *om c*, + sui initii *n*.
27-28 In ... incipit] In Sexto enim Libro Decretalium, rubrica 'De religiosis domibus' *n*.
27 enim + Aegidii (?) *C*. Egidii (?) *O*.   Lugdunensis] Lugdunensi *I*, Lim (?) *c*.   concilii] quod filii *c*.   quod] qui *O*.

---

montem Carmelum, qui Hebraice *Chermel* dicitur, et in confinio Palestinae et Phoenicis, Ptolemaïdi imminens; licet et alius in Scripturis sanctis mons Carmelus appelletur, in quo fuit Nabal Carmelius, homo stultus et iniquus"; PL 24, 335.
21 *Catholicon:* by Ioannes Balbi de Ianua, O.P. (1298).
23 Magister: Petrus Comestor, *Historia scholastica*, I Regum 24: "... et possessio eius erat in Carmelo. Mons est in sorte Iudae. Alter Carmelus est in confinio Palestinae et Phoenicis, ubi Elias occidit prophetas Baal"; PL 198, 1318.
27-30 In ... praecessit: the decree of the Second Council of Lyons, 1274: Mansi, *Sacrorum conciliorum*, XXIV, 97: "Ceterum Carmelitarum et Eremitarum sancti Augustini ordines, quorum institutio dictum concilium generale praecessit...".

incipit: 'Religionum diversitatem', fit mentio de Lateranensi concilio, et tunc subditur ibidem: "Carmelitarum ordinis institutio
30 dictum generale concilium praecessit", nec ponit certum tempus
suae praecessionis. Per quod patet quod in tantum ab antiquo praecessit, quod de eius antiquitate in iure non invenitur memoria.

In prima insuper constitutione dicti ordinis, edita ab antiquo,
invenitur, "quod a tempore Eliae et Elisei prophetarum, montem
35 Carmeli inhabitantium, quidam viri contemplativi in eodem monte
successerunt, et "fratres de Carmelo" erant nominati; ac post
Christi incarnationem capellam in honore beatae Mariae erexerunt,
et eius titulum elegerunt".

Et hoc testimonium validum est a iure, quia in *Decreto*, 14,
40 q. 2, scriptum est, in c. 'Super prudentia', quod monachi possunt
testificari in causa sui monasterii. Et redditur ratio ibidem, quia

---

28 incipit] incepit *I*.   diversitatem] diversitati *I*, + nimiam etc. *n*.   fit]
sic *x*.   mentio + in principio *n*.   Lateranensi *post* concilio *c*.
29 et ... ibidem] per dominum Innocentium papam III celebrato, pontificatus sui anno 18, anno ab incarnatione Domini 1215. In quo quidem concilio
fuit edita quaedam Decretalis quae incipit 'Ne nimia' in Tertio Libro, rubrica
eadem, et postea subditur statim paulo post ibidem *n*.   subditur] subdit *O*.
Carmelitarum ordinis] ordinis Carmelitarum *c*.
30 praecessit] processit *I*.   ponit] ponitur *n*, potuit *c*.
31 praecessionis] processionis *Ix*.   in tantum *om OICaxy*.
31-32 praecessit] processit *I*.
32 quod] quia *y*.   de] deus *O*.   invenitur] invenit *I*.   memoria
om n.
33 insuper] igitur *I*, igitur insuper *c*, + fratrum dicti ordinis *n*.   dicti
... antiquo] generali, iam diu ab antiquo memoria edita et per omnia eorum
generalia capitula confirmata *n*.   edita] editae *c*.
34 quod *om n*.   montem] monte *c*.
34-35 montem ... inhabitantium *om C*.
35 Carmeli + devote *n*.   quidam *om y*.   viri] sancti viri *n*, viro *c*.
36 successerunt + qui *n*.   ac] quorum successores *n*.
37 capellam] ibidem ecclesiam *n*.   beatae Mariae *om O*.   Mariae +
virginis *n*.   erexerunt] construxerunt *n*, inrexserunt *O*.
38 eius] ipsius *n*.   elegerunt + et ob hoc, ut subdit praedicta constitutio,
deinceps fratres beatae Mariae de monte Carmeli per apostolica privilegia sunt
vocati. Sed de hoc habes iam infra, particulam scilicet quintam *n*.
39 hoc] hac *n*.   a] etiam de *n*, *om I*.   Decreto] Decretis *Ix*, Decretali *Ca*.   14] 13 *c*.
40 scriptum est *om n*.   est *om OIax*   prudentia + dicitur *n*.
41 ratio ibidem] ibi ratio *n*.   ibidem] ibi *xy*.

---

33 in prima insuper constitutione: *Rubrica prima*, 1324.
39-43 Decreto ... tractaverunt: c. 1, C. XIV, q. 2; Friedberg I, 734. *Cf* Baconthorpe, *Speculum*, 1. 39-41 and *Laus religionis*, ll. 550-2.

"illi potissimum in testes assumendi sunt, qui eadem negotia tractaverunt".

Tertia Particula

45   *De origine ordinis Carmelitarum*

Ordo Carmeli exemplum contemplationis a cuneo prophetarum
apparet accepisse, et Eliam prophetam tamquam patrem cum
filiis prophetarum elegisse, et sic ortum habuisse. Magister enim
in *Historiis*, 1 Regum 10, dicit, quod Samuel fuit primus qui consti-

---

42 illi *post* potissimum *OICa.*   testes] testis *n.*   assumendi] sumendi
OC, post sunt *xy.*

42-43 tractaverunt + Hoc testificatur praedictus frater Vincentius ubi supra,
libro 31, c. 124: Fuerunt, inquit, ab initio nascentis ecclesiae in Terra Sancta et
maxime in monte Carmeli etc. Hoc etiam legitur in quadam epistula Balbonii
ad Antonium imperatorem, ubi dicitur sic: Mons est nomine Carmelus, in quo
vetus religio et sanctitas antiqua est. Elias illic sacrificia Deo offerebat. Apparent
etiam et nunc vestigia de ara sacrificiorum. De hac autem ara sive altari habes in
tertio libro Regum c. 18 *n.*

44-45 *om c.*

44 tertia *post* particula *y.*

45 De] Est de *Ca.*   origine + eiusdem *y.*   Carmelitarum] Carmeli
nOa, etc. *I.*

46 Ordo] Ordinem *nx,* + enim *OCa.*   Carmeli] Carmelitarum *c.*   a cu-
neo] acumine *O,* atime *I,* a cune *a.*

47 apparet] appareat *I.*

47-48 accepisse ... et sic *om x.*

47 et *om O.*

47-48 et ... elegisse *om c.*

47 patrem] patronum *y.*   cum + Eliseo et *n.*

48 filiis + suis *O.*   elegisse] legisse *n.*   ortum] totum *I.*   habuisse +
Eliseum prophetam qui tunc fuit minister Eliseae [*sic*] tamquam patrem cum
filiis prophetarum habuisse *c.*   Magister enim] Dicit enim Magister *n,* dicit *c.*

49 in *om cI.*   Historiis + scolasticis *n.*   1 Regum 10] super primo
libro Regum c. 10 *n,* 1 Regum 10 c. *a,* 2 Regum 4 c. *OIC,* 2 Regum 18 *c.*   dicit
ante 1 Regum *OICa, om nc.*   fuit] fuerit *y.*

49-50 constituit] instituit *n.*

---

48 Magister: Petrus Comestor, *Historia scholastica,* I Regum 11: "Et nota
quod Samuel primo instituit conventus religiosorum iugiter psallentium Domino,
et dicebantur conventus eorum cuneus, quasi counus. Et dicebantur prophetare,
id est iugiter Deum laudare, et forte aliqui quandoque prophetabant ex eis.";
PL 198, 1304.

50 tuit conventus religiosorum, et vocabatur "cuneus prophetarum",
quorum officium fuit Deum contemplari. Postea vero adhaeserunt
Eliseo viri contemplativi, filii prophetarum, ut habetur 4 Regum,
c. 2.

   Hanc igitur contemplationem, quam cuneus et filii propheta-
55 rum sic inchoaverant, quidam Carmelitae, ut de facto notum est
et Vincentius in *Speculo historiali*, ubi supra, testatur, in Carmelo,
quem Elias propheta inhabitavit, continuare curaverunt. Et sic
ortum habuerunt.

Quarta Particula

60   *De regula ordinis Carmelitarum*

---

50 conventus] conventum *y*.   religiosorum *om I*.
50-51 et ... contemplari] iugiter psallentium Domino, sicut etiam posset
intelligi per illud quod dicitur Ecclesiastici, 46 capitulo: Dilectus a Domino Deo
Samuel propheta Domini congregavit congregationum [*sic*] et vidit Deum Iacob,
et dicebantur, ut subdit, conventus eorum "cuneus prophetarum" quasi cuneus
et dicebantur prophetare, id est iugiter Dominum laudare. Unde dicitur ibi de
rege Saule quod cum venisset ad collem Domini fuit enim obvius cuneus prophetarum. Et insiluit super eum spiritus Dei et prophetavit in medio eorum et
forte quidam (?) ex eis aliquid prophetabant. Itaque officium omnium erat
contemplari. Eliam autem consecutus est Eliseum [*sic*] ex quo Elias misit pallium
suum super eum, tamquam daret illi habitum et adiungeret ordini prophetarum
ministrans ei usque ad raptum ipsius per turbinem in caelum, sicut patet 3
Regum c. 19 in fine, et 4 Regum c. 2 in principio, et c. 3 satis iuxta principium *n*.
50 vocabatur] vocatur *OIa*.   cuneus] cunes *Ca, I*?
51 officium fuit *bis c*.   Deum] omnium *OICa*.
52 Eliseo] Eliae *OICa*.
53 c. 2] 2 *c*, 11 c. *OC*, 15 c. *I*, 6 c. *a*, c. 4 versus finem et c. 6 in principio *n.*
54 Hanc igitur] Ac in *na*, Ac *C*, Hac *O*, Et in *I*.   igitur] insuper *x*.
contemplationem] contemplatione *O*.   quam] quod *Ca*.   cuneus] cunes *OIC*,
+ prophetarum *n*.
54-55 prophetarum] eorum *n, om OICca*.
55 sic] sicut *n, om xy*.   inchoaverant] inchoaverunt *OICa*.   quidam
om y.   est + necnon *xy*.
56 et + praedictus etiam *n*.   in Speculo historiali *om n*.   ubi supra
om OICa, post testatur *n*, + libro 31, c. 124 *n*.
57 Elias *post* propheta *O*.   inhabitavit] habitavit *OCca*, + iuxta fontem
Eliae *n*, + et sequaces *y*.
57-58 Et ... habuerunt *om y*.
58 ortum *post* habuerunt *O*.   habuerunt + etc. *I*.
59-60 *om c*.
59 Quarta particula *om nO*, particula quarta *y*.
60 De] Est de *Ca*.   regula + fratrum *n*.   ordinis *om Oxy*.   Carme-

---

52-53 4 Regum, c. 2: 4 Reg. 2,15.
56 Vincentius: Vincent de Beauvais, *vide supra*, p. 92-93.

Ordo Carmeli accepit regulam ab Alberto, Ierosolymitano patriarcha. Quam multi Romani pontifices postea confirmarunt, ut
dicit Vincentius in *Speculo historiali*, ubi supra, et patet in multis
bullis quas habet ordo praedictus.

65 Sed quia aliqui minus periti dicunt eam non esse regulam,
sed vivendi formulam, discant prius quam loquantur, quia forma
vivendi a regula non distrahit, sed regulam definit. In *Decreto*
enim, d. 3, c. 'Canon', scribitur, quod regula ex eo dicta est, quod
recte vivendi normam praebeat. Sunt igitur idem haec tria: regula,
70 norma et forma vivendi, ut patet in decreto allegato. Et ut omnibus modis pateat dictum ordinem regulam habere: sub omnibus
istis nominibus confirmatam Romani pontifices eis regulam tradi-

---

litarum] Carmeli *na, om Ixy.*
61 Ierosolymitano *post* patriarcha *n,* + et sedis apostolicae legato, ut
patet per eandem; adhuc enim tunc non erat institutio et confirmatio ordinum
sedi apostolicae reservata, sicut dicetur infra, octava particula *n.*
62 Quam + quidem regulam *n.* pontifices + sub bullarum suarum
testimonio *n.* postea + devotissime *n.* confirmarunt] confirmaverunt *OIxy.*
63 dicit + etiam idem *n.* Vincentius *om O.* in Speculo historiali
om n. ubi] ut *OICa.* supra + libro 31, c. 124 *n.* et + etiam *OICa.*
64 habet *post* praedictus *n.* praedictus] praedicere *c,* + Quod etiam
habetur in praedicta constitutione superius in secunda particula allegata *n.*
65 minus] iuris *OICa.* dicunt *om OICa.*
66 sed + modum *n.* vivendi] vivendo *I,* + aut *n.* formulam + appellant
OICa, + volunt idcirco *n.* discant] dicant *I.* prius + loqui *OICa.* quam]
qua *I.* quia] qui *O,* quod *cy.* forma] formam *O.*
67 sed regulam] immo eam *n.* regulam] regula *I.* definit] differunt
O. In Decreto] Inde c°. *I.* Decreto] Decretis *Oaxy,* C?
68 enim *om I?* 3 + e nel *n.* c. *om ICay.* Canon *om Oy,* + vel
regula *n,* + sic *xy.* quod *om y.* ex *bis O.* est *om C.*
69 praebeat + Ubi etiam Archidiachonatus sicut patet in Rosario dicit quod
uno modo dicitur regula, licet spiritualis norma vivendi. Et ponit ad hoc duas
allegationes, scilicet 54 d. in c. 'Multos' in fine, et 61 d. in c. 'Bene' *n.* Sunt
igitur idem] Idem sunt igitur *I.* igitur *om O.* idem] eadem *O, post* tria *n.*
70 forma] formam *I.* ut] sicut *n.* in] ex *xy.* decreto allegato]
capitulo praeallegato *n.* ut] *om c.*
71 pateat] patet *OC,* patiatur *c.* regulam *post* habere *n.*
71-72 sub ... confirmatam *om n.*
71 omnibus *om Oc.*
72 istis *bis O,* + modis *Ca.* nominibus] modis *I, post* confirmatam *O.*
confirmatam] confirmatum *c.*
72-73 tradiderunt + sub istis omnibus modis seu nominibus conformatam,
ut clarum est *n.*

---

63 Vincentius: Vincent de Beauvais, *vide supra,* p. 92-93.
67 Decreto: c. 2, D. III; Friedberg I, 4: "Regula dicta est ex eo quod
recte ducit, nec aliquando aliorsum trahit. Alii dixerunt regulam dictam, vel
quod regat, vel normam recte vivendi praebeat, vel quod distortum pravumque
est corrigat".

derunt. Primo enim eis Honorius papa regulam tradidit sub nomine
normae, ut patet in quadam bulla antiqua quae Londoniis habetur,
75 ubi sic scribitur: "Honorius servus servorum Dei, etc. Normam
vivendi regulariter quam a Ierosolymitano patriarcha vos suscepisse dicitis, vobis et successoribus vestris quatenus eam observetis, in remissionem iniungimus peccatorum". Item Innocentius
IV confirmavit eis regulam sub nomine regulae in principio, et in
80 fine sub nomine formae vivendi, ut patet in bulla sua.

Quinta Particula

---

73 Primo] primum *a, om n.*   enim *post* Honorius *n.*   eis *post* papa *c,*
om ny.   papa *om x,* + III *O,* + III natione Romanus, successor Inno<cen>tii
III eius eis *n.*   regulam + iam a praedecessoribus suis scilicet Alexandro
papa III et Innocentio III approbatam iterum confirmavit *n.*

74 normae] formae *n,* + pontificatus sui anno primo, anno Domini 1227,
de qua confirmatione testatur praedictus Vincentius ubi supra, libro 31, c. 124 *n.*
ut patet] et haec patent *n.*   in] ex *O.*   Londoniis] Londonii *xy,* Lugdunis *OC,*
Ludoniis *a,* in Anglia Lodonis apud dictos fratres, et forte est in pluribus aliis
locis *n post* habetur.

75 ubi + praedictus papa Honorius, scilicet III *n.*   sic scribitur] scribitur
C, scribit sic *n.*   Honorius + episcopus *nCIa.*   servorum Dei] etc. Sequitur
n.   Dei *om OCca.*   Normam] Normamque *c.*

75-76 Normam vivendi] ut vivendi normam *x,* ut normam *y,* + que *O.*

76 regulariter *illegibile c.*   quam] qua *c, om xy.*   a] ab Alberto *OICa,*
+ bonae memoriae *xy.*   patriarcha + editam *xy.*

76-77 vos ... quatenus eam *om y.*

76 vos] eos *I.*

76-77 suscepisse + eos *I.*

78 remissionem + vobis *y.*   peccatorum + Unde videtur quod praedicta
verba, scilicet "normam vivendi", recte seu regulariter conformiter ad illa
praedicti Decreti sunt sumpta *n.*   Item *om n.*   Innocentius + autem papa
n.   IV + declaratam, correctam et mitigatam *n.*

79 eis regulam *om n.*   regulae + vestrae *n.*   principio + ubi ait:
"Quaedam regulae vestrae dubia declarari" etc., et iterum infra: "Ut quaedam
quae in vestro privilegio et regula continetur" etc.; pauloque post: "Religioni
vestrae" etc., sequitur: "quatenus regulam a nobis declaratam, correctam et
mitigatam" etc. *n.*   et *om n.*

80 fine + vero *n.*   formae] normae *OC.*   vivendi + dicens: "Haec
breviter scripsimus vobis, conversationem [*sic*] vestrae formam statuentes, secundum quam vivere debeatis" *n.*   ut] sicut *n.*   sua *om c,* + etc. *C,* + seu
in regula bullata; quasi ista essent idem, sicut dictum est, norma, regula et
forma vivendi; quae quidem confirmatio fuit facta Lugduni tempore concilii generalis, quod tunc per dominum Innocentium papam IV celebrabatur ibi, kalendis
octobris pontificatus sui anno quinto, anno Domini 1248, sicut patet in eadem *n.*

81-83 *om c.*

81 *om O.*   particula *om x, ante* quinta *y.*

---

73 Honorius: Honorius III, *Ut vivendi normam,* 30 Jan. 1226; *Bull. Carm.* I, 1.

78-80 Innocentius IV: *Quae honorem,* 1 Oct. 1247; *Bull. Carm.* I, 8-11: "quaedam regulae vestrae dubia ... conversationis vestrae formulam statuentes... ».

De intitulatione ordinis nomine beatae Mariae
de monte Carméli

    Ordo Carmeli intitulatur titulo "beatae Mariae" per plura pri-
85 vilegia apostolica, ut patet privilegia ordinis intuenti. Et super hoc
perhibet testimonium dominus Ioannes XXII, in privilegio exemptionis dicti ordinis sic dicens: "Sacer ordo vester, in agro dominico
plantatus, et gloriosae virginis Mariae titulo specialiter insignitus,
apostolicis gratiis digne meretur attolli". Et hoc sufficit, quia quod
90 sedes apostolica approbat, approbatum est, ut habetur in *Decretis*,
24, q. 1, 'Haec est fides'.
    Item in quodam tractatu quem feci super regulam dicti ordi-

---

    82 De] Est de *Ca.*
    82-83 nomine ... monte *om n.*
    83 Carmeli + etc. *I.*
    84 Carmeli] Carmelitarum *c.*   titulo *post* Mariae *c.*   Mariae + de mon-
te Carmeli *OICa.*   per] propter *O.*   plura] plurima *n.*
    84-85 privilegia *post* apostolica *n.*
    85 ut] sicut *n.*   privilegia] in privilegiis ipsius *n*, in privilegio *OICa.*
intuenti] instituenti *Ca*, instituendi *O*, instituentis *I*, + Dicit etiam praedictus
Vincentius ubi supra, scilicet Speculo historali, libro 31, c. 124, quod felicis
recordationis Aymericus Malafayda, patriarcha Antiochenus, ordinavit eos "Fratres beatae Mariae de monte Carmeli" appellari tempore Alexandri papae III.
Qui quidem Alexander coepit anno ab incarnatione Domini 1160 et fundavit
Alexandriam civitatem, seditque annis 22, mensibus 11, novemque diebus *n.*
    85-86 super ... testimonium] hoc est testimonium quod perhibet *xy.*
    85 hoc] ho *n.*
    86 perhibet] perhibens *ICa.*   dominus + papa *n.*
    86-87 exemptionis] executionis *O.*
    87 ordinis + per eum indicto pontificatus sui anno primo, anno Domini
1316 *n.*   sic *om xy.*   dominico] Domini *Ccx*, + divina dispositione *n.*
    88 specialiter *post* insignitus *c.*
    88-89 insignitus ... attolli] ac tolitur *O.*
    89 meretur] mereatur *n.*   attolli] extolli *I.*   hoc sufficit] de hoc ista
sufficiunt *n.*
    90 approbatum + et ratum *n.*   est + et firmum et immobile *n.*   ut]
sicut *n.*   Decretis] Decreto *n.*
    91 q. 1] q. prava *x*, + in c. *n.*   fides + etc. *C.*
    92 Item] praeterea (?) *C, om nOIa.*   quodam + etiam *n.*   quem] et
quem *ICa*, + alias *n.*   feci + ego magister Ioannes Bacon eiusdem ordinis
provincialis *c, post* ordinis *n.*

    87-89 Sacer ... attolli: *Sacer ordo*, 13 Mar. 1317; *Bull. Carm.* I, 56-57.
    90 Decretis: c. 14, C. XXIV, q. 1; Friedberg I, 970: "... si autem haec
nostra confessio Apostolatus tui iudicio comprobatur, quicumque me culpare
voluerit, se imperitum et malevolum, vel etiam non catholicum, sed haereticum
comprobabit".
    92 in quodum tractatu: his *Tractatus super regulam ordinis Carmelitarum.*

nis, intitulationem illam congruam probavi, eo quod singula puncta
in regula contenta imitationem habent ad puncta similia in vita
95 beatae Mariae, ut per singula puncta deduxi.

Sexta Particula

De habitu ordinis beatae Mariae de monte Carmeli

Ordo Carmeli congrue habitum accepit secundum ea quae
Elias portavit. Legitur enim de Elia, quod ipse portavit pallium,
100 ut habetur 4 Regum, c. 2. Modus enim religiosorum qui in Terra
Sancta habitaverunt, fuit signum distinctivum gerere in palliis suis,
ut patet de Hospitalariis et Templariis et Bethlemitis. Et ad instar
huius Carmelitae primo habuerunt pallium cum barris griseis.

---

93 congruam] congregavi *O*, + fore *n.*
93-94 probavi ... vita] pro a *O.*   eo ... vita *om C.*
94 in regula ... similia *om c.*   contenta *om Ia.*   habent] habeant *y.*
puncta similia] similia puncta *I*, singula puncta *n.*
95 beatae + virginis *n.*   ut + patet *I*, + ibi *n*, + ibidem *y.*   deduxi]
eduxi *O.*
96-97 *om c.*
96 sexta particula *om O.*   sexta *post* particula *y.*
97 De] Est de *Ca.*   ordinis ... Carmeli] fratrum *n.*   beatae ... Car-
meli] Carmelitarum *xy*, Carmeli *O*, + etc. *I.*
98-99 Ordo ... portavit *om c.*
98 Ordo] Fratres igitur beatae Mariae de monte *n.*   ea quae] eam quae
n, eum quem *y.*
99 Elias + et Eliseus *n.*   portavit] portaverunt *n.*
99-100 Legitur ... c. 2] Unde dicitur 3 Regum c. 19 quod operuit Elias
vultum suum pallio paulo quod potest; cumque venisset ad Eliseum Elias misit
pallium suum super illum; et iterum 4 Regum c. 2, "Tulit Elias pallium suum
et involvit illud" etc. Qui cum ascendisset per turbinem in caelum, levavit Eliseus
pallium eius quod ceciderat ei et detulit secum. Quod etiam legitur 1 Regum c.
15 et c. 25 de Samuele, qui fuit primus qui instituit conventus religiosorum, ut
dictum est supra in tertia particula, et idem de multis aliis prophetis, ut patet
3 Regum c. 11 de Abia Silonite propheta et 4 Regum c. 4 versus finem circa
de aliis multis. Et ideo *n.*
99 enim] tamen *I*, *om c.*   ipse portavit] ipse portabat *n.*
100 c. *om c.*   Modus] Dominus (?) *c.*   enim *om ny.*
101 habitaverunt] habitavit *O*, *ante* in Terra *n.*   distinctivum] distinctum
nIx, a?
102 et Templariis *om C*, et Tempelariis *c.*
103 huius] prophetarum horum, specialiter Eliae et Elisei *n*, + in signum
distinctionis *x.*   primo *om y.*   pallium + pro habitu distincto *n.*   cum]
sed cum *x.*   barris] bariis *n*, variis *O.*   griseis] greciis *e*, + Et rationabi-

---

100 4 Regum, c. 2: 4 Reg. 2,8-14.

Quod vero processu temporis Carmelitae cappam albam sine
105 barris a sede apostolica susceperunt, ante ortum Eliae erat prae-
nosticatum. Legitur enim in *Historiis*, 4 Regum, 2, quod Sabacha,
pater Eliae nondum nati, vidit in somnis viros candidatos se
salutantes.

Septima Particula

110 *De confirmatione ordinis Carmeli iure divino*

Ordo Carmeli a principio fuit confirmatus iure divino, id est
divina inspiratione. Quod patet. Ex hoc enim patet christianam
religionem divina inspiratione fuisse constitutam, quia nulla perse-

---

liter talem vestem stragulatum pro tempore illo portaverunt, quia ab initio
mendicitatis perfectionem elegerunt. Vestis enim stragulata habitus est pauperem
[sic], secundum illud Proverbiorum 31: "Palmas suas extendit ad pauperem",
et sequitur, "stragulatam vestem fecit sibi" *n*.
104 Quod] Ex *c*, *om ny*.   vero *om y*, *post* processu *n*.   processu]
processum *n*.   cappam + totam *n*.
104-5 sine barris] et nunc de facto *n*.
105 barris] variis *O*.   susceperunt + ratio est quia *OICa*, + tempore domini (*spatium 6 litterarum*) papae pontificatus sui anno (*spatium 11 litterarum*),
anno Domini 1287, 11 kalendas augusti. Quod quidem *n*.   ante] quod ante
y, *om OI*.   erat] fuerat iam *n*, *om I*.
105-6 praenosticatum] prognosticatum *y*.
106 Historiis] Historia *c*, + scolasticis, super *n*.   4] ad quarti *y*, quarto
libro *n*.   2] 2° c° *OICa*, c. 2 *n*.   Sabacha] Sabaca *c*, Sabbata *n*, Sabatha *Ca*.
107 pater + eius *c*.   Eliae *bis O*, + Elia *C*.   nati] natus *n*, nato *C*.
candidatos] candidos *OC*.
108 salutantes + Et praenosticatio (prognosticatio *y*) illa congrua correspon-
debat praesenti tempori. Iam enim statutum est in *(om x)* libro tertio Decretalium, De vita et honestate clericorum, quod clerici et religiosi non gerant habitum varii coloris *xy*.
109-10 *om Oc*.
110 septima *post* particula *y*.   De] Est de *Ca*.   ordinis Carmeli] eiusdem ordinis *xy*.   Carmeli] Carmelitarum *ICa*.   iure] a iure *C*.
111 Ordo] Sic ordo *n*, + enim *OcCa*.   id est] scilicet *n*.
112 divina *post* inspiratione *OC*.   Quod patet *om y*.
112-3 Quod patet ... inspiratione *om I*.
112 enim *om COa*.   enim patet] enim constat *n*, *om OCa*.   christianam]
istam namque *C*, primam *O*.
113 religionem divina] divina religione *n*.

---

106 Historiis: Petrus Comestor, *Historia scholastica*, IV Regum 2: "Legitur
quod Sabacha pater Eliae, nondum nati, vidit in somnis viros candidatos se
salutantes"; PL 198, 1387-8.

cutione aut legis editione dissolvi poterat, prout dicitur Actuum 5
115 volentibus legem christianam destruere dixit Gamaliel: "Sinite
illos, quoniam si est ex hominibus consilium hoc aut opus, dissol-
vetur; si vero ex Deo est, non potestis dissolvere illud, ne forte
et Deo repugnare videamini".

Idem est de ordine Carmeli. Semper enim, Deo disponente,
120 in sua antiquitate processit, nec per Sarracenorum persecutionem,
nec per leges editas contra religiosos poterat dissolvi, ut patet
tertio libro *Decretalium*, rubrica *De religiosis domibus*, in capitulo
'Ne nimia'. Et idem patet in eadem rubrica de concilio Lugdunensi,
et in *Sexto Decretalium*, c. 'Religionum diversitatem'.
125   Secundo fuit ordo Carmeli confirmatus iure regulae Christi
et apostolicae institutionis. Regula enim Christi et apostolorum

---

114 editione] additione *n.*   dissolvi poterat] potuit nec potest dissolvi *n.*
prout] ut *c.*   dicitur] patet *x, om cy.*   Actuum] Alluum *I.*   5 + quod *n.*
115 legem] religionem *xy, post* christianam *c.*   destruere + quam apostoli astruebant *n.*   Gamaliel + legis doctor *n.*
116 illos] eos *c.*   quoniam] quando *a,* qui *c, in margine C, om O.*
hominibus + et *c.*   consilium] concilium *x.*   aut] autem *O.*   opus +
destruetur et *OC.*
116-7 dissolvetur] solvetur *O.*
117 potestis] poteritis *n,* poteris *Ia.*
117-8 illud ... videamini] eos neque vos neque principes vestri neque forte
et Deo repugnare inveniamini *n.*
118 videamini] videmini *c.*
120 processit + perstitit et profecit (*corr. e* processit) *n.*   nec + enim *c.*
persecutionem] per den ... num *c,* + habitam in Terra Sancta ubi, sicut dictum
est, praedictus ordo floruit a principio, sicut fuit anno Domini 1238, ut dicit
praedictus Vincentius ubi supra, libro 31, 124 *n.*
121 leges + vel decretales *n.*   contra religiosos] tamquam religiosas *O.*
religiosos] reliones editas *I.*   poterat dissolvi] est dissolutus *n.*   ut] sicut *n.*
patet + in *n.*
122 tertio] quarto *Ca.*   rubrica] in rubrica *xy,* in capitulo *c.*   in capitulo]
capitulo ultimo *n.*
123-4 Et idem ... diversitatem] et i...ngis (?) in sexto libro, rubrica eadem
'Religionum diversitatem' etc., de quibus iam habita est superius mentio in
secunda particula *n.*
123 de] in *OICa.*   Lugdunensi] lege *c.*
124 c.] in c. *OIca.*   diversitatem + etc. *C.*
125 Secundo] secundum *O.*   ordo Carmeli *om n.*   regulae] regula *O,*
primo *c.*
126 Regula] primo *c.*   enim] in (?) *c.*   Christi et] Christi *I.*

115-8 Sinite ... vedeamini: Act. 5,38-39.
122 Decretalium: c. 9, X, III, 36; Friedberg II, 607. This is the constitution
of the Fourth Lateran Council, 1215.
123 de concilio Lugdunensi, namely, the second, 1274: Mansi, *Sacrorum
conciliorum*, XXIV, 97. Sexto Decretalium: c. 1, III, 17, in VI°; Friedberg II,
1054-5.

fuit vivere in communi et in paupertate, ut patet in Evangelio et in Actibus Apostolorum, et in *Decretis*, 12, q. 1, c. 'Dilectissimis'. Sed ordo Carmeli hanc vitam in communi et in paupertate
130 sibi elegerunt, ut patet in regula eorum bullata, et in praedicto decreto Lugdunensis concilii, et in decretali in *Sexto Libro*, ubi inter religiosos mendicantes approbatos computatur.

Octava Particula

De confirmatione ordinis Carmeli
135 *iure canonico communi*

Ordo Carmeli fuit confirmatus iure canonico et iure communi.

Et primo iure ordinariae institutionis. Ierosolymitanus enim patriarcha, ut praemissum est, regulam eis tradidit et confirmavit

---

127-8 fuit ... Apostolorum et] patet *x*.
127 Evangelio] Evangeliis per totum *n*.
128 Apostolorum + c. 2 et 4 in fine capitulorum. De hoc ad litteram *n*. Decretis] Decreto *ny*. 12] 4 *O*. q.] di. *O*. c.] in c. *n*.
129 Sed ordo] Ordo autem *n*. vitam + vivere scilicet *n*. et] ut *I*, om *O*.
130 elegerunt] elegit *ny*. eorum om *n*. et om *O*.
130-1 et in ... Libro] c. 5 de abdicatione proprietatis 'Nullo fratrum' in praedicto capitulo Sexti Libri 'Religionum' etc. *n*.
131 decreto Lugdunensis] Legonis *c*. et om *I*. decretali] decretis *c*, + et *O*.
132 religiosos] religiosus *OI*, ordines religiosorum *n*. mendicantes] mendicantium *n*, *post* approbatos *OCca*, om *I*. approbatos om *I*. computatur] computantur *ICc*, + etc. *I*, + unus, et sic patet quanta virtute fulcitur *n*.
133-5 om *Oc*.
133 octava *post* particula *y*.
134 De] Est de *Ca*. ordinis Carmeli] eiusdem *nx*, ordinis *I*, eius *y*.
135 canonico + et *Cay*, + et iure *I*. communi] testo fuit etiam confirmatus iure canonico *n*, + etc. *I*.
136 Ordo Carmeli om *n*. Carmeli] Carmelitarum *c*. fuit + etiam *n*.
138 primo] primi *O*. iure om *OICa*. ordinariae] primariae *y*.
138-9 Ierosolymitanus enim patriarcha] patriarcha enim Ierosolymitanus *n*.
138 enim om *c*, *post* patriarcha *C*.
139 ut] et *n*. regulam *post* eis *c*. eis] eius *O*, om *I*. tradidit] traddit *O*. et] ac *n*.

---

128 Decretis: c. 2, C. XII, q. 1; Friedberg I, 676: "Communis vita omnibus est necessaria, fratres, et maxime his, qui Deo irreprehensibiliter militare cupiunt et vitam apostolorum eorumque discipulorum imitari volunt... Istius enim consuetudinis more retento etiam apostoli eorumque discipuli, ut praedictum est, una nobiscum et vobiscum communem vitam duxerunt".
130-1 praedicto decreto: see the note to line 123 above.
131 Sexto Libro: c. 1, III, 17, in VI°; Friedberg II, 1054-5. This is the constitution of the Second Council of Lyons, 1274, but modified by Boniface VIII.

140 ante Lateranense concilium. Et hoc bene potuit suo iure ordinario,
quia in concilio Lateranensi primo fuit institutio religionum sedi
apostolicae reservata, ut patet in tertio libro *Decretalium,* in
rubrica *De religiosis domibus,* capitulo ultimo. Sed ut dicitur
quinto libro, rubrica *De sententia excommunicationis,* c. 'Nuper':
145 "quod non est reservatum, intelligitur esse concessum". Et istam
institutionem ordinariam ab Alberto, Ierosolymitano patriarcha,
testatur Vincentius in *Speculo historiali,* libro 27, c. 23.

   Secundo fuit confirmatus iure communi canonicae ratihabitionis. Licet enim Lateranense concilium novas religiones prohi-
150 buerit inveniri, tamen quas invenit ordinaria potestate institutas

---

   140 Lateranense concilium] consilium generale Lateranense *n.*   Et hoc
bene] Quod *n.*   hoc bene *om O.*   bene *om C.*   potuit] patuit *Ia.*   suo
post iure *n.*
   141 concilio + illo *n, post* Lateranensi *OICa.*   primo *post* fuit *n.*   institutio + et confirmatio *n.*   sedi] sedes *I.*
   142 apostolicae] apostolico *c.*   in *om xy.*
   142-3 tertio ... ultimo] per duas decretales allegatas in praecedenti particula, videlicet 'Nimia' et 'Religionum diversitatem' *n.*   in rubrica] rubrica *xy.*
   143 Sed] Et *I, om OCa.*   Sed ut] Sicut autem *n, om y.*   dicitur *om y,*
+ in *n.*
   144 quinto libro] libro 5 *c.*   rubrica] in rubrica *COa, om I.*   excom-
municationis] et communicationis *a.*   c.] in c. *n.*   Nuper + versus finem *n.*
   145 reservatum] refrenatum *c.*   Et] Ut *O.*
   146 ordinariam ... Ierosolymitano] ordinatam a praedicto *n.*   Alberto]
altero *I.*
   147 testatur + praedictus *n.*   in Speculo historiali] ubi supra *n,* + ubi
supra *x.*   27] 31 et *n,* 21 *c,* 24 *I.*   c. 23] c. 33 *x, om OI,* c. 124 *n.* + licet etiam
ut dicit idem Vincentius ibidem, sani autem *(lege* iam ante) dictum concilium
esse confirmata per Innocentium III et qui postea celebravit illud concilium, et
per Alexandrum III *n.*
   148 Secundo fuit confirmatus] confirmatus est insuper *xy.*   iure *post*
communi *Ca.*   canonicae] canonici *n,* canonicoque *OI,* canonicaeque *Ca.*
   148-9 ratihabitionis] ratiabitionis *n,* ac habitationis *c,* ratificationis *OICay.*
   149 enim + dictum capitulum *n.*   Lateranense concilium] Lateranensis
consilii *n,* + Ne nimiam *n.*
   149-50 prohibuerit] prohibuit *nIax,* exhibuit *post* invenire *c.*
   150-1 quas ... non *om O.*

---

   142 Decretalium: c. 9, X, III, 36; Friedberg II, 607. This is the constitution,
Ne nimia religionum diversitas, of the Fourth Lateran Council, 1215.
   143-5 Sed ... concessum: c. 29, X, V, 39; Friedberg II, 900-1: "Quia tamen
conditor canonis eius absolutionem sibi specialiter non retinuit, eo ipso con-
cessisse videtur facultatem aliis relaxandi".
   147 Vincentius ... 27, c. 23: Vincent de Beauvais, Libro 30, c. 123: *vide
supra,* p. 92-3.

non reprobavit. Et hoc est a iure ratum haberi, quia iura solum in futurum volunt cavere, et specialiter circa statum religionum mendicantium, ut patet *Sexto Libro*, rubrica *De excessibus praelatorum*, capitulo primo, ubi prohibetur quod religiosi mendicantes
155 ex tunc nova loca non recipiant sine sedis apostolicae auctoritate. Quia tamen receptionem in praeterito non reprobat, quod factum est, firmum et ratum relinquit.

Nona Particula

De confirmatione ordinis iure canonico speciali

160   Ordo Carmeli primo approbatus fuit iure specialis approbationis sedis apostolicae. Religio enim tunc est approbata, quando

---

151 reprobavit + Unde glossa domini Ioannis Andreae super saepedictam decretalem 'Religionum etc.', super illo verbo "praecessit" dicit sic: "Praecessit et ideo tangi non debet, cum capitulum illud concilii Lateranensis 'Ne nimia' de quo fit mentio in principio illius decretalis futura respiciat, ut patet ibi cum dicitur, "Ne quis de cetero etc.". *n.*   a] de *n.*   in *om IO.*
152 religionum] religiosorum *n.*
153 ut patet *om I,* + in *n.*   Sexto Libro] libro 6 *c,* + Decretalium *n.* rubrica] in rubrica *OICa.*
154 capitulo primo] cum ex eo *n.*   ubi prohibetur quod *om y.*
155 ex tunc] extra(?) *c.*   loca *om IC.*   sine] sed *Oa.*   auctoritate + et licentia speciali *n.*
156 Quia] quod *c.*   tamen] eandem *Ia, om OC.*   receptionem] receptione *n.*
157 ratum] reatum *I,* + non *Oa,* + esse *n.*   relinquit] reliquit *caxy,* + etc. *C.*
158-9 *om nOc.*
158 nona *post* particula *y.*
159 *Titulus super textum hispanicum:* De confirmatione et approbatione de derecho *n.*   De] Est de *Ca.*   ordinis] eiusdem *x,* illius *y,* + Carmeli *Ca.* speciali] et speciali *I.*
160 Ordo ... fuit] Firmissime nempe fuit approbatus et confirmatus et primo *n.*   Ordo + enim *Ca.*   primo *om xy.*   fuit] est *cxy, ante* approbatus *O.*   specialis] speciali et *n.*
161 tunc *om n.*

151-2 iura solum in futurum volunt cavere: *cf* c. 13, X, I, 2; Friedberg II, 16.
153-5 ut patet ... auctoritate: c. 1, V, 6, in VI°; Friedberg II, 1082: "ne deinceps ... in aliqua civitate, castro, villa seu loco quocumque ad habitandum domos vel loca quaecumque de novo accipere ...".

habet regulam traditam sibi a sede apostolica, ut patet quinto
libro *Decretalium*, rubrica *De excessibus praelatorum*, c. 'Nimis
prava', et in *Decretis*, 24, q. 1. Sed ordo Carmeli habet regulam
165 a sede apostolica sibi traditam: ab Honorio III et Gregorio IX
prout testatur Vincentius in *Speculo historiali*, libro 27, c. 127; et
ab Innocentio IV et Alexandro IV et Nicolao IV et Urbano IV
eandem habet confirmationem, ut patet in bullis suis.

Secundo confirmatus est iure specialis decisionis et defini-
170 tionis. Dictus enim ordo, ut praedictum est, ante Lugdunense
concilium a sede apostolica per multos Romanos pontifices erat

---

162 traditam] approbatam *O*.   traditam ... apostolica] sibi a sede apostolica traditam et confirmatam *n*.   sibi *om OICa*.   patet + in *n*.
163 Decretalium *om ICca*.   rubrica *om OICca*.   c. *om I*.
164 prava] parva *n*.   et *om OICa*.   Decretis] Decreto *n*.   24 *om O*.
q. 1] q. prava *xy*, + in capitulo *n*.   Sed *om nc*.   ordo + autem *n*.   Carmeli + quam *a*.   regulam + traditam sibi *n*, + sibi datam traditam *c*.
165 a sede apostolica *om O*, + et confirmatam videlicet *n*.   sibi] modo
ICa, om nOc.   traditam *om nc*, + et confirmatam *y*.   Honorio] Alexandro *n*.
166 prout] ut *xy*, ut patet et *n*.   testatur + praedictus *n*.   in Speculo
historiali] ubi supra *n*, + ubi supra *xy*.   27] 21 *c*, 31 *n*.   127] 124 *n*, 27 *C*, 28 *a*,
4? *c, om OI*.   et *om n*.
167 ab *om OC*.   Innocentio] Innocentium *O*, + etiam *n*.   et Alexandro]
et ab Alexandro *CaI*, Alexandro *n*, et a Nicolao *o*.   Alexandro IV] Alexandro
c, + Urbano IV *n*.   et Nicolao IV] Nicolao IV *n*, et Nicolao *c*.   et Urbano
IV *om OICca*, Urbano IV *post* Alexandro IV *n*.
168 eandem ... ut] et quampluribus etiam aliis sicut *n*.   eandem] eundem
c.   habet] habent *Ca*.   confirmationem] confirmatam *cx*.   suis] eorum
hodie in registris, et sic patet ipsum firmissime in suo robore permanere *n*.
169 Secundo *om xy*, + etiam *n*.   confirmatus *post* est *nc*, + et approbatus *n*.   est + etiam *xy*.
170 Dictus] Sanctus *c*.   ut] in *I*.   praedictum] praemissum *n*.   ante]
in te *I*.   Lugdunense] generale *n*.
171 concilium] concilio *I*, + ordinem *c*, + Lateranense praedictum per
dominum Innocentium papam III celebratum, ut dictum est supra in secunda
particula et etiam post *n*.   a sede *om I*.   erat] fuerat *c*, est *O*.

---

163 Decretalium: c. 17, X, V, 31; Friedberg II, 842-3: "Praedicatores et Minores, quorum ordinem et regulam sedes apostolica noscitur approbasse ...".
164 Decretis: c. 14, C. XXIV, q. 1; Friedberg I, 970. See the note to line
90 above.
166 Vincentius: Vincent de Beauvais. Libro 27, c. 127: Libro 30, c. 123;
vide supra, p. 92-3.
168 in bullis suis: Innocent IV, *Ex officii*, 8 June 1245; *Quae honorem*, 1 Oct.
1247; Alexander IV, *Cum a nobis*, 3 Feb. 1256; Urban IV, *Cum a nobis*, 22 May
1262; Nicholas IV, *Cum a nobis*, 1 July 1289: *Bull. Carm.* I, 5, 8, 15, 27, 40.

confirmatus. Sed sequens Lugdunense concilium dictum ordinem manere concessit, donec Romanus pontifex aliter de eo provideret. Bonifatius vero VIII, ut patet in rubrica *De religiosis domibus,*
175 c. 'Religionum diversitatem', totam illam clausulam "donec" resecavit, et sic ad firmum et solidum statum quem prius a sede apostolica habuerat, reduxit.

Et per hoc patet contra malevolos detractores, quod etsi littera *Sexti Libri* haberet "in solito statu eos volumus permanere",
180 cum "solitus status" eorum qui praecessit, per sedem apostolicam solidus erat et firmus, quod adhuc, cum deleta sit clausula "donec", in solido et approbato statu permanebunt. Et nihilominus est cer-

---

172-4   dictum ... provideret] per Gregorium X celebratum ipsum in suo statu voluit permanere, donec de ipso esset ordinatum *n.*
173-4   aliter ... provideret] Deo providente aliter ordinaret *OC,* aliter Deo providente ordinaret *a,* alteri Deo prosidente ordinaret *I.*
174   ut] sicut *n,* prout *cCIa.*   in + sexto libro Decretalium *n.*   rubrica] regula *O,* + Extra *xy.*
175   c.] in c. *cOIa,* om *n.*   diversitatem] diversitate *I,* + nimia etc., quae quidem decretalis fuit primo edita in praedicto concilio Lugdunensi *n.*   donec *om I,* + servavit et *n.*
175-6   resecavit + corrigendo, emendando eam *n.*
176   et solidum statum] statum solidum *c.*   et *om I.*   quem] quam *I,* + etiam iam *n.*   prius] primo *ICa,* a primo (principio?) *O.*   quem prius] qui prius *post* apostolica *c.*
177   habuerat + ut dictum est *n.*
178   patet + quod *O.*   contra] quam *n.*   malevolos] malignosos *O.* quod] quia *n,* quam (quando?) *I.*   etsi] si *I.*
178-9   littera] litteris (?) *I, illegibile O.*
179   Sexti Libri] dicti capituli 'Religionum' etc. *n.*   haberet] haberent *c,* habetur *I,* + ut ipsi dicunt *n.*   solito] solido *OICax.*   statu + id est consueto, cum t<itulo> *n.*   eos *post* volumus *nI.*
180   solitus] solidus *OICa,* + id est consuetus et hactenus praeteritus *n.* qui praecessit *om n.*   per *om c.*   apostolicam + est iam approbatus et confirmatus ut dictum est *n.*
181   et *om c.*   cum] non *IC, ante* adhuc *n.*   deleta] dileta *x.*   sit + per dictum Bonifatium *n.*   clausula + illa *n.*   donec *om I,* + posita in praedicto capitulo per Gregorium X *n.*
182   solido] solito *C,* + et firmo *n.*   et] atque *n.*   approbato + et confirmato *n.*   est *bis O.*

172-4   Sed ... provideret: *cf* the constitution of the Second Council of Lyons, 1274, *Religionum diversitatem:* "... in suo statu permanere manere concedimus, donec de ipsis aliter fuerit ordinatum. Intendimus siquidem, tam de illis quam de reliquis, etiam non mendicantibus ordinibus, prout animarum saluti et eorum statui expedire viderimus, providere". Mansi, *Sacrorum conciliorum,* XXIV, 96-97; *Bull. Carm.* I, 34.
174-7   Bonifatius ... reduxit: c. 1, III, 17, in VI°; Friedberg II, 1054-5: "... in solido statu volumus permanere".

tum quod debet scribi "solido", id est firmo, prout dicunt omnes
tres glossae, scilicet domini Ioannis Monachi, Guidonis et Ioannis
185 Andreae.

Et omnes hoc probant, quia ista constitutio Bonifatiana sub-
trahit totam suspensionem, quae fiebat per clausulam "donec",
et correxit constitutionem Lugdunensem, mutando verba illius concilii quae dicebant: "Carmelitarum ordinem in suo statu manere
190 concedimus", et addendo nova. Sed si nova verba, quae ponuntur
per Bonifatium in *Sexto Libro* essent ista: "in solito statu volumus
permanere", correctio et mutatio et additio non haberent effectum, quia remanere "in solito statu" erat eis concessum per verba
Lugdunensis concilii, ubi dicebatur: "Eos in suo statu manere
195 concedimus". Sunt ergo verba Bonifatii ista: "Carmelitarum ordi-

---

183 debet + ibi *n.* solido + d<icit> et non cum t<itulo> *n.*   firmo] in
firmo *O.*   prout] sicut *n.*
184 tres *om O.*   glossae] gloriosae *a (corr?).*   scilicet] Lugdunenses *O.*
domini *om O.*
185 Andreae + Tertio ... permanere, *infra, ll. 197-202 xy.*
186 omnes hoc probant] hoc omnis probat *n.*   omnes + tres glossae Sexti
Libri (Sexti Libri *om y*) Decretalium *xy.*   quia] qui *I,* quod *c.*   Bonifatiana]
Bonifatii *CO,* Bonifatii 8 *I.*
186-7 subtrahit] subtraxit *n.*
187 suspensionem *c,* suspicionem et suspensionem *n.*   fiebat] fiebant *O.*
per + illam *n.*   donec + etc. *n.*
188 constitutionem + seu decretalem *n.*   Lugdunensem + Gregorii X *n,*
mutando verba] mutando verbo *n,* verba imitando *x,* verba inmutando *y,* + tole-
rantiae *xy.*
188-9 illius concilii] positam ibi per dictum Gregorium *n.*
189 quae] qui *c.*   dicebant + sic *n.*   in suo statu *om x.*   manere]
permanere *nOICa, om c.*
190 et *om c.*   addendo nova + verba perfectae confirmationis, dicens,
"Carmelitarum ordinem in statu solido (solido statu *y*) volumus permanere" *xy.*
190-2 Sed ... permanere *om y.*
190 Sed *om nO.*   si + autem *n.*   nova] nota *c.*   quae *om n.*
ponuntur] ponantur *C,* posita *n.*
191 in Sexto Libro *om n.*   essent] esse *OIC,* cent *a.*   solito] solido
cO.   statu + id est consueto, cum t<itulo> *n.*   volumus *om I.*
192 correctio et] correctio seu *n,* correctio *cCO.*   et additio] vel additio
ipsius *n.*   haberent] haberet *n.*
193 remanere] permanere *COI.*   solito] solido *O,* solitu *n.*   statu +
per tolerantiam *xy,* + id est consueto, cum t<itulo> iam *n.*
194 Lugdunensis ... dicebatur] dicti Gregori dicentis ibi *n.*   concilii *om c.*
Eos *om cy.*   statu + pristino *c.*   manere] permanere *OCcay.*
194-6 manere ... statu *om I.*
195 concedimus + sicut dictum est *n.*   verba *om c,* + domini *n.*   Boni-
fatii] beneficis *c,* + verba approbationis *x.*

---

184 Guidonis: Guidonis de Baysio.

nem in solido statu volumus permanere".

Tertio confirmatus est iure specialis mentionis. Vult enim ius quod cum in privilegio alicuius specialis fiat mentio de aliquo iure, quod illud ius ei valeat pro quo inducitur. Sed dominus Ioan-
200 nes XXII in privilegio exemptionis, quod dicto ordini Carmelitarum donavit, tangens istud ius *Sexti Libri*, dicit sic: "Dictum ordinem in statu firmo, solido et stabili decrevimus et volumus permanere".

---

196 solido *post* statu *xy*, + firmo *n*.   permanere + licet etiam, ut dictum est, solitus status hactenus iam firmus esset, approbatus et confirmatus, nedum autem (ante?) concilium Lugdunense praedictum, verum etiam autem (ante?) concilium generale Lateranense, sicut dicit saepedictus Vincentius ubi supra, scilicet Speculo historiali, libro 31, c. 124 *n*, + Et hoc dicit expresse tertia glossa domini Guidonis, quae comprehendit duas praecedentes, qui dicit (qui dicit *om y*) sic: "Iste ordo est totaliter confirmatus, ut patet hic (ut patet hic *om y*)" *xy*.

197-202 Tertio ... permanere *post l. 185 supra xy, om c*.

197 Tertio] Sed tertio *n*.   specialis] speciali *n*.   vult] volunt *n*.   ius] iura *n*.

198 quod] ut *I*.   in *om O*.   alicuius *om OICa*.   specialis] speciali *n*.   fiat] fiet *I*.

199 illud] id *n*.   valeat] valet *nOIax*.   Sed *om n*.   dominus + autem papa *n*.

199-200 Ioannes + papa *Ia*.

200-1 quod ... donavit *om xy*, dicti ordinis supradicto *n*.

201 istud] illud *n, om OICa*.   ius + saepe dictae decretalis *n*.   Libri *om xy*.   sic + Nos autem etc. *n*.

202 solido] solito *C*.   decrevimus] decernimus *y*.   et + sic *n*.   volumus] voluimus *x*.   permanere + etc. *OIC*, + Chronologia summorum pontificum, *infra pp. 255-8 OICa*, + et sic patet eius institutio ad [*sic*] approbatio et confirmatio rata. Sic igitur oportet ut maneat, aut quomodo implebuntur scripturae quia sic oportet fieri? Nos ergo famuli Christi sub tuum praesidium confugimus, eius genitrix virgo, nostras deprecationes ne despicias in necessitatibus, sed a periculis cunctis libera nos semper, virgo benedicta, ut sciant quia ordo tuus ille, et <tu> virgo fecisti eum. Detrahentes illi maledicent, sed tu benedices. Qui insurgunt in eum confunda<n>tur; nos autem servi tui laetabimur in te. Qui<a> gloria virtutis nostrae tu es et in beneplacito tuo exaltabitur cornu nostro [*sic*]. Amen *n*, + Explicit tractatus sive compendium de approbatione ordinis et regulae fratrum beatae Mariae de monte Carmeli editum a venerabili magistro Ioanne de Bachone, cum additionibus fratris Petri Riera lectoris in theologia et glossis appositis ab eodem, anno ab incarnatione Domini 1334, pontificatus domini papae Ioannis XXII anno 19, octavo idus novembris correctum *n post traductionem hispanicam*, + Nec (Hoc *c*) credendum est Carmelum Eliae eundem esse quo et Carmelus Nabal, nam secundum Hieronymum super Isaiae c. 16, mons Carmeli in quo oravit Elias est mons inter Finicem et Palestinam, et ut habetur in libro *Catho<licon>*, non est de quo Nabal Carmelus; ille enim mons est Galileae. Et concordat Magister *Historiis*, 1 Regum c. 25.

199-202 Ioannes ... permanere: *cf* the bull, *Sacer ordo vester*, 13 martii 1317; *Bull. Carm.* I, 57: "... dictum ordinem, quem in statu firmo, solido et stabili decrevimus et volumus permanere ...".

4.

LAUS RELIGIONIS CARMELITANAE

\<Liber Primus\>

\<huius tractatus, in quo agitur de etymologiis Carmeli\>

Capitulum I

5   Carmelus dicitur a "car", quod est "sponsa", et "melos", quod est "laus"; quasi "laus sponsae". Inde Carmelitae quasi "canentes laudem sponsae", cuius titulo stabiliri videntur speciali. Similiter dicitur Carmelus a "carios", quod est "donatio", et "mel"; quasi "donatio mellis". Vel dicitur a "carma", quod est "ebullire", et
10 "oleos", id est "misericordia"; quasi scilicet "ebulliens misericordiam". Vel dicitur a "carmy" secundum Bedam, quod est creator, et "ylys", quod est "cognitio"; quasi "cognitio creatoris". Per Carmelum enim sponsa, videlicet Maria, pulcherrime commendatur. In terra etiam melle manante Carmelus collocatur. Fons quo-

---

Item in cronicis Ierosolymitanis c. 5 et sic habet (?). Est quod Carmelus trans Iordanem iuxta desertum solitudinis, in quo latuit David fugiens a facie Saulis, ubi erat habitatio Nabal viri stulti; hic autem in quo conversatus est Elias situs est in maritimis, distans ab Accon quattuor milliaribus, etc. Explicit tractatus magistri Baconis sacrae theologiae sacrae doctoris pro defensione institutionis et confirmationis ordinis beatae Mariae de monte Carmeli per Richardum Paston *c*, + Explicit compendium historiarum et iurium pro defensione institutionis et confirmationis ordinis beatae Mariae de monte Carmeli, editum a magistro Ioanne de Bathon ordinis praedicti, qui fecit tractatum praecedentem *x*.

1 *Titulus ut in explicit. Ms H incipit*: Incipit tractatus qui vocatur "Laus Carmelitarum" cum quadruplici ethymologia eiusdem, a praestantissimo utriusque iuris ac theologiae doctore Parisiensi magistro fratre Iohanne Bakynthorp in Anglicana provincia Carmelitarum gregis pastore praecipuo et theologorum omnium nominatissimo principe compilatus, quem ad singularem sui ordinis et patronae honorem edidit. *Postea Ioannes Bale verba* a praestantissimo ... compilatus *delevit et supra scripsit* a fratre Claudo Converso, viro doctissimo, qui et alio nomine dictus est Guilhelmus Coventrae compositus. *In margine manu moderna:* Iohannes Bakinthorpe.
6 canentes] cenentes.

---

11 secundum Bedam: not found in the works of St. Bede.

15 que in Carmeli vertice praestatur, et Deus in Carmelo per ignem
approbatur.

Capitulum II

De prima etymologia Carmeli, in quantum dicitur "laus sponsae"

De quo sciendum est, quod dum sponsus, qui est Christus, per
20 singula membra transcurrens sponsae suae Mariae pulchritudinem,
loco et rebus conabatur assimilare delectabilibus, quasi loco deli-
ciori ac ceteris praeamabili non qualecumque membrum sponsae,
sed dignius et principale, quod est caput, Carmelo curat coaptare:
"Collum", inquit, "tuum sicut turris eburnea, nasus tuus turris
25 Libani, oculi tui sicut piscinae Hesebon, caput tuum ut Carmelus".

Capitulum III

Maria assimilatur Carmelo propter pulchritudinis splendorem

Et bene assimilatum est Carmelo caput Mariae. Nam sicut
in Terra sancta secundum Giraldum historiographum *De mirabi-*
30 *libus mundi* mons Carmeli ceteris videtur speciosior quoad arbo-
rum fertilitatem et florum amoenitatem atque fontis irrigui nutritivam abunditatem, sic Maria ceteris speciosior et inter Iudaeos
quasi sola omnium, arboribus et floribus virtutum circumsepta,
sensus sui capitis fonte rigata gratiae ad culmen et montem vir-
35 tutum superius irrigabat. Unde de ipsa dicit Christus: "Sicut
lilium inter spinas, sic amica mea inter filias". Et bene assimilatur

---

15 Deus in Carmelo *bis.*
21 loco] loci.
25 Hesebon] Mesebom.
27 splendorem] excellentiam (?) *illegibile.*
31-32 nutritivam *d,* nutrituitam *H.*
32 abunditatem] habunditatem *Hd.*
33 circumsepta] circumcepta.

24-25 Collum ... Carmelus: cf Cant. 7,4-5.
29 Giraldus historiographus: Perhaps Giraldus Cambrensis (1223), but *De mirabilibus mundi* is not found in the edition of his works by J.S. Brewer, J.F. Dimock, G.F. Warner, Rolls series, London, 1861-91.
35-36 sicut ... filias: Cant. 2,2.

monti huic. Ipsa enim mons est, in quo beneplacitum est Deo
habitare in eo. Per hunc montem ergo omni carni et animae ratio-
nali vita largitur et gloria, de quo dicit propheta: "Gloria saltus
40 eius et Carmeli eius ab anima usque ad carnem". Nam saltus
Filii Dei de sinu Patris ad Carmelum fuit, id est, ad Mariam. Igitur,
secundum prophetam, fit laetitia et exultatio de Carmelo. Hunc
montem Carmeli, id est, Mariam, Dei Filius affectavit, dicens: "Vadam ad montem myrrhae", id est, ad Mariam, de qua suscipiam
45 carnem sepeliendam; quia "myrrha ad Dominicam pertinet sepulturam", sicut dicit Gregorius super illud: "Obtulerunt ei munera:
aurum, thus et myrrham". Nuptiae itaque factae sunt inter Basan
et Carmelum, quia Basan interpretatur "splendor", et significat
Filium Dei splendentem per Virginem. Unde verificatur prophetae
50 dictum: "Concussa est Basan et Carmelus".

Capitulum IV

Maria assimilatur Carmelo propter contemplationis excellentiam

Maria itaque Carmelo assimilatur, qui quasi paradisus fructibus ac floribus redolet diversimodis, propter ipsius contempla-
55 tionis excellentiam. Nam mons ille locus contemplativus est valde,
in quo etiam mansiunculae conspiciuntur diversae, in quibus Elias
sanctissime degens caelestium frequentissime vacabat contemplationi. Legitur enim in quodam libello *De Laude et Infantia Virginis*,
quem compilavit idem Matthaeus qui scripsit librum *De Infantia*
60 *Salvatoris*, quem transtulit Hieronymus, quod Mariam puerulam
sustulit angelus semel in montem Carmeli, cuius amoenitatem ad-
mirans puella quaesivit ab angelo, si paradisus esset. Cui angelus:

37-38 mons ... in eo: *cf* Ps. 67,17.
39-40 Gloria ... carnem: Is. 10,18.
42 fit ... Carmelo: *cf* Is. 16,10, Auferetur ... Carmelo; Ier. 48,33, Ablata est
... Carmelo.
43-44 Vadam ... myrrhae: Cant. 4,6.
45-46 myrrha ... sepulturam: *cf* Gregory, *XL Homiliae in Evangelia*, "myrrha
autem mortuorum corpora condiuntur"; PL 76, 1112.
48 splendor: Jerome's interpretation is "pinguedo".
50 Concussa ... Carmelus: Is. 33,9.
58-60 *De laude et infantia virginis* is either the apochryphal work *Liber
de Nativitate Mariae* (Epistola de Nativitate S. Mariae); PL 30, 296-305; A. de
Santos Otero, *Los Evangelios apócrifos*, Madrid, 1956, 259-274, or the *Liber de ortu
Mariae et infantia Salvatoris*, *ibid.*, 191-257. The spurious letter of Jerome to
Chromatius and Heliodorus claims to have translated the work written by
Matthew in Hebrew; *cf* the prologue to the *Liber de infantia Salvatoris*, ed.
M.R. James, *Latin Infancy Gospels*, Cambridge, 1927, 2-95. However, the story
cited by Baconthorpe is not found in these works.

"Non sic, ait, sed pulchritudo montis huius data est tibi, ut
sponsa Domini mei cum flore permaneas virginitatis, et sic pacem
65 reperiens homines transferat ad paradisum". Et his dictis disparuit angelus. Ipsa vero ab hora occasus solis usque in crastinum
circa horam primam in eodem remansit loco. In quo tempore
caelestium mirifice se dedit contemplationi, atque se sponsam Dei
cum voto virginitatis profitebatur de cetero permanere. In crastino
70 vero angelus accessit ad eam, dicens: "Bene venisti domina, quae
omnium angelorum Domina vocaberis", ipsamque restituit in templum. Hoc invenitur in libro quem scripsit sanctus Matthaeus, sed
Hieronymus tacet in translatione eiusdem libri de monte Carmeli.
Pontifex autem mirabatur, nam post votum celebratum raro voluit
75 cum aliquo loqui, sed clausa permansit et cum silentio Deum
precabatur. Hac de causa specialiter fuit turbata in salutatione
angelica, licet alias causas ponant magistri, quia sciebat seipsam
ab angelo informatam in monte, ut virginitatem Deo promitteret.
Et iterum angelus, quod conciperet, dicebat. Quapropter non incre-
80 dula, sed maiori stabat admiratione, modum concipiendi quaerendo
dicens: "Quomodo fiet istud", etc.

Capitulum V

Maria assimilatur Carmelo propter suavitatis fragrantiam

Assimilatur etiam huic monti propter suavitatis fragrantiam,
85 nam ipsa dicit: "Fructificavi suavitatem odoris". Vere bonum dedit
odorem quasi myrrha electa aut balsamum non mixtum. Mons
siquidem Carmeli illius maledictionis Dominicae expers dinoscitur,
in qua dicitur homini: "Spinas et tribulos germinabit tibi terra
nec dabit fructus suos". Cum mons idem floribus et amoenitate
90 plenus videatur, sic quoque Maria ipsi assimilata quasi novus paradisus, a spinis et tribulis aliena, permansit decora, cuius flores

---

90 novus] nova.
91 tribulis] tribulos.

---

81 Quomodo fiet istud: Luc. 1,34.
85 Fructificavi ... odoris: Eccli. 24,23.
85-86 Vere ... mixtum: *cf* Eccli. 24,20-21.
88 Spinas ... tibi: Gen. 3,18.
89 nec ... suos: *cf* Gen. 4,12.
91-92 flores ... honestatis: Eccli. 24,23.

fructus honoris et honestatis. Et recte ad ipsam dixit angelus in
monte, quod pacem reperiret et homines ad paradisum transferret.
Nam et ipsa immobilis mons est et foedus pacis, dans veniae
95 amoenitatem, de qua per prophetam Dominus promittit: "Misericordia mea non recedet", id est, "foedus pacis meae non movebitur". Ipsa enim Dei sponsa quasi mons praesidii aut murus
inter vindictam Dei et homines stat, quaerens pacem, sicut ipsa
sponsa Christi fatetur: "Ego, inquit, murus, et ubera mea sicut
100 turris, ex quo facta sum coram Deo quasi pacem reperiens".

Capitulum VI

Maria assimilatur Carmelo propter loci praeeminentiam

Assimilatur etiam Carmelo propter loci praeeminentiam, quia
sicut Carmelus ceteris locis eminentior apparet, ita ipsa in vir-
105 tute ceteris altior exstitit et quasi mons ab infimis erecta Deo
proxima erat universis. De qua scribitur: "Altitudinis firmamen-
tum pulchritudo eius".
In hoc ergo monte Carmeli secundum praedicta Maria noscitur oboedientiam exhibuisse, implendo quae dixit angelus, ut prae-
110 missum est; castitatem promisisse, se sponsam Dei faciens; paupertatem elegisse, a mundanis ascendens. In salutatione angelica
haec tria monstravit. Oboedientiam videlicet factis impleri volens
quae dicebantur ei: "Fiat, inquit, mihi", etc. Continentiam ostendit: "Virum, inquiens, non cognosco". Paupertatem manifestat sub
115 ancillae nomine. Sicut ergo Magister et Dominus discipulos ad se
sequendum de finibus illis, in quibus pedes calcavit, dignatus est
vocare; ita in laudem Matris suae sub speciali titulo oboedientes,
castos et pauperes fratres voluit congregare. Unde et in monte, quo
Virgo professionem fecerat, fratres oratorium postmodum con-
120 struxerunt, tria substantialia praefata inviolabiliter observantes,
atque Deo et beatae Mariae specialiter sine alio sancto medio,

---

106 Altitudinis] Beatitudinis.
119-20 construxerunt] construxerant.

95-97 Misericordia ... movebitur: Is. 54,10 (id est: Isaiah has: a te).
99-100 Ego ... reperiens: Cant. 8,10 (Deo: Cant. has: eo).
106-7 Altitudinis ... eius: Eccli. 43,1.
113 Fiat mihi: Luc. 1,38.
114 Virum non cognosco: Luc. 1,34.

quod alii religiosi non faciunt, professionem celebrantes, fratres
Carmeli titulum beatae Mariae elegerunt, et in monte Carmelo
contemplativam vitam ducentes, imitando Eliam, religiose vixe-
125 runt. Quia Magister dicit in *Historiis* I Regum 3 quod Samuel
primus erat qui constituit conventum religiosorum, et vocabatur
cuneus prophetarum; quorum officium erat Deum contemplari.
Postea vero adhaeserunt Eliseo, viro contemplanti, filii prophetarum, ut dicitur IV Regum 2. Et hanc contemplationem, quam
130 cuneus prophetarum et filii inchoaverant, quidam Carmelitae in
eodem monte Carmeli continuare curaverunt. Hoc testatur Vincentius in *Speculo Historiali*, libro 31, capitulo 23. Et in *Historiis
Ierosolymitanis*, quae sic incipiunt: "Terra sancta promissionis",
dicitur capitulo 52: "Quidam ad exemplum et imitationem sancti
135 viri Eliae" etc. Et ita ex praedictis causis titulus illorum talis
est: Fratres beatae Mariae de monte Carmeli.

Et iustum fuit ut fratres beatae Mariae ipsam in aliis praeter
substantialia observantiis etiam sequerentur. Unde quia Virgo, ut
superius dictum est, in monte praefato contemplans cum silentio
140 manebat ab occasu solis usque ad horam primam sequentis diei, ita
fratres sui ex illorum regula ad silentium observandum constringun-
tur ab hora completorii usque ad primam dictam sequentis diei.
Et sicut Virgo clausa iugiter remansit, non vagans foris ut Dina,
filia Iacob et Liae, ad videndas mulieres regionis, utpote angelus
145 ipsam clausam invenit quando ingressus est ad eam, ita fratres
beatae Mariae nonnisi ad officia divina et alia quae eis incumbunt
necessaria, de cellis suis exire permittuntur. Et sicut Maria inter
reprobos lucerna ardens erat ante Dominum, ita et fratres istos
quasi candelabra aurea lucere fecit inter perversos; de quibus

---

133 promissionis] promissione.
144 regionis] religionis.

125-32 Quia ... cap. 23: *cf* Baconthorpe, *Compendium historiarum*, tertia particula.
125 Magister: Petrus Comestor, *Historia scholastica*, I Regum 11: "Et nota
quod Samuel primo instituit conventus religiosorum iugitur psallentium Domino,
et dicebantur conventus eorum cuneus, quasi counus. Et dicebantur prophetare,
id est iugiter Deum laudare, et forte aliqui quandoque prophetabant ex eis";
PL 198, 1304.
129 IV Regum 2: 4 Reg. 2,15.
131-2 Vincentius: Vincent de Beauvais, Libro 30, c. 123; *vide supra*, p. 92-93.
132-3 Historiis Ierosolymitanis: Jacques de Vitry, *vide supra*, p. 122-3.
143 Dina: *cf* Gen. 34,1.
148 lucerna ardens: *cf* Io. 5,35.

150 poterit illud dici: "In medio nationis pravae et perversae, inter
quos lucetis sicut luminaria in mundo, verbum vitae continentes
ad gloriam meam".

Patet ergo quod Carmelus ad laudem Mariae secundum etymologiam nominis, ut praefatur, convenit; id est, Carmelitae ad eius-
155 dem sponsae laudem ac famulatum ceteris specialius statuuntur,
ut sic ad Mariam verba fratrum Ioseph audacter valeant dicere:
"Servi tui sumus".

Capitulum VII

De secunda etymologia Carmeli inquantum dicitur "donatio mellis"

160   De secundo sciendum est, quod Carmelus dicitur quasi "donatio mellis". Nam in Carmelo copiosa apum multitudo conspicitur;
unde fertilitas mellis ibidem habetur. Et apum natura est quod
rex suus stimulo carebit. Per hoc ergo Carmelo rationabiliter ap-
tatur Maria. Nam ipsa mons Dei, mons pinguis est, stillans dul-
165 cedinem universis. "Stillabunt, ait Ioel, montes dulcedinem, et col-
les fluent lac et mel". Vere Maria ut Carmelus abundavit melle,
quia dicit: "Spiritus meus super mel dulcis, et haereditas mea
super mel et favum". Ex cuius dulcedine impinguantur ac replen-
tur universi, nam de plenitudine eius omnes accepimus. Ipsa etiam
170 Dominum, qui dicitur Princeps Pacis, sine stimulo inter filios quasi
regem apum fecit, leonem in agnum, rigidum in mansuetum,
amarum in dulcem gratiose mutando, et sic dulcorem cibi fame-
licis propinavit. De comedenti ergo exivit cibus, et de forti egressa
est dulcedo. Favus enim distillans labia Mariae. Merito ergo per
175 Carmelum honoratur, qui tanta florum suavitate ac dulcedinis
copia ac virginis similitudine redolet quasi paradisus malorum

---

156 audacter] audaciter.
176 redolet + et.

150-2 In medio ... meam: Phil. 2,15-16.
157 Servi tui sumus: Gen. 50,18.
164 mons Dei, mons pinguis: Ps. 67,16.
165-6 Stillabunt ... mel: Joel 3,18 (lac et mel: Joel has: lacte).
167-8 Spiritus ... favum: Eccli. 24,27.
169 de plenitudine ... accepimus: Io. 1,16 (omnes: John has: nos omnes).
170 Princeps Pacis: Is. 9,6.
173-4 De comedenti ... dulcedo: cf Iud. 14,14.
174 Favus distillans labia: cf Cant. 4,11.
176-7 paradisus ... fructibus: Cant. 4,13.

punicorum cum pomorum fructibus. In hoc monte Carmeli ista
sponsa praefigurans Mariam optabat manere: "Fulcite, inquit, me
floribus, stipate me malis". Maria igitur viridis Carmelus est,
180 delectabilis ad videndum.

Capitulum VIII

Maria assimilatur Carmelo propter loci amoenitatem

Visus enim delectatur in colore viridi, qui est medius color,
constans ex albo et nigro. Color ergo albus deitas est lucida, color
185 niger caro de terra. Sed iste duplex color, scilicet clara deitas et
nigra humanitas, in hoc Carmelo, id est Maria, coniunctus est
sicque fit in terra pax hominibus bonae voluntatis, et silentium
legi per tempus gratiae imponebatur, de quo propheta ait: "Iustitia in Carmelo sedebit, et erit opus iustitiae pax et cultus iustitiae
190 silentium". Nam ubi abundavit delictum, superabundavit et gratia. Lex itaque silet et misericordia superexaltatur, et sic tempus
gratiae tamquam albedo nigredinem legalibus operit obscuratam.
Quod Carmelitae in habitu nigro et cappa alba palam ostendunt;
de quibus tractabitur in fine.
195 · Iustum ergo fuit, ut in hoc monte Carmeli Maria sibi cultores
cum pace et silentio eligeret familiares, quos tamquam greges pro-
prios dulcedine recreat devotionis. Cui etiam ipsi fratres specialiter clamant: "O pulcherrima mulierum, egredere et abi post
vestigia gregum tuorum, et pasce haedos tuos". Et ipsa de fra-
200 tribus in monte Carmeli viventibus potest illud bene dicere: Sede-

---

178 praefigurans] praefigurate.
183 viridi] viride.
191 silet] scilet.
198 abi] abii.
200 viventibus potest] unum post.

178-9 Fulcite ... malis: Cant. 2,5.
187 in terra ... voluntatis: Luc. 2,14.
188-90 Iustitia ... silentium: Is. 32,16-17 (Carmelo: Isaiah has: Chermel).
190-1 ubi ... gratia: Rom. 5,20 (et: omitted in the scriptural text).
194 in fine: Libro VI, c. I-III.
198-9 O pulcherrima ... tuos: Cant. 1,7 (mulierum: Cant. has: inter mulieres; tuorum: omitted in the scriptural text).
200-4 Sedebit ... fertilitatem: *cf.* Is. 32,18: Et sedebit populus meus in pul-chritudine pacis et in tabernaculis fiduciae et in requie opulenta.

bit populus meus, <propter> contemplativae vitae firmitatem, in pulchritudine pacis, propter loci, id est Carmeli, amoenitatem, in tabernaculis fiduciae, propter montis summitatem, in requie opulenta, propter fructuum fertilitatem. Ergo, sicut dictum est, per
205 etymologiam Carmelus dicitur quasi "donatio mellis".

Capitulum IX

De tertia etymologia Carmeli, inquantum dicitur
"ebulliens misericordiam"

De tertio sciendum est quod Carmelus dicitur "ebulliens mise-
210 ricordiam". In cuius signum fons vivus, qui vocatur fons Eliae, in ipso monte abundanter emanat; per quem montem praefigura- batur Maria, quae latices gratiae et salutis humano fundebat gene- ri. Hoc etiam in somnis de Esther, figurante Mariam, Mardocheus conspexit. Nam fons parvus, qui crevit in fluvium, in lucem
215 solemque conversus est et in aquas redundavit plurimas, Maria est, quam rex accepit uxorem et voluit esse reginam. Et ipsam sane demonstravit venturam Elias, dum post tempus siccitatis nubeculam parvam vidit ascendentem in mari, quae ad restaura- tionem fructuum terrae in pluviam redundavit. De hoc fonte etiam
220 propheta praedixit: "Fons, inquit, de domo Domini egredietur", et ipsa aliud non est nisi domus Dei et porta caeli, quia cunctis desperantibus clamat: "Si quis sitit, veniat ad me et bibat", quia in me, ait, "omnis gratia viae et veritatis, in me omnis spes". Ipsa etiam clamat: "Ascende ad me in monte". Et iterum: "Ego,
225 inquit, effudi flumina et sicut aquaductus exivi a paradiso et rigabo hortum meum".

Capitulum X

Maria assimilatur Carmelo propter fontis abundantiam

214-6 fons ... reginam: *cf* Esth. 10,6 (fons parvus, *lege* parvus fons; in lucem, *lege* et in lucem; redundavit plurimas, *lege* plurimas redundavit; Maria, *lege* Esther).
218 nubeculam parvam: *cf* 3 Reg. 18,44.
220 Fons ... egredietur: Joel 3,18.
221 aliud ... caeli: *cf* Gen. 28,17.
222 Si quis ... bibat: Io. 7,37.
223 in me ... spes: Eccli. 24,25 (omnis gratia: Sirach has: gratia omnis).
224-6 Ego ... meum: Eccli. 24,40-42 (a: Sirach has: de; et: dixi).

Sed hortus specialis Mariae, Carmelus, est hortus conclusus,
230 per obedientiae observantiam, fons, per continentiae superabun-
dantiam, signatus, per temporalium abdicantiam. Fons iste Carmeli
Maria est, de cuius ventre fluunt aquae vivae, nam Iesus sedebat
sic super fontem istum; unde de fonte isto cunctis ebullit misera-
tio. Fluminis igitur impetus laetificat civitatem Dei. Propter quod
235 dicit propheta: "Haurietis aquas in gaudio de fontibus Salvatoris". Fontem istum in monte Carmeli Mariam signare ac de ipso
fonte misericordiam emanare recte sciebat alius propheta. Quam
tempore suo non vidit, ipsam absentem adhuc doluit, dicens:
"Luxerunt speciosa pastorum, et exsiccatus est vertex Carmeli".
240 "Deriventur, ait Salomon, fontes tui foras, et in plateis aquas divide". Proverbiorum 5. Sicut autem aqua de fonte montis Carmeli
ad inferiores descendit partes, per cuius humorem flores videntur germinare; ita iustum fuit ut fratres beatae Mariae de monte
Carmeli aquam huius fontis ad partes ferrent inferiores, id est,
245 ad laudem Dei et Virginis misericordiam divinam ubique prae-
dicarent, ut ipsa videtur eis praecipere per prophetam: "Occurrentes sitienti ferte aquam".

Capitulum XI

De quarta etymologia Carmeli, inquantum dicitur "cognitio Dei"

250   De quarta sciendum est quod Carmelus dicitur quasi "cognitio
Dei", ut superius notatum est. Legitur enim in libris Regum,
quod cum Dominus vellet pluviam dare, iussit Eliam in occursum
Achab ire; qui omnem Israel et sacerdotes Baal quadringentos
et quinquaginta in Carmelo ad immolandos duos boves congrega-

---

230-1 superabundantiam] supra gratiam.
236 istum] istam.   monte] montem.
237 sciebat] sciciebat.
249 quarta] quarto.

---

229 hortus conclusus: Cant. 4,12.
230-1 fons ... signatus: Cant. 4,12.
232 de cuius ... vivae: *cf* Io. 7,38.
234 Fluminis ... Dei: *cf* Ps. 45,5.
235-6 Haurietis ... Salvatoris: Is. 12,3.
239 Luxerunt ... Carmeli: Amos 1,2.
240-1 Deriventur ... divide: Prov. 5,16 (aquas: the biblical text adds tuas).
246-7 Occurrentes ... aquam: Is. 21,14.
251 Legitur ... Regum: *cf* 3 Reg. 18,16 ss.

255 vit, ut deus qui per ignem exaudiret, esset Deus totius populi.
Sic illis autem non valentibus, oranteque Elia, ignis de coelo
cecidit, qui bovem cum altarium lapidibus et aqua subito combussit
ac deinde omnes sacerdotes in torrente Cison interfecit. Et post
haec, emendata terra, cultoribus Baal occisis, Elia orante plu-
260 via venit.

Quis autem dubitet in hoc monte Carmeli prophetam praedictum Mariam specialiter designasse? Dum enim ignis, qui est amor
Dei, descendit in Mariam, secundum idem ait: "Ignem veni mittere
in terram", errores idolorum penitus combussit atque postmodum
265 per Mariam pluvia miserationis et gratiae descendit exsicca-
tis, et sic restaurat omnia. Ignis igitur amoris divini in Mariam
venit; unde venter eius igneus erat. Et sicut Elias in curru igneo
rapiebatur, sic in ventre Virginis velut in curru igneo rapiebatur Filius Dei. Sic domus Dei igneus fuit, unde propheta:
270 "Domus, inquit, Iacob ignis, et domus Ioseph flamma". Ecce ergo
super montem pedes, id est Eliae, evangelizantis et annuntiantis
pacem, id est, per Mariam, per quam pluvia gratiae de caelo venit.
De qua dicit propheta: "Praeparabitur umbraculum, id est, portae
fluviorum apertae sunt". In Maria ergo velut in Carmelo, ut
275 dictum est, per descensum ignis Deus recte cognoscitur. Sed ut
de situ montis plenius loquamur:

Capitulum XII

De situatione montis Carmeli

Sciendum est quod mons Carmeli in Terra sancta est, non
280 longe a fluvio Iordanis positus. Mons Carmeli habet in occidentali
parte Accon et mare magnum, quae distant a monte per sex
miliaria. Iordanis etiam fluvius, ubi baptizatus est Dominus, distat
a Ierusalem octo leucas. Et iste Iordanis egreditur de mare

---

255 esset] ipse.
257 altarium *d*, altarum *H*.   subito combussit *d*, sibicis *H*.
264 combussit] compussit.
280 in] ibi.

263-4 Ignem ... terram: Luc. 12,49.
270 Domus ... flamma: Abd. 18.
270-2 Ecce ... pacem: *cf* Nahum 1,15.
273-4 Praeparabitur ... sunt: Nahum 2,5-6 (id est: omitted in Nahum).

Tiberiadis, quod adambit Galileam. In superiori parte Galileae est
285 mons Thabor, distans a Ierusalem itinere trium dierum. De Galilea
tamen mons Thabor non est, neque mons Carmeli. Mons Carmeli
est inter Foenicem et Palestinam secundum Hieronymum super
Isaiam, capitulo 16; et ut dicitur libro *Catholicon*: Non est ille
mons de quo Nabal Carmeli. Ille enim est mons Galileae; et
290 concordat Magister in *Historiis* Regum 25. Iordanis inter Galileam
et Iudeam currit pro magna parte. Unde Galilea quasi inter duos
montes a parte australi esse dinoscitur. Nam incipiens non longe
a pede montis Thabor, in superiori parte extendit se versus occidentem fere usque ad pedem montis Carmeli.

295   Capitulum XIII

Qualiter Christus elegit et docuit discipulos in montibus

De partibus autem illis, videlicet de Galilea et finibus eius,
elegit discipulos Dominus, et in monte duodecim apostolos specialiter stabilivit, sicut patet per evangelistas. Mattheus dicit:
300 "Ambulans Iesus iuxta mare Galileae, vidit duos fratres". etc.
Et paulo ante: "Relicta, ait, Nazareth, venit Capharnaum mariti-
mam, in finibus Zabulon et Nephtalim". Et sequitur: "Videns
Iesus turbas, ascendit in montem, et accesserunt ad eum discipuli eius. Et aperiens os suum docebat eos". Lucas etiam dicit

---

290   in Historiis *post* I Regum.
299   evangelistas] evangelistam.
304   etiam] et.

286-90 Mons ... Regum 25: *vide* Baconthorpe, *Compendium*, prima particula.
287-8 Hieronymum ... 16: *Commentaria in Isaiam prophetam*, V, c. 16:
"... Carmelum montem opimum atque nemerosum, qui Ptolemaïdi imminet, et
in quo oravit Elias ..."; PL 24, 172. *Ibid.*, IX, c. 29: "... in montem Carmelum
qui Hebraice *Chermel* dicitur, et in confinio Palestinae atque Phoenicis, Ptolo-
maïdi imminens; licet et alius in Scripturis sanctis mons Carmelus appelletur, in
quo fuit Nabal Carmelius, homo stultus et iniquus ..."; PL 24, 335.
288 *Catholicon:* by Ioannes Balbi de Ianua, O.P. (1298).
290 Magister ... 25: Petrus Comestor, *Historia scholastica*, I Regum 24: "... et
possessio eius erat in Carmelo. Mons est in sorte Iudae. Alter Carmelus est in
confinio Palestinae et Phoenicis, ubi Elias occidit prophetas Baal.": PL 198, 1318.
300 Ambulans ... fratres: Mt. 4,18.
301-2 Relicta ... Nephtalim: *cf* Mt. 4,13.
302-4 Videns ... eos: Mt. 5,1-2.

305 quod erat praedicans in synagoga Galileae. Item etiam dicit de
    partibus illis discipulos congregasse, sicut patet de Simone et
    filiis Zebedaei, et de vocatione Levi, sedentis ad telonium. Et
    superius ait: "In Capharnaum descendit, civitatem Galileae"; et
    alibi: "Intravit", inquit, "Capharnaum". Et iterum: "Exiit in montem
310 orare, et erat pernoctans in oratione. Et cum factus esset dies,
    vocavit discipulos suos, et elegit duodecim ex ipsis". Marcus vero
    dicit: "Praeteriens secus mare Galileae, vidit Simonem et An-
    dream, et filios Zebedaei, et vocavit eos". Et iterum: "Vidit,
    inquit, Levi Alphaei ad telonium, et ait illi: Sequere me". Et
315 paulo ante: "Intravit", inquit, "Capharnaum". Et sequitur: "Ascen-
    dens in montem, vocavit quos voluit ad se, et fecit ut essent
    duodecim". Ioannes autem narrat, quod vocavit Andream et Si-
    monem fratrem eius, et post etiam Philippum, qui erat a Bethsaida
    civitate Andreae et Petri. Et Philippus duxit Nathanael ad Iesum,
320 de quo Iesus dicebat: "Ecce vere Israelita, in quo dolus non
    est". Et post pauca: "Descendit, inquit, Capharnaum, et mater
    eius et discipuli eius".

Capitulum XIV

Qualiter in monte Carmeli Christus quasi conventum religionis
325   *faciens duodecim apostolos congregavit*

    Et alibi: "Abiit Iesus trans mare Galileae, quod est Tiberia-
dis, et sequebatur eum multitudo magna. Subiit ergo in montem
Iesus et ibi sedebat cum discipulis suis". Capharnaum autem non
in superiori parte est Galileae iuxta montem Thabor, ubi trans-

---

306 Simone] Simeone.

---

305 erat ... Galileae: Luc. 4,44 (synagoga: Luke has synagogis).
305-7 Item ... telonium: cf Luc. 5,1-11 et 5,27-28.
308 In Capharnaum ... Galilaeae: cf Luc. 4,31.
309 Intravit ... Capharnaum: Luc. 7,1.
309-11 Exiit ... ex ipsis: cf Luc. 6,12-13.
312-3 Praeteriens ... eos: cf Mc. 1,16-20.
313-4 Vidit ... sequere me: cf Mc. 2,14.
315 Intravit ... Capharnaum: Mc. 2,1.
315-7 Ascendens ... duodecim: cf Mc. 3,13-14.
317-20 Ioannes ... dicebat: cf Io. 1,39 ss.
320-1 Ecce ... non est: Io. 1,47.
321-2 Descendit ... eius: cf Io. 2,12.
326-8 Abiit ... suis: Io. 6,1-3.

330 figuratus est Dominus, sed in alia parte versus occidentem iuxta
mare est posita Galileae et prope montem Carmeli, quia alius
mons iuxta locum illum non est. Quamvis ergo quidam aliter
sapiant, secundum rectam tamen seriem evangelistarum et locorum positionem in huius monte Carmeli Christus duodecim, quasi
335 conventum faciens religionis, prout dictum est, specialiter stabilivit.

Patet ergo ex praedictis, quod in novo Testamento in hoc
monte Carmeli religio sumpsit exordium. In monte etiam isto,
ut superius notatum est, Maria vovit virginitatem, et eidem monti
340 non immerito, ut factum est, assimilatur.

Capitulum XV

De quibusdam montibus in Terra Sancta constitutis

In montibus siquidem plurima Deus ostendit beneficia in
Terra Sancta locatis. Nam in monte Sina, quae est in Arabia,
345 apparuit Moysi in rubo ignis et ei legem dedit; et mons ille
distat a Ierusalem itinere 15 dierum. In monte Calvariae apud
Ierusalem Filius Dei crucifixus fuit; et iste mons non longe
est a porta Neapolitana ubi praetorium erat Pilati. In orientali
autem parte urbis erat templum Domini a Salomone factum, in
350 quo praesentatus est Christus. In dextera parte huius templi
aedificavit Salomon templum suum et inter utrumque templum
construxit porticum Speciosam columnis marmoreis. In sinistra
parte huius templi est probatica piscina. Inde quasi ad mille
passus contra orientem est mons Oliveti, ubi Christus oravit
355 Patrem dicens: "Pater, si fieri potest", etc., et in lapide
scripsit: "Pater mi", et inde ascendit in caelum. Inter templum Domini et montem Oliveti est vallis Iosaphat, ubi Maria ab
apostolis fuit sepulta. In dextra parte versus Ierusalem, quantum potest arcus iacere, est mons Sion, ubi quidam dicunt
360 ecclesiam factam esse a Salomone; sed verius est quod coenacu-
lum fecit ibi, ubi Dominus coenavit cum discipulis suis, ibique
eis Spiritum sanctum misit, ibique Virgo migravit a saeculo.

---

340 factum] tactum.
348 Neapolitana] Nepolitana.

---

339 superius notatum: Libro I, c. IV.

Bethlehem autem civitas distat a Ierusalem 5 milibus contra meridiem. Inde ad 12 est mons qui vocatur "Dominus videbit",
365 ubi Abraham filium suum voluit immolasse. Est et alius mons inter Bethel et Hai, ubi Abraham aedificavit altare, postquam egressus est de Haran cum Sarai uxore sua, et Lot filio fratris sui, ut irent in terram Chanaan. Est et alius mons iuxta convallem Mambre, quae est in Hebron, ubi Abraham habitavit post-
370 quam divisus est a Lot, ibique aedificavit altare Domino. Ibi prope est spelunca duplex, respiciens Mambre in agro, quem emit Abraham quadringentis siclis argenti ab Ephrone filio Seor, ibique sepelivit Abraham uxorem suam Saram, quae mortua est in civitate Arbee, quae est Hebron; et ipse in dicta spelunca cum
375 Isaac et Iacob sepultus est.

Capitulum XVI

Ordo Carmelitarum aliis dignior a Deo comprobatur

Legitur etiam a quibusdam, quod in Hebron Dominus formavit Adam de limo terrae, et ibi David unctus est per Nathan pro-
380 phetam et Sadoc sacerdotem. In Bersabee etiam, quae est in monte posita, apparuit Dominus Isaac, et aedificavit ibi altare Domino. In monte Galaad erexit Iacob lapidem in titulum, ibique ipse et Laban immolabant victimas. Bethel in monte est sita, unde a Domino praecipitur Iacob: "Surge et ascende Bethel".
385 De mons Thabor dictum est. Dicam etiam de monte, de quo dixit angelus ad Lot: "In monte salvum te fac". Mons iste iuxta veram descriptionem proprie mons Carmeli est, qui non longe a Iordane ponitur, ut supra dictum est. Cum enim Abraham et

---

367 Haran] Aaran.

---

364 Dominus videbit: Gen. 22,14.
366 inter Bethel et Hai: *cf* Gen. 12,8.
368-9 iuxta ... Hebron: Gen. 13,18.
371 spelunca ... Mambre: Gen. 23,17.
373 sepelivit ... Saram: *cf* Gen. 23,19.
373-4 mortua ... Hebron: Gen. 23,2.
379-80 ibi ... sacerdotem: *cf* 2 Sam. 2,4: "Veneruntque viri Iudae et unxerunt ibi David".
380-2 In Bersabee ... Domino: *cf* Gen. 26,23-25.
382-3 In monte ... victimas: *cf* Gen. 31,25; 45; 54.
384 Surge ... Bethel: Gen. 35,1.
386 In monte ... fac: Gen. 19,17.
388-92 Cum ... Domini: *cf* Gen. 13,9-12.

Lot ab invicem discedere vellent, Lot moratus est in oppidis
390 circa Iordanem, et illa regio, antequam Dominus subverteret
Sodomam et Gomorram, irrigabatur universa sicut paradisus Domini. Et mons Carmeli prope est Segor, ubi Lot ingressus est,
sicut scribitur: "Sol egressus est super terram et Lot ingressus est Segor". Sed quia timuit ibi manere, ascendit Lot de
395 Segor, et mansit in spelunca cum duabus filiis suis.

Sicut igitur particula mundi, quae Christum cum Matre et
tot sanctis patribus specialiter meruit procreare et nutrire, Terra
Sancta dicitur, et dignior ceteris locis reputatur, ita et ordo
Carmelitarum, a Carmelo trahens originem, quasi ceteris specia-
400 lius electus a Deo, dignior a loco patenter comprobatur. Ordini
supradicto poterit illud dici: "Locus, in quo stas, terra sancta
est".

Liber Secundus

huius tractatus, in quo agitur de tempore antiquitatis ordinis
405   *Carmeli et de dignitate seniorum eiusdem*

Capitulum I

Senioribus et grandaevis debetur reverentia, quia dignitas senum canities et horum concilium aut terminos transgredi non est
iuxta Sapientis dictum: "Ne transgrediaris terminos antiquos,
410 quos posuerunt patres tui". A senioribus denique fluenta sapientiae ceteris decurrunt. Roboam enim, spretis senioribus et secundum iuvenum agens irreverentiam, a populo est repulsus.

400-1 Ordini supradicto] Ordinem supradictum.
411 Roboam] Roboas.

393-4 Sol ... Segor: Gen. 19,23.
394-5 Sed ... suis: cf Gen. 19,30.
401-2 Locus ... est: Ex. 3,5.
407-8 dignitas senum canities: Prov. 20,29.
409-10 Ne ... tui: Prov. 22,28.
411-2 Roboam ... repulsus: cf 3 Reg. 12,3-19.

Eliseus a pueris in Bethel illuditur clamantibus: "Ascende calve".
Sed dum maledixit eis in nomine Domini, duo ursi quadraginta
415 duos ex eis subito lacerarunt. Nec immerito, dum vir Dei expro-
bratur, cui dignitas honoris tam per aetatem quam sapientiam
de iure dedissent, quia canitium non est vitium, sed honoris
indicium. In mulieribus tamen confusio est, quia Isaiae 3: "Decalvabit verticem filiarum Sion et crinem illarum nudabit". Et
420 apostolus: "Si vir comam nutriat, ignominia est illi". Sed contrarium est in muliere: I ad Corinthios 11. Maiores enim honorare sacerdotesque et prophetas speculum temporum nos docet
antiquorum. Et etiam in multis locis hoc idem novum praecipit
Testamentum.
425   Iura denique ad omnia ardua tractanda seniores iubent con-
vocari. In capitulis tamen religiosorum senes cum iunioribus
volunt communiter congregare, ubi excessus et culpae poterunt
purgare, et quia Deus saepe revelat minori quod melius est.
Nam Daniel puer Susannam liberavit et somnia regis prudenter
430 reseravit. Verba etiam <in> superficie parietis aulae regiae
recte interpretatus est apud Balthassar, filium Nabuchodonosor
regis, et eidem mysteria revelantur a Domino. Ioseph etiam
iuvenis tam pincernae quam pistori somnia sapienter reseravit.
Visiones etiam pharaonis de septem bobus pinguibus et totidem
435 macilentis veraciter explanavit. In gravibus siquidem causis sanum
est cum dignitate tractare seniorum. "Inclina, ait Sapiens, aurem
tuam, et audi verba sapientium". Ab antiquis namque temporibus
hauritur sapientia: "Quam speciosum canitiei iudicium, quam
speciosa veteranis sapientia, et corona senum multa peritia": Ec-
440 clesiastici 25.

---

420 vir] vero.
438 speciosum] sponsum.   canitiei] canicie.
439 speciosa] sponsa.   corona] corpora.

413-5 Eliseus ... lacerarunt: *cf* 4 Reg. 2, 23-24.
418-9 Decalvabit ... nudabit: *cf* Is. 3,17.
420 Si ... illi: *cf* 1 Cor. 11,14.
420-1 Sed ... muliere: 1 Cor. 11,6; 15.
429-30 Nam ... reseravit: *cf* Dan. 13 and Dan. 4,1-25.
430-2 Verba ... Domino: Dan. 5,13-31 and Dan. 7.
432-3 Ioseph ... reseravit: *cf* Gen. 40.
434-5 Visiones ... explanavit: *cf* Gen. 41,1-36.
436-7 Inclina ... sapientium: Prov. 22,17.
438-9 Quam ... peritia: Eccli. 25,6; 7; 8.

Capitulum II

Ordo Carmelitarum praeest aliis senioritate

Dignitas enim ordinis Carmelitarum, crescens et hactenus cum laude Dei et Virginis perseverans antiquior ceteris compro-
445 batur. In tempore Eliae et Elisei prophetarum incoeperunt, et ipsorum conversationem sequentes, locumque contemplative dictorum prophetarum inhabitantes, diu ante confirmationem et tempore antiquiori quam ceteri floruerunt religiosi; cum vinculo caritatis supportantes invicem, Deo devotissime sunt fa-
450 mulati. Quamvis igitur a confirmationis tempore eorundem quibusdam videantur posteriores, per conversationem tamen sanctam priores esse dinoscuntur. Et ipsa etiam confirmatio dictos fratres de Carmelo, licet aliter ad reverentiam confirmationis in processionibus videantur ostendere, religiosis ceteris rationabiliter prae-
455 fert. Omnis enim confirmatio ex actu causatur praecedenti. Sed iste ordo Carmelitarum ceteros praecessit, cum statu sancto et perfecto ex cuius causa confirmatus est. Postmodum ergo ex confirmatione actionis videtur prior esse.

De confirmatione huius ordinis quidam altercantur pro duo-
460 bus verbis, scilicet "solito" et "solido". Sciant tamen per testimonium Guidonis *t* mutatam in *d*, et licet dicatur 'solito', non derogat confirmationi, quia status prius fuit sanctus et perfectus in se, cui datur etiam laudabilis et perpetua confirmatio, dum dicitur "in solido statu volumus permanere". Nam et huius
465 confirmationis perfecti patres et sanctissimi praecedentes expertes non creduntur, cum pro ipsorum conversatione tale subsequatur soliditatis beneficium; sed et ipsos dignitas confirmationis huiusmodi rationabiliter includit quasi esse priores. Nam sanctus Benedictus, licet monachorum pater vocitetur et sub
470 ipsius titulo eorundem ordo confirmetur, non tamen Antonius aut

---

443 crescens] crescentia.
444 perseverans] perseverantia.
446 contemplative] vitae contemplativae (?).
451 tamen] tam.
454 religiosis] religiosi.
464 et] in.
465 confirmationis] confirmatione.

---

449 supportantes invicem: *cf* Eph. 4,2.
461 Guidonis: Guidonis de Baysio.
464 in solido statu volumus permanere: c. 1, III, 17, in VI°; Friedberg II, 1054-5. *Cf* Baconthorpe, *Compendium historiarum*, nona particula.

Macharius cum ceteris abbatibus et monachis perfecte degentibus,
qui Benedictum praecesserunt, expertes solidationis fiunt huiusmodi, sed priorum ac posteriorum fit connexio firmata, quia
confirmatio dicitur a "con", id est "simul", et "firmatio": cum
475 patribus praecedentibus et filiis subsequentibus.

Capitulum III

Carmelitae sunt aliis digniores ratione temporis

Cum ergo ante praedictos patres monachorum, et etiam in
Legis antiquae tempore Carmelitarum praedecessores floruerunt,
480 rationibus supradictis non secundi, tertii vel quarti, sed primi
potius probantur religiosorum. Unde de ratione maior quam
ceteris eisdem praeberetur reverentia, quia sunt ceteris, ut
probatum est, digniores a tempore. Et non sine iusta causa
voluit Deus Carmelitas longo tempore ante confirmationem cum
485 sancta observantia religionis manere et postmodum confirmari,
quia ipsam Virginem, cuius titulo specialiter sunt insigniti, ipsorum longo tempore tam factis quam prophetiis praefigurabant
priores. Iustum ergo. fuit ut Deus, qui carnem de Virgine sumens
prophetarum antiquorum dicta confirmavit, etiam ordinem Car-
490 melitarum, Virgini devotius adhaerentes sub titulo Matris, specialius, quasi galeam salutis imponendo capiti, ordinem supradictum postmodum confirmaret. De quo propheta videtur dicere:
"Iustitia, inquit, eius confirmabit eum", id est, ordinem praefatum.
Et consequenter videtur de ordine sic dicere: "Indutus est iusti-
495 tia ut lorica, et galea salutis in capite eius", id est, titulus Mariae
specialis. Iustitia vero Carmelitarum habitu nigro apparet sub
tempore Legis; galea vero salutis in albedine cappae resplendet
pro tempore Gratiae; de quibus in ultimo tractabitur capitulo.
Praefatus igitur ordo recte poterit cantando dicere: "Gau-
500 dens gaudebo in Domino, et exultabit anima mea in Deo meo,

485 observantia] conservantia.
500 et] ut.

491 galeam salutis: *cf* Is. 59,17.
493 Iustitia ... eum: *cf* Is. 59,16.
494-5 Indutus ... eius: Is. 59,17.
498 ultimo ... capitulo: Libro VI, cc. 1-3.
499-502 Gaudens ... me: Is. 61,10.

quia induit me vestimento salutis, et indumento iustitiae circumdedit me".

De confirmatione autem ordinis Carmelitarum sub titulo
Mariae ad praesens non oportet tractare, dum alias me novi de
505 confirmationibus et regula praedictorum sufficienter compilasse
tractatum. Nempe fratres ordinis istius, praedecessores habere
prophetas, atque precationes ad Dominum cum advocata fundere
pro populo, commemorat Sapiens, et adventum Mariae ac fratrum
istorum se declarat asserere dum dixit: "Da testimonium quia ab
510 initio creaturae tuae sunt, et suscita precationes quas locuti sunt
in nomini tuo prophetae priores". Nam Elias et Eliseus, in monte
Carmeli contemplativam ducentes vitam, ordinis Carmelitarum pri-
migeri exstiterunt.

Et sic ordinis Carmelitarum dignitas demonstratur a tempore,
515 ut sic ipsius fratribus dici valeat: "Vos estis filii prophetarum",
Actuum 3.

Capitulum IV

Quare Carmelitae habent Mariam in patronam magis quam alium

Unusquisque ordo aliquem sanctum suae sectae et conversa-
520 tionis habet inceptorem, ut Iacobini Dominicum, Minores Franciscum, eremitae Paulum Thebaeum. Sed isti Carmelitae non sim-
plicem sanctum, sed sanctos et prophetas praedecessores me-
ruerunt obtinere, superaedificati super fundamentum apostolorum
et prophetarum, ut sicut sui fundatores mystice de laude Vir-
525 ginis cum vita perfecta loquebantur, ita successores sui eandem
vitam et conversationem sequentes, ad laudem Virginis gloriosae
perpetuo permanerent. Et in signum succedentium fratrum Elias
pallium dimisit Eliseo, tanquam in persona Christi loqueretur
ad Petrum: "Et tu aliquando conversus confirma fratres tuos".
530 Recte religionis huius ad laudem Virginis specialem praedecesso-

---

507 precationes] praedicationes.
509 asserere] asser'.

---

506 tractatum: his *Compendium historiarum.*
509-11 Da ... priores: Eccli. 36,17 (quia: Sirach has: his qui).
515 Vos ... prophetarum: Act. 3,25.
523-4 superaedificati ... prophetarum: Eph. 2,20.
527-8 pallium dimisit Eliseo: *cf* 4 Reg. 2,13.
529 Et tu ... tuos: Luc. 22,32.

rem Eliam cognovit pater eius Sabaca, qui vidit viros candidatos
se invicem salutantes. Abdicationem etiam temporalium successores de domo Rechab... scyphos plenos vino, et calices posuisse
et eis dixisse: "Bibite vinum"; ipsi responderunt: "Non bibemus,
535 quia Ionadab, filius Rechab, pater noster, praecepit nobis dicens:
Non bibetis vinum et non seretis nec vineas plantabitis vel habe-
bitis, sed in tabernaculis habitabitis". Sed nec ullum moveat quod
hic dicitur de domo Rechab, quia de eadem domo Rechab et
Sabaca originem traxerunt eandemque conversationem habuerunt.
540 Ipsi vero de domo Rechab, tanquam Carmelitis suadentes, possessiones abiecerunt, sicut ulterius ad Ieremiam dixerunt: "Nos,
inquiunt, vineam et agrum et sementem non habuimus, sed habi-
tavimus in tabernaculis et obedientes fuimus". Sic vides quod ab
antiquo in Elia vero filio Sabaca floruerit religio.
545   Si ergo quaeratur, quare prophetas Carmelitae dicunt suos
esse fundatores, cum sub titulo Mariae noscantur insigniri, rationes
praehabitae sufficiunt ad responsa. Sed titulum beatae Mariae
specialiter elegerunt et capellam in eius honore in monte Carmeli
erexerunt. Et testimonium satis valet in iure, quia dicitur in
550 *Decretis* quod monachi possunt testificari in causa sui monasterii.
Et ratio ibi sequitur, quia "illi assumendi sunt potissime qui eadem
negotia tractaverunt". XIV, q. II, 3 capitulo 'Super prudentia'.
Et sicut prophetae Virgini mysticum in Carmelo primitus dederunt
obsequium, ita fratres postmodum mystica praedictorum non sol-
555 ventes, sed adimplentes, in eodem Carmelo ad famulandum Virgini colla subiugarunt. Unde recte "Fratres Mariae de Monte
Carmeli" nominantur.

---

533 *post* Rechab *plura verba omissa sunt.*
540 Carmelitis] Carmelitae.
545 dicunt] dicuntur.

531-2 Eliam ... salutantes: *cf* Petrus Comestor, *Historia scholastica,* IV Regum 2: "Legitur quod Sabacha pater Eliae, nondum nati, vidit in somnis viros
candidatos se salutantes"; PL 198, 1387-8.
    533-4 scyphos ... bibite vinum: *cf* Ier. 35,5.
    534-7 Non bibemus ... habitabitis: *cf* Ier. 35,6-7.
    541-3 Nos ... fuimus: Ier. 35,9-10.
    547-52 Sed ... prudentia: *cf* Baconthorpe, *Compendium historiarum,* secunda
particula.
    550-2 *Decretis* ... prudentia: c. 1, C. XIV, q. 2; Friedberg I, 734. *Cf* Bacon-
thorpe, *Speculum,* l. 39-41; *Compendium historiarum,* ll. 39-43.

Capitulum V

Quare Carmelitae in antiqua Lege non fecerunt miracula

560 Quidam mirantur etiam, quia Carmelitae ante haec tempora non leguntur fecisse miracula, sicut sanctus Benedictus aut Dominicus vel Franciscus. Sed in hoc normam Virginis gloriosae sequi videntur. Non enim communiter legimus miracula per Mariam facta in vita sua. In antiqua tamen Lege mystica de
565 ipsa fiebant miracula, sicut patet de virga Aaron, quae fronduit et floruit et peperit amygdala. Sic revera et in fundatoribus Carmelitarum in antiqua Lege multa fluxere miracula, sicut patet de vidua Sareptana Sidoniorum, ad quam Elias venit ut pasceretur tempore siccitatis; ubi lecythus olei et farinae hydria
570 non minuuntur quousque Deus visitavit populum suum. Neque enim moveat quod Sidoniorum terra hanc plagam siccitatis pariter cum Israel perpessa sit, dum Iezabel, persecutrix prophetarum et totius vindictae causa, regis Sidoniorum filia fuit. Patet etiam miraculum per Eliam in suscitatione filii viduae, de quo traditur
575 quod ipse postea Ionas propheta fuit. Plura etiam signa per ignem fecit Elias.

De Eliseo vero multa sunt miracula, ut patet in transitu Iordanis sicco pede, et de sanatione aquarum, de parvo oleo quod vidua habuerat crescente, de filio viduae mortuo quem suscitavit,
580 de aqua quam impetravit a Domino sine pluvia per siccatum torrentem, in expeditione qua Ioram et Iosaphat et rex Edom ad filios Amon exierant, et de pluribus aliis miraculis ab eisdem factis, quae non oportet inserere.

Haec ergo pro Carmelitis sufficiant, sicut et pro Maria, ut

---

561 leguntur] legerunt.
568 quam] quod.
584 *post* et *aliquod signum* c'.

565-6 virga Aaron: *cf* Num. 17,8.
567-70 sicut ... suum: *cf* 3 Reg. 17,8-16.
573-4 Patet ... viduae: *cf* 3 Reg. 17,17-24.
574-5 de quo ... fuit: *cf* Hieronymus, *Commentaria in Ionam prophetam*, Prologus: "Tradunt autem Hebraei hunc esse filium viduae Sareptanae, quem Elias propheta mortuum suscitavit"; PL 25, 1118.
577-8 transitu ... pede: *cf* 4 Reg. 2,14.
578 sanatione aquarum: *cf* 4 Reg. 2,19-22.
578-9 de parvo ... crescente: *cf* 4 Reg. 4,1-7.
579 de filio ... suscitavit: *cf* 4 Reg. 4,18-38.
580-2 de aqua ... exierunt: *cf* 4 Reg. 3,10-20.

585 dictum est. Scimus tamen plura miracula pro Carmelitis, licet
communiter non scribantur, Dominum saepe fecisse, sed ipsi tamquam famuli Virginis speciales non sibi, sed Mariae talia potius
nituntur ascribere. Ordo iste siquidem fundatores, ut patet, prophetas possidet, qui primitus in monte velut montes sancti
590 religiose vixerunt, ut posset eidem ordini dici: "Fundamenta eius
in montibus sanctis". Gaudeant igitur Carmelitae de prophetis
et patribus suis fundatoribus, et ipsi patres et prophetae de
filiis devotis gaudeant successoribus, iuxta dictum Sapientis:
"Corona senum filii filiorum, et gloria filiorum patres eorum".
595   Sic dignitas ordinis istius maior ceteris a fundatoribus dinoscitur, nam maior est qui prophetat quam qui loquitur linguis.

Liber Tertius

*huius tractatus, in quo agitur de Advocata, inquantum beata
Maria dicitur Advocata et Patrona ordinis*

600   Capitulum I

Qui suorum, et maxime domesticorum curam non habet, fidem
negat et est infideli deterior. Domesticus est omnis, qui cum
voto seu iuramento vel electione speciali servit alicui. Sicut
ergo talis curam superioris habet familiarius serviendo, ita maior
605 subdidit specialius diligendo. Hinc est quod Ioannes "virgo est
electus a Domino et inter ceteros magis dilectus", "cui Matrem
Virginem virgini commendavit" sub titulo speciali. Et ex illa

---

588 nituntur] nitantur.
594 et] id est.

590-1 Fundamenta ... sanctis: Ps. 86,1.
594 Corona ... eorum: Prov. 17,6.
596 nam maior ... linguis: 1 Cor. 14,5.
601-2 Qui ... deterior: 1 Tim. 5,8 (Qui: 1 Tim. has: Si quis autem; negat:
negavit).
605-6 virgo ... dilectus: *cf* Antiphon 1 of Matins of the Feast of St. John
the Apostle.
606-7 cui ... commendavit: *cf ibidem*, Responsory 1 of Matin.

hora accepit eam discipulus in sua. Ipsa etiam sibi inter ceteros familiarius adhaerebat, et ipse eidem ceteris crebrius serviebat.
610 Cum ergo iam mediatrix Dei et hominum sit, atque cunctorum advocata gratissima, fide tamen gratitudinis inviolabiliter observans, de sibi commendatis sub titolo speciali curam ceteris familiarius videtur agere, et eis ut domesticis frequentius adhaerere. Sicut enim stella differt a stella, ita et gradus in omni familia,
615 ut in quo titulus sit specialior, fiat et domino ceteris proximior. Carmelitae vero sub titulo speciali Mariam obtinent advocatam sine aliquo sancto medio post Dominum, ut in professionis vinculo patet eorundem. Unde et ipsa via iuris et gratitudinis ipsis ceteris familiarius adhaerebit. Et unde Matri fiunt cariores, inde et
620 Filio proximiores, ut eisdem fratribus possit ipsa dicere: "Fratres mei carissimi et desideratissimi, sic state in Domino carissimi".

De speciali vero titulo ipsius satis patet in tractatu quem feci de regula Carmelitarum et de confirmatione eorum.

Capitulum II

625   *De quodam miraculo beatae Mariae pro Carmelitis*

Scio et qualiter dictorum fratrum advocatam esse specialem Maria se miraculose monstravit. Nam apud civitatem Cestriae cum quidam Carmelitis invidebant, et eos non sub specialiori titulo quam ceteros religiosos Mariae famulari constantius asse-
630 rerent, abbas Thomas monasterii sanctae Werburgae eiusdem civitatis processionem generalem ad sanctam Werburgam statuit fieri. In quo monasterio in australi parte chori ad caput tumuli Godescaldi eremitae, qui dudum fuerat imperator, erat quaedam imago beatae Mariae Virginis, ubi Deus multa operatur miracula.
635 Cum ergo processio fieret et iuxta dictam imaginem transirent,

---

608 sua] suam.
615 titulus] titulo.
632 tumuli *post* Godescaldi.
633 erat] ei.   quaedam] quidam.

---

614 stella ... stella: *cf* 1 Cor. 15,41.
620-1 Fratres ... carissimi: Phil. 4,1.
622-3 tractatu ... eorum: his *Compendium historiarum*, quinta particula.
625 De quodam miraculo: This miracle is also reported by Thomas Bradley, *Chronicon*, c. IV; *Speculum* 1680, I, 179, n. 790.

Carmelitae cum magno populo non longe ab imagine stabant.
Dum vero Carmelitae iuxta imaginem transirent et ipsam adora-
rent, imago se erexit et cum digito innuendo eisdem, cunctis
audientibus dixit: "Ecce fratres mei"; quasi unicuique ipsorum
640 videretur illud dicere specialiter: "Mihi factus est frater", Ecclesiastici 29. Quod cum aemuli vidissent, poenitentiam egerunt et
dicto ordini in posterum magnum honorem dederunt.

Optime igitur constitutum est inter Carmelitas, ut Mariam
specialem advocatam ipsorum post omnes horas canonicas invo-
645 cent genua flectentes et antiphonam dicentes "Salve Regina". Et
merito pro tanta advocata ordo praedictus maiore laude veneratur,
ut possit ei omnis illud dicere: "Habebis laudem ex illa".

Liber Quartus

huius tractatus, in quo agitur de scriptore regulae ordinis
650   *Carmelitarum et de quibusdam exemplis*

Capitulum I

Quantum gradus fuerit scribentis sublimior, tantum eius
scriptura dignior, nec licet ab inferioribus ipsam abradi. Nam
et praecepta, quae Deus scripsit, a nullo sine crimine vel animae
655 periculo poterunt abiici, sed reverentia a cunctis firmiter habeant
observari fidelibus. Pilatus etiam, licet malus, gradum tamen
honoris tenens, ait: "Quod scripsi, scripsi", sic insinuans ceteris
huiusmodi tollere non licere. Sciendum tamen est quod dum
Pilatus scripsit "Iesus Nazarenus Rex Iudaeorum", hoc a seipso

---

640 videretur] videtur.
641 cum] dum.
652 quantum] quantus.
654 crimine] discrimine.

---

640 Mihi ... frater: Eccli. 29,34: hospitio mihi factus est frater.
643-5 Optime ... Regina: *Constitutiones* 1324, Rubrica III; MHC, 25, 229.
647 Habebis ... illa: Rom. 13,3.
657 Quod scripsi, scripsi: Io. 19,22.
659 Iesus ... Iudaeorum: Io. 19,19.

660 non fuit, sed potius a Spiritu Sancto. Et Caiphas pontifex de
morte Christi prophetavit dicens: "Expedit ut unus homo moria-
tur pro populo, ut non tota gens pereat". Pilatus itaque propter
gradum suum prophetice scripsit, et Caiphas propter pontificalem
gradum prophetavit, ut qui ceteris, licet mali, gradu maiori exsti-
665 terant, testimonium redderent Deo, quod non liceret auferre.
Videtur ergo quod in omni gradu adquiritur gratia, cum et ipsi
tam mali, in gradu tamen dignitatis exsistentes, gratiam et spiritum prophetandi habuerint. Creditur tamen, post illa dicta prophetica spiritus bonus ab eis recessisse, utpote qui nec ante in
670 eis fuerat, sed pro tempore illo sermones propheticos eis infun-
debat. Sic et Saul legitur cum ceteris prophetasse, dum tamen
malus fuit, utpote qui gradum ceteris maiorem habuit. Nam de
Caipha legitur: "Hoc autem a seipso non dixit, sed cum esset
pontifex anni illius, prophetavit".

675   Capitulum II

            De laude scriptoris regulae Carmelitarum

        Deus autem, qui fratres Carmeli ad laudem Matris suae spe-
cialiter voluit stabilire, ad regulam ipsorum scribendam venerabilem suscitavit personam, ut qui locum sanctiorem <et> ad-
680 vocatam nobiliorem ceteris possederant, et regulae scriptorem,
ex gradu ceteris digniorem, obtinerent, et scriptura huiusmodi
stabilior in posterum permaneret. Unde fratribus in monte Carmeli morantibus Ierosolymitanae ecclesiae regulam Albertus scripsit patriarcha, qui ceteris patribus, diversorum regulam scriben-
685 tibus religiosorum, dignior comprobatur. Patriarcha dicitur a
"pater" et "archos", quod est "princeps"; inde patriarcha quasi
"princeps patrum". Recte igitur hunc magnificari fratres praedicti
secundum regulam ipsorum; quos Paulus videtur sic alloqui:

---

663 pontificalem] pontificali.

661-2 Expedit ... pereat: *cf* Io. 11,50.
671 Saul ... prophetasse: *cf* 1 Reg. 10,10; 19,24.
673-4 Hoc ... prophetavit: Io. 11,51.
685-7 Patriarcha ... patrum: *cf* Isidore, *Etymologiae*, VII, c. 7: "Patriarcha
interpretatur *patrum princeps*. 'Archos' enim graece *princeps* est"; PL 82, 281.

"Spem habentes crescentis fidei nostrae, in vobis magnificari
690 secundum regulam vestram".

Albertus itaque dictorum fratrum regulam cum praeceptis
oboedientiae, paupertatis et continentiae ac etiam salutarium mu-
nimine observantiarum decenter ornavit atque ad exemplum Virginis silentium eis indixit dicens: "In silentio et spe erit fortitudo
695 vestra". Et Paulus iterum ait: "Obsecramus in Domino Iesu, ut
cum silentio operantes suum panem manducent". "Ingrediamur,
dicit propheta, civitatem munitam, et sileamus ibi". Haec ergo
regula Carmelitarum tamquam civitas est observantiis munita sa-
lutaribus, de qua videtur Apostolus dicere: "Pervenimus, ait, ut
700 idem sapiamus, et in eadem permaneamus regula".

Dignitas igitur ordinis praefati secundum regulae scriptorem
apparet. Et haec etiam regula multis in observantiis secundum
Virginis conversationem pro maxima scribebatur parte. Quicumque
ergo hanc regulam secuti fuerint, pax super illos et misericordia.

705   **Liber Quintus**

huius tractatus, in quo agitur de modo conversandi fratrum in
vita eremitarum, et quod Carmelitae ceteris sunt digniores

Capitulum I

Omnis status perfectus aut videtur esse anachoretarum aut
710 coenobitarum. Nam anachoretae omnia mundana fugientes, cum
castitate et paupertate vitam ducentes solitariam, coelestia iugiter

---

689   crescentis] crescentes.
700   idem] id.

689-90 Spem ... vestram: 2 Cor. 10,15 (nostrae: 2 Cor. has: vestrae; vestram:
2 Cor. has: nostram).
694-5 In silentio ... vestra: Is. 30,15.
695-6 Obsecramus ... manducant: 2 Thess. 3,12 (Iesu: 2 Thess. adds: Christo;
manducant: 2 Thess. has: manducent).
696-7 Ingrediamur ... ibi: Ier. 8,14.
699-700 Pervenimus ... regula: Phil. 3,16.
702-3 Et haec ... parte: cf his *Tractatus super regulam.*
703-4 Quicumque ... misericordia: Gal. 6,16.

contemplantur. Coenobitae vero pauperes et casti cum obedientiae
iugo praeceptis obtemperant superiorum. Ordo vero Carmelitarum
utrumque praedictorum modum tenet conversandi, et ex hoc
715 ceteris religionibus perfectior et dignior habeatur.

Nam fratres ordinis istius solitariam agunt vitam in celllulis
separatis, "die ac nocte in lege Domino meditantes et in orationibus vigilantes", secundum quod in regula continetur eorundem; et iuxta praeceptum Domini qui dicit: "Intra in cubiculum
720 tuum et clauso ostio ora Deum tuum", sic etiam ad modum Virginis in cella clausurae manent. Et "Filium gratiae" Virgo "in
cella fovet, nutrit, amplecitur et ad plenitudinem perfectionis
perducit". Sic etiam in cella omnis perfectus redditur et ad
plenitudinem gloriae perducitur. Nam "cellae et caeli habitatio
725 cognatae sunt", quia in cella contemplantur caelestia, et "fidelis
anima Verbo Dei" in cella "coniungitur, sponsa sponso satiatur,
terrenis caelestia, humanis divina uniuntur", et "sic templum
sanctum Dei fit cella servi Dei". "Nec iam spiritui oranti vel
etiam a corpore exeunti a cella in caelum longa vel difficilis via
730 invenitur. A cella enim in caelum ascenditur; vix autem aut
numquam a cella in infernum descendit quisquam, nisi secundum
prophetam: Descendant in infernum viventes", videlicet, ne descendant morientes. Hoc modo enim cellarum incolae saepe
descendunt in infernum. Sicut enim assidue contemplantur gaudia
735 caelestia, ut ardentius appetant, sic et dolores inferni, ut horreant
et fugiant. Et hoc est quod deprecatur pro inimicis suis orando
ut descendant in infernum viventes, ne scilicet descendant morientes. Hanc siquidem cellarum caelibem vitam tenent Carmelitae, ut vere possint dicere: "Nostra conversatio in caelis
740 est". In cella namque sedentes implent quod dictum est: "Orationi instate, et vigilate in ea".

---

715 religionibus] relionibus.
721 clausurae] clausire.
728 spiritui] ipsum.
732 in] ad.

719-20 Intra ... tuum: Mt. 6,6 (Deum: Matthew has: Patrem).
721-32 Filium gratiae ... viventes: The quotations are from Guillaume de St
Thierry, *Epistola ad fratres de monte Dei*, I, c. 4; PL 184, 314.
726 satiatur: in *Epistola:* sociatur.
732 Descendant ... viventes: Ps. 54,16.
737 descendant ... viventes: Ps. 54,16.
739-40 Nostra ... est: Phil. 3,20.
740-1 Orationi ... ea: Col. 4,2 (et vigilate: Col. has: vigilantes).

Capitulum II

Qualiter fratres Carmelitae vitam coenobitarum tenent

Coenobitarum vero conversationem videntur Carmelitae tenere.
745 Nam coenobitae dicuntur, a "coenon", quod est "commune", et
"bitos", quod est "habitatio"; quasi "communis habitatio". Sic
et ipsi de cellis certis horis ad opus pariter occurrunt divinum,
ac etiam in communi refectorio sacram audientes lectionem pariter sumunt quae caritatis intuitu eisdem fuerint erogata...
750 abstinentia vel recreationis est facienda. XX, q. IV, capitulo 'Monachum'. Ad laudem Virginis suavissimae simul decantant in
choro, iuxta illud prophetae: "Laetabitur virgo in choro, iuvenes
et senes simul", in gratiarum actione orantes simul: Col. 4.
Renuntiantes itaque propriae voluntati ad unius iussionis vocem
755 sui praelati, ut cum Christo videantur Patri dicere: "Non sicut
ego volo, sed sicut tu". Nec velle nec nolle habent. XII q. I,
'Nolo' etc. Item 'Non dicatis', XIII. Unde pro praedicatione evangelii Dei per suos superiores saepius emittuntur ad dandam
scientiam salutis plebi eius. Omnia vero illis sunt communia, nec
760 quisquam egens est inter ipsos, nam ex ipsis quae Carmelitis
conferentur distribuitur unicuique prout opus est.
Viam igitur utriusque vitae perfectae, sicut dictum est, implent Carmelitae, cum verbo praedicationis adiuncto, secundum
apostoli praeceptum: "Esto, inquit, exemplum fidelium in verbo
765 et in conversatione". Et revera omnem conversationem perfectam

---

749 *post* erogata *plura verba videntur omissa.*
757 Nolo] Volo.   XIII] + d' (distinctio?).

---

746 bitos: No such word; a derivative of "bios", life.
750-1 abstinentia ... Monachum: c. 3, C. XX, q. 4; Friedberg I, 851-2:
"Servandum quoque de monachis, ne eis ad solitarias cellulas liceat a congre-
gatione discedere ... Gratian. Verum hoc intelligendum est de monachis religiose
viventibus, quibus vota specialis abstinentiae vel alicuius districtionis, quae
generalem consuetudinem suorum fratrum excedat, sine abbatis consensu vovere
non licet".
752-3 Laetabitur ... simul: Ier. 31, 13.
753 in gratiarum ... simul: Col. 4,2-3.
754-7 Renuntiantes ... XIII: cc. 10-11, C. XII, q. 1; Friedberg I, 679-81.
However, c. 10 concerns the renunciation of property, not one's own will; c. 11:
"Cum huius nostrae congregationis fratres non solum facultatibus, sed volunta-
tibus propriis in ipsa ordinis susceptione renunciaverint, et se per promissam
obedientiam penitus aliorum potestati et imperiis in Christo et cum Christo
subdiderint ...".
755-6 Non ... tu: Mt. 26,39.
758-9 ad dandam ... eius: Luc. 1,77.
759-61 nec ... opus est: cf Act. 4,32; 34-35.
764-5 Esto ... conversatione: cf 1 Tim. 4,12.

tam anachoretarum quam coenobitarum ipsi tenent, cum maximo labore et doctrina praedicationis salutari. Unde merito a modo conversandi ceteris noscuntur digniores, atque duplex honor eisdem attribuitur sicut scriptum est: "Duplici honore habeantur 770 maxime, ut qui laborant verbo et doctrina".

Liber Sextus

huius tractatus, in quo agitur de habitu Carmelitarum, qui ostendit Innocentiam, Legem et Gratiam

Capitulum I

775   Apostolus dicit: "Induite vos sicut electi Dei". Sed inter ceteros tanquam ab initio mundi electi et praeelecti a Domino tanquam ordine temporum, Carmelitae videntur rationabiliter indui, sicut scriptum est: "Omnia honeste fiant in vobis secundum ordinem". In vestimentis enim suis quasi speculum trium temporum, temporis videlicet Innocentiae, temporis sub Lege, temporis Gratiae, ostendunt ordinatim. Primo igitur induuntur tunica alba brevi et curta, tanquam tempus Innocentiae et ante Legem praesentantes; quod quidem tempus modicum duravit. Nam primus parens per pomi unius prandium impurus probatur; quod proles sui generis ploratum praebens plurimum partu protestatur. Quia vero tempus Innocentiae sequebatur tempus Legis, quod est medium tempus trium temporum, ideo super tunicam praedictam induuntur habitu nigro. Et hoc propter tres causas. Prima est propter fundatorum suorum conformitatem. Elias enim legitur habuisse vestem nigram non tinctam. Nec secundum eorum constitutiones Carmelitae alio panno pro habitu uterentur. Cum

---

784 per] pro.
789 conformitatem] confirmitatem.

769-70 Duplici ... doctrina: *cf* 1 Tim. 5,17.
775 Induite ... Dei: Col. 3,12.
778-9 Omnia ... ordinem: *cf* 1 Cor. 14,40.
791 constitutiones: However, in the Constitutions of 1324, *griseo* is used instead of *nigro:* Rubrica 12: tunicas griseas; scapulare griseum. "Nullus autem frater vestes aliquas portet de panno tincto vel lana tincta". MHC, 41.

tamen huiusmodi pannus plerumque non inveniatur, mitigandum
est cum eisdem ut vel cum alio nigro panno pro habitu saltem
uti valeant. Secunda causa est propter Christi de Maria assump-
795 tam humanitatem, quae quamvis sine peccato concepta et pro-
creata fuerit, id est, ipsa Maria integra <et> pulchra perman-
serit, nata tamen mortalis nigra et umbrosa fuit in se. Nam id
Christus sponsus dicit: "Sub umbra illius quam desiderabam
sedi". Et Maria sponsa de seipsa sic loquitur: "Nigra sum sed
800 formosa". Tertia causa est propter Legis duritiam et obscuritatem, quam ostendunt in nigro habitu. Nam ipsa solis claritas,
quam exspectabant prophetae, nondum apparuit, sed velut nox
aut nubes omnes sub tempore Legis operuit. De qua obscuritate
loquitur Paulus: "Patres, inquit, vestri omnes sub nube fuerunt".
805 Dura etiam fuit Lex, quia parcere nescivit, sed oculum pro oculo,
dentem pro dente reddere iubebat. De cuius duritia sic dicit propheta: "Indutus est vestimentis ultionis". Sic habitus nigredo
umbram, id est, Legem sub nube designat. Qui sunt ergo isti,
qui ut nubes volant? Respondent: "Fratres beatae Mariae", qui,
810 sicut scriptum est, serviunt ei die ac nocte in templo eius.

Quia vero dicit apostolus: "Superabundavit gratia Domini
nostri", ideo super nigrum habitum portant cappam albam, sic
ostendendo tempus Gratiae post tempus Legis recte pervenisse.
Nam finis legis, Christus est, qui illuminat omnem hominem.
815   De ordinato indumento Carmelitarum secundum tempora videtur apostolus dicere: Nox praecessit, per legis obscuritatem
in habitu, dies autem appropinquavit, per gratiae albedinem et
claritatem in cappa. Hunc ordinem recte vivendi vidit Zacharias.
Cum enim angelus sibi secreta revelaret, aspexit quod Iesus indutus
820 erat vestibus sordidis, quasi habitum nigrum praesentaret. Et
postea induerant eum vestibus albis tanquam cappam superpo-

---

808 designat] designatur.

798-9   Sub ... sedi: Cant. 2,3 (desiderabam: Cant. has: desideraveram).
799-800 Nigra ... formosa: Cant. 1,4.
804 Patres ... fuerunt: 1 Cor. 10,1 (vestri: 1 Cor. has: nostri).
805-6 oculum ... dente: cf Ex. 21,24; Mt. 5,38.
807 Indutus ... ultionis: Is. 59,17.
808-9 Qui ... volant: Is. 60,8.
810 serviunt ... eius: Apoc. 7,15.
811-2 Superabundavit ... nostri: 1 Tim. 1,14.
814 finis ... Christus: cf Rom. 10,4; qui ... hominem: Io. 1,9.
819-20 Iesus ... sordidis: cf Zach. 3,3.
821 postea ... albis: cf Zach. 3,5.

nerent. Carmelitae denique albis tanquam si ordinentur — vestimentis albis induaris: Apoc. 3 — operiuntur, secundum prophetam: "Opertus est quasi pallio zeli". Et facti sunt equi albi
825 in quadriga Domini.

Capitulum II

Quod Carmelitae ostendunt in habitu gratiam resurrectionis

Carmelitae ostendunt in habitu gratiam et gloriam resurrectionis, tam gratiam quam resurrectionis gloriam praecinentes
830 cum angelis, qui leguntur in albis sedentes, vel potius, secundum litteram, assistentes, quia scribitur: "Astiterunt iuxta illos in vestibus albis". Sed hoc fuit in ascensione. Lucas vero ait: "Duo viri steterunt iuxta illos in veste fulgenti". Mattheus tamen dicit quod angelus revolvens lapidem sedebat super eum, et vestimenta
835 eius sicut nix. Marcus etiam ait: "Viderunt iuvenem sedentem a dextris, coopertum stola candida". Utrumque tamen posset esse verum secundum interpolationem, ut quandoque sedere videntur, et quandoque stare. Cum etiam ipse Christus transfiguratus est, super umbram humanitatis suae claritas apparuit deitatis, quia
840 resplenduit facies eius sicut sol, et vestimenta eius facta sunt alba sicut nix, ac si mystice habitum Carmelitarum et cappam pro tempore, quasi super umbram <humanitatis> gloriam resurrectionis praemonstrando, baiularet. In ipsaque transfiguratione pater Carmelitarum Elias cum Moyse apparuit velut Legis testes,
845 et gloriam ac splendorem Gratiae mystice praefigurantes.

Sciendum vero est quod ab antiquo cappa Carmelitarum

---

822 ordinentur] ordinetur.
824 pallio] paradiso.
841 habitum] habitu.   cappam] papam.
844 testes] testis.

822-3 vestimentis albis induaris: Apoc. 3,18.
824 Opertus ... zeli: Is. 59,17.
824-5 Et ... Domini: *cf* Zach. 6,3.
830 in albis sedentes: Io. 20,12.
831-2 Astiterunt ... albis: Act. 1,10.
832-3 Duo viri ... fulgenti: Luc. 24,4 (iuxta illos: Luc. has: secus illas).
834-5 sedebat ... nix: Mt. 28,2-3 (vestimenta: Mt. has: vestimentum).
835-6 Viderunt ... candida: Mc. 16,5 (a: Mc. has: in).
840-1 resplenduit ... nix: Mt. 17,2.
843-4 In ipsaque ... testes: *cf* Mt. 17,3.

mixtum habuit colorem, scilicet album et nigrum, vel album et
griseum secundum quosdam. Elias enim portavit pallium, ut
habetur IV Regum 3. Et modus religiosorum, qui in Terra sancta
850 habitabant, fuit signum distinctivum gerere in palliis, ut patet
de Templariis, Hospitalariis et Bethlehemitis. Et adinstar huius
Carmelitae habuerunt primum pallium cum barris. Et talem cappam non sine causis rationabilibus portabant. Prima est ut tanquam familia Mariae specialis et domestica in se complerent
855 quod dictum est: "Domestici eius vestiti sunt duplicibus"; et ut
cum vestis similitudine sanctam sequerentur advocatam, de qua
videtur esse scriptum: "Stragulatam vestem fecit sibi". Secunda
causa est ut in albo intelligant tempus Gratiae, vel ad habitum
respicientes, palam sciant se sub Legis floruisse tempore et sic
860 in tempore Gratiae simul cum legis observatione Mariae fideliter
famulasse, ut unusquisque ipsorum possit ad ipsam dicere: "Custodivi legem tuam". Ipsa vero, licet pura et plena gratia, legem
tamen observare curavit. Fructus autem ventris sui et Filius
gratiae non venit legem solvere, sed adimplere. Cappa igitur de
865 nigro et albo fuit, ut sic ostenderent, neminem absque mandato-
rum observatione ad gratiae posse venire plenitudinem. Tertia
causa est ut ostenderent, in Mariae Filio et in una persona
utramque naturam, Dei scilicet et hominis, permanere perfecte,
et etiam Mariam Filio coniunctam in caelis cum splendore perpetuo
870 praesidere, sicut scriptum est: "Ipsa in perpetuum coronata
triumphat".

Isti ergo Carmelitae sunt equi varii fortes; fortes, inquam,
per sanctam conversationem, varii autem, propter diversorum
temporum significationem, ut dictum est. Verum in hoc tem-
875 pore Gratiae secundum apostolum superexaltat misericordia iudicium. Nam apparuit gratia Dei omnibus hominibus, ut possit

---

859   Legis] lege.
869   Mariam] Mariae.

848-52   Elias ... barris: cf Baconthorpe's *Compendium historiarum*, sexta
particula.
848-9   Elias ... Regum 3: cf 4 Reg. 2,8-14.
855   Domestici ... duplicibus: Prov. 31,21.
857   Stragulatam ... sibi: Prov. 31,22.
861-2   Custodivi ... tuam: Ps. 118,55.
864   non venit ... adimplere: cf Mt. 5,17.
870-1   Ipsa ... triumphat: Sap. 4,2 (Ipsa: Wisdom has: et).
872   equi varii fortes: cf Zach. 6,3.
875-6   superexaltat ... iudicium: Iac. 2,13.
876   apparuit ... hominibus: Tit. 2,11.

illis illud dici: "Non sub Lege estis, sed sub Gratia", quia venit
Christus pacem dare gentibus et illuminare populum, sicut dicitur:
"Pax Domini super omnem faciem terrae". Dum enim peccator
880 opera tenebrarum abiicere voluerit, non iam sub legis iudicio,
sed sub gratiae splendore potius persistit. Unde apostolus:
"Abiiciamus opera tenebrarum, et induamur arma lucis". Et sic
de tempore Gratiae pervenitur ad gloriam resurrectionis perpetuae,
ubi ultra non erit luctus neque clamor, sed nec ullus dolor,
885 quoniam priora transierunt.

Capitulum III

De laude vestium ordinis fratrum Carmelitarum

Dignum igitur fuit ut Carmelitae, qui tempora priora cum
indumenti speculo monstrabant, ordinatim futuram resurrectionis
890 gloriam fidelium, non habentem maculam, cum cappa splendida
praesentarent. Unde sub tempore Gratiae. Unde in libro *Decretalium*, 'De vita et honestate clericorum' interdicitur, quod clerici
et religiosi gerant habitum varii coloris. Unde licet aliis causis
rationabilibus cappa supradictorum in album tota fuerit mutata,
895 hac tamen de causa speciali talem fieri mutationem divina credamus dispensatione et dispositione, ut sic pacem aeternam
et resurrectionis gloriam, abiecta moeroris interpolatione, palam
ostenderent fidelibus. Et ipsi quidem fratres officium resurrectionis Dominicae in ecclesia ceteris specialius exercent. Hic nota.
900 Quia vero dicto fratres sub Legis tempore floruerant et sub
tempore Gratiae Virgini devotius famulantes legem firmiter servare dinoscuntur, in signum suae remunerationis et lucis aeter-
nae voluit Deus de utroque colore unum integrum et splendi-

---

880 voluerit] noluerit.

---

877 Non ... Gratia: Rom. 6,14.
879 Pax ... terrae: *cf* Eccli. 38,8.
882 Abiiciamus ... lucis: Rom. 13,12.
884-5 ubi ... transierunt: Apoc. 21,4 (priora transierunt: Apoc. has: prima abierunt).
890 non habentem maculam: Eph. 5,27.
891-2 Decretalium ... clericorum: c. 15, X, III, 1; Friedberg II, 453: "Pannis rubeis aut viridibus, nec non manicis aut rotularibus consutitiis seu rostratis ... non utantur".

dum perficere, et sic cappa tota in album permutatur. Unde
905 possunt isti fratres dicere: "Iste est pax nostra, qui fecit utraque
unum". Et ipse Christus videtur de eis dicere: "Ambulant mecum
in albis, quia digni sunt". Nam qui vicerit, sic vestietur vestibus
albis. Et ita cum 24 senioribus sedere creduntur circumamicti vestibus albis. Haec ergo religio salutaris, quia sicut scribitur:
910 "Decor vitae eius in illa est, et vincula illius alligatura salutaris".
Vides siquidem quod ordo Carmelitarum secundum ordinem temporum ad laudem Dei et Virginis ceteris ordinatior procedit ves-
titus. Et quanto ordinatior, tanto honore fit dignior. Da igitur illi
honorem secundum meritum suum.

915   Capitulum IV

Quod Carmelitae sunt primi et ultimi religiosorum

Nam huic ordini, ut in superioribus patet capitulis, advocata
specialis adhaeret Maria. Et idem Christus cum Matre sua eidem
familiarius videtur adhaerere, ac per fratres istos preces placa-
920 bilius exaudire; quia quantum magis domesticus quis fuerit, ac
superiori specialius approximat, tantum ab eo quod voluerit
efficacius impetrat. Ordo enim iste equus albus est; quem Ioannes
vidit primo exire, ut superius septimo tractatur capitulo. Et
iterum ultimo vidit equum album, quando caelum apertum est,
925 qui sedebat super eum vocabatur Fidelis et Verax, et exercitus
qui sunt in caelo sequebantur eum in equis albis, id est specialiter in equis istis Carmelitis per suffragia precum suarum me-
dianteque ipsorum advocata sequuntur homines Deum cum gratiae
claritate. Sed sicut primo egressus est equus albus et postea
930 ceteri diversi coloris visi sunt procedere, et iterum ultimo cons-

---

905 utraque] utrumque.

905-6 Iste ... unum: Eph. 2,14.
906-7 Ambulant ... sunt: Apoc. 3,4 (Ambulant: Apoc. has: ambulabunt).
907-8 qui ... albis: Apoc. 3,5 (vestibus: Apoc. has: vestimentis).
908-9 circumamicti ... albis: Apoc. 4,4 (vestibus: Apoc. has: vestimentis).
910 Decor ... salutaris: cf Eccli. 6,31.
913-4 Da ... suum: cf Eccli. 10,31.
922-3 Ioannes vidit: cf Apoc. 6,2.
923 superius ... capitulo: *supra* Libro VI, c. I, ll. 824-5.
923-5 et iterum ... Verax: Apoc. 19,11.
925-6 et exercitus ... albis: Apoc. 19,14.

picitur equus albus, post quem non leguntur egredi alii equi nisi albi, videtur ex hac causa cum aliis praecedentibus, quod inter religiosos Carmelitae sunt primi et novissimi, et tam Filius quam Mater in eis specialiter sedet. Primi, inquam, sunt tempore, ut
935 superius dictum est capitulo de tempore. Novissimi vero sunt quia in tempore novissimo praedicabunt, fundatorque ipsorum et praedecessor Elias in fine mundi corda filiorum convertet ad patrem. Nam de ipso Dominus sic testatur dicens: "Elias venturus est et restituet omnia". Sic sane de Carmelitis verificatur illud
940 evangelicum: "Erunt novissimi primi et primi novissimi". Et iustum est ut sicut isti fratres sponsae suae et Matri Dei in ecclesia specialiter serviunt militanti, ita ad Matris laudem per- petuam et sui honorem Christus ipsos tanquam familiam specia- lem in ecclesia collocet triumphanti, iuxta quod scriptum est:
945 "Sedes Dei et Agni in illa erunt, et servi eius servient illi, et videbunt faciem eius. Et nox ultra non erit, et non egebunt lumine lucernae neque lumine solis, quoniam Dominus Deus illuminabit illos, et regnabunt in saecula saeculorum." Amen.

---

934 sunt + a.
948 Amen + Explicit tractatus qui vocatur "Laus religionis Carmelitarum" cum quadruplici ethimologia huius nominis Carmeli, a resoluto et clarissimo utriusque iuris et sacrae theologiae Parisiensi doctore magistro fratre Iohanne Bacon vel Bacunthorpe in anglicana provincia carmelitici gregis pastore et om- nium Parisiensium doctorum nominatissimo sui temporis principe compilatus, quam ad singularem sui ordinis et patronae honorem edidit, in quo beata virgo Maria multipliciter per ethimologiam nominis Carmelo assimilatur. Hic doctor eximius et subtilis magister frater Ioannes Bacunthorpe Anglicus in Londiniis claruit, anno Domini 1348. Frater Iohannes Bale, iuvenum informator. *Manu posteriori ipse Bale verba* "resoluto ... claruit" *delevit et scripsit* a Claudo Con- verso editus.

---

935 capitulo de tempore: Libro II, c. 2 et 3.
937-8 corda ... patrem: *cf* Mal. 4,6.
938-9 Elias ... omnia: Mt. 17,11.
940 Erunt ... novissimi: Mt. 20,16.
945-6 Sedes ... eius: Apoc. 22,3-4.
946-8 Et nox ... saeculorum: Apoc. 22,5.

IX. THE CHRONOLOGY OF THE POPES

Most of the Carmelite authors we have considered occupied them-selves more with the descent of the Order from the prophet Elijah and its relationship to Our Lady than with its actual history; nothing unusual about this, for in the Middle Ages no sharp distinction was made between history and legend.

Besides these concerns there were also lists or chronicles of the priors general, of general chapters, and of papal bulls in favor of the Order. One of the oldest of these latter is the *Chronologia summorum pontificum*, presenting a list of popes and privileges they granted the Order up to and including John XXII in the year 1326.

Manuscripts

a — Nürnberg, Stadtbibliothek, Ms. Cent. V. 79, f. 121r-1v.

O — Leipzig, Universitätsbibliothek, M. 645, f. 124v.

I — Gdańsk, Municipal Library, Ms. Mar. F. 283, f. 17v-18r.

C — Bamberg, Staatsbibliothek, Ms. Theol. 225, f. 186r-6v.

G — Brussel, Koninklijke Bibliotheek, Ms. 2223, f. 157v-8r.

The first four of these manuscripts we listed in connection with the *Compendium* of Baconthorpe; the last one, in connection with Cheminot.

The oldest manuscript, *a*, originated in Nürnberg and dates from 1349. In four of the five manuscripts the *Chronologia* follows immediately on the *Compendium* of Baconthorpe; in *G* on the *Speculum* of Cheminot. The conclusion would seem to be that Baconthorpe is the author of this list, but in his *Compendium, particula 9*, he provides a list of popes who approved the rule which does not correspond to that of the *Chronologia*.

A title is lacking in all the manuscripts. The author also provides the dates of the various pontificates, but these are not always correct. He probably consulted some list, though not that of Bernardus Guidonis, who for that matter is not always exact and even assigns various dates to the same pope. There are also a few other errors in our chronology: Honorius IV instead of Honorius III, Honorius V instead of Honorius IV. The successor of Alexander IV is given as Clement (IV); actually it was Urban IV.

Text

<CHRONOLOGIA SUMMORUM PONTIFICUM>

Honorius IV, qui confirmavit ordinem Praedicatorum pontificatus sui anno primo, approbavit regulam nostram anno sui pontificatus decimo, nobis traditam ab Alberto olim Ierosolymitanae ecclesiae patriarcha. Dicta approbatio facta est anno Domini 1213.

Quam regulam successor eius Gregorius papa IX auctoritate apostolica confirmavit anno pontificatus sui tertio, anno Domini 1216.

Eandem regulam Innocentius IV correxit, declaravit ac etiam

---

2 sui] suo *O.*   approbavit] approbant *I.*   sui] suo *G.*
2-3 pontificatus + anni *in margine O.*
3 olim *om I.*
3-4 Ierosolymitanae] Ierosolymitano *I.*
4 patriarcha] patriarcham *O.*
4-5 Dicta ... 1213] sub anno Domini 1213 *I.*
5 1213] 1216 *O.*
6-8 Quam regulam ... 1216 *om O.*
6 successor eius *om G.*   papa *om I.*
6-7 auctoritate apostolica *om I.*
7 anno ... tertio *om I.*

---

1 Honorius IV: Thus all manuscripts; should be Honorius III, *Ut vivendi normam; Bull. Carm.* I, 1.
5 1213: 30 Jan. 1226.
7 confirmavit: *Ex officii nostri; Bull. Carm.* I, 8.
8 1216: 6 Apr. 1229.
9-10 correxit ... mitigavit: *Quae honorem; Bull. Carm.* I, 8.

10 mitigavit per dominum Hugonem, Sanctae Sabinae cardinalem,
ordinis Praedicatorum, et Guillelmum, Anteradensem episcopum,
anno Domini 1248, pontificatus ipsius Innocentii anno quinto.
   Post hunc Innocentium sedit Alexander IV, qui sedit annis
septem; qui dedit privilegium de confessionibus et de libera
15 sepultura.
   Post hunc Alexandrum sedit Clemens.
   Post hunc sedit Urbanus IV, qui sedit annis tribus cum novem
mensibus; qui dedit privilegium de altari viatico.
   Post hunc sedit Gregorius X, qui sedit annis quattuor, anno
20 Domini 1272.
   Post hunc sedit Innocentius V, qui sedit quinque mensibus,
de ordine Praedicatorum.
   Post eum Adrianus V, qui sedit uno mense et novem diebus.
   Post eum Ioannes XXI, natione Hispanus, qui octo mensibus
25 sedit.

---

10 mitigavit] mitigans *CIa.*   cardinalem] cardinalis *I.*
11-12 et ... quinto *om I.*
11 Guillelmum] Guilhelmum *OC*, Gwillinum *a.*
13 Innocentium *om I.*
13-14 qui ... septem *om I.*
14 et de] et *O*, de *I.*
16 Alexandrum sedit *om I.*
17 hunc sedit] hunc *I.*
17-18 qui ... mensibus *om I.*
19 hunc sedit] hunc *GI.*
19-20 qui ... 1272 *om I.*
21 hunc sedit] hunc *GI.*
21-22 qui ... Praedicatorum *om I.*
23 qui ... diebus *om I.*   uno mense] cinque mensibus *O.*   diebus]
dies *Oa.*
24 eum] illum *I.*
24-25 natione ... sedit *om I.*
24 qui + sedit *G.*
25 sedit *om G.*

---

12 1248: 1 Oct. 1247.
14 Septem: 12 Dec. 1254-25 Mar. 1261.
14-15 de confessionibus et de libera sepultura: *Devotionis vestrae,* 3 Mar.
1256; *Bull. Carm.* I, 18; but only of servants.
16 Clemens: Clement IV reigned after Urban IV, 1264-1268.
17 Urban IV, 29 Aug. 1261-2 Oct. 1264.
18 de altari viatico: Clement IV not Urban IV granted this privilege,
Devotionis augmentum, 2 June 1265; *Bull. Carm.* I, 30.
20 1272: Gregory X, elected 1 Sept. 1271, consecrated 27 Mar. 1272, died
10 Jan. 1276.
21 Innocentius V: 21 Jan. 1276-22 June 1276.
23 Adrianus V: 11 July 1276-18 Aug. 1276.
24 Ioannes XXI: 15 Sept. 1276-20 May 1277.

Post eum Nicolaus III, anno Domini 1277, ille fuit papa 77 dies.

Post eum Martinus IV.

Post illum Honorius V, qui praecepit nobis quod dimitteremus
30 cappas barratas, et tunc accepimus cappas albas, anno Domini 1285.

Post eum Nicolaus IV, qui innovavit regulam nostram.

Post eum Caelestinus, qui resignavit papatum.

Post eum Bonifatius VIII, qui fecit *Sextum Decretalium;* qui
35 nobis in urbe Romana ecclesiam Sancti Martini papae in Montibus tradidit, cappas albas confirmavit; qui captus est ante mortem suam Ananiae, mortuus tamen Romae et ibidem sepultus.

Post eum Benedictus, qui fuit de ordine Praedicatorum; qui
40 parvo tempore vixit.

Post eum Clemens, qui fuit archiepiscopus Burdegalensis.

Post eum Ioannes XXII, qui nobis dedit privilegium exemptio-

---

26 III] in *C.*
26-27 III ... dies *om I.*
26 77] 67 *C corr e* 77, 97 *G,* 47 *a.*
28 eum] istum *I, om O.*
29 illum] eum *G.*   praecepit] precavit *C.*   quod] ut *G.*
30 barratas] variatas *O.*   accepimus] cepimus *C.*   albas] alias *I.*
34 VIII] IX *O.*
35 Romana] Romanam *OI.*
36 captus] cappatus *O.*
37 suam] suae *O.*   Ananiae] Anconae *C.*   ibidem] ibi *G.*
39 eum *om G.*   fuit] fecit *OI.*
41 archiepiscopus + et *G.*

---

26 Nicolaus III: 25 Nov. 1277-22 Aug. 1280; hence, not seventy-seven days.
28 Martin IV: 22 Feb. 1281-28 Mar. 1285.
29 Honorius V: Honorius IV, 2 Apr. 1285-3 Apr. 1287.
31 1285: 1287, in the general chapter of Montpellier.
32 Nicolaus IV: 15 Feb. 1288-4 Apr. 1292. Regulam nostram: *Cum a nobis,* 1 July 1289; *Bull. Carm.* I, 40.
33 Caelestinus: Celestine V, 5 July 1294-13 Dec. 1294.
34 Bonifatius VIII: 24 Dec. 1294-11 Oct. 1303.
35 ecclesiam S. Martini: *Oblata nobis,* 1 May 1299; *Bull. Carm.* I, 52-53.
36 cappas ... confirmavit: *Iustis petentium,* 25 Nov. 1295; *Bull. Carm.* I, 45-46.
39 Benedictus: Benedict XI, 22 Oct. 1303-7 July 1304.
41 Clemens: Clement V, 5 June 1305-20 Apr. 1314.
42 Ioannes XXII: 7 Aug. 1316-4 Dec. 1334.
42-43 privilegium exemptionis: *Sacer ordo,* 13 Mar. 1317. *Bull. Carm.* I, 56-57.

nis pontificatus sui anno primo; et privilegia conservatorum, et
privilegium "Super cathedram" et privilegium confessionis seu
45 declarationis quod incipit "Vas electionis".

---

44 et privilegium confessionis] confessoris *O.*
45 electionis + etc. *CIa,* + haec ille etc. *G.*

---

43 privilegia conservatorum: *Dilectos filios,* 26 Apr. 1319; *Bull. Carm.* I,
58-59.
44 privilegium "Super cathedram": *Inter caeteros,* 21 Nov. 1326; *Bull. Carm.*
I, 66-67.
45 "Vas electionis": not found in *Bull. Carm.* It is dated 24 July 1321; a
transcript is preserved at Stuttgart, Hauptstaatsarchiv, B. 198, Urk. 1023.

X. THE WORLD CHRONICLE OF JEAN TRISSE

Jean Trisse, of Nîmes, entered the Carmelite Order on March 25, 1338. He began lecturing on the Bible in Paris on October 11, 1357, on the *Sentences* in 1361, and received the doctor's title probably early in 1363. At the general chapter which convened on Pentecost, 1362, he had been named procurator general of the Order, but he lived only until July 5, 1363.[1]

We have given this rather pretentious title to a brief list of events in which Trisse, in contrast to his lists of priors general and general chapters, describes the Order in a more general context. He is thus also able to display the pretensions of the Carmelites to their pedigree of antiquity.

Trisse's sources are Jacobus de Voragine and the Carmelite Jean de Cheminot.

Manuscripts and Printed Editions

h — Paris, Bibliothèque de l'Université, Ms. 791, f. 3v.

---

[1] Xiberta, *De scriptoribus*, 3.

Text

<CHRONOLOGIA>

Secundum aliquos doctores catholicos, impletis ab origine mundi 5298 annis Filius Dei incarnatus est de Maria virgine.

Secundum alios incarnatio Christi facta fuit completis 5200 annis ab origine mundi.

5 Secundum vero Eusebium Caesariensem episcopum, ut legitur in Chronicis suis, incarnatio Christi facta est completis ab origine mundi 5900 annis.

Anno aetatis 12 virginis Mariae secundum aliquos doctores catholicos ipsa concepit Filium Dei.

10 Anno aetatis 14 virginis Mariae secundum aliquos doctores catholicos ipsa concepit Filium Dei.

---

2 5298 annis: the reading is not clear, 5298 (... XCVIII) or 5228 (... XXVIII). *cf* Iacobus a Voragine, *Legenda aurea*, 6 De Nativitate Domini, 40: "Nativitas Domini nostri Iesu Christi secundum quidam aiunt, completis ab Adam 5228 annis". Honorius Augustodunensis, *Imago mundi*, III; PL 172, 180: "...secundum septuaginta interpretes 5228".

3-4 5200 annis: According to St. Jerome, *Eusebii Chronicon*, PL 27, 66, the Septuagint assigns 3184 years from Adam to Abraham; from Abraham to Christ, 2015 years (c. 440); total, 5199 years. This number is also assigned by Vincent de Beauvais, *Speculum historiale*, VI, c. 88, p. 204: "... ab initio mundi usque ad nativitatem Christi 5199, et hunc numerum assignat Beda". Bede, however, *Chronicon breve*, PL 94, 1176, has the number 3952.

5 Eusebium: he has another number; see the preceding note.

7 5900 annis: Iacobus a Voragine, *Legenda aurea*, 40: "... vel secundum Eusebium Caesariensem in Chronicis suis 5900 tempore Octavii Imperatoris facta est ...".

10 aetatis 14: Iacobus a Voragine, *ibid.*, c. 119 (114) De assumptione beatae Mariae virginis, 504-5: "Beata Virgo, quando Christum concepit, erat annorum 14 ...".

Anno 72 aetatis suae virgo Maria assumpta est in caelum secundum opinionem aliquorum doctorum.

Anno 60 aetatis suae secundum alios ipsa fuit assumpta in 15 caelum, et haec est opinio communis.

Item alii dicunt quod anno 65, in mense tertio, fuit assumpta in caelum.

A tempore Eliae et Elisei prophetarum, quo tempore fratres Eremitae de monte Carmeli dictum montem primitus inhabita- 20 verunt, usque ad incarnationem Christi fuerunt 1944 anni.

Anno Domini 1160 edita fuit regula fratrum beatae Mariae de monte Carmeli a reverendo patre domino Alberto, patriarcha Iero- solimitano.

Anno Domini 1248 fuit mitigata et confirmata regula fratrum 25 beatae Mariae de Carmelo per dominum papam Innocentium IV.

Anno Domini 1250 inclitus rex Francorum Ludovicus sanctis- simus fratres beatae Mariae de monte Carmeli duxit de partibus ultramarinis ad partes gallicanas.

Anno Domini 1287 fratres beatae Mariae de Carmelo dimiserunt 30 chlamides barratas et cappas albas auctoritate sedis apostolicae acceperunt in capitulo generali celebrato in Monte Pessulano.

Anno Domini 1348 fuit epedemia seu mortalitas per universum orbem qualis non fuit a diluvio Noe citra.

---

12 Anno 72: *ibid.*, 505: "Quando obiit, erat annorum 72".
14 Anno 60: *ibid.*, 505: "Probabiliter tamen videtur, quod alibi legitur, ut 12 annis filio supervixerit et sic sexagenaria sit assumpta".
20 1944 anni: by no means correct. Perhaps 944 years is meant. *cf* Jean de Cheminot, *Speculum*, l. 121, which has 933 years.
21 1160: Cheminot, *Speculum*, l. 222.
24 1248: 1 Oct. 1247.
26 1250: *cf* Cheminot, *Speculum*, l. 312. However, King Louis returned only in 1254.

XI. THE LIST, *DOMUS IN TERRA SANCTA*

The list of convents in the Holy Land which we publish here in any case dates from the 14th century. In Ms. *q* the *Annotatio* of Sibertus de Beka ends in the year 1387; in Ms *s*, in 1393. The little treatise, *Domus in Terra Sancta*, is found in both manuscripts.

But William of Coventry seems to have known it already. In his *Chronica brevis* he writes, "*Anno Domini 1238 invalescens vesania Saracenorum decem mansis inhabitatis in Terra Sancta privavit Carmelitas, per varios quoque mundi regiones compulit dispergi.*" In our list there are exactly ten houses in the Holy Land.

Moreover, it is quite certain that Felipe Ribot also used this list in his alleged chronicle of William de Sanvico. William of Coventry likewise knew of the convents of Limassol and Fortamia which occur in our list of houses on Cyprus.

This does not mean that the list is trustworthy. Of the convents in the Holy Land only those of Mount Carmel, Acre, and Tyre are known to have existed. The Carmelites will not have been present in Jerusalem nor in Antioch nor on Montana Nigra near Antioch. What is meant by *Domus in heremo* is uncertain; the name Nasyn is not found in Palestine. *Belli Loci iuxta fontem hortorum* is likewise unknown. Jacques de Vitry however mentions a spring at the foot of Mount Lebanon: "*Hunc dicunt esse fontem hortorum, de quo in Canticis facit Salomon mentionem.*" [1] He also states that Tyre is also called Sur. [2] He likewise relates that many hermits lived on Montana Nigra near Antioch. These later became an Order, Fratres Heremitae Sancti Joannis Baptistae, with its own superior general. In 1235 these hermits had received the rule of St. Benedict. In 1269 they are found in Avignon. [3]

---

[1] *Historia hierosolymitana*, cap. 33; in J. Bongars, *Gesta Dei per Francos* (2 v., Hannoviae, 1611), I, 1069.

[2] *Ibid.*, ch. 43, 1071.

[3] R. W. Emery, *The Friars in Medieval France*, New York, 1962, 119.

But in the list of the convents on Cyprus, which also belonged to the province of the Holy Land and after 1291 constituted the entire province, there are also some strange peculiarities. In the first list, represented by three manuscripts, Famagusta and Nicosia are lacking. These were the most important convents on Cyprus in the 14th century; St. Peter Thomas visited these houses upon his arrival on Cyprus in 1356.[4] Permission to found the convent of Famagusta was accorded on March 13, 1311.[5] On the other hand Yconie is not to be found on Cyprus. *Deo dantes* also seems to be unknown.

John Bale provides a list: "*In Cypro de eadem provincia, in Papho, in loco qui dicitur mons Dei, in heremo Frontanie, in Famagusta, in Nicosia, in loco qui dicitur sancti Hilarionis, ubi quiescit, in Yconia, in Dondantes, in Lymason, et in Bafa.*"[6] Bale obviously knew our list and added other information. In the first place, Paphos is the Greek name for Baffa. Mons Dei is probably taken from Coventry's *Chronica brevis*, as well as the *loco qui dicitur sancti Hilarionis, ubi quiescit*. Coventry writes: " *...fratribus de monte illius Dei, scilicet conventus qui est in Cypro in monte Helyos, quod interpretatur mons Dei, Ordinis Carmelitarum, ubi corpus sancti patris Hilarionis dignum veneratione fidelium exhibetur.*"

Bale further mentions Famagusta and Nicosia; the other places agree with the first list.

But how many Carmelite convents were there on Cyprus? In 1531 and 1550, the prior general, Nicholas Audet, who was born on Cyprus, mentions five.[7] In a note written in 1547 and in his will of 1560 he speaks of Famagusta and Nicosia.[8] In the general chapter of 1548 Tommaso Placoto was made prior of Fortamia with the task of renovating the convent.[9] Bale adds to his list the note, "*Nunc in Terra Sancta sunt tantum viii conventus.*"

Ms. *M*, of around 1515, on f. 133v lists the convents in our first column; on f. 132r, however, it states, "*Provincia Terrae Sanctae habet conventus tres, videlicet, Nicosiam, Famagustam, Fortamiam; sed Papha, Lemeson, Iapha [?], Mons Carmeli desolati sunt. Et praefati tres conventus ponuntur in insula Cypri.*" But in the margin and under the list the copyist adds a chimerical list of convents in the Holy Land.[10]

Also in the 16th century the Dominican, Stefano Lusignano, lists: "*Nicosia, Famagosta et Limisso, et fuori di Limisso, una lega verso il Ca-*

---

4 JOACHIM SMET, O.CARM., ed., *The Life of Saint Peter Thomas by Philippe de Mezières*, Rome, 1954, 80, 82.

5 *Bull. carm.*, I, 55-56.

6 Oxford, Bodleian Library, Ms. Bodl. 73, f. 178r.

7 ADRIANUS STARING, O.CARM., *Der Karmelitengeneral Nikolaus Audet und die Katholische Reform des XVI. Jahrhunderts*, Rom, 1959, 427, 433.

8 *Ibid.*, 462, 466.

9 ACG, I, 539.

10 Possibly taken from the legendary life of Saint Angelus; cf. LUDOVICO SAGGI, O.CARM., *Sant'Angelo di Sicilia; studio sulla vita, devozione, folklore*, Roma, 1962.

sal'Apelemedia, eravi ancho un loghetto."[11]   The latter no doubt was Fortamia, situated not far from Limassol. The same author mentions Cagliani
among the *casali*.[12] The fifth convent which still existed in the 16th century may have been that in Paphos (Baffa).

Yconie, which occurs in both lists, may be a corruption of Nicosia.

Manuscripts and Printed Editions

Ms. *q* — Siena, Biblioteca comunale degli Intronati, Ms. G. XI, 45,
f. 72r.

This manuscript contains the constitutions of 1369 and the *Annotatio*
of Sibertus de Beka and was written in 1387, the date of the last general
chapter in Sibertus' list in the original hand.

Ms. *s* — Biblioteca Vaticana, Ms. Vat. lat. 3991, f. 87v.

In this manuscript too Sibertus' *Annotatio* ends with the general
chapter of 1387; the chapter of 1393 is a later addition.

The manuscript is described by Graziano di S. Teresa, O.C.D., "Fontes Carmelitici," *Archivum bibliographicum carmelitanum*, 6 (1961), 188-213;
p. 198-202, no. 147.

Ms. *M* — Bamberg, Staatsbibliothek, Ms. lit. 153, f. 133v.

This is a miscellany, written in 1515-1518, and contains papal bulls,
indulgences, saints' lives, and historical notes, among others Grossi's *Viridarium*. The list of convents in the Holy Land corresponds to those in the
two preceding manuscripts.

Ms. *S* — Mantua, Biblioteca comunale, Ms. E. II. 20. Not paginated;
the list occurs in the beginning of the manuscript.

This too is a miscellany, written by Geremia di Mantua at Verona in
1500. We have already spoken of this manuscript in reference to the
Rubrica prima of 1324. After the latter there follow excerpts from the
constitutions of the Order corresponding to those of 1324, but not later
ones.

In this list, which we publish in column two, there are a few additions. In the first place the author adds to the list of the convents of the
Holy Land "*conventus Damasci.*" Damascus was never in the possession
of the crusaders, hence a convent in this city was impossible. Among the
convents on Cyprus he lists Nicosia and Famagusta. Geremia was writing
in 1500 in Verona, which then belonged to the Carmelite province of Venice. For some time Cyprus by then had been in the possession of the Re-
public of Venice, and the relations between the Carmelite provinces of

---

[11] *Chorograffia et breve historia universale dell'Isola di Cipro*, Bologna,
1573, f. 33r.
[12] *Ibid.*, f. 19r.

Venice and the Holy Land were very close. Hence these additions were probably made by Geremia himself.

Edition: Graziano di S. Teresa, O.C.D., "Vita Fratrum del Sancto Monte Carmelo del P. Nicola Calciuri, O.C. († 1466)," *Ephemerides carme-liticae*, 6 (1955), 241-531; p. 296-7.

Published in two columns. Of the list in the first column Fr. Graziano knew only Ms. *s*; of the list in the second column he also knew Ms. *S*, but the constitutions in this manuscript are not *"nell'esemplare di Mantova delle costituzioni Sorethiane,"* even though they were copied in 1500.

Text

DOMUS IN TERRA SANCTA

I *Mss. Mqs*	II *Ms. S*
Domus qui erant in Terra Sancta ante eius captionem.	Hec sunt nomina conventuum provincie Terre Sancte, quos nos habebamus antequam Hierusalem capta fuisset a Saracenis, videlicet
5 Domus montis Carmeli	Conventus montis Carmelli
Domus Achon	Conventus Achon
Domus Tyri, id est Sur	Conventus Tyri, id est Sur
Domus in heremo	Conventus in heremo
Domus Ierusalem	Conventus Hierusalem
10 Domus de Nasyn	\<Conventus\> de Nasin
Domus Belli Loci iuxta fontem ortorum	Conventus Ueluloci iuxta fontem ortorum
Domus Tripolis	Conventus Tripolis
	Conventus Damasci
15 Domus Antiochie	Conventus Antiochie
Domus in Montana Nigra	Conventus in Montana Nigra

1-2 Domus ... captionem] Haec sunt loca transmarinis partibus ordinis fratrum beatae Mariae de monte Carmeli *M*.

5-16 Isti apud nos mortui sunt *S in margine*.

17-24 Isti apud nos vi\<vunt\> *S in margine*.

Domus in Cypro	Conventus in Cypro
Domus Fortanie in heremo	Conventus Fortanne in heremo
Domus Yconie	Conventus Yconie
20 Domus Deo dantes	Conventus Deo dantes
	Conventus Nicosie
Domus Lumason	Conventus Lymason
Domus Bafa	Conventus Baffa
	Conventus Fama Augusta

---

18 Fortanie] Fortame (?) *sM*, Fortane *q*.   Fortanne] Fortanie (?) *S*.   in heremo *om M*.

19 Yconie] Ychonie *M*.

20 Deo dantes] Dondantes *M*.

22 Lumason *qs*.   Lymason *MS*.

23 Bafa *qs*.   Baffa *MS*.

XII. WILLIAM OF COVENTRY

According to John Bale, William of Coventry called himself *Claudus conversus* in his writings. Hence he was crippled, and the *conversus* probably means "lay brother," because a cripple could not become a priest.

We attribute to him three short treatises: *Chronica brevis, De duplici fuga,* and *De adventu Carmelitarum.*

As we saw in the introduction to Baconthorpe's *Laus religionis carmelitanae,* Bale originally attributed this work, as well as the two tractates which followed it in Ms. Bodley Selden supra 72 of the Bodleian Library, Oxford, to John Baconthorpe; later he changed the attribution of all three to *Claudus conversus,* or William of Coventry. To the latter he assigns the *floruit* date 1340.[1] In later works he has 1360.[2]

Bale is not consistent in referring to Coventry's works. In Oxford, Selden supra 41, he lists *De laude religionis* (actually Baconthorpe's work), *Annales Ordinis* (that is, the *Chronica brevis*), and *De adventu fratrum ad Angliam* (f. 107r). In his *Illustrium... summarium,* 1549, he lists *Annales breviores, inc., Anno 18 regni Iosaphat regis* (that is, the *Chronica brevis*) and a *Compendium historiarum, inc., Legitur quod ab ordinis* (that is, the *De duplici fuga*), but he does not mention the *De adventu Carmelitarum* (f. 150r). He does list this last work in his *Scriptorum... catalogus,* 1557, but without an *incipit* (I, 461).

Bale seems to have been somewhat uncertain as to the authorship of *De adventu.* He copied it in Oxford, Ms. Bodley 73, but added *"secundum quorundam opinionem"* and in a later hand *"per Ricardum Hely"* (f. 32v-3v). He also attributes it to Richard Ely, prior of Maldon,

---

[1] Oxford, Bodleian Library, Ms. Selden supra 41, f. 107r.
[2] *Illustrium Maioris Britanniae scriptorum... summarium,* Vvesaliae, 1549, f. 149v-50r; *Scriptorum Illustrium Maioris Brytanniae... catalogus* (2 v., Basileae, 1557-1559), I, 461-2.

in London, Ms. Cotton Titus DX, f. 127r. Ely was ordained a deacon in 1427, a priest in 1429, and died in 1486.[3]

At the most he was the copyist of the manuscript. Richard Paston had already copied the *De adventu* in 1426.

In his dispute at Cambridge with the Dominican John Stokes in 1374, John Hornby certainly used at least the *Chronica brevis* and *De adventu Carmelitarum,*[4] for he provides "historical" details found only in these two brief works of William of Coventry; in much the same words, he tells of St. Bernard's frustrated trip to the Holy Land and claims that the Fratres de Monte Dei were Carmelites,[5] describes the peace in the Holy Land from the birth of Christ to the first crusade, quoting also the *Historia Ierosolimitana,*[6] and states that King Richard of England founded two Carmelite convents on Cyprus.[7]

Language, style, and content all point to the fact that our three treatises are by the same author. In all three he refers to the Carmelites as *Carmelitae matris Christi,* a title we have not found in any other author. Moreover, he makes historical and chronological errors which occur nowhere else in the literature of the Order before 1360.

The three treatises belong together and follow in chronological order; they constitute a sort of tryptic. The *Chronica brevis* provides a general overview of the history of the Order from Elijah to the year 1298. *De duplici fuga* is, as it were, the left panel, describing the history of the Order in the East until 1238. *De adventu Carmelitarum ad Angliam* is the right panel; it relates the passage to the West and the foundation of two convents in England after 1238. With the phrase, *"ut praenotatum est,"* *De duplici fuga* refers back to the *Chronica brevis.* *De adventu Carmelitarum* points to *De duplici fuga* with the words, *"Anno igitur 1238."*

In the eyes of the author Sicily belongs to the East. In the *Chronica brevis* he speaks only of Cyprus *"et alias insulas maritimas,"* but in *De duplici fuga* he has *"per Cyprum et Siciliam ac alias insulas vicinas Terrae Sanctae."*

In any case our author knew Cheminot's *Speculum,* as is evident from the verbal similarity of their accounts of the fate of the Order at the downfall of the Latin Kingdom.

Cheminot reports only the passage of the Carmelites to Europe in the company of King Louis in 1254 and their expansion thereafter through-

---

[3] KEITH J. EGAN, "An Essay Toward a Historiography of the Origin of the Carmelite Province in England." *Carmelus,* 19 (1972), 67-100; p. 75-76.

[4] Oxford, Bodleian Library, Ms. e Museo 86, f. 176r-211r; J. P. H. Clark, "A Defense of the Carmelite Order by John Hornby, O.Carm., A.D. 1374," *Carmelus,* 32 (1985), 73-106.

[5] JOHN HORNBY, O.CARM., *Conclusiones ac determinationes*; Oxford, Bodleian Library, Ms. e Museo 86, f. 210vb.

[6] *Ibid.,* f. 212r-2v.

[7] *Ibid.,* f. 203ra.

out Europe. Coventry corrects this: the passage to England took place earlier. This was also the opinion of the copyist of Ms *c*, Richard Paston. In his copy of Cheminot he simply substituted chapter VII (the passage to Paris) with *De duplici fuga* and added *De adventu Carmelitarum* as chapter VIII.

Coventry certainly used other chronicles, such as that of Roger de Hovenden for the expedition of Richard the Lionhearted to Cyprus and the Holy Land in 1191, but he adds a few details about the Carmelites on Cyprus not found in his sources.

He also makes mistakes in chronology. The expedition under King Henry III of Richard of Cornwall only arrived in Acre on October 11, 1240, left in May of 1241, and arrived back in England early in January, 1242; that is, according to the reckoning of time then in use in England, 1241. The details about the raids of the Saracens in 1238 apply more fittingly to those of Baibars in the years 1265-1268.[8]

The founder of Hulne in England was not John but William Vescy.[9] Coventry refers everything to the year 1238 because of Vincent de Beauvais' date for the passage of the Carmelites to Europe.[10] However, the situation had only become critical after the debacle at Gaza, November 12, 1239, and the occupation of Jerusalem in December of the same year. In 1240 peace was made with the sultan of Egypt. Hostilities were resumed in 1242 and led in 1244 to a new disaster near Gaza.[11]

In his *Chronica brevis* Coventry is the first to specify the year 83 for the construction of the chapel of Our Lady on Mount Carmel. This is the source for Ribot's date in his *De institutione primorum monachorum,* lib. 7, cap. 7.

The title *De adventu Carmelitarum ad Angliam* is taken from a homonymous work by the Franciscan Thomas of Eccleston, composed in 1258-1259. Thomas writes: *"Fratres quoque de ordine de Carmelo, quos dominus Ricardus de Grey in Angliam duxit, cum rediret comes Ricardus a Syria, in familiaritatem fratrum nostrorum ubique diu ante [i. e., Eremitas S. Augustini, ca. 1249] receperat."* [12] Much more information than this Coventry did not have; he only knew from the official list of convents of the province that Hulne, near Alnwick, was regarded as the oldest house in England, and hence had been founded at the same time, or previously, as Aylesford. He embellishes the coming of the Carmelites to England with a few accounts of miracles and Bible texts. Since he places

8 STEPHEN RUNCIMAN, *A History of the Crusades* (3 v., Cambridge, 1955-1957), III, 317-24.
9 EGAN, "An Essay," 70.
10 *Bibliotheca mundi* (4 v., Douai, 1624), IV, 1275.
11 RUNCIMAN, *A History of the Crusades,* III, 213-27.
12 *Fratris Thomae, vulgo dicti de Eccleston, Tractatus de adventu Fratrum Minorum in Anglia*; ed. A. G. Little, Manchester, 1951, 102.

the expedition of Richard of Cornwall in 1238, he has him return to England in 1240.

In his *Chronica Guillelmi de Sanvico*, Ribot, under the years 1238-1240, also writes of the coming of the Carmelites to England under the years 1238-1240.[13] In that passage he is undoubtedly dependent on *De adventu*. In his *Speculum* (1680), Daniel a Virgine Maria presents another version of Ribot found only in the manuscript of Mechelen of 1484, which places the crossing to the Holy Land in 1240.[14] But all eight manuscripts and the edition of 1507 agree with Ribot's text as we have cited it.

Manuscripts and Printed Editions

Chronica brevis

c — Oxford, Bodleian Library, Ms. Laud. Misc. 722, f. 124v-5r.

We have already described this manuscript in reference to Cheminot's *Speculum*. It was copied in 1426 by the Carmelite Richard Paston, who is rather careless in his method of transcription and sometimes adds particulars from other sources.

H — Oxford, Bodleian Library, Ms. Selden supra 72, f. 41v-4v.

This manuscript also contains the *Laus religionis Carmelitarum* of John Baconthorpe. It was written around 1520 by John Bale, who seems to have had difficulty reading the manuscript from which he copied this text. For its ending he substitutes an addition extending to the year 1476 which may have been present in the text he copied.

x — *Speculum 1507*, f. 57v.

In our introduction to the text of Jean de Venette we mentioned the anonymous 15th century chronicle found here on f. 57r-59v. From the *Chronica brevis*, on f. 57v, there is a brief extract under the title, "*Quo tempore sanctus Helyzeus suscepit magisterium super filios prophetarum.*"

The chronicle also contains Coventry's *De adventu*. (See below.)

---

[13] "*Milites autem christianissimi dominus Ioannes Vesci et dominus Ricardus Grey, natione anglici, cum Ricardo comite Cornubiae, fratre Henrici regis Angliae, ad Terram Sanctam transfretaverant. Postquam autem pactis initis fuerunt treugae per dictum Ricardum comitem inter Christianos et Saracenos confirmatae, ipsi de Terra Sancta ad Angliam anno Domini 1240 remeaverunt, et quosdam huius religionis fratres anglicos, de licentia prioris monasterii montis Carmeli, secum ex devotione ad Angliam duxerunt. Quibus fratribus dominus Ioannes Vesci in Silva de Holne iuxta Alnwicum, et dominus Ricardus Grey apud Aylesfordiam in Cantia, mansiones huic religioni comodas edificaverunt. Denique anno domini 1244...*" *De institutione primorum monachorum*, liber 9, c. 3. We transcribe the text from Paris, Bibliothèque de l'Arsenal, Ms. 779, which may have belonged to Ribot himself.

[14] EGAN, "An Essay," 80-83 and 99.

De duplici fuga

c — Oxford, Bodleian Library, Ms. Laud. Misc. 722, f. 120r-0v.

De duplici fuga constitutes chapter 7 of Cheminot's *Speculum* in place of the passage to Europe with King Louis of France. In this case Paston adds no new particulars.

H — Oxford, Bodleian Library, Ms. Selden supra 72, f. 45r-7r.

De adventu Carmelitarum

Of this little work there are extant four texts, in three of which it forms a part of another treatise.

b — Oxford, Bodleian Library, Ms. Bodley 73, f. 32v-33v.

This is the miscellany written by John Bale in 1525-1527. He ascribes our work to Richard Ely. Here the two Carmelites who returned to England acquire names: Yvo and Ralph. Bale may have added these names from the *Speculum* of 1507. This is the best of the four texts.

c — Oxford, Bodleian Library, Ms. Laud. Misc. 722, f. 120v-1v.

In this copy by Richard Paston our treatise forms chapter 8 of Cheminot's *Speculum*.

c2 — *Ibid.*, f. 117v.

Here too Paston makes our treatise a continuation, this time of *Universis Christifidelibus.* It begins with the second paragraph, "*Anno Domini,*" and omits the last paragraph. It ends with the two verses about the foundations in England. In copying Ms. *c2* Paston is particu-larly careless, but he also adds other information.

x — *Speculum 1507*, f. 59r-9v.

Here *De adventu* is the last (?) chapter of the anonymous chronicle referred to above. The author seems to have been an Englishman. The chapter is titled, "*Quo anno venerunt fratres beatae Mariae genitricis Dei de monte Carmeli ad Angliam.*" There follow in the *Speculum 1507* on f. 59v-60v, "*Nomina fundatorum conventuum Carmelitarum in Anglia,*" and on f. 60v a list of the provinces of the Order, but there is no reason to believe that they form a part of the chronicle any more than the *bullarium* of the Order which also follows.

The account of the return to England is more detailed; the Carmelites are said to arrive at Christmas, 1240. John (!) Vesci bestowed the *mansio* in Hulne on Brother Yvo; Richard Grey, Aylesford on Brother Ralph.

The author places the verses about the foundation (ll. 79-80) at the end, but instead of two there are six. Whether the original text consisted of two or six verses is difficult to say; neither version contains new historical facts.

Texts

1.

CHRONICA BREVIS DE CARMELITARUM ORIGINE ET
PROCESSU FELICI

Anno 18 regni Iosaphat regis Ierusalem, quartae vero aetatis
mundi 160,
5   et ab origine mundi secundum translationem Hieronymi 4274,
sancto Elia patre et institutore ordinis fratrum de monte Car-

---

1-2 *om c,* Incipit cronica brevis de Carmelitarum origine et processu felici,
quem edidit ad laudem sui ordinis reverendus magister frater Iohannes Bacunthorpe sacrae theologiae et iuris canonici nominatissimus doctor Parisiensis et
provincialis Angliae *H. Manu posteriori Bale delevit verba* reverendus ... Angliae
et intra lineas scripsit reverendus pater Claudus Conversus seu Guilhelmus Coventre.
    5 mundi *om cx.*   Hieronymi] regis (?) *c.*   4274] 3274 *c,* 3284 *x.*
    6 sancto + patre *x.*   patre] propheta *cx.*   et] atque *c,* primo *x.*
institutore] fundatore *c.*   fratrum] beatae Mariae *cx.*   monte *om c.*
    6-7 Carmeli] Carmelo *c.*

---

3 Anno 18: Jerome, *Eusebii Chronica,* II: "1100 ab Abraham (19 Iosaphat et
18 Achab) prophetabant Elias et Elisaeus". PL 27, 339. quartae ... aetatis mundi:
the fourth age is from David to the Babylonian captivity. *Cf* Isidore, *Chronicon,*
PL 83, 1029-33.
    4 160: David began his reign in 941 after Abraham. 1100 — 940 = 160.
Jerome, *ibid.*
    5 4274: From Adam to Abraham 3184 years; *ibid.,* 66. From Abraham 1100
years; *vide supra.* That would make 4284 years and not 4274. Nevertheless, in
that year, "prophetabant Elias et Elisaeus".
    6-7 sancto ... rapto: "1113 ab Abraham: Elias rapitur"; *ibid.,* 341.

meli in caelum vivo rapto, sanctus Eliseus, eiusdem Eliae discipulus, filiorum prophetarum habitantium in Carmelo magisterium suscepit.

10   Anno creationis mundi 5184, a translatione sancti Eliae in
paradisum et praelatia beati Elisei super filios prophetarum Carmelitas 910, Verbum caro factum est, natum Maria virgine.

Anno ab incarnatione Verbi Dei 83, ab eiusdem Domini nostri
passione 50, et a vastatione Ierusalem per Titum et Vespasianum
15 7, Carmelitae matris Christi in honore Virginis advocatae suae
capellam in Carmelo construxisse leguntur.

Anno Domini 1099 gratia eiusdem Domini nostri Iesu Christi,
praedicatione fratris Petri Eremitae, ducatu et militia domini God-
fridi de Bullon ducis Lotharingiae et aliorum Christianorum eximio
20 labore Terra Sancta Christique sepulcro imperio christiano subiu-
gatis, primus Latinorum patriarcha fuit constitutus dominus Al-

---

7 caelum + per currum igneum x.
8 Carmelo + Galgalis, Bethel et Iericho x.
10 creationis om c.   mundi + secundum Ieronimum et Laurentium
anno linens (?) c.   5184] MClxxxiiij (?) H, 4184 c.   translatione] rapta c.
10-11 in paradisum om H.
11 praelata] praesidentia H.   beati] sancti c.
11-12 Carmelitas] Carmelitarum H.
12 Verbum ... natum] Christus Dei filius natus est de c.
13 ab incarnatione] incarnationis H.
14 Ierusalem] Iudeorum H.
15 in honore ... suae om H.
16 capellam] oratorium H.   construxisse leguntur] erexerunt c.
17 eiusdem ... nostri om c.
18-19 Godfridi] Godefridi H.
19 Bullon] Buylim H.   ducis Lotharingiae om c.
20 Christique] et Christi c.   sepulcro] sepulcrum c.
20-21 subiugatis] subiugata c.
21 primus] primum c.   patriarcha] patriarcham c.   fuit constitutus
om c.
21-22 dominus Albertus] sanctum patrem Albertum c.

---

10 5184: "Ab Adam usque ad Christum 5198"; ibid., 439-40.
12 910: 5184 — 4274 = 910. Nevertheless, according to Eusebii Chronica
"prophetabant Elias et Elisaeus" would be: 5198 — 4284 = 914. From the ascent
of Elijah: 2015 (from Abraham to the birth of Christ: ibid. 339) — 1113 (vide supra)
= 902.
15 7: cf Cheminot, Speculum, l. 132: "anno 7 a passione Domini ..."
However, this is not the foundation in Jerusalem, but the construction of the
chapel of Mt. Carmel in the year 7 from the destruction of Jerusalem. Marianus
Scotus, Chronicon, III, PL 147, 657, places the destruction of Jerusalem in the
year 76.
21-22 Albertus ... Pisanus: this was not Albert but Daimbert, archbishop of
Pisa, elected about Christmas of 1099 first patriarch of Jerusalem in the Latin
Kingdom. The Carmelite rule was written by Albert of Avogadro.

bertus, archiepiscopus antea Pisanus, in ecclesia Ierosolimitana,
qui illuc venerat orandi causa peregrinus. Hic ad instantiam
Carmelitarum scripsit eis regulam et confirmavit illorum ordinem
25 in diversis locis suae diocesis et in Cypro multiplicatum.

   Anno Domini 1153 sanctus Bernardus abbas Claravallensis cum
magno exercitu Christianorum versus Terram Sanctam Cyprum
profectus, instigantibus quibusdam sui ordinis praelatis, a papa
Eugenio revocatur; qui repatriando scripsit duos libros de vita
30 solitaria et contemplativa fratribus de monte illius Dei, scilicet
conventus qui est in Cypro in monte Helyos, quod interpretatur
mons Dei, ordinis Carmelitarum, ubi corpus sancti patris Hilarionis dignum veneratione fidelium exhibetur.

   Anno Domini 1163 dominus papa Alexander III in regno
35 Franciae Turonis celebravit concilum generale, ubi regulam et
   ordinem Carmelitarum approbavit et confirmavit.

   Anno Domini 1187, Ierusalem cum cruce Christi et tota pene
Terra Sancta atque rege Guidone, Heraclito tunc patriarcha,

---

22 archiepiscopus] episcopum *c.*   Pisanus] Pisanum *c.*   in ... Ieroso-
limitana] suscepit ecclesiam Ierosolimitanam *c.*
   23 qui ... peregrinus *om H.*   Hic] qui *H.*
   24-25 eis ... multiplicatum] et conformavit illorum regulam *H.*
   26 1153] 1169 *H.*
   26-33 Bernardus ... exhibetur] pater Bernardus migravit ad caelos non
multum postquam Carmelitis de monte Helyae in Cipro, ab ipso vocatis fratribus
de monte Dei, unum librum de vita solitaria et alium de obiecto contemplationis
mirifice dictavit *c.*
   34 dominus] domino *c.*   Alexander] Alexandro *c.*
   36 Carmelitarum + beatae Mariae *c.*   approbavit et *om c.*
   37 1187] 1188 *H.*
   38 atque] et *c.*

---

   23 qui ... peregrinus: he came as papal legate.
   25 in Cypro: *cf infra* the author's *De duplici fuga*, ll. 13-16.
   26-33 Also used by John Hornby; see the Introduction, *supra* p. 268.
   26 1153: the year St. Bernard died.
   30 fratribus de monte Dei: this is the letter of Guillaume de St. Thierry,
Ad fratres de monte Dei, which is attributed to St. Bernard. *Cf* Oxford, Lincoln
College, ms. lat. 69, f. 259-63; *Tabula super epistolam S. Bernardi ad fratres de
monte Carmeli.*
   31 in monte Helyos: The author is referring to Castrum S. Hilarionis, but
there never was a Carmelite convent there.
   32-33 corpus ... Hilarionis: on the body of St. Hilarion, *cf Catalogi Sanctorum:* B. Xiberta, *De visione sancti Simonis Stock,* Romae 1950, 283, 289, 300, 311.
   34-36 *Cf* Cheminot, *Speculum, supra* ll. 228-30.
   37-51 *Cf* the author's *De duplici fuga, infra* ll. 17-64.
   37 1187: the defeat at Hattin took place 4 July 1187.

captis a Saracenis, fratres a Carmelo et aliis eorum locis Terrae
40 Sanctae fugati, per Cyprum et alias insulas maritimas fuerant
dispersi.

Anno Domini 1190 dominus rex Angliae Richardus Isakium
Cypri imperatorem bino congressu bellico domavit, imperium
prius Griffonis occupatum Catholicis subiugavit, et fratres a
45 monte Carmeli fugatos in duobus locis certaminum, scilicet apud
Limezium et Fortanum fundavit.

Anno proximo notato reges Franciae Philippus et Angliae
Richardus Palestinam profecti Tholomaidam, id est Acres, per
plures annos obsessam et per Saracenos defensam strenue cepe-
50 runt; quorum auxilio et largis elemosinis fratres Carmelum et
quaedam alia loca per infideles vastata repararunt.

Anno Domini 1215 dominus papa Innocentius III generale
concilium Romae apud Lateranum celebravit, in quo ordines Carmelitarum et Augustinensium iure ratihabitionis approbavit, pro-
55 hibens cum concilio aliquam postmodum religionem adinveniri;
statuens insuper quod si quis ad religionem mendicantium seu
quamcumque ex tunc converti voluisset, unam de duabus praedictis vel aliis approbatis dumtaxat assumeret.

---

39 captis a Saracenis] a Saracenis capiuntur et *c.*   eorum *om c.*   locis
+ sanctae *c.*
40 alias ... maritimas] Ceciliam *c.*
44 Griffonis] Greffonis *c.*
44-45 et ... fugatos] Carmelitas *c.*
46 Limezium] Lunezium (?) *H.*   Fortanum] Fortanny *c.*
47 proximo] xxi° *c.*
47-48 reges ... Richardus] idem rex Richardus cum Philippo rex Francorum *c.*
48 profecti] profectus *c.*
49-50 ceperunt] captavit *c.*
50-51 quorum ... repararunt] ac Carmelitas a Cipro secum reductos ad
Carmelum, mansa eorum in Carmelo et aliis locis Terrae Sanctae largis elemosinis
reparavit *c.*
54 ratihabitionis] ratihabitationis *c*, ratificationis *H.*
56 insuper] etiam *c.*
56-57 seu quamcumque] seu quacumque *H*, *om c.*
57 duabus *om H.*
58 vel aliis *om c.*   dumtaxat] cum non essent plures *c.*

---

42 1190: Richard arrived on Cyprus in 1191.
44 Griffones: Greek Catholics.
46 Limezium: Limassol; Fortanum: Fortamia.
52-58 See the decree of the Council *Ne nimia religionum diversitas*; Mansi,
XXII, 1002. The explanation of the decree is quite curious.
54 iure ratihabitionis: *cf* Baconthorpe, *Compendium*, ll. 148-51.

Anno Domini 1216 dominus papa Honorius III ordines Prae-
60 dicatorum et Minorum instituit atque sub disciplina sanctorum
patrum Dominici et Francisci regendos approbavit.

Idem quoque papa regulam et ordinem Carmeli per bullam
confirmavit, in qua testimonium perhibet de illorum antiqua institutione praecedente praefatum concilium generale.

65   Anno Domini 1221, vivente sancto Dominico, fratres ordinis
Praedicatorum et paulo post Minorum, disseminaturi verbum Dei
regnum Angliae sunt ingressi, anno scilicet regis Anglorum Henrici III post conquestum quarto, et a sui ordinis institutione anno
septimo.

70   Anno Domini 1238 invalescens vesania Saracenorum decem
mansis inhabitatis in Terra Sancta privavit Carmelitas per varias
quoque mundi regiones compulit dispergi.

Anno Domini 1240, ducibus strenuis militibus domino Richardo Grey et domino Ioanne Vescy de Palestina regressis, vene-
75 runt ad Angliae provinciam fratres ordinis beatae Mariae de Carmelo, anno scilicet regni praefati regis Henrici 23. Praedicti quoque
domini fundaverunt ipsos in foresta Alnewici et apud Aylisfordiam.

---

59 1216] 1225 *H.*   III] II *H.*
62 Carmeli *om c.*
65 vivente + patre *c.*   ordinis] ordinum *c.*
66 paulo] paulum *c.*
67 scilicet] 2° *c.*   Anglorum *om c.*
68 quarto] quarti (?) *H.*
68-69 et ... septimo *om c.*
70-72 Anno ... dispergi *post paragraphum sequentem c.*
71 mansis] mensis *H.*
74 Grey] Gray *H*, Grei *c.*
75 ordinis *post* Mariae *c.*
76 scilicet *om c.*   23] 34 *H.*
77 ipsos] fratres *c.*   Alnewici] Alnewyci *H.*   Aylisfordiam] Aylysfor-
diam *H*, Alsfordiam *c.*

59-61 *Cf De inceptione ordinis*, ll. 80-91, but the date should be 1217.
62-64 Honorius III, *Ut vivendi normam*, 30 Jan. 1226; *Bull. Carm.* I, 1:
"quam ante generale concilium vos dicitis humiliter suscepisse".
70-72 See the text of Vincent de Beauvais, *supra* p. 92-93. The defeat of the
Christians at Gaza took place 12 Nov. 1239.
70-71 decem mansis: *Domus in Terra Sancta* also lists 10 houses in the
Holy Land.
73-77 *Cf* the author's *De adventu Carmelitarum ad Angliam.*
74 Ioanne Vescy: The founder of the convent at Hulne near Alnwick was
William de Vescy.
76 23: Henry III's 23rd year was from Oct. 1238 to Oct. 1239.

Anno Domini 1247 dominus papa Innocentius IV confirmavit et declaravit regulam fratrum ordinis beatae Mariae de Carmelo
80 et coeperunt idem fratres de licentia praedicti papae villas et civitates inhabitare.

Anno Domini 1274 dominus papa Gregorius X apud Lugdunum in regno Franciae concilium generale celebravit, in quo omnes religiones et regulas mendicantium post concilium generale Inno-
85 centii Lateranense institutas, Praedicatoribus et Minoribus dumtaxat exceptis, ut fertur numero 23, revocans adnihilavit. Ceterum Carmelitarum et Augustinensium ordines, quia illorum institutio praedictum concilium generale praecessit, in iure communi approbavit.

90 Anno Domini 1287 fratres beatae Mariae de Carmelo commutaverunt vestem stragulatam, scilicet pallium Eliae, in cappam albam in honorem matris Christi, illorum advocatae postmodum gerendam, habita super hoc licentia domini papae Honorii IV, antea per plures annos petita et obtenta; quam commutationem
95 dominus papa Bonifatius VIII sui pontificatus anno primo per

---

78 1247] 1248 *c*.
79 et declaravit *om c*.   beatae ... Carmelo] Carmeli *c*.
80 et coeperunt] coeperunt quoque *c*.   idem fratres *om H*.   de *om c*.
80-81 et civitates *om H*.
82 apud Lugdunum *post* Franciae *c*.
83 celebravit *ante* concilium *c*.
84-85 Innocentii] Innocentis *c*, Innocentianum *H*.
85 Lateranense *om H*.
85-86 Praedicatoribus ... exceptis] praeterquam Praedicatorum et Minorum *c*.
86 Ceterum *om c*.
87 Carmelitarum ... ordines] Carmelitas et Augustinienses *c*.   quia illorum] quorum *c*.
88 generale] Lateranense *c*.   praecessit] antecessit *c*.
92 illorum] suae *c*.   postmodum] in perpetuum *H*.
93 gerendam] gerenda *c*.   habita super hoc *om c*.
94 per plures annos *om c*.   commutationem + Anno Domini 1250 sanctissimus Francorum rex Lodowicus post multos labores quos in capiendo Damieta et aliis miliciis in Terra Sancta fuerat perpessus, redire disposuit anno regni sui 24 ad partes Gallicanas, in quo Carmelitas Virginis beatae ab Oriente, secum vectos primitus fundavit. Vincentius libro 32, capitulo 102 *c*.
95 sui *post* pontificatus *c*.

78-81 *Cf* Cheminot, *Speculum, supra* ll. 242-8.
88-89 in iure communi approbavit: "In suo statu manere concedimus donec de ipsis aliter fuerit ordinatum".
90-96 See the documents of the general chapter of Montpellier, *supra* pp. 54-70.
95 Bonifatius VIII: *Iustis petentium*, 25 Nov. 1295; *Bull. Carm.* I, 55.

bullam suam confirmavit.

Anno Domini 1298 dominus papa Bonifatius praedictus edidit Sextum Decretalium, in quo quattuor ordines mendicantium ad instar quattuor fluviorum de paradiso progressos et quattuor
100 evangelistarum a latere Christi emissos simul confirmavit.

2.

DE DUPLICI FUGA FRATRUM DE CARMELO

Legitur enim quod ab ordinis Carmelitarum institutione

---

96 suam *om H*.
97 praedictus] VIII *c*.
98-100 ad instar ... simul *om H*.
100 confirmavit + et clausulam 'Donec' tangentem Carmelitas et Augustinienses, de constitutionibus Gregorii X resecavit, praedictos quoque fratres in statu firmo et stabili consolidavit.
Honorius episcopus, servus servorum Dei, dilectis filiis priori et fratribus eremitarum de monte Carmeli salutem et apostolicam benedictionem.
Ut vivendi normam regulariter a bonae memoriae Ierosolymitano patriarcha editam, quam ante generale concilium vos dicitis humiliter suscepisse, in posterum vos et successores vestri, quantum cum Dei adiutorio poteritis, observetis, in remissionem vobis iniungimus peccatorum. Datum Reatae (Beatae *H*) III kalendas februarii, pontificatus nostri anno X.
Istam bullam confirmativam antiquae regulae fratrum beatae Mariae de monte Carmeli scripsit eisdem fratribus anno Domini 1225 idem papa, qui instituit ordinem Praedicatorum et Minorum, scilicet Honorius III qui successit immediate Innocentio III, qui anno Domini 1215 celebravit concilium generale Lateranense, in bulla praescripta notatum.
Anno Domini 1317 sacer ordo fratrum Carmelitarum assumptus est in ius et protectionem beati Petri apostolorum principis, et sanctae Sedis Apostolicae, et exemptus est ab omni dominio cuiuscumque diocesani (diocesane *H*) et eorum officialium, ut patet per constitutionem domini Ioannis papae XXII.
Anno Domini 1476 dominus Sixtus papa IV parificavit ordinem Carmelitarum in omnibus privilegiis et gratiis sacris ordinibus Minorum, Praedicatorum et Augustinensium.
Explicit cronica brevis ordinis Carmelitarum magistri Iohannis Bacunthorpe Anglici (magistri ... Anglici *canc.*, *alia manu*: Claudi Conversi) *H*.
1 Alius tractatus minimus eiusdem magistri fratris Iohannis Bacunthorpe anglici doctoris Parisiensis (magistri ... Parisiensis *alia manu corr. in* Claudi Conversi seu Guilhelmi Coventre viri religiosi et docti) *H*, De dilatatione eorundem fratrum in partibus diversis ultra mare *c*.
2 legitur enim quod *om c*.   Carmelitarum] praedicti *c*.

97-100 c. 1, III, 17, in VI°: Friedburg II, 1054-5, modifying the constitution of the Second Council of Lyons.
98-100 ad instar ... emissos: *cf* Hildesheim, *Dialogus*, *infra* ll. 165-9.

— quae fuit, ut praenotatum est, a tempore Eliae et Elisei prophetarum — usque ad incarnationem Christi, et ab anno pas-
5 sionis eius 50 usque ad annum Domini 1099 manserunt fratres
in Carmelo et in aliis locis Terrae Sanctae. Nam ante annum
Christi praenotatum, quo Godfridus de Bullon et ceteri Christiani,
duce fratre Petro Eremita, Terram Sanctam Christianis subiugarunt, non fuerunt Saraceni pauperibus Carmelitis neque ceteris
10 Christianis multum infesti, sed permiserunt ipsos secum cohabi-
tare in civitatibus et in castris, ut patet intuenti *Historiam Ierosolymitanam.*

Exinde sole lucente sereniore apes Domini, scilicet Carmelitae,
dulcedinem spiritualem cum foetu multiplicantes, per Cyprum et
15 Siciliam ac alias insulas vicinas Terrae Sanctae in novis alvearibus
sunt dilatati, nec sine providentia supernae pietatis.

Siquidem anno Domini 1187, praesulante Romae Urbano papa
III, Ierusalem et alia loca Terrae Sanctae cum cruce Christi et
rege Guidone, Heraclio tunc patriarcha, a Saracenis capiuntur.
20 Tandem civitate de Acres et aliis civitatibus et castris per manus
paganorum occupatis, Carmelitae matris Christi in suis oratoriis,
sacris induti, altaribus appodiati, gladiis infidelium, nulla preva-
lente fuga martirizati sunt. Sic completa est prophetia Ieremiae

---

3 a] et *c.*
4 ab *om c.*
4-5 passionis *post* eius *c.*
7 Bullon] Bullen *H.*
13 lucente *om c.*   scilicet *om c.*   Carmelitae] caritate *c.*
14 et *om c.*
15 ac] et *c.*
16 sine] suis *c.*
17 siquidem] si quis *c.*   1187] 1188 *H.*   Romae] Romanae *c.*   papa
om H.
18 et ... Sanctae *om c.*   cruce *om c.*
20 aliis *om c.*
22-23 nulla ... fuga *om c.*
23 martirizati *post* sunt *c.*

3-9 *Cf supra* the author's *Chronica brevis*, ll. 5-25.
9-12 *Cf* John Hornby in the Introduction, *supra* p. 268.
11-12 ut ... Ierosolymitanam: not found in Jacques de Vitry.
13-15 apes Domini ... alvearibus: Jacques de Vitry, *Historia Hierosolymitana*, I, c. 51; p. 1075.
14-15 per ... Sanctae: *cf* Cheminot, *Speculum*, ll. 295-6: "Ipsi enim in Terra
Sancta, regionibus et insulis circumiacentibus ...". William of Coventry also lists
Sicily among the "insulas vicinas Terrae Sanctae".
17-28 See the author's *Chronica brevis, supra* ll. 37-41.
17 1187: after the defeat of Hattin, 4 July 1187.
20-23 *Cf* Cheminot, *Speculum*, ll. 298-302.

lamentantis irruptionem Saladini de ipsoque dicentis: "Praedo
25 irruit, ablata est laetitia et exsultatio de Carmelo".

Et vinea Carmelitarum matris Christi radicitus omnino fuisset
evulsa, nisi Dominus Deus reliquisset illis semen in Cypro et
Sicilia per antea radicatum.

Nec diu mansit sanctus mons Carmelus vacuus suis incolis,
30 sed anno Domini 1190, domini Caelestini papae III anno primo,
reges Angliae et Franciae Richardus et Philippus cum magno appa-
ratu transierunt versus Terram Sanctam.

Sed rex Angliae Richardus in ultionem iniuriarum, quas in
christianos peregrinos exercuit tunc imperator Cypri Isakius, qui
35 etiam naufragorum hominum ipsius regis Richardi bona iniuste
detinuit et captos incarceravit, nolens prece nec pretio quemquam
illorum liberare, ipsum imperatorem bis devicit, primo apud Limesium, secundo in campestribus, loco quodam a Limesio quinque
miliaribus distante, qui vocatur Fortamy. Sic tandem accidit impe-
40 ratori, qui nullas treugas factas voluit servare nisi invitus, quod
captus et catenatus in bogis argenteis fuerat, et rex Richardus
totam insulam sibi subiugavit.

Unde in locis certaminum et cimiteriis interfectorum fundavit duas domus fratribus ordinis beatae Mariae de monte Car-

---

26 Et *om c.*
27 evulsa] avulsa *corr. e* amissa *c.*   Deus *om c.*
29 Nec] sic *c.*   suis] sine *H.*
30 sed] siquidem *H.*
31 magno] maximo *H.*
33 Sed] qui (?) *c.*   ultionem] ultione *c.*
35 etiam] in *c.*   regis *post* Richardi *c.*   iniuste *om c.*
37-38 Limesium] Lemesium *H,* Limezin *c.*
38 a Limesio] a Lime<s>in *H,* Limezin *c.*
39 Fortamy] Sazaim *c.*
39-40 imperatori qui] quod *c.*
40 invitus] intuitus (?) *H.*   quod *om c.*
41 captus et *om H.*   catenatus] percatenatus *c.*   in *om H.*   et *om c.*
42 subiugavit] subegit *H.*
43 cimiteriis] civitatibus aliis *H.*
44 duas] duos *c.*

24-25 Praedo ... Carmelo: Ier. 48,32-33; *cf* Is. 16,10.
27 nisi ... semen: *cf* Is. 1,9.
29-64 See the author's *Chronica brevis, supra* ll. 42-51. The source for
Richard's expedition seems to be the *Chronica* of Roger de Hoveden, ed. W.
Stobbs (4 v., London, 1868-71), III, 105 sqq.
37-38 Limesium: Limassol. *Cf* Hoveden, *Chronica,* III, 107.
39 qui vocatur Fortamy: Fortamia, but the name is not found in Hoveden.
Richard attacked the castle of Isaak by night, "per quinque millia ab exercitu
Angliae".

45 meli consilio suorum clericorum, scilicet domini Ioannis episcopi
   Eboracensis et domini Nicolai capellani regis. Hi duo dixerunt
   bonum esse, sacerdotes catholicos illuc fundari, qui iuxta consuetudinem Ecclesiae Romanae pro Catholicis ibidem interfectis
   possent celebrare. Sed in Cypro non erant Catholici nisi fratres
50 de Carmelo ibi prius fundati; ceteri omnes enim fuerant Griffones
   qui nec credunt nec celebrant ut Ecclesia Romana. Carmelitae
   vero matris Christi fidem, regulam et ordinale prius susceperunt
   a Christo et ab ecclesia Ierosolymitana, quae semper credidit et
   celebravit more Catholicorum Ecclesiae latinae.

55   Postea cum rege Richardo adiverunt quidam fratres Carmelitae
   Terram Sanctam. Reges itaque praedicti ceperunt civitatem Acres.
   Philippus ergo hoc facto repatriavit. Richardus vero rex post
   recessum regis Franciae cepit multas munitiones in bellis campestribus, Saladinum ter devicit, Ioppen, La Blancharde, Galaziam,
60 Gazare, Darim et Ascalonem optime firmavit et talem in maritimis
   fecit pacem, quod Carmelitae matris Christi redierunt ad Carmelum, ubi auxilio Dei et regis Richardi et aliorum Christianorum
   exercitus sui reedificabant suum oratorium et alia loca prius per
   Saracenos devastata.

65   In quibus per 48 annos continue Deo servientes, tandem anno

---

45 scilicet] similiter *H.*
46 Eboracensis] Eborum *c.*   duo] enim *H.*
47 esse] est *c.*
50 ibi] illuc *c.*   omnes *om c.*
51 Romana + lucente *H.*
52 ordinale] ordinem *H.*
53 credidit] crediderunt *H.*
54 celebravit] celebraverunt *H.*
57 Richardus vero rex] rex vero Richardus *c.*
59 ter] tunc *H.*   Ioppen, La Blancharde] Joppena, Blancharde *H.*
60 Ascalonem] Ascalone *H.*
61 quod *om H.*   Carmelitae] caritate *c.*
62 Dei *om c.*
65 quibus] quo *c.*

45-46 Ioannis ... regis: Ioannes episcopus Ebroicensis (Evreux in France,
not Eboracensis, which is York) and Nicolaus capellanus regis attended the
wedding of Berengaria, on 12 May 1191 in Limassol: Hoveden, *Chronica,* III, 110.
   50 Griffones: Catholic Orthodox Greeks.
   52 ordinale: The Carmelites followed the ordinal of the rite of the Holy
Sepulchre, but this rite was introduced in Jerusalem after 1099.
   59-60 Ioppen ... Ascalonem: the names are found in Hoveden, *Chronica, III,*
128, 180. La Blancharde is La Blanchegarde; Darim, Darun.
   65-68 See the text of Vincent de Beauvais, *supra* p. 92-93.

Domini 1238 propter paganorum insultus compulsi sunt a loco illo
recedere ac per mundi varias regiones dispergi, sicut testatur
Vincentius in *Speculo Historiali*, libro 31, capitulo 123.

3.

DE ADVENTU CARMELITARUM AD ANGLIAM

Benignus Deus, qui omnes vult salvos fieri et ad agnitionem
veritatis venire, istos fratres Carmelitas Matris suae tamquam
in ultimis mundi partibus disposuit dilatari, per quos ad lau-
5 dem sui nominis et gloriosae virginis Mariae Matris eius populus utique posset ardentius excitari.

Anno igitur Domini 1238, domini papae Gregorii IX anno 7,
illustrissimi regis Angliae Henrici III anno 23, venerunt ad
Terram Sanctam, ad Tholomaydam, quae alio nomine dicitur Accon,
10 a paganis defensuri, et si favisset Deus a terra Turcos expulsuri, multi Christiani. In quo tempore pagani multas fecerant
equitationes in terris Accon vicinis. Experti autem quod in

---

67 mundi *post* varias *c*.

1 *Titulus* + secundum quorumdam opinionem *(a Bale postea add.* per
Ricardum Hely) *b*, Capitulum octavum *praemitt. c*, Quo anno venerunt fratres
beatae Mariae Genitricis Dei de monte Carmeli ad Angliam *x*.   ad] in *c*.

5 sui] suis *c*.   nominis *om c*.

7-8 *Hic incipit* c^2.   Anno ... venerunt] Anno Domini 12 ... *(in margine
prosequitur* XX°X^r triji *u* (?) Anglia domini M, *in margine sinistra* + CC) 23°
regni (regni *canc.*) et secundum cronicam Henrici Huntyngtoniensis fuit anno
regis Henrici III, anno Domini 1239, venerunt c^2.

7 igitur] ergo *c*, *om* c^2.   1238] 1239 c^2.   papae *om c, post* Gregorii
b.   7 + et *x*.

9 dicitur *om* c^2.

10 si *om c*.   terra + sancta *b*.

10-11 expulsuri *post* Christiani c^2.

12 Accon] Acconi + q c^2.

2-3 qui ... venire: 1 Tim. 2,4 (omnes: 1 Tim. adds homines).

7 igitur ... 1238: This phrase connects the work to the end of *De duplici
fuga*, ll. 65-68, to the year given by Vincent de Beauvais. Anno 7: would be 1234-1235.

8 23: Oct. 1238-1239.

8-11 venerunt ... Christiani: The expedition of Richard of Cornwall, in which
Richard de Grey took part, arrived in Acre on 11 Oct. 1240 and remained until
May of 1241.

12 equitationes: After the defeat of the Christians at Gaza, 12 Nov. 1239,
but the Saracens advanced to Ascalon and no further. The description which
follows corresponds more to the expeditions of the sultan Baibars in the years
1265-1267.

monte Carmeli, distante ab Accon quatuor miliaribus, erat aqua
scaturiens de fonte Eliae, qui est in ipso monte iuxta cellas
15 et oratorium quod fratres construxerant in honore virginis Mariae,
non abundavit aquis nisi fratribus ibidem exsistentibus; scientes
insuper quod fons ille, cui non erat similis in terra, multum
posset proficere usui Christianorum qui fuerant vicini quasi
obsessi, non permiserunt fratres in monte sedere, sed ipsos
20 fugabant. Fratres vero venientes Tholomaydam sive Accon, manserunt inter Christianos ut sacerdotes peregrini.

Postmodum vero tempore aestivo, ut quantumcumque possent
Saraceni nocerent Christianis in Accon exsistentibus, proiecerunt
in fluvium de Accon qui dicitur Belum, qui tunc, prae fervore
25 solis et aestus aquis attenuatis, coepit desiccari, cadavera bestia-
rum et Christianorum quos occiderunt, ut sic foetorem pestiferum
et aquas redderent mortiferas. Christiani vero fugati, pro defectu
aquae dulcis quae non erat in fontibus, pro eo quod omnes fontes
infecerant Turci, coeperunt infirmari, praecipue pro calore vini
30 Cretensis et Cypri, quod pro sui fortitudine nonnisi lymphatum
solet hauriri. Inquirentes ergo Christiani, si aliquis fons relictus
esset intoxicatus, didicerunt a fratribus de Carmelo, quod Saraceni non infecerunt illorum fontem qui vocatur fons Eliae, in
monte Carmeli, quia sciebant ipsum non solere scaturire in ab-
35 sentia fratrum; ideoque videbatur Turcis sufficere, fontem illum
a fratribus deseri illius loci. Missus ergo exercitus armatorum ad

---

13 distante] distans te *x*, distans *c*.   quatuor *om* c^2.
14 ipso] illo c^2.
15 virginis Mariae] Genitricis Dei patronae ordinis fratrum c^2.
16 non + autem (?) *bc*, + ante c^2.   scientes] scientibus c^2.
17 similis + ei *c*.
18 fuerant] fuerunt *b*.
18-19 quasi obsessi *om* c^2.
19 obsessi] obcessi *c*.   fratres ... sedere] in monte fratres permanere c^2.
20 vero + tempore aestivo c^2.   sive] id est *x*.
21 ut ... peregrini *om* c^2.
22 quantumcumque] quamcumque *c*.
23 Saraceni *post* aestivo c^2.   nocerent] nocere c^2.
24 fluvium] flumen c^2.   qui dicitur] nomine c^2.   Belum] Bellum *c*,
post Accon c^2.   prae] propter *c*.   fervore] fervorem *c*.
25 coepit] coeperit *c*, incoepit c^2.
27 fugati] fatigati c^2.
28 erat] erant *c*.
30 fortitudine] fortitudinem *c*.   lymphatum + nisi (?) *c*.
31 hauriri] haurire *c*.   ergo *om* c^2.
32 intoxicatus] qui non esset toxicatus c^2.   a ... Carmelo *om* c^2.
33 illorum] suum c^2.
34 quia + omnes c^2.   ipsum *om* *b*, quod ipsum fontem c^2.   solere *om*
c^2.   scaturire] saturire *c*, scaturare c^2.   in] nisi in *c*.
35 Turcis *ante* videbatur c^2.   sufficere *om* c^2.

Carmelum ut veritatem scirent, regressi nuntiaverunt se invenisse montem amoenum, cellas defossas sed desertas in rupibus, fon-
40　tem desiccatum. Unde vere potuerunt verba recipere Ieremiae desolationem locorum Terrae Sanctae plangentis, Ieremiae 48: "Praedo irruit, ablata est laetitia et exultatio de Carmelo". Quoad fontem dicere poterant verba Amos, primo dicentis: "Luxerunt speciosa pastorum, et exsiccatus est vertex Carmeli".

Accersitis igitur fratribus quaesierunt proceres, si fons ille
45　ipsis in Carmelo exsistentibus abundaret aquis. Responderunt quod sic. Mirantes ergo ducunt fratres cum exercitu ad Carmelum. Qui locum tam sanctum et patrum prophetarum habitaculum ac Genitrici Dei dedicatum ita desertum in tantum plangebant, ut etiam adstantes ad fletum provocarent. Tandem unus illorum, fratres
50　pie confortans ait: "Viri fratres, ista desolatio antiquitus erat prophetata, quando etiam et misericordia fuit promissa per Iere-
miam dicentem, Ieremiae 4: "Aspexi, et ecce Carmelus desertus, et omnes urbes eius destructae a facie Domini et a facie furoris eius". Haec enim dicit Dominus: "Deserta erit omnis terra, sed
55　tamen consummationem non faciam". Et alibi: "Reducam Israel

---

38　sed desertas *post* rupibus c^2.
39　vere] vero c^2.　　　potuerunt] poterant xc^2.　　　verba *post* recipere *c*. verba ... Ieremiae] recitare Ieremiae verba c^2.
40　Ieremiae 48 *om* c^2.
41　Praedo + inquid c^2.
42　fontem + autem c^2.　　　primo] prophetae c^2.　　　dicentis *om* *b*.　　　Lu-
xerunt] fluxerunt c^2, luxit *b*.
43　speciosa] sponsa *bcx*.　　　pastorum] pastorem *b*.　　　Carmeli] Carmelum c^2.
44　igitur] ergo c^2.　　　quaesierunt *om* c^2.
45　ipsis *post* Carmelo *c*.
46　Carmelum + cum quibus tres milites Angliae iverunt, scilicet dominus Iohannes Vescy, dominus Ricardus Gray de Cotnory et dominus miles de Stapilton c^2.
47　patrum] primum *b*.　　　ac] ad *c*, at *b*, *om* *x*.
48　dedicatum + ac in vita sua visitatum c^2.
49　fletum] flictum *c*.　　　fratres] fratrum *c*.
50　pie *ante* fratres c^2.　　　ista *in margine* c^2.　　　erat *ante* antiquitus *x*, fuit c^2.
51　prophetata] prophetarum *c*.　　　etiam] in c^2.　　　et *om* cc^2.　　　fuit *om* *c*.
52　Ieremiae 4 *om* c^2.
53　furoris *post* eius c^2.

41　Praedo ... Carmelo: Ier. 48,32-33; *cf* Is. 16,10.
42-43　Luxerunt ... Carmeli: Am. 1,2.
52-54　Aspexi ... eius: Ier. 4,26.
54-55　Deserta ... faciam: Ier. 4,27.
55-56　Reducam ... Carmelus: Ier. 50,19.

ad habitaculum suum et pascetur Carmelus". Cum dicit: "Consummationem non faciam", promisit misericordiam, et restitutionem per Saracenos destructorum cum subiunxit: "Reducam Israel" etc.

60   Confortati ergo fratres adiverunt verticem, ad illum scilicet locum, ubi Elias propheta, ordinis pater, post tres annos et sex menses siccitatis sua prece pluviam impetravit. Et flexis genibus adoraverunt Deum et Dominam loci, Matrem Iesu Christi, et sanctos suos praedecessores, ut fontis aqua more solito servis Dei
65 scaturiret. Antequam ergo ab oratione surgerent, inundabant aquae largiflue de fonte. Quod multi Christiani diversarum nationum videntes, propter miraculum quod Christo placuit facere ad preces fratrum Genitricis suae, in diversas mundi partes secum adduxerunt, fundantes illis mansa in honore suae advocatae Virginis
70 Mariae.

        Inter quos duo milites Anglici fuerunt nobilissimi, dominus scilicet Richardus de Grey et dominus Ioannes Vescy. Isti secum adduxerunt ad Angliam duos fratres, quibus et duo loca dederunt, unum in foresta Scotiae confinia, quae vocatur Holyn, iuxta Alne-

---

58 destructorum] destructionem *bc.*   reducam] deducam *c².*
59 Israel *om bc.*
61 ordinis pater *om c²,* + eius *c.*
63-65 adoraverunt ... scaturiret] oraverunt *c².*
64 more *x, om bc.*   servis] servos *c.*   Dei] suis de fonte *b.*
65 scaturiret] saturiret *c.*
67-68 ad ... suae] ad honorem virginis Genitricis eius et fratrum, cuius patronam elegit virgo Maria ordinis fratrum de Carmelo *c².*
69 illis] eis *x.*   mansa] mansiones *xc²,* + quos *c.*
71-80 inter ... vitae] Inter quos christianissimi milites dominus Ioannes de Vesci et dominus Ricardus de Grei, natione Anglici, post multos actus bellicos in Palestina contra infideles peractos, de Terra Sancta ad Angliam remeantes, quosdam huius religionis fratres Anglicos de licentia prioris monasterii montis Carmeli secum ex devotione ad Angliam duxerunt, videlicet anno Domini 1240, in festo Nativitatis Domini. Horum a *(lege* autem) fratrum unus vocabatur Yvo, cui dominus Ioannes de Vesci mansionem dedit in silva de Holim iuxta Aluelbicum in confinibus Scotiae. Alter vero frater vocabatur Radulphus, cui dominus Ricardus de Grey dedit mansionem apud Eylesfordiam in Cantia *x.*
71 duo ... nobilissimi *om c².*
72 scilicet *om c².*   Richardus ... Isti] Iohannes Vescy et dominus Ricardus Gray *c².*   De Grey] Grey *b.*   Vescy] Vesci *c.*
73 fratres + Yvonem et Radulphum *b.*   dederunt] deduxerunt *c.*
74 Holyn] Holne *b.*
74-75 Holyn ... Alnewicke] Alnewike sive Holyn *c².*   Alnewicke] Alnewike *c²,* Alnewycke *b,* Alnwike *c.*

---

63 Dominam loci: *cf* Baconthorpe, *Speculum,* ll. 27.
71-74 On Richard de Grey see Thomas de Eccleston, O.F.M., *Tractatus de adventu Fratrum Minorum in Anglia,* 102. On the foundations in Aylesford and Hulne, see K.J. Egan, *Medieval Carmelite houses, England and Wales,* in *Carmelus* 16 (1969), 142-226; 145-52; 179-81. The founder of Hulne near Alnwick is

75 wicke. Locus ille in foresta remotus est per duo miliaria a qualibet
    saecularium cohabitatione. Alteri vero locus dabatur in Kantia,
    frequentiae saecularium multum dissuetus, qui vocatur Aylesford.
    Haec autem facta sunt anno Domini 1240. Unde metrice dicitur:
        Anno milleno ducenteno quadrageno
80   Holyn Carmelitae capiunt ad tempora vitae.
        Ubi sanctissima conversatione Deo et Virgini gloriosae con-
    tinue famulantur, crescunt et multiplicantur, atque per diversa
    loca alia devotissime fundati, circa salutem animarum totis cer-
    nuntur viribus incessanter laborare. Sapientia siquidem Patris
85 altissimi, attingens a fine usque ad finem fortiter et disponens
    omnia suaviter, Carmelitas fratres Matris suae praeparatos ac
    calceatos pedes in evangelium pacis, per varias mundi partes
    honorifice voluit dilatari, ad dandam scientiam salutis plebi eius,
    qui cum Patre et Spiritu Sancto vivit et regnat Iesus Christus
90 in saecula saeculorum. Amen.

---

76 Alteri] alter *c*.   locus *post* dabatur *c²*.   Kantia] Cantia *b*.
77 Aylesford] Aylsford *b*, Aylisford' *c*, Ayllesford' *c²*.
78 sunt + secundo post fugationem illorum secundam de Carmelo, scilicet *c²*.
80 Holyn] Holne *b*.   vitae + Amen *c²*.
81-90 *om c²*.
81-82 continue *om b*.
83 alia] in eiusdem regni partibus *x*.   devotissime + sunt *x*.
83-84 circa ... laborare *om x*.
87 calceatos] calciatos *bx*, calciati *c*.   pedes + quoque *c*.
89 Patre *om c*.   Christus + Dominus Deus ac Salvator noster *b*.
90 in] per infinita *x*.   Amen + Quod frater Ricardus Paston Carmelita *c*, + Versus de fundatione nostra in Anglia per praedictos dominos:
        Anno milleno ducenteno quadrageno
        Holim Carmelitae capiunt ad tempora vitae
        Carinis (*lege* Carmis) concessi prius in boria loca Vesci
        Caruus (*lege* Carmis) in claustro Grei primo fixit in austro
        Quae loca concessi Carmelitis ego Vesci
        Perci firmavit Deus huic sibi nos sociavit *x*.

William, not John, de Vescy. According to the variant reading of ms. *x*, it was
frater Radulphus, to whom Lord Richard de Grey gave the mansion at Aylesford. However, according to John Bale, Radulphus was given the foundation
in Hulne; Oxford, Bodl. 73, 55ᵛ.
78 1240: The expedition of Richard de Cornwall returned to England early
in January of 1242.
85-86 attingens ... suaviter: Sap. 8, 1, "Attingit ergo a fine usque ad finem
fortiter, et disponit omnia suaviter".
86-87 praeparatos ... pacis: Eph. 6,15, "et calceati pedes in praeparatione
evangelii pacis".
88 ad ... eius: Luc. 1, 77.

XIII. THE LISTS OF GENERAL CHAPTERS

The general chapter was the highest legislative and administrative authority in the Order. It elected or confirmed the prior general, confirmed the provincials or sometimes appointed new ones, made new constitutions (decrees), eliminated or changed them, designated students for degrees in Paris and later also in other universities, appointed the procurator of the Order and the *socii* of the general, the regent and prior of Paris, and prorated among the provinces the *taxa*, or subsidy for the general government of the Order and for the house of studies in Paris.

Contrary to other Mendicant Orders the Carmelites had no set residence for its central government; each general resided in his own province and often even in the convent of the province of which he was a member. After his death the acts and papal bulls of his generalate remained behind in this convent and were often later lost.

From at least 1318 the acts of the general chapters were recorded in the *Liber Ordinis*. This book was sealed after the chapter and brought to the convent in which the following chapter would take place. The provincials made an excerpt for their provinces together with the decrees of general relevance.

At the general chapter of Trier, 1362, a new *Liber Ordinis* was begun. At the beginning was inserted an excerpt from the old *Liber*, covering the chapters from 1318 to and including 1358, but no constitutions, or general decrees, were included.

There also exists a collection of constitutions, or decrees, published in the general chapters from 1324 to 1358 inclusive, written by the same hand up to and including 1351. The complete body of constitutions compiled by the chapter of 1324 is contained in its entirety, but of the following chapters only new decrees or changes of constitutions are included.[1]

---

[1] For the text see MHC, 20-189. The manuscript is provenant from the archive of the Lower German province and is preserved in London, British Museum, Ms. Add. 16372.

The only other extant bodies of constitutions before 1324, as we have seen, are those of 1281 and 1294.

Besides these official sources there exist some lists of general chapters drawn up by private individuals and varying in the information they provide.

The first list is the *Annotatio* of Sibertus de Beka. He entered the Order in Cologne and studied in Paris, where he obtained the doctorate in 1317. He was elected provincial of Lower Germany in that year, but at the same time functioned as regent of studies, 1317-1319. In 1327 the provinces of Upper and Lower Germany were again united due to the schism of Louis of Bavaria, and Sibertus remained provincial of the German province until his death, December 29, 1332.[2]

His source for his list were constitutions *"quae habentur per Ordinem hinc inde,"* probably not only in his own province, but for instance also in Paris. For each chapter Sibertus notes the general in office or who was elected such. Only for the first two chapters he lists is this information lacking.

As a rule the general chapters were held every three years. That seems to be the reason why the dates of the first three chapters are shifted.

In 1361 Johannes Trisse composed a list of the general chapters from 1259 to 1358 inclusive; that of 1362 is announced but not yet convened. He also used a collection of constitutions and usually includes a few details from their decrees. He too names the generals of the Order from 1271 onwards. His list does not always agree with that of Sibertus, which he does not seem to have known.

In 1527, during his journey through France and Northern Italy, John Bale copied many manuscripts and made excerpts from other Carmelite writings. Among other works he copied those of Trisse and the *Annotatio* of Sibertus de Beka. It would seem that he examined two collections of constitutions made during their respective chapters and composed two lists, one of the sites of the chapters from 1287 to 1358, the other of their years and sites from 1269 to 1351.

The lists by these three authors do not always agree. According to Sibertus a chapter convened in Toulouse on Pentecost, 1264. Actually it convened on Pentecost, 1266, as appears from a letter of the prior general Nicholas written at this chapter.[3]

Sibertus places the following chapter in Messina on Pentecost, 1267; Trisse places it in 1259. Both dates are incorrect. The kings of Sicily, Frederick II, Conrad IV, and Manfred, were at odds with the pope, and

---

    [2] BARTOLOMÉ XIBERTA, O.CARM., *De scriptoribus scholasticis saeculi XIV ex ordine carmelitarum*, Louvain, 1931, 142-6.
    [3] A. MOLINIER, *Correspondance administrative d'Alphonse de Poitiers* (2 v., Paris, 1894-1900), II, 504, no. 1961.

Sicily lay under interdict. On February 26, 1266, Manfred was slain at Beneventum, and so the chapter of that year could assign a chapter in Sicily.[4] Bale's list begins with a chapter in 1269. Trisse's date 1259 is probably a slip of the pen for 1269.

Sibertus has the following chapter meet in Paris on September 8, 1270, but both Trisse and Bale place it in 1271. In this case too there is a letter from the new general Ralph, dated from Paris, September 8, 1271.[5] It would be too much of a coincidence were he to have been in Paris on the same day two years in succession.

Sibertus sets the next chapter in Bordeaux, January 6, 1273; according to the reckoning of time then in use this would be January 6, 1274. He adds that the general chapter of Paris assigned the following chapter to Bordeaux, "fere ad quattuor annos post Parisius." Because of the resignation of the prior general Nicholas the Paris chapter of 1271 was held two years after that of Messina; hence at Paris it was decided to hold the following chapter in Bordeaux on Pentecost, 1275. Both Trisse and Bale hold for this date. However something intervened: the council of Lyons was scheduled for 1274, and plans for the suppression of the smaller Mendicant Orders were already being discussed. This would be the reason why an emergency chapter was held on January 6, 1274.

The next chapter, according to Sibertus, occurred at Montpellier on Pentecost, 1277, "quod fere post quattuor annos fuit post Burdegalas." Bale also has the same date, but Trisse has 1278. The lists agree on the dates of the rest of the chapters, except that two manuscripts of Sibertus set the chapter of 1309 at Genoa in 1310, and Bale has the chapter of 1315 at Cologne take place in 1314.

Not much is known about the earlier chapters. The text with the mitigation of the rule by Cardinal Hugh de St. Cher and William of Reading, bishop of Tortoûs, was written on September 1, 1247, at Lyons and directed to the prior general and definitors of the general chapter of the Order. It is generally accepted that this chapter which decided to ask for a mitigation of the rule took place at Aylesford. As a matter of fact there is a record of a royal grant at this time to the Carmelites for a chapter at Aylesford.[6] It is not specified whether the chapter is general or provincial, and the entry is not dated, but the fourth entry before it on the same membrane is of January 20; the entry immediately after it is dated June 6, 1247; the next entry is January 22, 1248. Hence it is quite

---

[4] ADRIANUS STARING, O.CARM., "Nicolai prioris generalis Ordinis Carmelitarum Ignea Sagitta," *Carmelus*, 9 (1962), 237-307; see p. 250.

[5] Cited by PETRUS WASTEELS, O.CARM., ed., *Joannis Hierosolymitani... opera omnia, cum vindiciis* (2 v., Bruxellae, 1643), II, 113.

[6] "Rex vicecomiti Kanciae salutem. Precipimus tibi quod de exitibus comitatis tui facere habere fratribus de monte Karmeli, morantibus apud Aillesford, duas marcas ad pitantiam die quo celebrabunt capitulum suum de dono nostro." Liberate Rolls, PRO C62/24/12; *Calendar of Liberate Rolls*, III (1245-1251), 163.

possible that this was the general chapter that despatched Brothers Reynald and Peter to the papal court at Lyons.

A similar grant was made for a chapter at York in 1261.[7] Later grants, beginning in 1264, are directed to general chapters, whereas in reality these latter were provincial chapters.

Zimmerman presumes that after 1247 general chapters were held in 1250, 1253, 1256, 1259 (at Messina), 1262, 1265 (at Toulouse), 1268 (at Messina), 1271, etc.[8] True, it is likely that, once begun, general chapters were regularly held at three-year intervals, but just as happened later, exceptions to the rule might have occurred, as when a prior general died and a new one had to be elected.

Between the lines of his *Summary catalogue* Bale notes a few general chapters: at London in 1254 and at Aylesford in 1261.[9]

Manuscripts and Printed Editions

The *Annotatio* of Sibertus de Beka

This work, which was begun by Sibertus de Beka and continued by others after 1333, exists in two redactions emanating from the two factions of the Western Schism.

The Roman Obedience

 q — Siena, Biblioteca comunale "degli Intronati," Ms. G.XI.45, f. 77v-9v.

This manuscript contains the constitutions of 1369. The *Annotatio* is added at the end by apparently the same hand.

 s — Biblioteca Vaticana, Ms. Vat. lat. 3991, f. 87v-90v.

This manuscript also contains the constitutions of 1369 together with various other Carmelite treatises. The *Annotatio* is in the same hand as the constitutions and like Ms. *q* ends with the chapter of 1387; that of 1393 is in another hand. The chapter of Bamberg, 1385, is lacking in both *q* and *s*. The text of the *Annotatio* is practically the same in both manuscripts. They even show the same mistakes and were probably copied from the same original.

 Edition: *Histoire de l'Ordre de Notre Dame du Mont Carmel dans la Terre Sainte sous ses neufs premiers prieurs généraux*, Maestricht, 1798, 94-102. The author of the anonymous work is Joannes Nepomucenus a S. Familia, O.C.D. The edition contains several mistakes.

The Avignon Obedience

 Q — London, British Museum, Ms. Harley 1819, f. 105v-7v.

---

[7] *Calendar of Liberate Rolls*, V, 27.

[8] "Adnotationes ad capitula generalia," MHC, 217-9.

[9] Oxford, Bodleian Library, Ms. Bodley 73, f. 79v.

John Bale's notebook written in 1527 during his journey in France. He sometimes changes style and sentence structure, as is evident in Trisse's list, but is otherwise accurate. Some variants and additions may be due to the original from which Bale made his copy.

R — Lunel, Bibliothèque municipale, Ms. 15. 162 f.

Edition: *Constitutions des Grands Carmes.* Transcription faite par les PP. Patrick de St. Joseph et Marie Joseph du Sacré Coeur, avec la collaboration de M. Ferdinand Courtoy, archiviste de l'Etat, Namur. Published in *Etudes Carmélitaines*, 5 (1920), 3-176 (Special pagination).

After the table of contents (*tabula*) of the constitutions by Nicolas Coc (f. 148r-50r; p. 164-7) there follow a list of the generals taken from the *Viridarium* of Jean Grossi and a list of the general chapters (f. 157r-61r; p. 171-5) continued until 1457. This is the *Annotatio* of Sibertus de Beka, though greatly abbreviated, so that many details are not mentioned.

Since some of the dates do not agree with the other manuscripts, and errors occur which lead one to believe that the manuscript was not properly transcribed, we have compared the edition (we were not able to consult the Lunel manuscript) with two copies in the following manuscript.

k — Roma, General Archive of the Order, Ms. II, C.O. II.30, *Miscellanea historica.*

The first copy, dating from 1685, contains the whole list as found in the Lunel manuscript. The second copy, dating from 1686, contains only the chapters of the Avignon Obedience, hence from 1384 onwards. Both copies we designate as *k*, when both copies agree; if variations occur, the 1685 copy is called *k1*; the 1686 copy, *k2*.

Joannes Trisse, *Capitula generalia.*

h — Paris, Bibliothèque de l'Université, Ms. 791, f. 77v-80r.

Trisse lists the chapters from 1259 to 1361, when the manuscript was written. He refers to the chapter of 1362, which still had not met, but he does not specify the place.

Edition: H. DENIFLE, "Quellen zur Gelehrtengeschichte des Carmelitenordens im 13. und 14. Jahrhunderts," *Archiv für Literatur- und Kirchengeschichte*, 5 (1899), 365-84.

Q — London, British Museum, Ms. Harley 1819, f. 59r-61r.

This manuscript was written by John Bale in France in 1527. He copied Trisse's three tractates (about the general chapters, the priors general, and the doctors of the Order) from Ms. *h*, as appears from the fact that he copied the commentary of Jean Dupré on the generals Jean Facy, Jean Soreth, Cristoforo Martignoni, and Ponce Raynaud. Jean Dupré was Raynaud's secretary.

Edition: "Fragmenta capitulorum e Johanne Trissa," MHC, 203-9.

Trisse's list is particularly important for the chapters up to 1324, because for each chapter he also adds a few of its decrees.

The Lists by John Bale.

In this same manuscript, *Q*, are found immediately following each other two lists of general chapters by John Bale.

F. 85r-5v. The first lists the chapters in their order from the first chapter in 1287 to the twenty-fifth in 1358, but except for the first and last two chapters does not specify dates. The eighth chapter is said to have taken place in P...; according to other lists it occurred in Genoa. Of the twenty-second chapter Bale does not know the place; according to other lists it was Toulouse.

We conjecture that on his study-trip in France Bale leafed through a collection of chapters.

F. 85v. Immediately upon this first list there follows a second with chapters from 1269 to 1351. Particular details provided in the chapters of 1321, 1324, and 1327, show that Bale must have had in hand a collection of constitutions or acts of general chapters; these details are not found in Sibertus de Beka, Trisse, the *Liber Ordinis*, nor the decrees of the chapters of 1324-1362 edited by Benedict Zimmerman.

Texts

1.

SIBERTUS DE BEKA

Annotatio capitulorum generalium

Haec sunt capitula generalia ordinis fratrum beatae Mariae de monte Carmeli, de quibus aliquo modo constare potest per constitutiones inventas et factas in eisdem capitulis, quae haben-
5 tur per ordinem hinc inde, sicut eas vidit reverendus magister Sibertus, bonae memoriae, prout ipse propria manu cum diligentia registravit. Nec est dubium plura capitula generalia praecessisse infra scripta.

Anno Domini 1264, in festo Pentecostes, Tolosae in provincia
10 Aquitaniae, fuit celebratum capitulum generale; ubi de constitutionibus 169 factum est unum volumen; fuerunt etiam ibidem de antiquis 22 constitutiones amotae et deletae.

---

1 *om* QRk.
2-8 Haec ... scripta] Magister frater Sibertus de Beka, provincialis Alemanie, registravit cum magna diligentia plura capitula generalia, nec dubium est plura adhuc ista praecessisse; et ex constitutionibus editis factus est liber constitutionum *Q.*
2 Haec sunt] Sequuntur *Rk.*   beatae *om k.*
4 eisdem] eis de *k.*
5 eas *om k¹.*
6-7 cum diligentia *post* registravit *k.*
7-8 praecessisse] fuisse *ante Rk.*
8 scripta + celebrata *Rk.*
10-12 ubi ... deletae *om Rk.*
10-11 constitutionibus + ordinis *post* 169 *Q.*
11 ibidem + in eodem capitulo *Q.*

Anno Domini 1267, in festo Pentecostes, Messanae in provincia Siciliae fuit celebratum capitulum generale, ubi factae sunt
15 additiones et aliae quaedam correctae.

Anno Domini 1270, in Nativitate beatae Mariae Virginis, Parisius in provincia Franciae, ubi factus fuit prior generalis frater Radulphus; factum est unum volumen de constitutionibus 164; amotae fuerunt 12. Praedictus generalis non mansit nisi per tres annos.
20   Anno Domini 1273, in Epiphania Domini, Burdegalis in provincia Aquitaniae; factus est prior generalis frater Petrus, et unum volumen factum est de constitutionibus 158, et amotae fuerunt 11.

Nota quod post capitulum generale Parisius, quod in Nati
25 vitate beatae Mariae celebrabatur, fuit positum sequens capitulum celebrandum esse in Burdegalis, anno Domini 1275, fere ad quattuor annos post Parisius. Ego magister Sibertus inveni in quibusdam constitutionibus de Anglia, quod illud capitulum Burdegalis fuit celebratum anno Domini 1273, in Epiphania Domini,
30 scilicet ad duos annos et parum plus post Parisius, et istud videtur

<hr>

13 1267] 12... R.
13-14 Messanae ... generale] capitulum generale fuit Messanae celebratum in provincia Siciliae Q.
14 fuit ... ubi om s.   celebratum post generale Rk.
14-15 ubi ... correctae om Rk.
15 additiones] quaedam additiones constitutionum Q.   aliae ... correctae] correctae quaedam aliae s.
16 1270] 1271 R.   beatae Mariae om Q.   Virginis om Rk, + gloriosae Q.   Parisius] Parisiis R.
17 in ... Franciae om Rk, + celebrabatur generale capitulum Q.   ubi factus] et hic Rk.   prior generalis + factus post Radulphus de provincia Alemaniae Rk.
17-18 Radulphus + de provincia Alemaniae Rk.
18 factum] et factum Q.
18-19 factum ... annos om Rk.
19 non om Q.   nisi] solum Q.   per tres annos] tribus annis Q.
20 Epiphania Domini + celebratum fuit capitulum Q.   Burdegalis] Burdegaliae Q, in conventu Burdegalis R, in conventu Burdegalae k.
20-21 in provincia] provinciae Rk.
21 factus] ubi factus Q.   factus ... generalis] fuit factus prior generalis post Petrus de Ameliano Rk.   prior om Q.   Petrus + de Ameliano QRk.
21-31 et unum ... primo om Rk.
22 unum volumen post est Q.
24-25 Nota ... celebrabatur] Et ante in capitulo Parisiensi ordinatum et publicatum Q.
24 quod in] in s.
25 positum om Q.
26 celebrandum esse] celebrari post Burdegalis Q.   esse om s.   in Burdegalis] Burdigaliae Q.   anno incipit novo paragrapho qsQ.   fere post quattuor Q.
27 post + capitulum Q.
28 de Anglia] Angliae Q.   illud] id s.
28-29 Burdegalis] Burdegalense Q, post 1273 q.
30 scilicet om Q.   et] vel Q.   Parisius] capitulum Parisiense Q.   istud] illud Q.

concordare cum primo.

Anno Domini 1277, in festo Pentecostes, in Monte Pessulano in provincia Narbonensi; quod fere post quattuor annos fuit post Burdegalas; nihil fuit in eo mutatum; Petrus generalis.

35   Anno Domini 1281, in festo Pentecostes, Londoniis in provincia Angliae; Petrus generalis.

Anno Domini 1284, Papiae, ut creditur, in provincia Lombardiae; Petrus generalis.

Anno Domini 1287, in festo beatae Mariae Magdalenae, in 40 Monte Pessulano in provincia Narbonensi; mutatus est habitus nostrae religionis et assumpsimus cappas albas auctoritate apostolica; Petrus generalis.

Anno Domini 1291, in festo Pentecostes, Treveris in provincia Alamaniae; factae sunt additiones; Petrus generalis.

45   Anno Domini 1294, in festo Pentecostes, Burdegalis in provincia Aquitaniae; factum est unum volumen de constitutionibus

---

31 cum] capitulo *Q*.

32 1277] 1278 *R*, 1276 *k*.   Monte Pessulano] conventu Montepessulano *R*, conventu Montis Pessulani *k*.

33 in provincia] provinciae *Rk*.   Narbonensi] Narbonae *QRk*.

33-34 quod ... mutatum *om Rk*.

34 Burdegalas] Burdegalense capitulum erat capitulum generale ubi *Q*. fuit in eo] fuit *post* mutatum *Q*.   Petrus generalis] frater Petrus de Amiliano tenuit capitulum generale *Rk*, *om Q*.

35 1281 + fuit celebratum generale capitulum *Q*.   in festo Pentecostes *post* Angliae *Q*, + dictus frater Petrus *Rk*.   Londoniis] Londonis *qsk*.

35-36 in provincia Angliae] in Anglia *Q*, *om Rk*.

36 Petrus generalis] per generalem Petrum etc *Q*, celebravit capitulum generale *Rk*.

37 1284 + fuit celebratum capitulum generale *Q*.   ut creditur] ut dicitur *k*, *post* Lombardiae *Q*.

38 Petrus generalis] per Petrum generalem *Q*.

39 beatae] sanctae *Q*.   in] fuit in *Q*.

40 Pessulano + celebratum capitulum generale *Q*.   in ... Narbonensi *om Rk*.   Narbonensi] Narbonae ubi *Q*.

40-41 mutatus ... religionis et] et in isto capitulo *Rk*.

41 et ... albas *om Q*, + dimissis barratis *Rk*.   assumpsimus] assumpserunt *Rk*, + nos *s*.

41-42 auctoritate apostolica] ad procurationem dicti fratris Petri de Amiliano *Rk*.

42 Petrus generalis] Petro generali *Q*, generalis *Rk*.

43 Pentecostes + fuit celebratum capitulum generale *Q*.

43-44 in provincia Alamaniae] in Alemania *Q*.

44 factae] et factae *Q*.   factae ... additiones *om Rk*.   Petrus] per Petrum *Q*, + de Amiliano *Rk*.   generalis *om Q*.

45 festo Pentecostes] Pentecoste celebratum fuit capitulum generale *Q*. Burdegalis] Burdegaliae *Q*, Burdegalae *k*.

46 Aquitaniae] Burdigaliae *Q*.   factum] et factum *Q*.

46-48 factum ... electus est *om Rk*.

46 constitutionibus *post* 52 *Q*.

52. Hic absolutus est frater Petrus generalis, qui, ut patet ex supradictis, fuit prior generalis per 19 annos. Et hic electus est frater Raymundus, qui solum vixit per duos annos.

50   Anno Domini 1297, in festo Pentecostes, Brugis in provincia Franciae; frater Gerardus de Bononia electus et factus est prior generalis; et factum est unum volumen de constitutionibus absque certo numero.

Anno Domini 1300, in festo Pentecostes, Florentiae in provincia
55 Tusciae; Gerardus generalis.

Anno Domini 1303, in festo Pentecostes, Narbonae; Gerardus generalis.

Anno Domini 1306, in festo Pentecostes, Tolosae in provincia Aquitaniae; factum est unum volumen; Gerardus generalis.

60   Anno Domini 1309, in festo Pentecostes, Ianuae in provincia Lombardiae; additiones factae sunt; Gerardus generalis.

Anno Domini 1312, in festo Pentecostes, Londoniis in provincia Angliae; factae sunt additiones; Gerardus generalis.

---

47 frater *om q.*

48 fuit ... annos] rexit tantum annis 19 *Q.*   Et *om Q.*   est] fuit *Q.*

49 qui ... annos] de Insula provinciae Aquitaniae fuit factus prior generalis *Rk.*

51 Franciae + fuit capitulum generale in quo *Q.*   frater *om Rk.*   electus et factus est] fuit factus *Rk,* electus est *Q.*

51-52 electus ... generalis *ante* frater *Q.*

51 prior *om R.*

52-53 et ... numero] quia frater Raymundus fuerat mortuus antea per annum *Rk.*

52 unum *om Q.*   de constitutionibus] constitutionum *Q.*   absque] sine *Q.*

54 Pentecostes + celebratum fuit generale capitulum *Q,* + in conventu *Rk.* in provincia] provinciae *Rk.*

55 Gerardus generalis] Gerardo tunc generali *Q,* Gerardus de Bononia tenuit capitulum generale *Rk.*

56 Pentecostes + celebratum fuit capitulum generale *Q,* + in conventu *Rk.*

56-57 Gerardus generalis] Gerardo tunc generali etc *Q,* Gerardus de Bononia tenuit capitulum generale *Rk.*

58 in festo Pentecostes] celebratum fuit capitulum generale *Q.*

58-59 in provincia Aquitaniae *om Rk.*

59 factum ... generalis] Gerardus tenuit capitulum generale et ibi fuerunt (cui interfuerunt *k[1], lacuna ante* fuerunt *k[2]*) fratres in magno numero *Rk.*   factum] et factum *Q.*   volumen + constitutionum *Q.*   Gerardus generalis *om QRk.*

60 1309] 1310 *qs.*   Pentecostes + celebratum fuit capitulum generale *Q.*

60-61 in provincia Lombardiae *om Rk.*

61 additiones ... generalis] Gerardus capitulum generale tenuit *Rk.*   additiones *post* sunt *Q.*   factae] et factae *Q.*   Gerardus generalis *om QRk.*

62 festo] octavis *Q,* octava *Rk.*   Pentecostes + celebratum fuit capitulum generale *Q.*   Londoniis] Londiniis *R,* Londonis *sk.*

62-63 in provincia Angliae] in Anglia *Q, om Rk.*

63 factae ... generalis] frater Gerardus tenuit capitulum generale *Rk.* factae] et factae *Q.*   Gerardus generalis *om QRk.*

Anno Domini 1315, in festo Pentecostes, Coloniae in provincia
65 Alamaniae; factae sunt additiones; frater Gerardus generalis. Post
istud capitulum fere ad duos annos in Avenione mortuus est magister Gerardus, prior generalis supradictus, et vacavit generalatus
per annum et quattuor vel quinque septimanas.

Anno Domini 1318, in festo Pentecostes, Burdegalis in pro-
70 vincia Aquitaniae; factae sunt additiones. Hic factus est magister
Guido prior generalis, qui non rexit complete per tres annos,
quia assumptus fuit ad episcopatum Maioricensem.

Anno Domini 1321, in festo Pentecostes, in Monte Pessulano
in provincia Narbonensi; factae sunt additiones. Hic electus
75 est magister Ioannes de Alerio absens.

Anno Domini 1324, in festo Pentecostes, Barcinonae in provincia Hispaniae; factae sunt additiones; frater Ioannes generalis.

Anno Domini 1327, in festo Pentecostes, Albiae in provincia
80 Aquitaniae; factae sunt additiones; frater Ioannes generalis.

---

64 1315] 1305 *q.*   festo Pentecostes] Pentecoste *Q.*
64-65 in provincia Alamaniae *om Rk,* + celebratum fuit capitulum generale
ubi *Q.*
65 factae ... frater *om Rk.*   sunt] fuerunt *Q.*   frater Gerardus gene-
ralis] Gerardo regente et gubernante *Q.*
65-68 Post ... septimanas *om Rk.*
66 istud] illud *Q.*   fere *om Q.*   in Avenione *om Q.*
67 prior *om Q.*
69 festo Pentecostes] Pentecoste celebratum fuit capitulum generale *Q.*
Burdegalis] Burdegaliae *Q,* Burdegalae *k.*
69-70 in provincia Aquitaniae + ubi *Q,* + fratre Gerardo de Bononia antea
per annum mortuo *Rk.*
70 factae ... est *om Rk.*   magister] frater *Rk,* + frater *Q.*
71 Guido + de Perpiniano *QRk,* + fuit factus *Rk.*   prior *om QRk.*
generalis *ante* magister *Q.*
71-72 qui ... Maioricensem *om Rk.*
72 quia *om Q.*   fuit *om Q.*
73 1321 *corr. e* 1331 *q.*   festo Pentecostes] Pentecoste celebratum fuit
capitulum generale *Q.*
74 in provincia ... Hic *om Rk.*   Narbonensi] Narbonae ubi *Q.*   electus
post Alerio *Rk.*
75 est] fuit in generalem *Q, om Rk.*   magister] frater *Rk,* + frater *Q.*
absens + existens Parisius (Parisiis *R*) frater (*om R*) Guido factus episcopus
Maioricarum *Rk.*
76-78 *post* 79-80 *q.*
76 in festo Pentecostes *post* Hispaniae *q.*   Pentecostes + fuit celebratum capitulum generale in conventu *Q.*   Barcinonae] apud Barcinonam *Rk.*
76-77 provincia Hispaniae] Hispania *Rk,* + ubi *Q.*
77 factae ... additiones *om Rk.*   frater *om QRk.*   Ioannes] Ioanne
Q, + de Alerio *QRk.*
77-78 generalis] priore generali *Q.*
79 festo Pentecostes] Pentecoste celebratum fuit capitulum generale *Q.*
Albiae] Abbiae *qs,* in Albia *Rk.*   in provincia] provinciae *Rk.*
80 factae ... additiones *om Rk.*   frater ... generalis] Ioanne generali *Q.*

Anno Domini 1330, in festo Pentecostes, Valencenis; factae sunt additiones. Magister Ioannes officium generalatus resignavit et magister Petrus de Casa fuit electus et sic magister Ioannes rexit per 9 annos.

85   Anno Domini 1333, in festo Pentecostes, Nemausi in provincia Narbonae; ubi dominus Ioannes papa XXII misit tres definitores, scilicet dominum Petrum de Clarana, Petrum poenitentiarium et fratrem Ioannem Macelletti, provincialem Provinciae; factae sunt additiones; Petrus generalis.

90   Anno Domini 1336, in festo Pentecostes, Bruxellis in provincia Alamaniae; factae sunt additiones et multae constitutiones; magister Petrus generalis.

Anno Domini 1339, in festo Pentecostes, Lemovicis in provincia Aquitaniae; factae sunt paucae additiones de divino officio; 95 magister Petrus de Casa generalis. Anno Domini 1341, circa Adventum Domini, assumptus est ad episcopatum Vasionensem magister Petrus de Casa, pro tunc prior generalis ordinis nostri, et vacavit ex tunc generalatus usque ad festum Pentecostes imme-

---

81 festo Pentecostes] Pentecoste *Q*.   Valencenis + in Francia capitulum generale fuit celebratum et *Q*, + in provincia Franciae *R*, + in Franciae provincia *k*.

81-83 factae ... et magister *om Rk*.

82 officium generalatus] officio *Q*.   resignavit + post 9 annos *Q*.

83 Casa] Casis ibidem *Rk*.   fuit electus] electus fuit *ante* magister Petrus *Q*.

83-84 et ... annos] Ioanne resignante *Rk, om Q*.

85 festo Pentecostes] Pentecoste celebratum fuit capitulum generale *Q*, + in conventu *Rk*.   Nemausi] Nemansi *qs*.

85-86 in provincia] provinciae *Rk*.

86-89 ubi ... additiones *om Rk*.

86 papa *post* XXII *Q*.

87 dominum Petrum] Ioannem *Q*.

88 provincialem + provinciae *Q*.

89 factae] et factae *Q*.   Petrus generalis] generali Petro etc *Q*, Petrus de Casis generalis et immediate post facta fuit divisio provinciarum Aquitaniae et Tolosae *Rk*.

90 in festo Pentecostes *post* Alamaniae *Rk*, in Pentecoste celebratum fuit capitulum generale *Q*.

91 factae] et factae *Q*.   factae constitutiones *om Rk*.

92 magister ... generalis] Petrus de Casis generalis *Rk*, generali Petro *Q*.

93 festo Pentecostes] Pentecoste celebratum fuit capitulum generale in conventu *Q*.   Lemovicis] Lunovicas *qs*, Lemovicarum *Q*, *ante* in festo *Rk*.

93-94 in provincia ... officio *om Rk*.

94 factae] et factae *Q*.   additiones] constitutiones *q*.

95 magister ... generalis] Petrus generalis *Rk*, Petro generali *Q*.

95-99 Anno ... sub *om Rk*.

95 1341] 1331 *q*.

96 Vasionensem] Valionensem *qs*.

97 pro ... nostri] qui fere 12 annis rexerat ordinem *Q*.

98 ex tunc *om Q*.   festum Pentecostes] festum Pentecosten *s*, Pentecosten *Q*.

diate sequens sub

100   anno Domini 1342, quo anno et festo Pentecostes celebrabatur
capitulum generale ordinis Lugduni in provincia Narbonensi; ubi
concorditer ab omnibus, duobus exceptis, in priorem generalem
est electus frater Petrus Raymundi, provinciae Narbonensis. Ibi
etiam factae sunt additiones. Et sic magister Petrus de Casa
105 rexit ordinem fere 12 annis.

Anno Domini 1345, in festo Pentecostes, Mediolani in provincia Lombardiae; fuerunt quedam additiones factae et multae
constitutiones; magister Petrus Raymundi generalis.

Anno Domini 1348, in festo Pentecostes, Metis in provincia
110 Franciae; fuerunt paucae additiones factae; magister Petrus Raymundi generalis.

Anno Domini 1351, in festo Pentecostes, Tolosae in provincia Tolosana; fuerunt paucae additiones factae; magister Petrus
Raymundi generalis.

---

99 sequens] sequentem et *Q.*
100 quo anno et] in *Rk.*   quo ... Pentecostes *om Q.*   Pentecostes]
Pentecosten *s.*   celebrabatur] celebratum fuit *Q.*
100-1 celebrabatur ... ordinis *om Rk.*
101 ordinis *om Q.*   Lugduni *post* 1342 *Rk.*
101-3 in ... est] ubi fuit *Rk.*
101 Narbonensi] Narbonae *Q.*
102 duobus exceptis *ante* concorditer *Q.*   priorem *om Q.*
103 est electus] electus fuit *ante* in *Q.*   electus + prior generalis *Rk.*
frater] magister frater *Q.*   Raymundi] Raymundus *R.*   provinciae Narbonen-
sis] eiusdem provinciae et *Q.*
103-5 provinciae ... annis] Petro de Casis promoto in episcopum Vasionensem
ante per medium annum *Rk.*
104 etiam *om Q.*
104-5 Et ... annis *om Q.*
106 festo Pentecostes] Pentecoste *Q.*
106-7 in provincia] provinciae *Rk.*
107 Lombardiae + capitulum generale fuit celebratum ubi *Q.*
107-8 fuerunt ... constitutiones] factae sunt additiones quaedam et constitutiones multae *Q, om Rk.*
108 magister *om sQRk.*   Petrus] Petro *Q.*   Raymundi] Raymundus *R.*
generalis] generali *Q,* prior generalis *s.*
109 festo Pentecostes] Pentecoste *Q.*   Metis] in conventu Metensi celebratum fuit capitulum generale *Q.*
110 fuerunt ... factae] ubi paucae factae sunt additiones constitutionum *Q,*
om Rk.   magister *om sQRk.*
110-1 Petrus ... generalis] Petro gubernante *Q.*   Raymundi] Raymundus *R.*
112-5 in festo ... 1354 *om Q.*
112 Tolosae *om k.*
112-3 in provincia ... magister *om Rk.*
113 magister *om sRk.*
114 Raymundi] Raymundus *R.*

115   Anno Domini 1354, in festo Pentecostes, Perpiniani in provincia Cataloniae; magister Petrus Raymundi generalis.

Anno Domini 1357, in festo Pentecostes, Ferrariae in provincia
Bononiae; et ordinatum est capitulum generale ad quattuor annos,
sed quia magister Petrus Raymundi obiit eodem anno in festo
120 sanctae Caeciliae virginis, fuit tempus capituli abbreviatum et in
sequenti festo Nativitatis beatae Mariae fuit capitulum generale
celebratum in Burdegalis,

anno Domini 1358; ubi in die Nativitatis praedictae fuit electus
concorditer in priorem generalem frater Ioannes Balistarii, tunc
125 bachalarius praesentatus Parisius, de provincia Cataloniae et conventu Maioricarum. Et ad instantiam Vasconum fuit provincia
Aquitaniae divisa in duas, scilicet Aquitaniae et Vasconiae.

Anno Domini 1362, in festo Pentecostes, fuit celebratum capi-

---

115 1354 + fuit capitulum generale *Rk.*   Pentecostes + celebratum fuit
capitulum generale *Q.*
115-6 in provincia] provinciae *Rk.*
116 Cataloniae + celebratum et ibi prior *Rk.*   magister *om sQRk.*   Pe-
trus] Petro *Q.*   Raymundi] Raymundus *R, om Q.*   generalis] generali *Q,*
ante Petrus *Rk.*
117 1357 + celebratum fuit capitulum generale *Q.*   in festo Pentecostes]
in Pentecoste *post* Bononiae *Q,* + fuit celebratum capitulum generale *Rk.*
Ferrariae] in conventu Ferrariae *R, om k cum spatio.*
118 Bononiae] Lumbardiae *Q,* + priore generali *(om k)* existente fratre magistro Petro Raymundi (Raymundo *R*) *Rk.*   et *om q.*
118-22 ordinatum ... Burdegalis] eodem anno in festo sanctae Caeciliae
obiit magister frater Petrus Raymundi in Monte Pessulano. Et ordinatum fuit
et convocatum sequens capitulum Burdegaliae tum quia magister Petrus obiit
tum quia tempus capituli fuit abbreviatum in festoque sanctae Mariae sequenti
convocatum *Q.*
118 ordinatum est *post* generale *Rk.*   capitulum] sequens capitulum *Rk.*
119 quia + praedictus *Rk.*   magister + generalis *k.*   Raymundi obiit]
mortuus est *Rk.*
119-22 eodem ... Burdegalis] in conventu Montis Pessulani (Montispessulano
R) 21 die mensis novembris anno supradicto *Rk.*
123 Domini *om k.*   ubi *om Rk.*   die] festo *Rk.*   praedictae] Domini
Q, beatae Mariae virginis fuit capitulum generale celebratum Burdegalis et ibi
Rk.   fuit *post* electus *Rk.*
124 concorditer *om Rk.*   Balistarii + Catalanus *Q,* + de provincia Cataloniae *Rk.*   tunc *om Q,* in theologia *Rk.*
125 praesentatus] et licentiatus *Q.*   Parisius] Parisiensis *Q, om Rk.*
125-6 de ... Maioricarum *om Rk.*   et conventu] in conventu *q.*
126 Et ad] ubi ad *Q,* et ibi ad *Rk.*
126-7 fuit ... scilicet] divisa est Aquitania *Q.*
127 duas + partes *Rk.*   Aquitaniae et Vasconiae] in Vasconiam et Aqui-
taniam *Q.*   Vasconiae] Vasconae *q.*
128 in festo Pentecostes] in Pentecoste *Q, om Rk.*   fuit *post* celebratum
Q.   celebratum *post* generale *Rk.*

tulum generale in conventu Treveris, existente priore generali et
130 tunc magistro in sacra pagina fratre Ioanne Balistarii; et fuit
capitulum prolongatum ad quattuor annos.

Anno Domini 1366, in festo Pentecostes, quod fuit 28 mensis maii, fuit celebratum capitulum generale, 33^m a primo scripto hic, in conventu Montis Albani, provinciae Aquitaniae, existente
135 priore generali magistro Ioanne Balistarii.

Anno Domini 1369, in festo Pentecostes, fuit celebratum capitulum generale in conventu Montis Pessulani, ad expensas priorum provincialium. Et ibidem fuerunt datae aliquibus provincialibus ad augmentationem constitutiones ordinis correctae et congrega-
140 tae et redactae in unum volumen et debitum ordinem per reverendum magistrum et patrem, fratrem Ioannem Balistarii, priorem generalem dicti ordinis.

Anno Domini 1372, in festo Pentecostes, fuit celebratum capitulum generale in conventu Aquensi, in provincia Provinciae, a
145 priore generali magistro Ioanne Balistarii.

Anno Domini 1375 fuit factum generale capitulum in Podio,

---

129 in conventu *om Q.*   Treveris] Treverensi *Rk,* + in provincia Alamaniae *QRk,* + Inferioris *Rk.*   existente *post* generali *Rk, post* Balistarii *Q.*   et *om Q.*
129-30 et ... pagina *om Rk.*
130 fratre *om Q.*   Balistarii] Balistario *Q.*
130-1 et ... annos *om Rk.*
132 28 *om k^1 cum spatio,* + die *QR.*
132-3 mensis *om Q.*
133 celebratum *post* generale *Q.*
133-4 33^m ... hic *om QRk.*
135 magistro Ioanne *ante* existente *Q.*   magistro + fratre *k.*   Balistarii *om Q.*
136 festo Pentecostes] Pentecoste *Q.*
137 generale *om Q.*   conventu Montis Pessulani] Monte Pessulano *Q.*
137-8 ad ... provincialium *om QRk.*
138 ibidem] ibi *Q.*   aliquibus *om Rk.*   provincialibus *post* constitutiones *k.*
139 ad augmentationem *om QRk.*   ordinis *om QRk.*
139-40 et congregatae et] limatae ac *Q.*
140 et debitum ordinem] debito modo *Q.*
141 et patrem fratrem *om QRk.*
141-2 Ioannem ... ordinis] in eodem capitulo residentem *Q.*
142 dicti *om Rk.*   ordinis *om k,* + ipso existente et praesidente in eodem capitulo generali *Rk.*
143 festo Pentecostes] Pentecoste *Q.*
144 Provinciae + ubi fuerunt factae paucae additiones constitutionum *Q,* + ubi factae fuerunt aliquae paucae additiones in constitutionibus *Rk.*   a *om Rk.*
144-5 a ... Balistarii] Ioanne praesidente *Q.*   priore generali *post* Balistarii, + existente *Rk.*
146 1375 + in Pentecoste *Q,* + in festo Pentecostes *Rk.*   factum] celebratum *QRk.*   generale *post* capitulum *qRk.*   Podio] conventu Podii *QRk.*

in provincia Narbonensi; et tunc concorditer, nemine discrepante,
fuit electus in priorem generalem magister Bernardus Olerii, quia
magister Ioannes Balistarii mortuus fuerat de mense septembris,
150 in festo sancti Michaelis, in conventu Maioricarum. Et sic praedictus quondam magister Ioannes Balistarii rexit ordinem in
generalatus officio per annos 16 et menses 4.

Anno Domini 1379 fuit celebratum capitulum generale Brugis;
et fuit prolongatum per quattuor annos magistri Bernardi Olerii
155 tenentis officium.

Anno Domini 1381, in die Pentecostes, Veronae fuit celebratum capitulum generale; in quo capitulo magister Michael de
Bononia fuit unanimiter electus in priorem generalem, amoto
prius a praedicto officio generalatus ante per annum per domi-
160 num nostrum Urbanum papam VI magistro Bernardo Olerii. In
quo capitulo non fuerunt nisi septem definitores per electionem
provinciarum, alii vero fuerunt assumpti vigore bullae domini
nostri papae Urbani VI supradicti. Ubi nihil innovatum fuit de
constitutionibus vel abrasum.
165   Anno Domini 1387, in die Pentecostes, fuit celebratum generale capitulum Brixiae per reverendum magistrum Ioannem de
Raude, Mediolanensem, tunc vicarium generalem per dominum
nostrum papam Urbanum VI ordinatum per depositionem reverendi magistri Michaelis de Bononia olim generalis. In quo quidem
170 capitulo ipse reverendus magister Ioannes fuit ab omnibus, nemine
discrepante, electus in priorem generalem totius ordinis. Rexit

---

147 in ... Narbonensi *om Q.*
147-8 et tunc ... Olerii] ideo in dicto capitulo concorditer ab omnibus electus
fuit magister frater Bernardus Olerii de provincia Cataloniae conventus Minorissae ubi per eundem sunt addita quaedam ad divinum officium *post* septembris *Q.*
147 tunc ... discrepante] ibidem *Rk.*   nemine] nemini *s.*
148-52 quia ... menses 4] provinciae Cataloniae et provincialis pro tempore
illo provinciae Provinciae *Rk.*
149 magister *om Q.*   mortuus fuerat] bonae memoriae migravit ad Dominum anno praecedenti *Q.*   fuerat] fuit *q.*   de mense] 24 die mensis *Q.*
150-2 in festo ... menses 4 *om Q.*
150 festo] festum *s.*
151 Balistarii *om s.*
152 16] 21? *s.*
153 fuit celebratum] celebratur *k.*   Brugis] Brusis *qs,* in conventu Brugensi provinciae Franciae *Q.*
154-5 et fuit ... officium] magistro Bernardo generali *Q,* magistro Bernardo
Olerii praesidente et ex tunc fuit divisus ordo (ordo divisus *k*) propter schisma
Ecclesiae *Rk.*
158 electus *om s.*
165 *Deest capitulum anni 1385 Bambergae in omnibus mss.*
166 Brixiae *in margine s.*
168 depositionem *q post correctionem,* dipositionem *s.*
169 generalis] generalem *qs.*

reverendus magister Michael in officio 5 annis cum dimidio, et inde fuit depositus. In quo quidem capitulo fuit ordinatum, ut singulis diebus quibus fit memoria de Virgine gloriosa in ves-
175 peris et matutinis, post memoriam Angelorum fiat memoria de beata Anna, matre Dei genitricis Mariae, et dicatur ad matutinum antiphona *Anna matrona*, versiculum *Ora pro nobis beata mater Anna*, responsorium *Ut digni*, oratio *Deus qui beatam*. Ad vesperas antiphona *Anna parens*, versiculum et oratio ut supra, vel dican-
180 tur antiphonae unius matronae, cum versiculo et oratione ut supra. Item in eodem capitulo fuit ordinatum pro canonisatione beati Alberti ordinis nostri. Item

anno Domini 1393 fuit celebratum capitulum generale in conventu Franckfordiae, provinciae Alamaniae Inferioris, in festo
185 Pentecostes.

<Continuatio avenionensis>

Anno Domini 1384 fuit capitulum generale celebratum in Avenione, provinciae Provinciae; et fuit factus generalis magister frater Raymundus Vaquerii, provinciae Narbonae, conventus Biterris.
5   Anno Domini 1387 fuit celebratum capitulum generale in Castro Novo de Arrio, provinciae Tolosanae, per eundem magistrum.
Anno Domini 1389 fuit celebratum capitulum generale in Perpiniano, provinciae Cataloniae; et fuit factus generalis magister frater Ioannes Grossi, provinciae Tolosanae, conventus Appamia-
10 rum.
Anno Domini 1395 fuit celebratum capitulum generale in conventu Albiae, provinciae Aquitaniae, magistro Ioanne Grossi priore generali existente.

172 5] 6 *q.*
177-8 versiculum ... beatam] versus ... beatam *post* unius matronae *s.*
179 versiculum ... supra *om s.*
182 ordinis nostri] de Cicilia *s.   Hic finitur q.*
185 Pentecostes] Pentecosten *s. Hic finitur s.*
1 capitulum generale *post* celebratum *Rk[1-2].*
1-2 Avenione] conventu Avenionensi *k*, conventu Avenione *R.*
2 provinciae Provinciae] in festo Pentecostes *Rk.*   et] in quo *Rk.* factus generalis] electus in generalem *Rk.*
3 frater *om Rk.*   Narbonae + et *Rk.*
5-6 Castro Novo] conventu Castri Novi *Rk.*
6 provinciae ... magistrum] magistro Raymundo Vaquerii existente generali *Rk.*
8 Perpiniano] conventu Perpiniani *Rk.*   et] in quo *Rk.*   factus generalis] electus in priorem generalem *Rk.*
9 frater *om Rk.*
9-10 Appamiarum. *Hic finitur Q.*

Anno Domini 1400, 6 die iunii, fuit celebratum capitulum
15 generale in conventu Cabilonis, provinciae Narbonae, magistro
Ioanne Grossi priore generali existente.

Anno Domini 1404, 19 die maii, fuit celebratum capitulum
generale in conventu Tarbiae, provinciae Vasconiae, magistro Ioanne praesidente.

20   Anno Domini 1411 fuit celebratum capitulum generale in conventu Bononiae, provinciae sic intitulatae. Et ibi fuit unitus
ordo pro maiori parte. Et post resignationem magistri Ioannis
Grossi praedicti, qui generalis erat in regno Franciae et Hispaniae, Aragoniae, Scotiae et provinciae Provinciae, et etiam magistri
25 Matthaei de Bononia, qui generalis erat in Italia, Alamania etc.,
unanimiter fuit de novo ab omnibus electus magister Ioannes
Grossi.

Anno Domini 1417, in festo Pentecostes, fuit celebratum
capitulum generale in conventu Balneolarum, provinciae Narbo-
30 nae, magistro Ioanne Grossi praesidente.

Anno Domini 1420, in festo Pentecostes, fuit celebratum capitulum generale in conventu Montis Pessulani, provinciae Narbonae,
magistro Ioanne Grossi generali existente.

Anno Domini 1425, in festo Pentecostes, fuit celebratum capi-
35 tulum generale in conventu Appiamarum, provinciae Tolosanae,
magistro Ioanne Grossi praesidente; fuerunt 800 fratres et ultra.

Anno Domini 1430, in festo Pentecostes, fuit celebratum capitulum generale in conventu Nanetensi, provinciae Turoniae; in
quo fuit electus in priorem generalem magister Bartholomaeus de
40 Roqualli, magistro Ioanne Grossi in eodem officio cedente.

Nota: Non valuit electio, eo quod duo fuerunt in eodem
capitulo confirmati generales, contra ordinis constitutiones et
iura communia.

Anno Domini 1434, in festo Pentecostes, fuit celebratum capi-
45 tulum generale in conventu Ravenspurgensi, provinciae Alamaniae
superioris; in quo fuit electus in priorem generalem magister
Ioannes Faci, provinciae Provinciae, conventus Avenionis.

Anno Domini 1440, in festo Pentecostes, fuit celebratum capi-

14   1400, 6 die] 1406 die *cum spatio R.*
17   die *om k.*
23   erat] etiam *R.*
24   Aragoniae + et *k.*
25   erat] etiam *R.*   etc + et *k¹.*
29   Balneolarum] Balneonaris *R.*
34   in festo Pentecostes *post* generale *k.*
34-35 capitulum generale *om k².*
40   eodem + capitulo *R.*
41   Non ... quod] Cuius electione confirmata *R.*
43   iura] nostra *R.*
48   fuit *post* celebratum *k.*

tulum generale in conventu Astensi, provinciae Lombardiae, ma-
50 gistro Ioanne Faci praesidente.

Anno Domini 1444, in festo Pentecostes, die ultima maii, fuit
celebratum capitulum generale in conventu Cabilonensi, provinciae
Narbonae, magistro Ioanne Faci praesidente.

Anno Domini 1447, in festo Pentecostes, 28 mensis maii, fuit
55 celebratum capitulum generale Romae, magistro Ioanne Faci praesidente, in quo summus pontifex dominus Nicolaus quintus pro-
vidit de omnibus necessariis.

2.

*Sequuntur capitula generalia ordinis fratrum beatae Mariae
de monte Carmeli ab anno Domini 1259 usque ad annum
Domini 1361*

Et primo anno Domini 1259 fuit capitulum generale celebra-
5 tum in provincia Siciliae, in conventu Messanae, in festo Pentecostes; in quo capitulo fuerunt quamplures fratres Terrae Sanctae,
specialiter conventus Accon et conventus montis Carmeli. In hoc
capitulo fuerunt plures constitutiones editae, specialiter ad aug-
mentandum officium divinum.
10   Anno Domini 1271 fuit celebratum capitulum generale Parisius in Nativitate beatae Mariae virginis. Ubi fuit electus prior
generalis frater Radulphus, de provincia Alamaniae Inferioris,
vir mirae abstinentiae et virtuositatis. In hoc capitulo fuerunt
plura ordinata pro locis recipiendis ac pro novitiis induendis.
15   Anno Domini 1275 fuit celebratum capitulum generale in Burdegala, in provincia Aquitaniae, et ibi fuit electus prior generalis
frater Petrus de Amiliano, provinciae Narbonae, lector in sacra
pagina, vir magnae prudentiae et religiositatis. In hoc capitulo
fuerunt plura ordinata quoad calciamenta et indumenta fratrum.
20   Anno Domini 1278 fuit capitulum generale celebratum in Monte
Pessulano, in festo Pentecostes, priore generali fratre Petro de
Amiliano. In hoc capitulo fuerunt plura ordinata quoad provi-

51 fuit *post* celebratum *k*.
57 necessariis + A. D. in festo Pentecostes *R*.
1-2 fratrum ... Carmeli *om Q*.
3 1361 + per magistrum fratrem Ioannem Trissa *(corr. e* Trissam) *Q*.
5 Siciliae] Ciciliae *h*.   Messanae] Messano *Q*.
7 Accon] Acon *hQ*.
14 ac] et *Q*.
20-21 Monte Pessulano] Montepessulano *h*.

sionem infirmorum et fratrum dormitionem.

Anno Domini 1281 fuit capitulum generale celebratum Lon-
25 doniis, in provincia Angliae, in festo Pentecostes, fratre Petro de
Amiliano priore generali. In hoc capitulo fuerunt plura ordinata,
specialiter quoad studia generalia ordinis.

Anno Domini 1284 fuit capitulum generale celebratum in provincia Lombardiae, in conventu Papiae, in festo Pentecostes, fratre
30 Petro de Amiliano generali. In hoc capitulo fuerunt plura ordinata, specialiter fuerunt ordinati certi procuratores qui adirent
Romam ad sedem apostolicam pro privilegiis impetrandis quam
pro mantellis barratis mutandis.

Anno Domini 1287 fuit capitulum generale celebratum in pro-
35 vincia Narbonae, in conventu Montis Pessulani, in festo beatae
Mariae Magdalenae, fratre Petro de Amiliano priore generali. In
hoc capitulo auctoritate sedis apostolicae dimisimus mantellos
barratos et accepimus cappas albas.

Anno Domini 1291 fuit capitulum generale celebratum Treveris,
40 in provincia Alamaniae Inferioris, fratre Petro de Amiliano priore
generali, in festo Pentecostes. In hoc capitulo fuerunt aliquae
provinciae divisae, atque fuerunt ordinatae constitutiones quod
fratres laici non possent eligere nec eligi.

Anno Domini 1294 fuit capitulum generale celebratum in pro-
45 vincia Aquitaniae, in conventu Burdegalae, et ibi factus seu
electus est prior generalis frater Raymundus de Insula, lector
in sacra pagina, vir mirae honestatis et virtutis, fratre Petro de
Amiliano iam de medio sublato in conventu Tolosae. In hoc capitulo plura ordinantur de confessionibus et praedicationibus fra-
50 trum.

Anno Domini 1297 fuit capitulum generale celebratum in provincia Franciae, in conventu de Brugis, et ibi electus est prior
generalis frater Gerardus de Bononia, doctor in sacra pagina, et
vir mirae excellentiae ac summae prudentiae. In hoc capitulo
55 plura ordinantur pro studio Parisiensi, scilicet pro biblicis et
bachalariis ac magistris, quoad taxationes et expensas eorum.

Anno Domini 1300 fuit capitulum generale celebratum in pro-

---

23 fratrum + in *h*.   dormitionem + etc *Q*.
26 Amiliano] Amilione *Q*.
27 ordinis + etc *Q*.
32 quam] et *Q*.
33 barratis *suprascriptum Q*.
35 Montis Pessulani] Montispessulani *h*.
38 cappas] capellas capas *h*.   albas + et multa fuerunt ordinata *Q*.
43 eligi + et multa alia fuerunt instituta *Q*.
52 de Brugis] Brugensi *Q*.
53-54 et vir] vir *Q*.

vincia Tusciae, in conventu Florentiae, in festo Pentecostes, fratre
Gerardo priore generali. In hoc capitulo fuerunt plura ordinata
60 de sigillis et sigillationibus, ac de procuratoribus ac de elemosinis
recipiendis.

Anno Domini 1303 fuit capitulum generale celebratum Narbonae, in festo Pentecostes, magistro Gerardo priore generali. In
hoc capitulo fuerunt plura ordinata contra apostatas et scandali-
65 zantes ordinem.

Anno Domini 1306 fuit capitulum generale celebratum Tolosae,
in festo Pentecostes, magistro Gerardo priore generali. In quo
capitulo fuerunt plura ordinata, specialiter de observatione silentii.

Anno Domini 1309 fuit capitulum generale celebratum Ianuae,
70 in festo Pentecostes, magistro Gerardo priore generali. In quo
capitulo fuerunt plura ordinata, specialiter de officio provincialium, quomodo semel in anno habeant visitare suas provincias et
corrigere scandala.

Anno Domini 1312 fuit capitulum generale celebratum Lon-
75 doniis, in provincia Angliae, in octavis Pentecostes, magistro Gerardo priore generali. In quo capitulo fuerunt plura ordinata,
specialiter quoad studium Oxoniense.

Anno Domini 1315 fuit capitulum generale celebratum Coloniae,
in provincia Alamaniae Inferioris, in festo Pentecostes, magistro
80 Gerardo priore generali. In quo capitulo multa fuerunt ordinata,
specialiter quod fratres debent certas missas dicere pro fratribus
defunctis et pro habentibus litteras confraternitatis nostrae sacrae religionis.

Anno Domini 1318 fuit capitulum generale celebratum in festo
85 Pentecostes, in provincia Aquitaniae, Burdegalis, et ibi electus
est prior generalis frater Guido de Perpiniano, doctor eximius in
sacra pagina, defuncto magistro Gerardo in conventu Avenionensi.
In quo capitulo plura fuerunt ordinata, specialiter quod nullus
frater posset nec deberet tenere officium generalatus ad longius,

---

60 sigillationibus ac *om* ac *Q.*
67 magistro + generali *Q.*
70 quo *suprascriptum h,* hoc *Q.*
72 habeant] habent *Q.*   suas *om Q.*
75 octavis] octava (?) *Q.*
76 plura] multa *ante* fuerunt *Q.*
77 Oxoniense] Occsoniense *h,* + etc *Q.*
78 1315] 1300 *Q.*
81 debent] deberent *Q.*   dicere *ante* certas *Q.*
84 fuit *post* celebratum *Q.*   festo *om Q.*
85 Pentecostes] Pentecoste *Q.*   Burdegalis] Burdegalae *Q.*
86-87 in sacra pagina *om Q.*
87 defuncto ... Avenionensi] Gerardo in Avenione defuncto *Q.*
89 posset ... tenere] teneret *Q.*   ad longius *om Q.*

90 quantumcumque virtuose regeret, nisi sex annis successive. Item
quod nullus posset tenere officium provincialatus nisi de capitulo
generali ad aliud capitulum generale, non intelligendo quin post
duo capitula generalia possit iterum tenere officium provincialatus.

95   Anno Domini 1321 fuit capitulum generale celebratum in provincia Narbonae, in conventu Montis Pessulani, in festo Pentecostes, et ibi electus est prior generalis frater Ioannes de Alerio,
provinciae Tolosae, bachalarius in sacra pagina Parisius; frater
autem Guido factus est episcopus Maioricensis per sedem aposto-
100 licam; inde factus episcopus Elnensis. In isto capitulo fuerunt
plura ordinata, specialiter facta est divisio provinciae Provinciae
a provincia Narbonae.

Anno Domini 1324 fuit capitulum generale celebratum in
provincia Cataloniae, in conventu Barcinonae, in festo Pente-
105 costes, magistro Ioanne de Alerio priore generali. In quo capitulo
fuerunt plura ordinata, specialiter de communi custodia et com-
potis reddendis.

Anno Domini 1327 fuit capitulum generale celebratum in provincia Aquitaniae, in conventu Albiae, in festo Pentecostes, ma-
110 gistro Ioanne de Alerio priore generali. In quo capitulo plura fuerunt ordinata, specialiter quod nullus prior audeat vanum opus,
maxime sumptuosum, incipere sine licentia prioris generalis vel
provincialis.

Anno Domini 1330 fuit capitulum generale celebratum in festo
115 Pentecostes, in provincia Franciae, in Valencenis, et ibi electus
fuit prior generalis frater Petrus de Casa, doctor in sacra pagina,
fratre Ioanne de Alerio sponte resignante. In quo capitulo sunt
plura ordinata, specialiter fuit ordinatum quod correctiones fiant
in ordine secundum iustitiam et bonam conscientiam, semoto
120 omni processu iuris litigioso.

---

91 posset tenere] teneret *Q.*   nisi] ni *Q.*
92 aliud *om Q.*   generale *om Q.*   non ... quin] ita tamen quod *Q.*
93 possit] potest *post* iterum *Q.*
96 Montis Pessulani] Montispessulani *h.*
98 in sacra ... Parisius] Parisiensis *Q,* + nam *Q.*
99 autem *om Q.*   est] fuit *Q.*
100 factus + est *Q.*
100-1 fuerunt plura ordinata] multa ordinantur *Q.*
101 specialiter ... provinciae] et divisa fuit provincia *Q.*
111 opus + vel *Q.*
112 prioris *om Q.*
115 Valencenis] Valenchenis *h.*
116 generalis + magister *Q.*   in sacra pagina] Parisiensis *Q.*
117 fratre *om Q.*
118 fuit ordinatum *om Q.*   fiant] fierent *Q.*
120 litigioso] letigioso *h.*

Anno Domini 1333 fuit capitulum generale celebratum in
provincia Narbonae, in conventu Nemausi, in festo Pentecostes,
magistro Petro de Casa priore generali; quod quidem capitulum
fuit valde solemne multipliciter, videlicet quantum ad personas
125 solemnes, nam ibi fuerunt plures episcopi nostri ordinis et quamplures magistri in theologia, necnon copiosa multitudo fratrum.
Item fuit solemne quantum ad receptiones villae, nam dominus
episcopus Nemausensis et consules dictae villae receperunt dictos
fratres valde honorifice, atque refocillaverunt propter Iesum et
130 eius Matrem multum abunde; duravitque capitulum decem diebus,
mediantibus pitanciis nobilium atque burgensium et aliorum bonorum virorum. In hoc capitulo fuerunt plura ordinata, specialiter
quod liceat cuilibet fratri nostri ordinis facere annum iubileum,
si tamen steterit in ordine continue per 50 annos sine crimine et
135 scandalo.
Anno Domini 1336 fuit capitulum generale celebratum, in
festo Pentecostes, in provincia Alamaniae Inferioris, Bruxellis, magistro Petro de Casa priore generali. In quo capitulo fuerunt plura
ordinata, specialiter quoad studium Parisiense.
140 Anno Domini 1339 fuit capitulum generale celebratum, in festo
Pentecostes, in provincia Aquitaniae, in conventu Lemovicarum,
magistro Petro de Casa priore generali. In quo capitulo fuerunt
plura ordinata, specialiter circa officia provincialium.
Anno Domini 1342 fuit capitulum generale celebratum in pro-
145 vincia Narbonae, in conventu Lugduni, et ibi fuit electus prior
generalis frater Petrus Raymundus de Insula, bachalarius in
theologia Parisius, quia frater Petrus de Casa erat assumptus
per sedem apostolicam in episcopum Vasionensem prope Ave-

---

121 celebratum *om Q.*
122 festo *om Q.*   Pentecostes] Pentecoste *Q.*
123 magistro *om Q.*   priore *om Q.*   quod ... capitulum] et *Q.*
124-5 multipliciter ... ordinis] quia fuerunt ibi multi viri solemnes, videlicet
plures episcopi ordinis nostri *Q.*
127-30 Item ... abunde] fueruntque solemniter recepti per dominum episcopum Nemausensem et consules dictae civitatis; fuerunt per eosdem habunde re-
focillati *Q.*
130 abunde] habunde *hQ.*
131-2 pitanciis ... virorum] nobilibus et burgensibus qui necessaria sponte
ministrabant *Q.*
134 tamen *om Q.*
137 Bruxellis] Brusexellis *h*, Bruxellae *Q.*
137-8 magistro + fratre *Q.*
145 in conventu *om Q.*   Lugduni *post* celebratum *Q.*
146-7 in theologia *om Q.*   Parisius] Parisiensis *Q.*   frater *om Q.*   erat
assumptus] fuit ordinatus *Q.*
148 per sedem apostolicam *post* Avenionem *Q.*   in ... Vasionensem] episcopus Vasionensis *Q.*

nionem, qui postmodum fuit patriarcha Ierosolymitanus. In hoc
150 capitulo plura fuerunt ordinata, specialiter factae fuerunt duae
provinciae novae, scilicet Tolosae et Maioricarum. Item quod
fierent octavae solemnes de Corpore Christi, de Omnibus Sanctis
et de sancto Michaele.

Anno Domini 1345 fuit capitulum generale celebratum in pro-
155 vincia Lombardiae, in conventu Mediolani, magistro Petro Raymundo priore generali, in festo Pentecostes. In quo fuerunt plura
ordinata, specialiter quoad provisionem infirmorum et quoad
studium Parisiense.

Anno Domini 1348 fuit capitulum generale celebratum in pro-
160 vincia Franciae, Metis, in festo Pentecostes, magistro Petro Raymundo priore generali. In quo capitulo fuerunt plura ordinata,
specialiter quod conventus Curiae sit sub potestate et regimine
prioris generalis plenarie.

Anno Domini 1351 fuit capitulum generale celebratum Tolosae,
165 in festo Pentecostes, magistro Petro Raymundo priore generali.
In quo capitulo plura fuerunt ordinata, specialiter quod nullus
posset legere Bibliam seu Sententias Parisius nisi prius fuisset
in studio Parisiensi per triennium.

Anno Domini 1354 fuit capitulum generale celebratum in
170 provincia Cataloniae, in conventu Perpiniani, in festo Pentecostes,
magistro Petro Raymundo priore generali. In quo capitulo fuerunt
plura ordinata, specialiter facta fuit divisio provinciae Cataloniae
a provincia Hispaniae.

Anno Domini 1357 fuit capitulum generale celebratum in pro-
175 vincia Bononiae, in conventu Ferrariae, magistro Petro Raymundo
priore generali. In quo capitulo plura fuerunt ordinata, specialiter
quod nullus superior cuiuscumque gradus existat, audeat encaenia
seu dona recipere a subiectis suis.

---

149 postmodum] postea *Q*.
150 fuerunt ordinata] ordinantur *Q*.   fuerunt duae] sunt duae *Q*.
153 Michaele + archangelo *Q*.
155-6 Raymundo] Raymundi *Q*.
157 et quoad] et *Q*.
160 Metis] Methis *h*.
160-1 Raymundo] Raymundi *Q*.
162 Curiae + Romanae *Q*.   sit] sint *Q*.
163 plenarie + etc *Q*.
165 Raymundo] Raymundi *Q*.   priore *om Q*.
167 fuisset] fuerit *Q*.
168 triennium + et multa alia etc *Q*.
171 Raymundo] Raymundi *Q*.
172 facta ... provinciae] divisa est provincia *Q*.   Cataloniae *in margine h*.
175 Raymundo] Raymundi *Q*.
177 encaenia] encennia *h*.
178 subiectis] subditis *Q*.   suis + etc *Q*.

Anno Domini 1358 fuit capitulum generale celebratum in pro-
180 vincia Aquitaniae, in Burdegala; ubi fuit electus prior generalis
frater Ioannes Balisterii, bachalarius in theologia, qui eodem anno
factus est magister in theologia Parisius, et inter omnes doctores
Parisienses suo tempore famosior. In hoc enim capitulo plura
fuerunt ordinata, specialiter tamen facta est divisio provinciae
185 Vasconiae a provincia Aquitaniae. Frater autem Petrus Raymundus
iam migraverat a saeculo in Monte Pessulano anno praecedenti.
Anno Domini 1362 fuit capitulum generale celebratum...

3.

Capitula generalia 1287 - 1358

Notandum quod anno Domini 1287 fuit capitulum generale
in Monte Pessulano, in festo Mariae Magdalenae; secundum Treveris; tertium Burdegaliae, quartum Brugis, quintum Florentiae;
5 sextum Narbonae; septimum Tolosae; octavum P...; nonum Londoniis; decimum Coloniae; undecimum Burdegaliae; duodecimum
in Monte Pessulano; decimum tertium Barcinonae; decimum quartum Albiae; decimum quintum Valencenis; decimum sextum Nemausi; decimum septimum Bruxellae; decimum octavum Lemovi-
10 cae; decimum nonum Lugduni; vicesimum Mediolani, vicesimum
primum Metis; vicesimum secundum...; vicesimum tertium Perpiniani; vicesimum quartum Ferrariae, anno Domini 1357; vicesimum quintum anno sequenti, scilicet anno Domini 1358, quia magister Petrus Raymundus statim post capitulum Ferrariae morie-
15 batur in Monte Pessulano.

---

180 in Burdegala] Burdegalae *post* celebratum *Q.*
181 in theologia] Parisiensis *Q.*
184 tamen *om Q.*
185 Vasconiae] Vasquoniae *h.*
187 celebratum] sequens *Q. Sequitur in Q* Terminantur actus magistri fratris Ioannis Trissae, sequitur Ioannes de Pratis.

5 octavum P...: the chapter of 1309 was celebrated at Genoa.
11 secundum...: this chapter was celebrated at Toulouse in 1351.
13 quia *corr. ex* quod + tenuit *canc.*
14 Raymundus + qui *canc.*

Capitula generalia 1269 - 1351

Anno Domini 1269 fuit capitulum generale in Pentecoste.

Item anno Domini 1271 fuit capitulum generale Parisii, in Nativitate Virginis, et ibi fuit electus frater Radulphus de provin-
5 cia Alemaniae.

Item 1275 in Pentecoste Burdigaliae, et ibi eligitur Petrus de Amiliano, qui tenuit capitulum in Monte Pessulano 1277, in Pentecoste.

Item capitulum Londoniis 1281, in Pentecoste.

10   Item Papiae 1284.

Item in Monte Pessulano 1287, in festo Magdalenae.

Item Treveris 1291, in Pentecoste.

Item Burdigaliae 1294, in Pentecoste; ubi factus est generalis de conventu Tolosae.

15   Item 1297 Gerardus factus est generalis Brugis in Pentecoste, quia praedecessor suus ante mortuus est per annum.

Item Florentiae 1300, in Pentecoste.

Item Narbonae 1303, in Pentecoste.

Item Tolosae 1306, in Pentecoste.

20   Item Ianuae 1309, in Pentecoste.

Item Londoniis 1312, in octava Pentecostes, ubi Gerardus non erat praesens.

Item Coloniae 1314, in Pentecoste.

Item Burdigaliae 1318, in Pentecoste, ubi eligitur Guido, quia
25 Gerardus mortuus est ante per annum.

Item in Monte Pessulano 1321, in Pentecoste, ubi eligitur Ioannes de Alerio absens, Parisii existens, quia Guido fuit ante factus episcopus Maioricensis. Et fuit sequens capitulum Brugis assignatum in provincia Franciae, sed Ioannes mutavit id ad
30 Barcinonam in provincia Hispaniae, et tunc fuit facta divisio provinciarum Narbonae et provinciae Provinciae.

Item in Pentecoste Barcinonae in Hispania 1324, et tunc capitulum sequens fuit assignatum Avenione in provincia Provinciae, sed Ioannes mutavit ad Albiam in provincia Aquitaniae.

35   Item 1327 in Pentecoste in Albia, et sequens capitulum Brugis fuit assignatum, sed mutavit Ioannes ad Valencenas.

Item 1330 in Pentecoste Valencenis, ubi electus est Petrus de Casis, Ioanne resignante.

Item 1333 Nemausi, in Pentecoste, et post facta est divisio

---

1 *Titulus non adest.*
3-4 in ... Virginis *suprascriptum.*
17 1300 *suprascriptum.*
23 1314 *corr. in* 1315?
32 in Pentecoste *suprascriptum.*

40 provinciarum Aquitaniae et Tolosae.

Item 1336 in Bruxella.

Item in conventu Lemovicensi 1339.

Item 1342 Lugduni, ubi fuit electus Petrus Raymundus, quia Petrus de Casa ante per medium anni fuit assumptus in episco-
45 pum Vasionensem.

Item 1345 Mediolani.

Item 1348 fuit sequens capitulum in provincia Provinciae.

Item 1351 fuit sequens capitulum etc.

---

47 Provinciae: this chapter was celebrated at Metz in the province of Francia.

XIV. THE LISTS OF PRIORS GENERAL

To be considered here are the lists of Jean Trisse, Jean Grossi, and the necrology of Florence.

The first to compile a separate list of priors general was Jean Trisse. In his list of general chapters Sibertus de Beka also specifies who was chosen prior general and how long each remained in office; he begins with Ralph. Trisse also begins with this prior general, both in his list of general chapters and that of priors general. He emphasizes the contemplative nature of the lives of several generals — Pierre de Millau, Raymond de l'Isle, and Jean d'Aillier — but not of Ralph. His source was not a necrology; only of Raymond de l'Isle does he know the exact date of death, but Raymond had died only five years previously.

Jean Grossi, prior general of the Avignon Obedience from 1389 and of the united Order from 1411 to 1430, composed a list of priors general at the beginning of his term of office. "*Isti sunt priores generales Ordinis nostri,*" he wrote, "*de quibus mihi, fratri Ioanni Grossi, priori generali, aliqualiter constat, licet plures alii praecesserint.*"

From these introductory words it is clear that Grossi knew the *Annotatio* of Sibertus de Beka; also for the later generals after Ralph he follows Sibertus rather than the variants of Trisse. But the remarkable thing is that he knows of three generals before Ralph: Alan, Simon Stock, and Nicolas. His source for Alan is the calendar of the old ordinal (before that of 1312) of Cologne; Simon and Nicolas he knows from the calendar of the ordinal of the convent of Orange (founded in 1307). Grossi will not have actually had in hand the ordinal of Cologne. His source may have been the prior general Juan Ballester, about whom John Bale notes in Toulouse in 1527, "*Johannes Ballistarius, qui constitutiones in unum collegit, etiam varia acta capitulorum et generalium collexit. Sibertus quoque de Beka hoc idem fecit, colligendo privilegia et acta capitulorum, ex quibus magister frater Johannes Grossy postea unum viridarium ordinis fecit.*"[1]

---

[1] London, British Museum, Ms. Harl. 1819, f. 105r-5v.

Grossi was not able to communicate when or how long the first three generals ruled the Order. Later, however, he wrote his *Viridarium*, in which he created a chronology and distributed the generals he knew of, or thought he knew of, over a period from 1099 to 1270 (Ralph's date). This work exists in two redactions; the first, of Avignon, in which he lists only the generals of his own obedience. It was probably written around 1400, because he still does not know Ribot's *Institutio*. After 1411 he wrote a second version, which takes Ribot into account and includes the generals of the Roman obedience. He changed the chronology of the first generals; he was free to do this, because he had created it in the first place.[2]

The generals from Alan to and including Juan Ballester also occur in the necrology of the Carmelite convent of Florence. It was writen by Giovanni Bartoli, who died in 1396, aged 86 years, professed 68. He continued the necrology until shortly before his death. When did he begin it? A clue might be his method of listing generals and provincials before others deceased in a given year. But the notice of the death of the prior general, Juan Ballester, on September 24, 1374, follows that of a priest who died on the same day. News of the death of the general in Catalonia would naturally have been late in reaching Florence. It may thus be said that the necrology was begun before that date. However, Bartoli used several older necrologies. One of these concerned the 13th century; the notices are short and include only a name, sometimes a surname, birthplace, and the notation, "*de antiquis.*" After 1302 he adds the year of death, the office held, and the place of death in the case of those who died outside Florence.

The generals mentioned in the necrology may be placed in the same order as those in Grossi's list. This is the method used by Bartolomé Xiberta,[3] though regrettably in a rather uncritical fashion. He omits Alan and Ballester, though they occur on the same date as in Grossi's list. He assigns a wrong date to Nicolas and adds a lengthy amplification, obviously written two centuries later.

Grossi's list and the Florentine necrology agree in many respects; both specify name, birthplace (city or province), term of office, place of burial, and sometimes, but not in the case of the early generals, the year of death. This has led Xiberta to conclude to the dependence of both lists on an older one,[4] an opinion shared by Ludovico Saggi.[5]

---

[2] Edited by GRAZIANO DI SANTA TERESA, O.C.D., "Viridarii auctore Joanne Grossi, Ordinis Carmelitarum prioris generalis, recensio Vaticana," *Ephemerides carmeliticae*, 7 (1956), 240-84. Since then three other manuscripts have been found.

[3] *De visione Sancti Simonis Stock*, Romae, 1950, 183-5.

[4] *Ibid.*, 185, 209.

[5] *Sant'Angelo di Sicilia*, Roma, 1962, 22, note 14; *Santi del Carmelo; biografie da vari dizionari*, Roma, 1972, 320.

A common source for both lists is difficult to accept. As we have seen, Grossi himself names two sources for the first three generals: the calendar of the pre-1312 ordinal of Cologne and the calendar of the ordinal of Orange. Of the following generals to and including Juan Ballester he does not know the date of death (month and day), but he does know the place of burial. From Gerardo di Bologna to and including Pierre Raimond there is agreement with the catalog of Trisse, who goes no further. Terms of office Grossi could reckon from Sibertus de Beka and Trisse and for the last two generals he provides the date of death. This seems to indicate that Grossi's source from Ralph to Ballester did not provide the date (month and day) of death. But the necrology of Florence does precisely that. The *calendar* is the basis of arrangement of a necrology. The dead are remembered on the day they died.

Neither can it be said that Grossi and the Florentine necrology are based on a common list of priors general. If that were the case, there would have to be separate lists of provincials, priests, and lay brothers, who would then have to be inserted in the calendar on the proper date of their death! In Grossi's list, on the other hand, such a date is lacking for most of the generals.

Bartoli's sources for his necrology were other necrologies, one of them, as we have seen, of the 13th century. What, therefore, was the original source of the information provided by the necrology on the generals and those who died outside the convent of Florence? Death notices required to be circulated, so that the prescribed *suffragia* could be held. This explains the fact that the notices about Alan, Simon Stock, and Nicolas in Grossi and the Florentine necrology are practically identical, even though those in Grossi are taken from the calendar of the ordinals of Cologne and Orange.

Both Bartoli and Grossi sometimes use the name of a province by which it only later came to be known, after its division from the province of origin. Thus Bartoli speaks of a *"Burdeghalis in provincia Vaschonie, Raymundus de Insula de provincia Tholose"*; Grossi, of *"de provincia Narbonae, de provincia quae nunc Tolosa dicitur; de provincia et conventu Bononiae."*

Manuscripts and Printed Editions

The List of Jean Trisse

h — Paris, Bibliothèque de l'Université, Ms. 791, f. 75r-77r.

We have already described this manuscript in reference to the lists of general chapters. The copyist had begun the list on f. 74r and had listed two generals, only to interrupt it for a Latin poem, which occupies f. 74v. He then made a fresh start on the list of generals on f. 75r and crossed out what he had written on this subject on f. 74r.

h2 — *Ibid.*, f. 74r.

The partial, cancelled text, of which we note the variants.

Editions: H. DENIFLE, O.P., "Quellen zur Gelehrtengeschichte des Carmelitenordens im XIII. und XIV. Jahrhundert," *Archiv für Literatur- und Kirchengeschichte*, 5 (1899), 365-84.

BARTOLOMÉ XIBERTA, O.CARM., *De scriptoribus scholasticis saeculi XIV ex Ordine Carmelitarum*, Louvain, 1931, 39-42.

Reprinted from Denifle.

Q — London, British Museum, Ms. Harley 1819, f. 57r-8r.

Copied from Ms. *h* by John Bale in 1527.

Edition: BENEDICT ZIMMERMAN, O.C.D., "Catalogus priorum generalium Johannis Trisse," MHC, 231-4.

The Necrology of Florence

K — Firenze, Biblioteca Nazionale Centrale, Ms. Conventi Soppressi F. 4.785.

Written by Giovanni Bartoli, O.Carm., in the last quarter of the 14th century. In selecting the priors general from the necrology we have followed the order observed by Jean Grossi.

Edition: BARTOLOMÉ XIBERTA, O.CARM., *De visione Sancti Simonis Stock*, Romae, 1950, 183-5. An unreliable transcription.

L — Firenze, Archivio di Stato, Ms. Conventi Soppressi, Conv. 113, vol. 19, f. 370v to the end.

A copy of *K* made in the second half of the 15th century.

The List of Jean Grossi

Q — London, British Museum, Ms. Harley 1819, f. 107r-7v.

A copy made by John Bale in the convent of Toulouse in 1527.

Editions: Benedict Zimmerman, O.C.D., "Catalogus priorum generalium Johannis Grossi," MHC, 236-7.

BARTOLOMÉ XIBERTA, O.CARM., *De visione sancti Simonis Stock*, Romae, 1950, 183-5.

A copy of the edition by B. Zimmerman, but Xiberta omits the last three generals on Grossi's list: Juan Ballester, Bernardo Oller, and Raimond Vaquer.

Texts

1.

JEAN TRISSE

*Sequuntur nomina reverendorum priorum generalium ordinis
fratrum beatae Mariae de monte Carmeli ab anno Domini 1271
usque ad annum Domini 1361*

Primus fuit frater Radulphus, de provincia Alamaniae Infe-
5 rioris, lector in sacra pagina. Hic doctrina et morum honestate
conspicuus multum virtuose 4 annis rexit ordinem. Unde in eo
erat omnis rectitudo iustitiae, omnis cautela prudentiae, omnis
forma doctrinae; eratque pacis singularis amator, divini officii
specialis zelator. Sicque multis virtutibus clarus caeli regna petivit
10 anno Domini 1274.

Secundus fuit frater Petrus de Amiliano, provinciae Narbonae,
lector in sacra pagina. Qui virtutibus praeclarus, ac prudentia et
doctrina refulgens, 19 annis multum salubriter rexit ordinem. Hic
enim peditando, non equitando ordinem visitabat, in expensis

1-18 Sequuntur ... diminuebatur *canc. h².*
1 nomina ... generalium] priores generales *Q.*   ordinis *post* fratrum *h².*
2 fratrum ... Carmeli *om Q.*
3 ad ... Domini *om Q.*
4 Primus fuit *om Q.*
5 Hic *om Q.*
6 Unde *om h².*
9 caeli] caelica *Q.*
10 1274 + in Anglia Alwici sepultus etc *Q.*
11 Secundus fuit *om Q.*
12 Qui *om Q.*   praeclarus] clarus *Q.*   ac *om Q.*
13 multum *post* salubriter *Q.*   rexit *post* ordinem *Q.*
14 enim *canc. Q.*   peditando] praedicando *h²,* pedester *Q.*   equitando]
equester *Q.*   ordinem] provincias *Q.*   visitabat] visitavit *Q.*   in *om Q.*
expensis *post* conventus *Q.*

15 conventus non gravabat, quoniam ut verus religiosus paucis contentus erat; visitabat enim ordinem virtuose, et non tumultuose.
Primo enim currebat ad ecclesiam quam ad aulam. Propter eius
adventum non diminuebatur, sed ampliabatur divinum officium.
Primo enim intrabat ecclesiam et ultimo exibat. Unde breviter
20 tota eius conversatio erat schola contemplationis, morum aedifi-
catio et structura salutis; sua enim visitatio mentium fratrum
omnium erat consolatio et solidatio. Hic enim cum baculo humilitatis pluribus vicibus adiit Romam ad sedem apostolicam, pro
diversis negotiis et privilegiis impetrandis. Ubi cum magnis instan-
25 tiis et laboribus a diversis summis pontificibus plura privilegia
ordini impetravit, specialiter de mutatione mantellorum barrato-
rum in cappas albas. Sicque meritis et virtutibus ornatus in conventu Tolosae quievit in pace anno Domini 1294.

Tertius fuit frater Raymundus de Insula, prope Tolosam, lector
30 in sacra pagina, provinciae Aquitaniae. Hic praeditus abstinentiis
et doctrinis ordinem rexit 3 annis multum sinceriter. Sed quia
vitam anachoreticam supreme diligebat, officio generalatus sponte
resignavit in capitulo generali celebrato Brugis. Postmodum vero
plenus vitae sanctimonia, post venerandam senectutem finem bo-
35 num obtinuit anno Domini 1...

Quartus fuit frater Gerardus de Bononia, eiusdem provinciae
Bononiensis, magister in theologia Parisiensis valde solemnis. Hic
scientiis et virtutibus ornatus ordinem rexit 21 annis multum

---

15 conventus + suos *Q.*   quoniam ... religiosus *om Q.*
16 erat ... tumultuose] totus religiosus in nullo curiosus fuit *Q.*
17-18 Primo ... diminuebatur] Visitando prius ecclesiam petit quam aulam
ubique *Q.*
18 sed ampliabatur] amplificabat *Q.*
19 Primo enim] primus *Q.*   intrabat] intravit *Q.*   ecclesiam et] cho-
rum *Q.*   ultimo exibat] ultimus exivit *Q.*   breviter *om Q.*
21 enim] quoque *Q.*   mentium *om Q.*   fratrum *post* omnium *Q,* + ani-
mis *Q.*
22 erat *post* visitatio *Q.*   enim *om Q.*   baculo *post* humilitatis *Q.*
23 pluribus vicibus] saepius *Q.*
24 diversis] variis *Q.*   cum *om Q.*
26 ordini] pro ordine *Q.*   specialiter de] praesertim pro *Q.*
26-27 mantellorum barratorum] chlamidum virgulatarum *Q.*
28 1294 + post molestias et labores *Q.*
29 Tertius fuit *om Q.*
30 Hic praeditus *om Q.*
31 doctrinis + deditus *Q.*   multum *post* sinceriter *Q.*
32 anachoreticam] anachoriticam *hQ.*   supreme] apprime *Q.*
33 resignavit] cessit *Q.*   celebrato *post* Brugis *Q.*
34 plenus *post* sanctimonia *Q.*   post venerandam senectutem] in senectute
veneranda *Q.*
35 obtinuit ... Domini 1 ...] adeptus est *Q.*
36 Quartus fuit] Magister *Q.*   provinciae *post* Bononiensis *Q.*
37 magister in theologia] doctor *Q.*   Hic *om Q.*
38 ornatus] varie ornatus *Q.*
38-39 21 annis ... celebriter] celebriter multum annis 21 *Q.*

celebriter. Hic enim promovebat fratres ad studia multum ardenter,
40 expensas vanas et vagas simpliciter vitabat et paucis contentus
erat. Nam fuit parcissimus in cibo recipiendo, licet in donando
largissimus. Iste enim post orationem et ante comestionem in
lectione, in disputatione, in causarum ordinis decisione iugiter se
exercebat. Iste quamplures honores ordini fecit, et plures fecisset,
45 si amplius vixisset. Etiam quamplura privilegia ordini a sede
apostolica impetravit. Sicque virtuose ordinem regendo, in conventu Avenionensi incorruptum spiritum reddidit Deo, anno Domini 1317.

Quintus fuit frater Guido de Perpiniano, provinciae Narbonae,
50 magister in theologia, doctor eximius. Hic mirabili scientia, sapientia ac doctrina fulcitus ordinem rexit 2 annis cum dimidio tantum,
quoniam per sedem apostolicam in episcopum Maioricensem pro-
motus est, suis meritis exigentibus. Postmodum vero factus est
episcopus Elnensis, prope Narbonam ad 12 leucas; ubi quamplures
55 libros ad fidei catholicae defensionem conscripsit. Et sic virtuose
operando in Avenione cum honore pontificali in senectute bona
migravit a saeculo anno Domini 1342.

Sextus fuit frater Ioannes de Alerio, provinciae Tolosae, doctor
in sacra pagina. Hic doctrina et morum honestate insignis ordi-
60 nem rexit 9 annis multum humiliter et virtuose. Non enim erat
acceptor munerum, nec acceptor dignatus est esse personarum.

---

39 fratres *ante* promovebat *Q.*   studia] studium *Q.*   multum] mul-
dem *Q.*
40 vanas et vagas] vagas et vanas *Q.* et paucis] paucis ipse *Q.*
41 erat *om Q.*   Nam fuit] fuit enim *Q.*   cibo ... donando] mensa dono
tamen *Q.*
42 Iste enim *om Q.*   orationem] preces et (et *suprascriptum*) vota *Q.*   et
ante *suprascriptum Q.*
42-43 in lectione] et lectionem *Q.*
44 Iste *om Q.*
44-45 et plures ... vixisset *om Q.*
45 Etiam quamplura] et plura *Q.*   ordini *post* apostolica *Q.*
46 Sicque] et postquam *Q.*   virtuose + satis *Q.*   regendo] rexisset *Q.*
47 spiritum *post* reddidit *Q.*   Deo *post* incorruptum *Q.*
49 Quintus fuit] Magister *Q.*
50 magister in theologia *om Q.*   eximius + Parisiensis *Q.*   Hic *om Q.*
51 ac] atque *Q.*
52 quoniam *om Q.*   per sedem apostolicam *post* Maioricensem *Q.*
53 est *om Q.*   meritis *post* exigentibus *Q.*   Postmodum] postea *Q.*
54 Elnensis] Eunensis *h,* Elnensis vel Eunensis *Q.*
55 catholicae (*suprascriptum*) + aedificationem et *Q.*
57 1342 + in conventu sepultus *Q.*
58 Sextus fuit] Magister *Q.*
59 in ... Hic] insignis Parisiensis *Q.*   insignis] praeclarus *Q.*
60 multum *om Q.*
61 acceptor munerum] cupiens munera *Q.*   nec] neque *Q.*   dignatus
est esse *om Q.*

Erat enim in iudicio rectus, in dispensatione industrius, in praecipiendo discretus. Iste enim est qui ordinis regulam et caeremo-
nialia ad unguem observari faciebat, expensas supervacuas supre-
65 me vitabat, bonos exaltabat et malos misericorditer puniebat. Hic
enim tantum dilexit vitam contemplativam, quod ut liberius lectioni
aut divinae contemplationi vacaret, in capitulo generali celebrato
Valencenis resignavit officio generalatus. Postmodum vero in Dei
timore et laudibus perseverans, Tolosae incontaminatum reddidit
70 spiritum Domino anno Domini 13... etc.

Septimus fuit frater Petrus de Casis, provinciae Aquitaniae et
doctor in sacra pagina. Hic sapientia et omni virtute repletus ordinem rexit 11 annis cum dimidio multum viriliter atque utiliter.
Unde erat in consilio circumspectus, in loquendo modestus, in
75 correctione discretus. Exstirpabat enim colligationes malorum,
confortabat vires seu affectiones bonorum; expensas inordinatas
viriliter vitabat, Deo ex tota mente sua servire faciebat. Tantae
enim fuit virtuositatis et excellentiae, quod dominus papa Benedictus eum promovit in episcopum Vasionensem. Postmodum
80 dominus papa Clemens VI eum sublimavit in patriarcham Iero-
solimitanum. Et sic simul et semel ornatus dignitate episcopali
atque patriarchali iubente Domino in sede Vasionensi glorioso
fine quievit atque ibidem honeste tumulatus fuit, anno Domini
1348.

---

62 Erat enim] sed fuit *Q.*   industrius + et *Q.*
63 Iste ... qui *om Q.*
64 observari + iussit et *Q.*
64-65 supreme] stricte *Q.*   exaltabat et] evexit *Q.*   puniebat] emanda-
bat *Q.*
65-66 Hic enim] et *Q.*
66 contemplativam] contemplaciorem *Q.*   liberius *post* contemplationi *Q.*
67 aut ... contemplationi] et orationi *Q.*   celebrato *om Q.*
68 resignavit] renuntiavit *Q.*   generalatus *om Q.*
69 timore et laudibus] laudibus et timore *Q.*
70 Domino] Deo *ante* reddidit *Q.*
71 Septimus fuit] Magister *Q.*
71-72 et doctor ... Hic] doctor Parisiensis devotus *Q.*
72 omni *ante* sapientia *Q.*
73 multum *om Q.*   atque] et *Q.*
74 Unde erat] fuitque *Q.*   consilio] concilio *h.*
75 colligationes + et confederationem *Q.*
76 confortabat] corroberabat *Q.*
77 viriliter] ut potuit *Q.*   Deo] Domino *ante* servire *Q.*   ex tota mente
sua] ex toto animo fratres *Q.*   faciebat] monebat (movebat?) *Q.*
77-78 Tantae enim] unde tantae *Q.*
78 virtuositatis] virtutis *Q.*
78-79 Benedictus + XII *Q*, + XII *in margine, alia manu h.*
79 promovit] promoveret *Q.*   postmodum] et postea *Q.*
81 ornatus *post* patriarchali *Q.*
82 atque] et *Q.*
83 atque ibidem] et ibi *Q.*
84 1348 + permanente eius sepulcro patriarchaliter in sinistro choro maioris
ecclesiae *Q, manu posteriori h,* + 1502 *h.*

85   Octavus fuit frater Petrus Raymundus de Insula, provinciae
Narbonae, doctor in sacra pagina. Hic scientia et prudentia
fulcitus ordinem rexit 15 annis cum dimidio multum prudenter.
Erat enim in consilio circumspectus, in iudicio promptus, in
negotiis ordinis valde sollicitus. Hic quamplura privilegia a sede
90 apostolica ordini impetravit, specialiter ad honorem et decorem
studii conventus Parisiensis. Hic expensas inordinatas supreme
vitabat, paucis contentus erat, cum summa diligentia suum officium exercebat. Nam negotia fratrum immediate expediebat, liben-
tissime omnibus fratribus tam maioribus quam minoribus iuxta
95 negotia sine defectu rescribebat. Et sic ordinem virtuose regendo
in Monte Pessulano, congregatis fratribus in unum, Domino Iesu
Christo reddidit spiritum anno Domini 1357, et 22 die novembris.
    Nonus fuit frater Ioannes Balisterii, provinciae Cataloniae,
conventus Maioricarum, doctor egregius in sacra pagina. Qui prae-
100 ditus doctrinis et sapientia, nunc multum celebriter regit ordinem,
nam...

2.

JEAN GROSSI

*Isti sunt priores generales ordinis nostri, de quibus mihi
fratri Ioanni Grossi, priori generali, aliqualiter constat, licet plures
alii praecesserunt.*

Frater Alanus, cuius anniversarium signatur 12 die mensis

---

85 Octavus fuit] Magister *Q.*
86 in ... Hic] Parisiensis *Q.*
87 multum *post* prudenter *Q.*
88 consilio] concilio *h.*   promptus + et *Q.*
89 sollicitus] diligens *Q.*   Hic quamplura] plura *Q.*   a] ab *suprascrip-*
tum Q.   sede *post* apostolica *Q.*
90 ordini *om Q.*
91 Hic *om Q.*   inordinatas supreme] superfluas semper *Q.*
92 paucis + ipse *Q.*   erat *om Q.*
93 Nam *om Q.*
93-94 libentissime] humilis etiam *Q.*
94 tam *om Q.*   quam minoribus] et infimis *Q.*
95 rescribebat] re- *suprascriptum h.*   sic *post* ordinem *Q.*
97 anno Domini *om Q.*   et *om Q.*   die *om Q.*
98 Nonus fuit] Magister *Q.*
99-100 in ... praeditus] Parisiensis *Q.*
100 doctrinis] doctrina *Q.*   sapientia + plenus *Q.*
100-1 nunc ... nam] Ordinem cum fama celebri gubernavit et multa ordini
impetravit *Q. Sequitur Q:* Haec quae sequuntur sunt fratris Iohannis de Pratis
provinciae Franciae.

5 novembris in calendario antiquo ordinalis in conventu nostro
Coloniae.

Frater Simon Stock, de provincia Angliae, qui sepultus est
Burdigaliae et claruit multis miraculis; obiit 16 die maii, prout
notatur in calendario ordinalis conventus Auraynte.

10   Frater Nicolaus, cuius anniversarium signatur in praedicto
calendario 29 die mensis aprilis.

Frater Radulphus, de provincia Alemaniae; rexit per tres annos
et resignavit; deinde posuit se pro contemplatione et devotione
in conventu Alnewici, provinciae Angliae, et ibi sepultus est.

15 De quo habetur in constitutionibus, scilicet in forma professionis,
capituli Burdigaliae celebrati anno Domini 1273, et sunt in dicto
conventu.

Frater Petrus de Amiliano; rexit per 19 annos et fuit de
provincia Narbonae et de conventu Amiliani, etc.

20   Frater Raymundus de Insula, de provincia (quae nunc Tolosa
dicitur); non complevit tres annos; sepultus est Tolosae in conventu.

Frater Gerardus, de provincia et conventu Bononiae; primus
magister in theologia Parisiis; rexit annis 20 et sepultus est in
25 Avenione, vacavitque generalatus per annum et parum plus.

Magister frater Guido; rexit parum minus quam per tres
annos. Nam fuit factus episcopus Maioricensis, et sepultus est in
Avenione; et fuit de provincia Cataloniae et de conventu Perpi-
nianensi.

30   Magister frater Ioannes de Alerio, de provincia Aquitaniae;
rexit per 9 annos et resignavit in capitulo Valencenarum, et post
longa tempora sepultus est Tolosae.

Magister frater Petrus de Casa, provinciae Aquitaniae et conventus Lemovicarum; rexit fere per 12 annos, nam factus episco-
35 pus Vasionensis et patriarcha Hierosolymitanus; et est sepultus
Vasione, in civitate episcopatus sui. Hic varia scripsit opuscula.

Magister frater Petrus Raymundi de Grassa, provinciae Narbonae, de conventu Carcassonae; rexit per 15 annos et dimidium
et sepultus est in conventu Montis Pessulani, etc.

40   Magister frater Ioannes Balistarii, de provincia Cataloniae,
conventus Maioricensis; rexit per annos 16 et sepultus est in
conventu suo prope domum ubi fuit natus, fere per 16 cannas
vel 18.

Magister frater Bernardus Olerii, de provincia Cataloniae,
45 conventus Minorissae; rexit per 8 annos et sepultus est in con-

---

15 professionis (?)] perfectionis Q.

ventu Barcinonae, 8 idus iulii anno Domini 1383.

Magister frater Raymundus Baquerii, de provincia Narbonae et conventus Biterris; rexit per 4 annos et mortuus est in con-
50 ventu Perpiniano, in provincia Cataloniae.

3.

THE FLORENTINE NECROLOGY

November 12. Frater Alanus prior generalis fuit et tenuit officium multum tempus; obiit in Alamania et sepultus est in conventu Coloniae.

Madius 16. Frater Simon Stoh de provincia Anglie fuit prior
5 generalis et sanctus homo et claruit multis miraculis; sepultus est Burdeghalis in provincia Vasconie.

Aprilis 29. Frater Nicolaus de [...] fuit prior generalis.

December 28. Frater Rodulfus de provincia Alamanie fuit prior generalis; tenuit officium tribus annis et renunciavit officio ut
10 posset vacare contemplacioni; fuit homo sancte vite; obiit in conventu Aluinsoici in provincia Anglie   1273.

Augustus 28. Frater Petrus de Amiliano, prior generalis tenuit officium generalatus per decem et novem annos.

Februarius 27. Frater Raymundus de Isula de provincia Tholose
15 fuit prior generalis et infra tres annos sui officii generalatus

---

1   et *om L.*
3   Coloniae *alia manu? L.*
4   Stoh] Stok *L.*
6   Burdeghalis] Burdegalis *L.*
7   29] 28 *L.*   Nicholaus] Nicolaus *L.*   de *om L.*
11   Aluinsoici *potest etiam legi* Alninsoici *vel* Aliunsoici *pro* Alnevici (Alne-wici) *KL.*
12   Petrus *suprascriptum L.*
14   Isula] Insula *L.*

For convenience sake, we list the folios of *ms* K on which the various priors general are found:
1-3   *cf* fol. 46[r].
4-6   *cf.* fol. 20[r].
7   *cf* fol. 17[v].
8-11   *cf* fol. 52[v].
12-13   *cf* fol. 35[r]
14-16   *cf* fol. 9[r].

mortuus est et sepultus in conventu Tholose.

Aprilis 17. Frater Reverendus magister Gerardus de Bononia, primus magister in theologia Parisiensis et generalis ordinis et famosus in scientia; sepultus est in Avinione; tenuit officium generalatus annis viginti 1317.

Augustus 21. Frater Guido de Perpiniano fuit prior generalis et magister Parisiensis; regnavit tribus annis in officio et factus est episcopus Elnensis, in quo episcopatu per longum tempus vixit et postea mortuus est et sepultus in Avinione.

November 23. Frater Iohannes de Alerio, magister in theologia Parisiensis, prior generalis, tenuit officium annis novem, in quo tempore multum aumentavit ordinem in scientia et numero bonorum fratrum; resignavit officio in capitulo Valensensis; fuit homo bone vite et bone iustitiae; obiit Tholose 1342.

Martius 27. Frater Petrus de Casa prior generalis tenuit officium generalatus 12 annis et factus episcopus Vasonensis et patriarca Ierosolimitanus, obiit et sepultus est in civitate [...]; fuit filius conventus Lemovicarum provincie Equitanie

November 20. Frater Petrus Raymundus, magister in theologia Parisiensis et prior generalis, tenuit officium per annos quindecim et ultra; sepultus est in Monte Pesulano 1357.

September 24. Magister Iohannes Balisterii prior generalis; obiit Maiorichis unde nativus erat; tenuit officium annis 16 1374.

---

17 17] 16 *L.*

30 27] 26 *L.*

31 Vasonensis] Nasonensis(?) *L.*   patriarca] patriarcha *L.*

32 Ierosolimitanus] Ierolosimitanus *K.*   civitate + Famaguste provincie Cipri *L.*

33 Lemovicarum] Lemonicarum(?) *L.*   Equitanie + dicitur claruisse miraculis *L,* + mcclx ... *illegibile et corr. K,* 1375 *L.*

34 Raymundus] Ramundus *cum* y *suprascriptum alia manu? K.*

17-20 *cf* fol. 16r.
21-24 *cf* fol. 34r.
25-29 *cf* fol. 47v.
30-33 *cf* fol. 13r.
34-36 *cf* fol. 47r.
37-38 *cf* fol. 39r.

XV. IOANNES DE HILDESHEIM

In the following pages we will concern ourselves with four short works of Ioannes de Hildesheim: *Dialogus inter directorem et detractorem, Opusculum metricum, Acrostica,* and *Legendae abbreviatae.*

Born in Hildesheim between 1310 and 1320, Ioannes entered the Carmelite Order in the convent of Marienau. He studied at the *studium generale* of Avignon, when St. Peter Thomas was regent there (about 1351-1353). From 1354 he studied theology in Paris; he became a *lector biblicus* in 1359 and a *baccalaureus* in 1361. From 1361 to 1364 he was prior and lector in Kassel. From 1364 to 1368 he was lector at Strassburg; from 1366 also prior there. In 1368 or 1369 he became lector at Speyer; at the same time he lectured to the canons there. At the end of his life, in 1374 or 1375, he became prior of Marienau, where he died on May 5, 1375.[1]

Ioannes de Hildesheim is chiefly and widely known for his *Historia trium regum.* Fr. Rudolph Hendriks has already noted the difference in the Latin style of this work and Hildesheim's letters.[2] There is likewise a great difference between his work on the Three Kings and the *Dialogus* reproduced below.

------

[1] RUDOLF HENDRIKS, O.CARM., "A Register of the Letters and Papers of John of Hildesheim, O.Carm., (d. 1375)," *Carmelus,* 4 (1957), 116-235; esp. pp. 124-32. Ioannes de Mundene was prior of Marienau, August 24, 1373 and July 16, 1374: Frankfurt, Stadtarchiv, C 47a, *Chronicon Milendunck,* f. 114v-7v. In a visitation of Marienau in 1377 we read: "*Sub successivis prioribus ab anno 1374 Hermanno de Hammelen et Gerhardo de Gutlingen, priore moderno...*" *Ibid.,* 121r. Thus, the acts seem to leave no room for a priorate of Hildesheim in Marienau, but he is given that title in the inscription on his tomb (f. 119r).

[2] HENDRIKS, "A Register," 116-7: "In Horstmann's edition, the Latin of this *Historia trium regum* differs rather much from that of the letters published here, so that, judging from the style, one would not easily ascribe them to one and the same author."

The collection of letters edited by Hendriks was provisional: next to many letters Ioannes noted, *"non scribatur,"* but he himself published a collection of eighty letters, of which during the 17th century the Carmelite convent of Cologne possessed two manuscripts.[3] The letters were directed to many highly placed persons of the time, ecclesiastical as well as secular. Ioannes often cites the classic Latin poets. In his *Dialogus,* too, we find this preference for the classics, as well as a few verses of his own.

In 1527 John Bale made a list of Hildesheim's writings together with their *incipits,* which is much more accurate than that of Trithemius, used by the *Bibliotheca carmelitana.*[4]

Dialogus inter Directorem et Detractorem

In 1374, exactly a century after the Second Council of Lyons, which had placed the Carmelites on trial with regard to their continued existence, there occurred an attack on the claims of the Carmelite Order by the Dominican John Stokes, of the University of Cambridge. He was answered by John Hornby, regent of the Carmelite *studium* at the same university, in a series of *Conclusiones et determinationes.*[5]

The dispute concerned particularly the descent of the Order from the prophets Elijah and Elisha, its Marian title, the confirmation of the Order and the rule, and the change from a striped mantle to a white one. Before this academic dispute, Master Stokes — his *baccalaureus* is also mentioned — had already broadcast his opinions in his lectures and perhaps also, as happened in those times, from the pulpit. On February 23, 1374 (according to our reckoning of time, 1375, because England began the year on March 25), the university promulgated the following decree: *"Dictum ordinem fratrum beatae Mariae de Monte Carmeli in iure communi ac speciali confirmatum et titulo beatae Mariae Dei genitricis fore specialiter insignitum, ac fratres dicti ordinis, prout sufficienter apparuit per praemissa exhibita, producta et allegata, Eliae et Elisei prophetarum fore imitatores et successores."*[6]

---

[3] HENDRIKS, "A Register," 122; Roma, Gen. Arch. O.Carm., Ms. II C.O. II, 2, *Scriptores Ordinis,* f. 29r-29v. Descriptions of or extracts from this collection are found in *Speculum 1680,* pp. 1010-1, nos. 3529-30; *Bibl. carm.,* II, 6-7; Roma, Gen. Arch. O.Carm., Ms. II C.O. 93, *Miscellanea de Germania et Belgio,* ff. 410-7.

[4] Miscellany, Oxford, Bodleian Library, Ms. Bodl. 73, f. 199r; relatively the same list is found in *De preclaris Ord. Carm. scriptoribus catalogus,* London, British Museum, Ms. Harl. 3838, f. 181v.

[5] J. P. H. CLARK, "A defense of the Carmelite Order by John Hornby, O.Carm., A. D. 1374," *Carmelus,* 32 (1985), 73-106.

[6] Cambridge, The University Archives, Doc. 48; Hare I, f. 156v-7v; *Speculum 1507,* f. 80v-81v. Another decree, beginning *"In nomine Domini,"* Hare I, f. 157v-8v

Hildesheim's *Dialogus*, also called *Defensorium*, involves another debate with the same arguments and proofs, which took place about the same time and against the same adversary. The Detractor is a Franciscan or Dominican (ch. 15), but we have no knowledge of a dispute with a Franciscan at that time. Hildesheim does not seem to have known the decree of Cambridge University, and his work would appear to have been written earlier. Stokes' arguments were already put forward in Hildesheim's *Dialogus*, which Hornby probably knew.[7] Thus Hildesheim's work would have been written during 1374, not 1370, as has been alleged.[8]

The *Dialogus* is more rhetorical than historical; Hildesheim abundantly cites Plato, Aristotle, the classical Latin authors, the Fathers of the Church, and Christian poets. He does not name the Carmelites who had written about the Order, but he borrows especially from Cheminot. He also uses Baconthorpe's *Speculum, Compendium,* and *Tractatus.* At the beginning of ch. 11 he takes from Jean de Venette the story about the origin of the striped mantle. His citations of Vincent de Beauvais, Jacques de Vitry, and Pierre le Mangeur he owes to Cheminot.

But Hildesheim also presents some new sources. In ch. 11 he quotes a passage from the *Speculum perfectae militiae primitivae Ecclesiae* by Iosephus Antiochenus. This enigmatic work seems to have been known only by the Carmelites. In his *Informatio* (1376?) Bernardo Oller even specifies a chapter (ch. 12), and goes on to say, *"quique in virginis Mariae honorem in Carmeli montis declivo fabricantes oratorium, Salvatoris matri specialissime servierunt."* This citation was taken over by Ribot in his *Institutio primorum monachorum,* bk. 5, ch. 8, and from him by later Carmelites.[9] Whoever the author was, ideas such as those found in Hildesheim's quotation already occur in *Universis Christifidelibus* of the end of the 13th century, and those expressed in the longer quotation are found in Cheminot, ch. 4: *"Fratres vero tempore quo Ecclesia per totam Iudeam et Samariam aedificabatur, post ascensionem Domini, in eodem monte iuxta quendam fontem, ubi habitavit Elias, oratorium in honore beatae Mariae virginis primi construxerunt."*

In ch. 9 another quotation occurs of Gerardus, bishop of Laodicea, also called Gerardus a Nazareth. He was probably born in Nazareth, or in any case lived as a hermit there. In 1140 he appears as bishop of Laodicea, an office he still held in 1161. He composed several works in Latin which still existed in the 16th century and were used by the Protestant historian, Matthias Flacius Illyricus.[10] Hildesheim was the first to cite

---

[7] Cf. Clark, "A Defense," 75-76, 86, note 38.
[8] *Bibl. carm.,* II, 5.
[9] The *Bibl. carm.,* II, 151-71, devotes 20 columns to the controversy in the 17th century between the Carmelites and Daniel Papebroch, S.J., over this text.
[10] Benjamin Z. Kedar, "Gerard of Nazareth, a Neglected Twelfth-Century Writer in the Latin East," *Dumbarton Oak Papers,* 37 (1983), 55-77.

Gerardus; Oller probably took his reference in his *Informatio* from him. Ribot in his *Institutio*, bk. 3, ch. 8, has a longer quotation. Hornby cites another work of Gerardus, *"Contra Salam philosophum Grecum vel Cretum."* [11]

In ch. 9 Hildesheim also cites *"Sigebertus in suis Chronicis, dicens, 'Cum Carmelitae in sancta paenitentia perseverassent a tempore Eliae et Elisaei sanctorum prophetarum, tandem Christum praedicantem audierunt, et processu temporis per apostolos baptizati sunt'."* Oller presents a fuller quotation from Sigebert, ending, *"Deinde perseverantes in doctrina apostolorum, habentes gratiam ad omnem plebem, veritatis evangelii nuntii fideles et religionis christianae legitimi defensores effecti sunt."* (*Informatio*, art. 1, 3°.) The citations are taken freely from Cheminot, ch. 3, who for the ending quoted by Oller names the *Chronica romana* as his source, but who actually copies freely from *Universis Christifidelibus*. The *Chronicon* of Sigebert de Gembloux begins only two centuries after Christ.[12] Two of the continuations of *Universis Christifidelibus* actually end with the name of Sibertus de Beka, and this may explain the crediting to Sigebert. In fact, Hornby ascribes to Sibertus de Beka two citations found in ch. 3 of Cheminot, which are taken freely from *Universis Christifidelibus*.[13]

In chapters 4, 10, and 11 Hildesheim quotes a prophecy of Hildegard von Bingen, which however is not hers. In ch. 3 he cites a letter of Abbot Joachim to Cyril, a priest on Mount Carmel. This letter and the so-called *Oraculum Cyrilli* originated in the milieu of the Franciscan Spirituals at the end of the 13th century, but Cyril and his oracle were gratefully welcomed by the Carmelites as their own and were still the subject of commentary by them in the 17th century. It is interesting to note that the manuscript of the oracle edited by P. Piur in 1912 originally belonged to Ioannes de Hildesheim.[14]

Although Hildesheim uses Cheminot and Venette it is surprising that in ch. 16, in which he treats the legislator of Carmel, he says nothing about the patriarchs John of Jerusalem and Aiméric of Antioch and speaks only of Albert, patriarch of Jerusalem. He does mention the *"regula apostolica,"* from which Augustine, Francis, Basil, Paul the Hermit, and Benedict drew their rules. The *"regulam a beatis patribus Paulino successive et Basilio, viris religiosis, editam"* of Cheminot becomes in Hildesheim, ch. 16, *"Basilius et Paulus Eremita,"* but he does not say that the Carmelites

---

[11] *Conclusiones et determinationes*, Oxford, Bodleian Library, Ms. e Museo 86, f. 202r-2v.

[12] Migne, PL 160 (entire volume).

[13] *Conclusiones ac determinationes*, Oxford, Bodleian Library, Ms. e Museo 86, f. 210r (*"in sua Cronica de Carmelitis"*), f. 211r (*"in Cronica sua de Terra Sancta"*).

[14] PAUL PIUR, *Oraculum angelicum Cyrilli*, in K. BURDACH, *Briefwechsel des Cola di Rienzo*, Berlin, 1912, 221-343. See also HENDRIKS, "A Register of Letters," 118.

followed this rule. In the catalog of saints, *Legendae abbreviatae*, which most probably was composed by Hildesheim (see below), Basil is actually made a legislator of Carmel: *"Sanctus Brocardus, primus prior generalis per electionem fratrum institutus, qui regulam beati Basilii ab Alberto patriarcha et legato apostolico mitigatam recepit."*

As far as we know, Hildesheim is also the first Carmelite author to claim St. Cyril of Alexandria (370-444) for the Order. His source was probably a sermon which the Hospitaller, Jean de Hesdin, preached in the Carmelite church in Paris one December 8. In 1365 Hesdin appears as dean of the theological faculty of Paris. He had already functioned as regent of the *studium* of the Hospitallers for twenty-five years; he was still living in 1367.[15] At Cambridge in 1374 Hornby cites a passage from this sermon.[16] Two years later Oller quotes the same text, but alleges as his source *"quaedam chronica antiqua quam habet dominus rex Franciae tam in latino quam in gallico, ubi sic dicitur: 'In concilio Ephesino...'."* (*Informatio*, art. 1, 3°.) The so-called *recensio longior* of the catalogue of Carmelite saints, dating from the beginning of the 15th century, again restores the authorship to Hesdin.[17]

According to Hesdin St. Cyril would have defended against Nestorius not only the divine maternity of Mary, but also her Immaculate Conception, which of course is an anachronism. Hildesheim states correctly that Nestorius called Mary, not the mother of God, but of a man. In the following paragraph he relates with Hesdin that the first convent after that on Mount Carmel was founded near the *Porta Aurea*, where Joachim and Anne were betrothed.

At the end of his work, in ch. 17, Hildesheim tells the story of two miracles, or *exempla*, one of which took place in Toulouse, the other in Montpellier. He had studied in Avignon, and thus could have heard of these miracles.

Manuscripts and Printed Editions

G — Brussel, Koninklijke Bibliotheek, Ms. 2223, f. 131r-43r. Copied in Cologne in 1471 by Christianus Buchs of Ravensburg.

e — Oxford, Bodleian Library, Ms. Selden supra 41, f. 92r-105r. Written by John Bale about 1527.

X — München, Staatsbibliothek, Ms. Clm 3554, f. 129r-9v. Seems to have been written in 1428.

---

[15] HEINRICH DENIFLE, O.P., and EMILE CHATELAIN, *Chartularium Universitatis Parisiensis* (4 v., Paris, 1889-1897), III, 127-8, no. 1305; 163, no. 1336.

[16] *Conclusiones ac determinationes*, Oxford, Bodleian Library, Ms. e Museo 86, ff. 177v and 211v; CLARK, "A defense," 89, 99 (edition of f. 211v).

[17] Paris, Bibliothèque nationale, Ms. lat. 5615, f. 110v; edition by XIBERTA, *De visione*, 298. This text agrees more closely with that of Oller.

This manuscript adds the two *exempla* of Hildesheim's ch. 17 to the end of a sermon beginning, *"Gloria Libani data est ei."* The first is reproduced almost literally, the second very freely, so that it cannot be used in the critical apparatus of our text.

y — Speculum 1680, I, pars 2, pp. 145-59, nos. 642-712.

The editor, Daniel a Virgine Maria, writes: *"Eius autem nacti fuimus bina exemplaria vetusta; ex illis inter se collatis haec prodit editio. In uno istorum, extante in volumine ms. conventus Mechliniensis exarato per Ioannem Oudewater (seu Palaeonydorus) anno 1484, aliqua desunt, quae ex altero supplevimus"* (p. 145, no. 643). Daniel does not identify the other manuscript.

Compared to Mss. *G* and *e*, Ms. *y* occasionally omits a passage. In Ms. *e* Bale sometimes adds a few lines from another Carmelite source. He unites chapters 6 and 7, with the consequent difference in the numeration of the following chapters.

Opusculum Metricum

In his *Opusculum metricum* Hildesheim expresses in verse form the ideas and arguments found in his *Dialogus*. It too is written by the "Director" and against the "Detractor."

The poem begins with a dedication to Mary (ll. 3-8) then directs itself against the Detractor (ll. 9-17). Thereafter the poet treats the ancient prophets, especially Elijah (ll. 18-29). In the following lines he draws a parallel between Elijah and Mary and narrates the miracles of Elijah and Elisha (ll. 58-86). In lines 87-97 he addresses himself to the Carmelites and in ll. 95-99 begs a prayer for the Director.

Manuscripts and Editions

G — Brussel, Koninklijke Bibliotheek, Ms. 2223, f. 143v-4v.

The poem follows immediately upon Hildesheim's *Dialogus*.

e — Oxford, Bodleian Library, Ms. Selden supra 41, f. 105v-6v.

Here too the poem immediately follows the *Dialogus* and is copied by the same hand.

X — München, Staatsbibliothek, Ms. Clm 3554, f. 130r-0v.

Verses 13-17, 58-86, and 95-99 are lacking. Verses 87-94 are found on f. 130r with Hildesheim's *Acrostica* and preceding the title of our poem.

u — Wien, Staatsbibliothek, Ms. 4030, f. 309r. 15th century.

Verses 88-94 precede two of Hildesheim's acrostics.

y — Speculum 1680, I, pars 2, p. 159, nos. 708-9.

Verses 3-7, 30-31, 40-41, 87-94 follow the *Dialogus*, which Daniel concludes with a colon and the phrase, *"Domino cooperante et sermonem confirmante sequentibus signis:"*

Acrostica

After writing his *Opusculum metricum* Hildesheim further indulged his poetic vein in the form of four acrostics. In the first three the first letter of the first word of each line form the word, *Carmelus*. The fourth is built on the word, *Carmeli*, which contains the genitive form of the names, *Elie* and *Marie*, in combinations of four and five letters out of seven. The poet challenges Detractor to form so excellent a name as that of Mary from a genitive of seven or five letters.

Manuscripts and Printed Editions

X — München, Staatsbibliothek, Ms. Clm 3554, f. 130r.
All four acrostics are included in proper numerical order.
b — Oxford, Bodleian Library, Bodl. 73, f. 176v-7r. Written by John Bale about 1527.
Acrostics II, III, and I occur in that order.
G — Brussel, Koninklijke Bibliotheek, Ms. 2223, f. 144v.
The manuscript contains acrostics I and II.
u — Wien, Staatsbibliothek, Ms. lat. 4030, f. 309r. The manuscript contains acrostics III and IV.
y — *Speculum 1680*, I, pars 2, p. 159, no. 710.
Here is found acrostic I with the addition of a few lines from acrostics III and II in that order.
In Mss. *X* and *u* lines 87-94 of the *Opusculum metricum* are included with acrostics. The reason is that in this case the verses contain a play on the word, *Carmelita*, composed of the three elements, *Car, mel* and *ita.*
In the text *y* Daniel a Virgine Maria changes the first six lines of acrostic I; the last two are unaltered. He also adds two lines: "*S Est salvificus prior; est et vita superstes*" (a modification of line 24 of acrostic III) and "*S Stat pro signo de subveniendo sodali*" (an adaptation of line 16 of acrostic II). In his commentary Daniel writes, "*S dat supernae* (the last line of acrostic I): *isti et bini sequentes versus alludunt ad scapulare.*" In any case this is not the original intent of Hildesheim; the acrostic is built on the word, *Carmelus*, and concerns the Order, Mary, Elijah, Elisha, and other prophets. The changes had probably already been made in the manuscript of Palaeonydorus of 1484 which Daniel used for his edition of the *Dialogus.*

Legendae Abbreviatae

Listed among the works of Joannes de Hildesheim are "*Legendae quaedam abbreviatae SS. Patrum Ordinis Dei-ferae Virginis de Monte Carmeli.*" [18] Under this title Fr. Xiberta published a catalogue of Carmelite saints which

---

[18] *Bibl. carm.*, II, 6.

occurs without this title in Ms. *G* after Hildesheim's *Dialogus, Opusculum*, and two of his acrostics. The contents correspond to the title: thirty-three "Carmelite" saints, all reduced to the same length of treatment. Each one is preceded by a lemma from Scripture in which the name *Carmelus* appears.

Six of the legends are followed by a distich in the manner of the previous verses of Hildesheim. The concept of the history of his Order corresponds to that of the *Dialogus*: the priest Cyril and Eusebius from the *Oraculum Cyrilli* are at hand, St. Cyril of Alexandria is a Carmelite, Peter Thomas is called patriarch of Antioch, as originally in the *Dialogus* in the same Ms. *G*.[19] Although Hildesheim used Cheminot's *Speculum*, he is silent in his *Dialogus* about a rule of the patriarch Aiméric, as are the *Legendae abbreviatae*. In this latter work also Brocard is the first prior general, to whom Albert gave the rule; Berthold is the second. Cyril the Priest from the *Oraculum Cyrilli* is not said to be a prior general; in Grossi's catalogs (see below) he is the third.[20]

In his *Dialogus* Hildesheim quotes abundantly from the classics and the Fathers, but he does not mention the Carmelites, Cheminot and Baconthorpe, whom he uses. The *Legendae abbreviatae*, brief though they are, often indicate a source: *Magister in historia tripartita, Hieronymus ad Paulinum, Scholastica historia, Cassianus, Hieronymus in prologo, Chronica Germundi, Mare magnum historiarum, Lucana historia*. Reference is also made to *De institutione monachorum* and *De gestis peculiaribus Carmelitarum*, names which, Xiberta infers, indicate Felipe Ribot's collection.[21] But *De institutione monachorum* (*De institutis monachorum*) is the name of St. Basil's rule, as the *Legendae* themselves state. *De gestis peculiaribus Carmelitarum* is only a high-sounding name for the history of the Order. Felipe Ribot died in 1391. In all the manuscripts and printed editions of his collection he designates himself as provincial of Catalonia, an office he assumed only in 1379. The date usually given to his collection, 1370, is not found in the *Speculum* of 1507 and in many manuscripts. Not a single 14th century work uses Ribot's collection for the history of the Order.[22] Perhaps Ribot borrowed the titles mentioned above for his own creations.

Besides his *Viridarium*, Jean Grossi also composed a short catalogue of Carmelite saints.[23] All the saints treated there are also found in the *Legendae abbreviatae*, except Henricus, who is also wanting in other catalogues of saints. Francus de Senis is a slip of the pen for Franciscus de Senis. Likewise the information about the saints for the most part agrees with the *Legendae abbreviatae*, but that about John, patriarch of Jerusa-

---

[19] Xiberta, *De visione*, 91.
[20] *Ibid.*, 282, 288, 299.
[21] *Ibid.*, 91.
[22] Hendriks, "La succession," 69.
[23] Reprinted by Xiberta, *De visione*, 281-4, from the *Speculum 1507*, f. 102v-3r.

lem, seems to have been adapted to the ideas of Ribot by the editor of the *Speculum* of 1507. Thomas Scrope of Bradley, who uses Grossi's catalogue of saints in his *Libellus de institutione* of 1464, has a different account of John.[24]

We can agree with Fr. Xiberta that the *Legendae abbreviatae* were originally composed by Ioannes de Hildesheim,[25] but their only manuscript copy is of 1470-1471, and the *Legendae* are not in the same hand as Hildesheim's other works found there. Moreover, it is certain that some saints have been added, or that their accounts have been changed.

The entry about Anthony of Hungary cannot be by Hildesheim; only in 1462 was Anthony killed by the Turks.[26] Bradley had not heard of this saint in 1464, even though he used the *Legendae abbreviatae*. Andrew Corsini died on January 6, 1374, so that Hildesheim could have heard of him, but the verses he quotes are by Coluccio Salutati and are engraved on the saint's tomb in Florence, built in 1386.[27] The prophet Micah is missing from the other catalogues and was probably supplied from Ribot's collection.[28]

John, patriarch of Jerusalem, first occurs in *Universis Christifidelibus*. Not long after St. Peter's sojourn in Antioch, John *"statuit illis regulam, olim a beatis patribus Paulino successive et Basilio, viris religiosis, editam in posterum observandam."* Cheminot and Venette used this text, and Hildesheim knew their works. In ch. 16 of his *Dialogus* he himself speaks of a *"regula apostolica,"* on which that of Sts. Basil and Benedict and all others are based: *"Ex hac Basilius et Paulus eremita suas extraxerunt regulas."* In the *Legendae abbreviatae* Hildesheim mentions Basil, who wrote a rule for his brethren.[29] Still the entry about John is strange: *"Sanctus Ioannes patriarcha Ierosolymitanus carmelita, quem sanctus Ludovicus rex Franciae, cum cepisset Terram Sanctam, duxit de monte Carmeli in Siciliam. De quo sic scribit metrista:*

> *Hic pollens vita languores expulit, ita*
> *Per sanctas terras decoravit eum patriarchas*
> *Quod facit invitus, vocitavit eum Ludovicus."*

Hereupon follows immediately: *"Data est ei iuxta verbum Isaiae gloria Libani, decor Carmeli et Saron. Sanctus Bernardus, De laudibus beatae Virginis."*[30] Although it is strange that, in contrast to the other five

---

[24] *Ibid.*, 282 and footnotes to lines 35-39.
[25] *Ibid.*, 202-4.
[26] *Ibid.*, 201, note 1.
[27] PAOLO CAIOLI, O.CARM., *S. Andrea Corsini, carmelitano, vescovo di Fiesole, 1301-1374*, Firenze, 1929, 138-40.
[28] *Speculum 1680*, I, p. 26, nos. 79-80.
[29] XIBERTA, *De visione*, 310.
[30] *Ibid.*, 309.

distichs, a line follows the distich, it is stranger still that we have a distich with *three* lines! Hildesheim, who wrote so much Latin poetry, would surely have known that a distich consists of two lines.

We mentioned above that Jean Grossi's short catalog of saints had been adjusted to Ribot. Bradley's entry for John, patriarch of Jerusalem, reads: *"Octavus sanctus fuit Iohannes patriarcha hierosolimitanus, qui regulam beati Basilii tradidit fratribus de Carmelo observandam, anno Domini quadrigentesimo duodecimo. Corpus eius, multis miraculis clarens, apud Ierosolimam requiescit.*[31] The original form of the *Legendae abbreviatae* no doubt corresponded to this text.

A critical edition of these *Legendae abbreviatae* is not possible, because there exists only one manuscript of a century later, which moreover no longer presents the text in its original form.

Manuscripts and Printed Editions

G — Brussel, Koninklijke Bibliotheek, Ms. 2223, f. 146r-8v.

Bartolomé Xiberta, O.Carm., *De visione Sancti Simonis Stock*, Romae, 1950, 307-13.

----

[31] *Libellus de institutione*, Cambridge, University Library, Ms.Ff.6.II, p. 40.

Texts

1.

DIALOGUS INTER DIRECTOREM ET DETRACTOREM
DE ORDINE CARMELITARUM

Prologus

Vetustae religionis Carmeli montis et beatae Mariae virginis
5 genitricis Dei, Reverendo in Christo Magistro generali principaliter,
et ex consequenti singulis dictae religionis fratribus, quinimmo
veri zelatoribus universis, Ioannes de Hildesheim, religionis eiusdem, cum debita reverentia se totum.

Modernae, proh dolor! institutionis religiosi plerique, vetus-

---

1-2 Dialogus ... Carmelitarum + fratris Ioannis de Hildeshem bacchalaurii
sacrae theologiae Parisiensis eiusdem ordinis *e,* Incipit tractatus perutilis obs-
truens ora detractorum fratrum ordinis gloriosissimae Dei genitricis Mariae *(in
margine:* de monte Carmeli editus a fratre Iohanne de Hyldensheim etc.) *G,* Defensorium ordinis fratrum gloriosissimae Dei genitricis Mariae de monte Carmelo
per modum dialogi authore Ioanne Hildesheimensi discipulo sancti Petri Thomae
patriarchae Constantinopolitani *y.*
3 Prologus *om G,* + authoris *y.*
4 virginis *om e.*
5 Reverendo] reverendissimo *e.*
6 singulis *post* religionis *G.*
7 veri] veris ordinis *e.* Hildesheim] Hildensheim *Gy,* Hildeshem *e.*
8 totum + tribuens *e.*

---

5 Magistro generali: Juan Ballester, who died on 24 Sept. 1374. His successor
was elected on 10 June 1375, but Ioannes de Hildesheim had died on 5 May 1375.

10 tioribus invidentes, in erroris devio cespitant; quidam cum caeci
sint, se videntes existimant; quidam cum Democrito singula tene-
bris involvere laborant. Existimant huiusmodi, licet falso, suae
demptum gloriae quidquid videtur ceteris accessisse. Sine quocumque dictamine rationis alienis invidet honoribus, cui nihil
15 rerum vel honoris ex huiusmodi deperit vel decrescit.
      Contra quos cum beato Hieronymo cogor invectiva scripta
condere, et cum Nasone in *Ibim*, id est invidum, invehi pro tempore, et ipsorum caninis latrantibus obviare. "Si quis enim", ut
ait Iacobus in canonica sua, "putat se religiosum esse, non refre-
20 nans linguam suam, sed seducens cor suum, huius vana est religio". Iuste merentur invidentes invidiam, et fraternae gratiae
nauseatores contumeliam reciprocam repercussivam. Quid in religioso detestabilius invidia, quam sola virtus vocabuli dissuaderet?
Religio enim dicitur a religando. Deo namque pridem protoplastus
25 vinculo caritatis alligatus, ab adhaesione tam felicis unionis exiliit,
prout maligni spiritus invidia persuasit. Sed inspiratio divina
plerosque postea religare se Deo simul et proximo per amorem
et obedientiam docuit, ut vocabulum praetendit. Quanto igitur quis
religiosior et divinior, tanto fore deberet ab invidia remotior, quia
30 secundum Philosophum "divinum non invidet", immo, secundum
Boetium, "divinus amor conservat omnia in pace, sine quo forent

---

10 quidam] et *G.*
11 existimant] aestimant *e.*   quidam + et *G.*
12 falso] false *Ge.*
14 invidet] invident *ey.*
16 beato] D. *y.*
17 Ibim] Ybim *G,* Ylium *e,* Ijbim *y.*
18 ipsorum] ipso *G.*
19 sua *om y.*
21 gratiae] contrarie *e.*
22 nauseatores] nauseatoria *e.*   reciprocam + et *G.*
23 vocabuli + merito *G.*
24 protoplastus] prothoplaustus *e.*
25 vinculo] vinculis *G.*
31 conservat] ligat *G,* alibi: ligat *in margine e.*   in pace *om G.*   sine
quo] si quae *e.*

10-11 quidam ... existimant: *cf* Io. 9,40-41.
18 caninis latrantibus: possibly an allusion to the Dominicans (*Domini
canes*).
18-21 Si ... religio: Iac. 1, 26.
31 *Cf* Boetius, *Philosophiae consolatio,* II, metrum 8, 12 sqq.: "Hanc rerum
seriem ligat / Terras ac pelagus regens / Et caelo imperitans amor. / Quidquid
nunc amat invicem / Bellum continuo geret," or IV, metrum 6, 16 sqq.: "Sic
aeternas reficit cursus / aeternus amor, sic astrigeris / bellum discors exsulat
oris. / Haec concordia temperat aequis / elementa modis, ut pugnantia / vicibus
cedant, humiliora siccis". CC 94, p. 36 and 84.

invicem bellantia". Sic igitur a caritatis ligamento resiliens, pertinentius dicetur "resiliosus" quam "religiosus". Sane cum sola
miseria careat invidia, dicatur invido: "Omnibus invideas, invide,
35 nemo tibi".

   Cum huiusmodi mordacibus invidis volo disserere, et ipsorum
per modum dialogi machinamenta frivola confutare.

Capitulum I

Quod non possunt antiqua simpliciter demonstari

40 *Detractor*: Tu qui de antiquitate iactas, eam proba. Fertur enim
   Aristoteles, cum videret libros Moysi, dixisse: "Iste multa dicit
   et nihil probat".
   Director: A te discordo; quos pax iuvat, his ego cor do. Quid
   nisi pax, ordo chordas regit in decachordo. Tibi moderno primitus
45 obiicio, quod olim teste Lactantio, Solon Atheniensis obiecit
   Graecis dicendo: "O Graeci, pueri estis et novellae memoriae, nec
   est apud vos ulla cana scientia".
   Dico igitur tibi, quod antiquitas, cuius probationem exigis,
   non est ita demonstrabilis sicut velles, propter principii nimiam
50 localem et temporalem distantiam; quia de multum distantibus
   non potest esse tam clara notitia sicut de propinquis. Praeterea

---

   32 bellantia + libro 4°, metro 6° *e.*   Sic] sicut *e, post* igitur *y.*
   33 resiliosus] litigiosus *e.*
   34 dicatur + igitur *e.*   invideas *om G.*
   38 Capitulum] Sequitur capitulum *G.*
   39 possunt] possint *y,* possent *e.*   demonstrari] demonstrare *e.*
   40 proba + Director *G.*   enim *om e.*
   41 cum ... Moysi *om e.*   dixisse *ante* cum *G.*
   42 nihil *om G.*
   43 Director *om G.*   pax *om G.*   his *post* ego *G.*   Quid] quoniam *y.*
   44 nisi] ni *e, om y.*   pax *om G.*   chordas] corda *ey.*   moderno] mo-
derne *G.*   primitus] nunc *e.*
   46 novellae memoriae] novella memoria *G.*
   51 Praeterea] propterea *e.*

---

   45 teste Lactantio: Not Lactantius, but Jerome, *Eusebii Chronica*, I: "Sane
et in Platonis libro iure castigat Aegyptius ille Solonem: 'O Solon' inquit, 'Graeci
semper pueri estis, neque senex Graecus umquam invenitur'; ideoque priscorum
temporum doctrinam nemo a vobis discere queat". PL 27, 14. *Platonis Timaeus,
interprete Chalcidio, cum eiusdem commentario*, ed. I. Wrobel, Lipsiae, 1876, 14:
"O Solo, Graeci pueri semper estis nec quisquam est in Graecia senex".

non semper fuerunt scriptores chronicarum. De duobus enim
milibus annorum ante diluvium et amplius nihil invenitur scriptum
nisi illud modicum quod in principio Genesis habetur. Tu igitur
55 es minus credulus quam Iudaeus qui et Moysi de preterito
credit, et aliis prophetis de futuro minus certo.
Detractor: Non est verum quod dicis, quia in tempore Eliae,
quem tibi patronum fingis, multa fuerunt scripta: et libri Regum,
et annales quam plures.
60 *Director*: Etsi pro tempore tali fuerunt annales conscripti, factum
fuit hoc a regibus et regum notariis litteratis. Incolae vero vetusti
montis Carmeli fuerunt eremitae simplices, non litterati, pauperes,
membranas forte non habentes nec scriptores, orare potius consueti quam scribere. De quibus non est dubium quod iuxta doc-
65 trinam Pauli anteriorum et praeteritorum obliti, praestantiori cura
tendebant ad futura. Et animadverte, quod Socrates nihil unquam
scripsit, ut tradunt chronicae. Sed et Aristoteles, ut commenta
dicunt, librum *Physicorum* non scripsit, sed ore pronuntiavit; et
ideo vocatur "Liber de Physico Auditu". Qui tamen liber sic est
70 authenticus, quod nullus philosophice disputans audet ipsum
negare, cum tamen nullus demonstrare per se possit quod ipse
talia dixerit. Praeterea tempore revelatae gratiae saepius per Sara-

---

52 semper *post* fuerunt *e.*   enim] autem *e.*
53 annorum *om e.*   invenitur] inveniatur *G.*
54 igitur] ergo *e.*
56 credit *ante* Moysi *G.*
57 in *om e.*
60 Etsi] Ecce si *G.*   fuerunt] fuerint *y.*
61 fuit] est *e.*
62-63 fuerunt ... non haben(tes) *in margine G.*
63-64 consueti *post* scribere *G.*
64 quod] quin *e.*
65 anteriorum] anterioris *e.*   praeteritorum] posterioris *e.*
66 animadverte] animadvertite *e*, adverte *G.*
67 tradunt + adhuc *G.*   commenta] commentaria *y*, *post* dicunt *G.*
68 librum] librorum *G.*
69 Auditu] audito *e.*
70 authenticus + in scolis *e.*   philosophice] physice *e.*   audet] audeat
y.   ipsum *om e.*
71 nullus + de se *e, post* demonstrare *G.*   per se] de ipso *y, om e.*
possit] potest *e.*   ipse] ille *y.*
72 Praeterea *om G.*   revelatae *om e.*   saepius] saepe *e.*

65-66 anteriorum ... futura: *cf* Phil. 3,13-14: "quae quidem retro sunt obli-
viscens, ad ea vero quae sunt priora extendens meipsum, ad destinatum per-
sequor ...".

cenos destructi sunt et martyrio coronati; et si scripturas habuerunt, utique totum perdiderunt. Et si aliquid reservare potuerunt,
75 in ultimo passagio tempore Ludovici regis Francorum, quando
fuit Accon a paganis capta et combusta, perdiderunt. In qua
captione constat Eliae pallium usque adhuc reservatum cum
multis aliis incendio periisse.

Capitulum II

80 *De scriptis ordinis Carmelitarum quae per*
infideles saepe fuerunt combusta

Detractor: Nonne talia poterant reservari?
Director: Dico tibi quod non. Do tibi simile de Iudaeis, qui
saepius destructi, quasi totam genealogiam eorum perdiderunt.
85 Ait enim Nicolaus de Lyra super illo verbo: "Non auferetur
sceptrum de Iuda" etc., quod Herodes cum esset alienigena, genealogiam eorum combussit ex intentione, et legis doctores interfecit, ut sic periret genealogia. Audivi a quodam spectabili Iudaeo
et quoad hoc fide digno, qui dixit: "Nullam genealogiam habemus,

---

73 sunt et + multi *e.*   et si] si litteras et *G.*
73-74 habuerunt] habuerint *e.*
74 utique *om G.*
75 Francorum + et *y.*
76 Accon] Acaron seu Acon *e,* Akaron *G,* Achon y.   et] vel *G.*
77 constat] constet *e.*   adhuc] ad hoc *G.*
80-81 De scriptis ... combusta] Quod antiqua scripta destructa sunt et quod
oportet pro tanto fidem novis et patrum dictis *G.*
80 quae *om y.*
81 fuerunt *om y.*   combusta] combustis *y.*
84 saepius] saepe *e.*   eorum *om y.*
85 Lyra + in postilla *e.*
87 ex intentione *post* interfecit *y.*
88 sic *om e.*   spectabili *post* Iudaeo *G.*
89 quoad hoc] ad hoc quidem *e.*   Nullam + iam *G.*

---

75 tempore Ludovici: Acre was captured in 1291, but see Cheminot, *Speculum,*
ll. 298-309.
85-88 Ait ... genealogia: Nicholas de Lyra, *Postilla,* in *Biblia sacra cum*
glossis, interlineari et ordinaria, Nicolai Lyrani Postilla (6 v., Lugduni, 1545), I,
117v: Genesis 49, "Et istorum regimen duravit usque ad tempus Herodis, qui fuit
alienigena ..."; V, 7r: Matth. 1, Zorobabel autem genuit Abiud: "de Abiud usque
ad Ioseph nulla historia invenitur in Paralipomenon, sed annales fuerunt apud
Hebreos, de quibus Herodes multa comburi fecit, ut confunderetur ordo regiae
stirpis".

90 et postquam destructi fuimus, oportet quod credatur seniorum
verbis quantum recordari possunt et opinari, cum scripta non
habeantur". Et allegavit mihi Psalmistam dicentem: "Quanta
mandavit patribus nostris nota facere filiis suis, ut cognoscat
generatio altera. Filii qui nascentur et exsurgent narrabunt filiis
95 suis". Et iterum: "Deus auribus nostris audivimus, patres nostri
annuntiaverunt nobis".
   Detractor: Doce quare credendum sit antiquis nihil probantibus.
   Director: Huius do tibi primo congruentiam talem: in omnibus
credendum est antiquitati, quia vetustiores fuerunt plerumque
100 modernis veraciores. Postea do tibi auctoritates. Primo vult
expresse Titus Livius in principio sui operis, quod antiquitati venia
danda est, et non abiicienda veterum assertio, cum tamen ipsi
permiscuerunt humana divinis, quatenus principio urbium facerent
diviniora et augustiora. Et quamvis non sint talia usquequaque
105 vera, utile tamen est ea non abiicere, quatenus urbis incolae se
divinius regant respicientes ad principium divinum. Immo, beatus
Augustinus, *De civitate Dei*, Varronis allegans verba dicit: quod
utile est credere aliquos reputari deorum filios, quatenus divinos

---

90   destructi fuimus] destruimur G.
91   scripta *om e.*
92   habeatur + alia *e.*
93   mandavit + Deus *e.*   nota + ea G.
94   narrabunt] enarrabunt G.
95   audivimus + et *y.*
97   sit] est *e.*   nihil] mihi *e.*
98   do *post* tibi G.   primo *om ey.*
99   fuerunt plerumque] plerique fuerunt *e.*
100 Postea] praeterea *e.*
104 diviniora et augustiora] augustiora et diviniora G.   augustiora] an-
gustiora *e.*   non sint *post* talia G.
106 divinius] divinis *y.*
107 Dei + libro ... capitulo ... *e.*   dicit] dixit *y.*
108 credere *om* G.

92-95 Quanta ... suis: Ps. 77,5-6 (the Psalm has: nota facere ea... et narrabunt).
95-96 Deus ... nobis: Ps. 43,2.
101-4 Titus ... augustiora: Titus Livius, *Ab Urbe condita*, Praefatio 7: "Datur
haec venia antiquitati, ut miscendo humana divinis primordia urbium augustiora
faciat".
106-9 Immo ... imitentur: Augustinus, *De civitate Dei*, III, c. 4, "Non et vir
doctissimus eorum Varro falsa haec esse, quamvis non audacter neque fidenter,
paene tamen fatetur. Sed utile esse civitatibus dicit, ut se viri fortes, etiamsi
falsum sit, diis genitos esse credant, ut eo modo animus humanus velut divini
stirpis fiduciam gerens res magnas adgrediendas praesumat audacius, agat vehe-
mentius et ob hoc impleat ipsa securitate felicius"; CC 47, 67; PL 41, 81.

actus praestantius imitentur. Si utile est credere quod non est
110 in se verum, numquid utilius est credere quod est probabile et
a pristinis traditum, quatenus religiosi a sanctis orti principiis
imitari studeant vestigia primaevae sanctitatis? Hinc et Macrobius in *Commento Somnii Scipionis* sic dicit: "Talia semper se
numina coli voluerunt, qualia ea in vulgus fabulata est antiqui-
115 tas". Cur non dicerem ego similiter: "Tales se semper religiones
nominari reputarique voluerunt, quales eas vulgaris nominavit et
reputavit antiquitas". Hinc et idem Macrobius in *Saturnalibus*
dicit: "Vetustas nobis est semper adoranda si sapitis". Et Architrenius: "Omne bonum veterum labiis distillavit". Ad idem facit
120 quod in sermone Timaei Plato dicit et Chalcidius glossator, quod
quia non potest reddi ratio de plerisque, "igitur compendium a
credulitate sumamus. Credamus igitur his qui apud saeculum
prius, cum et ipsi propinquitatem divini generis praeferant". Et
concludit huiusmodi: "non credere satis irreligiosum est, quamvis

---

109   non est *post* se *e.*
111   a pristinis] de pristinis *G.*   principiis] patribus *G.*
113   Commento] commentario *y,* quinto libro *e.*
114   in *om ey.*   vulgus] vulgi *y.*
115   se *post* semper *G.*   religiones *post* nominari + et *G.*
116   reputarique] reputari *G.*   eas *om e.*
118   nobis *post* est *e.*
118-9   Architrenius] Architrennius *G,* Architremius *y.*
119   distillavit] distillat *G.*
120   sermone] secundo *ey.*   Plato *post* dicit *G.*   Chalcidius] Calcidius
ey.   quod] quia *G.*
121   ratio + clara *G.*
122   his *om e.*
123   prius] primi *e,* primum *y,* + fuerunt *ey.*   propinquitatem] de pro-
pinquitate *y.*   praeferant] proferant *ey.*
124   huiusmodi *om G.*

112-7   Hinc ... antiquitas: Macrobius, *Commentarium in somnium Scipionis,*
I, 2, 20, "Adeo semper ita se et sciri et coli numina maluerunt qualiter in vulgus
antiquitas fabulata est".
117-8   Hinc ... sapitis: Macrobius, *Saturnalia,* III, 14, 2, "Et Furius sic
ingressus est 'vetustas quidem nobis semper, si sapimus, adoranda est'".
118-9   Architrenius: Ioannes de Alta Villa, *Architrenius,* VIII (c. 1), ed. Th.
Wright, *The Anglo-Latin satirical poets,* I, 240-396 (London, 1872), p. 359.
119-26   Ad ... puto: *Platonis Timaeus interprete Chalcidio cum eiusdem commentario,* ed. I. Wrobel (Lipsiae, 1876), 42 (40 D), "Igitur compendium ex credulitate sumatur. Credamus ergo iis qui apud saeculum prius, cum ipsi cognationem
propinquitatemque divini generis praeferrent, de natura deorum maiorum atque
avorum deque genituris singulorum aeterna monumenta in libris posteritati relinquerunt. Certe deorum filiis aut nepotibus non credi satis inreligiosum est;
quamvis incongruis nec necessariis probationibus dicant, tamen quia de domesticis
rebus pronuntiant credendum esse merito puto".

125 incongruis probationibus dicant, tamen quia de domesticis rebus pronuntiant, credendum merito puto". Haec ille.

Tu igitur Detractor, qui non credis, irreligiosum te ostendis iuxta dictum Platonis. Ex quo ego infero sicut prius, quod es resiliosus. Nescis quod iuxta Philosophum oportet addiscentem
130 credere? Item quod unicuique experto in sua facultate credendum est? Tam authenticum fuit olim, ut tradunt chronicae, verbum Pythagorae, quod nullus unquam fuit ausus negare cum dicebatur: "Pythagoras hoc dixit". Praeterea Tullius in suis *Topicis* enumerat multa quae afferunt auctoritatem, inter quae ponitur
135 et aetas. Sed et Aristoteles in secundo *Rhetoricae* dicit: "Credimus dicentibus propter tria, quae sunt prudentia, virtus et benevolentia". Quae tria non videntur antiquis Carmelitis defuisse.

Detractor: Tritum te probas in philosophorum libris, de scripturis tamen canonicis parum dicis.
140 *Director*: Nescis quod philosophorum libri scripta canonica praecesserunt? Igitur qui de veteribus loquitur, scriptis vetustioribus

---

125 tamen] tum *y*.   quia *om G*, + qui *y*.
126 credendum + eis *G*.   merito] melius *e*.
127 irreligiosum] irreliosum *e*.
128 infero *post* prius *G*.   prius + videlicet *y*.
129 resiliosus *y*, irreligiosus *Ge*.
131 tradunt *post* chronicae *e*.
132 unquam *post* fuit *G*.   fuit] fuerit *y*, aliquid fuit *e*.
133 Topicis] Tropicis *y*.
135 secundo] nono *G*.
136 propter + ea *e*.
137 Quae + quidem *e*.   tria *om y*.   Carmelitis] eremitis *G*.
138 libris + cum *G*.   scripturis] scriptis *e*, *post* canonicis *G*.
139 tamen *om G*.
140-1 praecesserunt] praecesserint *y*.
141 qui *om G*.

131-3 Tam ... dixit: *Cf* Valerius Maximus, *Factorum ac dictorum memorabilium libri IX*, VIII, c. 15 (ed. C. Kempf (Lipsiae, 1888), 573): "Pythagorae tanta veneratio ab auditoribus tradita est, ut quae ab eo acceperant in disputationem non adducerent. Quin etiam interpellati ad reddendas causas hoc solum respondebant, ipsum dixisse".

133-5 Praeterea ... aetas: Cicero, *Topica* XIX (73), "In tempore autem multa sunt quae adferant auctoritatem, ingenium, opes, aetas, fortuna, forma, ars, usus, necessitas".

135-7 Sed ... benevolentia: Aristotle, *Rhetoricae* II, c. I, art. 1, n. 3, "Cur igitur ipsi sunt fide digni qui dicunt, tres sunt causae. Tot enim sunt propter quae fidem praestamus praeter demonstrationes, nempe prudentia et virtus et benevolentia".

principaliter armetur. Animadvertas igitur quod antiquis patribus de ortu ordinis credendum est, quia in negotiis ecclesiarum illi potissimum in testes assumendi sunt, qui eadem negotia tractaver-
145 unt: *Extra,* 'De testibus'. Adverte si sapis, an sit huiusmodi canonica scriptura. Et adverte quod nulla religio de veteribus potest aliter ostendere suum principium quam per traditiones seniorum. Credimus nos quod fundatores tui fuerunt sancti. Et si tu nostris non credis, tamen verum est, quod nostri non solum
150 fuerunt sancti, sed et filii sanctorum. Tui vero, licet sancti, tamen plerumque filii peccatorum. Poterunt ergo nostri secure dicere cum Tobia: "Filii sanctorum sumus". Et si sit frivolum non credere sanctis, procacissimum est non credere sanctis et cum hoc filiis sanctorum.
155 *Detractor*: Non possum credere talibus de quibus nullum scriptum profers.
Director: Do tibi quartum Regum, non a pauperibus eremitis, ut dixi, sed a regum notariis conscriptum, plenum testimoniis huius antiquitatis. Et scias quod cum olim in generali concilio multae
160 delerentur religiones, inventi fuerunt invidi similes tibi, qui pro Carmeli religione tollenda laborabant. Quibus fuit a potioribus

---

142 armetur + veterum assertio cum tamen ipsi permiscuerunt humana divinis quatenus principia urbium facerent diviniora et augustiora. Et *e.* Animadvertas] advertas *G.*
144 potissimum] potissime *G.*
145 Extra, 'De testibus, + distinctione 14, Super prudentia; item Extra 'De testibus, Veniens' *e,* X 'De testibus, Veniens' *y in margine.*
148 fuerunt] fuerint *y.*
149 tu nostris *om G.*   solum *bis e.*
150 fuerunt] fuerint *y.*
150-1 Tui ... peccatorum *om y.*
150 vero *om e.*
151 Poterunt] potuerunt *e.*
152 sumus + nos *e.*
153 est *om e.*
156 profers] habemus *e.*
157 quartum] tertium et quartum *e.*
158 conscriptum] conscriptos *e.*   plenum] plenos *e.*   testimoniis] testimonium *G.*
159 scias *om e.*   generali + quodam *e.*
160 delerentur *post* religiones *G.*   fuerunt] fuerint *y.*

---

145 Extra, De testibus: the citation is from c. 1, C. XIV, q. 2, 'Super prudentia', "Ceterum in possessionum vel huiusmodi negotiis, hi potissimum assumendi sunt, qui eadem negotia tractaverunt"; Friedberg I, 734. *Cf* Baconthorpe, *Speculum,* ll. 39-41.
150 filii sanctorum: *cf Cheminot, Speculum,* l. 2.
152 Tobia: 2,18.
159 generali concilio: II Lyons, 1274.

responsum, quod ex tunc oporteret etiam consequenter deleri
quartum librum Regum. Et ob hoc etiam ibidem pro tunc eadem
religio nostra confirmata est, quamvis Elias incarnationem Christi
165 longe praecesserit. Disponente Deo hoc totum factum est, ut sicut
quatuor sunt elementa, quatuor paradisi fluenta, quatuor prophetae maiores, quatuor animalia et evangelii scriptores, quatuor
sancti doctores, quatuor crucis partes, sic et essent quatuor pauperes religiones, crucem Christi ad quatuor plagas mundi portan-
170 tes et praedicantes, et non pauciores. Truncare velles tu si posses,
ordinem totius universi.

Capitulum III

Quod Elias fuit primus fundator ordinis fratrum
in Carmelo, et de duplici Carmelo

175 *Director*: Constat ex decretis, quod denominatio debet fieri a loco
praedecessorum: *De verborum significatione*, capitulo "Abbate".
Detractor: Multa dicis, et cum iuxta Philosophum dubitare de
singulis non erit inutile, dic ergo, quid scis de antiquitate, et
qua ratione patronum tibi fingis Eliam et Eliae te successorem,

---

162 responsum *om e.*   oporteret *post* etiam *y.*   consequenter *om e.*
deleri] delere *e.*
163 quartum librum] libros *e.*
165 praecesserit] praecesserat *e.*   hoc *post* totum *G.*   est *om G.*
167 et] vel quatuor *G.*   evangelii] evangeliorum *y.*
168 crucis *post* partes *e.*   et *om e.*
169-70 portantes et *om G.*
170 tu *post* si *G.*
173 Quod *praemittit y* De Carmelo.
173-4 fuit ... Carmelo] noster sit patronus *G.*
173 fuit] fuerit *y.*
173-4 fratrum ... duplici Carmelo] Carmelitarum *y.*
175 decretis] dictis *ey.*   debet] debeat *y.*   a loco *om G.*
176 *De ... Abbate om y.*   capitulo *om e.*
177 et *om G.*   cum] quia *G.*
178 quid scis] quidquid sit *G.*
178-9 et qua] qua *G.*
179 te *om Ge.*   successorem] successores *e,* + Eliseum *G.*

---

165 Disponente ... factum est: *cf* Ps. 117,23, "A Domino factum est istud,
et est mirabile in oculis nostris".
175-6 c. 25, X, V, 40; Friedberg II, 922. *Cf* Baconthorpe, *Speculum,* ll. 90-92.

180 cum et Nabal stultus et alii quamplures fuerint incolae montis
Carmeli.

Director: Vellem scire quid in hac parte te magis offenderet
et in odium excitaret: an originalis loci dignitas, quia est Terra
promissionis, lacte et melle proflua, terra regia sanctorum regum
185 Israel? Vel te contristat fundamentum religionis in montibus
sanctis? Nam et de monte Carmeli scribit abbas Ioachim ad Cyrillum: "Stellae manenti in ordine sanctitatis, in formula honestatis,
in nidulo parcitatis, orbem opacum, squalidum illustranti" etc.,
"Cyrillo presbytero in monte Carmeli, monte sancto, monte uber-
190 rimo". Contristat te, quod originem sumpsit in terra, in qua
Christus nasci voluit, quam et pedibus calcavit, quem et sanguine
suo pretioso rubricavit? Forsitan locus, in quo tua religio sumpsit
initium, est illi valde dissimilis et nullius dignitatis. Vel forsitan
contristat te praerogativa patroni, corporis virginei, cultoris para-
195 disi et qui nondum gustavit mortem, martyris tamen egregii futuri.

Sed ut obstruatur os loquentium iniqua, scias quod in eadem

---

182 te *post* magis *G.*   offenderet] offenderit *y.*
183 in] ad *G.*   excitaret] excitarit *y.*   an] aut *y.*   est *om G.*
184 proflua] superflua *e.*
185 te *om e.*
186 ad + beatum *e.*
186-7 Cyrillum + nostrum Carmeli montis eremitam *e.*
187 Stellae manenti] stella manente *G.*   in formula] et formula *G.*
188 parcitatis] caelestium contemplationum *e.*   opacum + deformem et *e.*
squalidum + virtutibus *e.*   etc.] moribus informanti exemplis ornanti *e.*
189 Carmeli] Carmelo *Ge.*
189-90 uberrimo + etc. *e,* + paupere quidem superfluis opibus huius mundi
quod bonum est sed diviti gratia Dei quod optimum est *y.*
190 Contristat te] Constat quod te offendit *e,* + fortassis *G.*   sumpsit]
sumpserit *G,* + ordo iste *G.*
192 rubricavit + et nobilitavit *G.*
193 illi *om• y.*   et nullius dignitatis *om y.*   forsitan] forse *G.*
194 contristat] contristet *e, post* te *G.*
195 qui] quoniam *G.*   tamen *om G.*

---

180 Nabal stultus: *cf* 1 Sam. 25,2 and 25.
185-6 fundamentum ... sanctis: *cf* Ps. 86,1.
186-90 Nam ... uberrimo: K. Burdach, *Briefwechsel des Cola di Rienzo,* IV,
222-327, Oraculum angelicum Cyrilli nebst Kommentar des Pseudo-Joachim, heraus-
gegeben von Paul Piur. P. 246: "Stellae manenti in ordine sanctitatis, in formula
honestatis, in nidulo parcitatis, orbem opacum, diformem et squalidum virtutibus
illustranti, moribus informanti, exemplis ornanti, Cyrillo presbytero in monte
Carmelo (*var.* Carmeli), monte sancto, monte uberrimo, pauperi quidem superfluis opibus huius mundi, quod bonum est, sed diviti gratia Ihesu Christi, quod
optimum est, Ioachim...".

Terra sancta sunt eiusdem nominis duo montes Carmeli. Unus est trans Iordanem, iuxta desertum solitudinis, in quo latuit David fugiens a facie Saul, et in hoc habitavit Nabal, et est in sorte
200 Iuda, ut dicit Nicolaus de Lyra super 13 capitulum I libri Regum. "Alius est Carmelus in maritima, distans ab Accon quatuor miliaribus, et in hoc monte habitavit Elias, et est in sorte Ephraim, vel secundum quosdam in sorte Issachar". Hucusque Nicolaus de Lyra.
205   Propter Eliae sanctitatem mons sanctus reputatus est, ipsomet asserente et ibidem prophetas interfici prohibente: "Mons, inquit, sanctus est". Duxit ergo Elias 450 prophetas ad torrentem Cison et interfecit eos ibi, ne mons eorum sanguine pollueretur. Illic etiam venit sibi ignis de caelo, invocato Domino.
210   Igitur te valde stultum ostendis, se tantam religionem a stulto credis ortam et ignoras canonem qui est in principio *Decretorum*, ubi dicitur: "Difficile est ut bono peragantur exitu, quae malo sunt inchoata principio". Hoc autem principium de Nabal esset malum, quia "omnis ignorans malus est" iuxta Philoso-
215 phum. Sed per oppositum dico tibi metrice:
"Nobile principium probat undique principiatum".

Ex antedictis etiam perpendere potes, quod locorum sancti-

---

197   sunt] sint *y*.
199   Saul] Saulis *e*.
200   13 ... libri] libros *y*.   I] IV *G*.
201   maritima] maritimis *e*.   Accon] Achon *y*, Akaron *G*, Accaron *e*.
205   Eliae + ergo *e*.   mons + ipse *G*.
206   prophetas *om e*.   mons] montes *G. corr.*   inquit *in margine G*.
207   prophetas + Baal *e*.
208   eos ibi *om G*.
209   venit *post* sibi *G*.
211   stulto + Nabal *e*.   ortam] exortam *e*.   qui est] quia *G*.
212   ubi *om G*.
214   malus est] malus *e, ante* ignorans *G*.   iuxta] secundum *e*.
215   metrice *om y*.

197-9 Unus ... Nabal: *cf* Cheminot, *Speculum*, ll. 101-4 and Jacques de Vitry, *supra* p. 122-3.
199-200 et ... Lyra: Nicholas de Lyra, *Postilla*, 1 Regum 25, "Sciendum autem quod iste Carmelus est mons in sorte Iudae. Alius autem Carmelus ubi Helias interfecit sacerdotes Baal, est in tribu Issachar". 3 Regum 18: "Iste non est Carmelus in quo manebat Nabal, ut dictum fuit supra, 1 lib., c. 25, quia ille est in sorte Iudae, iste autem sorte Ephraim". *Biblia sacra*, II, 91ʳ and 155ᵛ.
205-7 Propter ... est: *cf* Cheminot, *Speculum*, ll. 106-8.
207-9 Duxit ... Domino: 3 Reg. 18,40 and 37-38.
212-3 *Decretorum* ... principio: We have not been able to find this text in Friedberg's edition of the *Corpus iuris canonici*, but see, "Semel malus semper praesumitur esse malus". Reg. 8, R.J., in VI°; Friedberg II, 1122.
217-8 quod ... animorum: Cheminot, *Speculum*, ll. 73-74.

tas devotionem frequentius auget animorum. Nam et secundum
Philosophum plerumque "locus influit in locatum". Ad hoc olim
220 respectum habuerunt qui de Christo dixerunt: "A Nazareth poterit
aliquid boni esse?"

    Ecce Detractor, posito quod Elias et Nabal simul eundem
Carmelum inhabitassent, adhuc hi qui post ipsos montem inha-
bitaverunt, non debuerunt a Nabal denominari, sed potius ab
225 Elia, cum a digniori debeat fieri denominatio. Nisi forte stultior
tu quam Nabal, velles praeferre sapientiae stultitiam, et ab illa
denominari stultorum advocatus.
Detractor: Non praefero stultitiam sapientiae, sed vellem quod
sapienter ostenderes quod dicis.

230   Capitulum   IV

De duratione et antiquitate ordinis Carmeli

Director: Videtur tibi forte quod religio Carmeli proficiat et tua
deficiat. Sed non mireris de hoc, quia sancta prophetissa Hildegardis, quae fuit in monte sancti Ruperti prope Pingneam, Mo-
235 guntinensis dioecesis, quae et fuit contemporanea sancti Bernardi

---

218 auget] augeat *y*.   et *om e*.
220 poterit] potest *G*.
221 esse *om G*.
222 Detractor + etiam *G*.
223 post ipsos] ipsum *e*.
225 debeat fieri] fiat *G*.
226 quam *om e*.   velles] vel(?) *e*.
230 Capitulum] Director *praemittit G*.
231 De ... Carmeli] De prophetica religionis duratione *G*.   Carmeli] pro-
phetici *y*.
232 Director *om G*.
233 de *om e*.
234 Pingneam] Pingmeam *y*, Pingniam *G*.
235 sancti] beati *y*.

220-1 A ... esse: Io. 1,46 (poterit: John has: potest).
233-41 prophetissa ... novissimi: This prophecy is not Hildegarde's but is
ascribed to her according to Palaeonydorus in *De novissima christianae fidei
persecutione*, cap. "Filiae Sion": "Venient equi varii coloris, quorum egressio
ab Oriente in Occidentem, sed mutato vellere paulatim incedent. Horum progres-
sio ab Occidente in Orientem. Hi primi et novissimi" *Speculum carmelitanum*
1680, I, 261, n. 1076. Ioannes de Hornby, *Determinationes*, 211ʳ attributes such a
text to the Sybilla in her letter beginning "Filia Sion".
234 Pingneam is the city of Bingen.

et Eugenii papae, prophetavit de religiosis sub figura equorum, quia sicut equi portant homines per terras, sic et isti longe lateque portant verbum Dei et pondus veritatis. Praedicatores dixit equos nigros, Minores griseos. De Carmelitis vero sic dicit: 240 "Venient equi varii coloris, sed mutato vellere paulatim incedent; hi primi novissimi". "Venient", inquit; supple: ad partes nostras de ultramarinis partibus, in quibus iam diu praefuerunt. Est etiam rationis quod ipsi sint ultimi, quatenus veniens Elias et adversus Antichristum praedicans, illos quorum patronus est, inveniet su- 245 perstites in vita, quatenus cum ipso praedicent veritatem. Et verisimile est quod etiam cum ipso glorioso martyrio corona- buntur. Nam et praeteritis temporibus multi ipsorum in Terra sancta per Saracenos martyrizati sunt. Nec videtur quod Deus denegare velit religioni meae quod omnibus concessit. Nam et 250 hactenus quaelibet religio duravit ad minus usque ad mortem sui fundatoris et ultra. Advertas etiam quod plerumque tam in operibus artis quam naturae, id quod primum est in compositione, est ultimum in resolutione et e converso.

Capitulum V

255   *De revelatione sancto Petro Thomae facta*
              de duratione ordinis

Detractor: Non possum credere tantam tuae religionis durationem, nisi probes melius.

---

237 portant ... isti *om G.*
239 nigros + futuros *G.*   sic *post* dicit *G.*
241 primi + et *e.*   inquit supple] ipsi *e.*
242 de] ex *e.*
244 inveniet] inveniat *y.*
247 praeteritis] per ceteras *G.*
249 denegare] derogare *G.*
250 ad *om e.*
251-2 tam in operibus *om G.*
252 id + est *G.*
253 converso] contra *y.*
255-6 De ... ordinis] De magistro Petro Thomae et de facta sibi revelatione et de rerum per ordinem locatione et de duratione *G.*
256 ordinis + Carmelitarum *y.*
258 probes *post* melius *G.*   melius + mihi *G.*

247-8 Nam ... sunt: *cf* Cheminot, *Speculum*, ll. 300-2.

Director: Si velis experto credere, probabitur tibi, quia prover-
260 bialiter dicitur: "Experto crede Ruperto".

Tempore felicis recordationis domini Clementis papae VI fui
studens in Avinione, servivique pro tunc recolendae memoriae
magistro Petro Thomae, tunc scholas regenti, viro magnae scientiae,
magnae famae, magnaeque opinionis quoad sanctitatem vitae.
265 Cumque more solito coram ipso dormirem in sancta nocte Pentecostes, vocibus dulcibus et miris motibus expergefactus, repente
surrexi; de quo et ipse similiter evigilavit. Petii tunc ab eo, quid
habuisset. Ipse vero noluit indicare mihi. Multiplicavi preces flexis
genibus, et tandem vix obtinui, praemisso tamen iuramento, quod
270 non revelarem quamdiu foret ipse superstes. Et tunc dixit: "In
tristitiis mentis et ferventibus desideriis obdormivi, desiderans a
beata Virgine religionis meae patrocinium et conservationem. Ipsa
mihi respondit: Petre, ne timeas, quia durabit in finem Carmeli
religio nostra; nam et pro ea supplicavit etiam Filio meo primus
275 ordinis patronus Elias in transfiguratione et impetravit". Retulit
ista mihi lacrimantibus oculis ipsius prae gaudio; ex quo et ego
ad consimilem fletum provocabar.
Detractor: Numquid huiusmodi fingere potuit homo talis?
Director: Oppositum istius docet eius finis. Factus enim postea
280 patriarcha Constantinopolitanus, multum viriliter, fideliter et devote, missus legatus a Summo Pontifice, iuvit regem Cypri in
expugnatione Alexandriae, et ibidem paganorum telis vulneratus
et ad Cyprum reductus, interiit, clarens miraculis, martyr glorio-

---

259 probabitur tibi] probabiliter tibi probabitur *e*.
260 crede] credem *G*.   Ruperto] Roperto *G*, reperto *e*.
263 magistro + fratre *e*.
264 magnae famae *om e*.   magnaeque] magnae *G*.
267 similiter] consimiliter *G*.   Petii + pro *G*.
268 flexis *post* genibus *e*.
269 et + in *G*.
272 Ipsa + vero *e*.
273 mihi + apparens *e*.   ne] non *G*.   in] usque in *e*.
278 huiusmodi] huius *G, post* potuit *e*.
280 Constantinopolitanus *in margine, in textu canc.* Antiochenus *G*.
281 iuvit] adivit *G*.
282-4 et ibidem ... gloriosus] ubi perfidorum tela perfossus inde revertens
in Famagusta civitate regni Cypri febribus correptus obiit multis clarens
miraculis *e*.

---

261 Tempore ... Clementis VI: 1342-1352.
263 S. Petrus Thomae: † 6 Jan. 1366.
283-4 martyr gloriosus: Even in a broad sense, he cannot be called a
martyr; he did not die of his wounds. *Cf* J. Smet, *The life of Saint Peter
Thomas by Philippe de Mézières* (Rome, 1954), 159-60, note 18.

sus. Quem si Detractor, tu sicut ego novisses, nec etiam iocosum
285 mendacium de ipso suspicari posses. Unde post mortem ipsius in
eius epitaphio dictavi sic:

> "Virgo, virum rege virgineum, qui Virginis almae
> Conspicuum titulum gerit; hinc sibi da loca palmae".

Nunc revertar ad meae religionis durationem. Si litteratus es
290 et expertus, considera, quod in rebus naturalibus per Philosophum
in libro *De Generatione* quaelibet res habet quatuor partes sui
periodi, quia dividitur in ortum, crementum, statum et casum. Et
cuius altera pars periodi, puta crementum, fuit aut est repentinum,
pars opposita, puta casus, erit repentinus, et e converso. Idipsum
295 intelligenti patet et experto consideranti varios eventus hominum,
tam in congregationibus quam in civitatibus, tam in religionibus
quam in regnis. Luna, quae citius aliis ab orientis horizonte scandit ad meridiem, velocius aliis cadit ad occidentem; vermis e funere
periodus est unius diei: oritur cum sole, moritur eo occidente.
300 Qui cito ditatur, tam cito plerumque depauperatur, iuxta illud
Salomonis: "Substantia festinata dissipabitur". In hac materia
seu parte nolo plus procedere, sed exercitii relinquere materiam
lectori sapienti. Cum igitur repente nimis ascenderis, cave ne
pari processu vergas ad non gradum.

305   Capitulum VI

*De diverso habitu fratrum ordinis Carmelitarum
et maxime de pallio albo*

---

284 sicut + et *y.*
285 ipsius] eius est *G.*
286 dictavi] dictatum *G, post* sic *e.*
288 hinc] huic *y.*
289 revertar] revertor *G.*   meae] me *e, om G.*
290 rebus *om e.*
291 in *om* e.
292 crementum] incrementum *G.*
293 crementum] incrementum *G.*   repentinum + et est *G.*
296 congregationibus] cognationibus *G.*
297-304 Luna ... gradum *om G.*
304 vergas] urgaris *e.*
306-7 De diverso ... albo] De pallio Eliae vario et ipsius associatione. Ad
istud capitulum magis pertinet quod in fine XIII capituli ponitur ut patet
intuenti *G.*

---

301 Substantia ... dissipabitur: Prov. 13,11 (dissipabitur: Prov. has: minuetur).

Detractor: Qualiter fuit habitus pro tunc praedecessorum tuorum?
Director: Primus varius ad extra, et secundus albus, ut vides. Et
310 quia loquor tipi praepostero, prius incipiam de albo. Forte non
legisti quod dicit Magister in *Historiis Scholasticis*, quod "pater
Eliae Sabacha ante nativitatem filii vidit viros candidatos se
salutantes"? Ex quo dabatur intelligi, quales imitatores eum
deberent honorare in postremo. Quod cum nuntiatum esset in
315 Ierusalem, dixerunt: "Puer iste iudicabit Israel in gladio et igne".
Salva gratia illorum, hoc signum non infert pertinenter signatum,
nec est proportio candidatorum ad colorem igneum vel ferrugi-
neum. Igitur iste ignis congruentius exponi potest de curru igneo
in quo ascendit. Per candidatos insuper ad extra viros conve-
320 nientius intelligitur innocentia vitae et candens lux doctrinae. Legitur enim de Socrate, quod in nocte quae praecessit diem in qua
Plato sibi praesentabatur ad imbuendum, somniabat quod alba
gallina volabat in sinum ipsius, quae et post modicum tempus
clamore celebri volavit in caelum. Ex quo Socrates iudicavit
325 ipsum innocentem, virtuosum doctumque futurum et caelo dignum,
iuxta illud *Apocalypsis*: "Ambulabunt mecum in albis quoniam

---

309 varius] albus demum varius *e.* secundus] tandem *e.*
310 praepostero + ordine *suprascriptum G.*   de] ab *G.*
311 quod] quae *e.*   Historiis scholasticis] Historia scolastica *e.*
312 Sabacha] Sabbata *G.*
313 imitatores *post* eum *G.*
314 in postremo] et dabant ei pro cibo ignem *e.*   esset] est *e.*
315 gladio et igne] igne et gladio *G.*
318 ignis] igneus *e.*
323 volabat] volaret *ey.*
324 in *om G.*   iudicavit] indicavit *e.*
325 ipsum] illum *e.*
326 iuxta] hic congruit *y.*   Apocalypsis + tertio *e.*

311-5 Magister ... igne: Petrus Comestor, *Historia scholastica*, IV Regum 2,
"Legitur quod Sabacha pater Eliae nondum nati, vidit in somnis viros candidatos
se salutantes. Quod cum nuntiasset in Ierusalem, responsum est ei: 'Puer hic
iudicabit Israel in gladio et igne'". PL 198, 1387-8.
320-5 Legitur ... dignum: *cf* Vincent de Beauvais, *Speculum historiale*, III,
c. 60, p. 106: "*Apuleius de vita et moribus Platonis*: ... Cum autem Ariston pater
Platonis deferret eum ad Socratem, ut ab eo instrueretur, nocte praecedente
somnium viderat Socrates, quod in sinum eius advolabat pullus candoris eximii,
et vocis canore, de ara cupidinis in acadaemia, et de sinu suo cantando
volabat in coelum. Cum igitur vidisset puerum Platonem a patre ad se deferri
mox interpretationem somnii sui, duxit completum esse". The version in
Apuleus, *De dogmate Platonis*, I, c. 1, *L. Apulei opera omnia*, ed. G.F. Hildebrand
(2 v., Lipsiae, 1842), II, 174, differs slightly.
326-7 Ambulabunt ... vitae: Apoc. 3,4-5 (nomina eorum: Apoc. has: nomen
eius).

digni sunt, et non delebo nomina eorum de libro vitae".

Consequenter est advertendum ad istud propositum, quod cum vir sanctus in aliquo loco scitur, vix solus habitare permitti-
330 tur, sed confluunt ad ipsum plerique devoti, quatenus per eum proficiant et ad exemplar ipsius vivant. Sic et Eliseus, quamvis tamen fuit ab Elia vocatus, adhaesit eidem. Misitque Elias pallium super ipsum et dixit: Sequere me. Qui secutus est eum et spiritum prophetandi accepit ad pallii contactum. Sic et Abdias et Ionas,
335 sic et Ioannes Baptista et quamplures alii filii prophetarum. Ioannes etiam Baptista sepultus est inter corpora sanctorum Elisei et Abdiae prophetarum in civitate Sebaste, quam Herodes reparavit, ut dicit Isidorus *Etymologiarum* libro 15. Ex quo clare videtur eiusdem religionis Ioannes exstitisse.

340   Capitulum VII

                De similitudine habitus Eliae, Ioannis
                        et multorum aliorum

Director: Ubi etiam notandum, quod Elias et Ioannes Baptista consimili habitu utebantur, et nonnulli alii. Habitus autem illorum
345 erat vestis pilosa, grisea, non colorata per artem, et haec vestis

---

327 et ... vitae *om G.*   delebo] delebuntur *e.*
329 cum] dum *G.*
331 quamvis + fuerit *y.*
332 fuit *om Gy.*   Misitque] misit enim *G.*
333 ipsum] eum *e.*   secutus est eum *om G.*
334 accepit] recepit *G.*   et Ionas] Ionas et Michaeas *e.*
335 filii *post* prophetarum *G.*
337 Sebaste] Sebastia *G.*
338 ut dicit Isidorus *om G.*   Etymologiarum] Ethicorum *y.*   libro *om G.*   clare] clarum *y.*
339 religionis] ordinis *G.*   Ioannes] Ioannem *y.*
340-2 Capitulum ... aliorum *om e.*
341-2 De ... aliorum] Quod Elias et Ioannes eundem habitum portaverunt et de sanctitate pallii *y.*
343 Director *om e.*   etiam] et *e.*   quod + et *e.*
344 nonnulli *post* alii *G.*   illorum] eorum *e, om G.*
345 erat *om G.*

331-4 Sic. ... contactum: *cf* 3 Reg. 19,19-21.
334-9 Sic ... exstitisse: *cf* Cheminot, *Speculum,* ll. 46-67.
335-8 Ioannes etiam ... libro 15: Not in his *Etymologiarum,* but see Isidore, *De ortu et obitu Patrum,* c. 36, c. 44 and c. 66: (Ioannes Baptista) "sepultus est in Sebastiae oppido Palestinae, quae olim Samaria vocabatur; quam Herodes rex Iudeae, Antipatris filius, ob honorem Caesaris Augusti Graeco sermone Augustam vocavit". PL 83, 141, 144, 148.

dicebatur melota. Unde Apostolus: "Circuierunt in melotis, in pellibus caprinis". Habebant etiam zonas pelliceas circa lumbos suos. Hoc de Ioanne satis notum est, de quo etiam canit Ecclesia:

"Praebuit hirtum tegumen camelus
350   Artubus sacris, strophium bidentes".

De Elia dicitur IV Regum 1: "Vir pilosus et accinctus zona pellicea circa lumbos eius". Super haec omnia consuevit Elias uti pallio, de quo fit mentio IV Regum 2, et in multis aliis locis. Hoc pallium ascendens Elias Eliseo dimisit. Nam et ante saepe
355 cum illo Iordanis aquas divisit. Oravit Eliseus, quod spiritus Eliae duplicaretur in eo. Respondit Elias: "Rem grandem petisti, sed Dei virtute facilem; verumtamen si videris me quando tollar a te, erit tibi quod petisti". Percussit autem Eliseus aquas pallio, et non fuerunt divisae. Tunc ait Eliseus: "Ubi est spiritus Eliae
360 etiam nunc"? Percussit iterum et fuerunt aquae divisae. Dixerunt-que filii prophetarum: "Requievit spiritus Eliae super Eliseum", et occurrentes adoraverunt eum. Videntesque tanta miracula fieri per pallium, credebant ex simplicitate, quod esset sanctitas plus in pallio quam in personis, feceruntque pallia similia et habitabant

---

346 Apostolus] scriptum est *G*.
347 caprinis + angustiati afflicti etc. Ad Hebreos XI *e*.
348 suos *om G*.   canit *post* Ecclesia *e*.
350 strophium] stropheum *G*, strophia *e*.
351 pilosus] polosus est *e*.
352 eius *om G*.
353 multis *om e*.
354 Eliseo *post* dimisit *y*.
356 Rem *om e*.   petisti] postulasti *G*.
357 me *om G*.
358 erit] fiat *G*.   tibi *om e*.   quod] sicut *G*.   autem] et *G*.   aquas pallio et] et aquae *G*.
359 fuerunt] sunt *e*.   est + et nunc *e*.
360 etiam nunc *om e*.
360-1 Dixeruntque] dixerunt *G*.
362 occurentes] venientes in occursum eius *e*.
362-4 Videntesque ... personis *om y*.
363 ex] in *e*.   sanctitas *om e*.
364 feceruntque + etiam *G*.   habitabant] morabantur *G*.

346-7 Circuierunt ... caprinis: Hebr. 11,37.
349-50 Praebuit ... bidentes: the hymn *Antra deserti* for the feast of the nativity of St. John the Baptist.
351-2 Vir ... eius: *cf* 4 Reg. 1,8.
352-62 Super ... eum: *cf* 4 Reg. 2,8-15.

365 cum Eliseo in Carmelo. Pro sanctitate etiam Eliae et pallii ipsius potest adduci quod scribit Nicolaus de Lyra super 18 capitulum III libri Regum, et allegat rabbi Salomonem dicentem, quod bos adductus pro sacrificio Baal abscondit se sub pallio Eliae, quia detestabatur idolatriam.

370   Capitulum VIII

            De sancta vita antiquorum Carmelitarum

Detractor: Qualis fuit eorum vita pro illo tempore?
Director: Vivebant secundum legem Moysi, decalogum observantes, et veteris Testamenti traditiones pro posse perficientes. Sta-
375 bant sic per multos annos. Processu vero temporis, incarnato Salvatore et praedicante, verbum ipsius audiverunt et fidem receperunt. Post aliquos annos supervenit Albertus Ierosolymitanus patriarcha, collectisque per totum montem personis, de illis eremitis fecit coenobitas, et ut conventualiter viverent ordinavit,
380 tradens eis regulam, quam postea confirmari procuravit. His praemissis, tibi concludo propositum, ostendendo quomodo pa-

---

366 capitulum] capitulo *e.*
367 libri *om G.*   allegat] allegavit *G.*
368 Baal *om y.*
369 idolatriam] idololatriam *y.*
370 VIII] VII *e.*
371 De ... Carmelitarum] De primo modo vivendi eremitarum in Carmelo *G.*
372 illo *post* tempore *G.*
376 et praedicante] praedicantem *e.*   ipsius + Ioannem *e.*   audierunt]
audierunt *e.*
377 aliquos annos *om y.*
378 personis *om y.*   de *post* illis *e.*   illis *om y.*
380 eis *om G.*   postea + tamquam legatus a latere confirmavit insuper
et a summo pontifice *G.*
381 tibi *om G.*

365-9 Pro ... idolatriam: Nicholas de Lyra, *Postilla*, 3 Regum 18: *Biblia Sacra*, II, 155ᵛ: "Dicit Rabbi Salomon quod bos electus pro sacerdotibus Baal declinabat ab eis, abscondens se sub pallio Eliae, et hoc nutu divino, quasi abhorrens idololatriae cultum, ut sic etiam homines adsistentes docerentur per animal brutum. Et tunc Elias tradidit eum eis dicens, quod per eius immolationem sanctificaretur locus, sicut et per immolationem bovis alterius, quia per immolationem istius fuit detecta falsitas idololatriae".
375-7 Processu ... receperunt: *cf* Cheminot, *Speculum*, ll. 118-26.
377-80 Post ... procuravit: *cf* Cheminot, *Speculum*, ll. 220-30.

tronus fuit Elias. Ubi adverte, quod sanctum Benedictum secuti
sunt multi devoti, similiter et sanctum Bernardum ad Cistercium.
Et si tales vocati sunt ordinis sancti Benedicti vel Bernardi de
385 Cistercio, cur non poterant a principio dici Carmelitae fratres
Eliae de Carmelo? Nunc videre poteris quod titulum non fingo,
sed rationabiliter causam eius assigno.

Capitulum IX

Per scripta ostenditur, quod ab Elia
390   denominari debuimus

Detractor: Habesne testimonia scripturarum, quod propter omnia
praedicta denominari possis ab Elia?
Director: Ecce Detractor, iam sacrarum litterarum te probas igna-
rum. Nam et iuxta Philosophum "ad pauca respicientes de facili
395 enuntient". Do tibi Vincentium, XII libro Speculi Historialis, capitulo 22, qui dicit: "Mundi contemptores insidias diaboli calcarunt,
pium conflictum cum daemonibus aggredi cupientes, vastos eremi
secessus penetrare non timebant, ad imitationem Ioannis Baptistae, Eliae quoque et Elisei". Item Hieronymus in Epistola ad
400 Paulinum: "Noster princeps est Elias, noster dux est Eliseus,

---

381-2 patronus + noster e.
384 vel + sancti G.
385 cur non] nonne e.   poterant] poterunt ey.   a] in G.   dici om G.
fratres + sancti e.
387 causam eius om G.
388 IX] VIII e.
389 Per scripta praemittit quomodo e, praemittit ex quo G, post ostenditur G.
390 debuimus] debemus e, debeamus y.
391 testimonia] testimonium y.
392 possis] possit e.   Elia + sicut a patrono velut asseris G.
395 XII] XXVI e.
396 22] 99 G, spatium e.   qui dicit om e.   Mundi] Successores inquit
Eliae et Elisei mundi e.
397 cum om Ge.   daemonibus] de omnibus e.   vastos] vastas ey.
eremi + solitudines ac y.
398 penetrare om G.
399 in om G.
400 Paulinum + dicentem G.

395-9 Do ... Elisei: cf Cheminot, Speculum, ll. 83-87. The correct citation is
Speculum historiale, 1. 19, c. 98.
399-403 Item ... ambulasse: cf Cheminot, Speculum, ll. 18-26.

nostri duces filii prophetarum". Item Ioannes Cassianus dicit: "Sic decet religiosum incedere, sicut constat sanctos patres Eliam et Eliseum in veteri Testamento ambulasse". Consimilia verba sunt in *Historia Tripartita*, libro primo, capitulo 52, et additur
405 ibi quod "viri sancti elegerunt sibi locum devotioni et proposito magis aptum, ad exemplum Eliae viri sancti et solitarii in monte Carmeli, maxime in illa parte quae supereminet civitati Porphirianae, quae modo Caiphas appellatur, iuxta fontem Eliae vitam solitariam ducebant, in alvearibus modicarum cellularum tamquam
410 apes Domini dulcedinem mellificantes". Ad idem facit quod Isidorus libro V dicit: "Religiosi, inquit, coenobitae imitantur Apostolos, eremitae vero Eliam et Ioannem Baptistam". Consimilem ponit sententiam Iosephus Antiochenus in *Speculo perfectae militiae primitivae Ecclesiae*, ubi dicit quod "viri stre-
415 nuissimi, contemplationi dediti, sequaces Eliae, surrexerunt; qui de monte Carmeli descendentes per Galileam, Samariam et Palestinam fidem Christi constantissime sparserunt". Idipsum ponit Sigebertus in suis *Chronicis dicens*: "Cum Carmelitae in sancta paenitentia perseverassent a tempore Eliae et Elisei sanc-
420 torum prophetarum, tandem Christum praedicantem audierunt,

---

401 prophetarum + etc *G*.
401-2 dicit: Sic] dicit sic: *y*.
402 patres + nostros *e*.
404 52] 12 *ey*.
404-5 et additur ibi *om y*.
404 additur] addit *e*.
405-10 quod ... mellificantes *om sed addit post verbum* Ierosolymitana *in linea*
423 *y*.
405 quod + quidam *e*.   devotioni] devotum *y*.
406 aptum + atque *y*.
407 Carmeli] Carmelo *y*.   maxime] maxima *e*.   illa *post* parte *y*.
409 ducebant] ducentes *e*.
410 dulcedinem + spiritualem *e*.
411 libro + Etymologiarum *e*.   V + capitulo *e*.   dicit] ait *G*.
414 Ecclesiae + militum Christi *y*.   ubi dicit] capitulo 12 *e*.   quod]
quid *G*.
414-5 quod ... surrexerunt] Perfectorum, inquit, militum Christi apostolorum coadiutores surrexerunt viri strenuissimi solitariae contemplationi dediti sanctorum prophetarum Eliae et Elisei sequaces *e*.
416 Carmeli] Carmelo *y*.   Samariam *om y*.
417-21 Idipsum ... sunt *om y*.
418 Sigebertus] Sygibertus *G*, Sigisbertus *e*.
419-20 sanctorum *om e*.   audierunt] audiverunt *G*.

403-10 Consimilia ... mellificantes: The text of Jacques de Vitry is taken from Cheminot, *Speculum*, ll. 91-101, but Hildesheim, on his own, changes "quae fons Eliae dicitur" to "iuxta fontem Eliae".
410-2 Ad ... Baptistam: *cf* Cheminot, *Speculum*, ll. 65-67.
413-8 Iosephus Antiochenus and Sigibertus: See the Introduction, *supra* p. 328, 329.

et processu temporis per Apostolos baptizati sunt". Idipsum
haberi potest ex libris Iacobi de Vitriaco, qui fuit episcopus
Acconensis, praecipue ex *Historia Ierosolymitana*. Praeterea scribit
Gerardus Laodiceae episcopus in libro *De conversatione virorum*
425 *Dei in Terra Sancta ad Guillelmum presbyterum*, quod "aliud est
genus religiosorum, qui singillatim habitabant a saeculi rebus
alieni; hi sunt qui ad exemplum Eliae silentium solitudinis praeferebant tumultibus civitatis". Haec ille.

Cum igitur ex regula Carmelitae obligentur ad silentium et
430 ad vitam eremiticam, praesertim usque ad regulae mitigationem,
patet evidenter quod fuerint successores praedictorum, se conformiter habentes ad ipsos.

Videsne scripta sufficientia, probantia quod Carmelitae merito
censendi sunt fratres et successores Eliae?

435   Capitulum X

                    Quod habitus varius in album
                        fuit mutandus

Detractor: Cum in IV Regum scribatur, ut superius dixisti, quod
Elias dictus est vir pilosus, quia usus fuit veste melota, quare
440 non portas habitum talem, cum sis frater Eliae?

---

421 sunt + Deinde perseverantes in doctrina apostolorum habentes gratiam
ad omnem plebem veritatis evangelicae nuntii fideles et religionis christianae
legitimi defensores effecti sunt *e*.
423 Acconensis] Akaronensis *G*, Achonensis *y*.   praecipue ex] in *y*.   Ierosolymitana + dicens quod ... mellifluentes *ut supra in lineis 405-10 y*.   scribit
+ dominus *e*.
424 Laodiceae *post* episcopus *e*.
425 Sancta + degentium *ey*.   Guillelmum] Wilhelmum *G*.   aliud est
post religiosorum *e*.
426 habitabant] habitant *y*.
427-8 praeferebant] praeferunt *e*.
429 obligentur *ante* ex regula *G*.
430 mitigationem + factam ab Innocentio papa IV *e*.
431 fuerint] fuerunt *e*.
433 quod + fratres *G*.
434 sunt] sint *y*.
435 X] IX *e*.
437 fuit mutandus] fuerit mutatus *y*.
438 Regum + libro *e*.   scribatur] dicatur *G*.
439 quia] et *e*.
440 habitum *post* talem *y*.

421-3 He seems to consider Jacques de Vitry's *Historia Ierosolymitana* a
different work from the *Historia tripartita* quoted above, l. 404. A work by that
title was written also by Cassiodorus.
423-8 Gerardus Laodiceae episcopus: See the Introduction, *supra* p. 328-9.
438 IV Regum: 4 Reg. 1,8.

Director: Dixi superius, quod Elias super vestem melotam gessit chlamydem cum barris septenaria distinctione. Tales chlamydes nostri praedecessores portare consueverunt. Ego vidi in Francofordia anno Domini 1338 fratrem centenarium devotum et fide
445 dignum, Bartholomaeum nomine, qui dixit huiusmodi varias barras in iuventute se portasse. Quod postea non sine causa sedes apostolica variavit anno Domini 1287 in Monte Pessulano in capitulo generali. Nam ut ait Cassianus in libro *De institutis monachorum*: "Illa praecipue tenenda sunt, quae vel situs locorum
450 vel usus provinciae permittit. Modernis enim temporibus incedere melotis derisionem potius quam aedificationem conferret". Mutandus ergo fuit habitus iuxta prophetiam Hildegardis quae dixit: "Venient equi varii coloris, sed mutato vellere paulatim incedent". Ex his considera, quod habitus fuit mutandus et nonnisi in album,
455 quia pater Eliae vidit in somnis viros candidatos se salutantes, et quia prophetavit Isaias quod gloria Libani danda fuit beatae Virgini. Libanus interpretatur "candidatio", quia candidi viri futuri fuerunt per ipsius titulum glorificandi et eam prae ceteris glorificaturi.
460 Praeterea videtur probabile, quod ipsa beata Virgo portavit pallium candidum, cum cognata fuerit et familiaris angelis qui semper in albis apparuerunt, et quia vestimenta Filii tempore

---

441-2 Dixi ... chlamydes] Clamydes cum barris septenaria distinctione *y*.
442 cum ... distinctione] album sic et nos succedente tempore. Sed tandem per Sarracenos eum relinquere compulsi sumus et chlamidem cum barris septenaria distinctione assumere *e*.   barris + sub *G*.
443-4 in ... fratrem *om G*.
445 dignum + virum venerabilem *e*.   Bartholomaeum nomine *om G*. varias *om G*.
447 1287] 1288 *G*.
448 ait] dicit *e*.
449 praecipue] per(?) *G*.
451 conferret] comparabat *G*.
456 danda fuit] fuit data *e*.
460 Praeterea *praemittit* Director *G*.   videtur] fuit *e*.   beata *post* Virgo *G*.   portavit] portaverit *G*.
461 candidum] album candidatum *e*.
462 apparuerunt] aperuerunt *e*.

448-51 Nam ... conferret: *cf* Cheminot, *Speculum*, ll. 277-83.
451-3 Mutandus ... incedent: See the note to ll. 233-41.
455 quia ... salutantes: *supra* ll. 311-5.
456 Isaias: Is. 35,2: "Gloria Libani data est ei".
457 Libanus ... candidatio: Petrus Blesensis, *Sermo* 38, De Nativitate B. Mariae Virginis; PL 207, 673.

transfigurationis in candorem niveum variata fuerunt. Praeterea
persuadetur istud ratione sic: quidquid unquam fuit apud aliquos
465 laudabile, non debet beatae Virgini denegari, seclusa tamen imperfectione. Sed apud gentiles humilem laudat habitum Iuvenalis,
et non coloratum dicens:

"Sufficiunt tunicae summis aedilibus albae".

Igitur et hoc sibi debet attribui. Praeterea Vergilius loquens de
470 virgine et de saeculo aureo dicit:

"Iam redit et virgo, redeunt Saturnia regna".

Sequitur: "Non varios discet, mentiri lana colores" quasi dicat:
tunc non portabitur habitus ab illis hominibus per artem ad extra
coloratus. Ad hoc applicari potest quod scribitur *Apocalypsis* 19:
475 "Uxor Agni praeparavit se, et datum est illi ut cooperiat se byssino
candido". Item *Apocalypsis* 7: "Hi qui amicti sunt stolis albis, qui
sunt et unde venerunt? Hi sunt qui venerunt ex magna tribulatione,
et laverunt stolas suas in sanguine Agni et dealbaverunt eas".
Circa istud notandum quod chirurgici prohibent ne tangantur vul-
480 nera panno colorato.
Detractor: Quid sibi vult illa varietas? Magis congrueret viris sae-

---

463 candorem niveum] candore niveo *e.*   praeterea *bis* G.
464 persuadetur] suadetur *e.*   sic + quod *e.*   unquam *post* fuit *e.*
aliquos] aliquem *e.*
465 denegari] derogari *e.*
465-6 seclusa ... imperfectione *om* G.
466 laudat] laudavit *y.*
467 et *om* *e.*
468 aedilibus] odilibus *y.*
469 hoc] haec *ey.*   debet] debuit *e.*
469-71 Praeterea ... regna *om* *e.*
471 et *om* G.   redeunt + et G.
472 discet] discat *e.*
473 habitus *om* *e.*
475 est *om* G.   illi] ei *e.*   byssino + splendens G.
477 venerunt + etc G.
479 notandum] notari potest G.   chirurgici] chirurgi *y.*   tangantur]
tergantur G.
481 Magis] Nonne magis G.   congrueret] congruere *e.*

---

468 Juvenal, *Satyrae*, III, 179.
471-2 Vergil, *Eclogae*, IV, 6 and V, 42 (Non: Vergil has: Nec).
474-6 Apoc. 19,7-8: byssino splendenti et candido.
476-8 Apoc. 7,13-14.

culo abdicatis et devotis simplex habitus quam varius.

Director: Planum est quod Elias proiecit Eliseo pallium, ut esset initium et formula vel incitamentum continuandae religionis im-
485 posterum. Ideo clamavit pro tunc Eliseus: "Pater mi, pater mi, currus Israel et auriga eius". Ubi Magister in *Historiis* talem glossam ponit: "Auriga eius", id est sustentator populi et rector; supple: recedit a me. "Scidit Eliseus vestimenta sua prae dolore, vel abiiciens vestem suam, ut veste Eliae de cetero uteretur".
490 Hucusque Magister in *Historiis*.

Capitulum XI

An varietas primum fuerit
casualis an non

Director: Dicunt quidam quod pallium de curru igneo dimissum,
495 tactum ab igne, fuit modicum denigratum vel discoloratum in partibus extrinsecis, sed retinuit colorem pristinum in partibus involutis.

Detractor: Si talis ignis potuit laedere pallium, potuit etiam laedere Eliam et equum et currum, quod non videtur verum.

481-2 saeculo *om G.*
482 devotis + et *e.*
484 et *om G.*
485 clamavit] clamat *y, post* tunc *G.*
487 id *om ey.* populi *om G.*
489 vel] et *ey.*
490 Hucusque] usque huc *e.*
491 XI] X *e.*
492 varietas + habitus *G.* primum] primo *G.* fuerit] fuit *G.*
493 an] vel *G.* non + Et quod Carmelitae Spiritum Sanctum receperunt cum dono linguarum *y.*
494 Director *om y.*
495 tactum] factum *e.* ab igne *post* fuit *G.* fuit + et *G.*
496 pristinum + album *e.*
498-9 etiam laedere] laedere et *e.*
499 et equum et currum *om y.*

485-6 Pater ... eius: 4 Reg. 2,12.
486-90 Petrus Comestor, *Historia scholastica*, 4 Regum 2: " '... auriga eius', id est sustentator populi et rector, et deiecit ei Elias pallium suum. Tunc ille scidit vestimenta sua, vel prae dolore, vel abiiciens vestem suam, ut deinceps uteretur veste Eliae". PL 198, 1388.
494-7 *Cf* Jean de Venette, *Chronicle*, ll. 199-211.

500 *Director*: Potuit fuisse talis ignis "illuminans et non comburens"
sicut fuerunt ignitae Apostolorum linguae, et sicut fuit ignis in
fornace, qui tres pueros non combussit nec aliquam in eis cor-
ruptionem causavit; et rubus Moysi igne comburi videbatur, et
tamen non consumebatur. Quidquid sit de hoc, si ignis ille
505 varietatem illam non fecit, vel si forsitan Elias ante raptum
illam varietatem ex industria fecit, non est demonstrabile. Potest
tamen Deus multa talia disponere propter mysticam significationem. Nam et in rerum natura videmus ignem qui laedit intrinseca
et non extrinseca. Liquefacit enim ignis fulminis gladium in vagina,
510 non laedens vaginam. Sic miraculorum effector Deus, qui supra
naturam est, potest facere, quod ignis ad extra denigret pallium
et quod non laedat hominem vel equum, quamquam et equi tales
intelligi possint mystici vel spirituales potius quam corporales
vel materiales. Vel forte volente Deo talis ille fuit ignis, qualis
515 fuit prius ille quam Elias fecit suis precibus de caelo descendere
in montem Carmeli, qui combussit sacrificium. Insuper ab aquis
venire potuit illa varietas, quae quandoque sunt inundantes, propter glaebam vel terram quam secum ducunt, res quas tangunt
suo colore colorantes. Talis etiam est Iordanis, ut experti mihi
520 retulerunt. Modo scribitur IV Regum 2: "tulit Eliseus pallium
et involvit illud et percussit aquas". Et per hunc modum poterant
exteriores partes aliter colorari quam interiores et involutae.

---

500   et *om e.*
501   et sicut] et sic *e.*
502   tres *om e.*
503   Moysi] in *G.*
505   illam *post* fecit *e.*
505-6 vel ... demonstrabile *om y.*
506   Potest] posset *G.*
507   talia] alia *G.*
508   et *om e.*
509   fulminis] fulmine suo *e.*
510   qui *om y.*   supra] super *e.*
511   est *om ey.*   ad] de *y.*
514-24 Vel ... illa *om y.*
515   prius *om e.*
517   quandoque] quando *G.*
519   est *post* Iordanis *e.*
520   scribitur *om e.*   Regum 2 + dicitur *e.*

---

500 illuminans et non comburens: *cf* Resp. 2, Monday within the Octave
of Pentecost: "Advenit ignis divinus, non comburens sed illuminans".
520-1 Tulit ... aquas: *cf* 4 Reg. 2,8. Eliseus should be Elias!

Planum est quantum spectat ad Deum, non est frustra, non est sine causa varietas illa. Aliquid enim in hac parte latet mysticum,
525 praesertim cum expresserit septenarium numerum, quem numerum notat Macrobius in *Commento Somnii Scipionis*: primum numerum virgineum, qui de se nihil gignit. Et ipsa Virgo virginum circumamicta varietate dicitur, et hoc virtutum, secundum glossam.

Habuit illud pallium tres plicas griseas et quatuor albas. Tres
530 poterant significare tres virtutes theologicas, et aliae quatuor totidem virtutes cardinales. Vel septenarius ille partium explicatarum et involutarum significare potest mobilitatem totius temporis, quod septem diebus vertitur et volvitur quousque terminetur. Igitur habitum habere talem quo quis frequenter moneatur ut con-
535 sideret volubilitatem temporis, videtur aliquid rationis praetendere. Varietas enim illa quam arguis, non est detestabilis, praesertim cum et Apostoli variis linguis locuti sunt in adventu spiritus vehementis. Et multum probabile est quod incolae montis Carmeli tale donum linguarum variarum receperunt ibidem.

---

523 quantum] in quantum *e.*
523-4 non est sine] et non sine *e.*
524 enim] igitur *e, om y.*
526 notat *om G.*
526-7 Macrobius ... virgineum (virginis *G) in margine G.*
526 somnii *om y.*
527 virgineum] virginum *e.*   qui] quae *e.*
528 varietate *post* dicitur *G.*   et hoc] scilicet *y.*   virtutum *om e.*
529 illud] igitur *y.*   griseas + seu subrufas *e.*
530 poterant] poterunt *e.*   aliae *om e.*
531 ille] iste *y.*
532 mobilitatem] volubilitatem *G.*
533-4 Igitur] item *e.*
535 videtur] videret *G.*   rationis *post* praetendere *G.*
536 enim] igitur *G.*
537 sunt] sint *y.*

---

526 Macrobius, *Commentaria in somnium Scipionis*, I, c. 6, n. 11: "Huic autem numero, id est septenario, adeo opinio virginitatis inolevit, ut Pallas quoque vocitetur. Nam virgo creditur, quia nullum ex se parit numerum duplicatus, qui intra denarium coartetur, quem primum limitem constat esse numerorum ...".
527-8 Et ... glossam: Nicholas de Lyra, *Postilla*, Psalmus 44, *Biblia Sacra*, III, 150ʳ, "circundata varietate, scilicet charismatum et virtutum".
529-31 Habuit ... cardinales: *cf* Cheminot, *Speculum*, ll. 270-3.

540 ## Capitulum XII

Quod Carmelitae Spiritum Sanctum
receperunt cum dono linguarum

Detractor: Quomodo probas eos recepisse donum linguarum?
Director: Considera Lucam in *Actibus Apostolorum* sic dicentem:
545 "Erant autem in Ierusalem habitantes viri religiosi", etc. Videtur
igitur quod plures fuerunt Spiritum Sanctum recipientes quam
duodecim Apostoli. Dabatur enim pro tunc Spiritus Sanctus multis
per impositionem manus, qui omnes loquebantur linguis et prophetabant.
550 *Detractor*: Tu dicis, praedecessores tuos eremitas fuisse, isti vero
dicuntur in Ierusalem habitasse.
Director: Considera quod eremitae quandoque quaerunt magnas
civitates, ut in festis et pro indulgentiis, sicut adhuc stant in
Roma diebus multis, quasi sint ibidem habitantes. Congruum fuit
555 igitur, quod uterentur veste varia, qui variis linguis aliquando
erant locuturi, et qui titulum Virginis, de ipsorum tribu nasciturae, quae stat ad dexteram Patris in vestitu deaurato circumdata

---

540-2 *om* y.
540 XII] XI *e.*
541-2 Quod ... linguarum *adiungitur lineae 493* y.
541 Carmelitae + videntur *G.*
542 receperunt] recepisse *G.* cum *om e.*
544 sic *om G,* + capitulo 2 *e.*
545 habitantes] Iudaei *e, om* y. etc] ex omni natione quae sub coelo
est *e.*
546 fuerunt] fuerint y.
547 enim *om e.* multis *om e.*
548 manus] manuum *G.* omnes] etiam y.
551 in *om G.* habitasse] inhabitasse *G.*
552 quandoque] quoque y, *post* quaerunt *G.*
553 ut] et *Gy.* et pro] pro y. sicut + et *G.*
554 Roma *om e.* multis + et pro indulgentiis sic et adhuc *G.* sint]
sicut *e.*
554-75 Congruum ... audis *om* y.
555 quod] ut *e.* veste varia] variis habitationibus *e.*
555-6 aliquando erant] erant quandoque *G.*
556-7 de ... nasciturae] nasciturae de eorum tribu *e.*
557 stat *om e.* dexteram] dextram *e.* Patris + debuit sedere *e.*
circumdata] circumamicta *e.*

---

545 Erant ... religiosi: Act. 2,5.
557-8 quae ... varietate: *cf* Ps. 44,10.

varietate, debuerunt imposterum possidere. Qui olim fecit quod
varii forent ovium colores Iacob patriarchae, voluit ipsius posteros
560 vestiri pro tempore vario colore. Nec frustra fuit illa varietas,
qua Deus voluit ditare Iacob servientem temporaliter. Potuit
etiam illa varietas praetendere divitias aeternales.
Detractor: Vellem causam scire.
Director: Sufficiat tibi quod nihil in terra sine causa fit. Tu vero,
565 cum sis patentium causarum doctor ignarus, iam vis effectuum
patentium causas inquirere latentes. Patens praecessit effectus,
visus est habitus varius.
Detractor: Vel da mihi causam, vel doce quid significaverit.
Director: Multi sunt effectus qui non habent causas praesentes
570 vel de praesenti causantes, sed aliquos effectus futuros praefigurantes, et per talem modum suos effectus longo tempore praecedentes. Significare igitur potuit habitus varius, quod erat quandoque variandus iuxta prophetiam Hildegardis dicentis: "Venient
equi varii coloris et mutato vellere" etc. Prophetiae enim aperiun-
575 tur per facta, hic ut audis.

Capitulum XIII

Quare non sumus ut ceteri citra mare dilatati

Detractor: Cum te tam antiquum iactes, cur alii religiosi sunt
melius quam tu plantati et dilatati ac privilegiati?

---

559 patriarchae] patriarcha *G.*
560 colore + Detractor *G.*
561 Deus *om e.*   voluit *post* ditare *e.*
562 illa] ista *e.*
563 Detractor *om G.*   causam *post* scire *e.*
564 fit] sit *e.*
564-5 Tu vero cum] Cum tu *e.*
565 doctor *post* ignarus *e.*
568 causam *om G.*   doce *om e.*   significaverit] significaverint *G.*
570 aliquos *post* effectus *e.*
572 igitur *post* potuit *G.*   quod] qui *e.*
574 et] sed *e.*   etc] paulatim incedent *e.*
575 per facta] perfecte *G.*   hic ut audis *om e.*
576 XIII] XII *ey.*
577 dilatati + privilegiati *G.*
578 te + iam *e.*
579 et *om G.*   ac] et *Gy.*

558-9 Qui ... patriarchae: *cf* Gen. 30,37-43.
573-4 Hildegardis: *supra* ll. 233-41.

580 *Director*: Quantum ad hoc respondeo, quod ceteri mendicantium
ordines omnes ab ista parte maris incoeperunt; ideo facilius dilatari potuerunt et occupare loca plurima et meliora, sicut mercatores qui primo veniunt ad nundinas vel ad forum. Praeterea tam
extraneus et ridiculosus habitus homines in tantum exterruit,
585 quod vix aliquis pro illo tempore talem religionem intrare curavit.
Detractor: Secundum praedicta melius ultra mare deberetis esse
plantati quam aliae religiones, quae de cismarinis partibus trans-
fretaverunt, et tamen aliquae religiones, quas vocas modernas,
590 melius ibidem sunt vel saltem aeque bene plantatae.
Director: Dixi tibi quod impedivit hoc habitus. Quod si non sufficiat illa ratione, do tibi aliam, videlicet vitam eremiticam, quam
duxerunt. Nam et ex institutione prohibiti fuerant in urbibus
habitare vel in suburbiis, nec importune se ingesserunt vel urbibus
595 intruserunt, sed hominum consortia cordialiter fugerunt, ne levi
saltem maculare vitam famine possent. Unde sicut expertis constat, Parisius cum pius, illustris et sanctus Francorum rex Ludovicus, qui vix impetratos fratres secum duxit, in corde villae Parisiensis eos locare voluit, omnino renuerunt. Igitur ad extra locati
600 fuerunt, ubi nunc sunt Caelestini. Locus autem ille pro tunc a
villa plurimum distabat.
Detractor: Nondum respondisti de privilegiis.

---

581 omnes *om e*.
582 plurima] plura *G*.
582-3 mercatores + faciunt *G*.
584 et + quodammodo *G*.
585-6 intrare curavit] intravit *G*.
590 ibidem] ibi *G*.   sunt *post* bene *e*.   plantatae] dilatatae *G*.
591 hoc *om e*.
591-2 sufficiat + tibi *y*.
592 illa *om e*.   tibi *om e*.   vitam *post* eremiticam *G*.
592-3 quam duxerunt *om G*.
593-4 Nam ... suburbiis *om y*.
594 vel in suburbiis] sed in eremis *e*.   suburbiis] suburbibus *G*.   vel
+ in *e*.
596 sicut] etiam *e*.
598 fratres] patres *e*.   villae] civitatis *e*.
599 voluit + sed *ey*.   ad *om e*.
600-1 a villa] a civitate *e, post* plurimum *G*.
602 privilegiis + quae habent *G*.

580-3 *Cf* Cheminot, *Speculum*, ll. 291-5.
583-6 *Cf* the chapter of 1287, *Invocantes*, ll. 41-45.
595-6 ne ... possent: The hymn *Antra deserti* for the feast of the nativity
of St. John the Baptist (possent: the hymn has: posses).

Director: Respondeo tibi nunc. Si tu quasi modernus et novissi-
mus es melius aliis privilegiatus, quasi clericus per saltum pro-
605 motus, et si habes privilegiorum satietatem, non invideas aliis
vetustate oblitis, sed potius honores eosdem iuxta Iuvenalem
dicentem, quod erat olim venerabile quatuor annis tantum aliquem
praecedere in aetate. Quanto maiori veneratione dignum est plus
quam millenis annis? Patet hoc etiam in veterum primogenitis
610 quantae fuit sola primitas dignitatis. *Apocalypsis* 5: seniores 24
adoraverunt viventem in saecula saeculorum. Sed cave ne veniant
ursi de saltu et lacerent te, sicut olim pueros irrisores Elisei
Carmelitae. Cave ne tua privilegia vertantur in pravilegia per
invidiae vel arrogantiae turpis abusum. Adverte quod in rebus
615 humanis melius providetur semper incolis quam advenis et pere-
grinis, melius prope natis vel compatriotis quam de longe venientibus et ignotis, iuxta illud Senecae: "Peregrini multa habent
hospitia et paucas amicitias".

Item stabit hic pertinentius illud quod in fine quinti capi-
620 tuli praecedentis ponitur: Luna quae citius aliis ab orientis
horizonte scandit ad meridiem, velocius aliis cadit ad occidentem.
Vermis e funere periodus est unius diei: oritur cum sole, perficitur

---

603-4 novissimus] novitius *G.*
604-5 promotus] permotus *G.*   invideas] videas *e.*
606 vetustate oblitis] vetustatem *G.*   eosdem] eandem *G.*
607 quod + tantum *e.*   olim *ante* erat *G, post* venerabile *e.*   tantum
om e.
609 quam + bis *y,* + modo *e.*
610 quantae] quanta *G.*   fuit] fuerit *y,* sint *e.*   sola primitas] solum
primogeniti *e.*
612 sicut] ut *e.*
614 turpis *ante* invidiae *g.*
615 providetur *post* semper *G,* provideatur *y.*   incolis] inquilinis *G.*
quam + in *G.*
616 compatriotis] compatronatis *e.*
617 et] vel *G.*
619-20 Item ... ponitur *om e.*
619-27 Item ... gradum *om y. Textus similis iam adest in fine cap. V.*
620 aliis *post* orientis *G.*
622 e funere] effinire *G.*   periodus *in margine G.*

606-8 Juvenal, *Satyrae,* XIII, 58-59: "tam venerabile erat praecedere quattuor
annis, primaque par adeo sacrae lanugo senectae".
610-1 Apocalypsis: *cf* Apoc. 5,14.
611-3 Sed ... Carmelitae: *cf* 4 Reg. 2,23-24.
617-8 Seneca, *Epistolae ad Lucilium,* ep. 2.
619-27 *Vide supra* ll. 297-304.

in meridie, cum sole moritur occidente. Qui cito ditatur, tam cito
plerumque depauperatur, iuxta illud Salomonis: "Substantia fes-
625 tinata dissipabitur". In hac parte nolo plus procedere, sed exercitii
relinquere materiam lectori sapienti. Cum igitur repente nimis
ascenderis, cave ne pari processu vergas ad non gradum.

Capitulum XIV

Quare fratres beatae Mariae dicimur

630 *Detractor*: Iam satis in hac materia laboravimus. Nunc vellem
ut ostenderes, qua ratione qui te primo dixisti fratrem Eliae,
nunc te fingis fratrem Mariae. Forsitan a Maria Aegyptiaca vel
ab alia qualicumque nomen habes, et ut solemnior appareas,
omnibus occultatis, huiusmodi titulum gloriosae Virginis tibi frau-
635 dulenter usurpas.
Director: In peccatis natus es totus, qui te patronum facis vel
advocatum peccatricis, et detrahis utique laudibus Dei Genitricis.
Qui te prius fecisti advocatum Nabal fatui, iam nunc procurare
velles honorem peccatrici. Et in hoc non modicum subsannas
640 catholicam quae Spiritu Sancto regitur Ecclesiam, si quasi delira,
somnolenta vel ebria religionem instituit vel institutam intitulavit
nomine peccatricis, et nullum ordinem instituit in honorem Dei

---

623 meridie cum] meridie *e*.   moritur + in *G*.   Qui] quam *G*.
625 parte] materia *e*.
627 processu] passu *G*.   vergas] vergaris *e*, pereas *G*, + velociter *G*.
628 XIV] XIII *ey*.
629 Quare + dicimur *G*.   beatae *om e*.   dicimur] virginis *G*, dicuntur *e*.
631 ut] quod *G*.   ratione + probas *e*, + probes *y*.
634 occultatis] occultatus *e, ante* omnibus *G*.   tibi *post* fraudulenter *G*.
636 In ... totus *om y*.   facis] facit *post* advocatum *G*.
637 et] in quo *G, om y*.   detrahis] detrahit *G*.
638 Qui] Et etiam qui *G*.   advocatum *ante* fecisti *y, post* fatui *e*.   Nabal
om G.
639 honorem + falsum *G*.
641 somnolenta] somnolentia *e*.   instituit vel] in honore Dei genitricis *e*.
642 instituit] instritui *e*.   honorem] honore *e*.

624-5 Substantia ... dissipabitur: cf Prov. 13,11.
632 Maria Aegyptiaca: Her life is narrated in *Vitae Patrum*, lib. I; PL 73,
673-90.
636 In ... totus: Io. 9,34.

Genitricis. Gentilis olim superstitionis ministri consimiles quodammodo se rationabilius habuerunt, qui matri deorum titulum
645 et religionem instituerunt, dicentes quod hoc ab Apollinis oraculo
in responsis habuerunt. Unde Ovidius in libro *Fastorum*:

"Mater abest, matrem iubeo te Roma requiras
Cum venerit casta est accipienda manu".

Si minimis quodammodo sanctis Ecclesia religiones ascribit,
650 nimis in ratione deficit, si Salvatoris Genitricem vel hoc honore
minus dignam iudicavit, vel ex negligentia praetermittendo non
curavit. Si Templarios ob reverentiam templi materialis et manu-
facti vel approbavit vel instituit; si ob reverentiam sancti sepulcri,
in quo Christus mortuus iacuit, religionem quae adhuc superest
655 ratificavit, quo pacto vivum templum Dei vivi non manufactum,
quinimmo Spiritus Sancti sacrarium sine applicata sibi religione
dimisit? Vel igitur aliam assignabis mihi beatae Virginis religionem,
vel ego semper obiiciam Ecclesiae tantae Virginis postpositionem.
Detractor: Do tibi aliam religionem beatae Virginis, dominorum
660 videlicet et militum de domo Theutonica, titulum Virginis habentem, et sic cessare poteris a querelis.
Director: Qui de terra est, de terra loquitur; qui modernus est,
moderna fabulatur: tu mihi das religionem quae ratione iuventu-
tis vel novitatis quodammodo vagit adhuc in cunabilis. Manebit
665 igitur querela mea vel querelosa disputatio, si plus quam annis
millenis stetit Christifera Mater sine veneratione specialis ordinis

643 olim *post* superstitionis *y*.
644 se *om ey*.   rationabilius] rationabilibus *e*, rationalibus *G*.   titulum]
cultum *G*.
649 Ecclesia *om y*.   religiones] religionem *e*.   ascribit] ascripsit *G*.
650 nimis] minus *G*.   deficit] defecit *G*.
651 iudicavit] indicavit *G*.
652 et *om y*.
653 vel approbavit] vel approbat *ey*, *post* instituit *G*.
655 vivum *om G*.
657 assignabis] assignetis *ey*.
658 semper *post* obiiciam *G*.
659 tibi *om e*.   religionem + videlicet *e*.   beatae + Mariae *e*.   do-
minorum] fratrum *e*.
663 tu] cum *G*.
664 cunabulis] cunabilis *G*.
666 specialis] spiritualis *e*.   ordinis sive *om G*.

645-8 Ovid, *Fasti*, IV, 259 (te Roma: Ovid has: Romane).
662 Qui ... loquitur: *cf* Io. 3,31.

sive religionis.

Detractor: Ex omnibus his non demonstras, quo pacto titulus tibi
670 congruat Dei Genitricis.

Director: Do tibi primo symbolicam consonantiam vocabulorum.
Nonne vocabulum Eliae quasi cognatum sonat vocabulo Mariae?
Ergo titulus qui primo fuit Eliae, debuit applicari Mariae.

Detractor: Nihil curo de consonantia verbali quae est in vo-
cabulis.

675 *Director*: Do tibi ergo secundo cognationem realem, quae est in
tribubus et in personis. Elias de tribu fuit Aaron, cuius virga
floruit et fructificavit. Et ad litteram beata Virgo fuit eiusdem
cognationis, quae nobis mundi florem et fructum salutis edidit.
Et ob hoc iure velut hereditario floridi montis et uberrimi nomen
680 illud sibi vindicat et vindicavit.

Ecce do tibi tertio congruentiam virginitatis in utroque.

Detractor: Quomodo probas Eliam fuisse virginem?

Director: Hoc tibi, scripturarum ignaro, sic declaro. Audi namque
Hieronymum in *Epistula ad Eustochium virginem* sic dicentem:
685 "In antiqua lege sola erat benedictio liberorum; paulatim vero
increscente segete messorum immissus est virgo Elias, virgo Eliseus, virgines multi filii prophetarum".

Detractor: Satis hoc probasti.

Director: Videsne quod Virgo virgini merito succedere debuit in
690 titulo, sicut olim Christo virgini successit in cura vel in tutela
Virginis Ioannes virgo? Oblitus es forte Philosophi dicentis in
libro *De Generatione et Corruptione*, quod "in habentibus symbolum

---

669 titulus *post* tibi *y*.
670 Dei *post* genitricis *G*.
671 primo] primum *e, om G*.   symbolicam] symbolam *G*.
672 sonat] consonat *G*.
675 ergo *ante* do *G, ante* tibi *e*.
676 et in] et *e*.   fuit *om G*.
679-80 nomen illud] titulum *G*.
680 vindicat et *om e*.   et vindicavit] *om y*.
681 Ecce *om G*.   tertio] tertiam *ey*.
683 Audi] Vidi *G*.
686 messorum] messor *e*.
687 filii *post* prophetarum *G*.
689 Videsne] vides *e*.
690 Christo virgini *om G*.   vel in] vel *e*.

676-8 Elias ... edidit: *cf* Cheminot, *Speculum*, ll. 150-5.
681-7 *Cf* Cheminot, *Speculum*, ll. 143-9.
691-3 Philosophi: Aristotle, *De generatione et corruptione*, II, 4 (textus 25).

facilior est transitus"? Et adverte quod Elias et Eliseus non solum
fuerunt virgines, sed primitiae virginum veteris Testamenti, et in
695 Maria inchoata est virginitas novi Testamenti quasi primiceria.
Et ideo facilior est transitus de primitiis virginitatis Legis veteris
ad primitias virginitatis novae Legis. Et adverte symbolicam in
quatuor virginibus congruentiam, tam in Maria quam in Elia,
tam in Christo quam in Ioanne; quia de omnium istorum reli-
700 quiis vel ossibus nihil remansit in terra, quasi terra non esset
digna tam caelestia corpora continere, quamvis opinentur oppositum nonnulli de praeputio Christi vel huiusmodi.

Do tibi quarto rationem huius de capellae constructione. Traditum tenemus a patribus, quod fratres habitatores Carmeli post
705 receptam fidem et post gloriosae Virginis assumptionem oratorium
in declivo montis Carmeli construxerunt prope fontem qui "fons
Eliae" dicebatur, et capellam beatae Virginis vocaverunt, quia in
ipsius honore fecerunt et processu temporis consacrari procuraverunt. Et haec fuit prima capella quae in honorem beatae Virginis
710 unquam fuit constructa. Audivi a fide dignis, qui dicebant se
vestigia capellae praedictae dilapsae vidisse. Igitur personae beatae
Virginis servientes in illa capella, poterant utique rationabiliter
fratres vel ministri beatae Virginis appellari, nam ab ecclesia, cuius

---

693   facilior] faciliter *e*.
694-5   primitiae ... est *in margine G*.
696   virginitatis *om y.*   Legis *post* veteris *y*.
697   novae *post* Legis *y*.
698   Maria] Elia *G*.   Elia] Maria *G*.
700   esset] foret *G*.
704   Carmeli + construxerunt *e*.
706   declivo] declivio *ey*.   Carmeli *om G*.   construxerunt] construxerint
y, om e.
707   dicebatur] dicitur *e*.   virginis + illud oratorium *G*.
708   honore] honorem *e*.   temporis *om G*.
709   honorem] honore *e*.
710   Audivi + a quodam *sed canc G*.   se *post* dilapsae *y*.
711   vestigia ... dilapsae] capellam *e*.   personae *om G*.
712   servientes] deservientes *y*.   utique + et *G*.
713   nam + et *G*.   ab] ex *e*.

---

695   virginitas ... primiceria: Bernard, *Sermones*, "... virginitatis primiceria".
PL 183, 433.
701-2   quamvis ... huiusmodi: Petrus Comestor, *Historia scholastica*, In Evangelia, c. 6, additio 2, "Dicitur quod praeputium Domini delatum est ab angelo Carolo
Magno in templo Domini, et translatum ab eo Aquisgrani; etiam post a Carolo
Calvo positum in ecclesia Salvatoris apud Carosium. Alii dicunt Antuerpiam
delatum, nam illic in summa veneratione habetur"; PL 198, 1541.
703-10   Traditum ... constructa: *cf* Cheminot, *Speculum*, ll. 169-72.
713-5   nam ... Petistis: Baconthorpe, *Speculum*, ll. 95-96.

sunt ministri, intitulantur religiosi, ut habetur *Extra, De privile-*
715 *giis*, capitulo 'Petistis'. Et ideo a tempore cuius non est memoria,
omnes ecclesiae nostrae sunt in honore beatae Virginis aedificatae
et consecratae per praedecessores nostros.

Ecce, si nihil apud te concludunt assertiones huiusmodi de
praeterito, do tibi quinto prophetias praedictas de futuro. Cum
720 enim olim Isaias de gloria futurae Virginis prophetaret, inter
cetera dixit: "Datus est ei decor Carmeli".

Detractor: Unde probas quod haec verba de beata Virgine sint
dicta?

Director: Scripturarum ignare, vide glossam Canticorum 7 et
725 invenies quae dixi. Praeterea vide beatum Bernardum in sermone
de beata Virgine quae incipit: "Loquamur aliquid de laudibus
beatae Mariae virginis", ubi dicit: "Data est ei iuxta verbum
Isaiae gloria Libani, decor Carmeli" etc. Decor Carmeli sicut loci
cuiuslibet sunt insignes et sanctae personae locum talem inhabi-
730 tantes, sicut et decor conchae est pulchritudo margaritae. Talis
pulchritudo beatae Virgini datur, cum religio talis cum tali titulo
sibi specialiter ascribitur vel applicatur. Decor igitur Carmeli sibi
datur, cum quidquid fuit unquam in Carmelo decoris, sibi totum
applicantur vel attribuitur. Sed nihil unquam fuit ibi maioris
735 decoris quam Elias et alii prophetae et eorum sequaces ibidem
decentissime viventes. In eodem sermone dicit beatus Bernardus
quod est "magistra religionis".

---

714 Extra] X *y*.
715 capitulo] in capitulo *y*.   ideo] igitur *e*.
716 honore] honorem *y*.
718 Ecce + Detractor *G*.
719 prophetias] assertiones *e*.
720 olim *post* Isaias *e*.
722 sint] sunt *e*.
724 vide] vade ad *G*.
725 quae] quod *y*.
726-7 aliquid ... virginis *om G*.
727 beatae Mariae virginis] etc *e*.   ubi + sic *e*.
728 etc] et Saron *y*.
729 locum *post* talem *G*.
730-1 talis pulchritudo] talis decor *G*.
733 fuit *post* unquam *G*.   decoris] decorum *G*.   sibi] illi *y*.

---

721 Datus ... Carmeli: Is. 35,2.
724 Glossam Canticorum: The gloss does not speak of Mary. *Cf* Baconthorpe, *Speculum*, ll. 11-12.
725-8 Praeterea ... Carmeli etc.: *cf* Baconthorpe, *Speculum*, ll. 12-14.

Detractor: Habes hoc de sancto Bernardo, quod talis decor intelligendus sit in illis verbis?

740 *Director*: Quomodo beatus Bernardus aliquid expressius diceret, cum ipse religionem illam ignoraret, quia nondum transiverant mare fratres? Et ut magis intelligas, adverte quod sponsus caritate plenus animam vel sponsam amorosam, qualis tua non est anima, sed invidiae plena, dulciter alloquitur *Canticorum* 7: "Caput tuum

745 ut Carmelus"; quod et ibidem glossa de beata Virgine exponit. Caput enim cuiuslibet rei principale est. Caput igitur Virginis est ut Carmelus, aut in Carmelo moram trahens hominum coetus est, qui principaliter debet attribui sibi. Et ponitur ibi continens pro contento, sicut saepe fit in scripturis. Videtur igitur verisimile,

750 quod et beata Virgo locum illum, qui decor ipsius dicitur, corporali praesentia sua plerumque decoraverit, quia prophetiae aperiuntur per facta; etiam non distat Nazareth a Carmelo nisi tribus miliaribus.

Detractor: Habesne plura quibus posses propositum tuum robo-
755 rare?

Director: Do tibi sexto sanctum Cyrillum, presbyterum societatis Carmeli, qui postea factus est Alexandrinus episcopus, qui praesedit Ephesino concilio trecentorum patrum tempore Theodosii iunioris et Caelestini papae I. In quo sanctus Cyrillus Nestorium, qui

760 beatam Virginem non Dei, sed hominis matrem dixit, disputando

---

738-9 intelligendus *post* sit *e.*
740 diceret] dicere potuisset *e.*
741 illam] nostram *e.*   transiverant] transiverunt *Ge.*
743-4 animam ... plena] eam *ey*, eam *post* dulciter *e.*
744 plena + tam *e.*   7] primo *g*, + dicens *G.*
747 aut] id est *G*, *om e.*
748 est *om G.*   qui] illud *e*, et hoc *G.*   principaliter + beatae virgini
G.   sibi *om G.*
750 illum *om e.*
752 per facta] perfecte *y*, perfectissime in ea *G.*   etiam] et *y.*   distat]
distabat *G.*
756 sexto] virum *e.*   presbyterum] eremitam *e.*
757 Alexandrinus] Alexandriae *e.*   praesedit + in *e.*
758 trecentorum] ducentorum *e.*   iunioris] Iunionis *G.*
759 Caelestini] Eugenii, *in margine* Coelestini *G.*   papae I] papae *G.*
sanctus *om G.*   Nestorium + confutavit *e.*
760 hominis + tantummodo *e.*   disputando + vicit *G.*

744-5 Caput ... Carmelus: Cant. 7,5; *cf* Baconthorpe, *Speculum*, l. 17.
745 glossa: Here too the gloss does not refer to the Virgin Mary.
749-53 Videtur ... miliaribus: *cf* Cheminot, *Speculum*, ll. 162-8.
751-2 prophetiae aperiuntur per facta: Baconthorpe, *Speculum*, ll. 21-22:
"nam prophetiae per facta aperiuntur".
756-9 de Cyrillo Alexandrino: See the Introduction, *supra* p. 330.

confutavit, et auctoritate concilii condemnavit. Et ibidem beata
Virgo primo dicta est Theotocos graece, quod est Mater Dei latine,
prout habetur in libro Venerabilis Bedae *De temporibus conciliorum*. Et tunc dicebant omnes, quod non immerito talis frater
765 Mariae diceretur, eo quod pro ea tam gloriose decertasset.

Si tibi non sufficiant ista, do tibi septimo talem congruentiam. Traditum tenemus a patribus, quod primus conventus ordinis
post montis Carmeli collegium fuit in loco, qui "Porta Aurea"
dicitur, in quo Ioachim et Anna convenerunt et in illam coniunc-
770 tionem consenserunt, ex qua gloriosa Virgo concepta fuit et nata;
quasi beata Virgo diceret: "Ibi merito debent morari fratres
mei, ubi primo tractatum est de conceptione mea".

Octavo considera, quantum ad istud propositum, quod ad
hoc reverendissimi domini cardinales respicientes, a multis tem-
775 poribus consueverunt in Romana curia visitare conventum nostrum in festo Conceptionis gloriosae Virginis, venerantes in hoc
patronam ordinis, sicut venerari consueverunt beatum Dominicum
in ipsius festo, et sanctum Franciscum in suo, et sanctum Augus-
tinum in suo.

780   Capitulum XV

                De professione et ordinis confirmatione

Director: Nono facit ad propositum religionis professio, cuius

---

761 confutavit *om* e.
761-2 beata virgo *post* dicta est G.
763 Venerabilis *post* Bedae G.
764 frater + beatae G.
765 eo quod] qui G.   pro ea] eam e.   decertasset] defensasset e.
766 tibi *om* G.
768 collegium + in nova Lege e.
769 quo + loco G.
770 nata *om* e.
771 beata virgo *post* diceret e.   merito + et de iure G.
773 istud *om* e.
776 gloriosae] beatae G.   in hoc] ad hoc e.
780 XV] XIV *ey*.
782 Director *om* e.   facit] convenit G.

763-4 De temporibus conciliorum: The Ven. Bede is not known to have
written such a work.
767-9 Traditum ... dicitur: *cf* Cheminot, *Speculum*, ll. 132-4; *Universis Christifidelibus*, ll. 13-23, 35-37.
773-9 Richard Fitzralph, archbishop of Armagh, preached a sermon on
this occasion at Avignon, 8 Dec. 1342; B. Zimmerman, "Ricardi archiepiscopi
Armacani bini sermones", AOCD 6 (1932), 158-89.

formam semper iuniores a senioribus receperunt, sicut in constitutionibus antiquis reperitur in hac forma: "Ego N. facio pro-
785 fessionem, et promitto obedientiam Deo et beatae virgini".
Sequitur: "et priori generali fratrum ordinis beatae Mariae" etc.
Quando haec forma inceperit, de hoc nulla penitus est memoria.
Si igitur non sumus fratres beatae Mariae, vel si nulla talis est
religio, cassa, vana et irrita est professio nostra; igitur nihil obli-
790 gamur et nulla est obligatio. Sequitur ultra, quod statum talem
vel habitum dimittere poterimus absque peccato. Ecce Detractor,
hic te probas apostatici spiritus tyrannide plenum, quia vis
omnibus hanc religionem professis apostatandi ministrare materiam vel occasionem. Frustra niteris, et fatigando nonnisi odium
795 quaeris, quod est extremae dementiae secundum beatum Hieronymum. Ut enim ait beatus Bernardus in sermone de Epiphania:
"Herodiana malitia est, velle exstinguere religionem".
Detractor: Nondum te credo demonstrasse, quod propter praedicta merito "frater beatae Virginis" dicaris.
800 *Director*: Credis quod velim tibi dare demonstrationes quales
docet liber *Posteriorum*, quas et religio tua nequit ostendere, quas
nec in evangeliis poteris reperire? Nodum in scirpo quaeris,
quem non invenies, et per gratiam Dei nunquam invenies quod
quaeris. Religionem quaeris exstinguere cuius radices vetustas,
805 iam fere centrum terrae, ratione tam longaevi crementi, contingen-

---

783 formam] formulam *y.*   semper *post* iuniores *G.*   receperunt] ceperunt *e.*
784 hac forma] haec verba *G.*   N] talis *G.*
784-5 professionem + meam *G.*   et beatae Virgini] etc *Gy.*
786 Sequitur *om e.*   Mariae + de monte Carmeli *e.*
787 Quando ... memoria *om e.*   haec forma *post* inceperit *y.*   inceperit]
incepit *y.*   de hoc *om y.*
789 nostra *om G.*
790 Sequitur] sequeretur *G.*
797 velle *post* exstinguere *ey.*
799 beatae + Mariae *e.*   dicaris] vocaris *e.*
802 poteris + invenire vel *e.*   scirpo] cirpo *Ge.*
803 quem] quod *e.*   gratiam *post* Dei *G.*
805 fere] vero *e.*   ratione ... crementi *om G.*
805-6 contingentes] contingens *e.*

783-7 constitutionibus ... memoria: The formula is already found in the
constitutions of 1281; ed. L. Saggi, AOC 15 (1950), 229.
796-7 Ut ... religionem: Bernard, *Sermones*, In Epiphania, sermo 3, "Nam
Herodiana malitia et Babylonica crudelitas est, nascentem velle extinguere religionem". PL 183, 150.

tes, evellere nequibis. Non legisti, credo, Lactantium, qualiter
in libro *De falsa sapientia* laudat ethnicum Ciceronem, qui cum
multa dixisset ad eversionem religionum, tamen addidit, illa non
esse vulgo publicanda, ne susceptas publice religiones disputatio
810 talis extinguat. Et alligat ibi quendam Lucretium nomine, qui
dixit se vellere solvere nodos religionum. Tu vero, sicut alter
Lucretius, quidquid nos lucramur, tuis velles lucris adiungere.
Pertinentius omnia quasi stercora putares, ut Christum lucrifa-
ceres, si tamen tibi vivere Christus esset et mori lucrum. "Tarde
815 quae credita laedunt, credimus", ait Ovidius.

Ecce do tibi decimo diversas confirmationes ordinis a multis
summis pontificibus. Cum igitur dicas ordinem non confirmatum
in iure communi, probas te iuris inscium, quem dudum in originalibus reperi simul et in chronicis inexpertum. Nonne legisti
820 Bonifatium in *Sexto Libro* dicentem: "Quia institutio ordinis generale concilium praecessit, volumus ipsum in statu solido permanere".

Detractor: Vidi librum in quo erat scriptum: "In statu *solito*,
non *solido*, volumus ordinem remanere".

825 *Director*: Si hoc vidisti, fortassis hoc tibi similes invidi scripserunt.

---

808   dixisset *om e.*   religionum + condidit *e.*
809   vulgo *ante* non *y.*   susceptas] suspectas *ey.*
810   exstinguat] exstinguatur *G.*   ibi] ibidem *G.*
814   tamen] certe *G.*   vivere *in margine G, post* Christus *e.*
815   quae] quandoque *G, om ey.*   laedunt + ut *G.*   credimus + et sicut
G.
816   decimo] decem *G.*   confirmationes *post* ordinis *G.*
817   summis *om e.*   pontificibus + datas *G.*   dicas] dicis *y.*
820   Libro *om G.*   institutio] institutionem *G.*   ordinis + Carmeli *e.*
823   librum] libros *y.*
824   remanere] permanere *e.*

806-10 Non ... extinguat: Lactantius, *Divinae Institutiones*, II De origine erroris, c. 3, "Nam cum multa dixisset, quae ad eversionem religionum valerent, ait
tamen non esse illa vulgo disputanda, ne susceptas publice religiones disputatio
talis extinguat". PL 6, 263.
810 Lucretius, *De rerum natura*, I, 932.
813-4 *Cf* Phil. 3,8; 1,21.
814-5 Ovid, *Heroides*, II, 9, "Spes quoque lenta fuit. Tarde, quae credita
laedunt, credimus".
820-2 c. 1, III, 17, in VI°: "Ceterum Eremitarum sancti Augustini et Carmelitarum ordines, quorum institutio dictum concilium generale praecessit, in
solido statu volumus permanere"; Friedberg II, 1054-5.
823-4 *Cf* Baconthorpe, *Compendium*, ll. 178-82.

Quod autem non debeat dici "solito" sed "solido", patet per glossatores Guidonem, Ioannem Monachi et Ioannem Andreae. Et advertas quod Bonifatius illam clausulam "Donec aliter de ipsis decrevimus", totaliter abiicit et in Decretali non ponit. Igitur ordo
830 non stabit in tali tolerantia, sed in consolidatione perfecta. Testis huius est Ioannes Monachi in glossa, ubi dividit praedictam decretalem 'Religionum diversitatem' in quinque partes dicens: "Quarto Eremitarum et Carmelitarum ordines consolidat". Guido dicit: "Iste ordo est totaliter confirmatus". Vides iam quod non debet
835 scribi "solito" sed "solido". Ioannes Andreae super eodem textu dicit: "Haec littera mutat antiquam illam tolerantiam, ubi dicebatur: in suo statu etc". Et advertas quod etiam si poneretur "solito", hoc adhuc nihil obstaret confirmationi, cum et status ordinis nostri solitus qui praecesserat, fuerit solidus et confir-
840 matus. Considera nunc Detractor si sapis, an ordo sit in iure confirmatus an non. De ordine tuo dicitur: "Utilitas eos perhibet approbatos". Si subtilis es grammaticus, doce quod approbatio plus importat quam consolidatio.

Praeterea do tibi undecimo privilegia ordinis et exemptiones.
845 Stultus es valde, si non confirmatum dicis, cuius privilegia non

---

826 autem] vero *e.*
828-9 aliter ... decrevimus *om e.*
828 ipsis] ipsa *G.*
829 decrevimus] decreverunt *G.*   abiicit] abiecit *ey.*   ponit] posuit *e.*
Igitur + amplius *G.*
831-2 decretalem] declarationem *e.*
832 quinque partes] quinta parte *G.*
833 Eremitarum et Carmelitarum] Carmelitarum et Eremitarum *e.*   et
om G.
834 Vides] videt *e.*
835 scribi + in *G.*   Ioannes Andreae] Item *G.*
839 praecesserat] praecessit *G.*   fuerit *ante* qui *G,* + et erat *e.*
839-40 solidus et confirmatus] confirmatus et solidus *e.*   et] iam est *G.*
842 grammaticus] gracius *e.*
843 importat] importet *G.*   consolidatio] solidatio *e.*
844 privilegia + nostri *e.*
845 dicis + ordinem *G.*

826-40 *Cf* Baconthorpe, *Compendium,* ll. 182-96; *Speculum,* ll. 118-28.
841 De ordine tuo: Dominicans or Franciscans.
841-2 Utilitas ... approbatos: The constitution of the Council of Lyons, 1274, *Religionum diversitatem:* "Sane ad Praedicatorum et Minorum ordines, quos evidens ex eis utilitas ecclesiae universali proveniens perhibet approbatos, praesentem non patimus constitutionem extendi"; Mansi, *Sacrorum conciliorum ... collectio,* XXIV, 96-97.

vidisti. Advertas igitur, quod dominus Ioannes XXII, et etiam
Clemens VI, faciunt ambo mentionem de illo iure et dicunt:
"Nos autem ad dictum ordinem specialem gerentes affectionem,
quem in firmo statu, solido et stabili volumus permanere" etc.
850 Consimile declarat eiusdem canonis conditor Bonifatius VIII in
quibusdam privilegiis datis fratribus Eremitis ordinis sancti Augustini, qui quantum ad hoc nobiscum de pari current: "Ordinem,
inquit, vestrum, quem olim voluimus et volumus in firmo, solido
et stabili statu permanere" etc.
855 *Detractor*: In praedictis omnibus praecise dicitur "volumus", et
non est ibi "confirmamus".
Director: Respondeo tibi: cum dicitur "volumus", perpetuae sententiae habet firmitatem: *Extra, De verborum significatione*, 'In
his autem'. Etiam eius est interpretari legem, cuius est condere.
860 Et scias quod haec privilegia, quae nobis data sunt et quae nos
praetendimus, scripta sunt sic et sonant sic: "Dilectis filiis priori
generali ceterisque fratribus ordinis fratrum beatae Mariae de
monte Carmeli" etc. Sequitur in privilegio exemptionis domini
Ioannis XXII praedicti: "Sacer ordo vester, in agro dominico plan-
865 tatus et gloriosae Virginis titulo specialiter insignitus, apostolicis

---

846 igitur *om e.*   etiam *om e.*
849 firmo *post* statu G.   et] ac *y.*
850 Consimile] consimilem *y,* consimiliter *e.*   Bonifatius *om G.*
852 qui *om e.*
853 olim *post* volumus *e.*   voluimus et *om e.*   et volumus *om G.*
firmo *post* solido G.
854 etc *om e.*
856 est *om ey.*   ibi *om e.*
857 perpetuae *om ey.*
857-8 sententiae] stabilem *y.*   Extra] extravagante *y.*   significatione +
e.
capitulo *e.*
859 autem *om G.*   condere] concedere *e.*
860 nos *om e.*
861 sic et] sicut et *e,* + etiam G.   sonant sic] sonant *y.*
862 fratrum *om G.*
864 dominico] Domini *G.*
865 gloriosae + B. Mariae *y.*   virginis + Mariae *e.*

846-9 John XXII, *Sacer ordo,* 13 Mar. 1317; Clement VI, *Sacer ordo,* 19 July
1347; *Bull. Carm.* I, 57; 78-9, "Nos autem ad dictum ordinem, quem in statu
firmo, solido et stabili decrevimus et volumus permanere, Apostolicae considerationis intuitum dirigentes".
850-4 L. Empoli, *Bullarium Ordinis Eremitarum S. Augustini,* Romae, 1628,
44-45: Boniface VIII, *Sacer ordo vester,* 12 Kal. februarii, anno quarto (21 Jan.
1298). "Nos autem ad dictum ordinem, quem in statu firmo, solido et stabili
decrevimus et volumus permanere ...".
857-9 *Cf* Baconthorpe, *Speculum,* ll. 131-3.
858-9 In his autem: *In his quae;* c. 15, X, V, 40; Friedberg II, 915.
863-6 John XXII, *Sacer ordo vester,* 13 Mar. 1317; *Bull. Carm.* I, 57: "Sacer
ordo vester in agro dominico Divina dispositione plantatus et gloriosae Virginis
Mariae titulo specialiter insignitus, digne meretur attolli".

gratiis digne meretur attolli". Si tu mihi dicis: "Non es frater beatae Virginis", apostolicus, quod absit, mentitur, aut tu, quod non absit, mentiris.

Semper et in aevum tua dat mihi venia naevum,
870 Et mendax mihi das tua per mendacia mendas.
Doce tu alios fratres beatae Mariae de monte Carmeli, et ut advocatus illorum agas pro illis contra nos, quatenus reddamus eis huiusmodi quae nobis non debentur. O quam praesumptuose sanctam blasphemas Ecclesiam catholicam! Numquid non habet
875 "in scrinio sui pectoris dominus papa iura singula" et negotia statum Ecclesiae concernentia funditus universa? Credis delirum summum pontificem fuisse, quasi mathematicam, fictam, pictam, non fundatam confirmare velit et insignire privilegiis et exemptionibus religionem? Credis quod dominus papa personis fictae
880 religionis velit dare gratiam, quatenus in theologia rigorose valeant magistrari, ut et currant in hoc tecum de pari? Necesse est igitur ut quorum initia bona fuerint, finis optimus est subsecutus, ut ait quidam. Sed scias quod propter omnes articulos praedictos et propter multos alios non apostolicam sedem — te tamen ut
885 aestimo — latentes, eadem sancta sedes ordinem nostrum constanter et audacter "de monte Carmeli" vocavit, tituloque gloriosae Virginis Dei Genitricis Mariae, et non peccatricis, insignivit. Erubesce Sidon, ait mare; erubesce peccatricis advocatus, ait frater

---

866 attolli + etc *y*.   frater *post* virginis *e*.
867 beatae + Mariae *y*.
867-8 mentitur ... absit *om e*.
868 mentiris + versus *e*.
869 dat] dant *e*.
872 pro illis] protinus *e*.
873 huiusmodi *om e*.   praesumptuose] praesumptuosam *G*.
874 sanctam + sedem *G*.   Ecclesiam catholicam] apostolicam *G*.
876 statum Ecclesiae] statuum *ey*.   concernentia] congruentia *e*.
877 fuisse *om G*.   pictam + et *e*.
880 rigorose] vigorose *ey*.
881 et *om e*.
882 quorum *post* fuerint *G*.   fuerint] fuerunt *e*.
883 ait quidam] quidam dicit *e*.   scias] dico tibi *G*.
884 te *om G*.
885 latentes] non latentem *e*.
886 et audacter *om y*.
887 virginis *post* Mariae *y*, *om e*.
888 ait mare] dicit mare *e*.   ait frater] dicit frater *e*.

874-5 Numquid ... singula: c. 1, I, 2, in VI°, "Licet Romanus pontifex, qui iura omnia in scrinio pectoris sui censetur habere ..."; Friedberg II, 937.
887-8 Erubesce ... mare: Is. 23,4 (ait: Is. adds enim).

beatae Mariae. Vidistine *Decretum* causa 22, qu. I, ubi dicitur:
890 "Quod sedes apostolica approbat, approbatum est"? Miror si
nescis, quantum ponderat etiam simplex verbum papae, cum papa
sit stupor mundi et interiectio admirantis.

Capitulum XVI

De qualitate regulae nostrae et aliorum

895 *Detractor*: Nihil adhuc de regula tua dixisti. Non sunt nisi tres
regulae approbatae, puta sanctorum Benedicti, Augustini et Francisci.

Director: Ecce nunc duodecimo tecum de regula volo disserere.
Tentabo denique si de irregulari te possim facere regularem. Credis
900 papam confirmasse religionem regula carentem? Nullus ordo confirmatur sine regula; sed nec regula confirmatur si non sit aliquis
qui regula utatur. Nescis quod artes omnes habent regulam? Immo
secundum Philosophum in X *Metaphysicae*: "In omni genere est
reperire unum primum et maximum, quod est metrum et mensura
905 et quasi regula omnium aliorum". Sic unitas est mensura regulans
numerum, et sic de aliis.

Detractor: Vellem scire quam regulam, vel quem vivendi modum
tu professus esses, utrum aliquam de tribus illis vel non.

Director: Adhuc modernus puer es, vagiens in cunabulis et gar-

---

889 Mariae] Dei genitricis *e.*   causa] cap. *y, om e.*
891 nescis] noscis *e*   papae *ante* simplex *G.*
892 admirantis] admirationis *y.*
893 XVI] XV *ey.*
895 sunt + enim *G.*
896 approbatae *om e.*
896-7 puta ... Francisci *om ey.*
898 tecum] totum *e.*
899 te *om e.*
902 regulam] regulas *G.*
903 X] in X *y.*   Metaphysicae] Metaphysices *y.*
904 est metrum] metrum sit *G.*
905 est] in *e.*
906 numerum] naturam *e.*
908 esses] es *e.*   aliquam] aliquem *e.*   illis *om e.*
909 vagiens] vagens *e.*

889-90 *Cf* Baconthorpe, *Compendium*, ll. 89-91.
902-5 *Cf* Aristotle, *X Metaph.*, lectio 2.

910 riens de modernis; ideo dico tibi quod in tota religione christiana
non est vel fuit unquam nisi una regula, cuiuslibet indirecti regiminis regitiva. Et ut altius repetam, regula talis incoepit in tempore protoplasti; fuit enim Abel huius initiator, qui fuit religiosus
et regularis frater, cuius frater Cain, tibi similis, irregularis. Pro-
915 cessit haec regula et usque ad philosophos, qui stabant in puris
naturalibus, pervenit; qui virtutes morales quasi vivendi normam
elegerunt et formam. Unde Architrenius: "Rectificatque virum
declivem regula virtus". Et Valerius Maximus: "Si virtus per
seipsam consideretur, est optima vitae magistra".
920   Unde ulterius invaluit vivendi regula Moysi et filiis Israel per
Deum tradita et scripta. Hanc regulam nostri praedecessores ad
unguem observantes, millenis annis et amplius tenuerunt. Tunc,
"vergente mundi vespere" supervenit incarnata Veritas et humanata
Bonitas, quae perfectissimam datam regulam vel dabilem, in qua
925 ceterae sicut trigonum in tetragono continebantur, tradidit, incipiensque facere et docere, multis actibus et exemplis ostendit
esse factibile quod dixit. Hanc regulam Christus apostolis principaliter, et consequenter omnibus renatis iniunxit; hanc etiam sibi
regulam nostri, quasi perfectiorem omnibus, assumpserunt, prae-
930 sertim cum Virgo Christifera ab hac regula numquam deviasse

---

910 ideo] igitur *G.*
911 vel] nec *G.*   indirecti] indirecta *ey.*
912 regula *om e.*
913 protoplasti] prothoplausti *e.*
914 frater cuius *om G.*   Cain] eius Cain *G.*   irregularis] irreligiosus *e.*
916 pervenit + usque ad hos *G.*   normam] regulam *G.*
917 et formam *om G.*   Architrenius] Architrennius *G,* Architemius *y.*
Rectificatque] ratificatque *y,* rectificat *e.*
920 Unde *om G.*
922 et amplius] quasi *e.*
923 humanata] humana *ey.*
924 datam *post* regulam *G.*
924-5 qua ceterae] ceteris *e.*
925 continebantur] continebatur *e.*
929 regulam] regula *e.*   nostri + praedecessores *G.*
930 Christifera + Maria *e.*

---

917 Architrenius: Ioannes de Altavilla, *Architrenius,* VIII; ed. Th. Wright,
p. 368: "Inque dies cedet Venus, accedente venusto, rectificatque virum, declivem
regula, virtus, philosophumque facit facundia philosophantis".
923 vergente mundi vespere: Hymn *Conditor alme siderum;* hymn for Ves-
pers, Advent season; *cf Breviarium carmelitarum,* Venetiis, 1543, f. 75ᵛ.
925-6 incipiensque ... docere: *cf* Act. 1,1.

credatur. De hac regula Paulus loquitur dicens: "Quicumque hanc
regulam secuti fuerint, pax super illos".

Detractor: Non respondes mihi ad propositum, quam regulam
habeas de praedictis omnibus.

935 *Director*: Dico et dixi, quod regulam apostolicam. Immo dico
tibi, quod non est nisi una regula perfectionis et perfecta in tota
religione christiana, quae est regula evangelica et apostolica, quam
utique gloriosa Virgo secuta est. Et haec eadem est regula sancti
Augustini et sancti Francisci et aliorum. Quantum ad sanctum Au-
940 gustinum probo propositum. De ipso namque canit Ecclesia et legit:
"Coepit vivere secundum regulam a sanctis apostolis institutam".
Videsne quod regula sancti Augustini est regula sanctorum apostolorum et non alia? Idipsum dico de regula sancti Francisci, de qua
fit mentio *Extra, De verborum significatione*, 'Exiit qui seminat', ubi
945 in principio dicitur: "Regula et vita Minorum fratrum haec est:
Domini nostri Iesu Christi sanctum evangelium observare, vivendo
in obedientia, sine proprio et in castitate". In his tribus punctis
omnis regula christiana consistit.

Detractor: Nimis amplecteris, et ideo nihil constringis. Plures
950 sunt religiones non mendicantes super possessiones et divitias
fundatae, sicut regula sancti Benedicti, Cisterciensium, Praemons-
tratensium, Hospitalariorum sancti Ioannis et etiam de domo

---

931 De hac + autem *G.*   Paulus + sic *G.*   dicens *om G.*
932 fuerint] sunt *G.*
934 omnibus *om e.*
935 Dico + tibi *e.*
937 et apostolica *om e.*
938 sancti] sanctorum *e.*
939 sancti] *om e.*
940 namque *om e.*   Ecclesia *post* legit *G.*   legit + sic *e.*
942 regula *in margine G.*   sancti *om e.*
944 Extra] in X *y.*
945 principio + regulae Minorum sic *G.*   Minorum *post* fratrum *ey.*
946 vivendo *om G.*
947 et in] et cum *G*, et *e.*
949 Detractor *post* constringis *e.*
951 sancti *om e.*   Benedicti + et *e.*   Cisterciensium + et *G.*
952 Hospitalariorum] Hospitaliariorum *y*, Hospitaliorum *G.*

931-2 Quicumque ... illos: Gal. 6,16.
941 Coepit ... institutam: The feast of St. Augustine, 28 August, antiphon 3
at Lauds; *Breviarium carmelitarum*, Venetiis, 1543, f. 347�v.
944-7 c. 3, V, 12, in VI°: "Regula et vita Minorum fratrum haec est: scilicet
Domini nostri Iesu Christi sanctum evangelium observare, vivendo in obedientia,
sine proprio, et in castitate"; Friedberg II, 1109-21.

Theutonica. Ergo tales non sunt fundatae in paupertate.

Director: Dico tibi quod in omnibus religionibus praedictis et
955 consimilibus observari debet ex institutione vel ex primis com-
ponentibus talis vel tanta paupertas, quod nullus habeat aliquid
proprium, sed omnia sint in manibus praelatorum; et sic adhuc
habeo propositum, quod omnis regula stat in paupertate, et in
aliis duobus. Si tu mihi des regulam, quae vel oppositis vel aliis
960 principiis innitatur, dico quod est aperte regula religioni christianae
contraria. Cum igitur beata Virgo castitatem, paupertatem et
obedientiam perfectissime tenuerit, sicut a Filio ipsius et ab
Apostolis accepit, optime potuit fundari super ipsius vita. Super-
flue probaretur notissima castitas ipsius. Paupertas probatur ex
965 oblatione pauperum, et donis regum, et multis aliis. Obedientia
etiam probatur ex eo, quod fuit obediens angelo, dum dixit:
"Ecce ancilla Domini" etc. Et cum plerumque regulae fundatae
super vitam apostolorum, praecipue sancti Pauli, suaveant silen-
970 tium, orationes et opera manuum et abstinentiam; ideo probatur
ex evangelio et aliis libris, quod beata Virgo modicum et raro
locuta est, et quod certis horis oravit, et quod certis horis operata
est manibus, donec ab angelo cibum sumpsit.

Super praedictis sunt fundatae regulae Basilii, Benedicti et
975 omnium aliorum. Et ut a generalibus magis ad particularia descen-
dam, scias regulam beatae Virginis fuisse apostolicam, quam et

---

953 tales *om* e.
956 nullus] non e.
957 proprium] proprii G.
958 habeo] habes y.
959 tu *post* mihi e.   oppositis] oppositum y.
960 est ... regula] non est debita apta G.
961 contraria *om* G.   Virgo + Maria e.   et *om* G.
963 fundari + regula G.
965 oblatione + munerum e.
967 etiam] vero G.   fuit *om* e.   dum dixit] Dei dixit e, dicens G.
968 Domini *om* G, + fiat mihi secundum e.
969 apostolorum] apostolicam G.
970 et opera] opera G.
971 beata *post* virgo G.   et raro *om* G.
972-3 operata est *post* manibus G.
974 praedictis] praedicta e.   sunt *post* fundatae G.   Basilii] sancti
Basilii sancti G.

961-8 *Cf* Baconthorpe, *Tractatus*, ll. 10-23.
968 Ecce ... Domini: Luc. 1,38.
969 sancti Pauli: *cf* 2 Thess. 3,8-12 which is also cited in the Carmelite Rule.
971-3 *Cf* Baconthorpe, *Tractatus*, ll. 51-55, 68-71.

patres nostri primitus observarunt. Ex hac Basilius et Paulus
Eremita suas extraxerunt regulas, et ultimo Benedictus et Augustinus et Franciscus. Tu vero, quamcumque praedictarum teneas,
980 a nostra potius illam, quam e converso, scias emanasse.
  Detractor: Quis tibi regulam, quam tenes, iniunxit?
  Director: Albertus, Hierosolymitanus patriarcha, ex praedictis primo eam quam tenemus extraxit, et nobis in remissionem peccatorum observandam iniunxit. Hanc etiam primo confirmavit Alexan-
985 der papa III, anno Domini 1180, post solemne concilium per
ipsum Turonis habitum. Secundo Innocentius III, anno Domini
1195. Sub eo surrexit ordo Praedicatorum, anno Domini 1207;
similiter ordo Minorum, anno Domini 1211. Tertio confirmavit
eam Honorius III, vocans eos "fratres beatae Mariae Virginis de
990 Carmelo", anno Domini 1216. Quarto Innocentius IV, qui postquam
ipsam examinatam, declaratam et correctam vidit per venerabiles
dominos Hugonem de sancto Theodoro, tituli sanctae Sabinae

---

977 observarunt] observaverunt *G.*
977-8 **Paulus Eremita**] Paulinus *e.*
978 extraxerunt] traxerunt *G.*   Benedictus et] Benedictus *G.*
979 et] atque *e.*
980 quam + ab aliis vel *G.*   e converso scias] scias e contrario *e.*
981 tenes + observandam *e.*
982 Hierosolymitanus] Hierosolimorum *e.*
984 primo *om y.*
985 1180] 1160 *e.*
985-6 post ... habitum *om e.*
986 Secundo] et *y.*
987 1195] 1199 *y.*   surrexit *post* Praedicatorum *e.*   ordo *om y.*
988 Tertio] etiam *y.*
990 Quarto] et *y.*   Innocentius IV + in concilio Lugdunensi *G.*   qui
om Gy.
991 ipsam + a cardinalibus *e.*   et correctam *om G.*
992 tituli] titulo *Gy.*

  977-8 Basilius et Paulus Eremita: *cf* Cheminot, *Speculum*, l. 201, "regulam
a beatis patribus Paulino successive et Basilio ...". Paul the Hermit wrote no
rule.
  982-3 Albertus ... extraxit: *cf* Cheminot, *Speculum*, ll. 221-7. Hildesheim,
however, does not mention the other "rules" of John the patriarch and Ayméric.
  983-4 et ... iniunxit: *cf* Honorius III, *Ut vivendi normam*, 30 Jan. 1226, *Bull.
Carm.* I, 1, "Ut vivendi normam ... observetis, in remissionem vobis iniungimus
peccatorum".
  984-6 *Cf* Cheminot, *Speculum*, ll. 228-30.
  986-7 *Ibid.*, ll. 231-3, but he has 1197 instead of 1195.
  988-90 *Ibid.*, ll. 239-40. But the pope does not call them "Fratres beatae
Mariae Virginis de Carmelo".
  990-7 *Cf* Cheminot, *Speculum*, ll. 242-8.

presbyterum cardinalem, et Guillelmum Anteradensis ecclesiae episcopum, quibus in hac parte papa commissionem fecit, cum
995 narratione facti regulam confirmavit, et in multis mitigatam per eundem, praecipue quoad loca eremitica, in quibus eis tunc praecise licuit habitare et non in villis, dereliquit. Quinto Gregorius IX qui praecessit Innocentium IV, sexto Alexander IV, septimo Urbanus IV, octavo Clemens IV, nono Gregorius X, decimo Nico-
1000 laus IV qui et cappam albam nobis dedit, undecimo Bonifatius VIII, ut supra dictum est capitulo XV.

Capitulum XVII

Miracula aliquot

Nunc ut sit finis tractatus, annectere volo praedictis quaedam
1005 miracula propositum probantia.

Primo scias quod apud urbem Tolosam in occitana lingua celebrem, nobis ibidem adhuc locum non habentibus, erat residens Iudaeus dives; et ad ipsum confluebant ceteri, cum esset honorabilior omnium. Habuit et ipse pomerium domui suae vici-
1010 num, in quod saepius pro solatio consuevit ire. Semel cum solus

---

993 Anteradensis ecclesiae] Anteradensem *e.*
994 fecit] dedit *e.*
994-5 cum ... facti] hanc *y.*
995 et *om y.*
995-6 per eundem *om y.*
996-7 in quibus ... dereliquit *om y.*
997 dereliquit *om e.* Quinto] similiter *y, om e.*
998 qui ... Innocentium IV *om G.* qui] hic *y.* sexto *om ey.* septimo *om ey.*
999 octavo *om ey.* nono *om ey.* decimo *om ey.*
1000 undecimo *om ey.*
1001 est *om e.* capitulo XV] videlicet cap. XV *in margine y.* XV] XIV *e,* + omnes isti ordinem et regulam confirmaverunt *e.*
1002 *om Ge.* XVII] XVI *y.*
1003 Miracula aliquot] Conclusio libri *e, om G,* Quoddam exemplum sequitur vel duo *X.*
1004-6 Nunc ... quod *om X.*
1004 finis + huius *G.* praedictis *ante* annectere *G.*
1006 occitana] occitania *y.*
1007 nobis] fratribus Carmelitis *X, ante* locum *y.* ibidem *post* adhuc *ey.*
1009 Habuit et] et habuit *ey.*
1010 consuevit *post* ire *ey.*

997-1001 *Cf Jean* de Venette, *Chronicle,* ll. 342-4 and 365-81.

in horto deambularet, arborem pulcherrimam delectabiliter intuitus, in ipsius summitate vidit imaginem virginis valde speciosam,
puerum in ulnis tenentem. Mox igitur attonitus, apprehensa scala,
dum ascendere voluit arborem, disparuit imago. Cumque descen-
1015 disset, iterum vidit imaginem, et cum ascendere vellet, iterum
disparuit. Cumque saepius accedisset hoc Iudaeo, noctes duxit
insomnes, nesciens quid hoc praetenderet. Erat autem in villa
quidam sacerdos magnae sanctitatis et opinionis, beatae Virgini
specialiter devotus, cuius et fama Iudaeum non latuit; quem
1020 secrete Iudaeus accessit et factum proposuit. Respondit sacerdos:
"Vere signum est, quod gloriosa virgo Maria vult habere servitium
perpetuum in area tua, in qua saepius est blasphemata". Dixit
Iudaeus: "Quid igitur faciam"? Respondit sacerdos divinitus edoc-
tus: "In hac villa fratres beatae Mariae virginis conventum nondum
1025 habent; quibus aream tuam dabis et baptizatus ordinem intrabis".
Iudaeus igitur, habita deliberatione, singula complevit. Fratres
igitur vocati venerunt, locum receperunt, Iudaeum cum uxore et
liberis baptizari et locum secrete consacrari procuraverunt, et
campanam erectam pulsaverunt. Quod ut officiatus regis Franciae,
1030 capitaneus villae, percepit, advenit, praecipiendo fratribus ut exirent. Quod cum facere nollent, circumdedit eos fortibus clausuris,
ipsis inclusis. Nihil igitur de victualibus habuerunt praeter id
quod homines devoti nocturnis temporibus ipsis per scalas vel

---

1011 arborem + quandam *ey*.
1012 speciosam] speciosae *y*, + et decoram *X*.
1013 tenentem] tenentis *y*.   igitur *om X*.
1016 accedisset *post* hoc *ey*.   noctes *post* duxit *y*, *om e*.
1017 insomnes] in somnio *e*.
1018 quidam] quadam *y*.   et + bonae *X*.
1019 et *om X*.   quem] ad quem *e*.
1020 secrete] secreto (*post* Iudaeus *e*) *ey*.   et *om eG*.   factum pro-
posuit] ei proposuit visum sibi ostensum *y*, proposuit factum sibi ostensum *e*.
1021 gloriosa *om G*.
1022 in qua] ubi *ey*.
1024 Mariae *post* virginis *G*.   virginis + de monte Carmeli *e*.   conventum *post* habent *G*.
1025 ordinem + eorum *ey*.
1027 locum] et locum *e*.
1028 secrete] secreto *y*.
1029 Quod] qui *G*.
1030-1 advenit ... exirent] supervenit et fratribus quod exirent praecepit *X*.
1030 ut] quod *e*, *X*?
1031 cum *om G*.   nollent] noluerunt tunc *G*.
1032 ipsis inclusis] inclusis ipsis *e*, et inclusit *Gy*.   igitur *om e*.
1033 ipsis *ante* nocturnis *X*, *om G*.

aliunde furtive ministraverunt, complentes in hoc opera miseri-
1035 cordiae, in quibus dicitur: "In carcere eram et visitastis me".
Habemus autem antiphonam quae incipit: "Ave stella matutina",
quam in laudibus matutinis canimus, in qua continentur haec verba: "Tu nos in hoc carcere solare propitia". Quam cum iuxta
morem, elevatis oculis ad beatae Virginis imaginem, devotis-
1040 sime decantarent, quidquid eos exire prohibuit, corruit, ad modum quo muri Iericho quondam corruerunt. Oculi vero capitanei, qui ipsos inclusit, sedes proprias exeuntes per nervos
in maxillis pependerunt. Cumque nuntiaretur capitaneo quod factum erat, respondit: "Bene habeo partem meam". Fecit igitur se
1045 duci ad locum fratrum, et coram altari prostratus petiit orationes
ipsorum. Fratres vero beatam Virginem invocantes, alacriter "Salve Regina" cantaverunt. Et cum venirent ad illum locum: "Illos
tuos misericordes oculos ad nos converte", confestim oculi praedicti capitanei loca pristina, cunctis qui aderant videntibus, rein-
1050 traverunt. Intravit igitur capitaneus ordinem cum substantia sua
tota. Multis ibidem Virgo beata coepit coruscare miraculis et
adhuc multipliciter coruscat, ut sciunt homines qui sunt in partibus
illis. Ibique non parvi valoris aedificatus est conventus, ad hono-

---

1034 furtive *om y*.
1035 in quibus] de quibus *X*.   visitastis] visitasti *e*.   me + etc *e*.
1036 Habemus autem] habet autem praedictus ordo in usu cantandi *X*.
quae incipit *om Gy*.   matutina + peccatorum medicina *y*, + etc. *X*.
1037 matutinis] matutinalibus *X*, *om ey*.   canimus] canere solent *X*, +
in commemoratione beatae Virginis *e*.   qua + inter cetera *X*.
1037-8 continentur haec verba] haec ponuntur verba *X*, + sequentia *e*.
1038 propitia + Dei plena gratia *X*.
1039 beatae] benedictae *X*.
1040 decantarent + statim *X*.   quidquid] omne id quod *e*, omne illud
quod *y*.   corruit *post* corruerunt *X*.
1040-1 ad modum quo] sicut *ey*.   quondam *ante* muri *X*, *om e*.
1042 ipsos] eos *e*.   inclusit] incluserat *ey*.   sedes proprias exeuntes
post pependerunt (pependerant *e*) *ey*.
1044 erat] esset *ey*.   Bene + et ego *X*.
1045 altari + in choro *e*.
1045-6 orationes ipsorum] orationem ipsorum *y*, fieri orationes fratrum
pro se *X*.
1046 Virginem + Mariam *ey*.   invocantes *post* alacriter *X*.
1047 Regina + misericordiae *e*.   cantaverunt] decantaverunt *ey*, *ante*
Salve *e*.   venirent] veniret *X*.   illum] istum *y*.
1050 ordinem + nostrum *ey*.
1051 Multis + igitur *ey*.   Virgo *post* beata *ey*.
1051-3 et adhuc ... conventus] usque in hodiernum diem, prout vulgi fama
efficaciter docet procurante Iesu etc *X*.
1053 Ibique] ibidemque *G*.
1053-5 ad honorem ... aevum *om G*.

1035 In ... me: Mt. 25,36.

rem beatissimae Dei genitricis Mariae, cuius nomen sit benedic-
1055 tum in aevum.

Praeterea grande miraculum contigit ad propositum apud
Montem Pessulanum, qui locus a Tolosa non multum distat.
Mons ille mari vicinus est, et ob hoc sunt ibi maiores et fre-
quentiores tempestates. Cives igitur, quatenus minus per hoc
1060 laederentur, in quodam turris eminentis pinnaculo multas reliquias
includendo posuerunt; inter quas erat magna pars ligni crucis
Christi. Semel postea tempestas magna venit, pinnaculum fregit,
reliquias per campos dispersit. Exiverunt canonici principalioris
ecclesiae, sacris induti vestibus, cum crucibus et processione,
1065 quatenus reliquias requirerent et recolligerent. Cumque lignum
crucis prodentibus radiis invenissent et tollere vellent, saltavit
procul, et levari noluit. Cumque sequerentur, iterum saltavit. Similiter et saepius fecit. Tentaverunt hoc alii clerici religiosique
diversorum ordinum; qui tollere non potuerunt. Habebant pro
1070 tunc nostri fratres ibidem locum novum, et erant penitus in re
pauperes et in bona vita locupletes. Erat autem inter eos quidam
frater excellentis devotionis, qui reliquis fratribus dixit: "Vadamus
et nos pro ligno Domini. Nam et in hac nocte beata Virgo mihi per
visionem locuta est: Volo quod fratres mei soli tollant crucem
1075 Filii mei". Processerunt igitur humili cruce et humili habitu; nec
sanctum lignum ut antea saltavit, sed se quasi sponte capi permisit. Fratres itaque laeti Dominicae crucis lignum cum canticis ad
conventum portaverunt et retinuerunt. Ubi etiam coepit coruscare miraculis, nec cessat usque in praesentem diem.
1080   Respice Detractor, convictus ubique, Domino cooperante et
veritatem confirmante sequentibus signis.

1055 aevum + Amen. Explicit dialogus inter Directorem et Detractorem
fratris Ioannis de Hildeshem bacchalarii e.
1063 campos] campum y.   Exiverunt] exierunt ergo y.
1064 vestibus om y.
1065 recolligerent] reportarent y.
1075 habitu + sive (su') lacerato G.
1076 se om G.
1077 Dominicae] Dominicum y.   canticis] canonicis y.
1081 signis + etc. Et sic huius tractatuli finis est Deo laus per fratrem
Christianum Buchs de Ravenspurg Carmelitam anno Domini 1471 Coloniae G.

1080-1 Domino ... signis: Mc. 16,20 (veritatem: Mark has: sermonem).

2.

OPUSCULUM METRICUM CONTRA DETRACTOREM, DE RELIGIONE
CARMELI ET DE LAUDIBUS MARIAE, ELIAE, ELISEI ET ALIORUM

Quae stas absque nisi, rosa de prato paradisi,
Me tibi commisi, cui tam pia carmina misi.
5 Religione soror, pietate parens, tibi do cor
Da detractori — scis qui detraxit honori —
Mentem contritam: dulcem sibi da, rogo, vitam.
Amove rancoris fel: sit zelator honoris.

Detrahe, detractor, non amplius ut malus actor:
10 Funiculum frangis odio caritatis, et angis
Christiferae Matris fratres conatibus atris;
Infaustis laceras; nil proficis, attamen erras.
Qui mox per saltum tendis tantillus in altum,
Ursorum saltu pereasque propheta Baal tu
15 Cum quadringentis quinquagenis, quia sentis
Oppositum sancti vatis per tempora tanti,
Si non desistis ab insaniis, rogo, falsis.

Do Carmelitam tibi Thesbiten eremitam,
Do bis bissenosque senes tibi tempore plenos,
20 Quos ego descripsi conformiter Apocalypsi:
Ionas et Abdias, Eliseus et altus Elias,
Quos non subsannas plusquam propheta Ioannes:
Hi veteres fratresque patres vatesque priores.
Qui cultor eremi fuit est cultor paradisi,

1-2 *om y*, Sequitur prosa de laude virginis et ordinis etc, *suprascriptum*
alia manu est R. R. Christiani de Ravenspurg *G*, Metra contra detractores fratrum ordinis beatae Mariae de Carmelo *X*.
    1 detractorem + praedicti fratris Ioannis de Hildeshem *e*.
    3-8 *post v. 57 X, v. 3, 5-7 adsunt in y.*
    3 rosa + Maria *suprascriptum X*.
    4 cui tam pia] praesentia *X*.   misi] lusi *e*.
    5 Religione] religionis *G*.
    6 scis] cis (tis?) *X*.
    7 sibi] illi *y*.
    8 Amove] Ammone *X*.
    9 Detrahe + *suprascriptum* id est minime *X*.
    10 angis + *in margine* id est premis (prius?) *X*.
    13-17 *om X*.
    14 Ursorum] ursarum *G*.
    15 quadringentis] quinquagentis *e*.
    18 Thesbiten] Thesbitem *G*.
    19 bissenosque] bissenos qui(?) *G*.   tibi] cum *X*.
    20 conformiter + in *X*.
    22 plusquam] plusquamque *e*.

25 Culmina transcendit eremi qui culmen amavit;
    Quem paradisicolam reor, hic eremicola quondam,
    Postea caelicolis erit hic par eminus altis,
    Quem velut aurigam Domini pressisse quadrigam
    Scripta canunt veterum sustentantem bene vulgum.

30 Inclite, salve, pater, Carmeli rector Elia:
    Hunc iam nunc Mater sibi vindicat ecce Maria.
    Carmeli cultor hic terrestris paradisi
    Carmelique decor haec caelestis paradisi
    Conformes titulo merito sunt ambo venusto.
35 Carmeli medio manet M quae littera primo
    Dat loculo mediam mediatricemque Mariam.
    Qui loca servat Adam primi, cole, frater, Eliam,
    Quaeque sequentis Adam genitrix fuit, ora Mariam.
    Sunt paradisicolae. Colat hoc modo sexus uterque,
40 Ordo virgineis binis valet iste patronis
    Et paradisicolis, caeli terraeque colonis.
    Organa virginea duo nam terris habuerunt,
    Corpora caeligena non incinerata fuerunt
    Nec modo sunt vel erunt. Retinent quae tunc tenuerunt.
45 Est in symbolicis facilis transitio binis:
    Proxima certe Deo facit incorruptio Christo.
    Mel tenet in medio dulcissima dictio pulchro
    M quoque fit prima tibi nominis ecce Maria,
    Quae modo mellitae conducis commoda vitae.
50 Mellificant ut apes eremi dulces tibi vates
    Et vatum nati simul undique vaticinati
    Quos vivi fontis dulcis per iuga montis

---

25 eremi qui] eremique *G.*
28 pressisse] persisse(?) *X.*
30-31 *adsunt in y.*
32 hic] tu *X,* et *G.*
33 + Vel sic: Carmeli cultor paradisi rector Elia ordinis es ductor (*supra-scriptum* auctor) quem firmat virgo Maria *X.*
36 Dat] da *G.*
37 primi cole] primicolae *G, corr. X.*
38 ora] oro *G.*
40-41 *adsunt in y.*
43 incinerata] intemerata *G.*
44 quae] quem *Xe.*
46 Christo] Summo *X.*
47 dictio] dicto *G.*
48 tibi] tui *G.*
50 Mellificant] mellificat *G.*   tibi] quia *X.*   vates] nates *G.*
51 Et] est *G.*
52 vivi] vini(?) *XGe.*

Pascit et insignit: suavissima pectora gignit.
Fercula virgineis animalia talia membris
55 Condunt egregiis patribus: favos bene mellis:
Conveniens iustis cibus hic, iunctisque locustis.
Fit cibus iniustis fel, sic reor, ira perustis.

Multa stupenda scias precibus quae fecit Elias:
Multiplicat oleum, far; pastorem sibi corvum
60 Senserat; obfirmans caelum, post haec pluvias dans,
Quinquagenarios sternens prece consona binos.
Non datur atque cibus hominum plerisque diebus:
Tunc subcinericiis panibus fotus quoque limphis
Per loca multorum graditur vi certe ciborum,
65 Vivificans natum Sareptanaeque necatum.
Qui, quadringentis quinquagenisque prophetis
Falsis prostratis, recolit vir vim Deitatis;
Stans in Carmelo, de ferventi scio zelo
Cum Domino loquitur: servit caelum sibi dans ur.
70 Per quem fit Syris Azahel rex, alter Hebraeis,
Fert rogus hunc sursum prece quem tulit ipse deorsum.
Quod sit ubique Deus fortis, monstrans Eliseus
Effecerat sanas per sal Hiericho bene limphas,
Qui vatum natis coloquintida morbificatis
75 Per far divinam dedit exhaustis medicinam;
Multiplicando panes centum satiavit inanes,
Fecerat et ferrum per aquas comprehendere lignum;
Palliolo divisit aquas; prece convocat ursas
Pro fatuis pueris, iuste vi diva necandis.
80 Mundificans Naaman Giezi dedit undique lepram,
Multiplicans oleum, Syrum populum prece caecum
Reddidit, et Syris ter praedixit mala victis.

---

55 Condunt] concludunt *G.*   patribus] precibus(?) *XG.*   favos] phanos
G, fanos *X.*
    56 iunctisque] victisque *XG.*
    57 Fit] sit *e.*
    58-86 *om X sed addit vv. 3-8.*
    58 *praemittit* Miracula Eliae *G.*   precibus quae fecit] prece quae perfecit *G.*
    59 multiplicat] multiplicans *G.*
    63 subcinericiis] subcinereis *G.*
    64 vi] vice *e.*
    70 alter] altus(?) *G.*
    71 deorsum] dorsum *G.*
    72 *praemittit* Oracula Elisei *G.*
    74 morbificatis] morbifatis *G.*
    77 et] ut *G.*
    78 ursas] ursos *e.*
    81 Syrum] Syrium *G.*

Dixit Samariae: solveris ab obsidione;
Dans vitae natum Sunamitis, et bene gratum
85 Regibus aridulis donum pluviis reditivis;
Mortuus extinctum dans contactu redivivum.

Qui Carmelitam te scis, tetram fuge vitam,
Nomina si sentis: ex ter tribus est elementis
Vox tua: tres primae sunt *car*; tres immediate
90 *Mel* formant mediae; tres dant etiam, reor, immae,
Optime frater, *ita*: sonat affirmatio trita.
Vult *car* quod careas carie, stans in caritate,
Sit mens *mel*lita memorans virtute polita.
Te firmes per *ita*: sit et affirmatio vita.

95 Pro directore toto corde simul ore
Supplica ferventer libensque vel indesinenter,
Armavit gladiis qui te quibus obvia sternis.
Hac ope plus opibus opus est opus hoc operanti
Quod prosis precibus operam tantam tibi danti.

3.

ACROSTICA

I

C   nota candoris
A   disputat alpha prioris

87-94 *adsunt in y, seorsum ante Opus metricum in X.*
88-94 *adsunt ante Acrostica in u. Praemittunt respective* O Carmelita quae dissona sunt rogo (roga *u)* vita X*u.*
88   ter] tri(?) *u.*   est] sunt *X.*
89   immediate] immediatae *y.*
90   formant] formavit *u.*   etiam] eius *X.*
92   stans] pius *e.*
93   memorans] tres dant *XG,* tres dat *u.*   polita] pollita *X.*
94   + Sicque Carmelita possideat caelica regna *X.*
94   firmes] formas *y,* firmas *G.*
95-99 *om X*yu.
99   Quod] quid *G.*   danti + Et sic est finis *G,* + Explicit opusculum metricum fratris Ioannis Hildeshem bacchalaurei *e.*
1-8 *adsunt in XGby. Praemittit* Omnia metra sequentia sunt venerabilis baccalarii in theologia fratris Iohannis Hyldesheym Carmelitae *X, praemittit* Haec omnia Iohannes de Hildesheim Carmelita baccalarius sacrae theologiae *u.*
1   candoris + Carmelique atque Cyrilli *y.*
2   disputat ... prioris] Abdi, Andrea, Angelus atque Albertus uterque *y.* prioris + scilicet religionis *suprascriptum X.*

R   quod sit rite populi pia regula vitae
M   tibi Mariam dabit
5 E   liseum vel Eliam
L   nota viva Dei bona demonstrat iubilaei
V   ult virgineis, reor, invigilare trophaeis
S   dat supernae professis commoda vitae

II

C	andida	candori	contermina	clara	colori
10 A	ltitonantis	apex	animaequior	altior	auspex
R	ectrix	regalis	rata	regula	religionis
M	axima	magnificat	magnis	magnalia	monstrat
E	minet	exiguis	ens	excellentior	egris
L	ampas	laetitiae	lucens	lucidissima	lege
15 V	ictrix	virgineam	vitam	venerare	venustam
S	tat	supernali	scola	subveniendo	sodali

III

C   sonat in caelum, C columbamque Cyrillum
A   canit Abdiam, divam sapit ille sophiam
R   mihi reginam signat mundi medicinam
20 M   dat magnificum caput et magnum tibi vatum
E   dabit elisios in Eden pulchros tibi campos
L   ibanus atque per L candens linguas facit ut mel

---

3 quod ... vitae] Designatur claustralis regula vitae *y*.   populi] populo *X*.

4 tibi ... dabit] vero Mariam tribuit mundi medicinam *y*.

5 Eliseum vel Eliam] Primi patres Elias atque Eliseus *y*.

6 nota ... iubilaei] Linguam nobis commendat stricte silentem *y*.   viva] vina(?) *Gb*.

8 *post* vitae *sequuntur versus* 24 *et* 16 *y*.

9-16 *adsunt in* X*b*.

10 altior] acior *X*.

11 religionis] religiosis(?) *X*.

12 magnificat] magnificas *b*.

16 supernali scola] pro signo de *y*.   scola] stola *X*.

17-24 *adsunt in* X*uGb*.

17 columbamque + *suprascriptum* id est Ionam qui interpretatur columba *u*.

18 divam] dāūx(?) *u*.

19 mihi] nisi(?) *G*.

20 vatum + *suprascriptum* Ioannem Baptistam *X*.

21 elisios] elisius(?) *u*, + Nota Elisii campi sunt loca deliciosa piorum post hanc vitam secundum modum loquendi poetarum *in nota* X.

22 candens] candentes *X*.   linguas] ligwas *X*.   facit] sat(?) *G*.

V   ates veteres in Carmelo residentes
S   alfivicos canit S prior est in vita superstes.

IV

25 In voce Carmeli quasi sit pia filia caeli
    Sunt simul Eliae, sunt grammata quinque Mariae
    Montis septenis genitivus ex elementis
    Bis bini rivi sunt hii quasi tot genitivi
    Nunc de septenis aliis vel quinque figuris
30 Fac tot eximios rogo detractor genitivos:
    Ecce Maria Deum parit, est felix genitivus
    Nil gignunt alii praeterquam semina caeli.

```
          C                           C
       a     r                     a
    m    e     l             r   m     e
       i    t                   l
          a                     i
```

---

24 salvificos canit S] est salvificus *y.*   in] et *by.*
Post v. 24 sequuntur in X:
    Fac stare sane titulum praefatum beane
    Nam iuste probabis eum si te non variabis.
25-32 *adsunt in Xu.*
30 detractor] detractu *X.*
31 est] *signum incertum Xu.*
Post v. 32 sequuntur in G:
    O flos Carmeli, da tuis gaudia caeli.

    Qui claustralis professus sub ordine talis
    Respice devote passus sed qualia pro te
    In claustro mecum iugiter sis quia tecum
    Per claustri sedem caeli mercaberis aedem.

    Dentur pro penna scriptori caelica regna.
    Prima figura invenitur in Xu iuxta vv. 87-94 Operis Metrici; secunda figura in u iuxta vv. 25-32 Acrosticon IV.

XVI. THE *INFORMATIO* OF BERNARDO OLLER

Three of the points (*articuli*) defended by Hildesheim against the "detractor" and by John Hornby against the Dominican, John Stokes, (the descent of the Order from Elijah, its Marian title, and its approval by common law) are treated by the prior general of the Order, Bernardo Oller, in his *Informatio*. These are the same points (though in a different order), even the same choice of words, as are found in the decree of the University of Cambridge which vindicated Hornby. (See the introduction to Hildesheim's *Dialogus*.)

The Author

Bernardo Oller was born or entered the Carmelite Order at Manresa in Catalonia. At the general chapter of 1362 he was named *socius* of the prior general, Juan Ballester. He had studied in Paris and was destined to lecture on the *Sentences* there in 1366,[1] but on September 14, 1363, Pope Urban V authorized the prior general to bestow the doctorate on him, after an examination by five doctors at Avignon.[2] In 1366 Oller appears as provincial of Provence and regent of studies in Avignon, and remained provincial in the succeding chapters.[3] After Ballester's death, he was elected prior general at the chapter held at Puy on June 10, 1375.[4]

The chapter no doubt discussed the attack on the Order by Stokes, and an agreement was probably reached to have the prior general request the pope to confirm the three disputed points. In any case a procurator of Thomas Brome, provincial of England, on October 10, 1375, had Peter Villani, general auditor of the *Camera Apostolica*, make official copies of

---

[1] ACG, I, 51.
[2] *Bull. carm.*, I, 112.
[3] ACG, I, 61-62, 65, 67-68.
[4] MHC, 200, 201.

several papal bulls *"super antiquitate et intitulatione ac confirmatione ordi-nis Carmelitarum."* [5]

Oller himself visitated England in 1376 and was present at the provincial chapter held at Doncaster on August 15.[6]

The request to the pope had already been made (probably in 1376) when Oller wrote his *Informatio*. It is directed to Cardinal Pietro Corsini, a relation of St. Andrew Corsini.[7] The purpose of the *Informatio* was to enable the cardinal to explain the three disputed points to the pope and provide "proofs" for them, but for the time being the request was not granted. The reason seems to have been that the "proofs" for the descent of the Carmelites from the prophets Elijah and Elisha were unconvincing. The Curia wanted juridical proofs and was not about to pronounce on a disputed historical question.

Only later, when the Western Schism had begun but was not yet realized in the Order, Nicola da Lucca, procurator of the Roman Obedience of the Order, on April 25, 1379, directed a request *"pro parte filii vestri prioris generalis"* to Pope Urban VI through the mediation of Cardinal Bartolomeo Mezzavacca.[8] The procurator asked the pope to confirm that the Order, which was approved in positive law as well as by the popes, bore the title of the glorious Virgin Mary. The matter of the descent from Elijah and Elisha he omitted. At the same time he asked an indulgence for all the faithful who would call the Carmelites the *"ordo, seu fratres beatissimae Mariae genitricis Dei de monte Carmeli."* This request the pope granted.[9]

In 1376 or 1377, John of Gaunt, duke of Lancaster, who since 1369 was laying claim to the crown of Castile and Leon, directed a petition to the pope, asking him to declare false and to forbid to be preached and broadcast the three articles of the opponents of the Order, who deny that the Order descends from the prophets Elijah and Elisha, that it bears the special title of Mary, the Mother of God, and that Order and rule are approved by the common law. He also requested an indulgence for the faithful who call the Carmelites by the title of Mary, the Mother of God. He names himself a penitent of the Order.[10] (His confessor was the Carmelite John Kenningham or Kynyngham.)

---

[5] *Speculum 1507*, f. 81v-83v.

[6] MHC, 354.

[7] Pietro Corsini had been bishop of Florence and was a cardinal since 1370. During the Western Schism he at first supported Urban VI, but later went over to Clement VI in Avignon, where he arrived on September 30, 1381. He died there on August 16, 1405. CONRADUS EUBEL [and others], *Hierarchia catholica*, I (Münster, 1913), 21.

[8] Bartolomeo Mezzavacca, bishop of Rieti, had been made a cardinal by Urban VI on September 8, 1378. — *Ibid.*, I, 23.

[9] *Speculum 1507*, f. 84r-4v; *Bull. carm.*, I, 140-2.

[10] Oxford, Bodleian Library, Ms. Bodl. 73, f. 185r; MHC, 354-5.

At the general chapter convened at Brugge on May 29, 1379, an attempt was made to preserve the unity of the Order in spite of the schism of the popes. Bernardo Oller was re-elected.[11] On March 1, 1379, Clement VI had summoned him to acknowledge him pope and to proceed against the supporters of Urban VI in his Order.[12] For his part, Urban the following year addressed several bulls to the Order. On April 9, 1380, he ordered a new general elected and convoked a general chapter at Verona. The following April 19, he named Michele da Bologna vicar general of the Order.[13] The general chapter at Verona met on June 2, 1381, and Michele became general of the Roman Obedience.[14]

Oller remained general of the Avignon Obedience. He died at Barcelona on July 8, 1383.[15] That he became bishop of Perpignan (Elne) and died in 1384 is an error of John Bale. Bartolomé Peyro, O.Carm., became bishop of Elne on October 24, 1384.[16]

The Sources

From the sources Oller used in his treatise it is evident that he was familiar with several Carmelite works on the history of the Order, even though he does not always mention them: Baconthorpe's *Compendium*, Cheminot's *Speculum*, the *Rubrica prima* (in the version of 1357, 1369), Venette's chronicle, and *Universis Christifidelibus*. He quotes the *Chronica romana*, but the citation is taken from the 1342 sermon of Fitzralph, who mentions no source but uses Cheminot. Oller's following quotation from the *Chronica romana* is from Cheminot.

Another of Oller's sources is Hildesheim's *Dialogus*. It was written in connection with the same controversy at Cambridge with which Oller was also concerned and dedicated to the prior general, Juan Ballester, who died in 1374. Hildesheim no doubt sent a copy to the prior general, in Avignon, so that he could avail himself of it. Oller not only often follows Hildesheim's arguments, but also uses certain quotations which occur only in the *Dialogus*. As to these latter we have already discussed Josephus Antiochenus, Sigebertus, Gerardus of Laodicea, and Cyril of Alexandria. Hildesheim's texts however are shorter, or rather, abbreviated by him, and that of Cyril of Alexandria is theologically and historically more correct. Thus, Oller and Hildesheim knew a collection of citations in which the texts were more extensive.

---

[11] ACG, I, 76-84.
[12] *Bull. carm.*, I, 596-7.
[13] *Ibid.*, 142-4, 144, 145.
[14] ACG, I, 84-93.
[15] JEAN GROSSI, O.CARM., "Catalogus priorum generalium," MHC, 237.
[16] ACG, I, 61, note 3; Eubel, *Hierarchia catholica*, I, 248.

The passage which Oller ascribes to *"Sigebertus historiographus, quem frequenter allegat Vincentius in Speculo historiali,"* but which does not occur in Sigebert de Gembloux, is also found in Hornby, who however ascribes it to Sibertus de Beka *"in sua Cronica de Carmelitis."* [17]   Another text, with which he credits Sigebertus is from Cheminot, ch. 4, who cites *"in Cronicis romanis."* [18]   Hornby however does not know the quotations from Josephus Antiochenus and Gerardus of Laodicea.

The quotation about Cyril of Alexandria Oller attributes to *"explanatio sacrorum conciliorum et etiam quaedam chronica antiqua, quam habet dominus rex Franciae tam in latino quam in gallico."*   The quotation, however, is actually from a sermon which the Hospitaller Jean de Hesdin preached for the Carmelites in Paris one December 8.   Hornby has two long citations from this sermon more or less identical with Oller's.[19]   He writes: *"Causa istius tituli et ratio quaedam habetur expresse in explanatione sacrorum conciliorum, et tangit illam expresse et plane magister Ioannes de Hysdinio, ordinis sancti Iohannis, doctor Parisiensis."* [20]   The quotation about Cyril also appears as a citation from Hesdin in one of the catalogues of Carmelite saints.[21]

The old chronicle Oller mentions may be one of the works the Carmelite Jean Golein translated for the French king.   He often added information about his Order.[22]   During his visit to Paris in 1527 John Bale noted: *"Magister frater Iohannes Golain, prior Rothomagensis transtulit in gallicum cronicam ordinis nostri (quae sic incipit) Ad informandum Reverentiam, etc., ad instantiam regis Franciae Karoli, et claruit anno Domini 1364. Et refert magister frater Franciscus Martini in libro de conceptione Virginis."*

Bale adds the interesting note, *"Primus conventus noster in Novo Testamento conditus fuit Hierosolimae anno passione Domini 47 et non solum septimo, ut in cronicis habetur."* [23]   The year 47 is first found in the *Informatio* of Bernardo Oller.

---

[17] Oxford, Bodleian Library, Ms. e Museo 86, f. 210r.

[18] *Ibid.*, f. 211r.

[19] *Conclusiones ac determinationes*, f. 177v and 211v.   The latter text is also found in CLARK, "A Defense," 99.   Hornby also mentions Hesdin other times, *ibid.*, f. 182v and 211r.

[20] *Ibid.*, f. 177r; cfr. f. 182v and 211r.

[21] BARTOLOMÉ XIBERTA, O.CARM., *De visione Sancti Simonis Stock*, Roma, 1950, 298-9.

[22] BARTOLOMÉ XIBERTA, O.CARM., "Magister Iohannis Golein; annotationes de historia Ordinis," AOC, 7 (1930-1931), 69-79.   Golein translated, among other works, *Les croniques des papes et des empereurs*; Paris, Bibliothèque Nationale, Ms. fr. 1412 and nouv. acqu. fr. 1409.

[23] *Collectanea*, London, British Museum, Ms. Harl. 1819, f. 3r.

Manuscripts and Printed Editions

I — Gdańsk, Municipal Library, Ms. Mar. F. 283, f. 18r-20v. 15th century.

The manuscript is very carelessly written; also, the copyist was not very familiar with Latin declensions and conjugations. Once he omits a line; in art. 3 he greatly abbreviates a quotation from a papal bull.

x — *Speculum 1507*, f. 53v-56r.

As is the case with most of the tractates printed in this work, the manuscript for this edition is probably of English origin.

y — *Speculum 1680*, I, pars 2, pp. 166-71, nos. 737-56.

A reprint from the *Speculum* of 1507 above. The editor, Daniel a Virgine Maria knew of no manuscript of the *Informatio*, which was not contained in the *codex Mechliniensis*. A few times he omits a couple of lines without alluding to the fact. In art. 1 he omits a long passage about the mantle of the prophet Elijah. Oller's account did not agree with Ribot's, according to which the Caliph Omar had prescribed the striped mantle, and so Daniel omits it.

Text

Ad informandum Vestram Reverendam Paternitatem super tribus articulis. Primo videlicet super successione et imitatione fratrum ordinis beatae Mariae de monte Carmeli ab Elia et Eliseo,
5 sanctis Dei prophetis; secundo super intitulatione eiusdem ordinis a
beata Maria Dei genitrice; et tertio super confirmatione eiusdem
ordinis in iure communi et positivo.

Super quorum articulorum declaratione, cum prohibitione con-
trariae assertionis, humilis prior generalis ordinis praedicti
10 domino nostro papae humiliter et devote supplicavit, pro eo quod

---

1 Incipit informatio super tribus articulis ordinis Carmelitarum et testimonium idoneum etiam contra malevolos detractores (detracta) ordinis eiusdem
etc *I*, Hic incipit tractatus continens tres articulos super informatione ordinis
beatae Mariae de monte Carmelo *x*, Informatio circa originem, intitulationem et
confirmationem ordinis fratrum beatae Mariae de monte Carmeli ad dominum
Petrum Corsinum cardinalem immediate et per eum ad Summum Pontificem
auctore Bernardo Olerio eiusdem ordinis generali. Praefatio *y*.
3 successione] successionem *I*.   imitatione] imitationem *I*.
6 et *om I*.   confirmatione] confirmationem *I*.
7 positivo] positione *I*.
8 quorum] quorundam *I*.
9 praedicti + in *I*.

---

2 Vestram ... Paternitatem: Peter Cardinal Corsini, who was a cardinal
1370-1415. *Vide infra* l. 25.
10 papae: Gregory XI (1378), or Urban VI, his successor; see the Introduction,
supra p. 396.

quidam religiosi, quaerentes quae sua sunt et non quae Iesu Christi, in aliquibus partibus populum Dei informarunt, quod dicti fratres noviter sibi fingunt successionem suam ab Elia et Eliseo prophetis, ut inde appareant antiquiores; secundo quod
15 idem ordo non habeat beatam Dei genitricem in patronam specialem, invidentes quod fratres dicti ordinis, et non ipsi, titulo Mariae specialiter insigniti sunt; et tertio, quod ordo praedictus in iure communi minime sit confirmatus, et proinde nec fratres eiusdem ordinis religiosi sunt dicendi. Ratione cuius informationis
20 fratres ipsius ordinis plura patiuntur opprobria et derisiones, ad scandalum populi et ad inquietudinem animarum suarum.

Quare Reverendae Paternitati Vestrae prior generalis ordinis praedicti humiliter supplicat et devote, quatenus ob reverentiam Dei et Matris eius gloriosae, et ob contemplationem piae memoriae
25 domini Fesulani, Vestrae Reverendissimae Paternitatis consanguinei et fratris eiusdem ordinis, dignemini super informatione facienda domino nostro facere relationem, ac eiusdem informationis benigno favore supplere defectum, quo per Reverendissimam Vestram Paternitatem, in qua praedictus ordo habet confidentiam
30 specialem, dicta supplicatio valeat obtineri.

Primus Articulus

Quantum igitur ad primum articulum dignetur Vestra Reverenda Paternitas scire, quod secundum Magistrum in *Historiis* sanc-

---

11 non quae] non *I*.
12 informarunt] informaverunt *I*.   quod] quot *I*.
13 sibi *om xy*.   ab] ad *I*.   Elia et] Eliam *I*.
14 Eliseo] Elizea *I*.   quod] quot *I*.
16-17 invidentes ... sunt *om y*.
18 minime] nunc maxime *I*.
19 ordinis *om I*.
21 ad *om I*.
24 memoriae] memoria *I*.
25 Fesulani] Fesulam *I*.
26 informatione] informationem *I*.
28 Reverendissimam *om I*.
31 *in margine I*, De primo articulo *x*, Articulus I de institutione et successione ordinis a sancto propheta Elia *y*.
32 igitur *om I*.
33 Paternitas] Paternitatis *I*.

11-12 quaerentes ... Christi: *cf* 1 Cor. 13,4 "Omnes quae sua sunt quaerunt, et non quae sunt Iesu Christi".
25 Fesulani: St. Andrew Corsini, bishop of Fiesole, † 6 Jan. 1374.

tus propheta Samuel conventus religiosorum in Iudea primo
35 instituit; quorum conventus "cuneus prophetarum", ac ipsi religiosi
"filii prophetarum" in sacra Scriptura nominantur, ut dicit Nicolaus de Lira super 2^m capitulum 4^i libri Regum.

Postmodum vero, tempore Achab regis Israel, surrexit quidam propheta de tribu Aaron, nomine Elias. Qui altiorem ac
40 perfectiorem vitam amplecti concupiscens, vitam eremiticam et
solitariam in monte Carmeli, qui erat locus contemplationi multum
aptus, incepit.

Ac non diu postea Eliseum in agro arantem vocavit et ad
eundem modum vivendi induxit, ut patet 3 Regum 19.
45   Quorum vitam postmodum Ionas propheta et Abdias aliique
filii prophetarum plurimi imitantes continuis successibus usque
ad tempora Salvatoris in eodem monte Carmeli modo eremitico
in sancta contemplatione continuare curaverunt.

Qui postmodum ad praedicationem apostolorum fidem ca-
50 tholicam suscipientes, ad diversa loca Terrae Sanctae apta contemplationi se dispergentes, religiosam vitam eremiticam continua-
verunt.

---

35 cuneus] cunes *I.*
36 nominantur *om I.*
39 tribu] terra *I.*
43 Ac *om xy.*   Eliseum] Eliseo *I.*
46 filii *om I.*   continuis *om xy.*   successibus] successionibus *I.*
47 tempora] tempus *I.*   in *om I.*
48 continuare] continuari *I.*
50 diversa *illegibile I.*

33-35 Magistrum ... prophetarum: Petrus Comestor, *Historia scholastica;* PL 198, 1304: *cf* Baconthorpe, *Compendium,* ll. 48-50.
36-37 Nicholas de Lyra: IV Regum, c. 2, "In Bethel autem Iericho manebant filii prophetarum, ut patet in litera: et isti erant viri religiosi simul et collegiati, vacantes orationi et contemplationi, quorum aliqui habebant spiritum prophetiae: et tales fuerunt primo congregati sub Samuele propheta, sicut dictum fuit supra I. lib. c. X, et postea sub aliis prophetis excellentibus; propter quod dicebantur filii prophetarum, id est discipuli eorum, sicut dicit Rabbi Salomon super locum istum"; *Biblia Sacra* (Lugduni, 1545), II, f. 162^r.
39 de tribu Aaron: Isidore, *De ortu et obitu patrum,* c. 35; PL 83, 141. *Cf* Cheminot, *Speculum,* 1. 27.
44 3 Regum 19: 3 Reg. 19,19-21.
45 Ionas, Abdias: *cf* Cheminot, *Speculum,* ll. 46-50, 54-57.
46 continuis successibus: *cf Rubrica prima,* "sanctis successibus incessanter continuata".
48 continuare curaverunt: *cf* Baconthorpe, *Compendium,* 1. 57.
49-51 Qui ... dispergentes: *cf* Cheminot, *Speculum,* ll. 118-29.

Sed tandem propter persecutionem Saracenorum ad cismarinas partes se transferre tempore Innocentii IV coacti sunt.
55 Quorum successores usque in hodiernum diem dispositione divina
per diversa regna cismarina sanctam religionem suam ampliare
dinoscuntur.

Quamvis autem praedictam informationem totaliter et ad
plenum per scripturas authenticas iuridice nequeant dicti fratres
60 docere, pro eo quod in praedicta persecutione Saracenorum pauci
fratres, ceteris interfectis propter Deum, et eorum libris ac privilegiis ceterisque eorum rebus omnibus destructis, ad cismarinas
partes se transtulerunt, tamen testimoniis congruis et evidentiis,
quibus pia fide merito credi debet, ex multis doceri potest.
65   Primo igitur praedicta informatio doceri potest ex docu-
mentis et traditionibus antiquorum patrum dicti ordinis venientium de Terra Sancta ad partes cismarinas. Ipsi enim successores
suos, quos citra mare ad ordinem induxerant, informarunt et
docuerunt, ac aliis subsequentibus in scriptis reliquerunt, quod
70 a tempore Eliae et Elisei, vitam eremiticam in monte Carmeli
sectantium, alii viri devoti, primo filii prophetarum, postea religiosi eremitae nominati, eorum vestigia sequentes, iuxta fontem
eiusdem montis in sancta poenitentia usque ad tempora Christi
laudabiliter successerunt.
75   Qui tandem per praedicationem apostolorum fidem Christi
suscipientes, oratorium in honore beatae virginis Mariae, Dei

---

56 ampliare] ampliari *I.*
59 authenticas] authenticos *I.*
61 libris] libros *I.*
61-62 privilegiis] privileges *I.*
62-63 ceterisque ... testimoniis] -moniis *I.*
64 quibus + que *I.*
68 induxerant] duxerant *xy.*
69 aliis + in *I.*   reliquerunt] relinquerunt *I.*   quod] ac *I.*
70 tempore + prophetarum sanctorum *I.*   Elisei] Elizeo *I.*
71 viri] vii *I.*
71-72 religiosi + viri *I.*
75 per] propter *I.*
76 in honore *om I.*   Dei *post* genitricis *I.*

53-54 ad cismarinas partes: Innocent IV, *Paganorum incursus,* 27 July 1240,
"quod se ad transmarinas partes non sine afflictione multa spiritus contulerunt";
Bull. Carm. I, 8.
58-64 *Cf* Hildesheim, *Dialogus,* c. II, "De scriptis Ordinis Carmelitarum",
ll. 79-171.
67-79 *Cf Rubrica prima.*

genitricis, in declivo ipsius montis construxerunt, et ipsam in specialem patronam elegerunt, ut patet rubrica prima antiquarum
constitutionum ordinis praedicti.

80   Et Reverendissime Domine, ponderare dignemini, quod vix
est aliqua religio, et praecipue de religionibus antiquis, quae aliter
docere poterit suam fundationem quam per documenta et traditiones praedecessorum suorum. Nec alia documenta antiqui religiosi habere curaverunt; sufficit enim eis bona fides et praescrip-
85 tio antiquitatis. Quoniam si cum quis possideret rem aliquam
bona dumtaxat fide solum per trecennium, perpetuo gaudebit
praesidio: 16, q. 6 'Praescriptionum'; multo rationabilius religio
quaecumque, ex qua sequitur fervor devotionis et animarum profectus, habens documenta a suis praedecessoribus de fundatione
90 et titulo ipsius per ducentos vel trecentos annos de fundatione
et titulo perpetuo praesidio debet gaudere. Nec novelli impugna-
tores huiusmodi fundationum aut titulorum, nisi evidentes rationes
ostendant ad contrarium, deberent audiri, sed tamquam teme-
rarie praesumentes repelli.

95   Nec obstat contra istam informationem illa regula iuris:
"Domestici ad probationem minime sunt assumendi", quia 14. q. 2
'Super prudentia' exponitur, quomodo illa regula intelligenda est,

---

77 declivo] declivio *y.*   construxerunt] construerunt *I.*
78 patet + in *I.*
80 ponderare *om I.*
81 quae] qui *I.*
83 antiqui *post* religiosi *I.*
84 habere *om I.*
85 antiquitatis] antiquitatum *I.*   Quoniam] quomodo *I.*
86 bona *post* dumtaxat *I.*   perpetuo *om I.*
88-89 profectus] perfectus *I.*
89 documenta] documende *I.*
90 vel] et *I.*   de *om Ix.*
91 praesidio] quae fides *I.*   novelli] nonnulli *xy.*
92 rationes] rectores(?) *I.*
93 ostendant] ascendant *I.*   contrarium] quartum *I,* + non *xy.*   debe-
rent] debent *I.*   audiri] audire *I.*
93-94 temerarie] temerarii *I.*
95 istam *om I.*
96 quia + decretales *I.*
97-98 Super ... papa *om xy.*

85-87 Quoniam ... Praescriptionum: c. 15, C. XVI, q. 3, "Si autem nullo
titulo, bona tamen fide, per trecennium rem alicuius possederit, simili gaudebit
praesidio"; Friedberg I, 794.
95-104 c. 1, C. XIV, q. 2; Friedberg I, 734. *Cf* Baconthorpe, *Compendium,*
ll. 39-43.

ubi papa dicit sic: "Diversae sunt species causarum, nec in omnibus causis crimina agitantur. In criminalibus siquidem accusa-
100 torum et testium illa districtio observanda est quae in canonibus
continetur, ne ad probationem domestici assumantur". "Ceterum", inquit papa, "in possessionum vel huiusmodi negotiis hi
potissimum assumendi sunt in testes, qui eadem negotia tractaverunt; de quorum visu et auditu dubitatio esse non debet". Haec ibi.
105   Secundo pro eadem informatione facit auctoritas beati Hieronymi, epistula 66, ubi loquens de diversis religiosis postea
subiungit dicens: "Quidam vero altius principia repetentes, a
beato Elia sumpserunt exordium". Haec ille.

Quae quidem dicta de fratribus dicti ordinis debere intelligi
110 ex duabus congruentiis ostendi potest. Primo ex loco, quia eundem
locum, scilicet in monte Carmeli, iuxta fontem ubi constat Eliam
habitasse, praedicti fratres ante persecutionem Saracenorum conventum habuerunt. Unde in regula ipsorum, per sedem apostolicam approbata, sic dicitur: "Albertus, Dei gratia Ierosolymitanus
115 dictus patriarcha, dilectis filiis Brocardo et ceteris eremitis qui
sub eius obedientia iuxta fontem in monte Carmeli morantur"
etc.

---

98 dicit] dicitur *y*.
99 criminalibus] criminibus *y*.
100 districtio] descriptio *I*.   canonibus] ternibus(?) *I*.
101 ne] neque *I*.
102 huiusmodi] huiuscemodi *xy*.
103-4 tractaverunt] curaverunt *I*.
104 Haec ibi] Hoc ille *I*.
107 principia] pura *I*.
107-8 a beato] Abton *I*.
108 sumpserunt + originem vel *I*.   Haec] hoc *I*.
110 duabus] duobus *x*.   congruentiis] congruentibus *x*.
110-1 eundem ... scilicet *om y*.
111 fontem + Eliae *I*.
114 approbata] approbatam *I*.
115 Brocardo] Burkardo *I*.   eremitis *om I*.
117 etc *om I*.

105-8 Hieronymi ... exordium: Jerome, *Vita S. Pauli primi eremitae*, Prologus,
"Inter multos saepe dubitatum est a quo potissimum monachorum eremus habitari
coepta est. Quidam enim altius repetentes, a beato Elia et Ioanne sumpsere principium; quorum et Elias plus nobis videtur fuisse quam monachus: et Ioannes
ante prophetare coepisse quam natus est"; PL 23, 17.
114-6 Albertus ... morantur: *Regula carmelitana*, Prologus. Brocardo: This
seemingly is the first time this name occurs. The papal register has only the
abbreviation ' B".

Secundo ex conformitate indumentorum. Elias enim, ut legitur
4 Regum 2, raptus in paradisum in curru igneo, Eliseo pallium
120 suum cadere dimisit. In cuius descensu, sicut dicit magister Ioannes de Veneta, ipsum pallium per plicas diversas a corpore Eliae
descendens et per turbinem ignis transiens, infra plicas et extra
colores varios accepit. Ubi enim ignis ipsum pallium infra plicas
non tetigit, in suo colore permansit; extra vero plicas ad tactum
125 ignis aliqualiter denigratum et subrufum apparuit. Quo pallio
postmodum usus est Eliseus in memoriam raptus Eliae, et etiam
propter pallii dignitatem, eo quod ad ipsius tactum aquas Iordanis
Eliseus divisit. Unde ad imitationem ipsius ceteri filii prophetarum
consimilem barraturam in suis palliis assumpserunt. Talibus vero
130 palliis barratis constat dictos fratres usos fuisse usque ad tempora
Honorii papae IV; qui pro eo quod pallii barratura oculis habitantium in cismarinis partibus nimium displicuit, in cappam albam
ipsum pallium permutavit, ut ex bullis eius ostendi potest.

T e r t i o   pro eadem informatione faciunt testimonia histo-
135 riographorum, historias et facta antiqui temporis conscribentium.
Unde Iosephus Antiochenus, in *Speculo perfectae militiae primiti-*
vae Ecclesiae dicit sic, c. 12: "Perfectorum militum, Christi apostolorum, coadiutores surrexerunt strenuissimi, viri solitarii con-
templationique dediti, sanctorum prophetarum Eliae et Elisei se-
140 quaces. Qui de monte Carmeli descendentes, per Galileam, Samariam et Palestinam fidem Christi constantissime sparserunt, quique

---

118 conformitate + vestimentorum vel *I.*
118-33 Elias ... potest *om y.*
119 paradisum] paradisus *I.*   curru] curre *I.*
121 Veneta] Venetia *x.*   plicas] plica *I.*
123 varios] varias *I.*
129 barraturam] barreaturam *I.*
133 eius *om I.*   potest] poterit *x.*
134 testimonia] testimonium *I.*
136 perfectae] perfecta *I.*
138 surrexerunt] sussecsuerunt *I.*
138 contemplationique] contemplatione *I.*
141 quique] quippe *I.*

---

119 4 Regum 2: 4 Reg. 2,11-13.
118-25 *Cf* Jean de Venette, *Chronicle*, ll. 199-211.
133 ex bullis eius: Honorius wrote no bull, but there are two letters
of Cardinal Gervasius. *Cf* the document *Notum sit* of the chapter of Montpellier
in 1287, ll. 111-84.
136-43 Iosephus Antiochenus: *cf* the introduction to Ioannes de Hildesheim,
Dialogus, supra p. 328.

in virginis Mariae honorem in Carmeli montis declivo fabricantes oratorium, Salvatoris matri specialissime servierunt".

Item Sigebertus historiographus, quem frequenter allegat Vin-
145 centius in *Speculo historiali*, dicit sic: "Cum Carmelitae in sancta poenitentia perseverassent a tempore sanctorum prophetarum Eliae et Elisei, tandem abscesserunt tenebrae et lux venit in mundum, et arbitrati sunt quia misit Deus Filium suum, natum de muliere; testem veritatis Christum praedicantem audierunt. Qui
150 religiose fidem catholicam confitentes, in Christo baptizati sunt. Deinde perseverantes in doctrina apostolorum, habentes gratiam ad omnem plebem, veritatis evangelicae nuntii fideles et religionis christianae legitimi defensores effecti sunt".

Item Iacobus de Vitriaco, qui fuit episcopus civitatis Accon
155 iuxta montem Carmeli, in *Historia Ierosolymitana*, li. 1, c. 52, dicit sic: "Quidam viri saeculo renuntiantes ad imitationem sancti viri et solitarii Eliae prophetae, in parte montis Carmeli quae supereminet civitati Porphiriae, iuxta fontem qui fons Eliae dicitur, vitam solitariam agebant, in alvearibus modicarum cellularum
160 tamquam apes Domini spiritualem dulcedinem mellificantes". Haec ille.

Quod autem ista verba congruenter debeant intelligi de praedecessoribus dictorum fratrum, patet ex his quae in ipsorum regula continentur, quia conventus illorum erat in illo monte

---

142 honorem] honoram *I.*   declivo] declino *x*, declivio *y.*
144 Sigebertus] Sigibertus *y*, Gilbertus *x*, Sigbertus *I.*   historiographus] historiographum *I.*   quem] quam *I.*   frequenter] frenquens *I.*
148 arbitrati] arbitraturi *I.*   misit *post* Deus *I.*
149 muliere + natum *I.*   testem] testemque *I.*
150 religiose] religiosi *I.*
151 Deinde] Denique *I.*
153 legitimi] legitime *I.*   defensores] defensoris *I.*
156 dicit] qui dicit *I.*   viri *om I.*   ad *om I.*
157 prophetae] prophetam *I.*   in] et in *I.*
158 qui] quae *I.*
159 agebant *om I.*
162 Quod] quot *I.*
162-3 praedecessoribus] praedecessorum *I.*
164 erat] erit *I.*

144-53 Sigebertus historiographus: *cf* the introduction to Ioannes de Hildesheim, *Dialogus, supra* p. 329.
151 perseverantes ... apostolorum: Act. 2,42.
151-2 habentes ... plebem: Act. 2,47.
154-61 Jacques de Vitry, *Historia Hierosolymitana*, I, c. 51-52.
158 iuxta fontem qui fons Eliae dicitur: Here De Vitry is cited correctly.

165 iuxta fontem, et habebant cellulas separatas, et tamquam viri
solitarii silentium observabant.

Item Gerardus, episcopus Laodiceae, in libro *De conversatione
virorum Dei in Terra Sancta ad Guillielmum presbyterum*, loquens
de diversis religiosis subiungit dicens: "Aliud est genus religioso-
170 rum qui singillatim habitant, a saeculi rebus alieni; hi sunt qui
ad exemplum Eliae silentium solitudinis praeferunt tumultibus
civitatis". Haec ille.

Quod autem oporteat haec verba intelligi de praedecessoribus
praedictorum fratrum, videtur patere ex eorum regula, per quam
175 obligantur ad silentium et ad singillatim habitandum per cellas
separatas. Et usque ad regulae mitigationem per Innocentium IV
obligabantur ad habitandum in solitudine, remote a civitatibus,
praeterquam in civitate Ierusalem.

Item ad idem facit explanatio sacrorum conciliorum, et etiam
180 quaedam chronica antiqua, quam habet dominus rex Franciae
tam in latino quam in gallico, ubi sic dicitur: "In concilio Ephesino quod fuit celebratum per ducentos episcopos anno Domini
428, praesidebat loco papae Caelestini I beatus Cyrillus, frater
ordinis de Carmelo, doctor egregius, patriarcha Alexandrinus. Qui
185 disputans contra Nestorium, ponentem virginem Mariam obnoxiam

---

165 habebant] habebat *x*.
167 Laodiceae] Laodiciae *x*, Lindociae *I*.
168 virorum] viarum *I*.   Guillielmum] Wilhelmum *I*.
170 singillatim] sigillatim *I*.   rebus] reus *I*.
170-1 qui ad] in *I*.
171 praeferunt] praeferebant *I*.
173 Quod] quot *I*.
174 patere ex] pace *I*.   quam] quem *I*.
175 singillatim] sigillatim *I*.   habitandum] habitantium *I*.
176 separatas *om I*.
176-8 Et usque ... Ierusalem *om y*.
177 remote] remotae *x*.
179 idem] illud *xy*.
181 tam] quam *I*.   ubi] cui *I*.
183 428] 418 *x*, + et *I*.   loco *om I*.
183-4 frater ordinis *bis I*.
184 egregius] Gregorius *I*.
185 Nestorium] Vestorium *I*.   obnoxiam] ab noxia *I*.

167-72 Gerardus, episcopus Laodiceae: *cf* the introduction to Ioannes de
Hildesheim, *Dialogus, supra* p. 328-9.
178 praeterquam in civitate Ierusalem: *cf Universis Christifidelibus*, ll. 13-23.
181-97 in concilio Ephesino: *cf* the introduction to Ioannes de Hildesheim,
Dialogus, supra p. 330.

peccato, et non esse matrem Dei, sed puri hominis, conscripsit librum per 15 capitula distinctum, in quo pluribus rationibus ipsum Nestorium confutavit, diffiniens cum praedicto concilio temerarium esse, dicere beatam Mariam aliqua peccati macula
190 obnoxiam fuisse. Et quia ita audacter et scientifice pro beata Virgine contra Nestorium disputavit, in eodem concilio sancitum fuit, quod fratres sui ordinis titulo Dei genitricis Mariae merito debeant specialiter insigniri. Et quia primus fundator illius ordinis sanctus Dei Elias fuit de tribu et stirpe, de qua beata Virgo
195 descendit. Et etiam tertio, quia primus conventus quem praedicti fratres habuerunt in Novo Testamento fuit in Porta Aurea, ubi beata Virgo concepta fuit". Haec ibi, ubi secunda ratio intitulationis dicti ordinis expresse testatur Eliam fuisse ipsius fundatorem.
200   Item in quadam chronica antiqua, quae dicitur *Chronica Romana*, de tempore Titi et Vespasiani imperatorum dicitur sic: "A tempore Eliae et Elisei prophetarum, qui morabantur in monte Carmeli, iuxta civitatem Domini nostri Nazareth, secretius solebant homines devoti habitare usque ad tempora Salvatoris. Qui
205 tandem praedicantibus apostolis in fide confirmati, in uno latere ipsius montis primo ecclesiam in honore beatae Mariae virginis construxerunt".

---

186 conscripsit] cum scripsit *I.*
187 librum *om I.*   15] 40 *I.*   quo] qua *I.*
188 Nestorium] Vestorium *I.*
190 ita *om I.*   audacter et *om y.*
191 Nestorium] Vestorium *I.*   eodem] eadem *I.*   sancitum] sauxiatam *x.*
192 merito] meriti *I.*
193 insigniri] in samii(?) *I.*   Et + etiam *I.*
194 sanctus] dictus *I.*   et] de *I.*
197 Haec ibi] Hoc ille *I.*
198 ipsius *om xy.*
200 chronica *post* antiqua *xy.*
202 Elisei] Elizeo *I.*   qui] quae *I.*   morabantur] morantur *I.*
203 nostri *om I.*
205 praedicantibus] praedicationibus *I.*   uno] una *I.*
206 virginis *om I.*

200-7 *Chronica Romana:* The text is taken, not from the *Chronica Romana*, but from a sermon of Richard Fitzralph in 1342, "Quoniam, ut dicunt fide dignae historiae, a tempore Heliae et Helisei, qui saepius morabantur in monte Carmeli iuxta Nazareth civitatem Dominae nostrae ad tria miliaria, solebant homines devoti secretius habitare usque ad tempora Salvatoris, et tunc illi heremitae praedicantibus apostolicis inter ceteros sunt conversi, et in latere uno montis ipsius primo ecclesiam sive oratorium in honore beatae Virginis construxerunt ...": AOCD 6 (1931-1932), 166. *Cf.* also Cheminot, *Speculum*, ll. 162-72.

Item in eadem chronica alibi sic habetur: "Fuit tempore praedicationis Iesu Christi, quod eremitae de monte Carmeli Ierusalem
210 accesserunt. Quorum quidam anno 47 a passione Domini, regnante
Romano imperio sub Tito et Vespasiano, apud Ierusalem in Porta
Aurea religiose consederunt. Alii vero tempore beati Petri apostoli Antiochiae cathedrati in circumquaque adiacenti regione diversis locis catholice pro fide insistebant".
215   Sed hic est unum dubium. Si praedictus ordo sit ita antiquus
ut praefertur, quare fratres ipsius ordinis fratribus Praedicatoribus
et Minoribus, quos constat infra 200 annos fuisse institutos, ubique
in regionibus cismarinis postponuntur tamquam iuniores?
Respondetur, quod Praedicatores et Minores tempore Inno-
220 centii papae III in cismarinis partibus, videlicet in Tolosa et Assisio,
inceperunt; qui continuo per diversa regna cismarina multiplicati,
ac praedicationibus et doctrinis in hominum frequentia laudabiliter insistentes, statim post suam fundationem habebantur venerabiles et famosi. Fratres vero praedicti beatae Mariae de monte
225 Carmeli primo tempore Innocentii IV papae propter persecutionem
Saracenorum in Terra Sancta, ubi ipsorum religio fundata fuerat
ab antiquo, ad partes cismarinas se transferentes, potius extra
civitates et frequentiam hominum modo eremitico, quo fecerant in
Terra Sancta, quam infra civitates cum hominibus habitare elege-
230 runt per tempora longiora. In cuius evidentiam praedicti fratres
conventus suos quos primo fundaverunt in partibus cismarinis,

208 sic habetur] potest habere *I*.
210 Quorum] quarum *I*.   47] 46 *I*.
211 Vespasiano] Hespasiano *I*.
213 cathedrati] kathezizati *I*.   circumquaque] quocumque *I*.
214 catholice] catholicae *x*.
215 Sed *om y*.   praedictus] benedictus *I*.   ita] prima *x*.
216 ut *bis I*.   fratres *post* ordinis *xy*.
217 200 *om I*.   annos + et *I*.   institutos] instituto *I*.   ubique]
ubi *I*.
218 regionibus] partibus *I*, temporibus *x*.
220 Tolosa] Tossia *I*.   Assisio] Assia *I*.
221 regna] regina *I*.   multiplicati] multipli *I*.
222-3 laudabiliter] laudatur *I*.
226 fuerat] erat *I*.
228 frequentiam] frequentia *I*.   quo fecerant] quod se ceantur(?) *I*.
229 quam infra] cum infra *I*.
230 evidentiam] evidentia *I*.
231 fundaverunt] fundaverant *xy*.

208-14 Item ... insistebant: Cheminot, *Speculum*, ll. 130-6.
210 Anno 47: *cf Universis Christifidelibus*, l. 24.
215-40 The matter is also treated by Ioannes de Hildesheim, *Dialogus*, c. 13.

remote a civitatibus et frequentia hominum construxerunt. Qui postea per tempora longiora doctrinis et praedicationibus utilitati proximorum proficere cupientes, infra civitates et hominum fre-
235 quentiam habitare inceperunt, et multorum locorum suorum quae fundaverant remote a civitatibus, translationem ad civitates a summis pontificibus impetraverunt. Et ideo Praedicatores et Minores tamquam prius in hominum frequentia conversantes et magis et prius noti, praeponuntur dictis fratribus ordinis beatae Mariae
240 de monte Carmeli.

Secundus Articulus

Quantum vero ad informationem secundi articuli, qui est de intitulatione eiusdem ordinis a beata Maria Dei genitrice, primo faciunt documenta antiquorum patrum eiusdem ordinis, qui suos
245 successores informarunt, quod eremitae montis Carmeli, sanctorum prophetarum Eliae et Elisei sequaces, post Christi ascensionem in eiusdem montis declivo in honore beatae Mariae genitricis Dei oratorium construxerunt, et ipsam in patronam specialem et advocatam devote elegerunt, ut patet rubrica prima antiquarum
250 constitutionum ordinis praedicti.

Et revera, Reverende Domine, talis informatio antiquitus sufficiebat, et rationabiliter deberet sufficere piis auribus de titulo aut fundatione ordinis cuiuscumque, et praesertim antiquae institutionis, ut dictum est in alio articulo.

---

232 et + a *I.*
233 per *om I.*   longiora] longa *ante* tempora *I.*
234 civitates] civitatibus *I.*
234-5 frequentiam] frequentia *I.*   quae] qui *I.*
236 fundaverant] fundaverunt *I.*   a civitatibus *om I.*
238 et magis *bis I.*
239 dictis *om I.*
241 *om I,* Articulus II, de intitulatione ordinis a sanctissima virgine Maria *y.*
243 Dei genitrice] genitricis Dei *I.*   primo *bis I.*
245 informarunt] informaverunt *I.*
246 Elisei] Elizeo *I.*   sequaces] sequentes *I.*
247 declivo] declivio *Iy.*   honore] honorem *xy.*
248 ipsam] ipsorum *I.*   specialem et] specialem *I.*
249 elegerunt] regerunt *I.*   patet + in *I.*   antiquarum *om I.*
250 constitutionum] constitutione *I.*
253 aut *om I.*

245-50 On the oratory, *cf Rubrica prima 1357-1369,* ll. 17-21.

255   S e c u n d o   pro eadem informatione facit modus profitendi
dictorum fratrum temporibus modernis. Ipsi enim secundum statuta ab antiquis patribus suis eis praescripta faciunt professionem
suam in hac forma: "Ego, frater N., facio professionem meam,
et promitto obedientiam Deo et beatae Mariae de monte Carmeli"
260 etc. Unde asserere et docere quod beata virgo Maria non sit
praedicti ordinis patrona, est praestare occasionem ipsis fratribus
a dicto ordine suam devotionem retrahendi atque dubitandi de
obligatione suae professionis, ad non modicum dispendium animarum suarum.
265   T e r t i o   pro eadem informatione faciunt testimonia videlicet
Iosephi Antiocheni et explanationis sacrorum conciliorum, necnon
illius chronicae antiquae quae *Romana* dicitur, ut allegatum est
pro declaratione prioris articuli.
         Q u a r t o   pro eadem informatione, omnia praedicta con-
270 firmando, faciunt privilegia summorum pontificum, in quibus
fratres praedicti "fratres beatae Mariae genitricis Dei de monte
Carmeli" specialiter intitulantur. Unde asserentes ex proprio sensu
ad inquietudinem praedictorum fratrum, quod ordo ipsorum beatae
Mariae Dei genitricis non sit intitulatus, tamquam temerarii merito
275 sunt arguendi.
         Sed hic est unum dubium. Si ordo praedictus a sanctis prophe-
tis sumpserit exordium, quomodo dicitur habere beatam Virginem
in specialem patronam, et quomodo titulo eiusdem Virginis dicitur
intitulari?

---

257 praescripta] praedicta *Ix*.
258 suam in] sub *I*.   meam et *om I*.
259 Deo *om I*.   Mariae + genitricis Dei *I*.
260 etc *om I*.   et] vel *I*.   Maria *om I*.
261 est] et *I*.
262 retrahendi] retrahandi *I*.
263 suae] sua *I*.
265 videlicet *om x*.
267 ut] pro *I*.
268 pro] q *I, om xy*.   declaratione] declarative *I*.
269 pro eadem informatione] per eandem informationem *I*.
270 summorum] sine morum *I*.
271 fratres beatae] beatae *I*.
271-2 de monte Carmeli *om I*.
273 ad inquietudinem] ad etudinem *I*.
274 Dei *post* genitricis *I*.   genitricis] genitrici *xy*.
276 hic] bene *I*.
278 titulo] tituli *I*.

255-64 On the argument from the profession formula, *cf* Hildesheim, *Dialogus*, c. 15.
271 genitricis Dei: These words do not yet appear in the titles of bulls, but
see the *exordium* of the bull of Clement V of 7 May 1306: "Praeclarae religionis
vestrae Dei genitricis beatae Mariae Virginis vocabulo insignitae favor exposcit";
Bull. Carm. I, 53.

280   Respondetur quantum ad primum, quod patronus alicuius religionis dupliciter dicitur, videlicet active et passive. Ille vero dicitur
active patronus, qui religionem incohat ac fundat; qualiter beatus
Augustinus et beatus Dominicus et multi alii sancti dicuntur
religionum patroni. Alio modo dicitur patronus passive, et hoc
285 tripliciter. Primo dicitur ille patronus, in cuius honore specialiter
fundatur. Et sic Trinitas dicitur patronus specialis ordinis fratrum
de Trinitate. Alio modo dicitur patronus passive, quem religiosi
viri propter devotionem aut aliam causam rationabilem sibi in
patronum eligunt. Qualiter sanctus Benedictus dicitur patronus
290 monachorum, non quidem quod ipse ordinem illorum fundaverit,
cum monachi ipsum praecesserunt per 300 annos et ultra, sed
quia monachi videntes sanctitatem eius, ipsum in patronum elegerunt et regulam et modum vivendi ab ipso habere voluerunt.
Tertio dicitur ille patronus passive, in cuius honore monasteria
295 fundantur; qualiter omnes ecclesiae dicuntur habere patronos.
     Istis revera duobus ultimis modis dicitur beata virgo Maria
patrona specialis dicti ordinis, quoniam illi religiosi eremitae in
monte Carmeli commorantes, propter specialem devotionem quam
habuerunt ad beatam virginem Mariam, ipsam sibi elegerunt in
300 specialem patronam.
     Item ecclesiam seu oratorium in medio cellularum in honorem
eiusdem Virginis construxerunt, et usque in hodiernum diem
omnes ecclesiae praedictorum fratrum ubique et ubicumque per

---

280 quod] quia *xy*.   alicuius] unius *I*.
282 qualiter *bis I*.
283 beatus] dictus *I*.   dicuntur *om I*.
284 dicitur *post* ille *I*.
285 cuius + in *I*.   honore + religio *I*.
286 Trinitas + sancta *I*.   patronus] patrona *I*.
288 viri *om I*.   rationabilem] rationalem *xy, illegibile I*.
289 patronum + eligerunt seu *I*.
290-1 non ... sed *om y*.
290 fundaverit] fundavit *x*.
291 praecesserunt] successerunt *I*.
294 ille *om I*.
297 dicti ordinis] ordinis praedicti *I*.   in] de *I*.
299 ipsam] ipsi *x*.
301 ecclesiam seu oratorium] oratorium seu ecclesiam *I*.   cellularum + suarum *I*.
302 eiusdem] eius *I*.   construxerunt] asstruxerunt *I*.
303 ubique et *om I*.

---

301 oratorium in medio cellularum: *cf Regula carmelitana*, "Oratorium, prout commodius fieri poterit, construatur in medio cellularum".

ipsos fundatae sunt, in honore beatae Mariae genitricis Dei cons-
305 tructae sunt.

Et sic merito, non obstante quod a praedictis prophetis ordo
praedictus sumpsit exordium, duplici tamen modo dicitur habere
beatam Mariam virginem in specialem patronam.

Quantum autem ad titulum est sciendum quod aliquando reli-
310 giosi intitulantur ab officio pro quo fundati sunt; sicut fratres
Praedicatores ab officio praedicationis dicuntur Praedicatores. Aliquando intitulantur a virtute quam praecipue sectari debent; sicut
beatus Franciscus ab humilitate voluit fratres suos vocari Minores.
Aliquando vero intitulantur a loco ubi ordo illorum incohatus fuit;
315 qualiter Cartusienses et Cistercienses vocati sunt. Aliquando intitulantur a patrono, sive active sive passive accepto; et sic intitulantur monachi sancti Benedicti et fratres de Trinitate, similiter
Augustinenses, Caelestini et multi alii religiosi.

Istis autem duobus modis intitulatur ordo praedictus; inti-
320 tulatur enim a beata virgine Maria tamquam a patrona; et "a
monte Carmeli" tamquam a loco unde traxit originem; ut sic totus
titulus ipsius ordinis sit iste: "Ordo beatae Mariae de Monte Carmeli".

Tertius Articulus

325   Quantum vero ad tertium articulum, qui est de confirmatione
dicti ordinis in iure communi, est p r i m o concordantia doctorum,
Extra, De religiosis domibus, c. 'Religionum diversitatem', § 'Cete-

---

304   sunt] fuerint *I*.   honore] honorem *xy*.   Mariae genitricis Dei] virginis *I*.
307   sumpsit] sumpserit *I*.   tamen *om I*.
308   Mariam *om I*.
309   aliquando] aliqui *Ixy*.
312   sectari] sectare *I*.
313   voluit + vocare *I*.   vocari *om I*.
314   vero *om I*.   illorum] ipsorum *I*.   fuit] fuerit *I*.
315   Cartusienses et] *om I*.   Cistercienses] Cystercensis *I*.
315-6 intitulantur *om I*.
316   accepto] accepti *I*.
317   de + sancta *I*.
318   Augustinenses + et *I*.
319   duobus] omnibus *I*.   intitulatur] intitulantur *I*.   praedictus + scilicet beatae Mariae virginis *x*.
319-20 intitulatur *om y*.
320   enim] ordo praedictus *x*, *om y*.
321   a loco] locum *I*.   sic totus] sicut *I*.
324   *om I*, Articulus III de confirmatione ordinis *y*.
325   articulum] titulum *I*.
326   dicti] praedicti *I*.   est] et *I*.   doctorum] decretorum *I*.
327   domibus *om I*.   §] parafo *x*, paragrapho *y*.

327-30 Extra ... permanere: c. 1, III, 17, in VI°; Friedberg II, 1054-5.

rum', ubi sic dicitur: "Ceterum vero eremitarum sancti Augustini et Carmelitarum ordines, quorum institutio dictum concilium
330 generale praecessit, in statu solido volumus permanere". Ubi Cardinalis in dividendo textum dicit sic: "Hic papa Eremitarum
sancti Augustini et Carmelitarum ordines consolidat". Cui concordat Archidiaconus in glossa dicens super eodem textu: "Haec
littera mutat antiquam ubi dicebatur 'in suo statu', et sic isti
335 duo ordines sunt totaliter confirmati".

S e c u n d o pro eadem informatione facit mentio specialis
facta de iure communi. Secundum enim iura cum in privilegio
alicuius specialis fit mentio pro eo de aliquo iure, illud ius ei valet
pro quo inducitur. Sed dominus papa Ioannes XXII, et etiam
340 Clemens VI, in privilegiis exemptionis eiusdem ordinis facientes
mentionem de illo iure *Extra, De religiosis domibus*, § 'Ceterum',
dicunt sic: "Sacer ordo vester, in agro Dominico divina dispositione plantatus, et gloriosae virginis Mariae titulo specialiter
insignitus, apostolicis gratiis digne meretur attolli; cuius profes-
345 sores, mundanis a se relegatis illecebris, caelestium contemplationi
vacantes, insistunt iugiter profectibus animarum. Nos autem ad
dictum ordinem, quem in statu firmo, solido et stabili decrevimus
et volumus permanere, apostolicae considerationis intuitum diri-

---

328 sic *om I.*
329 dictum *om I.*
330 in statu solido] solido in statu *I.*   volumus] voluimus *x.*
331 in dividendo] exponendo *y*   dicit] dicitur *I.*
332 sancti Augustini *om I.*   consolidat] consolidant *I.*
333 dicens] de *I.*
334 antiquam] antiqua *I.*
336 specialis] speciales *x.*
337-9 Secundum ... inducitur *om I.*
337 cum in *om x.*
338 ei] rei *x.*
339 papa *post* Ioannes *I.*
340 facientes] faciunt *y.*
341 domibus] de *I.*   §] parafo *x,* paragrapho *y.*
342 dicunt] ubi dicunt *xy.*
342-6 in agro ... animarum *om I.*
346 Nos] et infra Nos *I.*
347 ordinem + vestrum specialem gerentes affectum *I.*
347-8 decrevimus et volumus] solumus et crevimus *I.*
348-53 apostolicae ... dotati *om I.*

330-1 Cardinalis: perhaps Ioannes Monachus, *cf* Baconthorpe, *Speculum*,
ll. 125-6.
333 Archidiaconus: Guido de Baysio.
339 Ioannes XII: *Sacer ordo vester*, 13 Mar. 1317; *Bull. Carm.* I, 57.
340 Clemens VI: *Sacer ordo vester*, 19 July 1347; *Bull. Carm.* I, 78-79.

gentes, ad ea libenter intendimus, per quae professores iam dicti
350 nullum internae pacis patiantur excidium, nullumque status religionis perferant detrimentum, sed eo devotius divino cultui ac
saluti animarum insistant operibus, quo quietior status fuerit eorundem, ipsique ampliori fuerint libertate dotati".

Tertio pro eadem informatione facit interpretatio conden-
355 tis legem seu decretalem illam *Extra, De religiosis domibus*, 'Religionum diversitatem'. Fratres enim Augustinenses supplicaverunt
domino Bonifatio, qui *Sextum librum* edidit, super intentione sua
illius verbi "solido" vel "solito". Qui intentionem suam declarans
in quodam privilegio scripsit eis dicens: "Ad sacrum ordinem
360 vestrum specialem devotionem gerentes, quem olim voluimus, et
volumus, in solido et firmo et stabili statu permanere" etc. Sed
ille textus quem dictus dominus papa sic interpretatur, aequaliter
respicit ordines Eremitarum sancti Augustini et Carmelitarum.
Ergo ex illo textu uterque illorum ordinum vere confirmatur.

365 Istam informationem dignetur Vestra Reverenda Paternitas
benigno favore suscipere, et talem super eo domino nostro facere
relationem, quod dictus ordo in praesenti negotio sentiat assis-
tentiam efficacis praesidii Vestrae Dominationis, quatenus pro
Vestrae Reverendissimae Paternitatis statu venerabili obligetur idem
370 ordo temporibus perpetuis preces devotius fundere Altissimo et
Virgini gloriosae.

---

356 Augustinenses] Augustini *I*.
358 illius *bis I.*   verbi *om I.*   intentionem] tentionem *I*.
359 scripsit] scribit *I*.
361 et firmo] firmo *I*.   etc *om I*.
363 sancti Augustini *in margine I*.
364 Ergo] igitur *I*.
365 Vestra + Reverentia et *I*.   Paternitas] paterni *I*.
367-8 assistentiam] assistentis *I*.
369 venerabili] venerabilis *I*.
370 temporibus perpetuis] perpetuus *I*.
371 gloriosae + etc. Et sic est finis *I*, + Explicit opusculum super tribus articulis scilicet successione vel imitatione intitulatione et confirmatione ordinis beatae Mariae genitricis Dei de monte Carmeli quem composuit magister generalis eiusdem ordinis ad Summum Pontificem *x*.

---

352 saluti animarum: the bulls of John XXII and Clement VI have "salutis"; *Bull. Carm.* I, 57, 78.
359-61 Ad ... permanere: L. Empoli, *Bullarium Ordinis Eremitarum S. Augustini*, Romae, 1628, 44-45: Boniface VIII, *Sacer ordo vester*, 12 kal. februarii, anno quarto (21 Jan. 1298). "Nos autem ad dictum ordinem, quem in statu firmo, solido et stabili decrevimus et volumus permanere ...". The Carmelite bull: Clement VI, *Sacer ordo vester*, 14 kal. Augusti, anno sexto (19 July 1347), *Bull. Carm.* I, 78-79.

XVII. THE TREATISE OF ROBERT ORMESKIRK

Mention has already been made more than once of the debate at the University of Cambridge in 1374 between the Carmelite John Hornby and the Dominican John Stokes.

Hornby's *Conclusiones ac determinationes* have come down to us,[1] but we shall not add them to this collection. They are very lengthy with many repetitions. In the manuscript, dated 1439, the material is presented in a rather confused and disorderly fashion. Hornby refers to what he previously said but is not found in the text. He sometimes discusses the conclusions of his opponent without citing their text. Also, the sequence of Stokes's *conclusiones* is not clear. Finally, Hornby is careless when quoting: he often cites a text more than once but differently in each case.

The *conclusiones*, or theses, of Hornby's opponent, John Stokes, have survived in a more complete form in the brief treatise of Robert Ormeskirk. Little is known about his life. John Bale does not list him among the doctors of theology of the Order. He states that Ormeskirk was from the convent of Oxford and died there,[2] but Ormeskirk says only that he was staying in the Carmelite convent of Oxford in 1376. He was procurator of the Order at the royal court in Windsor. He will have written this treatise some years later. He died at Oxford around 1382 and was buried in the conventual church.[3]

---

[1] Oxford, Bodleian Library, Ms. e Museo 86, f. 176r-211r. There follows a sermon of Hornby on the same subject, f. 211v-3v. See J. P. H. Clark's excellent article, which includes ample quotations of the text and reproduces the sermon: "A Defense of the Carmelite Order by John Hornby, O.Carm., A. D. 1374," *Carmelus*, 32 (1985), 73-106.

[2] Miscellany, Oxford, Bodleian Library, Ms. Bodl. 73, f. 197r; *Illustrium Maioris Britanniae Scriptorum Summarium*, Wesel, 1549, f. 250v.

[3] A. B. EMDEN, *A Biographical Register of the University of Oxford to A. D. 1500* (3 v., Oxford, 1957-1959), II, 1405. For Ormeskirk's place of death and burial Emden quotes the Victoria County History of Oxford, II, 141.

Ormeskirk wrote another brief tractate, *Breve scutum de ordinis con-firmatione a iure communi, inc.*: *"Romani pontifices et iura canonica regulam ordinis beatae Mariae genitricis Dei de monte Carmeli et institutionem ab antiquo approbare decreverunt."* [4] The legitimacy in law of the Carmelites was also one of the disputed questions between Hornby and Stokes at Cambridge.

Ormeskirk says about the treatise we reproduce here that he is presenting the conclusions of Stokes *"per ordinem."*

One of the theses of the Dominican which Hornby does not quote but to which he alludes and which particularly incensed him was: *"Stat quod beata Maria peccatrix, et non beata Dei Genitrix, instituit primo sectam a qua descendunt fratres nunc beatae Mariae de Monte Carmeli."* Hornby returns the insult with interest: in place of Maria *peccatrix* he writes *predicatrix*.[5] The reference is to Mary of Egypt, who after a life of sin is said to have lived as a penitent in Palestine. Hildesheim also answers the Dominican in a heated manner (*Dialogus*, ch. 14).

Another thesis of Stokes which Hornby does not quote but to which he replies was: *"Aeque sane dici potest... quod sacerdotes sive pontifices, instituti per Moysen et David vel Salomonem vel alii filii prophetarum, erant primi fundatores Ordinis Carmelitarum* [read Praedicatorum] *sicut quod Elias et Eliseus, sancti Dei prophetae, erant primi fundatores talium sectarum."*[6] But Ormeskirk does not seem to have grasped the point. Stokes says ironically that the Dominicans, as canons and religious priests, may claim descent from Moses, Solomon, and David with as much right as the Carmelites who say that Elijah and Elisha are their founders.[7]

Manuscripts and Printed Editions

b — John Bale, Miscellany, Oxford, Bodleian Library, Ms. Bodl. 73, f. 38r-38v.

---

4 John Bale, Miscellany, Oxford, Bodleian Library, Ms. Bodl. 73, f. 138v, 197r. Later Bale titles this work *Propugnaculum sui ordinis*; *Scriptorum Illustrium Maioris Brytanniae... catalogus*, (2 v., Basileae, 1557-1559), II, 79.

5 CLARK, "A Defense," 91-93.

6 See the edition of Ormeskirk's treatise below and CLARK, "A Defense," 86.

7 HORNBY, *Conclusiones ac declarationes*, f. 186r, 193r.

Text

Incipit: Quod fratres ordinis beatae Mariae genitricis Dei sunt veraciter confirmati et inter alios fratres confirmatos in libris authenticis positi, ostendit egregius doctor Vincentius ... *Et sequitur postea*: Dulce condendum memoriae opinor non differre Theothecae benigne auxilium, in suos carmeligenas multipliciter impensum. Quia non dubito eos nefandorum praesumptione atrocius conculcari, nisi eius materna pietate oppido iuvarentur vel munirentur. Siquidem Cantabrigiae nuper in eosdem aemulorum astutia c[...] celeriter exardebat, quod a statu solido antiquitus lege etiam privilegiis concesso, conculcari minabatur. Verumtamen praefatae universitatis regentium unus gnarus et fellivolus, de ordine fratrum Praedicatorum, in hoc potius sacrae paginae profanator quam professor, tamen lumen veritatis sub modio abscondere et eius contrarium ventilare nitebatur. Qui cum assistentia consimilium quasdam conclusiones nefandas et sophisticas malitiose positas proprie defendere sudabat. In quibus nihilominus statum et intitulationem ordinis genitricis Dei Mariae de monte Carmeli, confirmationemque et antiquitatem denigrare aestuabat. Quae quidem conclusiones hic consequenter per ordinem sunt intitulatae. Quarum prima fuit ista:

Non solum doctori, sed cuilibet convenit christiano potenti, omne falsum secundum posse destruere, cum sibi constituerit tale esse contrarium veritati.

Docere vel asserere Mariam, Genitricem Dei, ordinem Carmelitarum instituisse, est praedicti ordinis principiis, etiam veritati contradicere.

Sicut diu post suum principium ordo Carmelitarum non erat Dei Genitricis titulo insignitus, sic nec adhuc est ostendens ratio aliqua institutionis eiusdem sive auctoritatis sive miraculi, quare plus nunc quam in sui principio debeat Dei genitricis ordo nuncupari.

Stat quod beata Maria peccatrix, et non beata Maria Genitrix, instituit primo sectam a qua descendunt fratres nunc beatae Mariae de Monte Carmeli.

Sicut ex eorum fundatore Alberto et Innocentio IV, eorum regulam exponente et approbante, solum habetur eorum titulum esse "Eremitae de Monte Carmeli".

Apparet quod solum ut essent mundo acceptiores, et ceteris ordinibus Mendicantium praepositi, voluntarie et sine causa nominant seipsos specialiter "Fratres Genitricis Dei".

Aeque sane dici potest et aeque catholice sustineri, quod sacerdotes sive pontifices, instituti per Moysen et David vel Salomonem, vel alii filii prophetarum, erant primi fundatores ordinis Carmelitarum, sicut quod Elias et Eliseus, sancti Dei prophetae, erant primi fundatores talium sectarum.

Nec apparet ex aliquo authentico, quod ordo Fratrum Beatae Mariae, qui dicitur Carmelitarum, sit per sanctos prophetas inchoatus, nec quod sit in aliquo iure communi et positivo ordo firmus et solidus.

Etsi ordo sacer Carmelitarum nulla haeresi aliquo tempore fuerit irretitus, non tamen videtur ex aliquo authentico, quod titulo beatae Dei Genitricis debeat dici realiter insignitus.

Non potest ostendi iure aliquo positivo decretalis vel decretorum, vel aliunde sententia sacrae scripturae, quod Ordo Sacer Carmeli sacrum Ordinem Praedicatorum praecessit institutione aut temporis antiquitate.

Ex modo scribendi summi pontificis in iure communi et decretorum sententiis apparet evidenter, quod non solum Praedicatores et Minores, sed etiam Sancti Augustini Eremitarum Ordo fratribus ipsis Carmelitis fore seniores.

His siquidem cum multis aliis invidiose impositis ipsa veritas, quae est Virginis amica, suos deserere non nititur, sed per quendam fratrem sui ordinis, Ioannem Horneby nomine, sacrae theologiae doctorem, in dicta universitate regentem, omnibus suis conclusionibus necnon aliis et in hac parte malitiose allegatis, prudenter et iuridice evacuavit, oppositum aperte demonstrando quod et legale probavit sane in assistentia valentium dictae universitatis, prout inferius apertissime patebit. Religionem suam confirmatam iure positivo et speciali aperte perdocuit et demonstravit, prout in *Sexto*, rubrica *De religiosis domibus*, capitulo 'Religionum diversitatem', et verissime declaratur.

Secundo eandem antiquiorem Praedicatoribus et Minoribus prout et patet ex textu praetacto.

Tertio quod habet titulum Beatae Mariae genitricis Dei specialiter, tam per chronicas quam bullas insignitum, patenter ibidem exhibuit.

Quarto quod fratres dicti ordinis vere sunt sequaces sanctorum prophetarum, Eliae scilicet et Elisei, per chronicas authenticas et scripturas antiquas ultra hominum memoriam compilatas evidentiasque sufficientes atque legales exhibendo palam exposuit. De quorum evidentiis et allegationibus dolorose murmurant Praedicatores cum nonnullis aliorum.

Super quibus articulis dictus cancellarius cum assistentia iurisperitorum et consensu partium ad illud electorum litibus et iurgiis finem ponendo, sententiam aggreditur, prout patet in tenore litterarum cancellarii eiusdem universitatis: "Universis sanctae matris Ecclesiae filiis, etc.", 23 die mensis februarii, anno Domini 1374.

Praetacta insuper universa ad perpetuam memoriam in formam publicam reducuntur, prout aperte patet in eiusdem universitatis decreto publico quod incipit: "In Dei nomine. Amen. Per praesens publicum instrumentum, etc."

Post hoc decretum venit in Angliam magister frater Bernardus, prior generalis, qui praefuit capitulo provinciali Doncastriae celebrato anno Domini 1376, in festo Assumptionis Virginis gloriosae et genitricis Dei. Et cum genitricis Dei stilo etiam dicti ordinis stilus annexus est, quod per totum ordinem observari praecepit, ita ut nunc dicatur festum confratrum ordinis beatae Mariae genitricis Dei de monte Carmeli, etc.

Tunc temporis degebam ego, frater Robertus Ormeskirk, procurator Wyndesore, in conventu Oxoniarum. Sicque Dei genitricis auxilio devoti eius ordinis filii cum gaudio in pace obtinent, quod ab eis malitiose fratres ordinis Praedicatorum nitebantur auferre, concedente suo filio, Domino nostro Iesu Christo, qui cum Deo Patre et Spiritu Sancto, etc.

GENERAL INDEX OF NAMES

Antichrist, 117-8, 142, 159, 188, 349.
Antioch (Turkey), 13, 94, 96, 99, 121, 130, 164-5, 187, 262, 265, 333, 350.
    Patriarch of Antioch, *see*: Aiméric Malafayde.
    See of Antioch, *see*: Peter, apostle.
Antipater, father of Herod the Great, 353.
Antoine-Marie de la Présentation, O.C.D., 28, 34, 38, 52, 150.
Antra deserti, hymn, 334, 366.
Antwerpen (Belgium), 371.
Apocalypse, book of the New Testament, 159, 188, 249, 352, 360, 367, 389.
Apollo, Greek deity, 369.
Apuleius, Lucius, Latin rhetorician,
    De dogmate Platonis, 352.
Aquileia (Italy), 75.
Aquitaine (France),
    Carmelite province of, 54, 66, 71, 293-8, 300-1, 303, 305-9, 311-3, 319, 321,
        323, 325.
Arabia, 231.
Arabs, people, 117, 126.
Aragon (Spain), kingdom of, 304.
    Carmelite province of, 92, 199.
Arbee, *see*: Kirjath-Arba.
Archidiaconus, *see*: Guido de Baysio.
Ariston, father of Plato, 352.
Aristotle, Greek philosopher, 328, 337-9, 343, 345, 347-8, 356.
    De generatione, 351, 370; *Methaphysicae*, 380; *Physica*, 339; *Rhetoricae*, 343.
Armacanus, *see*: Fitzralph, Richard.
Armagh (Ireland), *see*: Fitzralph, Richard.
Ascalon (Israel), 281-2.
Ascension Day, feast, 145-6.
Assisi (Italy), 88, 101-2, 133, 167, 410.
    S. Maria degli Angeli (Porziuncola), 101.
Assumption of Our Lady, feast, 146, 421.
Asti (Italy),
    General chapter of (1440), 305.
Athens (Greece), 338.
Audet, Nicholaus, O.Carm., prior general, 31, 263.
Augsburg (Germany),
    Staats- und Stadtbibliothek, Hs. 4°, Cod. 13: 19, 109, 111.
Augusta, *see*: Samaria.
Augustine, saint, 31, 130, 133, 190, 329, 374, 380, 382, 384, 413.
    Contra Faustum Manichaeum, 126; *De Civitate Dei*, 341; *Epistola ad Deo-*
        gratias, 186.
Augustinians, 35, 49, 102, 135, 180, 192, 201, 269, 275, 277-8, 376-8, 414-6, 420.
Augustus, Roman emperor, 260, 353.
Austria, 72.

Franciscus de Senis, O.Carm., saint, 333.

Francus de Senis, *see*: Franciscus de Senis.

Frank, Conrad, O.Carm., titular bishop of Lydda, 72, 76, 90.

Frankfurt (Germany), 359.

> General chapter of (1393), 264, 290, 303.
> Staatsarchiv, Urkunden, Rep. 78a, nos. 96, 438: 36.
> Stadtarchiv, Carmeliterbücher 41, D4: 111.
> [*Ibid.*], Carmeliterbücher 47a: 326.

Frascati (Italy), 44, 47.

Fratres de Monte Dei, 245, 268, 274.

Fratres Heremitae Sancti Joannis Baptistae, 262.

Fratres Ordinis Beatae Mariae Matris Christi, *see*: Pied Friars.

Frederick II, king of Sicily, 288.

French, people, 54, 69, 138, 162, 171, 174-5, 261, 340, 366, 398.

Friedberg, E., 23, 29, 61-65, 85, 87, 102, 130, 135, 186-7, 189-93, 202, 205, 207, 210-15, 235, 238, 246, 251, 278, 344-5, 347, 376, 378-9, 382, 404, 414.

Fünfkirchen (Hungary), diocesis, 72, 90. *See also*: Pécs.

Galaad, *see*: Gilead.

Galazia (Palestine), 281.

Galgala, *see*: Gilgal.

Galilee (Israel), region, 196, 200-1, 217, 229-30, 357, 406.

Galilee, Sea of, 183, 229-31.

Gallien, Louis, O.Carm., 20, 38, 52-53.

Gamaliel, teacher of the law, 210.

Gascony (France),

> Carmelite province of, 300, 304, 311, 316, 324.

Gaza (Palestine), 269, 276, 281-2.

Gdańsk (Poland),

> Municipal Library, Ms. Mar. F. 283: 20, 181, 254, 399.

Gehazi, servant of Elisha, 391.

Geldern (Germany), 80, 88, 90.

General Chapters, Lists of, 287-313. *See*: Bale, John; Sibertus de Beka; Trisse, Jean.

Genesis, book of the Old Testament, 339-40.

Genova (Italy), 89.

> General chapter of (1309), 289, 292, 296, 307, 311-2.

Gent (Belgium), 179-80.

Gerard of Nazareth, bishop of Laodicea, 29, 328-9, 397-8.

> *Contra Salam philosophum Grecum vel Cretum*, 329; *De conversatione virorum Dei in Terra Sancta*, 358, 408.

Gerardo di Bologna, O.Carm., prior general, 87, 90, 170, 296-7, 306-7, 312, 316, 319-20, 323, 325.

Geremia di Mantova, O.Carm., 38, 264-5.

Gerhardus de Gutlingen, O.Carm., 326.

German Empire, 114.

Metz (France), 113-4.

    General chapter of (1348), 37, 292, 299, 310-1, 313.

Mezzavacca, Bartolomeo, cardinal, 396.

Micah, prophet, 334, 353.

Micah, book of the Old Testament, 187.

Michael, saint, feast of, 302, 310.

Michael a S. Augustino, O.Carm.,

    Introductio in terram Carmeli, 180.

Michelant, H., 9, 30.

Michele di Bologna, O.Carm., prior general of the Roman obedience, 302-3,

    397.

Migne, J. P., 23, 30, 74-75, 329.

Milano (Italy), 302.

    Biblioteca Brera, Ms. A.E.XII.22: 180.

    General chapter of (1345), 37, 292, 299, 310-1, 313.

Milendunck, Jacobus, O.Carm.,

    Chronicon, 326.

Millau (France), 323.

Minor, Friars, *see*: Franciscans.

Minorca (Spain), 302, 323.

Modena (Italy),

    Biblioteca Estense, Racc. Campori, Ms. gamma V.5.25: 21, 38, 151.

Molinier, A., 30, 49, 288.

Mons Dei, alleged Carmelite friary on Cyprus, 263, 274.

Mons Helyos, *see*: *Mons Dei*.

Monsignani, Eliseo, O.Carm., 22, 27.

Montet, clerk, 52.

Montana Nigra (Turkey), alleged Carmelite friary near Antioch, 262, 265.

Montauban (France),

    General chapter of (1366), 301.

Montpellier (France), 60, 69, 101, 300, 311, 322-3, 325.

    General chapter of (1277), 289, 295, 305, 312.

    General chapter of (1287), 13, 19, 25, 36, 45, 49-70, 87, 89, 112, 136-7, 162,

        257, 261, 288, 292, 295, 306, 311-2, 359.

    Notum sit, 49-61, 137, 161, 277, 406.

    Invocantes, 49-53, 61-70, 136, 277, 366.

    General chapter of (1321), 292, 297, 308, 311-2.

    General chapter of (1369), 149, 301.

    General chapter of (1420), 304.

    Miracle in favour of the Carmelites, 330-1, 388.

Mordecai, biblical character, 226.

Moriah, site of the sacrifice of Isaac, 232.

Moses, Old Testament patriarch, 47, 122, 186, 231, 249, 338-9, 355, 362, 381,

    418, 420.

Moulins (France),

    Bibliothèque Municipale, Ms. 45: 21, 38, 150.

Trithemius, Johannes, O.S.B., 327.
Troyes (France), 133.
Turks, people, 282-3, 334.
Tuscany (Italy), 101.
 Carmelite province of, 296, 307.
Tusculum, *see*: Frascati.
Tyre (Lebanon), 262, 265.

Ul'heti, Jean, O.Carm., 71.
Universis christifidelibus, 13-14, 19, 25, 71-91, 107-108, 110, 125, 130, 148, 150, 157, 164-5, 176-7, 271, 328-9, 334, 357, 374, 397, 408-11.
Urban II, pope, 131, 145.
Urban III, pope, 78, 86, 279.
Urban IV, pope, 145, 254, 256.
 Cum a nobis (22.5.1262), 77-78, 84, 86, 106, 134, 168, 190, 214, 385.
Urban V, pope, 350.
 Sicut debetur (14.9.1363), 395.
Urban VI, pope, 142, 302, 396-7, 400, 416.

Vaison (France), 148, 173, 298, 309, 313, 321, 323, 325.
Val-des-Ecoliers, Order of, 133, 167.
Valenciennes (France),
 General chapter of (1330), 37, 292, 298, 308, 311-2, 321, 323, 325.
Valerius Maximus, Roman historian,
 Factorum ac dictorum memorabilium libri IX, 343, 381.
Vaquer, Raymond, O.Carm., prior general of the Avignon obedience, 303, 317, 323.
Varro, Marcus Terentius, Roman scholar, 341.
Vaticano, Città del,
 Biblioteca Vaticana, Ms. Ottoboni lat. 407: 21, 72-74, 77-80, 92, 106, 110-2.
 [*Ibid.*], Ms. Vat. lat. 3991: 21, 38, 108, 110-1, 179, 262, 264-5, 290.
Venette (France), 148.
Venezia (Italy), 179, 264.
 Carmelite province of, 264-5.
Venus, planet, 381.
Vergilius Maro, Publius, Roman poet,
 Eclogae, 360.
Verona (Italy), 38, 264, 397.
 General chapter of (1381), 302, 397.
Vescy, John, *see*: Vescy, William.
Vescy, William, baron, 269-71, 276, 284-6.
Vespasianus, Roman emperor, 73, 82-83, 125, 157, 273, 409-10.
Villani, Peter, general auditor, 395.
Viller, Marcel, S.J., 28.

INDEX OF BIBLICAL QUOTATIONS

OLD TESTAMENT

NEW TESTAMENT

INDEX OF QUOTATIONS FROM THE CORPUS IURIS CANONICI

TEXTUS ET STUDIA HISTORICA CARMELITANA